HERMENEUTISCHE UNTERSUCHUNGEN ZUR THEOLOGIE

Herausgegeben von

HANS DIETER BETZ · GERHARD EBELING
ERNST FUCHS · MANFRED MEZGER

17

Kreuz
und Eschatologie

Eine Auseinandersetzung mit der politischen Theologie,
im Anschluß an Luthers theologia crucis

von

Pierre Bühler

J.C.B. Mohr (Paul Siebeck) Tübingen 1981

CIP-Kurztitelaufnahme der Deutschen Bibliothek

Bühler, Pierre:
Kreuz und Eschatologie: e. Auseinandersetzung mit d. polit. Theologie im Anschluss
an Luthers theologia crucis / von Pierre Bühler. – Tübingen: Mohr, 1981.
  (Hermeneutische Untersuchungen zur Theologie; 17)
  ISBN 3-16-143732-2
  ISSN 0440-7180

NE: GT

© Pierre Bühler / J. C. B. Mohr (Paul Siebeck) Tübingen 1981.
Printed in Germany. Satz und Druck: Gulde-Druck GmbH, Tübingen. Einband: Heinrich
Koch, Großbuchbinderei Tübingen.

Vorwort

Die folgende Arbeit wurde im Herbst 1979 von der Theologischen Fakultät der Universität Zürich als Dissertation angenommen. Für die Drucklegung habe ich sie leicht überarbeitet. Einen Schlußteil, der unter Zeitdruck entstanden und deshalb etwas unfertig war, habe ich weggelassen und mich darauf beschränkt, seinen Grundgedanken zu skizzieren (s. u. 3.4236.).

Vielen bin ich zu Dank verpflichtet, allen voran Herrn Prof. Dr. Gerhard Ebeling, der meine Arbeit mit großer Anteilnahme, weisem Rat und wiederholter Ermutigung betreut hat. Die Dissertation zeugt deutlich von all dem, was ich als Assistent und Doktorand von ihm theologisch und menschlich empfangen habe. Der besondere Umstand, daß der größte Teil dieser Untersuchung zur selben Zeit wie G. Ebelings »Dogmatik des christlichen Glaubens« entstand, hat sich prägend ausgewirkt. Die verschiedenen Phasen intensiver Beschäftigung mit der Dogmatik – das Hören der Vorlesung, die Durchsicht des Manuskriptes, das Korrekturenlesen – begleiteten und beeinflußten in vielem die Arbeit an der Dissertation. Herrn Prof. Dr. Hans Geisser danke ich für seine Arbeit und Anteilnahme als Korreferent.

Für die Aufnahme der Arbeit in die Hermeneutischen Untersuchungen zur Theologie danke ich dem Verlag sowie den Herausgebern dieser Reihe. Mein Dank geht auch an die Emil-Brunner-Stiftung der Evangelisch-reformierten Landeskirche des Kantons Zürich, die mir bei der Finanzierung mit einem großzügigen Druckkostenzuschuß behilflich war.

Auch den Kollegen und Freunden in Zürich und in der französischen Schweiz, allen voran PD Dr. Pierre-André Stucki, meinem Freund und Lehrer, danke ich für die vielen Gespräche, Anregungen und kritischen Fragen, die zwar oft im Hintergrund der Arbeit bleiben, aber um so stärker wirken. Einem unter ihnen, Prof. Dr. Hans Weder, danke ich besonders für sein sorgfältiges und kritisches Mitlesen der Korrekturen. Auch cand. theol. Matthias Bosshard hat sich daran beteiligt.

Schließlich danke ich meiner Frau. Sie hat am intensivsten an der Arbeit mitgetragen und an allen damit verknüpften Freuden und Schwierigkeiten Anteil genommen. Diese Schwierigkeiten waren nicht nur äußerlicher Art – das Ringen eines französisch Geschulten mit der deutschen Sprache sowie die Schwankungen des Durchhaltevermögens –, sondern auch und vornehmlich sachlicher Art. Ist es doch nicht ganz unbedenklich, über das

Kreuz zu »dissertieren«, mit einer Arbeit über diese Torheit zur Doktor-
würde zu gelangen. So entzog sich das Thema immer wieder den Versuchen eines unmittelbaren, im Grunde genommen herrlichkeitstheologi-
schen Zuganges. Es wies ins Existentielle, ins Einüben des Lebens unter
dem Kreuz. Dabei schärfte sich mir eine Notiz aus Kierkegaards Tagebü-
chern, die mich schon seit langem beschäftigt, immer stärker ein. »Es geht
den meisten Systematikern (sc. Systemphilosophen) im Verhältnis zu ihren
Systemen, wie wenn ein Mann ein ungeheures Schloß baut und selber
daneben in einer Scheune wohnt: Sie leben selber nicht in dem ungeheuren
systematischen Gebäude. Aber in den Verhältnissen des Geistes ist und
bleibt das ein entscheidender Einwand. Geistig verstanden müssen eines
Mannes Gedanken das Gebäude sein, worin er wohnt – sonst ist es
verkehrt.«[1] Ich will nun nicht darauf Anspruch erheben, ein Schloß zu
bewohnen. Die angestrebte Deckung hat ihren Ort vielmehr in einer
lotterigen Scheune. Das ist wohl der Kreuzestheologie angemessener, wie
sie Luther vertrat. »Wir sind Bettler: hoc est verum.«[2]

Zürich, am 18. Februar 1981   Pierre Bühler

---

[1] *S. Kierkegaard,* Die Tagebücher (übers. v. H. Gerdes), Bd. 2, 1963, 42 (VII A 82; 1846).
[2] WA 48; 241.

Inhalt

Einleitung

Die eigentliche – und, zugegeben, auch etwas polemische! – Pointe dieser Arbeit ist folgende: Es darf ruhig gesagt werden, daß das zentrale Interesse des Kreuzes, und deshalb auch des christlichen Glaubens im ganzen, das persönliche Heil des Einzelnen ist. Es *muß* auch ruhig – jedoch mit Enschiedenheit – gesagt werden, denn sonst ist kaum einzusehen, wie man einem langsamen, aber sicheren finis christianismi entgehen will. Diese Kategorie des Einzelnen hatte schon Kierkegaard stark hervorgehoben und als eine für die Zukunft des Christentums entscheidende Dimension betont. »›Der Einzelne‹; das ist die christlich entscheidende Kategorie, und sie wird auch entscheidend werden für die Zukunft des Christentums.«[1] Die Interpretation des Kreuzes hat an dieser Kategorie ihr kritisches Maß: das soll sich auch in unserer Behandlung des Verhältnisses von Kreuz und Eschatologie zeigen.

Diese Betonung des Einzelnen als des alles entscheidenden Punktes ist vielen Mißverständnissen ausgesetzt und muß gegen viele Fehlurteile präzisiert werden. Deshalb ist die Arbeit so viel länger geworden als ihre eigentliche Pointe. Damit diese nicht in der Fülle der Aspekte und Probleme verlorengeht, sei sie hier gleich zu Anfang genannt.

Es liegt auf der Hand, daß die Aussage, mit der wir hier eingesetzt haben, in der politischen Theologie ihre schärfsten Gegner hat. Für sie denkt und redet diese These an den wirklichen Problemen vorbei, bildet eine vereinfachende Abstraktion, die die Konkretion der sozialen, wirtschaftlichen und politischen Bezüge, die die eigentliche Wirklichkeit ausmachen, bedenklich vernachläßigt. Das wirkt sich auf das Verständnis des Kreuzes aus: Dieser Konkretion wird nur eine politische Interpretation des Kreuzes gerecht, die es in seinen Konsequenzen für die sozialpolitischen Aufgaben verantwortet. Dieser Problemaspekt soll den Ausgangspunkt unserer Arbeit bilden. Deshalb steigt der erste Teil beim »Problem politischer Theologie« ins Thema ein und versucht, von dort her die leitende Fragestellung der Arbeit zu formulieren. Dadurch wird eine erste, vorläufige Klärung des Gesamtthemas »Kreuz und Eschatologie« vollzogen.

Sodann soll versucht werden, dieses Gesamtthema in einem historischen Arbeitsgang anhand der theologia crucis Luthers näher zu erläutern. Das ist das Thema unseres zweiten Teils. Es mag erstaunen, in einer systematischen Arbeit einen so breit angelegten, umfangreichen historischen Teil

---

[1] S. *Kierkegaard,* Ges. Werke, 33. Abt. (Schriften über sich selbst), 1951, 115.

vorzufinden. In vielem wird er durch diesen dogmatischen Rahmen
geprägt, doch sollen durch eine möglichst sorgfältige Unterscheidung der
Verfahren grobe Vermischungen vermieden werden. Auf jeden Fall wäre
es falsch, diesen Rückgriff auf Luthers Theologie als einen Versuch zu
deuten, die gestellte Aufgabe einer heutigen Kreuzestheologie durch eine
bloße Repristinierung von Luthers theologia crucis zu lösen. Das bedeutete
eine Verneinung der Geschichtlichkeit der Theologie, sowohl derjenigen
Luthers als auch der Theologie als solcher in ihrem konkreten Vollzug.
Vielmehr erhoffen wir uns aus diesem historischen Teil wegweisende
Denkrichtungen, die uns helfen sollen, die heutigen theologischen Aufgaben schärfer zu erfassen und angemessener zu lösen.

So führt der zweite Teil in einen dritten hinüber, in dem eben diese
Aufgaben zum Thema werden. Das heißt: In ihm soll der Versuch unternommen werden, die Grundaspekte von Luthers theologia crucis für eine
sich mit der heutigen Situation auseinandersetzende Kreuzestheologie
fruchtbar zu machen. Das kann nur als »Streit um die Eschatologie« mit
der politischen Kreuzestheologie und mit den sie stark prägenden philosophischen Schulen geschehen. Daß dieser Streit als ein Streit zwischen
theologia crucis und theologia gloriae wahrgenommen wird, das gehört zu
den wegweisenden Denkrichtungen, die wir unserer Beschäftigung mit
Luther verdanken. Dieser dritte Teil schließt, unter der Überschrift »Kreuz
und Externität« (3.4.), mit einer systematischen Erörterung der »eschatologia crucis«: der eschatologischen Bedeutung des Kreuzes als der Bestimmung des menschlichen Lebens als eschatologischen Lebens im Zeichen
des Kreuzes. Damit mündet das Ganze aus in eine Besinnung über das
Eschatologische im konkreten, gegenwärtigen Lebensvollzug des Glaubens. Sie bildet den Abschluß sowohl dieses dritten Teils als auch der
Arbeit im ganzen. Das entspricht zutiefst der Perspektive des Einzelnen,
um die es letztlich in der ganzen Arbeit geht.

Diese Angaben sollen als erster Überblick über das Vorgehen genügen.
Wenn schon die Pointe vorweggenommen ist, so sollen für den Leser
wenigstens noch einige kleinere Überraschungen im Verlauf der Arbeit
übrigbleiben[2].

---

[2] Kurz zum Technischen: Die in den Anmerkungen und im Literaturverzeichnis benutzten
Abkürzungen folgen in der Regel dem Abkürzungssystem der RGG[3]. Vereinzelt werden
weitere Abkürzungen gebraucht. Diese werden aber aus dem Zusammenhang leicht ersichtlich, und wenn nicht, stehen sie im Literaturverzeichnis.

1. Kreuz und Eschatologie:
die Formulierung des Problems

Gehen wir von den zwei im Titel enthaltenen Begriffen aus, so läßt sich einleitend folgendes zu ihrem theologischen Stellenwert sagen.

Das Kreuz bildet ein zentrales Thema christlicher Theologie. Das ist kaum zu bestreiten. Man müßte noch genauer sagen: es ist *das* zentrale Thema christlicher Theologie überhaupt. Es ist nicht nur »Grund und Maß der Christologie«, wie M. Kähler[1] formulierte, sondern der Theologie im ganzen. Das heißt zwar noch nicht, daß ihm in allen Theologien die gebührende Anerkennung zukommt. In allen jedoch kommt es an irgendeinem – ob zentralen oder eher peripheren – Ort zur Sprache. Das hat aber zur Folge, daß das Kreuz einer großen Vielfalt von Kreuzesinterpretationen ausgesetzt ist, die es jeweils in verschiedene Kontexte stellen, es in verschiedenen Perspektiven und Horizonten deuten. Dadurch wird meistens versucht, diesem zentralen Thema unmittelbare Konsequenzen für aktuelle Fragen abzugewinnen und ihm so wieder eine Brisanz zu schenken, die ihm im traditionellen Rahmen angeblich abhanden gekommen ist. Das Kreuz soll aktualisiert werden – als ob es das nötig hätte! –, indem es mit brennenden Problemen in direkten Zusammenhang gebracht wird. So etwa, indem es als »Kreuz dieser Zeit« mit dem Streit um die Kernenergie verknüpft wird[2]. Diese Aktualisierungsversuche gehen davon aus, daß das Kreuz, weil es so zentral war, so oft im selben klassischen Kontext behandelt und dadurch zerredet wurde, seine zentrale Bedeutung durch die traditionalistische Abschwächung verloren hat und ihm nun diese Bedeutung eben mit Brisanz zurückgegeben werden muß.

Anders steht es mit der Eschatologie. Im traditionellen Aufbau der Dogmatik stand sie als Lehre von den letzten Dingen (»De novissimis«) in einem oft eher bescheidenen Kapitel am Ende und deshalb auch etwas am Rande der Dogmatik[3]. Wenn auch alles in einem heilsgeschichtlichen

---

[1] Vgl. den Titel seiner 1911 erschienenen Schrift »Das Kreuz. Grund und Maß der Christologie«, in: *ders.,* Schriften zu Christologie und Mission. Hg. v. *H. Frohnes,* ThB 42, 1971, 292–350.

[2] G. *Altner,* Das Kreuz dieser Zeit. Von den Aufgaben des Christen im Streit um die Kernenergie, Kaiser Traktate 26, 1977.

[3] Das gilt freilich nur, wenn man das Gesamtbild der Tradition etwas vereinfacht. Was das bescheidene Ausmaß betrifft, so muß betont werden, daß das Lehrstück der Eschatologie in der Scholastik und in der altprotestantischen Orthodoxie einen recht voluminösen Umfang annehmen konnte, zwar nicht so sehr, weil die eschatologische Problematik hier tiefgreifend

Ablauf auf die endgültige Vollendung hin tendiert, so kommt der eschatologischen Thematik als dem das Ganze abschließenden locus doch nicht die
zentrale Bedeutung zu, die etwa die Schöpfungslehre, die Lehre von der
Menschwerdung und Versöhnung oder die Lehre vom heiligen Geist
haben. Als Darstellung der letzten, den ganzen Prozeß der Heilsgeschichte
abschließenden Schritte wurde sie oft nur zur Explizierung der im Vorheri-
gen für das Ende schon entschiedenen Folgen. Erst im Laufe des 20.
Jahrhunderts kam es zu einer allmählichen Neuentdeckung der eschatologischen Thematik und ihrer Bedeutung für den christlichen Glauben. Diese
Neuentdeckung hängt eng mit der historisch-exegetischen Erforschung
der eschatologischen Komponenten im Neuen Testament und in seiner
Umwelt zusammen. In den letzten Jahrzehnten wurde die Eschatologie in
einem weiten, teilweise auch äquivoken Sinne ebenfalls ins Zentrum des
systematischen Interesses gerückt und nun oft mit einer gewissen Leidenschaft behandelt.

Diese zwei in aller Kürze skizzierten, die Themen des Kreuzes und der
Eschatologie betreffenden Tendenzen lassen sich folgendermaßen zusammenfassen: einerseits haben wir ein Thema, das zwar schon immer zentral
war und gerade deshalb zerredet wurde, dem jetzt die notwendige Aktualität und Brisanz wieder gegeben werden soll, andererseits ein Thema, dem
nach langem dogmatischem »Randdasein« eine zentrale Rolle zugeschrieben werden soll. Auffallend ist nun aber, daß diese zwei Pole zusammen-
treffen, und zwar in der politischen Theologie der zwei letzten Jahrzehnte.
Im großen und ganzen bilden sie deren wesentliche Merkmale. Deshalb
liegt es nahe, mit der Formulierung des Problems an diesem Punkt zu
beginnen.

1.1. Das Problem politischer Theologie

Das Sprechen von einem *Problem* politischer Theologie will andeuten,
daß die soeben kurz dargestellte Entwicklung nicht als selbstverständlich
hingenommen, sondern kritisch geprüft und in ihrer Fragwürdigkeit
betrachtet werden soll. Doch will man dies sachgemäß tun, so bedarf es
dazu einer ausführlicheren Beschreibung des Phänomens. Es soll deshalb
zunächst die Erscheinung der politischen Theologie genauer charakterisiert
und ihr Anliegen in den Grundzügen gewürdigt werden. Dann erst soll,

---

erfaßt wurde, sondern weil die Genauigkeit der dogmatischen Methode die ausführliche
Behandlung einer großen Menge von Materialien erforderte. Im Einflußbereich der reformatorischen Theologie führte die Gefahr einer Verselbständigung des apokalyptischen Interesses
nicht nur zu einer Schrumpfung des eschatologischen Lehrstücks, sondern auch zu einer
engeren Verbindung dieses Lehrstücks mit Pneumatologie und Soteriologie. Daraus folgte
etwa Calvins originale Anordnungsvariante, die die Eschatologie nicht ans Ende stellt,
sondern bereits im dritten Buch behandelt, das vierte hingegen der Lehre von der Kirche und
von den geschichtlichen Institutionen widmet und die Institutio mit dem Kapitel De politica
administratione schließen läßt.

indem die in ihr lauernde Gefahr und die daraus entstehenden Fragen namhaft gemacht werden, die politische Theologie als *Problem,* und zwar als fundamentaltheologisches Problem zur Sprache kommen[4].

1.11. Die Erscheinung der politischen Theologie

Die politische Theologie, wie sie sich in den letzten Jahrzehnten entfaltet hat, ist durch eine Vielfalt gekennzeichnet, die einen Überblick über das Ganze sehr erschwert, ja fast verunmöglicht. Man kann keine einheitliche Entwicklung feststellen, sondern wird vielmehr mit einer Fülle von Ansätzen und Hinsichten konfrontiert, die oft miteinander konkurrieren und den Eindruck einer im gesamten recht unklaren und verwirrenden Bewegung hinterlassen. Unter diesen Umständen ist es um so schwieriger, in einigen knappen Zügen eine Skizzierung dieser theologischen Richtung zu unternehmen. Es kann nicht darum gehen, so etwas wie eine Geschichte der politischen Theologie zu schreiben. Es sollen jetzt einige Hinweise genügen.

Betrachtet man zunächst die Theologiegeschichte des 20. Jahrhunderts, so kann das Bild der politischen Theologie am besten in ihrem Verhältnis zur dialektischen Theologie – im weiten Sinne – skizziert werden. Es sind hier zwei Aspekte zu berücksichtigen. Einerseits ist zu betonen, daß die politische Theologie von der dialektischen Theologie wichtige Impulse empfängt und sich in vielen Punkten unter ihrem Einfluß entfaltet. Dies geschieht aber im wesentlichen weniger mittels bestimmter Texte und Themen als vielmehr durch die Ereignisse, die das Schicksal der dialektischen Theologie geprägt haben. Im Vordergrund steht also die dialektische Theologie in ihrer politisch geprägten Komponente: die dialektische Theologie in der Situation des Dritten Reichs, im Kirchenkampf und in der Bekennenden Kirche. In dieser extremen Situation wurde die dialektische Theologie auf die Probe gestellt, und das heißt für die politische Theologie: In dieser Situation mußte sich zeigen, ob die dialektische Theologie sich als politische Theologie zu artikulieren wußte, ob sie imstande war, ihre politische Verantwortung sachgemäß wahrzunehmen. Darauf liegt das eigentliche Gewicht für die politische Theologie in ihrer Rezeption der dialektischen Theologie[5]. Aus dieser Orientierung an der politischen

---

[4] Zum Folgenden, vgl. unter anderem die Diskussionsbände: Diskussion zur »politischen Theologie«. Mit einer Bibliographie zum Thema. Hg. v. *H. Peukert,* 1969; Diskussion zur »Theologie der Revolution«. Mit einer Einleitung, einem Dokumententeil und einer Bibliographie zum Thema hg. v. *E. Feil* und *R. Weth,* 1969; Schwarze Theologie in Afrika. Dokumente einer Bewegung. Hg. v. *B. Moore.* Übersetzt v. *U. Hühne,* 1973; Befreiende Theologie; der Beitrag Lateinamerikas zur Theologie der Gegenwart. Hg. v. *K. Rahner* u. a., 1977. Für weitere ausführliche Literaturangaben und -besprechung, vgl. *H.-H. Schreys* Literaturbericht: »Politische Theologie« und »Theologie der Revolution«. Die Rezeption des Neomarxismus durch die Theologie, ThR 36, 1971, 346–377; 37, 1972, 43–77.

[5] Das wirkt sich auch heute noch aus, und zwar oft verheerend, denn es enthält nicht

Dimension erklärt sich auch, daß die stärksten Impulse von dem Theologen ausgingen, der diese politische Dimension am meisten geprägt hat, von K. Barth. Auch D. Bonhoeffer wäre hier zu erwähnen. Es bedeutete freilich eine schwierige Aufgabe, genau zu bestimmen, was und wie von Barth und Bonhoeffer rezipiert wurde, eine Aufgabe, die wir hier nicht in Angriff nehmen können. Es seien jetzt nur ganz kurz die Grundlinien angegeben. Bei Barth wurde leitend, wie er versuchte, das Analogieverhältnis zwischen dem Politischen und dem Theologisch-Eschatologischen zu bestimmen: »die Gerechtigkeit des Staates in christlicher Sicht ist seine Existenz als ein *Gleichnis,* eine Entsprechung, ein Analogon zu dem in der Kirche geglaubten und von der Kirche verkündigten Reich Gottes«[6]. Entscheidend war ebenfalls, wie er diese Zweiheit konzentrisch unter dem einenden Gesichtspunkt der Weltherrschaft Christi erfaßte[7]. Diese zwei Aspekte haben der politischen Theologie sowohl ihre christologische Grundlage als auch ihre eschatologische Orientierung gegeben. Das gilt freilich nur mit Einschränkungen, die in Hinsicht auf eine komplizierte Überlieferungsgeschichte zu machen sind. Eine ähnliche Einschränkung gilt auch für das Verhältnis zu Bonhoeffer. Von seiner theologischen Arbeit hat die politische Theologie vor allem das in den Briefen aus der Gefangenschaft formulierte Programm der »nicht-religiösen Interpretation biblischer Begriffe«[8] aufgenommen. In ihm sah sie die Möglichkeit einer angemesseneren Wahrnehmung der modernen, durch Säkularisierung gekennzeichneten Situation und eines sachgemäßeren Redens von Gott in dieser Situation, eines Redens, das das religiöse Jenseits neu in der profanen Diesseitigkeit der Welt, den Gott, der »mitten in unserm Leben jenseits«[9] ist, zur Sprache bringt.

---

ungefährliche Versuchungen. So etwa wenn heute Theologen jener Zeit einfach aufgrund ihrer politischen Einstellung dem damals aufkommenden und sich durchsetzenden Regime gegenüber beurteilt werden, was um so bedenklicher ist, als diese Beurteilung oft mit einer völligen Vernachlässigung der Geschichtlichkeit und der historischen Differenz der Standpunkte einhergeht.

[6] *K. Barth,* Christengemeinde und Bürgergemeinde, ThSt 20, 1946, 23. Vgl. auch: *ders.,* Rechtfertigung und Recht, ThSt 1, 1938. Jetzt auch beide Texte zusammen in ThSt 104, 1970 (in dieser Ausgabe, Zitat auf S. 65). Ferner: *ders.,* Eine Schweizer Stimme 1938–1945, 1945. Zum Problem der Analogie, s. u. 1.243., vor allem Anm. 41.

[7] Die Weltherrschaft Jesu Christi bildet ein zentrales Thema der politischen Reflexion bei Barth und seinen Schülern. Es wurde zu einem Leitprinzip auch in der Kritik an Luthers Zweireichelehre. Vgl. dazu: Reich Gottes und Welt. Die Lehre Luthers von den zwei Reichen. Hg. v. *H.-H. Schrey,* WdF CVII, 1969, vor allem 373–513.

[8] Vgl. *D. Bonhoeffer,* Widerstand und Ergebung. Briefe und Aufzeichnungen aus der Haft. Hg. v. *E. Bethge.* Neuausgabe (1970) 1977². Zu diesem Thema, vgl. *G. Ebeling,* Die »nicht-religiöse Interpretation biblischer Begriffe«, in WG I, 90–160.

[9] AaO 308. Dieser Gedanke Bonhoeffers bildet zugleich das Kriterium für die Beurteilung seiner Rezeption in der politischen Theologie: ob sie in aller Schärfe die Jenseitigkeit Gottes wahrnimmt oder ob in ihr das »mitten in unserm Leben« die Transzendenz aufhebt, sie zu einem geschichtsimmanenten Prinzip macht.

Freilich ist – das ist nun die andere Seite, die es zu betonen gilt – das Verhältnis der politischen Theologie zur dialektischen Theologie nicht ein so ungestörtes und eindeutiges. Das zeichnet sich schon daran ab, daß die positiven Impulse verdeckt und uminterpretiert, oft sogar in eine völlig andere Perspektive transponiert werden. Noch viel klarer wird es in der meistens scharfen Kritik, die sie an die dialektische Theologie richtet. Immer wieder wird hervorgehoben, diese sei trotz aller Bemühungen in politischer Hinsicht nicht imstande gewesen, sich als grundsätzlich politische Theologie zu artikulieren, sie habe sich damit begnügt, ihre politischen Konsequenzen zu reflektieren, anstatt das Politische zum grundlegenden Prinzip der Theologie überhaupt zu machen. Das habe ebenfalls dazu geführt, daß sie sich nicht konsequent sozialkritisch, sondern allzu oft konservativ-unkritisch gestaltet habe. Erklärt wird dies für die politische Theologie durch eine Anthropologie, die angeblich den Blick für die sozialpolitischen Realitäten verschließt, also durch die allzu ausschließliche, von der Existenzphilosophie geprägte Ausrichtung auf das Dasein des Einzelnen. Es ist nicht erstaunlich, daß diese Kritik am schärfsten R. Bultmann gilt[10].

Wie dieses Beieinander von positiver Aufnahme und scharfer Kritik zeigt, läßt sich die Bewegung der politischen Theologie nicht einfach als Weiterentwicklung der vorangegangenen dialektischen Theologie verstehen. Wenn auch unbestreitbare Bezüge bestehen, bildet sie doch im wesentlichen einen Neuansatz, den man in einem weiten kulturellen Kontext, auf dem Hintergrund der Nachkriegssituation interpretieren muß. Die schwierige Aufgabe der Verarbeitung des Krieges und seiner schrecklichen Folgen verursachte eine tiefgreifende Bewußtmachung der politischen Zusammenhänge. Der Faschismus, wie er sich in den Zwischenkriegs- und Kriegsjahren durchgesetzt hatte, wurde nun zum brennenden, immer noch tief schmerzenden Problem. Diese Bewältigung der Vergangenheit war dadurch noch erschwert, daß die Gegenwart kaum dazu Zeit ließ, sondern nun selbst Probleme stellte, Probleme des Aufbaus und der Bewährung. Die Beendigung des Zweiten Weltkrieges hatte ziemlich unmittelbar in den kalten Krieg hinüber geführt, der durch den Gegensatz der Weltmächte, zwischen West- und Ostblock geprägt war. Wenn sich auch die Großmächte in dieser Situation keinen Weltkrieg mehr leisten konnten, so doch immer wieder kleinere Kriege in vereinzelten Krisenherden. Die Konfrontation mit dieser neuen Frontenstellung löste eine eingehende Beschäftigung mit dem Marxismus aus, die in den nun stark aufkommenden

---

[10] Am eindeutigsten in dieser Hinsicht: *D. Sölle,* Politische Theologie. Auseinandersetzung mit Rudolf Bultmann, 1971. Ihrer Ansicht nach ist Bultmanns Theologie im Existen*tialen* stecken geblieben, während die politische Theologie, indem sie die eigentliche, die konkrete Wirklichkeit ins Zentrum rückt, die Theologie zur existen*tiellen* Theologie werden läßt. Mit dieser programmatischen Äußerung wird der ursprüngliche Sinn der Unterscheidung von existentiell und existential jedoch völlig entstellt.

Sozialwissenschaften ihren Platz fand. In dieser Entwicklung spielte die Frankfurter Schule eine prägende Rolle. Alle Auseinandersetzungen standen nun im Zeichen des Gegensatzes von rechts und links, von Kapitalismus und Kommunismus, der auch heftige und ausgedehnte Konflikte und Krisen zeitigte, wie etwa die Studentenunruhen am Ende der sechziger und am Anfang der siebziger Jahre. Zur selben Zeit wurde die belastende Wirklichkeit der dritten Welt immer mehr bewußt: Hungersnot, Elend, Armut, Ausbeutung, Rassendiskriminierung, aber auch die Probleme, die der Kolonialismus, die Mission oder sogar die Entwicklungshilfe mit sich brachten. Durch seine verschiedenen Aktionsprogramme hat im kirchlichen Bereich der ökumenische Weltkirchenrat auf diese Realitäten aufmerksam gemacht. In seinem Gefolge hat sie auch die politische Theologie zu ihrem Thema gemacht: Davon zeugen etwa Begriffsbildungen wie »Theologie der Befreiung«, »Theologie der Revolution« oder »schwarze Theologie«.

In den letzten Jahren prägte sich nun die Frage der Menschenrechte ganz stark ins politische Bewußtsein ein. Links und rechts wurde nun das Nichteinhalten dieser Grundrechte enthüllt, beanstandet und verurteilt. Diese Beschuldigungen und die durch sie provozierten Reaktionen wiesen immer wieder die Oberflächlichkeit der oft beschworenen, jedoch kaum zum Tragen gekommenen Entspannung auf. Die Kritik galt zwar auch verschiedenen Diktaturen im westlichen Bereich, aber doch vor allem dem Ostblock, vornehmlich seitens russischer Dissidenten, die mit dem sowjetischen Kommunismus scharf ins Gericht gingen[11]. Was bisher zu Lasten des Stalinismus ging, wurde nun als wesentliche Implikation schon im Leninismus oder gar bei Marx selbst entdeckt. Das hatte zur Folge, daß die frühere Begeisterung für den Kommunismus oder zumindest für den Sozialismus in den letzten Jahren in Resignation umschlug, die sich weder links noch rechts ansiedeln konnte und sich zu einem dazwischenliegenden, kritischen unglücklichen Bewußtsein entwickelte[12]. Zusätzlich sind die letzten Jahre durch das Phänomen des Terrorismus geprägt, der die Resignation und die Angst fördert, weil er mit grausamen Mitteln praktisch einen Kriegszustand heraufbeschwört, der den Rechtsstaat auf eine harte Probe stellt. In ihm kommen Dimensionen zum Vorschein, die nicht nur

---

[11] Als grundlegendes Werk sei hier genannt: *A. Solschenizyn*, Der Archipel Gulag, 3 Bde. Übersetzt von *A. Peturnig* und *E. Walter*, 1974–1976. Vom selben Autor, eher autobiographisch: Die Eiche und das Kalb. Memoiren 1953–1974, 1976².

[12] Das läßt sich in Frankreich etwa an der in den letzten Jahren stark aufgekommenen Bewegung der »nouveaux philosophes« beobachten, die alle den Mai '68 miterlebt haben und von dort her zu diesem kritischen Standpunkt gekommen sind. Vgl. *A. Glucksmann*, La cuisinière et le mangeur d'hommes, Paris, 1975; *ders.*, Les maîtres penseurs, Paris, 1977 (deutsch 1978); *B.-H. Lévy*, La barbarie à visage humain, Paris, 1977 (deutsch 1978); *ders.*, Le testament de Dieu, Paris, 1979 (deutsch 1980). Sich in dieser Richtung mit der politischen Theologie in der Kirche auseinandersetzend: *M. Clavel,* »Dieu est Dieu, nom de Dieu!«, Paris, 1976.

das Politische und seine Formen in Frage stellen, sondern das menschliche Leben überhaupt bedrohen. Ähnliches zeigt sich in letzter Zeit am ökologischen Problem: Weil die Verschwendung, die Erschöpfung der Rohstoffe und die Verschmutzung, die durch die als Fortschritt verstandene Steigerung der menschlichen Bedürfnisse und Ansprüche verursacht werden, den Lebensraum unwohnbar zu machen drohen, steht letztlich das menschliche Leben überhaupt auf dem Spiel. Die Situation ist um so kritischer, als die Menschheit die auftauchenden Probleme immer weniger zu bewältigen, die Lösungen in einer Flucht nach vorne zu suchen scheint, die noch mehr Probleme stellt als sie löst. Anstatt die Grenzen des Wachstums[13] wahrzunehmen und sich auf sie einzustellen, wird versucht, diese Grenzen mit immer problematischeren Technologien zu verschieben, ja zu sprengen.

In aller Knappheit zeigt diese kurze Skizze, wie schnell und verworren sich die politische Situation der letzten Jahrzehnte entwickelt hat. Man könnte freilich noch vieles mehr erwähnen und tiefer erfassen. Das Bild würde sich jedoch kaum wesentlich verändern: das Bild einer großen, weltweiten Tragikomödie, in der Macht immer wieder in Ohnmacht umschlägt, blutige, unmenschliche Gewalt hinter sich lassend, anstatt befreiende Vollmacht zu stiften, das Bild eines traurigen Narrenspieles mit einem rasanten Szenenwechsel, der das Böse nur zu wiederholen, ja gar noch zu steigern, nie aber zu überholen vermag. In dieser Zeit hat sich die politische Dimension ungemein stark ins allgemeine Bewußtsein eingeschärft. Doch auch dies ist eine zweischneidige Erscheinung. Die Massenmedien sind entscheidend daran beteiligt. Sie verfügen über immer bessere, subtilere Mittel und Techniken für die Vermittlung der Aktualität. Das hat aber zur Folge, daß die meist bestürzende Aktualität immer eindringlicher auf uns zukommt. Damit wird beim Einzelnen oft mehr ein Ohnmachtsgefühl – was kann ich schon tun, wie kann ich als Einzelner gegen die Übermacht des Bösen ankämpfen? – als eine zum aktiven Einsatz motivierende Bewußtwerdung erreicht. Auf diese Erfahrung reagiert der Benachrichtigte defensiv: der zum Überdruß verleitenden Aktualität begegnet er mit einer zunehmenden Abstumpfung, die ihn das Schlimme und Erschütternde überhören läßt.

Auf diesem in weite Zusammenhänge reichenden kulturellen Hintergrund ist die politische Theologie zu verstehen. Sie stellt den Versuch dar, sich vom theologischen Standpunkt her mit der politischen Realität, wie sie kurz umrissen wurde, auseinanderzusetzen und mit theologischer Motivation und theologischen Zielvorstellungen gegen die Abstumpfung anzu-

---

[13] Vgl. *D. Meadows* u. a., Die Grenzen des Wachstums. Bericht des Club of Rome zur Lage der Menschheit. Aus dem Amerikanischen übersetzt von *H.-D. Heck*, 1972. Vgl. dazu: *D. Meadows/H. von Nussbaum/K. Rihaczek/D. Senghaas* u. a., Wachstum bis zur Katastrophe? Pro und Contra zum Weltmodell. Hg. v. *H. E. Richter*, 1974; *M. Mesarovic/E. Pestel*, Menschheit am Wendepunkt. 2. Bericht an den Club of Rome zur Weltlage. Aus dem Amerikanischen von *H.-D. Heck* und *W. Stegemann*, 1974.

kämpfen. Freilich können diese Auseinandersetzung und dieses Ankämpfen auf mannigfaltige Weisen vor sich gehen. Es zeigt sich hier eine große
Vielfalt in den Perspektiven der neueren politischen Theologie. Damit
diese Perspektiven angemessen beurteilt werden können, sollen zunächst
anhand einiger Aspekte der Begriffsgeschichte der politischen Theologie
kennzeichnende Merkmale erarbeitet werden.

Die Bezeichnung »politische Theologie« geht bekanntlich auf eine wahrscheinlich vom Stoiker Panaitios unternommene Unterscheidung zurück,
die Unterscheidung dreier Arten von Theologie, der mythischen, der
physischen und der politischen. Durch Varro vermittelt, findet sich die
auch sonst noch anzutreffende Unterscheidung bei Augustin[14] in lateinischer Übersetzung wieder: das genus fabulosum, naturale und civile, oder
wie Augustin auch direkter formulieren kann: die sagenreiche (sagenhafte),
die natürliche und die staatliche Theologie[15]. Wie für die natürliche Theologie, so liegt hier auch für die politische Theologie die eigentliche Wurzel
ihrer Begriffsgeschichte. Freilich ist der Verstehenskontext der stoischen
Unterscheidung ein ganz anderer als der moderne. Theologie meint im
antiken Sprachgebrauch das Erzählen der Göttermythen, das sagenhafte
Reden von den Göttern. Theologe ist der Kultdiener, der Hymnolog, der
die Mythen im Gottesdienst erzählt. Während die natürliche Theologie als
philosophische Interpretation, als natürliche Erklärung der Göttermytho-
logie eine etwas gesonderte Stellung einnimmt, stehen also die zwei
anderen genera in enger Verbindung: die mythische Theologie, die das
dichterische Erzählen betrifft, und die politische, die das staatlich gegebene
Kultwesen verwaltet, in dem das Erzählen der Mythen an das Volk
stattfindet. Diese Beziehung hatte schon Augustin bemerkt und als
Schwierigkeit im stoischen Schema aufgewiesen. Das Verständnis der
politischen Theologie beruht hier also auf dem strengen Zusammenhang
von Religion und Staatswesen: die mythische Erzählung begründet und
bestätigt religiös das bestehende Staatswesen. Darin liegt die politische
Relevanz der Mythologie.

In diesem antiken Rahmen geht es deshalb vornehmlich um die – im
weitesten Sinne – politische Funktion der Religion. Wie wir noch sehen

---

[14] Vgl. *Augustin,* De civitate Dei VI, 5–12, CC SL XLVII, 1955, 170–184. Die ganze
Erörterung dieser Unterscheidung, die sich noch auf die folgenden Bücher erstreckt, steht bei
Augustin in einem negativen Licht, denn in ihr geht es um die Frage, ob die Verehrung der
Götter im antiken Stil für die Erlangung des ewigen Lebens notwendig sei. Das wird anhand
der stoischen Dreiteilung besprochen und entschieden verneint. Während die natürliche
Theologie noch gesondert behandelt wird, fällt dieses Nein zunächst für die mythische und
die politische Theologie. AaO VI, 12, 1–7 (184): Nunc propter tres theologias, quas Graeci
dicunt mythicen physicen politicen, Latine autem dici possunt fabulosa naturalis ciuilis, quod
neque de fabulosa, quam et ipsi deorum multorumque falsorumque cultores liberrime reprehen-
derunt, neque de ciuili, cuius illa pars esse conuincitur eiusque et ista simillima uel etiam
deterior inuenitur, speranda est aeterna vita . . .

[15] S. o. Anm. 14.

werden, hat die politische Theologie diese Ausrichtung auf die politische Religion hin nie mehr ganz verloren. Freilich hat sich vieles dadurch geändert, daß mit dem Einsetzen der konstantinischen Ära das Christentum die Rolle der Staatsreligion übernahm. Das Problem wurde nun nicht mehr explizit als Problem einer politischen Theologie wahrgenommen. Das hängt vor allem damit zusammen, daß durch die Proklamation *einer* Religion als der allein offiziellen die Vielfalt der religiösen Erscheinungen stark reduziert und so die Beziehung von Religion und Staat vereinheitlicht wurde. Zwar ist das Problem nicht einfach verschwunden. Es ist vielmehr radikalisiert, denn das Christentum läßt sich nicht ohne weiteres in eine Staatsreligion verwandeln. Das zeigte sich im voraus schon an seinem starken Widerstand gegen den Kaiserkult. Von den Spannungen und Konflikten, die das Verhältnis von Staat und Religion in der Christenheit hervorruft, zeugt die ganze mittelalterliche Geschichte. Das Problem ist, so müßte man eigentlich sagen, viel zu zentral, um es einer politischen Theologie als einer selbständigen Disziplin überlassen zu können. Es betrifft die Theologie schlechthin, und zwar in ihrem Verständnis der Welt und der Wirklichkeit überhaupt. So schwingt es bei den großen Auseinandersetzungen immer mit, ohne jedoch expliziert zu werden. Freilich darf die Bedeutung dieser Dimension nicht überschätzt werden. So wäre es problematisch, wenn man etwa den Monotheismus bloß als theologische Unterstützung der Monarchie deutete und schon im Ausbau der Trinitätslehre eine Kritik dieser Staatsform und eine Ablehnung der politisch-religiösen Beziehung sähe[16]. Trotzdem aber beherrscht die Spannung der zwei potestates das corpus christianum durch das ganze Mittelalter hindurch.

Die Frage nach der politischen Religion stellt sich dann wieder stärker beim Anbruch der Neuzeit. Das hängt mit dem Verlust der sowohl religiösen als auch teilweise politischen Einheit des corpus christianum zusammen, der durch die konfessionelle Trennung und das Aufkommen kleinerer Staaten (Territorialfürsten, usw.) herbeigeführt wird. Es stellt sich in den politischen Philosophien der Neuzeit immer mehr die Aufgabe, die politisch relevante religiöse Dimension im Kontrast zu den vielen miteinander konkurrierenden und kämpfenden Religionen verbindend zu bestimmen. Am eindeutigsten wird die politische Religion bei J.-J. Rousseau, im *Contrat social* charakterisiert: Er vollzieht die Unterscheidung zwischen der Religion des Menschen und der des Bürgers und bestimmt diese als »religion civile« anhand der vier Grunddogmen der Existenz eines allmächtigen Wesens, einer allumfassenden Vorsehung, eines zukünftigen

---

[16] Vgl. z. B. *E. Peterson*, Der Monotheismus als politisches Problem (1935), in: *ders.*, Theologische Traktate, 1951, 45–148. Diese Arbeit wurde öfters wieder aufgenommen, besprochen und modifiziert. Z. B. *J. Moltmann*, Theologische Kritik der politischen Religion, in: *J. B. Metz/J. Moltmann/W. Oelmüller*, Kirche im Prozeß der Aufklärung, (11–51) bes. 24–27.

Lebens und der ausgleichenden Belohnung der Gerechten und Bestrafung der Bösen. In der Aufklärung verknüpft sich dies mit dem Gedanken der natürlichen Religion, die als rationaler Kern der Religionen die Toleranz zwischen ihnen ermöglichen soll. Die Dimensionen des Politischen und des Natürlichen treten hier, eigentlich im Kontrast zur erwähnten stoischen Unterscheidung, in eine enge, wenn auch kritische Beziehung, während das Mythologische verselbständigt und als unvernünftig abgelehnt wird. Über den deutschen Idealismus führt die Aufklärung und ihre Auffassung der Religion in die nachhegelianische Religionskritik, die, vor allem in ihrer marxistischen Variante, gerade die politische Funktion der Religion scharf angreift. Diese Religionskritik wird in der neueren politischen Theologie aufgenommen und mit aller Schärfe gegen die traditionelle politische Religion geltend gemacht. Inwiefern sie sie in der Bewegung der Selbstkritik auch auf sich selbst anwendet, das bleibt zu fragen. Es ist jedoch klar, daß nun politische Theologie diese Religionskritik nicht etwa verneint, ablehnt, sondern sie vielmehr zu verarbeiten versucht, etwa indem sie sie mit dem alttestamentlichen Bilderverbot verknüpft.

Neben diesen knappen Angaben zur geschichtlichen Entwicklung der politischen Religion muß noch ein weiterer Aspekt erwähnt werden. Das Vorherige betraf eigentlich mehr die politische Religion als die politische Theologie, wenn man diese zwei Hinsichten überhaupt klar unterscheiden kann. Auf jeden Fall gilt, daß das Programm einer expliziten »politischen Theologie«, die sich bewußt als Disziplin mit den signalisierten Problemen abgibt, erst spät aufkam. Hier sei jetzt nur auf ein einziges, wichtiges Werk hingewiesen, nämlich auf C. Schmitts *Politische Theologie*[17]. Das führt uns in den engeren Kontext der politischen Theologie der letzten Jahrzehnte hinein. Zentrale These ist hier, daß das Wirklichkeitsverständnis einer Zeit der Struktur nach ihrer politischen Gestalt entspricht. Von dort her wird dargestellt, wie es vom absoluten Staat des 18. über den neutralen des 19. zum totalen des 20. Jahrhunderts kommt und wie in diesem die Souveränität als Dezisionismus zu verstehen ist. Die Arbeit des konservativen Rechtsgelehrten, die im Zeichen des aufsteigenden Nationalsozialismus steht und in diesem Rahmen das Politische als das Totale zu verstehen versucht, bildet für die neuere politische Theologie vor allem das negative Beispiel, wie es gerade nicht gemacht werden soll, obschon in gewisser Hinsicht im Verständnis des Politischen als des Totalen ein gemeinsamer Zug kaum zu übersehen ist.

Auf diesem eben skizzierten Hintergrund läßt sich die Vielfalt der politischen Theologie der letzten Jahrzehnte etwas besser erfassen. Es wurde bereits betont, daß das Religiöse ein bleibendes Moment der politi-

---

[17] *C. Schmitt*, Politische Theologie. Vier Kapitel zur Lehre von der Souveränität, (1922) 1934². Vgl. auch als spätere Antwort auf die Kritiken: *ders.*, Politische Theologie II. Die Legende von der Erledigung jeder Politischen Theologie, 1970.

schen Theologie darstellt. In vielen Aspekten gilt das auch für die neuere. Als Beispiel sei jetzt nur daran erinnert, wie stark eine Veranstaltung wie das Politische Nachtgebet die Entstehung der politischen Theologie mitgeprägt hat. Darin kommt so etwas wie politische Religion zum Ausdruck[18]. Das zeigt sich auch beim Thema der politischen Predigt und des politischen Gottesdienstes, das eng mit dem Nachtgebet verknüpft ist, seine Wurzeln jedoch schon in der dialektischen Theologie hat. Die Verbindung zur Religion ist so stark, daß oft kaum zwischen politischer Theologie und politischer Religion unterschieden wird. Beides geht ineinander über, bewußte politische Analyse und Reflexion und engagierte, emotionsgeladene Leidenschaft. Der Motivation zum Einsatz wird die gedankliche Sauberkeit allzu schnell geopfert. Zwar geht es nicht um irgendeine Motivation zu irgendeinem Einsatz. Mit aller Schärfe wird es abgelehnt, politische Religion im herkömmlichen Sinne zu übernehmen. Die bestehende Ordnung kann nicht religiös legitimiert, sie muß vielmehr hinterfragt, kritisch beurteilt werden. Hier zeigt sich das Moment der *Kritik,* das für die neuere politische Theologie wesenhaft ist und das sie auch etwa gegen C. Schmitts Versuch ins Feld führt. Es gilt hier eine radikale, sich auf das Bilderverbot berufende »theologische Kritik der politischen Religion«[19].

Wenn die politische Theologie also, wie das die Arbeit von R. Schäfer zu zeigen versucht, nicht ganz auf politische Religion verzichten kann, ist es aber auf jeden Fall nicht legitimierende, sondern vielmehr revolutionäre Religion. Sie enthält als Ferment die Sehnsucht nach einer besseren, gerechteren Gesellschaftsordnung, eine Sehnsucht, die, weil sie alles an diesem idealen Maß mißt, dem Bestehenden gegenüber sozialkritisch macht und dazu antreibt, die Verhältnisse auf das ersehnte Ziel hin zu verändern. Zu diesem kritischen Standpunkt gehört die Aufgabe der Selbstkritik: Es muß bewußt werden, daß der theologischen Arbeit selbst immer schon politische Relevanz zukommt, daß es keine apolitische, sondern nur eine politisch naive, unbewußte Theologie geben kann und daß deshalb darauf geachtet werden muß, durch die theologische Reflexion die verändernde Praxis nicht zu hemmen, sondern möglichst zu fördern.

Diesem aktiven Prinzip der verändernden Kritik korrespondiert ein eher passives Prinzip, das als das Prinzip der *Solidarität* bezeichnet werden kann. Auch das wird gegen die traditionelle politische Religion und Theologie als

---

[18] Vgl. *R. Schäfer,* Politischer oder christlicher Glaube, ZThK 71, 1974, 181–226. Schäfer versucht anhand der Texte des Politischen Nachtgebets in Köln zu zeigen, wie sich ein politischer Glaube, eine politische Religion herausgebildet hat, die nichts mehr mit dem christlichen Glauben gemein hat, die zwar oft noch mit ihm vermischt wird, aber tiefgreifende Unterschiede zu ihm aufweist. Für die Texte selbst, vgl.: Politisches Nachtgebet in Köln, hg. v. *D. Sölle* und *F. Steffensky,* 2 Bde., (1969) 1971[5] und o. J. (1971). Zum Kölner Nachtgebet unter dem Gesichtspunkt »politischer Gottesdienst«: *R. Leuenberger,* »Politischer Gottesdienst«, ZThK 69, 1972, 100–124.

[19] So der Titel von *Moltmanns* Aufsatz, vgl. o. Anm. 16.

wichtiges Novum geltend gemacht. Der Standpunkt der Kritik erlaubt es, hinter das bestehende System zu blicken, in ihm das Böse, die Unterdrük-kung, die Ausbeutung, die Gewalt und die Machtverhältnisse zu entdecken und vor allem die Situation der Opfer dieser Ordnung zu erfassen. Das führt in der politischen Theologie zur Solidarität: Solidarität mit den politisch Benachteiligten, den Armen, den Unterdrückten, den Leidenden, den Ohnmächtigen, den Ausgelieferten. Während das klassische Modell der politischen Religion durch die religiöse Legitimierung des Bestehenden den Standpunkt der Herrscher einnahm, will sich nun die Theologie auf die Seite der Beherrschten stellen, mit ihnen leiden und an ihrer Seite kämpfen[20].

Die sozialkritische Ausrichtung auf verändernde, verbessernde Praxis steht im Zeichen der Eschatologie. Die damit verbundene, gewissermaßen als Kehrseite zu verstehende Thematik der Solidarität weist auf das Kreuz. So verbinden sich in der politischen Theologie die zwei Pole, bei denen unsere Arbeit ihren Ausgang genommen hat. Dieses Verhältnis muß nun aber genauer bestimmt werden. In der Tat, das verfolgte Ziel ist nicht ein beliebiges, die Solidarität geschieht nicht auf irgendeine Weise, die Bezie-hung zwischen beiden Aspekten ist nicht dem Zufall überlassen. Es muß ein verbindliches Maß gegeben werden, nach dem sich alles zu richten hat. Damit kommen wir zu einem dritten, die zwei anderen verbindenden Aspekt, dem *hermeneutischen*. Für die politische Theologie haben die verän-dernde Praxis und die mitleidende Solidarität im Christlichen selbst ihr Richtmaß: Das Christliche läßt sich unmittelbar im Bereich des Politischen interpretieren, es kommt so erst zu seiner angemessenen Entfaltung, die wiederum die wahre politische Praxis, eine politische Praxis im Licht des Christlichen erkennen läßt. Das Christliche und das Politische werden eng aufeinander bezogen: das Politische bildet die Wirklichkeit, in der das Christliche zur Wahrheit kommt; im Christlichen wird das Politische erst richtig erfaßt und eine sachgemäße Politik ermöglicht. Es geht also nicht bloß darum, wie in der »bisherigen Theologie« irgendwo gegen Schluß der Darstellung die politischen Konsequenzen des christlichen Glaubens zu explizieren oder das Verhältnis des Christen und der Kirche zum Staat und zu den politischen Aufgaben zu charakterisieren. Der Ansatz ist viel radikaler: Christliche Theologie als solche und als ganze kann nur und muß

---

[20] Es wird später noch darzulegen sein, wie stark diese Gegenüberstellung auf einem Pauschalurteil beruht. Daß es der früheren theologischen Reflexion nicht immer nur um eine prinzipielle Unterstützung und Befestigung der bestehenden Gesellschaftsordnung ging, daß sie durchaus auch kritisch beurteilte und verurteilte, dürfte bei genauerem Hinsehen klar sein. Das soll im zweiten Teil bei Luther noch gezeigt werden. Das Unterschieben einer hartnäckig reaktionären Haltung könnte sich als ein Symptom der eigenen sturen revolutionären Einstellung erweisen, die allerdings schwer mit Selbstkritik zu vereinbaren wäre. Auf jeden Fall scheint auch die Spannung zwischen dem Bestehenden und dem durch aktives Verändern zu Erreichenden allzu schnell und allzu leicht in die falsche Alternative der Schwarzweißmale-rei zu geraten.

politische Theologie sein. »Politische Theologie bezeichnet . . . das Feld,
das Milieu, den Raum und die Bühne, auf welchen christliche Theologie in
der Neuzeit bewußt getrieben werden soll.«[21] Die bisherige Theologie hat
ihre Interpretation des Christlichen verfehlt, weil sie die politische Dimension vernachlässigt hat[22]. Die politische Theologie hingegen gestaltet sich
schlechterdings als »politische Hermeneutik« des Christentums, die es in
der eigentlichen, letztlich wirklichen Wirklichkeit interpretiert. In diesem
Sinne ist politische Theologie »als eine hermeneutische oder fundamentaltheologische Kategorie«[23] zu verstehen.

1.12. Die Würdigung des Anliegens der politischen Theologie

Angesichts der im vorigen Paragraphen kurz beschriebenen politischen
Situation der letzten Jahrzehnte gilt es zunächst, das Anliegen der politischen Theologie zu würdigen. Die Spannungen, Probleme und Konflikte,
die im modernen Gesamtkontext kund werden, müssen verarbeitet und
deshalb vorerst bewußt werden. Diese Aufgabe muß auch in theologischer
Perspektive wahrgenommen werden, wenn nicht an dem vorbei geredet
werden soll, was die Wirklichkeit des Menschen entscheidend prägt. Diese
hermeneutische Ausrichtung auf den anzuredenden Menschen soll von
vornherein davor warnen, die theologische Verarbeitung der politischen
Problematik in einem apologetischen Sinne aufzufassen, als ginge es nun
darum, mit etwelcher Verspätung das zu treiben, was modisch ist, die
Aktualität noch einzuholen, um Theologie und Kirche eine neue Resonanz
zu gewähren. Diese Bemerkung bedeutet auch schon in gewisser Hinsicht
eine kritische Beurteilung der politischen Theologie, deren Verhältnis zu
solchen apologetischen Interessen allzu oft nicht ganz unproblematisch ist.

Die Rechenschaft über die politischen Dimensionen muß einsetzen bei
einer angemessenen, von Entstellung und Verfälschung möglichst freien
Einschätzung der Gegebenheiten, die die politische Wirklichkeit bilden.
Das impliziert mindestens, daß man sie nicht verabsolutierend als schlechthin gute, heile Wirklichkeit betrachtet, sei es in der bestehenden Ordnung,
die dadurch geheiligt und perpetuiert werden soll, sei es in einem durch
revolutionäres Handeln noch zu erreichenden Zustand. In einer solchen
Verabsolutierung verschließen beide Modelle ihre Augen vor dem eigentlich Wirklichen, denn die Grundgegebenheit der politischen Wirklichkeit
ist gerade das Problem des Bösen. Diese Feststellung soll jetzt nicht dazu
verleiten, ins andere Extrem zu fallen und die politische Wirklichkeit als

---

[21] *J. Moltmann* aaO (s.o. Anm. 16) 17.

[22] Auch hier ist vor allem die Hermeneutik der Existentialinterpretation visiert, die der
politischen Theologie als »politisch bewußtlose Theologie« (ebda.) erscheint.

[23] Ebda. Vgl. auch dazu *J. Moltmann*, Existenzgeschichte und Weltgeschichte. Auf dem
Wege zu einer politischen Hermeneutik des Evangeliums, in: *ders.*, Perspektiven der Theologie. Gesammelte Aufsätze, 1968, 128–148.

schlechthin böse, unheilvolle zu bezeichnen. Auch die Schwarzmalerei ist blinde Entstellung und Verfälschung. Dennoch muß davon ausgegangen werden, daß alle politischen Probleme entscheidend unter dem Zeichen des Bösen stehen, des Bösen in einer verwirrenden Vielfalt von Erscheinungen, die wie die Köpfe der Hydra unter den Schlägen der politischen Lösungsversuche immer wieder hervorwachsen.

Auf diesem Hintergrund ist das Anliegen der politischen Theologie zu würdigen, und zwar in beiden Richtungen: sowohl in Hinsicht auf die kritisch-verändernde Praxis als auch im Hinblick auf die Solidarität. So ideal die Gesellschaftsordnung auch sein mag, sie ist doch immer verbesserungsbedürftig und stiftet immer wieder Leiden. Dies zu überspielen oder zu vergessen, käme dem Versuch gleich, über seinen eigenen Schatten zu springen. Als Versuch, diese Problematik bewußt zu machen, hat die politische Theologie ihre Berechtigung: Der politischen Wirklichkeit wird man nur gerecht, wenn man auf die für sie mögliche Verbesserung hin handelt und sich der in ihr Leidenden annimmt und sich mit ihnen solidarisch weiß. Diese zwei Aspekte, die Dimension der Positivität, des aktiv gestaltenden und verändernden Handelns, und die Dimension der Negativität, der eher passive Pol der Sympathie mit den Benachteiligten, bilden zusammen ein Grundmodell der politischen Einstellung. In ihr geht es immer vornehmlich um diese zwei Motive.

Freilich ist diese Einheit von Positivität und Negativität eine spannungsgeladene Einheit. Das Verhältnis zwischen beiden Polen ist nicht nur ein friedliches Ergänzungsverhältnis. Veränderungspraxis und Solidarität können miteinander auch aufs schärfste konkurrieren, ja sogar einander widersprechen. Revolution kann, wenn sie z. B. mit Gewalt operiert, anstatt einer umgreifenden Solidarität ihren Platz zu gewähren, neue Leiden hervorrufen, deren Opfer als notwendige Opfer der guten Sache betrachtet werden und ihr im wahrsten Sinne geopfert werden. Die Solidarität kann, indem sie sich darauf beschränkt, die Wunden zu heilen, die Auswirkungen zu bekämpfen, anstatt das Übel an der Wurzel anzugreifen, die Veränderung hemmen und das Bestehende konsolidieren. An diesen zwei extremen Beispielen zeigt sich die schleichende Gefahr, durch die Verabsolutierung des einen das andere zu verunmöglichen und so allzu schnell das Gegenteil des Erwünschten zu erreichen.

Über diesem konfliktreichen Verhältnis wacht die hermeneutische Funktion. Auch hier ist das Anliegen der politischen Theologie durchaus – wenn auch kritisch – zu würdigen. Will man im Handeln nicht den verschiedenen sich anbietenden Kurzschlüssen verfallen, so muß die politische Wirklichkeit auf die Verstehenssituation hin bedacht werden. Es geht hier nicht etwa um praktische Anleitungen oder um das Erarbeiten eines politischen Programms, sondern um eine fundamentale interpretatorische Aufgabe der Theologie. Knapp formuliert ist die Frage folgende: was kann der christliche Glaube zum Verständnis der politischen Wirklichkeit beitragen und welcher Stellenwert kommt dieser für das Verständnis des christlichen Glaubens zu? Hier hat die politische Theologie richtig gesehen: an dieser Frage entscheiden sich die richtige Einschätzung der politischen Realität und das angemessene politische Handeln. Auf dieser hermeneutischen Ebene muß das Problem zunächst behandelt werden. Das soll jetzt in zwei Gedankengängen geschehen, in denen die zwei Fragerichtungen, unterschieden als die Frage nach dem Verständnis des Christlichen – als Frage nach der Gefahr der Politisierung namhaft gemacht – und die Frage nach dem Wirklichkeitsverständnis, erörtert werden.

1.13. Die Gefahr der Politisierung und die Aufgabe der Unterscheidung

Die hermeneutische Ausrichtung der politischen Theologie hat zur Folge, daß diese das Politische als grundlegende, allumfassende Kategorie der theologischen Arbeit versteht. Es geht in ihr nicht bloß darum, einzelne politische Konsequenzen oder politische Komponenten hervorzuheben. Sie will vielmehr alles unter dem Gesichtspunkt des Politischen betrachten, weil es so erst ins richtige Licht gerückt wird. Das gilt ebenfalls für Gegebenheiten, die nicht unmittelbar politisch bestimmt sind: auch sie müssen auf das Politische in ihnen hin befragt werden. So etwa die theologischen Themen, die in ihrer politischen Relevanz expliziert und interpretiert werden. So wird das Christliche unmittelbar in den Bereich des Politischen transponiert, damit es durch diese politische Interpretation zu einem verbindlichen Maß für die Veränderungs- und Solidaritätspraxis werden kann. Das gilt nicht nur im Hinblick auf das Aktionsprogramm, sondern ebenfalls in Hinsicht auf die Motivation des Handelns sowie auf seine Zielvorstellung, auf sein principium sowie auf seinen finis.

Diese politische Hermeneutik des Christentums muß kritisch geprüft werden. Zur Leitfrage dieser Kritik wird die Frage nach ihrer Sachgemäßheit. Das wird durch den Gedanken der Gefahr der Politisierung angedeutet. Mit der Frage nach der Sachgemäßheit wird die fundamentale hermeneutische Regel aufgenommen, wonach die Interpretation auf das Woraufhin des zu interpretierenden Phänomens achten und ihm in der Auslegungsarbeit möglichst gerecht werden muß. Die zu interpretierende Sache bildet selbst das Kriterium der Interpretation: Der in dieser Grundregel implizierte hermeneutische Zirkel gilt auch für die politische Hermeneutik. Will man sie in ihrer Interpretation des Christlichen kritisch betrachten, so muß man deshalb fragen, ob sie die Sache des christlichen Glaubens angemessen zum Ausdruck zu bringen vermag.

Damit ist aber eine Aufgabe gestellt, die die dogmatische Arbeit überhaupt als zentrale Frage bewegt: die Rechenschaft über den christlichen Glauben, die Bestimmung seiner Sache. Diese Aufgabe kann an dieser Stelle nicht umfassend gelöst, sondern höchstens ansatzweise angedeutet werden. In der Perspektive des Problems, das uns jetzt beschäftigt, geht es

vor allem um die Frage, ob dem christlichen Glauben eine unmittelbare
Beziehung zum Politischen, wie sie in der politischen Interpretation hervorgehoben wird, wirklich innewohnt. Um gleich beim Einfachsten zu
beginnen: Der christliche Glaube ist nicht eine politische Auffassung, die
Grundlage für ein Programm und eine Partei werden könnte. Wenn es
auch politische Bewegungen und Parteien in Menge gegeben hat und noch
gibt, die sich mit allerlei Assoziationen und in viererlei Kombinationen
»christlich« nennen, ist doch diese Bezeichnung – das weiß gerade auch die
politische Theologie – äußerst problematisch. Was heißt es, wenn sich die
Bauern im Bauernkrieg eine »christliche Vereinigung« nennen oder sich
eine politische Partei als CDU oder CSU bezeichnet oder gar, um ein
extremes Beispiel zu nehmen, von christlichen Milizen – wie im Libanon –
gesprochen wird? Man kann sich nicht unmittelbar auf das Christentum als
politische Doktrin berufen, und die politische Benutzung der Bezeichnung
»christlich« bedeutet eine fragwürdige Inanspruchnahme, wenn nicht gar
eine Usurpation dieses Namens.

Dadurch ist die Frage aber keineswegs schon erledigt. Wenn der christliche Glaube nicht als politische Doktrin zu betrachten ist, so zeitigt er doch
politische Konsequenzen. Nun gilt aber auch hier nicht eine Unmittelbarkeit in dem Sinne, daß der christliche Glaube zwar selbst nicht eine
politische Doktrin wäre, jedoch bei allen Gläubigen notwendig zu einer
einheitlichen politischen Auffassung führen müßte. Der christliche Glaube
hat politische Konsequenzen – deshalb ist es auch richtig zu sagen, daß es
keine apolitische Theologie geben kann, daß jede Theologie immer schon
politisch bestimmt ist –, diese Konsequenzen lassen sich aber nicht in
Gestalt einer christlichen Politik erfassen. Wenn der Glaube zur politischen
Verantwortung befreit, ist damit noch nicht vorgeschrieben, wie der
Glaubende diese Verantwortung wahrzunehmen und zu vollziehen hat.
Hier muß vielmehr gerade der Aspekt der Freiheit unterstrichen werden,
die sich nicht mit dem Vorschreiben eines christlichen Programms begnügen kann.

Diese elementaren Bemerkungen weisen auf die Indirektheit der Beziehung des Glaubens zum Politischen. Die Rechenschaft über den christlichen Glauben in politischer Hinsicht muß sich als Unterscheidung zwischen dem Theologischen und dem Politischen artikulieren. Damit ist eine
reformatorische Formulierung[24] aufgenommen, die noch der Erläuterung
bedarf. Es geht nicht darum, das Theologische und das Politische als zwei
gesonderte Bereiche säuberlich voneinander zu scheiden. Die Unterscheidung bedeutet auch erst die richtige Inbeziehungsetzung beider zueinander,
eine sorgfältige Artikulation, die weder trennt noch vermischt, sondern

---

[24] Vgl. die etwa bei Luther oft betonte Notwendigkeit, zwischen dem, was theologice, und
dem, was politice oder moraliter gilt, zu unterscheiden. Diese Unterscheidung ist bei ihm auf
dem Hintergrund der Zweireichelehre zu interpretieren, auf die wir später noch zurückkommen werden (s. u. 2.46.).

den Sachverhalt auf seine Zusammenhänge hin befragt und die inneren Beziehungen und Spannungsmomente zum Ausdruck bringt. Das heißt aber, daß die Unterscheidung nicht als Aufteilung in zwei Wirklichkeitsbereiche verstanden werden darf. In ihr geht es um die eine Lebenswirklichkeit des Menschen. Diese Lebenswirklichkeit muß aber in verschiedenen Hinsichten betrachtet werden: darum geht es in der Unterscheidung zwischen dem Theologischen und dem Politischen. Geht man für das Verständnis des Politischen von der reformatorischen Auffassung von politice und moraliter aus, dann ist es sehr weit gefaßt und meint die Lebenswirklichkeit des Menschen in Hinsicht auf die Beziehungen zu den Mitmenschen, zur Gemeinschaft und zur Gesellschaft, in Hinsicht auf die in ihr waltenden Weltbezüge. Die Perspektive des Theologischen hingegen erfaßt die Lebenswirklichkeit des Menschen in der Welt von ihrem Gottesbezug her. Jeder dieser zwei Perspektiven muß ihr Recht in angemessener Weise zukommen, indem jede von falschen Vermengungen befreit und dennoch in die richtige Beziehung zur anderen gebracht wird. Umstritten ist diese Unterscheidung dort, wo ein Streit um die höchste, letztgültige Instanz entbrennt, wo es um die Frage geht, von welcher Perspektive her der Mensch seine Lebenswirklichkeit letztlich bestimmt sein läßt, ja sie überhaupt erst empfängt. Hier muß eine Unterscheidung vollzogen werden, die dem Politischen zugunsten des Theologischen den Anspruch auf Letztgültigkeit streitig macht und es so vom Theologischen her zur Wahrnehmung der politischen Aufgaben im weitesten Sinne befreit. Das hat aber zur Folge, daß die Auswirkungen des Theologischen auf die politischen Dimensionen nicht unmittelbar gegeben sind – im Sinne eines Programmes, einer Motivation oder einer Zielvorstellung –, sondern notwendig durch eine verantwortliche Ausübung der Freiheit vermittelt werden, einer Freiheit, die nur kraft der Unterscheidung möglich ist. Diese verantwortliche Freiheit ist die höchste und grundlegende Konsequenz des Theologischen in politischer Hinsicht.

Die Hermeneutik der politischen Theologie hingegen beruht auf der Annahme eines unmittelbaren Zusammenhanges zwischen beiden Perspektiven. Dadurch kommt sie aber in Schwierigkeiten mit der soeben angedeuteten Unterscheidung zwischen dem Theologischen und dem Politischen, denn für sie ist aufgrund des unmittelbaren Zusammenhanges das Theologische von vornherein politisch und das Politische theologisch zu interpretieren. Denkt man von der Unterscheidung her, so bedeutet die politische Hermeneutik eine problematische Politisierung des Theologischen. Wenn auch zweifellos das Theologische nie rein apolitisch sein kann, sondern stets politische Relevanz aufweist, so kommt doch eine solche in eminenter Weise gerade der Unterscheidung zu. Diese wird nun aber durch die Politisierung in Frage gestellt, die notwendig zur Folge hat, daß die theologischen Sachverhalte auf ihre politischen Komponenten reduziert werden, in der Meinung, daß nur so die politische Verantwor-

tung wahrgenommen werden kann. Darin kommt eine stark reduktionisti-
sche Tendenz zum Ausdruck. Dann muß man sich aber fragen, ob man so
überhaupt noch dem Gottesbezug gerecht werden kann, der dem theologice zugrundeliegt. Freilich darf man nicht einfach bei diesem formalen
Einwand des Reduktionismus verharren. Die Politisierung des Theologischen schöpft ihre Begründung aus einer Verabsolutierung des Politischen
selbst: wenn »alles politisch ist«, so mag es wohl auch das Theologische
sein, und dann ist die Politisierung auch nicht eine Reduktion, sondern die
allein angemessene Erfassung. Die Politisierung des Theologischen in der
Hermeneutik der politischen Theologie steht im Zeichen einer Politisierung der gesamten Wirklichkeit. Die Kritik der reduktionistischen Tendenz muß deshalb als Frage nach dem Wirklichkeitsverständnis artikuliert
werden.

1.14. Die Frage nach dem Wirklichkeitsverständnis

»Alles ist politisch«: diese verbreitete, verallgemeinernde und vulgarisie-
rende Sentenz bringt zum Ausdruck, daß die Politisierung von vornherein
auf eine umfassendere Perspektive angelegt ist, als im bisherigen Gedankengang angenommen wurde. In ihr geht es letztlich um die ontologische
Problematik, um das Verständnis der Wirklichkeit überhaupt. Die Verall-
gemeinerung zum »Alles ist politisch«, die eine Allgegenwart des Politischen behauptet, stellt zugleich den Versuch dar, diese allgegenwärtigen
politischen Gegebenheiten als die grundlegenden Dimensionen der Wirklichkeit aufzuweisen. Die Politisierung des Theologischen, von der vorher
die Rede war, entspringt dieser umfassenden Politisierung.

Die Frage nach dem Wirklichkeitsverständnis, auf die wir hier stoßen,
muß noch genauer bestimmt werden. Will man die Wirklichkeit im
Versuch, sie zu definieren, nicht von vornherein verengen, so muß die
Definition möglichst breit ansetzen. Zur Wirklichkeit gehören vielfältige
Bezüge und Zusammenhänge, die sich nicht etwa wie Schichten oder
Bereiche zueinander verhalten, sondern ineinandergreifen und einander
gegenseitig bedingen und so die gesamte Wirklichkeit zu einem komplexen
Knäuel werden lassen. Das zeigt sich etwa am Verhältnis zwischen dem
Menschen und seiner Umwelt im ökologischen Sinne. Wie schwierig
dieses Verhältnis ist, deuten Probleme an wie etwa Umweltverschmutzung
oder Energieversorgung, aber auch Lebenskampf mit der Natur oder
Rohstoffverschwendung, das Problem der Grenzen des Wachstums und
noch mehr der Unfähigkeit, sie wirklich wahrzunehmen und sich ihnen
entsprechend vernünftig zu verhalten. Ähnliche Vielfalt zeigt die Problematik des Zusammenlebens der Menschen in der Gesellschaft: die weltweiten wirtschaftlichen, politischen und sozialen Probleme, die auch immer
wieder auf die einzelnen Situationen einwirken (Arbeitsteilung, Machtver-

hältnisse, Güterverteilung, Industrialisierung, Massenzivilisation, Ausbeutung und Entfremdung, usw.). Diese verschiedenen Aspekte wirken sich
auch auf den interpersonalen Bereich des Menschen in seinem engeren
Nachbars-, Freundes- und Familienkreis aus, überhaupt auf den einzelnen
Menschen in seinem Umgang mit der Kultur und der Natur, mit seinem
Leib und seinem Geist, mit der Zeit, mit seinem Leben in allen Wirklichkeitsbezügen, mit seinem Vergehen und Sterben.

Das Bild, das sich also anbietet – hier nur stereotypisch angedeutet –, ist
ein vielschichtiges und vielfältiges. Ein Versuch, dieser Mannigfaltigkeit
beizukommen, könnte nun darin bestehen, einen dieser Bezüge als den
grundlegenden, weil die gesamte Wirklichkeit durchziehenden und letztlich bestimmenden Bezug hervorzuheben. Das wäre etwa das Vorgehen,
das der Politisierung zugrundeliegt. Man könnte freilich andere Beispiele
erwähnen: so etwa Freuds Psychoanalyse, die die eigentlichen Wurzeln der
Wirklichkeit in den psychischen Mechanismen vornehmlich des Unbe-
wußten im Menschen sieht und die ganze Vielfalt von Aspekten letztlich
auf die sexuelle Triebstruktur zurückführt, was schwierige theoretische
Ableitungsprobleme mit sich bringt. Dieses Modell ließe sich auf verschiedene Weisen variieren, indem jeweils eine Dimension als die grundlegende
deklariert wird. Diese Vielfalt von Möglichkeiten läßt fragen, ob denn mit
einem solchen Verfahren das Problem der Wirklichkeitserfassung bereits
gelöst oder ob es nicht vielmehr bloß verschoben wird. Hat man denn die
Wirklichkeit dadurch schon erfaßt, daß man sie als grundlegend politische
bestimmt hat? Ist denn die politische Wirklichkeit, genauer: die politisch
bestimmte Wirklichkeit auch schon *die* Wirklichkeit? Könnte die Ausrichtung auf die politische Komponente nicht gerade ein angemessenes Verständnis der Wirklichkeit versperren, diese verfälschen und verkürzen?

Die Schwäche des Verfahrens liegt darin, daß es die Bezüge und Zusammenhänge der Wirklichkeit als verfügbare Gegebenheiten betrachtet, die es
auf einen fundamentalen Aspekt zurückzuführen gilt. Damit wird noch
nicht klar, was letztlich die Wirklichkeit zur Wirklichkeit macht. Die
Aufmerksamkeit muß auf das Geschehen gelenkt werden, in dem die
Wirklichkeit in all ihren Bezügen und Zusammenhängen überhaupt erst
zur Wirklichkeit wird. Diese Fragestellung führt zu einem neuen wegweisenden Verständnis des Konkreten. Gewöhnlich wird das Konkrete an
einem der Bezüge, der alle anderen durchzieht und auf den sie zurückzuführen sind, aufgewiesen. Die Frage nach dem Konkreten muß aber
schärfer gestellt werden, als Frage nach dem *concretum* im buchstäblichen
Sinne: es muß sich herausstellen, worin die verschiedenen, vielfältigen
Zusammenhänge zu einer einzigen Wirklichkeit *zusammenwachsen*. Erst
dieses Zusammengewachsene, in dem die gesamte Wirklichkeit wurzelt,
ist das wahrhaftig Konkrete, neben dem alle anderen Bestimmungen des
Konkreten Abstraktionen darstellen. Nur durch das Vorstoßen zu diesem
Konkreten wird deshalb die Frage nach dem Wirklichkeitsverständnis

richtig gestellt. Das bedeutet freilich ein Umdenken in Hinsicht auf die Kategorien von abstrakt und konkret.

Die Perspektive des concretum läßt sich folgendermaßen kennzeichnen. Das Wesen der Wirklichkeit liegt nicht in der Wirklichkeit an sich. Vielmehr wird die Frage entscheidend, woher sie empfangen und deshalb auch erfaßt und verstanden wird. Das bedeutet nicht etwa wieder eine Reduktion auf einen einzelnen Bezug, sondern umfaßt die Gesamtheit der Wirklichkeitshinsichten als die Frage nach einer Instanz, von der her diese Gesamtheit wahrgenommen, beurteilt und aufgenommen werden kann. Erst als Frage nach einer solchen Urteilsinstanz ist die Frage nach dem Wirklichkeitsverständnis radikal erfaßt.

Freilich muß diese Thematik der Urteilsinstanz noch in ihrem anthropologischen Sinn ausgelegt werden, denn die Frage nach dem Wirklichkeitsverständnis zielt notwendig auf den Menschen ab. In der Tat, *der Mensch* steht vor der Aufgabe, die Wirklichkeit zu verstehen, und deshalb vornehmlich vor der Aufgabe, seine eigene Stellung der Wirklichkeit gegenüber zu erfassen. Dazu läßt sich folgendes sagen: der Wirklichkeit gegenüber steht der Mensch in der Situation der Betroffenheit. Er ist durch sie angegangen und herausgefordert. Er lebt nicht einfach in ihr, er gehört nicht bloß als Bestandteil dazu; er steht vor ihr gewissermaßen wie vor einem Gericht, in dem es um ein letztgültiges und umfassendes Urteil über ihn geht. In dieser Hinsicht ist die Frage der Urteilsinstanz die Grundfrage der Wirklichkeit. Diese Instanz jedoch, von der der Mensch beurteilt wird und von der her er die Wirklichkeit empfängt und vor der er sie verantwortet, steht nicht von vornherein fest. Es steht vielmehr noch zur Debatte, welche Instanz er das letztgültige Urteil über sich selbst sprechen lassen will: ob es eine der Wirklichkeitshinsichten oder gar die Wirklichkeit im ganzen oder der Mensch selbst sein soll oder eine noch ganz andere, die mit jenen um den Menschen streitet, diesem mit ganz anderen Maßstäben als denen des Gerichts, mit Maßstäben der Gnade begegnet.

Diese Situation der Herausforderung, diese Urteilssituation hatte sich schon im vorigen Abschnitt bei der Unterscheidung zwischen dem Theologischen und dem Politischen als wichtige Dimension erwiesen. Sie wird hier in erweiterter Perspektive zur wesentlichen Bestimmung der Wirklichkeit. Das soll nun noch einmal konzentriert zur Sprache kommen, indem die Ausrichtung auf den Menschen und zwar betont auf den Menschen als Einzelnen reflektiert wird.

1.15. Die Kategorie des Einzelnen als ontologisches Grundproblem[25]

Den Ausgangspunkt unserer Überlegungen bildete die Erscheinung der politischen Theologie. In ihr wurde zunächst die hermeneutische Dimen-

---

[25] Für das Folgende, vgl. *P. Bühler,* L'individu. Quelques réflexions à propos d'une catégorie oubliée, RHPhR 58, 1978, 193–215.

sion als fundamental dargestellt. Indem wir in dieser hermeneutischen Perspektive die Politisierung betrachteten, stießen wir auf die ontologische Problematik des Wirklichkeitsverständnisses. Die Konzentration auf die Urteilssituation führte uns zum Gesichtspunkt des Einzelnen.

Dieser vorläufige Endpunkt unseres Gedankenganges könnte erneut als eine Verengung, und zwar als eine katastrophale, erscheinen. Wird dadurch nicht die ganze Vielfalt der Gegebenheiten der Wirklichkeit im gesamten individualistisch-subjektivistisch reduziert? Wird nicht an der wirklichen Wirklichkeit vorbeigeredet, wenn auf diese Art das Entscheidende in einen Elfenbeinturm verlegt und von allem anderen isoliert wird? Bildet der Standpunkt des Einzelnen nicht hinsichtlich der vielen sich in den Zusammenhängen der Wirklichkeit stellenden Probleme eine verstiegene Abstraktion? Gegenüber diesen kritischen Fragen bedarf die Kategorie des Einzelnen der Erläuterung.

Es stellt ein verhängnisvolles Mißverständnis dar, wenn der Standpunkt des Einzelnen als Absonderung, als Rückzug in einen Elfenbeinturm betrachtet wird. Es ist zwar eine gängige Fehldeutung, die zu einem verbreiteten Vernachlässigen, ja sogar zu einem vollständigen Vergessen der Kategorie des Einzelnen geführt hat. Dabei beruft man sich meistens auf die Konkretion, die in den weltweiten wirtschaftlichen und sozialpolitischen Problemen gesehen wird und ein bewußtes, verantwortungsvolles Verhalten und Handeln erfordert. Das zeigt schon, daß die Alternative von Individuum und welthaften Bezügen schief ist. Ohne die Aufgabe der Verantwortung werden die politischen Konkretionen zu einer weltweiten Abstraktion, die mich nur indirekt und von ferne betreffen kann. Doch gerade die Aufgabe der Verantwortung kann der Mensch nur als Einzelner wirklich wahrnehmen, denn so allein kann er die Herausforderung erfassen, die für ihn in allen Wirklichkeitsbezügen liegt. Der Einzelne steht deshalb nicht abseits von aller Wirklichkeit, so daß er unabhängig von ihr zu bestimmen und erst nachträglich zu ihr in Beziehung zu setzen wäre. Er steht vielmehr gerade mitten in ihr, im Feld der vielfältigen Relationen. Also nicht durch Abgeschlossenheit kennzeichnet sich sein Standpunkt aus, sondern durch Offenheit: in ihm werden alle Wirklichkeitshinsichten und -bezüge aufgenommen, in ihm wachsen diese zu einer Einheit zusammen, die sie erst *konkret* werden läßt. Freilich ist diese Einheit keine völlige Harmonie. Vielmehr ist sie als Streit, als unablässige Spannung wahrzunehmen, und in diesem Sinne als Herausforderung, als Lebensaufgabe. Die Kategorie des Einzelnen weist nicht auf den Standpunkt eines schon erreichten Zustandes, in dem man schon ein Einzelner ist, sondern auf die Aufgabe, in seinem täglichen Leben ein Einzelner zu werden, und zwar in einer Bewegung, die alle Lebensbezüge umfaßt.

Indem die Totalität der Lebensbereiche und -perspektiven im Einzelnen zur Einheit einer Lebensaufgabe vereint wird, konzentriert sich die Wirklichkeitsproblematik auf die Kategorie des Einzelnen. Der Einzelne wird zum Schnittpunkt der Wirklichkeit. Man könnte darin den Versuch sehen, die Wirklichkeit im ganzen zu verinnerlichen, sie durch den Bezug auf den Einzelnen zurückzuführen auf die Innerlichkeit – auf das Herz des Menschen, auf sein Gewissen, oder wie immer man diese Innerlichkeit nennen mag –, sie zu internalisieren. Freilich muß dieser Aspekt der Innerlichkeit zunächst betont werden: in der Tat betrifft die Wirklichkeit den Menschen in seinem Innersten. Die Herausforderung der Situation, in der er lebt, kann er nicht oberflächlich, unmittelbar wahrnehmen, sie betrifft ihn als Person, dort, wo er letztlich Mensch ist. Nun gilt aber umgekehrt, daß die Herausforderung zur Verantwortung von außen her auf ihn zukommt, und zwar gerade auf ihn in seiner Innerlichkeit. Die konstitutive Bedeutung der Urteilssituation für das Wirklichkeitsverständnis weist hin auf die grundlegende Determination des Einzelnen durch die Externität. Das das Innerste des Menschen Betreffende ist radikal extern und wird nicht verinnerlicht, sondern gerade als extern in seiner Würde anerkannt[26]. Vielmehr ist die Bewegung die, daß der Mensch in seinem Innersten zum Externen hin geöffnet wird, befreit wird von seiner Tendenz zur Verschließung und zur Internalisierung, die im eigentlichen Sinne als Sünde zu bezeichnen ist, und außerhalb seiner selbst versetzt wird durch das ihn von außen her Betreffende.

Damit ist bereits der Bezug zum Theologischen hergestellt: Sünde gibt es nur vor Gott, und ein Versetztwerden extra se nur als ein Gerechtgesprochenwerden, ein Angenommenwerden vor Gott. Dieses »vor Gott« bringt die Externität in ihrer radikalsten Form zum Ausdruck. Den Menschen als Einzelnen gibt es überhaupt nur als den Menschen vor Gottes Angesicht. Von dieser äußersten Herausforderung her ist auch die Herausforderung der vielfältigen welthaften Bezüge erst wirklich wahrzunehmen. Als Schnittpunkt der Wirklichkeit wird deshalb der Einzelne zum Schnittpunkt aller theologischen Aussagen. Und deshalb auch gilt folgendes: »Die Theologie verliert ihr Thema, wenn sie die Kategorie des Einzelnen preisgibt.«[27] Will die Theologie die Frage nach dem Wirklichkeitsverständnis behandeln, so muß sie eingehend das Problem der Kategorie des Einzelnen in Angriff nehmen.

---

[26] Zur Würde des Externen, vgl. *W. Mostert,* »Fides creatrix«. Dogmatische Erwägungen über Kreativität und Konkretion des Glaubens, ZThK 75, 1978, 233–250.

[27] *G. Ebeling,* Einführung in theologische Sprachlehre, 1971, 55. Es ist ja auffallend, daß die Philosophie mit der Kategorie des Einzelnen immer wieder Schwierigkeiten bekundet hat (vgl. *P. Bühler* aaO [s. o. Anm. 25] 196–206), während die Betonung des Einzelnen eher biblischen Ursprungs ist und sich deshalb eigentlich nur vom theologischen Standpunkt her erfassen läßt, auch wenn die Verarbeitung philosophisch orientiert ist. Das läßt sich etwa am zentralen Beispiel in dieser Hinsicht, an Kierkegaards Verständnis des Einzelnen zeigen (aaO 205–215).

1.16. Das Problem politischer Theologie als das Problem natürlicher Theologie

Indem wir in unserem ersten Reflexionsgang die politische Theologie in hermeneutischer Perspektive betrachteten, stießen wir auf die Dimension der Politisierung. In ihr entdeckten wir den Versuch der politischen Theologie, eine Antwort auf die Frage nach dem Wirklichkeitsverständnis zu finden und zu verantworten. Die Kritik, die wir der Politisierung gegenüber anbrachten, betraf die Frage, ob es der politischen Theologie gelingt, die Wirklichkeit in Wahrheit zu erfassen, oder ob sie nicht vielmehr das ontologische Grundproblem, nämlich die Kategorie des Einzelnen, verfehlt. Diese Kritik sei jetzt vorläufig zurückgestellt, damit die Fragestellung selbst noch einmal in den Blick kommt.

Will man das Thema möglichst weit fassen, dann muß man sagen, daß es darum geht, die theologische Reflexion auf die Wirklichkeit im ganzen auszurichten. In der politischen Theologie erfährt diese formale Bestimmung sogleich zwei Präzisierungen: die Wirklichkeit im ganzen ist als solche politisch, und dementsprechend tendiert die theologische Reflexion auf eine verantwortliche politische Praxis. Damit ist das Problem noch nicht gelöst, denn es stellt sich gerade die Frage, ob der Gesichtspunkt der Verantwortung, in dem Reflexion, Theorie, und Praxis verknüpft werden, nicht eine andere Dimension voraussetzt, die die Wirklichkeit wesentlich anders als politisch bestimmt und eben zeigt, daß mit dem Politischen noch nicht das Wesentliche der Wirklichkeit erfaßt ist. Dennoch muß das Politische in seinem ganzen Gewicht berücksichtigt werden, jedoch, wie wir gesehen haben, gerade in der Unterscheidung vom Theologischen. In der Betonung dieser Unterscheidung kommt eine Hervorhebung der Situation der Verantwortung als Situation der Herausforderung des Einzelnen zum Ausdruck. Die politische Theologie empfindet diese Orientierung am Einzelnen als einengend und hemmend und betont die Priorität der sozialpolitischen Bezüge an sich, in denen der Mensch immer schon stehe. Diese Vorgegebenheit wird in der Kategorie des Einzelnen nicht bestritten, sondern vielmehr aufgenommen und in ihrer Relevanz für den Menschen interpretiert. Dadurch wird die Verantwortung als vor Gott und vor der Welt wahrgenommene Verantwortung erst radikal erfaßt.

An dieser Stelle offenbart sich das eigentliche, das zentrale Problem der Auseinandersetzung, das kein spezielles, sondern ein umfassendes Problem darstellt: wie ist die Theologie, das Reden von Gott auf die Situation des Menschen in der Welt zu beziehen? Wie kann sie den wirklichen Menschen in seiner wirklichen Situation, man könnte auch sagen: den natürlichen Menschen, erreichen? Um es mit einer problematischen, aber doch aufschlußreichen Terminologie zum Ausdruck zu bringen: wo liegt der Anknüpfungspunkt für das Reden von Gott? An diesen Formulierungen zeigt sich, daß die Fragestellung, die die politische Theologie beherrscht, die Grundfrage der traditionellen natürlichen Theologie ist. Freilich gilt das nur mit der Einschränkung, daß die Frage eine abgewandelte Form bekommen hat und in den klassischen Kategorien und Unterscheidungen weder zu stellen noch zu beantworten ist. Dennoch läßt sich hier in Hinsicht auf das aus der Stoa entstammende Schema der drei Arten von Theologie eine interessante Verschiebung beobachten: das Interesse hat sich von der natürlichen Theologie in die politische verlagert, das Problem aber, mit dem gekämpft wird, bleibt im Grunde genommen dasselbe. Das Problem politischer Theologie ist in abgewandelter Form das Problem natürlicher Theologie[28].

Dadurch, daß das Problem auf diese Weise namhaft gemacht wird, ist noch keine Verurteilung der politischen Theologie vollzogen. Die Bezeichnung als Problem natürlicher Theologie soll nicht als Schelte mißverstanden werden. Sie vollzieht vielmehr eine Konzentration auf ein zentrales, immer noch unbewältigtes[29], ein bleibendes Problem der Theologie überhaupt. In dieser Perspektive muß freilich gefragt werden, ob die politische Theologie dieses Problem angemessen in Angriff nimmt und nehmen kann oder ob sie diesbezüglich nicht doch Mängel aufweist, was bereits mit der Kategorie des Einzelnen angedeutet wurde. Wird aber eine Kritik an der politischen Theologie ausgeübt, so nicht deshalb, weil sie dieses Problem behandelt, sondern weil sie es ungenügend, unangemessen, unscharf behandelt. Die Kritik soll darauf ausgerichtet sein, eine schärfere und sachgemäßere Erfassung dieses Problems zu ermöglichen.

Mit den letzten Bemerkungen ist der Weg für die weitere Explizierung des Themas »Kreuz und Eschatologie« bereits vorgezeichnet. Es soll jetzt versucht werden, in den Hauptthemen der politischen Theologie das Problem natürlicher Theologie in seinen verschiedenen Aspekten und Erscheinungsformen aufzuweisen. Das soll im Nacheinander an beiden

---

[28] Die Verlagerung innerhalb des antiken Schemas der drei Genera könnte noch weiter verfolgt werden, indem die Tendenz der letzten Jahre zur sogenannten »narrativen Theologie« von daher als Übergang zu Formen der theologia fabulosa interpretiert würde. Wie schon in der antiken Dreiteilung zwischen der politischen und der mythischen Theologie, bestehen auch heute in gewisser Hinsicht Verbindungen der narrativen Theologie mit der politischen Theologie, was sich etwa bei *J. B. Metz* zeigt (vgl. von ihm: Kleine Apologie des Erzählens, in: Concilium 9, 1973, 334–341; Erlösung und Emanzipation, in: StdZ, 191, 1973, 171–184). Man könnte sich fragen, ob die aktuelle Hervorhebung des Narrativen nicht die Unbefriedigtheit zum Ausdruck bringt, die mit der politischen Theologie geblieben ist. Auf jeden Fall wird die Verlagerung zur narrativen Theologie kaum eine radikal neue Fragestellung produzieren, sondern eher eine neue Form der Auseinandersetzung mit dem alten Problem der natürlichen Theologie darstellen. Auch sie ist deshalb in Hinsicht auf Angemessenheit kritisch zu prüfen. Das gilt wenigstens für ihren anscheinend weitverbreiteten antidogmatischen, antisystematischen Affekt. Vgl., als einleitende Darstellung der narrativen Theologie, *B. Wacker*, Narrative Theologie?, 1977 (mit einer kleinen Bibliographie). Wie sich die Idee der narrativen Theologie systematisch verarbeiten läßt, zeigt etwa: *E. Jüngel*, Gott als Geheimnis der Welt. Zur Begründung der Theologie des Gekreuzigten im Streit zwischen Theismus und Atheismus, 1977, 409–430.

[29] Vgl. *Chr. Gestrich*, Die unbewältigte natürliche Theologie, ZThK 68, 1971, 82–120.

oben unterschiedenen Dimensionen geschehen, an der Dimension der Positivität und an der Dimension der Negativität[30].

1.2. Die Dimension der Positivität: Hoffnung auf eine neue Welt

Unser Ausgangspunkt soll zunächst möglichst weit gefaßt sein. Erst durch die Darlegung selbst soll die Thematik progressiv auf das zentrale Problem hin präzisiert werden. Mit dem Begriff der Positivität bezeichnen wir die Gesamtheit der vielfältigen Aspekte, die in der politischen Theologie den Bezug zur Zukunft bestimmen. Es geht also zunächst um das Eschatologische in der politischen Theologie, das provisorisch mit der Formulierung »Hoffnung auf eine neue Welt« umschrieben wird. *Positiv* ist diese Dimension nicht etwa im Sinne von »positivistisch«, sondern durch die sie durchziehende unmittelbare Bewegung auf ein teils ersehntes und erhofftes, teils zu erreichendes und zu verwirklichendes Ziel hin, das, wenn nicht das absolute Heil, so doch eine eindeutige Verbesserung bringt. Das »teils – teils« und das »wenn nicht – so doch« deuten schon an, daß diese Dimension komplexe Spannungsmomente enthält. Diese Spannungen sollen zum eigentlichen Thema dieses Abschnittes werden. Doch zunächst seien noch einige historische Bemerkungen zur eschatologischen Thematik angebracht.

1.21. Kurzer historischer Überblick: das Thema »Eschatologie« in der ersten Hälfte des 20. Jahrhunderts[31]

Die Interpretation des Reiches Gottes als des religiös-sittlichen Endzwecks, wie sie bei Ritschl vollzogen wurde, führte zu einer radikalen Enteschatologisierung, die der Schrumpfung der Eschatologie in der neuzeitlichen Theologie das extreme Ausmaß zu geben schien. Gegen diese enteschatologisierende Tendenz entfaltete sich an der Jahrhundertwende und in den ersten Jahrzehnten unseres Jahrhunderts eine umfassende Kritik, die das Thema »Eschatologie« auf zwei verschiedenen Wegen wieder belebte. Auf dem Weg der historisch-exegetischen Kritik, vornehmlich bei Joh. Weiß und A. Schweitzer, wurde der radikal eschatologische Charakter der Verkündigung Jesu und des urchristlichen Glaubens hervorgehoben. Auf methodologischer Ebene verband sich mit dieser Forschung ein verstärktes Bewußtsein der Spannung zwischen historischer und dogmatischer Theologie. Gerade deswegen lag es diesen Forschern fern, die historische Entdeckung der Eschatologie auch dogmatisch zu verarbeiten. Vielmehr wurde die Eschatologie klar historisch lokalisiert: Die Parusie-

---

[30] S. o. S. 16.
[31] Für das Folgende, vgl. *G. Ebeling* WG III, 430–434.

verzögerung führte zwangsläufig zur Auflösung oder Umgestaltung der
Eschatologie. Als »konsequente Eschatologie« war deshalb die Entdek-
kung der neutestamentlichen Eschatologie zugleich eine radikale Eliminierung des eschatologischen Themas aus der Theologie, denn die stark
eschatologisch geprägte Welt des Urchristentums war für diese For-
schungsrichtung·nicht geschichtlich konservierbar und dadurch auch in der
Gegenwart nicht repristinierbar.

Anders sieht es auf dem zweiten Weg aus, der durch die frühe dialektische Theologie, etwa bei K. Barth, beschritten wurde. Obwohl hier die
historisch-exegetische Hervorhebung der Kluft zwischen dem neutestamentlichen Glauben und dem modernen Christentum aufgenommen
wurde, war das Verhältnis zum Thema der Eschatologie ganz anders als
historisch. Es war vielmehr dogmatisch geprägt: das Eschatologische
wurde, unmittelbar aus dem Neuen Testament geschöpft, mit leiden-
schaftlichem Engagement auf die Gegenwartssituation hin interpretiert.
Weil das dogmatische Pathos dazu verleitete, allzu schnell die eigene
Auffassung in den biblischen Befund hineinzudeuten, entstand hier die
Gefahr eines Überspringens des historischen Unterschiedes und einer
letztlich unhistorischen Interpretation der neutestamentlichen Eschatologie. Die neutestamentliche Naherwartung und die traditionelle futurische
Eschatologie wurden »im Zeichen einer Uminterpretation ... in die Zeit-
Ewigkeit-Dialektik des Augenblicks und damit der geschichtlichen Exi-
stenz als solcher«[32] erfaßt.

Dieser Ansatz, stark von Kierkegaards Existenzdialektik geprägt, hat
sich auch in Bultmanns Arbeiten durchgesetzt[33]. Bei ihm sieht es freilich
anders aus, denn er hat bezeichnenderweise beide Wege, den historisch-
exegetischen und den theologisch-systematischen, beschritten und in dieser
Doppelheit der Perspektiven versucht, die historische Differenz eingehend
hermeneutisch zu verarbeiten. Das geschah seiner hermeneutischen Auffassung entsprechend in der Existentialinterpretation. Insofern bildete das
Thema der Eschatologie eines der wichtigsten Arbeitsfelder für das
Programm der Entmythologisierung. Doch damit wurde nicht – wie man
in einem naiven Verständnis der Entmythologisierung meinen könnte –
das Thema der Eschatologie überhaupt als erledigt erklärt und der
Geschichte zur Konservierung übergeben. Vielmehr wurde in Bultmanns
Existentialinterpretation das Eschatologische gerade zu einer fundamentaltheologischen Kategorie. Das Wichtigste zu Bultmanns Verständnis des

---

[32] AaO 433.
[33] S. vor allem von ihm: Geschichte und Eschatologie, 1958; Der Mensch zwischen den
Zeiten nach dem Neuen Testament, in: Glauben und Verstehen. Gesammelte Aufsätze, Bd.
III, 1965³, 35–54; Die christliche Hoffnung und das Problem der Entmythologisierung, ebda.
81–90; Geschichte und Eschatologie im Neuen Testament, ebda. 91–106; Jesus Christus und
die Mythologie, in: Glauben und Verstehen. Gesammelte Aufsätze, Bd. IV, 1975³, (141–189)
148–156.

Eschatologischen sei jetzt nur ganz knapp in drei Gesichtspunkten zusammengefaßt.

Zunächst ist zu betonen, daß, wie es der Titel eines seiner Werke anzeigt, das Verhältnis von Geschichte und Eschatologie zum zentralen Problem wird. Das gilt zwar ganz allgemein, bekommt aber seine eigentliche Zuspitzung in der Christologie. Die Erscheinung Jesu Christi steht in der zweifachen Bestimmung des Geschichtlichen und des Eschatologischen: in Christus hat sich das Eschatologische in der Geschichte realisiert, und dieser Doppeldimension muß alle theologische Aufmerksamkeit geschenkt werden. Dadurch ist das traditionelle Schema der futurischen Eschatologie schon gesprengt. Das führt zum zweiten Aspekt: hat sich im Christusereignis das Eschatologische geschichtlich realisiert, so gilt es vor allem im Verständnis des Eschatologischen darauf zu achten, wie es sich als bereits Realisiertes auf die geschichtliche Existenz des Menschen auswirkt. Aus einer fernen Zukunftshoffnung oder -vorstellung wird das Eschatologische zu einer Bestimmung der gegenwärtigen Existenz des Menschen in ihrem Verhältnis zur Zukunft. Diese »präsentische Eschatologie« wurde oft mißverstanden und pauschal verurteilt als Rückfall ins griechische Ewigkeitsdenken oder als Reduktion des Theologisch-Eschatologischen auf eine Existentialstruktur im Sinne Heideggers. Diese Einwände übersehen aber den dritten Gesichtspunkt des Eschatologischen, der das Verständnis der präsentischen Eschatologie wesentlich anders akzentuiert: eschatologisch ist letztlich nur das Handeln Gottes. Das gilt sowohl für das Christusgeschehen – als Offenbarung Gottes an die Menschen – als auch für die Existenz des Glaubenden – als gottgewirkten Empfang des Handelns Gottes im Glaubensgehorsam – und für die Existenz der Kirche – als unaufhörliche Verkündigung des fleischgewordenen Wortes Gottes. Das Eschatologische ist nur in Hinsicht auf das Theo-logische im strengen Sinne, auf Gott hin richtig zu erfassen.

Wie wir noch sehen werden, liefern diese Aspekte wichtige Hinweise, die für die weitere Verarbeitung des eschatologischen Themas aufzunehmen und zu würdigen sind. Allerdings hat sich die Behandlung der Eschatologie in der ersten Hälfte des 20. Jahrhunderts unmittelbar nur wenig auf die dogmatische Arbeit am Thema ausgewirkt. Diese blieb meistens weiterhin im bescheidenen Rahmen des traditionellen eschatologischen Lehrstücks. In den letzten Jahrzehnten jedoch überflutete das Thema der Eschatologie die Theologie, freilich in einer Perspektive, die in einer anderen Denkbewegung wurzelt als der der dialektischen Theologie. Das soll jetzt noch kurz behandelt werden.

1.22. Die Neuentdeckung der marxistischen Eschatologie und ihre theologische Inanspruchnahme

Das Verständnis der Eschatologie, das die politische Theologie prägt, ist durch die Tendenz gekennzeichnet, das Eschatologische in enger Beziehung zum weiten Bereich der ethischen, gesellschaftlichen und politischen Gegebenheiten zu erfassen. Dadurch wird die eschatologische Vorstellung zu einem Bild der »paradiesischen« Idealgestalt des gesellschaftlich-politischen Zusammenlebens der Menschen und so zum Maßstab der Kritik an den vergangenen und gegenwärtigen Zuständen und zum Endziel des Handelns in der Welt, wenn auch nicht unmittelbar, so doch als ferner Richtlinie für eine annähernde, gleichnis- und analogiehafte, zeichenhafte Gestaltung der Verhältnisse.

Die theologiegeschichtlichen Bezüge für diese neuere Entwicklung sind komplex. Vom historisch-exegetischen Standpunkt her sind vor allem zwei Aspekte zu erwähnen. Einmal wird, im Gegensatz etwa zu Bultmann, der sein Verständnis der Eschatologie doch sehr stark von der paulinischen und der johanneischen Theologie her konzipiert, die Aufmerksamkeit den eschatologischen Motiven in der synoptischen Tradition geschenkt und vornehmlich der Vorstellung des Reiches Gottes oder des Reiches der Himmel. Auch bei Bultmann war dies zwar schon zum Thema geworden[34], doch wird nun die Idee des Reiches nicht mehr wie bei ihm in Hinsicht auf die *Gottesherrschaft,* sondern stärker in der Perspektive des Sozialpolitischen verstanden, als Form des Zusammenlebens erfaßt. Das hängt mit dem zweiten Aspekt zusammen: die neutestamentlichen eschatologischen Motive werden vor allem in ihrem Verhältnis zu den Vorstellungen der Apokalyptik interpretiert und bekommen eine andere Färbung durch die Einfügung in den Kontext der universalgeschichtlichen und kosmischen Ausrichtung der Apokalyptik. Diese Bemerkung ist nicht schon als Kritik zu verstehen. Es hat historisch gesehen eindeutig seine Berechtigung, die neutestamentliche Eschatologie in ihrem geschichtlichen Kontext zu interpretieren. Problematisch wird es aber, wenn man dabei dem Historischen nicht mehr gerecht wird, weil man die historischen Unterschiede ungenügend respektiert, Aspekte der eigenen Auffassung und des eigenen Interesses in das Betrachtete hineininterpretiert. Insofern sind mit der Erwähnung der historisch-exegetischen Forschungsrichtung noch nicht die entscheidenden theologiegeschichtlichen Bezüge namhaft gemacht, sondern in gewisser Hinsicht nur deren Folgen oder Ausdruck. Die Charakterisierung bedarf deshalb genauerer Angaben über die systematischen Perspektiven.

Im neueren Verständnis des Eschatologischen lassen sich Aspekte aufweisen, die die Leitidee der Ritschl'schen Interpretation des Reiches Gottes aufnehmen, freilich in stark abgewandelter Form, aber doch nicht ohne

---

[34] Vgl. etwa den ersten Teil seines Jesus-Buches.

Berührung. Auch hier wird das Eschatologische zu einem Geschichtsprinzip, auf das der Mensch sich tätig auszurichten hat. Im konkreten jedoch verändert sich teilweise gegenüber Ritschl und der Theologie des 19. Jahrhunderts die Auffassung der Geschichte und deshalb auch der Tätigkeit in ethischer und sozialpolitischer Hinsicht. Am Übergang zu neuen Komponenten ist der religiöse Sozialismus beteiligt, der die Beziehungen zur politischen Reflexion im 19. Jahrhundert herstellt, vor allem zur politischen Philosophie des Marxismus und des Sozialismus.

Geprägt ist dieser Übergang aber auch, wie schon erwähnt, durch den Bruch der dialektischen Theologie mit dem 19. Jahrhundert. Das zeigt sich an der Übernahme wichtiger Gedanken der dialektischen Theologie durch die moderne politische Theologie: so vor allem das durch Barth von der analogia fidei her scharf eingeprägte Verhältnis der Gleichnishaftigkeit, der Analogie zwischen den sozialpolitischen Zielen und dem verkündigten und geglaubten Reich Gottes. In vielerlei Variationen und Umdeutungen findet sich dieses Analogieverhältnis immer wieder in der Eschatologie der politischen Theologie, wie auch die christologische Voraussetzung dazu, daß die Analogie auf der Konzentrizität der zwei Dimensionen in Christus gründet. Die theologischen Probleme, die sich damit stellen, seien jetzt noch zurückgestellt, denn es geht zunächst nur um die theologiegeschichtliche Lage.

Die verschiedenen erwähnten Bezüge haben das Terrain für das vorbereitet, was in der neueren politischen Theologie als zentrales Phänomen zu gelten hat: die Tendenz, das Eschatologische in Verbindung mit den ethischen und sozialpolitischen Gegebenheiten wahrzunehmen, verkoppelt sich mit einer Neuentdeckung der marxistischen Eschatologie. Diese Neuentdeckung steht im Zeichen des Neomarxismus[35]. Die theologische Inanspruchnahme und Verarbeitung gestaltet sich relativ frei und in vielfältigen Variationen. All diesen Variationen gemeinsam ist die mehr oder weniger strenge Übernahme der fundamentalen Ambivalenz der marxistischen Eschatologie. Wir können jetzt die marxistische Auffassung nicht in allen Einzelheiten darstellen, sondern beschränken uns auf diesen zentralen Punkt.

Das religionskritische Prinzip, die Illusion der Religion durch die Erschaffung eines wirklichen Zustandes, der der religiösen Illusionen nicht mehr bedarf, aufzuheben und so die Protestation gegen das Elend, die in der Religion zur Sprache kommt, zur Wahrheit zu bringen, determiniert auch das Verständnis der eschatologischen Motive. Was die Wahrheit der Hoffnung auf ein Jenseits ausmacht, ist das darin zum Ausdruck kommende Bewußtsein der Unwahrheit des jetzigen, diesseitigen Zustandes. Daraufhin erfolgt die geschichtliche Ablösung. »Es ist also die Aufgabe der

---

[35] Für eine ausführliche Besprechung der Literatur zu diesem Thema, vgl. den Literaturbericht von *H.-H. Schrey* (s.o. Anm. 4).

Geschichte, nachdem das Jenseits der Wahrheit verschwunden ist, die Wahrheit des Diesseits zu etablieren.«[36] Das Diesseits als Zeit des Elends, der vom Klassenkampf geprägten Selbstentfremdung des Menschen, findet seine Wahrheit in der Umkehrung der bestehenden Verhältnisse zu einer klassenlosen Gesellschaft. Dies ist das höchste und letzte – also gewissermaßen: eschatologische – Ziel der Revolution und der Diktatur des Proletariats. In dieser Bewegung auf den Endzustand hin vollzieht sich die Aufgabe der Geschichte.

Diese Skizzierung deutet eine Grundspannung an, die über den Marxismus hinaus auf das zentrale Problem im neuzeitlichen Geschichtsverständnis hinweist, die aber am Beispiel des Marxismus am klarsten exemplifiziert werden kann. Der religionskritische Ansatz führt zu einer Enteschatologisierung der Geschichte: man entledigt sie der Ausrichtung auf das »Jenseits der Wahrheit«, um sich in ihr der wirklichen »Aufgabe der Geschichte« zu widmen. Das prägt ein ganz neues Verhältnis zur Geschichte, das nicht mehr mit einem überraschenden Einbruch des Eschatologischen rechnet. Doch mit dieser Enteschatologisierung ist die eschatologische Fragestellung nicht einfach erledigt. Denn die Geschichte wird auf ein »letztes« Ziel, eine »letzte« Wahrheit ausgerichtet. Mit anderen Worten: die Enteschatologisierung der Geschichte ist eine Vergeschichtlichung der Eschatologie. Das eschatologische Motiv wird zu einem aktivistischen Geschichtsprinzip, dessen eschatologischer Charakter durch ein Transzendieren der Geschichte auf eine »letzte« Zukunft hin gewährleistet wird. Darin kommt die fundamentale Ambivalenz dieser Umdeutung zum Ausdruck.

Das Eschatologische wird durch die Historisierung nicht vollständig getilgt. Das »letzte« Ziel der klassenlosen Gesellschaft bleibt eschatologisch bestimmt, und deshalb hat die Vergeschichtlichung des Eschatologischen zur Folge, daß die Geschichte »re-eschatologisiert« wird. Damit wird freilich ein äquivoker Gebrauch des Wortes »eschatologisch« möglich, der in der politischen Theologie seinen Niederschlag findet, wie wir noch sehen werden. Das Eschatologische wird zu einem geschichtsimmanenten Prinzip, bleibt jedoch noch, um auf einen bekannten Titel anzuspielen, ein »Prinzip Hoffnung«. So bekommt das Eschatologische eine paradoxale Struktur, die eines diesseitigen Jenseits. Das Klassenbewußtsein des Proletariats als praktische Tätigkeit führt zur Revolution, die den Endzustand hervorbringen soll, doch zugleich ist dieser Endzustand in eine Zukunft hinein transzendiert, die noch lange nicht erreicht wird, die ein großes, abgründiges »Noch-Nicht« ist. Das Endziel soll durch die Praxis erreicht werden, doch ist es unerreichbar; das Endziel ist fern und unerreichbar, doch soll alles Handeln darauf ausgerichtet sein, es zu erreichen. Dieses

---

[36] *K. Marx*, Zur Kritik der Hegelschen Rechtsphilosophie. Einleitung, in: *ders.*, Werke – Schriften – Briefe, Bd. I: Frühe Schriften, hg. v. *H.-J. Lieber* und *P. Furth*, 1962, 489.

Paradox dokumentieren nicht nur die Schwierigkeiten der schon bestehenden sozialistischen Staaten mit der Verwirklichung des eschatologischen Motivs oder die in diesen Staaten wie auch in den im Westen entwickelten kommunistischen Programmen durch immer neue retardierende Momente hervorgerufene Vertagung der Vollendung, sondern auch und vor allem theoretische Schwierigkeiten im Verständnis des Verhältnisses zwischen Zukunft und Praxis, zwischen Eschatologie und Ethik bzw. Politik. Diese Grundspannung, diese Ambivalenz hat die politische Theologie mit übernommen. Sie gehört wesenhaft zum politischen Verständnis der Eschatologie.

1.23. Das Problem der politischen Notwendigkeit der Eschatologie

Die theoretischen und praktischen Schwierigkeiten, die durch die Eschatologie in politischer Perspektive hervorgebracht werden, lassen die Frage stellen, ob es denn überhaupt vonnöten sei, eschatologische Motive in die politischen Fragestellungen zu integrieren, ob die Eschatologie politisch notwendig sei.

Die Antwort auf diese Frage steht, vom politischen Spektrum her gesehen, im Feld der Auseinandersetzungen zwischen »links« und »rechts«. Während die eine Tendenz ihre Politik auf die Veränderung und Verbesserung der Verhältnisse ausrichtet, die wenigstens Vorzeichen des eschatologischen Glücks setzen soll, konzentriert sich die andere auf die Erhaltung und Gestaltung des Bestehenden. Diese landläufige Kennzeichnung der zwei politischen Linien ist eine grobschlächtige Charakterisierung, die nur ungenügend auf die eigentliche Sachlage eingeht. Diese kann folgendermaßen kurz umrissen werden: Wenn auch in den sozialpolitischen Verhältnissen die Verbesserungsfähigkeit viel zu wünschen übrig läßt, ist doch zweifellos die Verbesserungsbedürftigkeit klar erwiesen. Das bildet den Hintergrund für alle politischen Auseinandersetzungen.

Daraus folgt, daß alle politischen Modelle und Parteien sich auf irgendeine Weise und mit jeweils verschiedener Intensität mit der Verbesserung der Situation beschäftigen. Insofern sind auch alle auf ein – in weitestem Sinne – eschatologisches Motiv ausgerichtet, das als notwendiger Aspekt zur politischen Erfassung der Wirklichkeit gehört. Das ergibt eine nuancierte Einschätzung der politischen Fronten. Die Ausrichtung auf eine Verbesserung der Verhältnisse kann nicht als ein Privileg der Linken gelten. Freilich wird hier die Verbesserung mit einer radikalen Veränderung verknüpft, die entweder revolutionär als gewaltiger Umsturz oder reformistisch als progressive Umgestaltung innerhalb der demokratischen Spielregeln konzipiert und vollzogen wird. Doch auch in der eher rechtsorientierten Politik und ihrer Gestaltung des Bestehenden, die nicht unmittelbar von der Notwendigkeit einer tiefgreifenden Veränderung ausgeht, ist das Suchen einer bestmöglichen Einrichtung der sozialpolitischen Ver-

hältnisse latent. Selbst ein Restaurationsprogramm versieht die wiederher-
zustellende Vergangenheit mit eschatologischen Motiven.

Am Extremfall auf beiden Seiten, dem rechten wie dem linken Totalitarismus, zeigt sich die eigentümliche Gefahr, die in dieser eschatologischen
Dimension liegt: Sie kann zu einer absoluten Ideologie werden, die ungeachtet aller Grenzen und Vorbehalte mit radikaler Gewalt durchgesetzt
wird. Es wurde zunächst darauf hingewiesen, daß das Eschatologische
notwendig zur politischen Thematik gehört. Nun stellt sich aber die Frage,
ob diese erwiesene Notwendigkeit nicht zu politischen Verabsolutierungen
führt, ob es auf politischer Ebene einen angemessenen Umgang mit den
eschatologischen Motiven gibt, der die totalisierenden Gefahren vermeiden
kann. Das Nachdenken über diese Frage soll uns zugleich erlauben, die
Äquivokation, die immer noch im Begriff des Eschatologischen liegt,
namhaft zu machen und zu explizieren.

Die nächstliegende Überlegung wäre vorerst die Gegenprobe, ob denn
die Politik jeglicher Eschatologie entbehren könnte. Das wäre allerdings
nicht unmöglich, löste aber das eigentliche Problem kaum, denn das Fehlen
einer Verbesserungsvorstellung befreit noch nicht von der Verabsolutierung. Gerade eine völlig entmenschlichte Politik, die sich als reine und
kalte, rationalistische Technik der gesellschaftlichen Funktionen und
Strukturen versteht, verfällt allzu schnell dem Absolutismus[37], einem
Absolutismus, der sich seltsamerweise seinerseits wieder mit krypto-
eschatologischen Motiven versieht. Es geht also nicht darum, sich von
jeder eschatologischen Thematik zu befreien – selbst wenn es möglich sein
sollte! Das Problem stellt sich vielmehr verschärft als *das Problem des
Umgangs* mit den eschatologischen Motiven. In dieser Perspektive muß die
eschatologische Problematik erfaßt werden, denn nur so ist der Gefahr der
Verabsolutierung beizukommen.

Die Frage nach dem Umgang weist auf das Problem der Äquivokation
hin, die dem Begriff des Eschatologischen in politischer Hinsicht innewohnt. Damit ist die einfache Tatsache gemeint, daß mit dem Namen
»eschatologisch« nicht eindeutig Eschatologisches bezeichnet wird. Wenn
von dem Wort »eschaton« her in »eschatologisch« der Akzent auf dem

---

[37] Das ließe sich sowohl an der politischen Reflexion des kritischen Rationalismus, wie er
etwa bei H. Albert zu finden ist, wie auch am strukturalistischen Marxismus, wie er etwa
vom französischen Philosophen L. Althusser vertreten wird, exemplifizieren. Diese zwei vom
politischen Standpunkt her gegensätzlichen Tendenzen treffen sich in der systematischen
Ausmerzung aller humanistischen Dimensionen als Überreste theologisch-mythologischen
und idealistischen Denkens. Zum kritischen Rationalismus, s. *G. Ebeling,* Kritischer Rationalismus? Zu Hans Alberts »Traktat über kritische Vernunft«, 1973. Nuancierter und am
Humanismus interessiert zeigt sich m. E. der Rationalist K. R. Popper in seinen Geschichts-
und Gesellschaftsstudien. Als absolutistische Technisierung wäre hier auch die »instrumen-
telle Vernunft« zu erwähnen, wie sie bei Horkheimer dargestellt und kritisiert wird (vgl. *M.
Horkheimer,* Zur Kritik der instrumentellen Vernunft. Aus den Vorträgen und Aufzeichnungen seit Kriegsende. Hg. v. *A. Schmidt,* FAT 4031, 1974).

Letzten im Sinne des Endgültigen und deshalb auch Vollkommenen, Vollendeten und Unbedingten liegt, steht das im Gegensatz zu dem, was in den verschiedenen politischen Programmen als eschatologisches Ziel angesehen wird. Geht es um die Verbesserung der Verhältnisse, wie wir allgemein formuliert haben, so steht der Versuch im Zentrum, die bestmögliche Einrichtung der Verhältnisse anzustreben und so den Menschen in ihrem Zusammenleben ein Wohlbefinden zu ermöglichen, das möglichst viele befriedigt, einen Bezugsrahmen einzusetzen, der die größten Schwierigkeiten und Spannungen abwendet oder sie wenigstens vernünftig auszutragen erlaubt. Damit ist noch keineswegs das Eschaton gemeint. Im Gegenteil, hier muß der Akzent sachgemäß gerade auf dem Bestmöglichen als dem Unvollendeten und Vorläufigen liegen, das stets verbesserungsbedürftig bleibt. In dieser Ausrichtung auf das Bestmögliche findet das bekannte Wort Bismarcks, daß die Politik die Kunst des Möglichen sei[38], seine Wahrheit. Verbesserung in diesem Rahmen setzt genaue und begrenzte Zielvorstellungen, die es in aller Nüchternheit zu verwirklichen gilt.

Die Äquivokation besteht nun darin, daß sich mit diesen konkreten Zielvorstellungen das Eschatologische im eigentlichen Sinne verknüpft, etwa als die Vorstellung der herrschafts- und klassenlosen Gesellschaft. Dadurch verwandelt sich die begrenzte, bestmögliche Verbesserung in das letztgültige und vollkommene Heil, die unbedingte Vollendung. Oder umgekehrt: Die »letzte« Vollendung wird zur bestmöglichen Einrichtung innerhalb der Grenzen menschlichen Zusammenlebens. Hier zeigt sich in aller Klarheit die Äquivokation, die beide Dimensionen, die konkreten Ziele der Verbesserung und den letztgültigen Hoffnungsinhalt wenn nicht gar identifiziert, so doch eng miteinander verknüpft. In dieser Äquivokation liegt die Gefahr der Verabsolutierung, denn die Verknüpfung der Verbesserungsziele mit dem eschatologischen Ideal führt zu einer Heiligung des Bestehenden oder des zu Erreichenden, die unmittelbar mit totalitären sozialpolitischen Sanktionierungen verbunden ist.

Der angemessene Umgang mit den eschatologischen Motiven ist deshalb der Aufweis dieser Äquivokation und der stete Vollzug der Unterscheidung zwischen den zwei fälschlicherweise vermengten Aspekten. Diese Unterscheidung artikuliert sich als die oben schon einmal erwähnte (vgl. 1.13.) Unterscheidung zwischen dem Politischen und dem Theologischen. Sache der Politik ist allein die Verbesserung und ihre konkreten Ziele, um die ein Streit entbrennt zwischen den verschiedenen Auffassungen, der bewußt und nüchtern ausgetragen werden muß. Die eschatologische Thematik des Endgültigen und Schlechthinnigen hingegen kommt der Theologie zu und muß streng vom Gottesbezug her gedacht werden.

---

[38] Zitiert bei *E. Jüngel* in: Müssen Christen Sozialisten sein? Zwischen Glaube und Politik. Hg. v. *W. Teichert,* 1976, 11.

Nur so wird beides sachgemäß wahrgenommen. Diese Unterscheidung läuft nicht auf eine Aufteilung, eine Scheidung hinaus, die ein für allemal zu vollziehen wäre. Die zwei Aspekte vermischen sich immer wieder: Das Verbesserungsziel bauscht sich auf zu einer Vorstellung des eschatologischen Heils, die endgültige Vollendung will sich in Form einer vorläufigen Veränderung konkretisieren. Die Unterscheidung muß deshalb immer wieder erkämpft werden. Ihr Vollzug kann nur als Lebensvollzug des Menschen in der Welt geschehen.

Erst in der Perspektive dieser lebensmäßigen Unterscheidung wird es möglich, die politische Theologie auf die Spannungsmomente hin abzuhorchen, die wegen der aufgewiesenen Äquivokation in ihrem Verständnis der Eschatologie nur ungenügend wahrgenommen werden. Das Nachdenken über diese Spannungsmomente soll uns erlauben, das Problem natürlicher Theologie, wie es sich in der eschatologischen Dimension der politischen Theologie zeigt, namhaft zu machen.

1.24. Spannungsmomente im politischen Verständnis der Eschatologie

1.241. Passives Hoffen und aktives Handeln

Die erste Spannung betrifft die Modalität der Beziehung des Menschen zum Eschatologischen. Wird dieses als Letztgültiges und Unbedingtes verstanden, so steht der Mensch ihm gegenüber in völliger Passivität. Das Absolute ist nicht Sache menschlicher Aktivität. Indem dies betont wird, erfährt die menschliche Aktivität eine Befreiung von einer ihr nicht zukommenden zu einer ihr angemessenen Aufgabe: die der bestmöglichen Gestaltung des menschlichen Zusammenlebens in den Grenzen der Menschlichkeit. Das Hoffen ist ein passives Erwarten und Empfangen des eschatologischen Handelns Gottes. Als eschatologisches, schlechthinniges und endgültiges Handeln schließt dieses eine unmittelbare Kooperation menschlichen Handelns aus. In eschatologischer Hinsicht gebührt dem Menschen allein die passive Haltung des Hoffens. Erst von dieser Passivität her wird das Handeln dazu befreit, sich gerade dem Uneschatologischen hinzugeben.

Die Äquivokation der politischen Theologie vollzieht eine direkte Verknüpfung von Hoffen und Handeln. Freilich geschieht diese Verknüpfung nur mit großer Vorsicht, etwa mit dem Hinweis darauf, daß das Handeln nicht das Eschatologische selbst, sondern antizipatorische Zeichen des Erhofften setzt. Damit ist die Verbindung zwar nuanciert, aber deshalb gerade auch bestätigt. Durch sie wird das Hoffen zu einem aktiven Prinzip. Ausdruck wahrer Hoffnung ist das Setzen antizipatorischer Zeichen, das aktive Streben nach einer zeichenhaften Herstellung des erhofften Zustandes. Zum Problem wird hier aber die Ambivalenz des Zeichens: es bleibt »zeichenhaft«, unvollkommen und unklar, in einem ungewissen Verhältnis zur Realität, auf die es hinweist. Diese Ambivalenz könnte in die Resignation und Apathie führen, die alle Motivation zum Handeln zerstören würde. Um dies zu vermeiden, werden deshalb in einer Art von eschatologischem Wahn die Beziehungen klargestellt: das Programm unseres Handelns ist – wenn auch vorläufig nur in Zeichen! – das eschatologische Heil; was wir erreichen wollen ist, was wir hoffen dürfen. Das bedeutet eine Eschatologisierung des Handelns, die das Hoffen letztlich völlig enteschatologisiert. Ein eschatologisches Handeln des Menschen aber – wenn auch nur zeichenhaft! – ist eine Äquivokation, die der Spannung von Aktivität und Passivität unterliegt, weil sie – die Passivität verdrängend – jene Spannung nicht wahrnehmen kann.

1.242. Reich Gottes und Weltveränderung

Ein ähnliches Spannungsmoment läßt sich in inhaltlicher Hinsicht aufweisen. Für das politische Handeln ist die Ausrichtung auf die bestmögliche Weltveränderung prägend. In dieser Bestimmung liegen zwei Aspekte, die den Charakter der Vorläufigkeit hervorheben. Die Weltveränderung ist keine tabula rasa: als *Welt*veränderung geht sie von der gegebenen Welt aus. Sie setzt also nicht etwas absolut Neues. Ihr Standpunkt ist durch historische Kontingenz charakterisiert. Doch nicht nur hinsichtlich des Ausgangspunktes, sondern auch in bezug auf das erstrebte Ziel kennzeichnet die historische Kontingenz die Weltveränderung. Als bestmögliche bleibt sie vorläufig, überholbar[39]. Noch ist sie nicht die letzte Vollendung.

Diese Vorläufigkeit wirft Probleme auf. Ist die Weltveränderung als bloß vorläufige den intensiven Einsatz oder gar den harten Kampf wert? Deshalb wird sie mit dem Zeichen der Endgültigkeit versehen. In der politischen Theologie geschieht dies in der Verknüpfung der vorläufigen Weltveränderung mit dem eschatologischen Reich Gottes. Dadurch entsteht eine sonderbare Vermischung des Vorläufigen und des Endgültigen, die auch wieder durch die Zeichen-Struktur entschärft werden soll. In vorläufigen Zeichen setzt die Weltveränderung das endgültige Reich Gottes. In diesen Zeichen, die trotz aller Ambivalenz für die endgültige Gestalt des eschatologischen Reiches vorentscheidend sind, wird das Reich der alleinigen Herrschaft Gottes entrissen und so enteschatologisiert. Die eschatologischen Züge des Reiches übernimmt zeichenhaft die weltverbessernde Praxis, die dadurch auf die Endgültigkeit ausgerichtet wird. Diese usurpierte Endgültigkeit läßt nicht nur die Überholbarkeit und Verbesserungsbedürftigkeit des Erstrebten und Erreichten vergessen. Sie verleitet auch zur Vernachlässigung der historischen Kontingenz am Ausgangspunkt der Veränderung, zur unmöglichen Setzung einer historischen tabula rasa.

---

[39] Man denke hier etwa an die trotzkistische Idee der permanenten Revolution und an die Auseinandersetzung um sie innerhalb des Marxismus.

Eine ähnliche Spannung läßt sich im klassischen Marxismus und im Neomarxismus beobachten: Die Eschatologisierung der Revolution, etwa in der klassenlosen und herrschaftsfreien Gesellschaft, impliziert die Eschatologisierung des Standpunkts des Proletariats zu einem radikalen Novum.

1.243. Widersprechen und Entsprechen

Als weiteres Spannungsmoment sei noch einmal das oben schon öfters erwähnte Verhältnis zwischen dem Theologischen und dem Politischen aufgenommen. Zum Problem wird hier, wie dieses Verhältnis bestimmt wird. Wir haben versucht, dieses Verhältnis als Unterscheidung aufzufassen, im Gegensatz zu einer Trennung oder einer Vermischung. Als eine solche Unterscheidung ist das Verhältnis durch die dialektische Dualität von Widersprechen und Entsprechen[40] gekennzeichnet. Was theologisch, was vor Gott gilt, das Evangelium Christi und seine Gerechtigkeit, ist ganz anders als was in politischer Perspektive gilt. Es hebt das Politische auf mit seinen absoluten Kriterien und seinen überfordernden Ansprüchen, mit seinen unendlichen Aufgaben. Hier ist der Widerspruch eklatant. Mit diesem scharfen Gegensatz von theologischer Seite wird eine Verkehrung des Politischen aufgewiesen: Nicht in politischer Hinsicht kann der Mensch seine Rechtfertigung finden, denn über sie wird allein vor Gott entschieden. Durch dieses radikale Widersprechen kommt es aber gerade zu einem Entsprechen: befreit von ihrer Verkehrung kann die politische Dimension wirklich als politische wahrgenommen werden. Im Widerspruch wird ihr entsprochen, indem ihr zugesprochen wird, was ihr auch wirklich zukommt, die Aufgabe einer möglichst gerechten und menschlichen Gestaltung der Verhältnisse. In diesem Entsprechen jedoch liegt erneut ein Widersprechen, das das Politische verkehrt: Diese politische Aufgabe ist unendlich, sie geht den Menschen letztlich an. Damit wird klar: Die Dualität von Widersprechen und Entsprechen bestimmt die Unterscheidung zwischen dem Politischen und dem Theologischen als ein unaufhörliches Geschehen, ein dialektisches Unterscheiden im Vollzug, das eigentlich nur als Lebensvorgang verstanden werden kann.

An dessen Stelle tritt in der politischen Theologie das Analogieverhältnis. Nicht so sehr an der analogia entis bei Thomas als vielmehr an Karl Barths analogia fidei orientiert sich dieses Analogiedenken, obschon auch hier nicht ohne kritische Uminterpretation. Trotz dieser Unterschiede sind Schwierigkeiten namhaft zu machen, die das Analogiedenken als solches betreffen[41]. Die Ausrichtung auf die Analogie impliziert die Perspektive

---

[40] Zu diesem Begriffspaar, vgl. G. *Ebeling,* Die Notwendigkeit der Lehre von den zwei Reichen, WG I, 407–428 bes. 416–418.

[41] Eine ausführliche Besprechung des Analogieproblems in systematischer Perspektive bietet E. *Jüngel* aaO (s.o. Anm. 28), vor allem in den §§ 17–18, 357–408. Vgl. auch *J.-D. Kraege,* Théologie analogique et théologie dialectique, RTP 111, 1979, 13–33. Auf das

des Vergleichs: zwei unabhängig voneinander bestehende Größen werden auf ihre Ähnlichkeit hin befragt. Daraus folgt aber, daß die Dimension der Entsprechung in der Gleichnishaftigkeit trotz aller Anerkennung der Unähnlichkeit doch eindeutig stärker betont wird. Dadurch wird die Erfassung des dialektischen Bezugs auf das Moment des Widersprechens wenn nicht verunmöglicht, so doch erschwert. Das Moment des Widersprechens wird nicht in seinem vollen Gewicht anerkannt. Es wird dann bloß noch als ein vorläufiger Widerstand gegen die Durchsetzung der letzten Ähnlichkeit verstanden. In der politischen Theologie zeigt sich das einmal mehr am Verständnis der antizipatorischen Zeichen. Sie sind durch die Gleichnishaftigkeit ihres Hinweises auf das endgültige Reich gekennzeichnet, sie setzen unvollkommene Analogien des Reiches. Selbst im Widerstreben gegen das Reich ist das profane Glückssuchen »eine Kategorie . . . seines leisesten Nahens«[42]. Durch eine eschatologische Äquivokation wird hier das Moment des Widersprechens verharmlost.

1.244. Nacheinander und Zugleich: das Spannungsfeld des Zeitverhältnisses

Die Äquivokation läßt sich ebenfalls im Spannungsfeld des Zeitverhältnisses beobachten. Das läßt sich am klarsten mit Hilfe der drei Zeitekstasen darstellen. Im natürlichen Verständnis der Eschatologie, das die politische Theologie prägt, ist das Eschatologische vor allem als Zukünftiges gegeben. Die Gegenwart ist nur insofern eschatologisch, als sie auf diese Zukunft hin ausgerichtet wird, etwa in einem dem Hoffen entsprechenden Handeln. Sie ist die Zeit der Wende von der Vergangenheit zur Zukunft. Daraus folgt, daß die Vergangenheit eher negativ betrachtet wird. In ihr können zwar erste antizipatorische Zeichen gesetzt werden – so etwa in der Auferstehung Jesu –, im großen und ganzen aber veranschaulicht sie alle die Übel, Leiden und Wehen, von denen die eschatologische Zukunft uns

---

Problem der Analogie müssen wir weiterhin achten, denn diese Dimension spielt in der politischen Theologie in ihrem Verständnis der Antizipation eine zentrale Rolle. Darin offenbart sich eine eindeutige Beziehung zu Barths Theologie (s.o. bei Anm. 6), die man theologiegeschichtlich belegen könnte. Freilich ist diese Beziehung auch mit kritischen Bemerkungen verknüpft. Gegenüber Barths Verständnis wird das Entsprechungsverhältnis nun eschatologisiert, ins Zeitliche auf die Zukunft hin übertragen. Dennoch besteht ein gemeinsamer Grundzug, der die politische Theologie mit Barths Theologie verknüpft. Wenn es nun gilt, um mit Kraege zu sprechen, der Analogie gegenüber das Dialektische hervorzuheben, so weist das, was die Standpunkte innerhalb der dialektischen Theologie betrifft, eher in Richtung Bultmann als Barth. Daraus folgt eine Überlegung, die weiterhin präsent bleiben soll: gerade von Bultmann wäre vieles zu lernen für das Verständnis der Eschatologie und für ihre Verarbeitung. Bultmanns Theologie könnte sich, im Gegensatz zu Barths Analogie, als Einschärfung der Kreuzestheologie in Hinsicht auf die Eschatologie auswirken.

[42] *W. Benjamin*, Theologisch-politisches Fragment, in: *ders.*, Zur Kritik der Gewalt und andere Aufsätze. Mit einem Nachwort von *H. Marcuse*, edition suhrkamp 103, 1971², 96. Zu Benjamin und zum Theologisch-politischen Fragment Näheres unten S. 344–346.

zu befreien verspricht. Wenn auch die große Befreiung zeichenhaft schon
begonnen hat, so weisen doch die Anzeichen als Vorzeichen in die
Zukunft. In zeitlicher Hinsicht ist die politische Eschatologie vom Schema
des Nacheinander her bestimmt. Sie kann letztlich nur als futurische
Eschatologie gedacht werden.

Diese Orientierung auf die Zukunft hin verfehlt die eigentliche Spannung des Zeitverhältnisses, die nur als ein Zugleich wahrzunehmen ist. Das
zeigt sich schon am Ineinandergreifen der drei Zeitekstasen: die Vergangenheit ist nie als bloß vergangene, sondern als in aller Irreversibilität
immer noch gegenwärtige Vergangenheit gegeben und so auch die
Zukunft nie als bloß zukünftige, sondern als in aller Unverfügbarkeit
immer schon angebrochene, gegenwärtige Zukunft. Dieses Zusammen-
treffen, das im Augenblick der Gegenwart als Fülle der Zeit erfahren wird,
weist auf die Frage hin, ob nicht gerade diesem Augenblick eschatologische
Bedeutung zukommt. Das hätte aber zur Folge, daß das Eschatologische
nicht im sukzessiven Ablauf auf die letzte Zukunft hin zu suchen wäre,
sondern vielmehr in der Gleichzeitigkeit, wie sie im gegenwärtigen Augenblick zum Ausdruck kommt. Damit wäre aber die Identifizierung von
Eschatologischem und Zukünftigem durchbrochen, die Exklusivität einer
futurischen Eschatologie aufgehoben. Will man die Eschatologie im Spannungsfeld der Zeitekstasen denken, so muß das dazu führen, nicht nur eine
präsentische Eschatologie zu entfalten, sondern sie auch auf eine perfektische Eschatologie zu begründen. Damit ist eine futurische Eschatologie
keineswegs einfach abgelehnt. Sie muß aber von der Spannung des
Zugleich her interpretiert werden.

1.245. Gewalt und Gerechtigkeit: das bleibend ungelöste Problem

Als letztes Spannungsmoment, in dem sich alles noch einmal konzentriert, sei jetzt das von Gewalt und Gerechtigkeit noch erörtert. Die
politische Eschatologie zielt auf eine herrschafts- und gewaltfreie Gesellschaft ab. Diese eschatologische Zielvorstellung wird der bestehenden
Gesellschaftsordnung als einer unterdrückenden Gewaltordnung entge-
gengestellt. Zwar sei diese nicht ohne Recht und Gerechtigkeit – davon
zeugten die liberalen Prinzipien –, doch führe gerade die Anwendung dieser
Prinzipien zu einer Gewalt, die Klassenbildungen favorisiere und so eine
Unterdrückung instauriere, die den Rechtsstaat trotz seiner theoretischen
Gerechtigkeit praktisch ungerecht werden läßt.

Demgegenüber will die politische Eschatologie eine neue Gerechtigkeit,
die herrschafts- und klassenlos ist, eine Zukunft des radikalen Humanismus. Doch auch hier wiederholt sich die Äquivokation: das Ziel einer
herrschaftslosen Gesellschaft eschatologisiert das politische Handeln der
Weltveränderung und läßt dadurch das in dieser politischen Praxis bleibend

ungelöste Problem der Gewalt übersehen. Akut wird es in der Frage, mit welchen Mitteln das eschatologische Ziel durchzusetzen ist. Wenn dieses Ziel politisch nicht unerreichbar bleiben soll, so muß es mit dem revolutionären Handeln in Verbindung gebracht werden. Das impliziert aber notwendig ein Moment der Gewalt, einer Gewalt, die gegen die bestehende Ordnung und ihre Legalität ankämpft. Das Problem, das die Äquivokation verdecken muß, ist also folgendes: Steht die herrschaftsfreie Gesellschaft nicht von vornherein unter einem schlechten Zeichen, wenn sie mit Gewalt durchgesetzt werden muß? Wie kommt es denn, daß die neue Gerechtigkeit, der radikale Humanismus auf die Gewalt der Revolution angewiesen ist? Zeigt sich daran nicht, daß die Dualität von Gerechtigkeit und Gewalt nicht das Privileg der liberalen Gesellschaft ist, sondern zur konstitutiven Zweideutigkeit der politischen Realität gehört, mit der sich die verschiedenen politischen Modelle auseinandersetzen?

Das hat der französische Philosoph M. Merleau-Ponty in seinen Arbeiten über den Marxismus als die Dialektik von Humanismus und Terror, Gewalt, namhaft gemacht[43]. Man könnte es aber auch ganz einfach mit dem zum Ausdruck bringen, was Pascal über das Verhältnis von Gerechtigkeit und Macht oder Gewalt (la justice et la force) gesagt hat[44]. »Ohne Macht ist die Gerechtigkeit ohnmächtig, ohne Gerechtigkeit ist die Macht tyrannisch. Der Gerechtigkeit ohne Macht wird widersprochen, denn es gibt immer böse Menschen. Die Macht ohne Gerechtigkeit ist angeklagt. Man muß deshalb die Gerechtigkeit und die Macht zusammenbringen, und, um dies zu erreichen, machen, daß was gerecht ist, mächtig sei oder was mächtig ist, gerecht sei.«[45] Doch die Gerechtigkeit ist umstritten, während die Macht, als klar erkennbare und unumstrittene Größe, der Gerechtigkeit widerspricht und den Anspruch stellt, selbst gerecht zu sein. Daraus folgt das bleibend ungelöste Problem, das durch die Eschatologie der politischen Theologie auch nicht gelöst, sondern höchstens variiert wird: ». . . da man nicht machen konnte, daß was gerecht ist, mächtig sei, hat man gemacht, daß was mächtig ist, gerecht sei«[46]; anstatt die Gerechtigkeit zu stärken, hat man die Macht gerechtfertigt. Genau dies geschieht auch in der Verknüpfung der Revolution mit der herrschaftsfreien Gesell-

---

[43] *M. Merleau-Ponty,* Humanisme et terreur. Essai sur le problème communiste, Paris, 1947; *ders.,* Les aventures de la dialectique, Paris, 1955.

[44] *Pascal,* Pensées. Wir zitieren in persönlicher Übersetzung nach der Ausgabe von *Lafuma,* Livre de vie Nr. 24/25, Paris, 1962. In dieser Ausgabe sind es die Pensées Nr. 81, 85 und vor allem 103 (in der Ausgabe von *Brunschvicg:* Nr. 299, 878 und 298).

[45] AaO 76 (Nr. 103).

[46] AaO 76 (Nr. 103): »La justice est sujette à dispute. La force est très reconnaissable et sans dispute. Aussi on n'a pu donner la force à la justice, parce que la force a contredit la justice et a dit qu'elle était injuste, et a dit que c'était elle qui était juste. Et ainsi ne pouvant faire que ce qui est juste fût fort on a fait que ce qui est fort fût juste.« Vgl. auch aaO 69 (Nr. 81): »Ne pouvant faire qu'il soit force d'obéir à la justice on a fait qu'il soit juste d'obéir à la force. Ne pouvant fortifier la justice on a justifié la force . . .

schaft, nur zusätzlich mit der Hypothek eines zeitlichen Vorbehalts versehen.

1.25. Das Aufbrechen der Negativität im Problem des Bösen

Das bleibend ungelöste Problem, auf das unsere Reflexionen über die Spannungsmomente im politischen Verständnis der Eschatologie stoßen, ist das Problem des Bösen. In allen Aspekten ließe sich zeigen, daß die Äquivokation, die dieses Verständnis des Eschatologischen prägt, die Funktion hat, dieses Problem zu verdecken und zu überspielen. Dies gelingt jedoch nur halbwegs. Überall zeigt sich ein Widerstand, der der Positivität der Hoffnung auf eine neue Welt zu schaffen macht. Überall bricht die Negativität auf, zunächst als das Problem des Bösen namhaft gemacht: das Leiden, die Unterdrückung, die Machtverhältnisse und die Machtkämpfe, die Ungerechtigkeit und die Unfreiheit. Dieser weltweiten und vielfältigen Erfahrung der Negativität ist die Positivität der eschatologischen Hoffnung ausgesetzt. Wenn es gilt, wie wir es oben formulierten, die Dimension der Positivität in der politischen Theologie auf das in ihr waltende Problem natürlicher Theologie hin zu befragen, so konzentriert sich dieses Problem auf die Frage, wie die Erfahrung des Bösen in ihrem ganzen Gewicht und Ernst zu erfassen und zu verarbeiten sei. Diesem Thema soll jetzt alle Aufmerksamkeit geschenkt werden. Das führt uns zur Dimension der Negativität in der politischen Theologie.

1.3. Die Dimension der Negativität: Solidarität mit den Leidenden

Wenn es jetzt darum gehen soll, die politische Theologie auf ihre Erfassung des Problems des Bösen hin zu befragen, so muß zugleich ihr Verständnis der Überwindung des Bösen mit in Betracht gezogen werden. In der Tat, ob das Böse radikal erfaßt ist, das entscheidet sich nicht zuletzt daran, ob es durch die Auffassung seiner Überwindung nicht verharmlost, sondern erst recht in all seiner Schärfe ernstgenommen wird. Die politische Theologie erfaßt das Problem des Bösen von der politischen Wirklichkeit des Leidens her. Dementsprechend besteht die Überwindung des Bösen im Mittragen des Leidens, im Mit-leiden, in der Solidarität mit den Leidenden. Diese zwei Aspekte sollen jetzt nacheinander zum Thema werden. Mit ihnen wird das politische Verständnis des Kreuzes in seinen wichtigsten Zügen erörtert.

1.31. Das Leiden als Problem des Bösen

Das erste, was die politische Theologie zum Thema des Kreuzes bemerkt, ist die Feststellung einer großen Zahl von Kreuzen, Kreuzigungen und Gekreuzigten. Das Kreuz ist hier als ein Symbol des in der Welt

allgegenwärtigen Leidens verstanden. Überall wird gelitten, und die
Geschichte erscheint im Endeffekt als eine einzige Reihe von Leiden und
Wehen, die sich in der Gegenwart fortsetzt und wohl auch die Zukunft
weiterhin prägen wird. Diese Realität des Leidens ist mit allem Nachdruck
zu betonen. Sie ist nicht nur an Extremsituationen wie Krieg, Naturkata-
strophen und Epidemien gebunden. Leiden bringen alle Versuche der
Menschen, miteinander zu leben, mit sich, sei es im kleinen Kreis der
Familie oder der Gruppe etwa oder im großen Rahmen der Gesellschaft.
Wenn auch dem nackten Faustrecht durch rechtliche Maßnahmen zur
Wahrung der Menschenrechte Einhalt geboten wird, setzen sich doch
Machtverhältnisse durch, die ein Gefälle der Benachteiligung zur Folge
haben, das auf vielerlei Weisen erfahren wird: es gibt Herrscher und
Beherrschte, Satte und Hungernde, Reiche und Arme, Ausbeuter und
Ausgebeutete, Freie und Versklavte. Trotz dem Recht zur Gleichheit, das
sich in der Neuzeit durchgesetzt hat, prägt die Ungleichheit und Benachteiligung das weltweite Zusammenleben der Menschen, eine Benachteiligung, die sich auf der Palette der politischen Gegebenheiten von der Tortur
und der blutigen Hinrichtung über die ausbeutende Unterdrückung und
das Verhungernlassen bis hin zur verbitternden Armut, zur Einöde einer
entfremdenden Arbeit und einer leeren Freizeit, zur Trostlosigkeit der
Anonymität und zum Verlust der Identität in der Massenzivilisation
erstreckt. Das sind die vielfältigen Kreuze, an denen in der Welt gelitten
wird.

Das Leiden ist die Stelle, an der das Problem des Bösen den Menschen
am direktesten und am schmerzlichsten betrifft. Im Leiden ist es am
virulentesten und am unmittelbarsten als ein Problem empfunden, mit dem
sich der Mensch auseinandersetzen muß, dem er nicht ausweichen kann.
Deshalb gilt es, im Versuch, das Problem des Bösen zu erfassen, diese
schmerzende Tatsache des Leidens in ihrem vollen Gewicht wahrzunehmen. Das heißt aber, daß dieses Aufnehmen nicht auf eine Auffassung
tendieren darf, die das Leiden unmittelbar zu rechtfertigen sucht, sei es im
Schema einer religiösen oder einer profanen Theodizee, die die Leiden als
vorausgesehen in einem göttlichen Gesamtplan des Weltgeschehens oder
als notwendig zur Erlangung des Klassenbewußtseins und hinsichtlich des
revolutionären Ziels darstellt. Damit wäre das Leiden schon eingefügt in
ein Denkschema, das es verallgemeinernd erklärt und so letztlich verharmlost, die Konfrontation mit ihm entschärft. Gerade diese Konfrontation
muß aber zum Ausgangspunkt der Reflexion über das Böse gemacht
werden.

1.32. Passivität und Aktivität im Bösen[47]

War zuvor in der Dimension der Positivität der Gesichtspunkt der Aktivität hervorgehoben und sogar die Hoffnung aktivistisch interpretiert worden, so wird nun in der Negativität, die im Problem des Bösen angesprochen ist, die Perspektive der Passivität akzentuiert. Das zeigt sich am Ausgehen von der Tatsache des Leidens. Dem Leiden ist man zunächst als Opfer ausgesetzt. Es wird im buchstäblichen Sinne erlitten, sei es im großen Rahmen des gesellschaftlichen Lebens, das ganze Völker oder ganze Schichten leiden läßt, oder im kleineren Rahmen des persönlichen Leidens, etwa in feindlichen Beziehungen, aber auch in Familie und Arbeit, in Krankheit und Sterben und überhaupt in allen Leiden, die das Leben mit sich bringt. Das Leiden, als Passion, als pati, setzt Passivität, Passivität des Opfers. Diese Perspektive des Opfers bildet den sensiblen Punkt im Problem des Bösen. Das Leiden bricht ein als eine Störung – oder in extremster Stärke als eine Zerstörung – der natürlichen Lebensordnung. Wenn diese nicht zugrundegehen soll, muß diese Störung aufgenommen und verarbeitet werden. Auch die möglichen Lösungen sind hier vielfältig: Leiden können geheilt und behoben, sie können aber auch durch eine Veränderung der Situation ertragbar gemacht werden, oder aber in aller Unerträglichkeit mit Zuversicht erlitten werden. Dieses Aufnehmen und Verarbeiten setzt eine Beschäftigung mit dem Leiden voraus, die nicht auf eine theodizeehafte Erklärung aus ist, sondern ein aus der Betroffenheit hervorgehendes existentielles Verständnis des Leidens zum Ziele hat. In diesem grundlegenden Lebensverhältnis des Menschen zu seinem Leiden und zu den Leiden seiner Mitmenschen stellt sich vor allem die Frage nach dem aktiven Prinzip im Leiden, nach der Verursachung des Leidens. Die Bekämpfung des Leidens kann sich nur im Erfassen und Beheben, Eindämmen oder Anerkennen der Leidensursachen vollziehen.

Diese komplexe Frage kann zunächst am Beispiel des freiwilligen Leidens erörtert werden. Hier scheint das Leiden vom aktiven Prinzip des Willens geleitet zu sein. Doch ganz so eindeutig ist es nicht. Das zeigt sich nicht nur im extremen Phänomen des Masochismus, in dem der Leidenswille von einer krankhaften Besessenheit beherrscht wird. Ein Ineinander von Passivität und Aktivität läßt sich auch etwa bei einem Märtyrer beobachten, der bereit ist, für die Wahrheit zu leiden und zu sterben. Er hat zwar den Entscheid gefaßt, durch sein Leiden Zeuge der Wahrheit zu sein, doch steht dieser Entscheid in der Situation einer Welt, die die Wahrheit ablehnt, an ihr Anstoß nimmt und ihre Zeugen verfolgt. Diese Situation der Verfolgung liegt nicht im Willen des Märtyrers. Er kann sie wohl bis

---

[47] Für das Folgende, vgl. ausführlicher P. *Bühler,* Le problème du mal et la doctrine du péché, Genf, 1976, vor allem 35 ff. 47–59.

zu einem gewissen Grad erzwingen, aber letztlich ist er ihr doch passiv ausgeliefert.

Nun sind aber die Leiden, die die politische Theologie beschäftigen, anderer Natur. Sie sind vornehmlich unfreiwillige, unerwünschte Leiden. Hier ist die Frage nach den Ursachen noch komplexer. Es scheint zwar, dem Prinzip des Unfreiwilligen entsprechend, eher die Passivität gegenüber vom Menschen unabhängigen Leidensursachen bestimmend zu sein. Das ließe sich etwa an Übeln wie Naturkatastrophen oder Epidemien exemplifizieren. Doch auch in solchen Fällen ist der Mensch nicht ganz unbeteiligt, sei es nur in Sicherheitsvorkehrungen oder in Präventivmaßnahmen. Noch schwieriger ist es bei Leiden, die durch politische, wirtschaftliche und gesellschaftliche Konflikte hervorgerufen werden. Hier scheint auch der Gesichtspunkt der Passivität zu überwiegen, was etwa mit dem Gedanken zum Ausdruck gebracht wird, in ihnen habe man es mit dem strukturell Bösen zu tun, das unpersönlich und überhaupt unmenschlich sei. Wenn das leidenstiftende Böse in den Strukturen liegt, so ist doch kaum zu übersehen, daß diese Strukturen menschliche Einrichtungen sind, die das menschliche Zusammenleben ermöglichen und regeln sollen und die so zu gestalten sind, daß sie mindestens die Konflikte in möglichst menschlicher Weise auszutragen erlauben. Damit zeigt sich, daß auch hier Passivität und Aktivität aufs engste ineinandergehen, was sich etwa an der Ambivalenz der Strukturen erweist. Zwar wurden sie durch die Menschen instauriert, doch haben sie sich verselbständigt und zeitigen ihnen gegenüber unerwünschte Konsequenzen. Um diese zu bekämpfen, bedarf es einer Umstrukturierung, die aber auch wieder unkontrollierbare Folgen haben kann. Die Aktivität schlägt immer wieder in die Passivität um und umgekehrt. Dieses Ineinandergreifen von Aktivität und Passivität ist charakteristisch für das Problem des Bösen auf allen Ebenen, auch wenn es mit jeweils verschiedenen Akzenten versehen wird. Es bestimmt das Verwickeltsein des Menschen in das Problem des Bösen. Auf indirektem und unverfügbarem Wege, durch die Strukturen und die wirtschaftlich-gesellschaftlichen Gesetzlichkeiten hindurch, die dem Menschen größtenteils entgleiten und sich ihm widersetzen, wird das Leiden doch vom Menschen dem Menschen zugefügt.

Eine radikale Erfassung des Bösen muß von dieser Spannung von Passivität und Aktivität im Verhältnis des Menschen zum Bösen ausgehen. Dem Leiden ist der Mensch nicht nur als einem vom Schicksal geschickten Übel passiv ausgesetzt, er hat dieses Schicksal auch mitgesetzt, er ist auch schuld daran. Zugleich gilt aber: seine Verantwortung übersteigt seine Möglichkeiten und Kräfte, sie schlägt um in ein Erleiden der unvorhergesehenen und ungewollten Konsequenzen. Diese Spannung zieht den Menschen in eine Dialektik, in einen Teufelskreis hinein, der das Böse nur steigert und befestigt: gegen das Erlittene will der Mensch ankämpfen, doch damit setzt er Akte, die ihrerseits wieder schicksalshafte Konsequenzen haben, die ihn erneut zum handelnden Einsatz führen. Diese Bewegung kommt nie zur Ruhe: der Mensch verfehlt immer wieder, was er erreichen will.

Bis in diesen steten Widerspruch des Menschen mit sich selbst hinein muß das Problem des Bösen verfolgt werden. Anders gesagt: die letzte Wurzel des Problems des Bösen, wie es im Ineinander von Passivität und Aktivität kund wird, liegt in der Sünde des Menschen. In ihr kommt die Verzweiflung in ihrer doppelten Perspektive zum Ausdruck: als verzweifelter Versuch, die Situation in die Hände zu nehmen und sie zu einer Lösung zu bringen, und als verzweifeltes Scheitern und Verfehlen dieses Unternehmens. In ihr verbinden sich deshalb aufs engste, in der Spannung der Verzweiflung, erlittene Schuld und geschuldetes Schicksal. Daraus folgt, daß sie die treibende Kraft in der Dialektik des Bösen ist, die als Zerstörung des wahren Lebens den Menschen immer wieder zu all den Störungen des Lebens führt, die er in den Leiden und Nöten erfahren muß. Als solche Zerstörung ist sie letztlich Auflehnung gegen Gott und das, was er mit seinem Geschöpf vorhat. In ihr widerspricht der Mensch sich selbst, weil er Gott und dem von ihm geschenkten wahren Leben widerspricht. Das ist die eigentliche Wurzel, um die es in der radikalen Erfassung des Bösen geht.

1.33. Apathie und Sympathie: die Überwindung des Bösen in der Solidarität

Eng verknüpft mit dem Problem der Erfassung des Bösen ist die Frage nach dem Verständnis seiner Überwindung. Erst an diesem erweist sich letztlich, wie radikal das Böse wahrgenommen wird. Die Auseinandersetzung mit der politischen Theologie muß sich deshalb nun auf diesen Punkt konzentrieren. Damit stößt sie auf die wichtige Thematik der Interpretation des Kreuzes in der politischen Theologie. Am Kreuz wurde die richtige Antwort auf die Leiden der Menschen gegeben, weil Jesus sich durch sein Leiden und Sterben als solidarisch mit allen Leidenden erklärt hat. Das ist die zentrale Aussage der politischen Interpretation des Kreuzes. Das Kreuz bedeutet Solidarität Jesu und darin Solidarität Gottes selbst mit den Leidenden.

Auch hier, in der Frage nach der Überwindung des Bösen, wird dieses also vornehmlich als Leiden verstanden. Dem entspricht in Hinsicht auf die Überwindung eine Konzentration auf das Mit-leiden, das Mittragen an den Leiden, das Solidarischsein Jesu und Gottes. Das wird betont sowohl gegen die metaphysische Vorstellung einer göttlichen *apatheia* als auch gegen die Abstumpfung des Menschen, gegen seine Apathie. Die Solidarität Jesu am Kreuz eröffnet nun eine höchste Sympathie, eine höchste Fähigkeit, Mitleid zu haben und mitzuleiden an denselben Leiden. Von der Solidarität her, die am Kreuz vollbracht wurde, wird der Mensch zu einem homo sympatheticus[48]. Während die Apathie »die Krankheit unserer Zeit, eine Krankheit von Personen und Systemen, eine Krankheit zum Tode«[49] ist, eröffnet die Sympathie »die Freiheit der Brüder in ihrer Solidarität«[50].

Nun steht dieses Thema der Solidarität und der Sympathie in einem eigentümlichen Verhältnis zur eschatologischen Thematik. Die Erörterung dieses Verhältnisses soll uns erlauben, das Problem schärfer zu formulieren.

1.331. Die Ausrichtung der Solidarität auf die Hoffnung

Als Abstumpfung des Menschen bedeutet die Apathie zunächst Resignation, mangelnde Offenheit für Anteilnahme und pessimistische Lebenseinstellung. Sie kann sich nicht auf die treibende Kraft der Hoffnung einlassen, sondern verschließt sich hoffnungslos, beschränkt sich auf die Bewältigung ohne Leidenschaft der anstehenden Aufgaben. Die sympathetische Solidarität hingegen schöpft ihre Kraft aus der Hoffnung auf eine neue Welt, in der die Leiden aufgehoben sind. Nur kraft dieser Hoffnung ist die Solidarität mit den Leidenden in ihren gegenwärtigen Leiden vollziehbar. Deshalb ist diese Solidarität ein negatives Zeichen der Hoffnung, das auf die erhoffte eschatologische Zukunft hinweist. In der Anteilnahme an den Leiden in der Welt kommt die Bereitschaft für den Anbruch des Reiches zum Ausdruck. Die radikale Offenheit zur Anteilnahme ist die radikale Offenheit zum Eschatologischen. Deshalb ist die Solidarität entscheidend auch auf das Handeln ausgerichtet.

1.332. Die Ausrichtung der Solidarität auf das Handeln

Wenn Apathie um sich greift, werden die Menschen nicht von ihren Leiden befreit, sondern vielmehr in ihnen gefangen, unter sie geknechtet. In dieser passiven und mitgefühllosen Einstellung werden die Leiden perpetuiert. Demgegenüber ist die Anteilnahme der Solidarität nicht etwa als ein bloßes passives Miterleiden zu verstehen, das dann zu einer analogen Perpetuierung führen würde. Die wahre Sympathie ist bewußt auf ein Befreiungshandeln ausgerichtet. Das zeigt sich schon daran, daß für die politische Theologie das Leiden Jesu am Kreuz vornehmlich ein aktives Leiden war. Die Solidarität ist eine Parteinahme für die Leidenden, ein Protest gegen die Umstände, unter denen gelitten wird. So wird sie zu einem negativen Zeichen des Einsatzes, des Kampfes für sie, des Zurseitetretens. In dieser Perspektive bezeugt die Solidarität, daß das Handeln nicht

---

[48] *J. Moltmann*, Der gekreuzigte Gott und der apathische Mensch, in: *ders.*, Das Experiment Hoffnung. Einführungen, 1974, 93–111 (vgl. 102).

[49] *J. Moltmann*, Der gekreuzigte Gott. Das Kreuz Christi als Grund und Kritik christlicher Theologie, (1972) 1976³, 240.

[50] *J. Moltmann* aaO (s.o. Anm. 48) 102.

an den Leiden vorbeigehen soll, sondern auf sie eingehen und sie beheben, auf einen Zustand hin arbeiten soll, in dem sie ihr Ende finden. Geleitet wird das Handeln durch die Zukunftsvorstellung der Hoffnung, durch die Zukunft Christi, die es zeichenhaft im Abbau der leidenstiftenden Herrschaftsverhältnisse und im Aufbau des herrschaftsfreien politischen Zusammenlebens zu antizipieren gilt[51]. Erst in diesem eschatologischen Handeln findet die Solidarität ihren Sinn und ihre Wahrheit. Dieses Verhältnis der Solidarität zu Hoffnung und Handeln weist den Grundzug der Beurteilung des Kreuzes in der politischen Theologie auf.

1.333. Die Aufhebung der Negativität in der Positivität

Als Solidarität interpretiert, hat das Kreuz nicht als solches schon eine Bedeutung. Es gewinnt diese erst in der Ausrichtung auf Hoffnung und Handeln, als deren negatives Zeichen es fungiert. Wäre die Solidarität selbst schon als Positivität verstanden, würde sie auf eine Perpetuierung der Leidenssituation hinauslaufen. Sie ist deshalb als Negativität zu verstehen, die notwendig auf die Positivität des eschatologischen Hoffens und Handelns bezogen ist, sie zu einer sympathetischen Positivität macht, indem sie letztlich in ihr aufgehoben wird.

Das zeigt sich etwa an J. Moltmanns Bestimmung des Verhältnisses zwischen Kreuz und Hoffnung. »Heute Kreuzestheologie wieder aufzunehmen heißt, die Einseitigkeiten der Tradition zu vermeiden und den Gekreuzigten im Licht und im Zusammenhang seiner Auferstehung und folglich der Freiheit und der Hoffnung zu begreifen.«[52] Die Konzentration auf das Kreuz wird als traditionelle Einseitigkeit empfunden, und dementsprechend eine Interpretation gefordert, die den Zusammenhang der Auferstehung aufnimmt und das Kreuz auf die Hoffnung hin auslegt, die in der Auferstehung antizipiert wird. Damit ist der Gesamtrahmen abgesteckt, der der Kreuzestheologie die Rolle der Kehrseite der Hoffnungstheologie zuteilt[53]. Auf die Aufnahme der Fragen der »Negativen Dialektik« und der

---

[51] Vgl. etwa *J. Moltmann* aaO (s.o. Anm. 49) 305: »Der gekreuzigte Gott ist in der Tat ein staatenloser und klassenloser Gott. Aber er ist darum kein unpolitischer Gott. Er ist ein Gott der Armen, der Unterdrückten und Erniedrigten. Die Herrschaft des politisch gekreuzigten Christus kann nur in Befreiungen von entmündigenden und apathisch machenden Herrschaftsformen und den sie stabilisierenden politischen Religionen ausgebreitet werden. Die Vollendung seines Freiheitsreiches soll nach Paulus die Vernichtung aller Herrschaft, Obrigkeit und Gewalt, die hier noch unvermeidlich sind, bringen und damit auch die Überwindung der entsprechenden Apathien und Entfremdungen. Christen werden nach Maßgabe der vorhandenen Möglichkeiten im Abbau der Herrschaft und im Aufbau der politischen Lebendigkeit eines jeden die Zukunft Christi zu antizipieren suchen.« Dieses Zitat zeigt einleuchtend, wie sich Solidarität im Namen des Kreuzes, Handeln und Hoffnung untereinander artikulieren.

[52] AaO (s.o. Anm. 49) 9.

[53] AaO 10: »Kreuzestheologie ist, . . ., nichts anderes als die Kehrseite christlicher Hoff-

»Kritischen Theorie« bei Adorno und Horkheimer verweisend, betont Moltmann die Rolle dieser Kehrseite als die des Negativen, das die Hoffnung vertieft, indem es sie mit den notwendigen Widerstandsmomenten gegen sie verbindet. »Ohne die Wahrnehmung des Schmerzes des Negativen kann christliche Hoffnung nicht realistisch werden und befreiend wirken.«[54]

Dem Kreuz kommt also keine positive Bedeutung zu. Die Positivität ist erst in der Auferstehung und in den auf sie zurückgehenden Antizipationen der Zukunft Gottes gesetzt. Demgegenüber ist das Kreuz die notwendige Negativität, die zwar durch die Betonung des retardierenden Moments des Widerstandes die Positivität des eschatologischen Hoffens und Handelns vertieft und konkreter macht, erst recht zur Positivität werden läßt, die aber letztlich in der Positivität aufgehoben wird. Dann erst ist das Böse auch letztlich überwunden. Diese eschatologische Aufschiebung läßt die Frage nach der Überwindung des Bösen erneut aufkommen.

1.34. Die positive Heilsbedeutung des Kreuzes

Das Problem natürlicher Theologie, das die Fragestellung der politischen Theologie beherrscht, hatten wir als das Problem einer radikalen Erfassung des Bösen namhaft gemacht. Von daher stellte sich zunächst die Frage, ob das Böse, wenn es als Leiden wahrgenommen wird, schon radikal genug erfaßt ist. Dieser erste Aspekt verkoppelt sich mit einem zweiten, der jetzt zu erörtern ist: ist das Böse in seiner ganzen Virulenz erfaßt, wenn seine Überwindung, als Solidarität mit den Leidenden interpretiert, nur als Negativität auf eine Positivität hin erfaßt wird, die aus eschatologischem Hoffen und Handeln besteht und dadurch eigentlich nur eine zukünftige Überwindung erhoffen läßt?

Demgegenüber muß gefragt werden, ob man nicht erst so dem Bösen, dem Bösen als Sünde interpretiert, wirklich gerecht wird, daß man dem Kreuz selbst als Überwindung des Bösen eine positive Heilsbedeutung zuschreibt. Gerade diese soteriologische Ausrichtung wird in der politischen Kreuzestheologie abgelehnt. Für Moltmann gehört auch sie zu den Einseitigkeiten der traditionellen Kreuzestheologie. »Heute Kreuzestheologie aufzunehmen heißt, über die Grenzen der Heilslehre hinauszugehen und nach der fälligen Revolution im Gottesbegriff zu fragen.«[55] Man müßte hier kritisch fragen, ob diese Revolution im Gottesbegriff nicht gerade als Heil anzusprechen und soteriologisch zu interpretieren sei. In seiner Ablehnung meint Moltmann freilich eine individualistische Heils-

---

nungstheologie, wenn anders diese in der Auferweckung des *Gekreuzigten* auf ihren springenden Punkt kommt.«

[54] Ebda.

[55] AaO 9.

lehre, in der das persönliche Heil von allem Übrigen abgesondert wird und
ohne Implikationen für die Wahrnehmung und Bewältigung der sozialpolitischen Probleme bleibt. Das zeigt sich etwa in folgender Bemerkung zum
Programm seiner Kreuzestheologie: »Heute Kreuzestheologie weiterzuführen heißt, über die Sorge um persönliches Heil hinauszugehen und nach
der Befreiung des Menschen und seinem neuen Verhältnis zur Realität der
Teufelskreise in seiner Gesellschaft zu fragen.«[56] Damit ist aber eine falsche
Verengung des persönlichen Heils vollzogen. Wenn jetzt von der positiven
Heilsbedeutung des Kreuzes die Rede sein soll, muß vom persönlichen Heil
gesprochen werden, zwar gerade nicht individualistisch, aber dem entsprechend, was wir oben zur Kategorie des Einzelnen bemerkt haben[57], also
gerade auch in seiner Auswirkung auf das Verhältnis des Menschen zur
gesellschaftlichen Realität und zu ihren Teufelskreisen. Eben mit diesem
Aspekt soll nun begonnen werden.

1.341. Solidarität und Kreuzesnachfolge

Der Tod Jesu am Kreuz bedeutet für den, der daran glaubt, ein Mitgekreuzigtwerden. Das ist ein wesentlicher Zug in der paulinischen Kreuzestheologie. Indem ich mitgekreuzigt werde, sterbe ich mir selbst und
meinen Ansprüchen auf mein Leben ab. Das findet darin seinen existentiellen Ausdruck, daß sich mein Leben, um gleich einen wesentlichen Zug der
synoptischen Interpretation des Kreuzes aufzunehmen, als eine Kreuzesnachfolge gestaltet, in der ich das Kreuz trage und Jesus auf seinem
Leidensweg folge. So kommt mein ganzes Leben unter das Zeichen des
Kreuzes zu stehen, denn in ihm lebe nicht mehr ich, sondern Christus der
Gekreuzigte. So steht mein Leben in seinem Dienst, weil ich im Glauben an
den Gekreuzigten auf mich selbst verzichten kann und mich nicht mehr in
mich selbst zu verschließen brauche.

Diese Befreiung von mir selbst für den Dienst Christi bedeutet zugleich
eine Befreiung von mir selbst für den Dienst am Mitmenschen und an der
Welt. Sie öffnet mich für die Sympathie, für die Solidarität mit den
Leidenden. In der Perspektive der Kreuzesnachfolge sind alle oben darge-
stellten Aspekte positiv aufzunehmen. Das Mitgekreuzigtwerden befreit
mich zu einem intensiven Wahrnehmen des Leidens und des Bösen und zu
einem dezidierten Kämpfen gegen sie. Die Kreuzesnachfolge öffnet mir die
Augen für die Realität der Welt und läßt mich die Teufelskreise sehen, die
in ihr am Werke sind und die Menschen vielen unaufhörlichen Leiden
aussetzen. Dieser Situation kann ich nur in höchster Anteilnahme und in
höchstem Einsatz für jede mögliche Linderung gerecht werden. Diese
ethisch-politische Bereitschaft zu befreiendem Solidarischsein und Handeln

---

[56] Ebda.
[57] S. o. S. 22–24.

ist eine notwendige – und gerade deshalb auch eine spontane, evidente – Frucht der Kreuzesnachfolge des Glaubens.

Dazu gehört aber der Verzicht auf den Anspruch, durch Solidarität und Handeln eine eschatologische Befreiung von allem Bösen wenn auch nur zeichenhaft auf eine erhoffte eschatologische Zukunft hin herbeizuführen. Dieser absolute Anspruch will eine Position setzen, die letztlich frei sein soll vom Bösen und von ihm endgültig befreien kann. Das ist aber ein verzweifelter Versuch, das Böse durch die Verabsolutierung eines bestimmten menschlichen Handelns, nämlich des revolutionären Handelns, zu überspielen. Ein solches Überspielen der Radikalität des Bösen entmachtet nicht den Teufelskreis des Bösen, sondern stürzt in ihn hinein: der Mensch wird verleitet zu vermeintlich guter Aktivität, übersieht in ihr aber die grundlegende Ambivalenz und verstrickt sich dadurch in das Böse, verfehlt seine eigentliche Absicht und wird in die Dialektik von Passivität und Aktivität hineingerissen.

Der Verzicht auf den eschatologischen Befreiungsanspruch versetzt das menschliche Handeln in eine ganz andere Situation. Es liegt nicht außerhalb des Bereichs des Bösen, sondern steht immer schon in dessen Zusammenhang. So wird jede Absolutsetzung unmöglich: Es kann nicht darum gehen, vom Bösen radikal zu befreien, sondern höchstens gegen seine Auswirkungen, die von ihm gestifteten Leiden, möglichst wirksam und umfassend anzukämpfen. Der Verzicht auf Absolutheit geschieht im Wissen darum, daß es nicht dem Menschen zukommt, das Böse an der Wurzel zu überwinden, daß dies die Sache göttlichen Heils ist. Das nüchterne menschliche Kämpfen gegen die Auswirkungen des Bösen setzt diese andere radikale Befreiung voraus, die auf das Kreuz weist. Am Kreuz ist Jesus nicht nur zum Vorbild des sympathetischen Handelns geworden, das es nun in konkreter Praxis nachzuahmen gilt. Seinem Kreuzestod kommt eine Heilsbedeutung zu, die die Wurzel des Bösen betrifft und von der her eine Solidarität mit den Leidenden überhaupt erst möglich wird, die nicht doch wieder – wie auch immer – an den Leidenden vorbeigeht.

1.342. Die radikale Erfassung des Bösen und die radikale Erfassung der Solidarität

Zur Interpretation der positiven Heilsbedeutung des Kreuzes müssen beide Aspekte verknüpft werden: das Verständnis des Bösen und das Verständnis seiner Überwindung, und auf ihre radikale Erfassung hin bedacht werden. Die eigentliche Wurzel des Bösen ist nicht das Leiden. Darauf vornehmlich konzentriert sich die politische Theologie in ihrer Auffassung des Bösen. Das Leiden ist jedoch nur die schlimme Auswirkung des eigentlich Bösen, der Sünde als des Widerspruchs des Menschen mit Gott und mit sich selbst. Dem entspricht auf der Ebene der Überwindung, daß der Kreuzestod Christi letztlich nicht eine politische Solidarität

mit den Leidenden, mit den Benachteiligten und Unterdrückten meint,
sondern der Vollzug der Solidarität mit den Sündern ist. So korrespondie-
ren einander die radikale Erfassung des Bösen und die radikale Erfassung
der Solidarität.

Diese Verbindung bildet eine Konstante in den traditionellen Auffassungen des Kreuzestodes Christi als Heils, sei es als Preises des Loskaufs von
Gesetz und Tod oder als Genugtuung eines Unschuldigen zur Versöhnung
Gottes mit den schuldigen Menschen oder als Erwerbung eines Schatzes
von Verdiensten, die zur karitativen Verwirklichung sakramental verteilt
werden, oder als des fröhlichen Wechsels zwischen Sünde des Menschen
und Gerechtigkeit Christi oder wie auch immer. All diese Vorstellungen
versuchen mit verschiedenen Mitteln das Kreuz als Solidarität mit den
Sündern darzustellen. Damit wird ein Motiv aufgenommen, das schon im
Neuen Testament eine zentrale Rolle spielt, am eindrücklichsten wohl bei
Paulus. »Er hat den, der von keiner Sünde wußte, für uns zur Sünde
gemacht, damit wir in ihm die Gerechtigkeit Gottes würden.« (2. Kor 5,21)
Damit ist aufs schlichteste die Solidarität mit den Sündern zum Ausdruck
gebracht. Dieses Thema kann jetzt freilich nicht erschöpfend behandelt
werden, denn dazu bedarf es noch einer genaueren Bestimmung der Sünde.
Diese Bestimmung soll erst später unternommen werden[58]. Es sei jetzt nur
folgendes bemerkt: Es wird zu einem fundamentalen Problem des Kreuzes-
verständnisses – auch in den erwähnten traditionellen Lehrmeinungen –,
wie eine Moralisierung der Sünde vermieden werden kann, die die Sünde
als Tatsünde, als Verfehlung gegenüber moralischen Normen interpretiert.
Positiv ausgedrückt: wie ein Verständnis der Sünde tragend werden kann,
das sie in Hinsicht auf den Lebensvollzug des Menschen als Unglauben und
deshalb in ihrem Gottesbezug als Auflehnung gegen Gott, als Widerspruch
des Menschen mit sich selbst und mit Gott interpretiert. Erst wenn die
Sünde in dieser existentiellen Bedeutung wahrgenommen ist, wird die
Heilsbedeutung des Kreuzes scharf erfaßt. Unter diesem Vorbehalt sei jetzt
die Solidarität mit den Sündern in ihren wesentlichen Zügen vorläufig
angedeutet.

Jesus wurde zur Sünde gemacht. Er hat alle Sünde der Welt, die von Gott
aufs schärfste verurteilt wird, auf sich genommen. So hat er am verfluchten
Holz die radikale Gottverlassenheit erleiden müssen, in der das radikale
Nein Gottes zur Sünde kund wird, das auch ein Nein zum Sünder ist. Diese
Übernahme des zornigen Gerichts Gottes ist die höchste Solidarität mit den
Sündern. Doch diese Solidarität geschieht nur in einem völligen Unter-
schiedensein Jesu von den Menschen, das in seiner Sündlosigkeit gegeben
ist. Es geht am Kreuz um »den, der von keiner Sünde wußte«. Diese

---

[58] S. u. 2.413.–2.414., 2.42. und 3.412. Für die zwei im folgenden aufgenommenen
Aspekte der Sündlosigkeit und der Gottverlassenheit, vgl. *G. Ebeling,* Dogmatik des christlichen Glaubens, II, 177–209. Für die ausführlichere Deutung des Kreuzes, s.u. 3.413.–3.416.

Sündlosigkeit ist nicht nur ein Nichtberührtsein, ein Freisein von Sünde. Es ist vielmehr gerade die Freiheit von der Sünde als die Freiheit, sich dem Sünder hinzugeben. Dadurch wird das Nein Gottes zur Sünde, das Jesus in der Gottverlassenheit durchgelitten hat, zu einem Ja zum Sünder. Der Sündlose wurde so stark zur Sünde gemacht, daß der Sünder von der Sünde losgerissen und bei Gott aufgenommen wurde. So wird das Gericht Gottes über den zur Sünde gemachten Sündlosen zur Gnade und Vergebung für den von seiner Sünde befreiten Sünder. Zwar ist die Sünde nicht einfach weggezaubert – das bezeugte nur, daß sie nicht radikal ernstgenommen wird! –, sie ist noch wirksam und präsent, aber sie ist entmachtet und besiegt und wird deshalb nicht mehr angerechnet, sondern vergeben. Diese Vergebung ist die Überwindung des Bösen, die sich für jeden Glaubenden im Mitgekreuzigtwerden vollzieht. Das ist die Heilsbedeutung des Kreuzes: die Solidarität Jesu mit den Sündern, die erst einen Einsatz für die Leidenden ermöglicht. In dieser Heilsbedeutung ist das Kreuz schon vollbrachte Eschatologie, nicht nur ein negatives Vorzeichen auf eine künftige Eschatologie, sondern selbst schon vollzogenes eschatologisches Geschehen. Mit dieser letzten Aussage stoßen wir noch einmal auf das Begriffspaar, von dem wir ausgegangen waren: Kreuz und Eschatologie. Auf das Verhältnis von Kreuz und Eschatologie soll sich nun dieser einleitende Teil abschließend noch einmal konzentrieren.

1.4. *Kreuz und Eschatologie: erste Begriffsbestimmung*

1.41. *Kreuz und Eschatologie als Leitfaden der Arbeit*

Die in diesem ersten Teil vollzogene Auseinandersetzung mit der politischen Theologie führt uns zur Feststellung, daß diese durch ein natürliches Verständnis der Eschatologie geleitet ist, das von einem natürlichen Gefälle der Zeiten ausgeht. Die Gegenwart steht unter dem Zeichen der Kreuze der Welt als der seit aller Vergangenheit unaufhörlichen Leiden der Menschen und unter dem Zeichen des Kreuzes Christi als der Solidarität mit den Leidenden. Diese Gegenwart steht im Vorfeld einer Zukunft, die die Erlösung von allen Leiden bringen soll. Diese Zukunft ist zwar erst noch im Kommen, doch ist sie schon in der bereits geschehenen Auferstehung Christi vorgezeichnet und muß durch gezieltes, veränderndes Handeln, das jetzt schon einsetzt, antizipiert werden. Erst durch diese Ausrichtung auf die Zukunft hin durch Vorzeichen und handelnde Antizipation, erst im natürlichen Gefälle der Zeiten von der Vergangenheit über die Gegenwart zur Zukunft ist die Wirklichkeit richtig erfaßt.

Demgegenüber konzentrierte sich unsere Kritik auf zwei Punkte: einerseits daß dieses natürliche Verständnis der Eschatologie die Spannungen nicht scharf genug erfasse, die die eschatologische Thematik prägen, und dadurch zu Vereinseitigungen und Verabsolutierungen führe, die sich verheerend auswirken können; andererseits daß daraus eine Erfassung des Bösen und seiner Überwindung folge, die das eigentliche Problem des Bösen, die Verankerung in der Sünde, und das eigentliche Problem der Überwindung, den Vollzug der Solidarität mit den Sündern, übersieht und überspielt. Diese zwei problematischen Aspekte, in unserer Darstellung als Dimension der Positivität und Dimension der Negativität angesprochen, rühren von dem natürlichen Gefälle her, das für die politische Theologie grundlegende Voraussetzung ist und das Kreuz und Eschatologie nur indirekt verbindet, das Kreuz nur als Negativität im Vorfeld der eschatologischen Positivität interpretiert. Unsere Kritik ließe sich deshalb in folgenden Fragen zusammenfassen: Muß man nicht, wenn man die anstehenden Probleme richtig erfassen will, auf ein Verständnis tendieren, das Kreuz und Eschatologie eng aufeinander bezieht, ein Verständnis, das sich letztlich nur als eschatologia crucis[59] entfalten läßt? Wäre es nicht dann erst möglich, wenn die Eschatologie so im Lichte des Kreuzes verstanden würde, die Spannungen und Probleme der Eschatologie ohne Vereinseitigungen und Verabsolutierungen wahrzunehmen und zu bewältigen? Wäre es nicht dann erst möglich, wenn so dem Kreuz eine zentrale eschatologische Bedeutung zuteil würde, das Böse und seine Überwindung in der Solidarität scharf zu erfassen?

Eine solche Kreuzeseschatologie kann jedoch das natürliche Verständnis der Eschatologie nicht einfach beiseitelassen. Sie muß sich mit ihm auseinandersetzen, denn es gehört wesentlich zur menschlichen Wirklichkeit, um die es letztlich im Streit um die Eschatologie geht. Es gibt in der menschlichen Wirklichkeit eigentlich keinen eschatologiefreien Raum. Alles steht in ihr unter der Bestimmung des eschatologischen Gefälles, im Zeichen der Erwartung und der Hoffnung[60]. Alles wartet auf Erfüllung, ersehnt sich Vollendung: diese natürliche Eschatologie durchwaltet die gesamte Wirklichkeit, versetzt sie in Spannungen und Probleme, die sie nie zur Ruhe kommen lassen, die sie immer wieder veranlassen, nach der eschatologischen Vollendung zu greifen oder vor ihr zu fliehen, sie vorwegzunehmen oder sie zu vertagen. So ist die Wirklichkeit im ganzen durch die eschatologische Ausrichtung und ihre grundlegende Ambivalenz umgetrieben, durch das natürliche Gefälle der Zeiten, das ihr innewohnt, und die damit gestellten Fragen.

---

[59] Damit ist eine Begriffsbildung aufgenommen, die *Moltmann* schon in seiner *Theologie der Hoffnung* gebraucht hat (vgl. Theologie der Hoffnung. Untersuchungen zur Begründung und zu den Konsequenzen einer christlichen Eschatologie, [1964] 1977[10], 140 ff) und öfters wieder aufgreift. Wie noch zu zeigen ist, kommt es jedoch bei Moltmann zu keiner wirklichen eschatologia crucis, so daß unsere Aufnahme des Themas eschatologia crucis gerade polemisch gegen Moltmanns Verständnis gerichtet ist (s. u. 3.2., vor allem 3.231.).

[60] Das zeigt trotz aller dabei auftauchenden Probleme und Fragen in eindrücklicher Manier das große Werk von *E. Bloch*, das ein Panorama der Hoffnung in der Welt entfaltet: Das Prinzip Hoffnung, 3 Bde., stw 3, (1959) 1974.

Diese natürliche Eschatologie kann jedoch auch nicht einfach aufgenommen und übernommen, und die Kreuzeseschatologie ihr einfach akkomodiert werden. Die Kreuzeseschatologie setzt sich mit ihr auseinander im Anspruch, sie zur Wahrheit zu bringen. Das heißt, daß das natürliche Verständnis der Eschatologie auf die Spannungen und Probleme hin bedacht wird, die es beherrschen, und von ihnen befreit wird, indem es umgestaltet wird zu einem Verständnis, das Erwartung und Hoffnung auf Vollendung im Lichte des Kreuzes Christi erfaßt. So allein werden die Fragen, die die natürliche Eschatologie umtreiben, erst in Wahrheit erfaßt: indem sie in die Spannung der Kreuzeseschatologie aufgenommen werden und dadurch eine grundlegende Umdeutung erfahren, die sie in ihrem eigentlichen Sinn wahrnimmt und sie der befreienden Korrektur der eschatologia crucis aussetzt.

In dieser Frage des natürlichen Verständnisses der Eschatologie offenbart sich im Grunde genommen noch einmal das Problem natürlicher Theologie, das schon öfters angesprochen wurde. Die natürliche Eschatologie beiseitezulassen, wäre nur eine billige Art, dem Problem natürlicher Theologie auszuweichen. Das natürliche Verständnis hingegen unmittelbar zu übernehmen und bloß zu modifizieren, wäre eine billige Art, das Problem mit einer einfachen natürlichen Theologie zu lösen. Nur so wird man dem Problem gerecht, daß man die Kreuzeseschatologie mit der natürlichen Eschatologie konfrontiert, dem natürlichen Verständnis der Eschatologie mit der eschatologia crucis aufs schärfste widerspricht und es dadurch gerade zur Wahrheit bringt. Erst in einer solchen dialektischen Bewegung der Konfrontation, des Widersprechens und Entsprechens, ist das Problem natürlicher Theologie sachgemäß wahrgenommen.

Dazu bedarf es einer Konzentration auf das Verhältnis von Kreuz und Eschatologie. Das soll den Leitfaden unserer Arbeit bilden, an dem entlang sich das Ganze strukturiert. Man könnte das Thema auch mit den Titeln von zwei Arbeiten Moltmanns kennzeichnen: es geht darum, das Problem zu behandeln, in welchem Zusammenhang zueinander die Theologie der Hoffnung und der gekreuzigte Gott stehen. Diese Fragestellung soll, wie das bereits in diesem ersten Teil geschehen ist, in kritischer Auseinandersetzung mit der politischen Theologie erörtert werden. Weil die formulierte Thematik im großen und ganzen der der zwei wichtigsten Arbeiten Moltmanns entspricht, soll diese Auseinandersetzung vornehmlich am Beispiel dieses Theologen vollzogen werden[61].

Ihre theologischen Wurzeln schöpft unsere Arbeit in der Kreuzestheolo-

---

[61] Obschon Moltmann selbst einige Vorbehalte macht zur politischen Theologie, hat er diese Thematik doch immer wieder aufgenommen und seine theologische Reflexion darauf ausgerichtet. Deshalb wird man ihn als Vertreter der politischen Theologie betrachten können, freilich unter der Bedingung, daß in ihr nicht nur der Aspekt der ethisch-politischen Praxis betont wird, sondern vielmehr die eschatologischen Motive als entscheidend unterstrichen werden, wie das bereits in diesem ersten Teil versucht wurde.

gie Luthers. Bevor wir uns im zweiten Teil diesem Aspekt zuwenden, sei
dieser erste Teil noch zu einem Abschluß gebracht, indem wir einige
Präliminarbestimmungen zum Thema vornehmen, zunächst zur Perspektive der Interpretation des Kreuzes und ferner zur Definition der Eschatologie.

1.42. Die Perspektive der Interpretation des Kreuzes

Die Interpretation des Ereignisses des Kreuzestodes Jesu kann sich in
verschiedenen Perspektiven vollziehen. Diese Perspektiven entscheiden
sich hauptsächlich an zwei Aspekten der Interpretationsaufgabe: einerseits
an der Frage, wie die grundlegende Erfahrung mit dem Tode Jesu zu
bestimmen ist, die ihren Niederschlag in den Erscheinungsberichten gefunden hat, und andererseits an der Frage, mit welchen Sprachmitteln, in
welchen Vorstellungen die Bedeutung des Kreuzestodes Jesu, wie sie in
den Erscheinungen erfahren wurde, zum Ausdruck zu bringen ist. Diese
zwei Fragestellungen, die hermeneutischer Art sind, stellen das Kreuz in
den Kontext der Entstehung des urchristlichen Glaubens und vornehmlich
der Auferstehung und der Erscheinungsgeschichten. Nur in diesem breite-
ren Rahmen kann es angemessen interpretiert werden. Freilich ist die Frage
nach der Angemessenheit, der Sachgemäßheit der Interpretation durch eine
Zirkelstruktur gekennzeichnet: Kriterium im Streit der Interpretationen
des Kreuzes kann allein das Kreuz selbst sein. Darin offenbart sich ein
gewisser Widerstand des Kreuzes gegen seine Interpretationen, der zur
Folge hat, daß der Interpretationsvorgang immer ein doppelter ist: die
Interpretationsmedien können das Kreuz nur angemessen interpretieren,
wenn sie ihrerseits vom Kreuz her neu interpretiert werden.

Hinter diesen hermeneutischen Fragen steht das theologische Problem
des Verhältnisses zwischen Kreuz und Auferstehung. Das sei jetzt anhand
von zwei Grundmodellen der Interpretationsperspektive erörtert.

1.421. Die ethisch-politische Interpretation

Die Erscheinungserzählungen berichten von Begegnungen einzelner
Personen, die meistens den irdischen Jesus kannten, mit einer Gestalt, die
die Züge des gekreuzigten Jesus trägt und doch wieder lebt, von Begegnungen mit dem Gekreuzigten als dem Auferstandenen. Damit ist das
apokalyptische Motiv der Auferstehung von den Toten aufgenommen und
als geschichtlich realisiert ausgesagt. Freilich gehört die Auferstehung nicht
unmittelbar zum historisch Feststellbaren, denn die Erscheinungen haben
den Charakter von Visionen. Doch gerade dieser Bruch wird theologisch
interpretiert: mit dem Motiv der Auferstehung ist etwas ganz Neues
gesetzt, das die alte Geschichte eschatologisch überholt. Mit der Auferstehung als einer revolutionären Antizipation beginnt eine neue Geschichte

Gottes mit den Menschen. In dieser Perspektive kommt der Auferstehung die zentrale Rolle zu: sie ist das eschatologisch Entscheidende. Die enge Beziehung des Auferstandenen zum Gekreuzigten führt nicht zu einer eschatologischen Deutung des Kreuzes. Dieses bleibt vielmehr im Vorfeld der mit der Auferstehung einsetzenden Eschatologie stehen: es geht in ihm um den Modus des Verhaltens im Zeichen der anbrechenden Zukunft. Das Kreuz wird zum Symbol der Anteilnahme an den Leiden der Menschen als der Einstellung, die als negatives Vorzeichen der letzten Befreiung entspricht, die in der Auferstehung antizipatorisch einsetzt. Die Interpretation in dieser Perspektive ist also vornehmlich ethisch-politisch. Der Gekreuzigte wird zum Modell unserer Solidarität mit allen Benachteiligten und Unterdrückten. In der Begrifflichkeit der mittelalterlichen Schriftauslegung könnte man sagen, daß diese Interpretationsperspektive auf die Hervorhebung des sensus moralis oder, etwas modifiziert, des sensus politicus hinausläuft.

1.422. Die existentiell-eschatologische Interpretation

Am Ursprung des christlichen Glaubens an Jesus stehen die Erscheinungen des Auferstandenen. Dieses Faktum könnte der ethisch-politischen Perspektive und ihrer Betonung der Auferstehung recht geben. Doch kann dies auch anders interpretiert werden. Das zentrale Problem ist hier vor allem die angemessene Interpretation der Identität des Gekreuzigten und des Auferstandenen. Die Aussage apokalyptischen Ursprungs, daß Gott Jesus von den Toten auferweckt hat, bringt das Ja Gottes zum Gekreuzigten zum Ausdruck. In der Auferstehung steht Gott zum Kreuzestod, und zwar so radikal, daß der Tod Jesu als der Tod Gottes am Kreuz ausgesagt wird. Die eschatologische Terminologie der Auferstehungsaussage bringt so gerade die eschatologische Bedeutung des Kreuzes zum Ausdruck. Durch die Auferstehung Jesu von den Toten wird der Kreuzestod nicht überholt oder gar aufgehoben oder wenigstens als ein Geschehen verstanden, das nur im Vorfeld des letztlich Entscheidenden steht. Durch die Auferstehung Jesu von den Toten wird der Kreuzestod Jesu mit unendlichem Ernst und in seiner letztgültigen Relevanz betont. Er wird zum zentralen eschatologischen Geschehen.

In dieser Perspektive der Interpretation wird die Erfahrung mit dem Tode Jesu als Heilserfahrung verstanden: am Kreuz ist etwas geschehen, das für mich Heilsbedeutung hat. Das kann in verschiedenen Hinsichten zum Ausdruck gebracht werden: etwa kultisch als versöhnendes Blutvergießen, als gottgefälliges Opfer, oder juridisch als Genugtuung, die die Verfehlung des Menschen vor Gott wiedergutmacht, oder als Kampf mit den Weltmächten usw. In diesen verschiedenen Vorstellungen wird zur Sprache gebracht, wie Jesus als der Sündlose in der Gottverlassenheit die Solidarität mit den Sündern, mit mir als Sünder, vollzogen hat.

In diesem Heil, das für mich errungen wurde, kommt die absolute Bedeutung des Eschatologischen zum Ausdruck: als letztgültige, schlechthinnige Perspektive betrifft es mich in meinem innersten Wesen. Es spricht mich nicht nur ethisch-politisch an, nicht nur in Hinsicht auf mein Handeln und Verhalten, sondern in dem, was mein Menschsein selbst ausmacht, in Hinsicht auf meine Wirklichkeit überhaupt. In der Heilserfahrung geht es um das, was mich in meinem Lebensvollzug angeht, was mich zu mir selbst kommen läßt und in einem neuen Leben von Freiheit und Freude leben läßt, in einem Leben von eschatologischer Freiheit und Freude. In diesem Sinne sprechen wir für diese zweite Perspektive von der existentiell-eschatologischen Interpretation. Damit ist von der Kreuzeseschatologie her eine Beziehung zwischen Eschatologie und Existenz hervorgehoben, die für unsere Arbeit zentral ist. Das Eschatologische betrifft den Menschen existentiell. Die existentielle Problematik hat eschatologischen Charakter. Diese Beziehung, auf die wir später noch zurückkommen müssen, ist gegen die allzu pauschale Ablehnung geltend zu machen, die die Existenzfrage in der politischen Theologie erfährt.

1.43. *Vorläufige Definition der Eschatologie*

1.431. Die eschatologische Aussage als Zukunftsaussage

In einer ersten Approximation kann man die eschatologische Aussage als Zukunftsaussage bestimmen. Diese Kennzeichnung gilt freilich nicht nur von ihr und erfordert deshalb zusätzliche Präzisierungen. Sie ist nicht eine Vorhersage, die man aufgrund von gewissen Gesetzlichkeiten und Schätzungen machen kann – wie etwa die Wettervorhersage oder die Vorhersage einer Sonnenfinsternis. Sie ist aber auch nicht ein Programm – wie etwa in der Politik –, das es in naher oder in ferner Zukunft zu verwirklichen gilt. Sie ist auch nicht – obwohl man damit der Sache schon näher kommt – die Weissagung eines zukünftigen Ereignisses, sei es eher in unmittelbar prophetischer Gestalt oder im Rahmen des systematisch und genau geplanten Ablaufs des Weltgeschehens, wie er in der Apokalyptik vorherrscht. Der eschatologischen Aussage kommt eher der Verheißungscharakter zu. Der Verheißung entspricht weder das Wissen noch das Handeln noch das Planen und Erraten, sondern, wie Luther schon betonte[62], allein der Glaube, das Vertrauen auf das Wort der Verheißung. Es geht also darin vor allem um die Frage, wie der Mensch die Zukunft nicht etwa kennen, planen oder erwirken kann, sondern wie er sie im Glauben an den Gott

---

[62] WA 6; 516,30–32 (De captiv. Bab. eccl., 1520): Neque enim deus (ut dixi) aliter cum hominibus unquam egit aut agit quam verbo promissionis. Rursus, nec nos cum deo unquam agere aliter possumus quam fide in verbum promissionis eius.

empfangen kann, der sie verheißt und sie in seinen Händen hält, wie er sie in allem Vertrauen als das Unbekannte, Ungewisse, Beängstigende empfangen kann.

Diese erste Charakterisierung bedarf noch einer Präzisierung in zwei Hinsichten. Zunächst einmal muß betont werden, daß es nicht um irgendeine Zukunft geht, sondern, wie es die Etymologie andeutet, um die letzte Zukunft, um das Eschaton, das Endgeschehen. Das muß zwar in einem ersten Sinne eindeutig zeitlich verstanden werden, wie das etwa mit der klassischen Überschrift für das eschatologische Kapitel angedeutet wird: »De novissimis«. Die Idee des Eschaton bekommt aber auch einen sachlichen Sinn, der eine Vertiefung des zeitlichen Sinnes bedeutet: das Letzte als das Letztgültige, das Endgültige, das Schlechthinnige. In dieser Perspektive meint das Eschatologische etwas, das alle zeitlichen Möglichkeiten übersteigt, dem eine absolute Relevanz zukommt.

Ein ähnlicher Zug ist im anderen hervorzuhebenden Aspekt festzustellen. Konstitutiv für die eschatologische Aussage ist der unaufgebbare *Gottesbezug* [63]. Darin liegt die Letztgültigkeit des Eschatologischen. Das Eschaton ist Sache des göttlichen Handelns. Es steht ganz außer Reichweite des Menschen. Als das endgültige Handeln Gottes ist das Eschatologische das ganz andere, das die Zeit schlechthin transzendiert. Dadurch vollzieht sich eine Loslösung des Eschatologischen von der Zukunft: es ist nicht bloß das zukünftige Endgeschehen, es steht mitten in der Spannung der Zeiten.

1.432. Eschatologie in der Spannung der Zeiten

Wird das Eschatologische in der Perspektive der Transzendierung der Zeit verstanden, so bringt es das Herrsein Gottes über die Zeit zum Ausdruck, das Herrsein des Gottes, der als der Ewige derselbe ist gestern, heute und in Ewigkeit. Damit ist das natürliche Gefälle der Zeiten, das das natürliche Verständnis der Eschatologie prägt, durchbrochen. Die Zeit wird in der Spannung der Zeitekstasen erfaßt, und so wird auch das Eschatologische nicht einfach als die letzte Zeit mit der Zukunft verknüpft, sondern als das Ewige in der Zeit in dieser Spannung wahrgenommen. Das erfordert die Unterscheidung von verschiedenen Hinsichten in der Eschatologie, die den einzelnen Zeitekstasen entsprechen[64].

Daß die Zukunft in der Hand Gottes ist, kann mit einer futurischen Eschatologie zum Ausdruck gebracht werden. Damit ist zunächst der unmittelbarste Sinn von Eschatologie getroffen, der im natürlichen Ver-

---

[63] Der Gottesbezug wurde oben bei der kurzen Darstellung von Bultmanns Eschatologieverständnis schon betont (s. o. S. 28f) und muß verschärft gegen die Äquivokationen der politischen Theologie geltend gemacht werden.

[64] Vgl. zu diesem Thema, was schon oben zum Spannungsfeld von Zukunft, Vergangenheit und Gegenwart (1.244.) dargelegt wurde.

ständnis der Eschatologie prägend ist. Eschatologie ist grundlegend auf die
Zukunft ausgerichtet, sie ist zuerst futurische Eschatologie. Dieses natürliche Verständnis ist der großen Spannung ausgesetzt, die zwischen der
radikalen Ungewißheit der Zukunft und der eschatologischen Aussage,
daß die Zukunft in Gottes Hand ist, besteht. Dieses Problem versucht es
mit Vorhersagen, apokalyptischen Berechnungen oder mit Plänen und
Utopien zu lösen, die auf zeichenhaften Antizipationen beruhen, die von
der beängstigenden Zukunft schon etwas vorwegnehmen. Diese »natürlichen« Lösungen müssen, wenn man dem Verheißungscharakter der eschatologischen Aussage gerecht werden will, der Korrektur der Relation von
Verheißungswort und Glaube unterworfen werden. Nur in dieser Relation, die den Menschen auf den reinen Glauben verweist, ist der Spannung
der futurischen Eschatologie standzuhalten. Doch setzt das voraus, daß
dieser Spannung von anderswoher als der futurischen Eschatologie selbst
standgehalten wird.

Die Perspektive des Woher des eschatologischen Standhaltens weist in
eine andere Dimension der Eschatologie, in die der Vergangenheit. Die
Relation von Wort und Glaube wurde ein für allemal offenbar, in einem
Geschehen, dem deshalb, obschon es nun als vergangen zu betrachten ist,
eschatologische Bedeutung zukommt. Es geht in diesem Geschehen nicht
bloß um eine zeichenhafte Antizipation, die das Entscheidende doch noch
dem futurischen Geschehen überläßt. Es ist bereits *vollbrachte* Eschatologie
und in diesem Sinne perfektische Eschatologie. Es ist als ob das Eschaton in
ihm eingetreten wäre, obwohl die Geschichte noch weitergeht. Als eine
solche perfektische Eschatologie ist gerade das christologische Geschehen,
und vornehmlich der Kreuzestod Jesu zu betrachten. In ihm wurde das
Verheißungswort proklamiert und so die Möglichkeit des Glaubens
eröffnet.

Diese perfektische Eschatologie ist durch eine paradoxale Struktur
gekennzeichnet, die mit der »als ob«-Struktur zusammenhängt. Die perfektische Eschatologie ist nicht schon vollbrachte Eschatologie in dem
Sinne, daß alle Spannung aufgehoben ist und sich jede futurische Eschatologie erübrigt. Das eschatologische Geschehen ist als historisches gegeben.
Es bleibt unter dem Anschein des gänzlich Uneschatologischen verborgen
und erscheint deshalb als noch nicht endgültig vollbracht. Dennoch wird es
als das endgültige, das schlechthinnige Ereignis verkündigt, das die Relation von Wort und Glaube bleibend eingeschärft hat.

Die Gegenwart steht im Zeichen dieser Spannung von perfektischer und
futurischer Eschatologie. In ihr wird die Spannung der Zeiten am schärfsten erfahren. Deshalb tendiert alles auf eine präsentische Eschatologie, in
der sich diese Spannung von perfektisch und futurisch niederschlägt.
Dieser Gegenwartsbezug soll nun zum Thema werden.

1.433. Die grundlegende Verankerung der Eschatologie in der Gegenwart

Die eschatologische Aussage ist auf die Gegenwart bezogen, in ihr verankert. Darin kommt ihr Erfahrungsbezug zum Ausdruck. Die Eschatologie darf nicht an dem vorbeireden, was die Gegenwartserfahrung ausmacht, gerade auch und vor allem in ihrem Widerstand gegen das Eschatologische. Im Gegenwartsbezug muß zur Entscheidung kommen, was die eschatologische Aussage wirklich beinhaltet und bedeutet. Das gilt auch, wenn die eschatologische Aussage als Zukunftsaussage bestimmt ist, denn dann betrifft sie eben die Gegenwart in ihrem Bezug auf die Zukunft.

Diese grundlegende Verankerung in der Gegenwart steht im Zeichen des Standhaltens. Die eschatologische Aussage muß sich mit der Wirklichkeit konfrontieren, wie sie in der gegenwärtigen Erfahrung zutage tritt. Sie darf nicht Vorstellungen entfalten, die wie Wunsch- und Phantasieprodukte anmuten, weil sie den Widerstand der Gegenwart im Namen einer herrlichen Zukunft überspielen. Darin kommt auch wieder das natürliche Verständnis der Eschatologie zum Ausdruck, das den Gegensatz von leidvoller und trüber Gegenwart und glorreicher und lichter Zukunft zum grundlegenden Prinzip erhebt. Gerade so wird man der Wirklichkeit nicht gerecht, ebensowenig wie wenn man sie verherrlichen und als bereits vollendete Eschatologie ausgeben würde. Auf beide Weisen wird dem Widerstand ausgewichen und eben nicht standgehalten.

Ein solches Standhalten ist nur möglich, wenn die Hoffnung, die sich in der eschatologischen Aussage kundtut, begründet ist, wenn sie einen existentiellen Anhalt an einem Geschehen hat, das dieses Standhalten auf hoffnungsvolle Art bis ins letzte vollbracht hat. Damit ist erneut auf die perfektische Eschatologie, auf das im Kreuz kundgewordene Wort der Verheißung verwiesen. Erst im Glauben an dieses Wort wird der Spannung der Gegenwartserfahrung wirklich Rechnung getragen, denn er steht im Zeichen der Verborgenheit, die die perfektische Eschatologie kennzeichnet, und kann deshalb in der gegenwärtigen Situation das Eschatologische gerade im Uneschatologischen wahrnehmen. Für das natürliche Verständnis der Eschatologie kann die eigentliche eschatologische Endgültigkeit nur in einer endzeitlichen Aufhebung aller Zeit in die Ewigkeit hinein liegen. Für eine präsentische Eschatologie liegt das Eschatologische mitten in der Spannung der Zeiten, in der uneschatologischen Gegenwart. Das ist nur im Zeichen des Kreuzes möglich.

1.434. Die eschatologische Aussage als Bestimmung der Gegenwart im Zeichen des Kreuzes

Wenn man die Eschatologie radikal als eschatologia crucis denkt und dies in der Berücksichtigung der grundlegenden Verankerung in der Gegenwart tut, muß man die eschatologische Aussage letztlich als eine Bestimmung der Gegenwart im Zeichen des Kreuzes definieren. Damit kommen noch einmal alle drei Aspekte der Eschatologie zusammen, in der Gegenwart miteinander verknüpft. Die präsentische Eschatologie liegt in der perfektischen begründet: der Kreuzestod Christi ist nicht bloß eine Initialzündung, sondern das bleibende Prinzip für die eschatologische Existenz in der Welt. Damit ist auch die futurische Eschatologie verknüpft: sie steht bevor als die endgültige Vollendung dessen, was jetzt schon in der Verborgenheit des Kreuzes als schlechthinnig in Geltung ist. Das heißt aber, daß diese futurische Eschatologie nicht eine Aufhebung des Kreuzes ist, eine Überholung, die es nichtig macht. Sie ist vielmehr als bevorstehende Vollendung in letzter Gültigkeit die Einschärfung des radikalen Ernstes und der absoluten Bedeutung des Kreuzes und der in ihm freigesetzten Hoffnung. In ihr wird diese Hoffnung nicht durch eine andere überholt und ersetzt, sondern schlicht und einfach zur Wahrheit gebracht und in diesem Sinne vollendet.

Im Gegensatz zum natürlichen Gefälle, das der natürlichen Eschatologie in ihrer Ausrichtung auf die Zukunft hin innewohnt, tendiert das Gefälle, das durch die Kreuzeseschatologie eingeschärft wird, auf die Gegenwart hin[65]. Auf sie konzentriert sich der Blick sowohl von der perfektischen als auch von der futurischen Eschatologie her. In der Gegenwart liegt das Feld der eschatologischen Bewährung. Wenn es in der Eschatologie letztlich um das ewige Leben geht, so weist das gerade auf das gegenwärtige Leben, denn in ihm allein kann ich das ewige Leben empfangen. Das ewige Leben ist nichts anderes als das Leben in der Gegenwart im Zeichen des Kreuzes. Die Gegenwart scheint zwar in ihrer Vergänglichkeit das genaue Gegenteil von Ewigkeit zu sein. Doch in ihr liegt zugleich die größte Fülle der Zeit, denn in ihr vereinen sich die nie ganz vergangene Vergangenheit und die nie nur zukünftige Zukunft. Dieses Zugleich der Zeiten macht die Gegenwart zur eschatologischen Zeit. In ihr gegenwärtig zu sein, im Zugleich gleichzeitig zu sein, offen für die Vergangenheit und für die Zukunft, das ist letztlich das ewige Leben. Dieser Einklang mit der Gegenwart steht im paradoxalen Zeichen des Kreuzes: ewiges Leben in der Vergänglichkeit, Fülle der Zeit im Augenblick, Gleichzeitigkeit in der entschwindenden Zeit. Das ist die bleibende Bestimmung in eschatologischer Hinsicht, wenn man von der eschatologia crucis her denkt. Was das konkret heißt, soll jetzt anhand von Luthers theologia crucis zum Thema werden.

---

[65] Eine ähnliche Konzentration auf die Gegenwart vollzieht *Pascal* in seinen *Pensées* in Abgrenzung gegen das natürliche Gefälle auf die Zukunft hin: »Que chacun examine ses pensées. Il les trouvera toutes occupées au passé ou à l'avenir. Nous ne pensons presque point au présent, et si nous y pensons ce n'est que pour en prendre la lumière pour disposer de l'avenir. Le présent n'est jamais notre fin. Ainsi nous ne vivons jamais, mais nous espérons de vivre, et nous disposant toujours à être heureux il est inévitable que nous ne le soyons jamais.« (Ausgabe von *Lafuma* [s. o. Anm. 44], Pensée Nr. 47, 59 f. In der Ausgabe von *Brunschvicg*, Nr. 172). Zum Aspekt der Gegenwart in eschatologischer Hinsicht, s. u. 3.423.

2. Theologia crucis bei Luther

Mit diesem zweiten Teil unserer Arbeit wagen wir in geschichtlicher Hinsicht einen weiten Sprung: von der theologischen Situation der letzten Jahrzehnte in die Zeit der Reformation. Daß damit ein ebenso großer – wenn nicht ein noch viel größerer! – Sprung in *theologischer* Hinsicht gewagt wird, wird wohl kaum jemand bestreiten. Das zeigt sich schon daran, daß die heutige politische Kreuzestheologie meistens mit Luthers theologia crucis bricht, sie scharf kritisiert und von ihr in polemischem Ton Abstand nimmt, so daß beinahe der Eindruck entstehen könnte, es sei schlechterdings unmöglich, mit einer lutherischen Kreuzestheologie der heutigen Situation überhaupt gerecht zu werden.

Damit wäre zwar einmal auf folgendes hingewiesen: die Aufgabe einer heutigen Kreuzestheologie wird kaum ohne Auseinandersetzung mit Luthers theologia crucis durchführbar sein. In der Tat, es gibt wohl nach Paulus keinen Theologen, der wie Luther das Thema des Kreuzes ins Zentrum seines Denkens zu stellen wußte und seine Theologie überhaupt als theologia crucis zu verstehen wagte. Das wird schon durch die Begriffsbildung »theologia crucis« selbst angedeutet, die ja lutherischen Ursprungs ist. Deshalb gilt: Wer sich der Aufgabe einer heutigen Kreuzestheologie stellen will, wird sie an Luthers Kreuzestheologie messen müssen. Die Notwendigkeit dieser Auseinandersetzung entscheidet jedoch keinesfalls darüber, wie das Urteil über Luthers Auffassung auszufallen habe. Vielmehr ist die Rezeption von Luthers theologia crucis für die jeweils rezipierende Kreuzestheologie selbst charakteristisch. Das ist auch für die politische Theologie der Fall: was hier bei Luther kritisiert, abgelehnt, und was positiv aufgenommen wird, ist von Bedeutung für die theologischen Tiefendimensionen.

Wir beginnen deshalb diesen Lutherteil mit einer Erörterung der Rezeption von Luthers theologia crucis in der politischen Kreuzestheologie (2.1.). Dieser erste Schritt soll uns als Einstieg dienen in eine grundsätzliche Diskussion über methodische Fragen, die sich für unsere Arbeit in diesem zweiten Teil ergeben (2.2.). Erst nach dieser fundamentaltheologischen Besinnung wollen wir uns dann der Darstellung von Luthers theologia crucis widmen (2.3.–2.5.).

2.1. Das Problem der Rezeption von Luthers theologia crucis in der politischen Kreuzestheologie

Damit wir in diesem als Einstieg gedachten ersten Paragraphen nicht ins Uferlose geraten, beschränken wir uns darauf, dieses Rezeptionsproblem an einer einzelnen Studie, nämlich an J. Moltmanns »Der gekreuzigte Gott«[1], zu exemplifizieren.

Das Problem läßt sich folgendermaßen formulieren. Einerseits ist der Grundton in der politischen Kreuzestheologie Luthers theologia crucis gegenüber klar ein kritischer. Man könnte fast sagen: die Rezeption beschränkt sich darauf, in Luthers theologia crucis Schwächen hervorzuheben und sie durch Kritik und neue theologische Ansätze zu überwinden. Andererseits ist diese Rezeption – nicht bloß in ihrer Kritik, sondern auch wenn sie positiv aufnimmt und verarbeitet – meistens durch schwere Ungenügen und Mängel in der historischen Darstellung gekennzeichnet. Auch wenn nicht bloß mit pauschalen Schlagwörtern und billigen Parolen[2] operiert wird, wird doch das Thema des Kreuzes bei Luther nie im Zusammenhang seiner gesamten Theologie historisch erfaßt und interpretiert. Man begnügt sich meistens mit Hinweisen auf Gemeinplätze und Paradebeispiele der lutherischen Theologie[3].

Das erste Symptom einer problematischen Rezeption ist der Zitatbefund. Außer einigen in Text und Anmerkungen zerstreuten lutherischen Begriffen, Texten und Gedanken[4] werden eigentlich nur' die betreffenden Thesen der Heidelberger Disputation und deren Kommentar erwähnt und ausführlich behandelt[5].

Zwar ist die Heidelberger Disputation ohne Zweifel ein überaus wichtiger Text für eine sachgemäße Erfassung der Entstehung von Luthers theologia crucis. Auch wir werden in diesem Teil noch auf diesen Text eingehen müssen[6]. Doch wird eine Beschäftigung mit diesem Text kaum ausreichen, wenn man Luthers Kreuzesinterpretation im Gesamtzusam-

---

[1] *J. Moltmann,* Der gekreuzigte Gott (s.o. 1. Anm. 49).

[2] So ist es etwa für Moltmann einfacher, Luther in seinen Schriften zum Bauernkrieg »eine unprotestantische Leidensmystik und Demutsergebenheit« (aaO 75) vorzuwerfen, als etwa die verworrenen Verhältnisse der Bauernkriege historisch-kritisch zu erfassen oder auf die komplexe Frage des Verhältnisses Luthers zur mittelalterlichen Mystik einzugehen.

[3] So z. B. bei Moltmann das »crux probat omnia« aus den *Operationes in Psalmos* (WA 5; 179,31; *Moltmann* aaO 12), das meistens ungeachtet seines unmittelbaren Kontextes interpretiert wird. Würde der Kontext respektiert, so käme für das »probare« eine ganz andere Bedeutung als bei Moltmann zum Vorschein, nämlich nicht »beweisen«, sondern »erproben, prüfen, auf die Probe stellen«.

[4] Z. B. das schon erwähnte »Crux probat omnia«, ein Satz zum Thema der Anfechtung (22), Luthers Interpretation der Höllenfahrt Christi (141), der »homo incurvatus in se« (283) usw.

[5] Vgl. aaO 73–75. 193–204.

[6] S. u. S. 102–120.

menhang seiner Theologie verstehen will. Der Zitatbefund spricht für die
Annahme, daß das bei Moltmann überhaupt nicht versucht wurde.

Zuweilen kann jedoch der Eindruck entstehen, Moltmann entwickle
gewisse Aspekte von Luthers Denken in der Absicht, seine theologia crucis
in ihrer konkreten Auswirkung auf andere theologische Zusammenhänge
aufzuweisen. So werden etwa seine Zweinaturenlehre und seine Lehre von
der communicatio idiomatum dargestellt[7], seine Problematik des Deus
absconditus[8] oder Aspekte seiner Sakramentslehre[9] erörtert. Doch gelingt
es Moltmann nicht, diese knappen Ansätze in ein konkretes und einheitliches Gesamtbild von Luthers theologia crucis in ihrer eigentlichen gesamt-
theologischen Relevanz zu verwandeln. Das hat zur Folge, daß Moltmanns
Darstellung formell und abstrakt bleibt, da sie zu keiner klaren, historisch
begründeten und entfalteten Vorstellung führt.

Dementsprechend fällt auch Moltmanns Kritik an Luther unbegründet
und pauschal aus. Zwar beansprucht Moltmann zum Teil, Luthers Anliegen positiv aufzunehmen und sich durch dieses Anliegen leiten zu lassen[10].
Doch das vermag nicht zu überzeugen, um so weniger als die Kritik an
Luther scharf ist und für die ganze Beschäftigung mit Luther klar den Ton
angibt. Diese Kritik schließt hauptsächlich an die Besprechung der Heidelberger Disputation an und erfolgt auf drei zwar verschiedenen, jedoch eng
zusammenhängenden Ebenen.

a) Auf einer ersten Ebene sieht Moltmann darin einen Anlaß zur Kritik,
daß sich Luthers theologia crucis nur ungenügend von der mittelalterlichen
Kreuzesmystik emanzipiert habe. »Auch Luthers Kreuzestheologie ist
nicht ohne diese mystische Kreuzesnachfolge und ihre conformitas-Chri-
stologie denkbar.«[11] In dieser sieht Moltmann die gefährliche Tendenz,
Christi Kreuz einfach als das eigene zu übernehmen und so zu einer
kreuzförmigen und christförmigen Existenz zu gelangen, die die Nachfolge zur Nachahmung werden läßt. Zwar bedeutet dieser Verinnerli-
chungsvorgang noch nicht Entfremdung von der konkreten, leibhaften
Nachfolge, insofern er immer wieder in Chiliasmus und Revolution
umschlagen kann, was Moltmann bei den reformatorischen Wiedertäufern
und bei Thomas Müntzer verwirklicht sieht. Steht jedoch die Theologie
Bultmanns in der Gefahr, »Christi Kreuz nur noch als exemplum für die
nachfolgende conformitas der christlichen Existenz verstehen zu können«,
so hat das »vielfältigen Anhalt an der frühen, noch mystisch geprägten

---

[7] AaO 218–222.
[8] AaO 188.
[9] AaO 314.
[10] Vgl. aaO 107. 141. 182 u.ö. Ebenfalls beruft sich Moltmann, wie schon erwähnt, gleich
zu Beginn auf Luthers »Crux probat omnia«. Doch faßt er diesen Satz so formell, daß man,
den Sinn des Satzes bei Luther entstellend, denken muß: Geht man in der Kreuzestheologie
derart vor, so kann man ja mit dem Kreuz überhaupt alles beweisen!
[11] AaO 61.

Kreuzestheologie Luthers«[12]. Deshalb will Moltmann auch bei Luther die Gefahr ahnen, daß, wie schon oft in der christlichen Tradition, das apostolische Leiden und Sterben äquivok auf das allgemeine Leiden und Sterben des Menschen übertragen wird. Besonders scharf reagiert Moltmann auf die mystische Prägung, wo diese zur Hervorhebung der Passivität führt. Das ist bei Luther im Gedanken der Anfechtung der Fall. Da betont Moltmann: »Anfechtungen werden aber doch viel mehr aktiv erlitten . . . Wer nicht ficht, wird auch kaum angefochten. Wer nicht streitet, wird auch kaum bestritten werden.«[13] Besonders fraglich wird für ihn diese Passivität, wenn sie sich im politischen Rahmen durchsetzt, dort, wo andere Formen der Kreuzesmystik in Chiliasmus und Revolution umschlagen. Doch damit kommen wir zur zweiten Ebene.

b) Diese klingt schon in Moltmanns Vorwort an. Kreuzestheologie habe zwar eine gewisse Tradition (Paulus, Luther, Zinzendorf, frühe dialektische Theologie und Lutherrenaissance), doch sei diese Tradition mit dem Thema des Kreuzes einseitig umgegangen. Moltmann will diese Einseitigkeiten der Tradition überwinden, indem er über die Grenzen der Heilslehre hinausgehen und »nach der fälligen Revolution im Gottesbegriff« und, damit eng verbunden, »nach der Befreiung des Menschen und seinem neuen Verhältnis zur Realität der Teufelskreise in seiner Gesellschaft« fragen will. Zuletzt kann Moltmann sein Programm folgendermaßen definieren: »Heute Kreuzestheologie zu realisieren, heißt endlich, die reformatorische Theologie in ihren kritisch-reformatorischen Ansprüchen ernst zu nehmen und sie über Kirchenkritik hinaus zur Gesellschaftskritik zu entfalten.«[14] Diese Kritik wiederholt er später nochmals und präzisiert sie durch den – überaus knappen – Hinweis auf Luthers Stellungnahme in den Bauernkriegen von 1524 und 1525. »Den Bauern brauchte Luther nicht zu empfehlen, ihre Unterdrückung als ihr Kreuz zu tragen. Sie trugen die Lasten ihrer Herren ohnehin schon. Den Fürsten und Bürgern, die sie beherrschten, hätte dagegen eine Predigt des Kreuzes sehr gut getan, um sie aus ihrem Hochmut zu befreien und sie zur Umkehr in die Solidarität mit ihren Opfern zu bewegen.«[15] Moltmann sieht darin die politische Grenze der theologia crucis Luthers, daß sie sich nicht sozialkritisch gegen die mittelalterliche feudalistische Gesellschaftsordnung entfaltete, sondern

---

[12] AaO 63. Im Verhältnis zur Mystik sieht Moltmann in der Tat einen für Luthers theologia crucis wichtigen Gesichtspunkt. Das Gesamtbild wird bei ihm jedoch nicht klar. Einerseits bedauert er, daß Luthers Kreuzestheologie überhaupt der Mystik verhaftet bleibt, andererseits nuanciert er aber, spricht, wie hier, von einer mystischen Prägung nur für die frühe Kreuzestheologie und kann sogar sagen, daß Luther das Kreuz »ganz unmystisch« auffassen kann (aaO 193). Diese Unklarheiten weisen auf die Aufgabe hin, Luthers Verhältnis zur Mystik sowie zur Scholastik genauer zu beobachten. Mit Moltmanns Bemerkungen zu Bultmanns Christologie wollen wir uns jetzt nicht auseinandersetzen.

[13] AaO 22.

[14] AaO 9.

[15] AaO 51.

vielmehr »eine unprotestantische Leidensmystik und Demutsergebenheit«
zur Konsequenz hatte. Moltmanns Fazit ist deshalb folgendes: »Es bleibt
daher die Aufgabe, Kreuzestheologie bis ins Welt- und Geschichtsverständnis hinein zu entfalten und eine nicht nur kirchenreformatorische,
sondern auch sozialkritische Kreuzestheologie zusammen mit einer die
Elenden und ihre Beherrscher befreienden Praxis zu entwickeln.«[16] In
diesem Sinne macht Moltmann in einer längeren Anmerkung für sich
geltend, daß das radikale, apokalyptisch geprägte Verständnis von »Reformation« im späteren 16. Jahrhundert Luthers Reformationsverständnis
übersteige. »Reformation« werde als reformatio mundi zu einem apokalyptischen Topos. »Im theologisch-christlichen Sinne hat ›Reformation‹
einen antizipatorischen Totalitätsanspruch und weist darum über die
Geschichte ihrer Ansätze und Fehlschläge hinaus.«[17] Doch mit diesem
Hinweis kommen wir zur dritten Ebene der Kritik, in der die zwei ersten
letztlich gründen. Es geht hier, wie Moltmann formuliert, um die *historische Grenze* der theologia crucis Luthers.

c) »Die historische Grenze der theologia crucis Luthers lag darin, daß es
ihm nicht möglich war, sie so wirksam in die Auseinandersetzung mit der
Werkphilosophie des Aristoteles zu bringen, daß aus ihr auch eine *philosophia crucis* hätte entstehen können.«[18] Diese Kritik mag erstaunen und in
dieser Kürze unverständlich erscheinen. Doch expliziert Moltmann diesen
Gedanken später, anschließend an die Erörterung der Heidelberger Disputation. Es ist keineswegs zufällig, daß der Paragraph, in dem diese Erörterung stattfindet, den Titel »Theismus und Kreuzestheologie« trägt[19]. Zwar
beginnt Moltmann mit der Entfaltung der Hauptkennzeichen der theologia
crucis im Gegensatz zur scholastischen Darstellung der Gotteserkenntnis
und der Gottesbeweise. Er betont anschließend, die metaphysische Frage
sei durch die Kritik der theologia crucis nicht einfach erledigt, sondern
vielmehr in die Entfaltung der Kreuzestheologie aufzunehmen. »Christliche Theologie ist nicht das ›Ende der Metaphysik‹. Gerade weil der
metaphysische Theismus auf sie nicht anwendbar ist, ist sie ihrerseits frei,
Metaphysik als Aufgabe der Theologie zu übernehmen und den Glauben
mit seinen Konsequenzen denkend im Bereich der Erfahrungen und Hoffnungen der Welt zu verantworten.«[20] Darin sieht Moltmann ein Überholen des theologischen Standpunktes und deshalb wohl eine Überführung
der *theologia* crucis in eine *philosophia* crucis. Es kommt für ihn darauf an,
den Gott des Kreuzes mit allen Konsequenzen nicht nur im theologischen
Bereich, sondern vielmehr im Bereich der Gesellschaft und der Politik und
endlich im Bereich der Kosmologie zu denken. Dieses Programm der
philosophia crucis weist den inneren Zusammenhang der drei Ebenen von
Moltmanns Kritik auf: indem Luther der passiven Kreuzesmystik verhaftet

---

[16] AaO 75.
[17] Ebda.
[18] AaO 74.
[19] Vgl. aaO 193–204.
[20] AaO 204.

bleibt, gelangt er nicht zu einer philosophischen Neuerfassung von Welt und Gesellschaft im Lichte des Kreuzes, die ihm erlauben würde, seine Theologie sozialkritisch zu gestalten. Die traditionelle Kreuzestheologie hat sich damit zufriedengegeben, das Kreuz im Horizont der Welt zu verstehen, und kommt deshalb nicht dazu, seine kosmologischen Dimensionen zu entdecken. Es gilt nun im Hinweis auf die philosophia crucis umgekehrt, die Welt in der Geschichte Gottes, deren Kernstück das Kreuzesgeschehen ist, radikal neu zu verstehen. Was dies »radikal neu« heißen mag, kann durch folgende Zitate kurz geschildert werden: »Sieht man aber die Welt und alles, was der Fall ist, in dieser Geschichte, dann fallen die metaphysischen Unterscheidungen von innerweltlicher und transzendenter Hoffnung dahin.«[21] »Damit wird die metaphysische Sehnsucht alles Vergänglichen nach Unvergänglichkeit und alles Endlichen nach Unendlichkeit eschatologisch verwandelt und in die Hoffnung auf die Freiheit der Söhne Gottes und die Freiheit der neuen unvergänglichen Schöpfung aufgehoben.«[22]

Moltmanns Rezeption der Kreuzesinterpretation Luthers ist sehr stark durch sein eigenes theologisches Denken geprägt. Sie offenbart aber auch allgemeine Züge der Rezeption in der politischen Theologie überhaupt. Bei Moltmann wird reflektiert, was bei anderen oft nur konfus, vage, aber um so pauschaler ausgedrückt wird.

Wir können uns jetzt nicht ausführlich auf eine Beantwortung von Moltmanns Lutherkritik einlassen. Diese Sorge soll uns vielmehr durch unseren ganzen zweiten Teil hindurch begleiten. Soviel sei jedoch zur Gesamtbeurteilung vorweggenommen: Moltmanns Kritik ist zwar in vielem problematisch, doch weist sie zweifellos für eine sachgemäße Beschäftigung mit Luthers Theologie in die angemessene Richtung. In der Tat ist das eigentlich zentrale Thema *die metaphysische Frage, das ontologische Problem*. Nur wird man sich fragen müssen, ob man, wie Moltmann das macht, Luther jedes Interesse für diese Frage absprechen kann, ob da Moltmann nicht wie viele andere in Vor- und Pauschalurteilen stecken bleibt und letztlich gegen ein Zerrbild Luthers ankämpft. Es scheint uns vielmehr, daß Luther seine ganze Theologie leidenschaftlich auf diese Frage ausgerichtet hat, und zwar gerade seine Theologie als theologia crucis! Man muß sogar sagen: Wer nichts für diese fundamentale Frage übrig hat, der kann sich überhaupt nicht mit Luther beschäftigen. Zwar – das muß noch entfaltet werden – hat Luther diese Frage anders behandelt, verfolgt und beantwortet. Das zeigt sich etwa daran, daß die metaphysische Frage für ihn vornehmlich die Frage nach dem Verständnis *des Seins des Menschen in der Welt* ist. Doch soll dies noch nicht heißen, daß er sich die Frage nie gestellt hat.

---

[21] Ebda.
[22] AaO 203.

Mit diesen ersten Feststellungen deuten sich schon Bedenken gegen Moltmanns Kritik an. Eine Auseinandersetzung mit ihr darf sich nicht damit begnügen, historisch aufzuweisen, daß Luther doch der Mystik nicht einfach verhaftet blieb und durchaus sozialkritisch war[23]. Vielmehr muß sie sich die Aufgabe stellen, das Gesamtprojekt der Theologie Luthers in Hinsicht auf ihre Relevanz für die metaphysische Frage zu erfassen und es im radikalen, endgültigen, letztlich entscheidenden »Streit um die Wirklichkeit«[24] zu entfalten und zum Tragen zu bringen. Und insofern dieser Streit ein radikaler, endgültiger, letztlich entscheidender ist, heißt das: im Streit um die Eschatologie. Dann wird sich zeigen müssen, wie gerade *das Theologische* (und das heißt wohl auch: die Heilsfrage) für die Beschäftigung mit dem ontologischen Problem im Lichte des Kreuzes notwendig ist und wie deshalb jedes Übergehen von einer *theologia* in eine *philosophia* crucis an dem wirklichen Problem vorbeidenkt. Es gilt zu fragen, wie das Sein des Menschen vom Kreuz her eschatologisch zu bestimmen sei, damit diese eschatologische Bestimmung den Menschen im Geiste des Gekreuzigten leben läßt, ihn nicht zu einem vorzeitigen, antizipierenden Aufbrechen aus dem regnum crucis in das regnum gloriae führt. Anders gesagt: das Problem ist, wie denn das wahrhaft eschatologische Wirklichkeitsverständnis als theologia crucis zur Sprache kommt und nie – auch nicht auf dem Weg der philosophia crucis – zu einer theologia gloriae hintreibt[25].

Das soll als erster Vorgriff auf die fundamentale Problematik, um die es in dieser Arbeit geht, genügen. Was hier bloß angedeutet wurde, soll im weiteren expliziert, was bloß thesenartig formuliert wurde, begründet werden. Doch vorerst sei das erörtert, was sich für die Methode unseres historischen Lutherteils aus dem Problem der Rezeption von Luthers theologia crucis ergibt.

2.2. Methodologische Vorbemerkungen

In methodologischer Hinsicht besteht, wie schon erwähnt, der Hauptmangel bei Moltmann darin, daß nie unternommen wird, in genauer historischer Forschung Luthers theologia crucis im Zusammenhang des Gesamtprojekts seines theologischen Denkens zu untersuchen und zu interpretieren, daß hingegen einzelne Gedanken und Themenkreise heraus-

---

[23] Daß Luthers Theologie im Bauernkrieg sozialkritisch war, und zwar nicht nur in seinem Bemühen um den Frieden und seiner Kritik an den Fürsten, sondern *gerade* in seiner Kritik an den Bauern, das sieht jeder, der die Sozialkritik nicht einfach unkritisch mit dem Revolutionsprinzip identifiziert.

[24] Vgl. G. *Ebeling*, Glaube und Unglaube im Streit um die Wirklichkeit, WG I, 393–406.

[25] Eine Theologie ist noch nicht dadurch von der Gefahr der theologia gloriae befreit, daß sie sich als eschatologische versteht. Steckt deshalb Moltmann den Bedeutungszusammenhang der theologia gloriae so eng ab und schließt es deswegen vorschnell aus, daß damit auch eine (vielleicht antizipierte) »Theologie im Reich der Herrlichkeit« gemeint sein könnte (vgl. aaO 194)?

gegriffen und ziemlich unmittelbar transponiert, ja sogar einzelne Sätze unabhängig von ihrem Kontext übernommen und so dogmatisch mißbraucht werden. Diesem Mangel ist nur dadurch abzuhelfen, daß man klar und deutlich zwischen den verschiedenen theologischen Disziplinen unterscheidet und jede als solche wirklich ernst nimmt. Damit ist ein fundamentaltheologisches Problem angesprochen, das einige Erläuterungen verdient. Es geht jetzt nicht darum, das Problem der theologischen Enzyklopädie und des Verhältnisses der Disziplinen zueinander als solches zu behandeln[1]. Im Rahmen unserer Arbeit konzentriert sich das fundamentaltheologische Problem vielmehr auf *die Unterscheidung von historischer und dogmatischer, systematischer Theologie*[2].

In der Tat, konkret ist das Problem folgendes: indem wir uns die Aufgabe der Beschäftigung mit Luthers theologia crucis stellen und uns zugleich ein dem Moltmannschen ähnliches Vorgehen versagen, stellen wir uns eine *historische* Aufgabe. Das führt zu folgenden Fragen: welche Rolle spielt dieser historische Teil in dieser dogmatisch, systematisch angelegten Arbeit? In welchem Verhältnis steht er zu den anderen Teilen? Ist die Idee einer historischen Untersuchung in diesem Rahmen überhaupt durchführbar und, wenn ja, wie? Diese Fragen können wir nur so beantworten, daß wir kurz im Zusammenhang unserer Thematik einige Kennzeichen der historischen und der dogmatischen Methode formulieren.

Eine dogmatische Arbeit kann sich nicht mit einer historisch möglichst genauen Darstellung von Luthers Theologie begnügen. Dogmatik ist »die systematisch verfahrende Rechenschaft über den christlichen Glauben«[3]. Im Unterschied zur historischen Arbeit ist Dogmatik also nicht letztlich auf historische Richtigkeit ausgerichtet – was zwar, das sei betont, nicht heißt, daß sie darauf verzichten kann. In ihr wird über die christliche Wahrheit als solche, über die Wahrheit, die den Menschen zur Wahrheit zu bringen vermag, Rechenschaft abgelegt. In ihr wird die Sache des christlichen Glaubens konfessorisch, assertorisch verantwortet. Wenn Luther in *De servo arbitrio* sagt: Nihil apud Christianos notius et coelebratius, quam assertio. Tolle assertiones, et Christianismum tulisti[4], dann hat das zutiefst mit Dogmatik zu tun, weil es zutiefst mit christlichem Glauben zu tun hat. Nicht die historischen Disziplinen bezeugen, was es um den christlichen

---

[1] Vgl. dazu: G. *Ebeling*, WG I, 447–457; *ders.*, Studium der Theologie. Eine enzyklopädische Orientierung, UTB 446, 1975; E. *Jüngel*, Das Verhältnis der theologischen Disziplinen untereinander, in: *ders.*, Unterwegs zur Sache. Theologische Bemerkungen, 1972, 34–59.

[2] Dazu: G. *Ebeling*, Historische und dogmatische Theologie, in: *ders.*, Theologie und Verkündigung. Ein Gespräch mit Rudolf Bultmann, (1962) 1963, 10–18; P.-A. *Stucki*, Herméneutique et dialectique, Nouvelle série théologique Nr. 24, Genf, 1970, bes. 113–171. 173–243.

[3] G. *Ebeling*, Dogmatik des christlichen Glaubens, I, 1979, 11. Vgl. auch: *ders.*, Studium der Theologie (s.o. Anm. 1), 130–145.

[4] WA 18; 603,28 f (»Bei den Christen ist nichts bekannter und vertrauter als die Behauptung. Beseitige die Behauptungen, und du hast das Christentum beseitigt.«).

Glauben überhaupt *ist*. Das kommt erst in der Dogmatik wirklich heraus, während die historischen Disziplinen bezeugen können, was es um den christlichen Glauben *war*, in den verschiedenen Situationen der Geschichte des Christentums. Deshalb kann G. Ebeling in prägnanter Weise formulieren: »Die historischen Disziplinen sagen: So war es! Dogmatische Theologie sagt: So ist es!«[5]

Diese Formulierung bedarf der Präzisierung. Der Unterschied ist nicht bloß ein Unterschied der Zeiten, er besteht nicht darin, daß die historische Theologie ein traditum der Vergangenheit und die dogmatische ein gegenwärtiges traditum erforscht und interpretiert. Als solches ist selbst das gegenwärtige traditum Sache der historischen Theologie. Der Unterschied ist ein methodologischer. Die historischen Disziplinen erfassen das Tradierte des christlichen Glaubens aus der Distanz des objektiven Betrachtens. Dogmatik hingegen ist selbst am Vorgang der Überlieferung beteiligt. Historische Theologie erfaßt das traditum als traditum, indem sie es historisch-kritisch im Zusammenhang des ihm zugrundeliegenden actus tradendi interpretiert. Dogmatik ist Theologie im Vollzug eines actus tradendi, der nicht bloß tradita historisch referiert, sondern das traditum als *tradendum* zur Sprache bringt.

Diese notgedrungen knappe und skizzenhafte Kennzeichnung der zwei Disziplinen verhilft uns zu einer klärenden Formulierung unseres Anliegens. Es geht uns letztlich in der Frage der Kreuzestheologie um eine systematische Rechenschaft über den christlichen Glauben. Insofern mündet unsere Arbeit nicht einfach in eine Darstellung von Luthers Theologie. Vielmehr soll diese eine Hilfe, eine Stütze sein zur besseren Wahrnehmung der dogmatischen Aufgabe. Dadurch kommt der historischen Arbeit gewissermaßen die Funktion des Mittels zum Zweck zu. Das gilt zwar nur mit Vorbehalt. Auf jeden Fall bedeutet das insofern keine Verzerrung der Theologie Luthers, als es vielmehr zutiefst ihrer eigentlichen Intention entgegenkommt. Das liegt an der hermeneutischen Ausrichtung der reformatorischen Theologie: sie steht ganz im Dienst der Schriftauslegung, ja sie *ist* als solche Schriftauslegung, und zwar schließt sie das dogmatische Anliegen in sich, weil in ihr die wirkliche Schriftauslegung immer in ein Ausgelegtwerden durch den Text mündet[6]. In diesem Sinne weist uns Luthers Theologie über sich selbst hinaus auf die dogmatische Aufgabe hin, was sich etwa am Sprachgebrauch der »assertio« zeigen würde.

Allerdings droht dadurch die Gefahr um so mehr, daß die historische Arbeit dogmatisch mißbraucht wird. Eben deshalb stellt sich die Aufgabe, diese historische Arbeit um so ernster zu nehmen. Denn die dogmatische Arbeit vollzieht sich nicht in einem Verlassen der historischen Arbeit, sondern vertieft sie vielmehr und bringt sie zu ihrem letzten Ziel. Deshalb

---

[5] *G. Ebeling* aaO (s.o. Anm. 2) 11.
[6] Vgl. dazu: *G. Ebeling,* Wort Gottes und Hermeneutik, WG I, 319–348.

bleibt die Forderung der historischen Richtigkeit auch für die systematische
Theologie bestehen. Man kann sich nicht beliebig – sei es positiv oder
negativ! – auf irgendein Bild oder Zerrbild von Luthers theologia crucis
beziehen! Die historische Arbeit erfordert eine Untersuchung der Theologie Luthers in den konkreten Zusammenhängen seiner geschichtlichen
Situation. Die Schwierigkeiten liegen auf der Hand: hatten wir uns schon
zu Beginn des ersten Teils über die Weite unseres Themas Gedanken
machen müssen[7], so häufen sich jetzt erst recht die Bedenken. Wie ist die
Aufgabe, die unserem historischen Teil gestellt ist, zu bewältigen? Es gilt
da, die theologia crucis im Zusammenhang der Theologie Luthers überhaupt (bis hin zu ihren ethischen und politischen Implikationen) zu erfassen. Dabei muß ihr meist komplexes Verhältnis sowohl zur Scholastik als
auch zur mittelalterlichen Mystik berücksichtigt werden. Auch kommt
man nicht umhin, die geschichtliche Entwicklung der Reformation und die
Auseinandersetzung mit dem schwärmerischen Flügel im Auge zu behal-
ten. All das muß in der historischen Arbeit über Luthers theologia crucis
zur Sprache kommen.

Wir müssen uns deshalb von vornherein eingestehen, daß es uns nicht
möglich sein wird, die historische Problematik zu erschöpfen. Doch dieses
Eingeständnis soll uns gerade vor dem dogmatischen Mißbrauch warnen.
Die historische Beschäftigung mit Luther soll uns eine Stütze auf dem Weg
zur Aufnahme und Auslegung christlicher Wahrheit sein, sie soll uns *einige
wegweisende Denkrichtungen für die systematische Rechenschaft über den christlichen Glauben angeben.* Somit erachten wir es als möglich, die historische
Arbeit in den Dienst unseres systematischen Anliegens zu stellen, ohne daß
dadurch die historische Richtigkeit dogmatisch vergewaltigt wird. Solches
Vorgehen zieht aber zwei Einschränkungen mit sich, die eine in Hinsicht
auf den Umfang der zu betrachtenden Aspekte, die andere in Hinsicht auf
die der Untersuchung zugrundeliegende Fragestellung.

Es ist ganz ausgeschlossen, dem Umfang nach einen Totalitätsanspruch
zu erheben, alle fundamentalen Aspekte in Luthers Theologie berücksichtigen zu können. Wir treffen deshalb bewußt eine Wahl und gehen so vor,
daß wir, von einigen prägnanten Beispielen ausgehend, uns ein Gesamtbild
zu machen versuchen. Das heißt, daß wir uns jeweils auf einen einschlägi-
gen Text beschränken und ihn eingehend interpretieren. Das heißt aber
auch, daß das Problem des Verhältnisses zu Scholastik, Mystik und
Schwärmertum nicht in sich behandelt, sondern oft nur in dem Maße
berücksichtigt werden kann, wie es für eine sachgemäße Textinterpretation
erforderlich ist. Diese Methode der intensiven Interpretation eines einzelnen Textes scheint uns weitaus fruchtbarer als das puzzlehafte Zusammentragen und Zusammensetzen von Zitaten aus dem Gesamtwerk Luthers.
Zwar unterliegt sie der Gefahr, dem einzelnen zu verfallen und dann daraus

---

[7] S. o. S. 5.

vorschnell das Ganze deduzieren zu wollen. Zu ihrer Berechtigung muß jedoch gesagt werden: dem Denken Luthers kommt man so viel besser auf die Spur.

Anderseits gilt es ebenfalls, der Beschäftigung mit Luthers theologia crucis eine ganz bestimmte Fragestellung zugrunde zu legen. Wir wollen nicht Luthers Theologie als solche definieren, sondern fragen in ihr nach dem Grundproblem, das sich schon aus unserem ersten Teil herauskristallisiert hatte, nämlich dem Problem des Verhältnisses von Kreuz und Eschatologie. Wir konzentrieren uns im folgenden auf die Frage: wie versteht und definiert Luthers theologia crucis das Eschatologische?

Unser Lutherteil verläuft folgendermaßen. In einem ersten Gang (2.3.) befassen wir uns, aufgrund einiger Texte der Jahre 1517–19, mit der Entstehung und ersten Entfaltung des Gedankens der theologia crucis im Kontext des Gegensatzes von theologia crucis und theologia gloriae. In einem weiteren großen Schritt (2.4.) werden wir dann versuchen, von der ersten in 2.3. vollzogenen Bestimmung der Kreuzestheologie Luthers ausgehend, auf unsere Frage nach dem Verhältnis von Kreuz und Eschatologie einzugehen und das Verständnis des Eschatologischen im Lichte des Kreuzes an einigen Schlüsselstellen der Theologie Luthers darzustellen. In einem letzten Kapitel (2.5.) soll versucht werden, für die weitere Arbeit ein abschließendes zusammenfassendes Gesamtbild zu gewinnen.

2.3. Theologia crucis und theologia gloriae

Der Ausdruck »theologia crucis« ist eine in der Lutherforschung und in der Theologie überhaupt sehr bekannte Begriffsbildung. Man darf sich aber nicht dadurch verleiten lassen, diese vorschnell als einfach und selbstverständlich zu betrachten und sich die Aufgabe einer eingehenden Klärung zu ersparen. Daß man den Gedanken der theologia crucis oft nur von einem vagen, pauschalen Eindruck her erfaßt hat, hat schon zu verhängnisvollen Mißverständnissen geführt. Es sei deshalb, bevor wir auf die einzelnen betreffenden Texte eingehen, in einigen Vorüberlegungen auf das Grundanliegen hingewiesen, das in Luthers Entfaltung der theologia crucis zur Sprache kommt und auf das es im weiteren zu achten gilt.

2.31. Theologia crucis als fundamentaltheologische Einsicht

Wenn K. Barth in seiner *Kirchlichen Dogmatik* von der »Tragik einer abstrakten *theologia crucis* . . ., die mit christlicher Erkenntnis Jesu Christi wenig und schließlich gar nichts mehr zu tun haben könnte«[1], und von dieser Tragik als von einem Umschlag des abendländischen Ernstes »in nordische Schwermut«[2] sprechen kann, so liegt das an einer ganz besonde-

---

[1] KD IV/1, 623.
[2] Vgl. ebda.

ren, letztlich uneigentlichen Bestimmung des Inhalts der theologia crucis und der theologia gloriae. »Eine *theologia gloriae*, das Lob dessen, was Jesus Christus in seiner Auferweckung für uns empfangen hat und als der Auferstandene für uns ist, hätte keinen Sinn, wenn sie nicht die *theologia crucis* immer auch in sich schlösse: das Lob dessen, was er in seinem Tode für uns getan hat und als der Gekreuzigte für uns ist. Es hätte aber auch eine abstrakte *theologia crucis* keinen Sinn. Man kann Jesu Christi Passion und Tod nicht recht loben, wenn dieses Lob die *theologia gloriae* nicht schon in sich schließt: das Lob dessen, der in seiner Auferstehung der Empfänger unseres Rechtes und unseres Lebens ist, der für uns von den Toten Auferstandene. Das Lob dieses in Jesus Christus Ereignis gewordenen Übergangs in seinem Zusammenhang ist das rechte Bekenntnis unserer Rechtfertigung. Es kann nur in dieser Ganzheit, indem es dem in ihm geschehenen Übergang dieser zusammenhängenden Geschichte gilt, ihr rechtes Bekenntnis sein.«[3]

Diesem kurzen Abschnitt der *Kirchlichen Dogmatik* liegt eine mißverständliche Bestimmung der theologia crucis und der theologia gloriae zugrunde. Man kann nicht, wie Barth das macht, die theologia crucis und die theologia gloriae anhand ihres unterschiedlichen Inhalts voneinander unterscheiden, um sie dann im Rahmen eines Übergangszusammenhanges miteinander in Einklang zu bringen. Wenn man so aufteilt, daß der theologia crucis die Behandlung des Kreuzes, der theologia gloriae hingegen die der Auferstehung zukommt, dann ist es in der Tat sinnlos, das eine ohne das andere zu treiben. Doch so ist die Unterscheidung bei Luther, wie wir noch zeigen werden, überhaupt nicht gemeint. Das zeigt sich schon daran, daß Luther keine Differenzierungen in Hinsicht auf jeweils verschiedene Themenkreise hin vornimmt. Der theologia crucis wird nicht ein einzelnes bestimmtes Feld zugeteilt. Sie umfaßt das Ganze der Theologie überhaupt, Auferstehung und Herrlichkeit inbegriffen. Deshalb gibt es bei Luther keine Möglichkeit einer Versöhnung von theologia crucis und theologia gloriae, auch nicht in einem harmonischen Hierarchie- oder Übergangsverhältnis. Dieses antithetische Moment darf aber nicht vom Inhalt her verstanden werden. Nicht weil sie einzelne loci der Theologie gegeneinander ausspielen, sind sie unversöhnbar, sondern weil beide darauf Anspruch erheben, das Ganze der Theologie von einem ganz bestimmten Gesichtspunkt aus in einem ganz bestimmten Vorgehen zu erfassen. Das heißt aber, daß der Streit zwischen theologia crucis und theologia gloriae *fundamentaltheologischer Art ist*. Es geht nicht um zwei Gebiete, die es in Beziehung zu setzen gilt. Es geht um die eine richtige Weise, Theologie zu treiben, um vera und falsa theologia, und das kann sich letztlich nur als eine Unterscheidung – die von theologia crucis und theologia gloriae – formulieren, weil die Wahrheit index sui et falsi ist. Die Unterscheidung

---

[3] AaO 622.

von theologia crucis und theologia gloriae ist *ein fundamentaltheologischer Streit um die Theologie.* Deshalb hat in dieser Hinsicht Barths Idee eines Überganges von der Kreuzestheologie zur Auferstehungstheologie keinen Sinn, könnte höchstens in der von ihr vorausgesetzten Auffassung von Kreuz und Auferstehung als der Ausdruck eines gewissen Zuges zur theologia gloriae gedeutet werden. Es wäre mit der Kreuzestheologie schlecht bestellt, wenn sie sich auf das Kreuz beschränken müßte. Vielmehr ist es für sie gerade die härteste Probe, wie sie als Kreuzestheologie Kreuz und Auferstehung zusammenzudenken vermag.

Die fundamentaltheologische Orientierung zeigt sich schon an der Begriffsbildung »theologia crucis«, die als solche auf den engen Zusammenhang zwischen Kreuz und Theologie hinweist. Das deutet das Neue in der Beschäftigung mit dem Thema des Kreuzes in den Jahren 1517–19 an. Man kann ja in der Tat nicht sagen, daß der Gedanke der crux bei Luther erst in diesen Jahren auftaucht. Ganz im Gegenteil: er spielt in der ersten Psalmenauslegung und in der Römerbriefvorlesung eine überaus wichtige Rolle. Dasselbe gilt von den späteren Jahren Luthers: Auch der reife Luther hat sich mit dem Gedanken des Kreuzes befaßt, was sich etwa eindrücklich an der Genesisvorlesung aufweisen ließe. Der These, die von Loewenich verfochten hat, ist deshalb im großen und ganzen zuzustimmen: »die theologia crucis ist ein Prinzip der gesamten Theologie Luthers, sie darf nicht auf eine besondere Periode seiner Theologie eingeschränkt werden.«[4] Mit dem Gedanken des Kreuzes wird bei Luther nicht eine einzelne Entwicklungsstufe, sondern sein Denken überhaupt gekennzeichnet. Freilich muß demgegenüber die Eigenart der Beschäftigung mit dem Thema des Kreuzes in den Jahren 1517–19 markiert werden.

Was diese Jahre in Hinsicht auf die theologia crucis prägt, ist also nicht der Gedanke der crux an sich, sondern die fundamentaltheologische Einsicht, daß das Kreuz zum Schlüssel der Theologie überhaupt werden muß, daß es allein der Theologie die Vollmacht zu geben vermag, »id quod res est«[5] zu sagen. Als solche weist diese fundamentaltheologische Ausrichtung von Luthers theologia crucis dem mystischen Kreuzesgedanken gegenüber schon auf einen wesentlichen Unterschied hin. Soweit wir sehen, kennt die mittelalterliche Mystik die Begriffe »theologia crucis« und »theologia gloriae« und deren Unterscheidung nicht. Man könnte zwar in einigen ihrer Themen, so etwa in dem der theologia negativa, gewisse Ähnlichkeiten sehen. Es kommt jedoch in ihr nie direkt zur Hervorhebung einer fundamentaltheologischen Relevanz des Kreuzes[6]. Das liegt der

---

[4] *W. von Loewenich,* Luthers theologia crucis, (1929) 1967[5], 14 f.

[5] Vgl. WA 1; 354,21 f (Heid. Disp., 1518): 21. Theologus gloriae dicit malum bonum et bonum malum, Theologus crucis dicit id quod res est.

[6] Mit einem Verweis auf Bauer gibt von Loewenich einen Text aus der Theologia deutsch an, der als Vorlage für die Entgegensetzung von Herrlichkeitstheologie und Kreuzestheologie in Frage kommen könnte (vgl. aaO 188, Anm. 251). Jedoch – von Loewenich sieht da auch

mystischen Theologie fern. Man könnte gerade vermuten, daß Luthers
Durchbruch zu einer fundamentaltheologischen Einsicht in bezug auf das
Kreuz dafür zeugt, daß sein Denken eben von Grund auf – wenn auch von
der Mystik stark beeinflußt[7], so doch – nicht mystisch angelegt ist.

---

die Grenzen! – zeigt sich gerade an diesem Text, wie wenig die Mystik den Gedanken des
Kreuzes, den sie stark betont, auch fundamentaltheologisch reflektiert. Eine interessante
Parallele zum Gegensatz von theologia gloriae und theologia crucis bietet das meistens dem
Thomas a Kempis zugeschriebene Buch De imitatione Christi (zitiert nach: Thomae Kempensis
de imitatione Christi libri quatuor. Textum ex autographo Thomae nunc primum acuratis-
sime reddidit, distinxit, novo modo disposuit; capitulorum et librorum argumenta, locos
parallelos adjecit *Carolus Hirsche,* Berlin 1891²). Im Lib. II, zu Beginn des Cap. XI, wird der
Gegensatz zwischen der großen Zahl der Liebhaber des Reiches, des Trostes und der Freude
und der kleinen Zahl der Liebhaber des Kreuzes und der Anfechtung entfaltet (XI, 1–12):
Habet Jesus nunc multos amatores regni sui caelestis: sed paucos bajulatores suae crucis.
Multos habet desideratores consolationis: sed paucos tribulationis. Plures invenit socios
mensae: sed paucos abstinentiae. Omnes cupiunt cum eo gaudere: pauci volunt pro eo aliquid
sustinere. Multi Jesum sequuntur usque ad fractionem panis: sed pauci usque ad bibendum
calicem passionis. Multi miracula ejus venerantur: pauci ignominiam crucis sequuntur.
Ähnlich auch im Cap. XII (Hirsche: De regia via sanctae crucis) in Form einer Frage (XII,
90–93): Et quomodo tu aliam viam quaeris quam hanc regiam viam quae est via sanctae
crucis? Tota vita Christi crux fuit et martyrium: et tu tibi quaeris requiem et gaudium? Die
Gegensätze zwischen amatores regni sui caelestis und bajulatores suae crucis, zwischen crux et
martyrium und requies et gaudium, evozieren in der Tat in erstaunlicher Weise ähnliche
Gedankengänge bei Luther. Es zeigt sich aber im Weiteren des Cap. XI und auch im Cap.
XII, daß der Gegensatz letztlich doch auf ein anderes Ziel ausgerichtet ist. Leitend wird der
Gegensatz zwischen einem amor Jesu purus (XI, 24), in dem der Mensch Jesum propter Jesum
et non propter suam propriam aliquam consolationem (XI, 18 f) liebt, und einem unreinen
amor, der proprio commodo vel amore permixtus (XI, 25) ist. So geht es im Gegensatz
zwischen den multi und den pauci um den Aufruf, auf der schwierigen regia via des Kreuzes
zu wandeln, in der reinen Liebe Jesu als der einzig wahren Frömmigkeit. Während bei Luther
der Akzent vielmehr auf der vera Theologia et cognitio Dei (WA 1; 362,18 f) liegt und der
Gegensatz von gloria und crux deshalb stärker auf die Gottesfrage abzielt, wird hier der
Gegensatz doch eher auf die Frömmigkeitspraxis des Menschen ausgerichtet, auf den amor
des Menschen. Auch wenn man die Frage des Verhältnisses zur Mystik differenzierter als von
Loewenich beurteilen muß – er hat es selbst in seinem Nachwort zur 4. Auflage auch schon
getan –, so wird man doch mit ihm zur mittelalterlichen Mystik sagen können: »Der
Kreuzesgedanke wird nur in seiner praktischen Bedeutung für das fromme Leben erkannt,
eine ›Theologie‹ wird von ihm aus nicht gewonnen.« (aaO [s. o. Anm. 4] 193)

[7] Ein solcher Einfluß ist besonders für die Zeit, in der der Gegensatz von theologia crucis
und theologia gloriae entsteht, anzunehmen: 1516 (vielleicht teilweise sogar 1515) liest und
annotiert Luther Taulers Sermones (WA 9; 95–104); 1516 macht er mit einem Teil der
Theologia deutsch Bekanntschaft, veröffentlicht ihn mit einer Vorrede (WA 1; 152 f) und
veröffentlicht dann 1518 die vollständige Theologia deutsch mit einer neuen Vorrede (WA 1;
375–379); in seinen Briefen empfiehlt er verschiedentlich die Lektüre der deutschen Mystik
(z. B. WAB 1; 79,58 ff). In dieser Zeit scheint sich Luther also intensiv mit der Mystik zu
beschäftigen. Das kann natürlich nicht ohne Konsequenzen in seinen Arbeiten an der
theologia crucis bleiben, um so mehr als Luther die deutsche Mystik mit vielem Lob und
vieler Bewunderung, wenn auch nicht ohne Kritik und Einwände, beurteilt. In neuerer Zeit
zur Frage von Luthers Verhältnis zur Mystik: *H. A. Oberman,* Simul gemitus et raptus: Luther
und die Mystik, in: Kirche, Mystik, Heiligung und das Natürliche bei Luther. Vorträge des
3. Internationalen Kongresses für Lutherforschung, Järvenpää 1966, hg. v. *I. Asheim,* 1967,
20–59; *E. Iserloh,* Luther und die Mystik, ebda. 60–83; *B. Hägglund,* Luther und die Mystik,

Fundamentaltheologische Gedankengänge entspringen nur einer *hermeneutisch* ausgerichteten Theologie, und deshalb ist es überhaupt nicht merkwürdig, sondern vielmehr höchst charakteristisch, daß, wie wir noch sehen werden, die Begriffsbildung »theologia crucis« zum erstenmal in einem Kommentar, nämlich in der Hebräerbriefvorlesung auftaucht[8].

Damit ist auf das eigentlich Reformatorische in Luthers Theologie hingewiesen, das sie vom mystischen Ansatz unterscheidet. In seiner theologia crucis geht es nicht um die via regia zur unio mystica, um »eine metaphysisch-psychologisch zu beschreibende Entwendung des Menschen, die ihn offen macht für die Geburt Gottes in der Seele«[9], eine Rückkehr in die reine Innerlichkeit und Losbindung von allem Zeitlichen und Natürlichen. Das Grundproblem in Luthers Verhältnis zur Mystik bildet eine unterschiedliche Beurteilung der Innerlichkeit des Menschen und vor allem der Bedeutung der Externität für diese Innerlichkeit. Die strittige Frage stellt sich deshalb folgendermaßen: geschieht das Heil in einer natürlichen Entrückung, in der der reine innere Kern des Menschen zu seiner Wesensgleichheit mit Gott zurückfindet, oder in einem Versetztsein außerhalb seiner selbst, zu Gott, das als Glaube des in seinem Innersten sündigen Menschen an das vergebende Wort des reinen, gerechten Gottes verstanden wird? Theologia crucis ist in diesem Sinne für Luther auf das Wortgeschehen – das Wort vom Kreuz – ausgerichtet, das seine Entsprechung im Menschen nur im Glauben als einer radikal neuen Lebensweise findet. Diese Relation von Wort und Glaube bildet für Luther das grundlegende, hermeneutisch angelegte Kriterium zur Beurteilung der Mystik wie auch der Scholastik.

Vom hermeneutischen Ansatz her liegt es also nahe, im biblischen Denken und vornehmlich bei Paulus den Überlieferungsboden zu suchen, in dem Luthers theologia crucis wurzelt. Sie ist nicht primär von den unmittelbaren Zusammenhängen mit Mystik und Scholastik her zu verstehen. Sie ist in Luthers Hermeneutik, in seinem Ringen um die sachgemäße Auslegung der Schrift verankert[10]. Die Betonung dieser Verankerung im

ebda. 84–94; *St. E. Ozment,* Homo spiritualis. A Comparative Study of the Anthropology of Johannes Tauler, Jean Gerson and Martin Luther (1513–1516) in the Context of their Theological Thought, Leiden, 1969; *K.-H. zur Mühlen,* Nos extra nos. Luthers Theologie zwischen Mystik und Scholastik, 1972 (dort auch weitere Literaturangaben, s. S. 96 f). Spezieller zur Beziehung zu der mystisch geprägten mittelalterlichen Frömmigkeit: *M. Elze,* Züge spätmittelalterlicher Frömmigkeit in Luthers Theologie, ZThK 62, 1965, 381–402.

[8] So auch: *M. Lienhard,* Luther témoin de Jésus-Christ. Les étapes et les thèmes de la Christologie du Réformateur, Paris, 1973, 76 f (jetzt auch in deutscher Übersetzung: Martin Luthers christologisches Zeugnis. Entwicklung und Grundzüge seiner Christologie, 1980).

[9] *K.-H. zur Mühlen* aaO (s. o. Anm. 7) 96.

[10] In diesem Ringen liegt überhaupt Luthers reformatorische Wende, die sich eigentlich als allmählicher hermeneutischer Prozeß vollzogen hat. Zur Gesamtinterpretation dieser hermeneutischen Genesis von Luthers Theologie, vgl. *G. Ebeling,* Evangelische Evangelienauslegung. Eine Untersuchung zu Luthers Hermeneutik, (1942) Nachdruck 1962; *ders.,* Die Anfänge von Luthers Hermeneutik, LuStud I, 1–68. Es wäre zu überlegen, ob eine solche

Biblischen heißt nicht, daß Luther bei Mystik und Scholastik keinerlei Anleihe gemacht haben soll. Seine Verpflichtung gegenüber der hermeneutischen Frage zeigt bloß den Rahmen an, in dem es geschehen kann. Deshalb kann Luther so frei mit Mystik und Scholastik umgehen, sie aufnehmen, korrigieren, verurteilen oder gegeneinander ausspielen: weil in seinem Denken alles dem hermeneutischen Prinzip der möglichst sachgemäßen Schriftauslegung unterworfen ist.

Wir wollen nun im folgenden die Entstehung und erste Entfaltung der theologia crucis in den Jahren 1517–19 verfolgen. Hinsichtlich dieses Vorhabens kommt natürlich der Heidelberger Disputation die größte Bedeutung zu. Jedoch wollen wir nicht wie von Loewenich[11] vorgehen, der diese Disputation völlig von den anderen Texten absondert und in einem ersten Teil A unter dem Titel »Das Programm der theologia crucis in der Heidelberger Disputation« behandelt (S. 18–25) und alle weiteren Darlegungen unter dem Titel »Entfaltung des Programms der theologia crucis« im Teil B versammelt (S. 26–168). Dadurch gerät die Heidelberger Disputation in eine allzu isolierte Stellung. Zwar ist nicht zu leugnen, daß sie für unsere Thematik ein entscheidender und programmatischer Text ist. Doch sind die betreffenden Thesen der Disputation nicht nur Programm, sondern auch schon ein gutes Stück Entfaltung dieses Programms. Deshalb lohnt es sich, sie im Kontext der weiteren aus dieser Zeit stammenden Aussagen zur Kreuzestheologie zu lesen. Wir beginnen mit der Hebräerbriefvorlesung.

Betrachtung in hermeneutischer Perspektive die etwas festgefahrene und frustrierende Diskussion um die Datierung der reformatorischen Wende Luthers von vielen Verkrampfungen und Verabsolutierungen befreien könnte. Für die Alternative zwischen der Früh- und der Spätdatierung, die seit dem Erscheinen von *E. Bizer,* Fides ex auditu. Eine Untersuchung über die Entdeckung der Gerechtigkeit Gottes durch Martin Luther, (1958) 1966³, die ganze Debatte entscheidend prägt, scheint keine Lösung in Sicht zu sein. Vgl. zu dieser Debatte: *O. Bayer,* Promissio. Geschichte der reformatorischen Wende in Luthers Theologie, 1971; *ders.,* Die reformatorische Wende in Luthers Theologie, ZThK 66, 1969, 115–150; *R. Schäfer,* Zur Datierung von Luthers reformatorischer Erkenntnis, ebda. 151–170. In dem von *B. Lohse* herausgegebenen Sammelband: Der Durchbruch der reformatorischen Erkenntnis bei Luther, WdF CXXIII, 1968, werden die wichtigsten Arbeiten der Lutherforschung zu diesem Thema (zum Teil in Auszügen) abgedruckt und besprochen. In neuerer Zeit das Problem aufnehmend und die Hypothese der Spätdatierung vertretend: *M. Brecht,* Iustitia Christi. Die Entdeckung Martin Luthers, ZThK 74, 1977, 179–223. Wenn die Spätdatierung zutrifft, fällt das sogenannte Turmerlebnis in die Zeit, auf die wir uns für die Entstehung und Entfaltung der theologia crucis konzentrieren wollen, in die Jahre 1517–19. Dann muß man aber überlegen, ob zwischen diesen zwei Aspekten Bezüge bestehen, die das eine und das andere Thema in ein neues Licht rücken. Solche Bezüge reflektiert *O. Modalsli* (freilich ohne sich zur Datierungsfrage zu äußern) in: Die Heidelberger Disputation im Lichte der evangelischen Neuentdeckung Luthers, LuJ 47, 1980, 33–39. Die Problematik wird jedoch wohl vorschnell verengt, wenn sie so stark auf ein einzelnes Erlebnis und dessen Datierung ausgerichtet wird. Der Korrektur durch die hermeneutische Perspektive soll deshalb dadurch Rechnung getragen werden, daß zunächst das Entstehen der theologia crucis in der Schriftauslegung beobachtet wird. Darin liegt der Bezug zur reformatorischen Wende.

[11] S. o. Anm. 4.

2.32. *Hebräerbriefvorlesung: theologia crucis als Schriftauslegung*

Wie schon erwähnt erfährt die theologia crucis, explizit als solche gekennzeichnet, in der Hebräerbriefvorlesung ihre erste Entfaltung[12]. Das geschieht im Rahmen einer Randglosse zu Hebr 12,11[13]. Der Abschnitt im Hebräerbrief, den dieser Vers abschließt, behandelt das Problem der Heilsamkeit göttlicher Züchtigung (lat. disciplina). Der Vers 11 unterscheidet die gegenwärtige Zeit, in der die Züchtigung zur Traurigkeit zu dienen scheint, und eine spätere Zeit, in der sie den durch sie Geübten Freude, Gerechtigkeit verleihen wird. Diesen Text glossierend zitiert Luther zunächst Jes 28,21, führt so die Thematik des opus alienum ein und deutet damit an, daß Gottes Züchtigung, um die es hier geht, als sein opus alienum zu verstehen sei. Luther weist also zu Beginn seiner Glosse auf eine für seine theologia crucis wichtige Unterscheidung hin: die zwei Weisen des gnädigen Handelns Gottes am Menschen, nämlich einerseits die eigentliche Weise, das Geben der Gnade, der Vergebung, der Gerechtigkeit, das sogenannte *opus proprium*, und andererseits die fremde Weise, das Prüfen durch Kreuz, Mühe, Arbeit, Anfechtung, Tod und Hölle, das sogenannte *opus alienum*. Das Handeln Gottes gibt es nur im Zusammenwirken dieser zwei opera Gottes, und wer in Christus erneuert wird, wird zu Kreuz und Leiden, in Hölle und Tod geführt. Nach diesem Verweis auf Jesaja zitiert Luther Mt 26,41b par. Dadurch gibt er den Ort an, an dem die Unterscheidung von opus proprium und opus alienum zum Tragen kommt: die Unterscheidung zwischen dem Geist und dem Fleisch im Menschen. Diese Unterscheidung ist nicht bloß eine neutrale Unterscheidung zweier anthropologischer Bereiche, die im Menschen voneinander zu scheiden wären. Vielmehr bestimmt der Gegensatz des willigen Geistes und des schwachen Fleisches den Menschen in seinem Menschsein vor Gott in der Welt. Es steht darin zur Entscheidung, ob er nach dem Geiste oder nach dem Fleische lebt, d. h. ob er in der Welt von Gott her lebt und sich versteht oder von der Welt her[14]. Dadurch nimmt der Gegensatz des willigen Geistes und des schwachen Fleisches folgende Bedeutung an: er meint, daß der Mensch nie zum reinen homo spiritualis werden kann, sondern stets zugleich carnalis, der Welt zugewandt und verfallen bleibt, immer in der Spannung von altem und neuem Menschsein steckt, und das heißt schließlich nichts anderes als: in der Spannung von Glaube und Unglaube. Deshalb bedarf es einer Züchtigung: weil der Mensch in diesem Widerstreit von Glaube und Unglaube immer neu vom Unglauben zum Glauben schreiten muß. Deshalb bedarf es letzten Endes auch einer theologia crucis:

---

[12] Zum Folgenden: *E. Ellwein*, Die Entfaltung der theologia crucis in Luthers Hebräerbriefvorlesung, in: Theologische Aufsätze. Karl Barth zum 50. Geburtstag, 1936, 382–404.

[13] WA 57,3; 79,16–80,14.

[14] Diesem existentialen Verständnis von spiritus und caro liegt die Aufnahme des paulinischen Gedankens des *kata pneuma* und des *kata sarka* zugrunde.

weil die Situation des Menschen als ein simul iustus et peccator gekennzeichnet ist, wie wir später noch sehen werden. Daß es sich in der
Unterscheidung von spiritus und caro nicht um eine moralistisch oder
libertinistisch gefärbte Unterscheidung vom Leiblichen und vom Geistlichen im unmittelbaren Sinne von Bereichen handelt, zeigt sich schon im
nächsten Satz unserer Glosse. Mire enim letificat conscientiam[15]. Damit ist
die Hauptkategorie in anthropologischer Hinsicht angegeben: als conscientia, als Gewissen steht der Mensch als Mensch zur Entscheidung. In seiner
conscientia steht der Mensch in der Situation des Angesprochenseins und
des Betroffenseins durch Gott und die Welt. In ihr entscheidet sich, ob er
nach dem Geiste oder nach dem Fleische lebt, ob er ohne Rast den Freuden
dieser Welt nacheilen oder sich auf wunderliche Art durch Gott erfreuen
lassen will. Diese wunderliche Art beschreibt Luther mit einem Doppelzitat, bestehend aus Ps 4,2 und Rm 5,4f. Auch hier wieder ist Luthers
Absicht klar zu erkennen: durch das Doppelzitat wird nun die Situation
angegeben, in der es letztlich um den Menschen als Gewissen geht, die
Situation der Anfechtung, wie sie durch die Begriffe tribulatio und probatio gekennzeichnet werden kann. Das Gewissen erfreuen, das heißt: ihm in
der Enge der Anfechtung Raum schaffen, ihm in der Bewährung Hoffnung
schenken, die nicht zuschanden werden läßt. Und das meint für Luther
nichts anderes als infusio gratiae[16]. Was in der scholastischen Tradition
psychologisch mit Hilfe des habitus-actus-Schemas expliziert wurde, wird
hier anhand von biblischen Zitaten in der Lebenssituation der Anfechtung
interpretiert.

Das ist Kreuzestheologie. Haec theologia crucis est, seu, ut Apostolus
dicit: ›Verbum crucis scandalum Iudeis et stulticia Gentibus‹, quia penitus
abscondita ab oculis eorum.[17] Was er äußerst knapp im ersten Teil der
Glosse ausgesprochen hat, faßt er nun unter dem Begriff der theologia
crucis zusammen. Zu betonen ist da zuerst, wie klar Luther sich auf Paulus
und sein verbum crucis beruft. Es kann da nur ein »seu« gelten, und
deshalb wird auch die Entfaltung von Luthers theologia crucis immer mit
Gedanken aus 1. Kor 1 und anderen paulinischen Stellen durchtränkt sein.
In Luthers Urteil soll seine theologia crucis das Anliegen des Paulus neu
aufnehmen und zum Tragen bringen, damit es erneut den Juden zum
Ärgernis und den Griechen zur Torheit wird. Das Ärgerliche und Törichte
an der theologia crucis liegt im Aspekt der Verborgenheit. Auch diesen für
die theologia crucis zentralen Gedanken entwickelt Luther anhand von
Zitaten aus dem Alten Testament (Hiob 28,18b; Ps 81,8b; Ps 51,8b). Die
Kreuzestheologie ist aus dem Verborgenen geschöpft und wird im Verborgenen gelehrt. Durch diese Stellen wird noch einmal die Situation angege-

---

[15] 79,17.
[16] Vgl. 79,19: Est enim infusio gratiae.
[17] 79,20–80,11.

ben, in der sich die theologia crucis entfaltet: die Verborgenheit ist das Kennzeichen der Situation der Anfechtung. Mit anderen Worten: es ist die Situation des Beters im Sturm der Anfechtung, im Bitten um Erhörung und im Hören des Zuspruchs, im Kampf um die Offenbarung des Verborgenen.

An sich sind diese Gedankengänge bei Luther nicht neu. Er hat sie auch früher schon entfaltet und theologisch reflektiert. Neu ist, wie sie hier, knapp angedeutet, miteinander verbunden und unter dem Begriff der theologia crucis subsumiert werden: Haec theologia crucis est. Doch damit ist nicht einfach ein theologisches Programm formal definiert. An dieser Glosse fällt vielmehr auf, wie sehr Luthers theologia crucis im eigentlichen Sinne Schriftauslegung ist. Die Randglosse zu Hebr 12,11 ist geradezu ein Mosaik von Bibelworten[18], das zwar bei einer einzelnen Stelle einsetzt, das anvisierte Thema aber in knappster Formulierung der weiten biblischen Zusammenhänge in seiner ganzen Fülle präsentiert. Es lohnt sich deshalb, diese theologischen Zusammenhänge noch anhand von einigen anderen Texten aus der Hebräerbriefvorlesung genauer zu bestimmen. Zwar kommt in diesen Texten die theologia crucis als solche nicht unmittelbar zur Sprache, doch sind in ihnen einige der knapp angedeuteten Gedanken aufgenommen und weiterreflektiert. Das bietet uns die Gelegenheit, uns mit ihnen vertrauter zu machen. Wir konzentrieren uns dabei auf drei Themen.

Einmal soll versucht werden, die Thematik des opus alienum und des opus proprium genauer zu betrachten. Dann soll der Aspekt der Verborgenheit, dem ja eine Schlüsselrolle zukommt, zur Sprache kommen. In einem letzten Abschnitt soll die weitere Beschäftigung mit Luthers theologia crucis vorbereitet werden, indem gefragt wird, ob und wie die Hebräerbriefvorlesung den Gegensatz von crux und gloria schon kennt und reflektiert.

2.321. Opus alienum und opus proprium im Kreuzestod Christi

Luther kommt in dem langen Scholion zu Hebr 2,14b auf dieses Thema der opera Dei zu sprechen. An dieser Stelle des Hebräerbriefes wird ausgeführt, daß Christus an Fleisch und Blut Anteil genommen habe, damit er durch den Tod den zunichte machte, der die Macht über den Tod hat, den Teufel.

Luther setzt mit der Bemerkung ein, daß die Schrift den Tod dem Teufel zuschreibe, und belegt diese Bemerkung mit einer ganzen Reihe von Bibelzitaten[19]. Gottes eigenes Werk hingegen sei: Leben, Friede, Freude

---

[18] In ihr werden nicht weniger als acht Stellen zitiert.
[19] Vgl. 127,20 ff.

und die anderen Früchte des Geistes[20]. Damit ist das opus proprium zunächst umschrieben. Doch entsteht in dieser Gegenüberstellung von opus diaboli und opus Dei die Gefahr eines manichäisch anmutenden Dualismus zwischen Tod und Leben, Teufel und Gott, zwischen dem Prinzip des Bösen und dem Prinzip des Guten. Diesen Dualismus vermeidet Luther, indem er das opus alienum Gottes einführt: das opus diaboli ist nichts anderes als das opus alienum Gottes. Doch dadurch droht der Dualismus nicht aufgehoben, sondern bloß verschoben zu werden, und zwar verschoben in einen Dualismus in Gott selbst, zwischen seinem opus proprium und seinem opus alienum. Das Verhältnis zwischen beiden Werken muß also noch genauer bestimmt werden.

Die zwei Werke stehen nicht einfach nebeneinander als rivalisierende Größen, sondern werden eng miteinander verknüpft. Es geht im ganzen um einen Kampf Gottes mit Gott selbst, doch nicht so, daß das eine Werk einfach gegen das andere kämpft. Es ist vielmehr die wundersame Art Gottes, daß er den Gegner mit seinen eigenen Waffen schlägt, oder, wie Luther im Gegensatz von Teufel und Gott formulieren kann: quod Deus diabolum destruxit non opere Dei, sed ipsiusmet diaboli opere[21]. Das kann er in der Terminologie der opera ganz ähnlich ausdrücken: Sic enim Deus opus suum promovet et implet per opus alienum . . .[22] Gott ringt seinem fremden Werk das eigene, eigentliche Werk ab. Anders gesagt: durch den Tod wird nichts anderes als Leben geschaffen; gerade durch das fremde Werk kommt das eigene zur Erfüllung. Deshalb kann er auch weiter unten von einer Umkehrung sprechen, in der mors absorpta et devorata est in vita – sic malediccio in benediccione, tristicia in gaudio, et cetera mala in summo bono absorpta et triumphata sunt –[23]. Daß das opus proprium im opus alienum verwirklicht wird, das zeigt sich am Kreuz: der Tod Christi hat den Tod verschlungen und in der Auferstehung aufs herrlichste besiegt.

Luther drückt diese Freudensbotschaft mit einigen Versen aus Hiob 40 aus und fährt dann in seiner Auslegung mit dem Hinweis fort, daß der Sieg über Tod und Teufel, den Christus als das Haupt errungen hat, gleicherweise auch durch ihn in jedem seiner Glieder, also in jedem Christen geschehen müsse[24]. So geschieht in jedem seiner Glieder das Wundersame, das die Welt nicht verstehen kann: daß der Tod überwunden wird. Diese Überwindung geschieht, wie in Christus per unionem immortalis divinitatis, so im Christen per unionem immortalis Christi. Damit verwendet hier

---

[20] 128,7 f: Proprium autem opus Dei est ›vita, pax, gaudium‹ et ceteri fructus spiritus, ad Gal. 5.

[21] 128,10 f.

[22] 128,13–17: Sic enim Deus opus suum promovet et implet per opus alienum et mirabili sapiencia cogit diabolum per mortem nihil aliud operari quam vitam, ut sic, dum contra opus Dei maxime operatur, pro opere Dei et contra opus suum proprio opere operetur.

[23] 129,12–14.

[24] Vgl. 129,6 ff.

Luther die mystische Vorstellung der unio, jedoch nicht ohne sie mit der knappen Bemerkung zu korrigieren, sie sei nur im Sinne des Glaubensverhältnisses zu verstehen[25]. Diesen Sieg über den Tod formuliert Luther noch einmal in prägnanter Weise, indem er die zwei Gegensätze von Teufel und Gott und von opus proprium und opus alienum miteinander verknüpft: ... sic Deus diabolum per ipsummet diabolum destruit et alieno opere suum perficit[26]. Das Scholion schließt mit einer knappen allegorischen Auslegung von Hos 13,15, die das Ganze noch einmal auf das Kreuzesgeschehen, auf den Gekreuzigten, konzentriert[27].

Der Ertrag dieses Einblicks in das Scholion zu Hebr 2,14b läßt sich in drei Bemerkungen zusammenfassen:

1. Es ist auffallend, wie Luther hier die zwei opera Dei nicht einfach nebeneinander stehen läßt, sondern ihre Beziehung zueinander reflektiert und so eine Möglichkeit gewinnt, sachgemäß vom Heilshandeln Gottes in seiner Paradoxalität zu reden[28].

2. Indem Luther den Gegensatz von opus alienum und opus proprium mit dem Gegensatz von Teufel und Gott verknüpft, gelingt es ihm, diesen Gegensatz vom metaphysischen Dualismus zu befreien und ihn für das Reden von Gott fruchtbar zu machen. Das ist ein Aspekt, auf den wir später – im Rahmen der Thematik des Deus absconditus und des Deus revelatus – werden zurückkommen müssen[29].

3. Endlich ist es bemerkenswert, wie Luther seine Gedanken zum Thema des opus alienum und des opus proprium immer wieder auf Kreuz und Auferstehung Christi konzentriert und sie so für die Entfaltung seiner theologia crucis verwendet[30].

---

[25] Vgl. 129,22 f: ... per unionem immortalis Christi (que fit per fidem in illum) ... Dieser Korrektur begegnet man oft bei Luther: sie ist einer der wesentlichen Züge seiner Kritik an der Mystik.

[26] 129,24 f.

[27] 130,22–131,3: Ibi enim figurata est exiccacio venarum mortis i.e. peccatorum, quia mors a peccato regnat. Ventus autem ille est spiritus sanctus adductus et datus a deserto i.e. a Ihesu Christo crucifixo.

[28] Zum Thema des opus alienum und des opus proprium würde es sich lohnen, den »Sermo in Die S. Thomae« (1516; WA 1; 111–115) näher zu betrachten. Dort bringt der Gedanke des duplex opus Dei Luther auf die Idee eines duplex officium Euangelii. Ja, Luther geht noch weiter und unterscheidet in kühner Formulierung die zwei Aspekte des Evangeliums als »Euangelium« und »Cacangelium« (vgl. WA 1; 113).

[29] S. u. 2.45.

[30] Das werden wir auch noch in seinen Resolutiones zu den 95 Thesen sehen. Auch im »Sermo in Die S. Thomae« wird das eindrücklich vollzogen. WA 1; 112,37–113,1: Igitur opus Dei alienum sunt passiones Christi et in Christo, crucifixio veteris hominis et mortificatio Adae, Opus autem Dei proprium resurrectio Christi et iustificatio in spiritu, vivificatio novi hominis. Vgl. auch 112,33–37. Es ist auffallend, wie hier die zwei Werke jeweils auf Kreuz und Auferstehung aufgeteilt werden. Damit ist aber nicht ein Bruch zwischen zwei verschiedenen Geschehen vollzogen. Vielmehr sind es zwei Aspekte eines einzigen Geschehens, das Kreuz und Auferstehung umfaßt. Auf diesen Zusammenhang werden wir in der Auseinandersetzung mit der politischen Theologie achten müssen.

2.322. Die Dimension der Verborgenheit

Die enge Verflechtung von opus alienum und opus proprium macht die Dimension der Verborgenheit zu einer Grunddimension der theologia crucis. Das opus proprium liegt im opus alienum verborgen, das Leben wird im Tod geschenkt, der Segen im Fluch. Das Heilshandeln Gottes verbirgt sich unter dem Anschein des Unheils, es ist *sub contrario* verborgen. Damit wird die Verborgenheit für das ganze christliche Leben bestimmend. Das wollen wir zunächst an einigen prägnanten Stellen der Hebräerbriefvorlesung aufweisen.

In seinem Kommentar zu Hebr 9,23[31] konzentriert sich Luther auf die Auslegung des Begriffes »coelestia«. Es läge nahe, die coelestia in ihrem Gegensatz zu den terrena platonisch oder neuplatonisch zu interpretieren, und einige Formulierungen – so etwa die Unterscheidung von invisibilia und visibilia – erinnern daran. Doch ist Luthers Interpretation ganz anders. Er geht von einem Chrysostomus-Zitat aus, das besagt, daß die himmlischen Dinge nicht im Himmel zu suchen seien, sondern auf Erden, bei uns in der Bewegung unseres Willens auf Gott hin. Das erlaubt Luther, sich auf die Frage nach dem esse coelestis des Menschen auszurichten. Damit kommt er auf die existentielle Bedeutung der coelestia zu sprechen: Igitur esse coelestem est habere affectum coelestium et sapere divina[32], ist seine erste Antwort. Das Himmlischsein entscheidet sich also im affectus des Menschen: er ist himmlisch, wenn er sich in seiner ganzen Person durch die coelestia »affizieren« läßt, wenn er sein ganzes Leben auf sie ausrichtet, wenn er sich in allem an sie hängt. Es ist also nicht ein Himmlischsein natura seu metaphysice, wie es Luther am Schluß seines Kommentars betont[33]. Nicht an und für sich sind wir himmlisch: das Himmlischsein entscheidet sich allein an unserem Affekt, an unserer existentiellen Beziehung zum Himmlischen. Deshalb kann Luther alternativ formulieren: Breviter itaque esse coelestem est . . . . Esse terrestrem est . . .[34]. Diese zweite genauere Bestimmung vollzieht er mit dem Gegensatz von invisibilia und visibilia. Damit stößt er auf das uns hier interessierende Thema der Verborgenheit.

Die göttlichen Güter, durch die der himmlische Mensch »affiziert« wird, sind die invisibilia. Als solche sind sie incompraehensibilia et penitus abscondita[35], so daß die menschliche Natur sie nur durch Gottes Gnade

---

[31] 213,22–215,14.

[32] 214,2 f.

[33] 215,11 f: . . . verum est amatores coeli et Dei coelestes et divinos esse et dici, non quod natura seu metaphysice sint coelestes.

[34] 214,13–18: Breviter itaque esse coelestem est contemptis rebus visibilibus, imo et earum phantasmatibus soli Deo, divino bono id est divinae voluntati, adherere tam per prospera quam per adversa, per vitam et mortem. Esse terrestrem est contemptis rebus invisibilibus id est divina volunte adherere visibilibus, prospera mundi sapere.

[35] 214,23 f.

erreichen und lieben kann. Dieses sola gratia schenkt dem Leben des geistlichen Menschen, d. h. des Christen, eine errettende, befreiende Verborgenheit. Der homo spiritualis kann durch niemanden, nicht einmal durch sich selbst, gerichtet, erkannt und durchschaut werden, und zwar quia haeret in tenebris altissimis Dei[36]. Auch hier finden wir wieder ein beliebtes Motiv der Mystik: das Aufgenommensein des Menschen in das Dunkel Gottes. Doch ist es bemerkenswert, wie Luther auch hier wieder interpretiert. Er zitiert Ps 31(30),21 (Vulg.): »Abscondes eos in abscondito faciei tuae«, und kommentiert: id est in abscondito, quod est coram te[37]. Gottes Dunkel, das dem Menschen Verborgenheit schenkt, ist kein auf mystischem Weg zu erreichender, ekstatischer Seligkeitszustand; es ist das Dunkel des Angesichts Gottes, vor dem der Mensch steht. Das Versetztsein ins Dunkel Gottes ist das der Welt unbegreifliche Sein coram Deo. Dieses Sein coram Deo bestimmt den Menschen in seinem ganzen Leben. Dieses Leben selbst wird zum Sein coram Deo und bekommt dadurch als haec vita eine eschatologische Ausrichtung auf die vita futura, in der solche Verborgenheit in Gott ganz und gar vollkommen sein wird[38]. Es ist deshalb, wie Luther weiter ausführt, eine große Sache mit dem Christsein: das Leben ist nicht nur wie für die Einsiedler irgendwo an einem zurückgezogenen Ort verborgen, auch nicht im eigenen Herzen, sondern im unsichtbaren Gott selbst. Damit ist nicht das ekstatische Ereignis einer unio mystica gemeint, das den Menschen aus den weltlichen Bezügen hinausreißt. Das Leben des homo spiritualis geschieht weiterhin in der Welt, das inter res mundi vivere ist nicht aufgehoben. Doch in diesem seinem irdischen Leben lebt er von dem, der sich nirgendwo anders als im bescheidenen Zeichen des Wortes kundgibt. Dadurch wird das Verborgensein bei Gott als Wortgeschehen, als verbum und auditus gedeutet[39]. Das Wort erhält so eine entscheidende Rolle: es offenbart das Verborgene. Das heißt aber nicht, daß durch die Offenbarung des Wortes die Verborgenheit des Verborgenen aufgelöst wird. Das Verborgene wird als Verborgenes offenbart, und gerade so wird am Verborgenen teilgegeben. Eine solche Offenbarung kann, wie wir noch bei der Heidelberger Disputation sehen werden, nur sub contrario – und das heißt letzten Endes: am Kreuz – geschehen. Nur im auditus des offenbarenden verbum ist das Verborgensein im Dunkel Gottes möglich, und deshalb nur unter dem Kreuz.

Diese Dimension der Verborgenheit entfaltet Luther auch in seinem Kommentar zu Hebr 11,8 am Beispiel Abrahams[40]. Es war für Abraham hart, aus seinem Vaterland und Vaterhaus zu ziehen, Freunde und Ver-

---

[36] 214,27.
[37] 214,27–29.
[38] 214,29–215,1: Hoc incipit quidem in hac vita, sed perficietur in futura.
[39] 215,3–5: . . . scilicet inter res mundi vivere et pasci eo, quod nusquam apparet nisi modico verbi indicio soloque auditu.
[40] 235,17 ff.

wandte zu verlassen. Doch noch viel härter war für ihn, daß er ausziehen mußte, ohne zu wissen, wo er hinkam, daß er nichts anderes hatte, dem er folgen konnte, als Gottes Wort über Unsichtbares. Der Ort, an den Abraham ziehen muß, ist ganz und gar verborgen. Doch dadurch kommt der Glaube erst recht zu seiner wahren Herrlichkeit[41]: es ist die gloria fidei, nicht zu wissen, wohin man geht, was man tut und leidet, alles gefangen zu geben und sich durch die bloße Stimme Gottes führen und treiben zu lassen. In diesem Glaubensgehorsam ist Abraham das höchste Vorbild eines evangelischen Lebens: alles hinter sich lassen, dem Herrn allein folgen, das Wort Gottes allem vorziehen und über alles lieben, ein Fremdling werden und jede Stunde Gefahren auf Leben und Tod auf sich nehmen. Doch in diesem Vertrauen auf die nuda vox Dei ist der Glaube der Anfechtung ausgesetzt. Der Grund dieser Anfechtung liegt in der Verborgenheit, die den Glauben in seiner Gewißheit immer wieder in Frage stellt, die ihn prüft wie Gold im Ofen. Das ist die größte aller Anfechtungen[42].

Aufgrund dieser zwei Texte zeigt sich, wie für Luther die Verborgenheit das christliche Leben im ganzen prägt und es zu einer eschatologischen Existenz macht. Das geschieht in doppelter Hinsicht: einerseits schenkt die Verborgenheit in Gott Gewißheit, Schutz, wie wir im ersten Teil sahen, so daß man die Verborgenheit geradezu als *Ge*borgenheit auslegen muß; andererseits, wie es an Abrahams Beispiel klar wird, ist die Verborgenheit ein Angriff auf die Gewißheit, eine Anfechtung des Glaubens, weil sie ihm alles wegnimmt, um ihn dem Worte Gottes allein zu überlassen. Das Leben des homo spiritualis, weil es ein Leben in der Verborgenheit ist, ist das Leben in dieser fundamentalen Spannung von Gewißheit und Anfechtung. Diese Spannung bestimmt, wie wir das weiterhin immer sehen werden, die Eschatologie bei Luther. Doch hat das seinen Grund nirgendwo anders als in der Christologie.

Die Dimension der Verborgenheit liegt in der Person Jesu Christi begründet. Das zeigt sich zuerst darin, daß er zugleich Menschensohn und Gottessohn ist, wie das Luther in seinem Kommentar zu Hebr 1,2 ausführt[43]. Der letzte Paragraph seines Scholions ist für unser Thema am interessantesten. Luther betont die Reihenfolge in Hebr 1,2. Der Verfasser führe zuerst die Menschheit und dann erst die Gottheit Christi an, und damit wolle er dem Leser zeigen, wie er Gott recht erkennen soll: in der Menschheit Christi. Humanitas enim illa sancta scala est nostra, per quam

---

[41] 236,1–3: Atque haec est gloria fidei, nescire scilicet, quo eas, quid facias, quid patiaris, et captivatis omnibus, sensu et intellectu, virtute et voluntate, nudam Dei vocem sequi et magis duci et agi quam agere.

[42] 236,11–13: Omnium enim tentationum maxima est, quae fidei est, contra quam diabolus et suis et hominum et omnium rerum viribus utitur.

[43] 98,11–99,10. Gleich zu Beginn (98,11): Describit eundem Christum esse filium hominis et Dei.

ascendimus ad Deum cognoscendum⁴⁴. Das ist ein Gedankengang, der auf
das zentrale Thema der theologia crucis in der Heidelberger Disputation
vorgreift. Das ascendere ad amorem et cognicionem Dei vollzieht sich
nicht nach gewissen regulae humanae et methaphisicae der Erkenntnis der
Gottheit; die »scala« wird vielmehr umgekehrt: man übe sich zum ersten in
der Menschheit Christi⁴⁵. Das ist der Weg, den Gott selbst in seiner
Erniedrigung gegangen ist. Es wäre also die gottloseste Kühnheit, einen
anderen Weg suchen zu wollen⁴⁶. Gott ist in der Menschheit Christi
verborgen, dort allein ist er cognoscibilis. Die regulae humanae et methaphisicae meinen hier wohl Prinzipien der Gotteserkenntnis in klassischer
Form, also etwa in Scholastik und Mystik. Diesen zwei Traditionen ist
allerdings eine Zentrierung auf die humanitas Christi gar nicht unbekannt.
Auffallend ist aber trotzdem, daß die Gotteserkenntnis, etwa in der scholastischen Gotteslehre oder im mystischen Erlebnis der Verzückung, relativ
unabhängig von der Christologie konzipiert ist. Darin kommen menschliche und metaphysische Regeln zum Ausdruck⁴⁷.

Hebr 2,9a⁴⁸ legt Luther als Trost in der Leidenszeit aus: die Anfechtung
sei kurz, der Trost aber ewig. Doch – so fährt er weiter, nachdem er diese
Auslegung mit einigen Bibelzitaten kommentiert hat – sei der Zorn Gottes,
der sich in der kurzen Zeit der Anfechtung kundgibt, notwendig, weil er
das corpus peccati und die lex membrorum zerstören müsse. Diese Zerstörung ist heilsnotwendig, weil nichts Unreines in das Himmelreich eingehen kann. Es geht hier also um den Kampf zwischen dem alten und dem
neuen Menschen in Hinsicht auf die kommende vita futura. Talis autem
destruccio fit per cruces, passiones, mortes et ignominias⁴⁹. Diese Zerstö-

---

⁴⁴ 99,3 f.

⁴⁵ 99,5–8: Igitur qui vult salubriter ascendere ad amorem et cognicionem Dei, dimittat
regulas humanas et methaphisicas de divinitate cognoscenda et in Christi humanitate se ipsum
primum exerceat.

⁴⁶ 99,8–10: Impiissima enim temeritas est, ubi Deus ipse humiliarit se, ut fieret cognoscibilis, quod homo aliam sibi viam querat proprii ingenii consiliis usus.

⁴⁷ Vereinfachend könnte man den Unterschied folgendermaßen zu formulieren versuchen:
bei Luther bekommt die Erkenntnis Gottes im Kreuz Christi einen Exklusivitätscharakter,
den sie so weder in der Scholastik noch in der Mystik hat. Dort steht sie immer in Verbindung
mit anderen »Regeln«, sei es als christologischer locus neben den metaphysischen Gedankengängen der Gotteslehre im strikten Sinne, sei es als Stadium der Vernichtung und Anfechtung
auf dem Weg zur beglückenden mystischen unio mit Gott. Es gilt hier bei Luther ein den
reformatorischen Prinzipien ebenbürtiges »sola crux«, das noch zu interpretieren ist. Man
wird deshalb das »primum« in 99,8 (s.o. Anm. 45) nicht bloß zeitlich, sondern sachlich, als
theologischen Primat verstehen müssen.

⁴⁸ 121,14–123,3.

⁴⁹ 122,14 f. Vgl. den ganzen Passus 122,14–23: Talis autem destruccio fit per cruces,
passiones, mortes et ignominias. Ideo Deus mortificat, ut vivificet, humiliat, ut exaltet etc. Et
hoc est, quod Apostolus gloriatur se nihil nosse nisi Ihesum Christum et hunc ipsum non
gloriosum, sed crucifixum, portans stigmata Domini sui in corpore suo. Christum enim
crucifixum in se habere est vivere plenum temptacionibus et passionibus, et ideo fit carnalibus
›signum, cui contradictur‹ etc. Consilium ergo est omnem temptacionem, eciam ipsam

rung bekommt sofort ihre Heilsbedeutung: in seinem Zorn tötet Gott, um lebendig zu machen, erniedrigt er, um zu erhöhen, usw. Auch hier wieder zeigt sich das opus proprium im opus alienum. Dadurch kommt Luther zur Entfaltung des christologischen Hintergrundes der Anfechtung: so zerstört werden sei, wie wenn Paulus, die Malzeichen seines Herrn am Leibe tragend, nichts wisse denn Jesum Christum, und zwar nicht den herrlichen, den glorreichen, sondern den gekreuzigten. Diese Betonung zeigt, daß bei Luther der Gedanke der Anfechtung in der theologia crucis seinen Grund hat. Deshalb kann er identifizieren: den gekreuzigten Christus in sich haben heiße, ein Leben voller Anfechtungen und Leiden leben. Ja, die Identifizierung geht noch weiter: Christus, der uns immer in der Form seiner Erniedrigung begegnet, in der Verborgenheit seines Menschseins, kommt zu uns in der Anfechtung. Diese Anfechtung ist zu empfangen, wie Christus selbst zu empfangen ist, nämlich in Lob und Freude. Das ist der einzige Empfang, der der Anfechtung wirklich gebührt.

2.323. Christus crucifixus und Christus gloriosus

Mit dem zuletzt behandelten Text sind wir schon zu unserem dritten und letzten Gesichtspunkt angelangt. Wie wir es gesehen haben, kann Luther sagen: . . . nisi Ihesum Christum et hunc ipsum non gloriosum, sed crucifixum . . .[50]. Zwar formuliert hier Luther in Anlehnung an Paulus (1. Kor 2,2: . . . nisi Iesum Christum et hunc crucifixum . . .), doch ist es gerade bemerkenswert, wie er den Gegensatz von gloriosus und crucifixus herstellt, wo Paulus bloß eine Betonung des crucifixus unternimmt. Es stellt sich deshalb die Frage: ist in der Hebräerbriefvorlesung auch schon der spätere Gegensatz von crux und gloria präsent, meint hier Luther schon denselben Gegensatz, oder ist er hier anders zu verstehen? Auch diese Frage wollen wir anhand von einigen Stellen behandeln.

Im Kommentar zu Hebr 9,4, in dem Luther mehrere Begriffe aus der Sphäre des alttestamentlichen Kultus – meistens allegorisch – auslegt, deutet er die cherubin gloriae als einen Hinweis auf das Beieinander von zwei Weisheiten, der des Christus gloriosus und der des Christus crucifixus[51]. Beide sapientiae gehören zusammen, so daß man nicht dem einen Anblick Christi folgen und den anderen vergessen kann. Sie bilden zusammen ein einheitliches Geschehen: durch den Anblick des Christus crucifixus wird das Fleisch gedemütigt, durch den des Christus gloriosus der Geist erhoben[52]. Luther führt das Beispiel der Juden an, die sich so nach

---

mortem obviis ulnis non secus ac ipsum Christum excipere in laude et leticia. Nam vere Christus in ea semper forma venit, quam accepit, cum se exinaniret forma Dei.

[50] 122,16 f. S. o. Anm. 49.

[51] 201,10–202,8, bes. 201,17 ff. 201,17–19: Ideo et hic dicit ›Cherubin gloriae‹, subindicans, quod alia sit sapientia Christi gloriosi et alia Christi crucifixi.

[52] 201,19 f (anschl. an Anm. 51): Quia per hanc deprimitur caro, per illam elevatur spiritus.

dem Christus der Herrlichkeit richten, daß sie vor dem Gekreuzigten zurückschrecken. Hält man hingegen beides zusammen, werden die Widersprüche in Christus um seiner Menschheit und Gottheit willen vereinigt[53].

In diesem Text zeigt sich schon, daß der Gegensatz von Christus gloriosus und crucifixus nicht dieselbe fundamentaltheologische Bedeutung hat wie der spätere von theologia gloriae und theologia crucis. Beide cherubin, beide Aspekte haben ihren Platz und ihre Funktion innerhalb derselben theologia crucis. Man kann zwar durchaus sagen, daß es eine theologia crucis und nicht eine theologia gloriae ist – davon zeugt die oben zitierte Formulierung ». . . Ihesum Christum et hunc ipsum non gloriosum, sed crucifixum . . .« –, doch wird sie noch nicht wie später im Gegensatz zur theologia gloriae entfaltet. Der Gesichtspunkt der gloria, des Christus gloriosus ist hier noch unabhängig von der Idee einer *theologia gloriae* und bekommt deshalb eine wichtige Bedeutung für das Verständnis des Kreuzes. Das zeigte sich schon hier mit dem Beieinander der zwei cherubin; es zeigt sich noch eindeutiger an anderen Stellen, wo dieses Thema mit Hilfe des Gedankens des transitus behandelt wird.

Die transitus-Vorstellung hat zum Teil Anhalt an den Gedankengängen des Hebräerbriefes in seiner christologischen Auslegung alttestamentlicher Kultfiguren und Kultobjekte. Im Hintergrund spielen hauptsächlich zwei Motive eine Rolle: der introitus des Hohenpriesters in das Heiligtum und die Passahvorstellung (bei Luther lat. phase). Beides wird nun auf das Geschehen von Kreuz und Auferstehung bezogen und erfährt dadurch eine christologische Interpretation. Christi Tod am Kreuz wird zum Passah, zum Übergang in die Herrlichkeit. So kann es Luther bei der Kommentierung von Hebr 2,7 knapp formulieren: Ipsa enim eius (sc. Christi) passio fuit »phase« i.e. transitus ad summam gloriam[54]. Kreuz und Herrlichkeit stehen einander nicht gegenüber. Der Kreuzestod bedeutet vielmehr einen Eingang in die Herrlichkeit[55]. Mit diesem Gedanken will Luther die Paradoxalität des Kreuzesereignisses unterstreichen und sich von den Auslegern distanzieren, die Hebr 2,7 in Hinsicht auf den Menschen schlechthin deuten[56].

Wie das Beieinander von Christus crucifixus und Christus gloriosus eine existentielle Bedeutung hat, nämlich daß der Anblick des ersten das Fleisch demütigt und der Anblick des anderen den Geist erhebt, so auch der

---

[53] 202,5 f: Et sic de aliis contradictoriis seu contrariis in Christo propter humanitatem et divinitatem concordantibus.

[54] 118,17 f.

[55] Das erinnert an das bereits oben Dargelegte (s. o. S. 73–75), nämlich daß der Gegensatz von theologia crucis und theologia gloriae nicht inhaltlich, sondern fundamentaltheologisch zu verstehen sei, daß die gloria also im Rahmen der theologia crucis ihren Platz habe, ja sogar wie hier – man könnte sagen: ganz in johanneischer Art! – mit dem Kreuz eng verknüpft werden müsse.

[56] Vgl. den Kontext des zitierten Satzes 118,11–18.

Gedanke des transitus. Wenn Luther diesen Gedanken entwickelt, richtet er sich ganz auf diesen existentiellen Sinn der Vorstellung. Das geschieht z. B. in seinem Kommentar zu Hebr 10,19[57]. Gleich zu Beginn interpretiert er die Intention der Stelle in dieser Richtung: der Verfasser wolle hier, »daß wir Christus nachahmen, der gelitten hat und durch das Sterben zur Herrlichkeit des Vaters hinübergegangen ist«[58]. In einem ersten Gang entfaltet Luther zuerst, wie der Hebräerbrief den introitus in das Heiligtum christologisch auslegt. Das alttestamentliche Kultmotiv war ein Zeichen, das, alt und tot, auf den neuen und lebendigen Weg hinwies, den uns Christus durch seinen introitus öffnete. Und so kann von Christus gesagt werden: Et sic implevit figuram et sustulit umbram[59]. In einem zweiten Gang kommt Luther zur existentialen Auslegung der Stelle: in ihr sei ein Zeichen, ein Sakrament für unsere Nachahmung Christi gesetzt[60]. Indem er hier den Gedanken des sacramentum aufnimmt, wehrt er, wie wir später noch sehen werden, die Gefahr einer bloßen Imitationsethik ab, die diese Stelle allein auf das exemplum hin auslegte. Zunächst führt Luther aus, wie diese imitatio aussieht. Das Fleisch Christi deutet auf unser Fleisch in seinen Schwachheiten, wie es auf dem alten und toten Weg, in der concupiscentia wandelt. Indem Christus dieses Fleisch annimmt, bereitet er für uns einen neuen und lebendigen Weg vor, der nur durch Tötung der concupiscentia des Fleisches gebahnt werden kann[61]. Diese Vorbereitung des Weges ist die sakramentale Dimension, aus der das Exemplarische folgt, das darstellt, wie dieser Weg der unsere wird. Weil der Eingang Christi in den Himmel das Sakrament unseres neuen Lebens und Weges ist, folgen wir ihm auf diesem Weg so, daß wir der fleischlichen Begierde absterben und die himmlischen Dinge suchen und lieben und mit ganzem Gemüt in sie eingehen.

Auf diese erste Entfaltung folgt ein kleiner Exkurs, der in Anlehnung an Augustin die Schwierigkeit reflektiert, daß Christi introitus nur dem Fleische nach stattgefunden habe, während der unsere sowohl dem Fleische als auch dem Geiste nach geschehe. Schon diese Schwierigkeit löst Luther mit der Unterscheidung von exemplum und sacramentum[62]. Auf dieselbe

---

[57] 222,10–224,15.

[58] 222,12–14: Isto verborum textu paulo obscuriore, imo ornatissimo et fecundissimo, id scilicet vult Apostolus, ut Christum passum et moriendo transeuntem ad gloriam patris imitemur.

[59] 222,22 f.

[60] 222,23–25: Verum tota haec simul veritatis plenitudo et figura (. . .) ulterius significat et est sacramentum imitandi Christum . . .

[61] 222,28 f: Paranda ergo erat ›via nova et viva‹, quod ut fieret, mortificanda erat concupiscentia. Es geht aus diesem Satz klar hervor, daß es hier nicht um eine Verurteilung des Fleischlichen überhaupt geht. Es wird vielmehr auf die concupiscentia geachtet, die darin waltet, man könnte auch sagen: auf den »affectus«, der es bewegt und animiert.

[62] Vgl. 223,12–14: Ideo transitus carnis nostrae exemplum est (quia similes ei erimus), transitu autem carnis Christi significatur tamen velut sacramento transitus spiritus. Für den ganzen Exkurs, vgl. 223,7–23.

Unterscheidung greift er in etwas anderer Terminologie noch einmal am Schluß seiner Auslegung zurück[63]. Mit einer zweifachen Mahnung seien wir aufgerufen, den neuen und lebendigen Weg zu betreten. Aufs erste wird uns das exemplum Christi, ducis et antesignani nostri[64] vorgestellt. Doch bleibt es nicht beim bloßen Vorbild. Die Nachfolge Christi auf dem Weg seines introitus wird nicht zu einer Imitationsethik. Das Exemplarische ist die Beschreibung der Aneignung des sacramentum. Deshalb ist nicht nur ein Beispiel statuiert, sondern es wird auch eine Hand ausgestreckt[65]. Dadurch wird die Christologie soteriologisch orientiert[66]. Diese Heilsdimension bezieht Luther auf die Figur des Hohenpriesters im Hebräerbrief. An diese Figur anschließend beschreibt er sie mit verschiedenen Begriffen und schließlich mit dem Bild des Adlers in Dt 32,11. Christus mahnt und lehrt nicht bloß – das kann auch manch anderer –, er begleitet nicht bloß auf dem transitus, er ist Führer, Helfer, Träger[67]. Die Beziehung des Hinübergehenden zu seinem Führer, Helfer und Träger ist die Beziehung des *Glaubens:* Ille enim portatur in humeris Christi, qui fide nititur in eum[68]. Dieser Glaube an Christus vermag es allein, in ihm ein exemplum und sacramentum zu sehen und ihm so auf dem Weg des transitus zu folgen, der am Kreuz vollzogen wurde.

2.33. Resolutiones: theologia crucis und theologia gloriae im Streit um die Buße

In die Zeit der Hebräerbriefvorlesung (Frühling 1517 – Frühling 1518) fällt der Ablaßstreit, der an den berühmten 95 Thesen entbrannt war, die Luther am 31. Oktober 1517 in Wittenberg veröffentlicht hatte[69]. Kurz darauf schreibt er Erläuterungen zu diesen Thesen, die er Mitte Februar 1518 abgeschlossen zu haben scheint[70], deren Druck sich aber noch das

---

[63] Vgl. 223,24–224,15. Während zuvor die Funktion des exemplum auf den introitus dem Fleische nach und die des sacramentum im transitus Christi auf den introitus dem Geiste nach ausgerichtet war, werden nun im folgenden beide Dimensionen als eine zweifache Mahnung in ein und derselben Sache miteinander verknüpft.

[64] 223,24–224,1.

[65] 224,3 f: Deinde quod non solum exhibuit exemplum transeundi, sed et manum porrigit sequentibus.

[66] In dieser soteriologischen Ausrichtung des transitus-Gedankens, und deshalb der theologia crucis überhaupt, meldet sich ein Grundproblem in der Auseinandersetzung mit Moltmanns Kreuzestheologie an, die gerade von der Nötigung ausgeht, den Rahmen der Heilslehre zu sprengen.

[67] 224,8–10: Coeteri enim et docere possunt et exhortari adhuc transitum, solus hic Christus non solum comes, sed dux viae est, nec solum dux, sed adiutor, imo portitor . . .

[68] 224,13 f.

[69] Disputatio pro declaratione virtutis indulgentiarum (1517), WA 1; 229–238.

[70] Das geht aus Luthers Briefwechsel dieser Zeitspanne hervor. Es kann zwar sein, daß Luther noch im Mai daran gearbeitet hat, als er das Schreiben an Staupitz und die Widmung an Leo X. verfaßte, die von vornherein dazu bestimmt waren, den Druck einzuleiten (vgl. WA 1; 525,1–529,28). Das Wesentliche aber wird er wohl schon früher geschrieben haben.

ganze Jahr 1518 hindurch zieht und die endlich im Spätsommer vollständig erscheinen[71]. In diesen Resolutiones stoßen wir nun auf den Gegensatz von theologia crucis und theologia gloriae, und zwar im Kommentar zur 58. These[72]. Es ist gewiß nicht von ungefähr, daß dieser Gegensatz, auf den wir uns im folgenden konzentrieren müssen, zum ersten Mal im Streit tragend wird, der Luthers öffentliche Auseinandersetzung mit der katholischen Kirche und mit der scholastischen Theologie überhaupt auslöste[73]. Die Konfliktsituation erforderte das Schaffen einer Unterscheidung, die als Waffe zur polemischen Abgrenzung und Klarstellung der Fronten dienen konnte. Das heißt aber nicht, daß Luther diese Unterscheidung hier bloß aus polemischem Interesse ex nihilo erschaffen hat. Im Gegensatz von theologia crucis und theologia gloriae wird vielmehr Luthers gesamtes Arbeiten der vorigen Jahre zusammengefaßt. Was vielerorts schon angelegt war, kommt nun in der Zuspitzung auf diesen Gegensatz zu seiner eigentlichen Entfaltung. Schon die 95 Thesen selbst griffen das Problem des Ablasses ganz im Zeichen des Kreuzes auf, so daß die spätere Gegenüberstellung von theologia gloriae und theologia crucis der einzig angemessene Kommentar zur Thesenreihe überhaupt war. Bevor wir auf den betreffenden Passus in den Resolutiones näher eingehen, verweilen wir deshalb einen Augenblick noch bei den Thesen selbst.

2.331. Kreuz und Buße

Schon in der ersten These wird das Thema in Anlehnung an Mt 4,17 prägnant angegeben: Dominus et magister noster Jesus Christus dicendo ›Penitentiam agite etc.‹ omnem vitam fidelium penitentiam esse voluit.[74] Im Streit de indulgentiarum virtute geht es für Luther um das richtige Verständnis der Buße. Buße ist das ganze Leben des Gläubigen, des christlichen Lebens Ernst überhaupt, und darf deshalb nicht durch Ablässe geschwächt und vergleichgültigt werden. Luther hatte sich schon im selben Jahr mit dem Thema der Buße, das ihm im Ablaßstreit so am Herzen liegt, beschäftigt, als er die Auslegung der sieben Bußpsalmen schrieb und veröffentlichte[75]. Der Einstieg beim grundsätzlichen Thema der Buße lag also nahe.

Im Kommentar zur 1. These unternimmt es Luther, die poenitentia vom

---

[71] Resolutiones disputationum de indulgentiarum virtute (1518), WA 1; 522–628.

[72] WA 1; 605,26–614,37. Die 58. These lautet (236,14f): 8 Nec sunt merita Christi et sanctorum, quia hec semper sine Papa operantur gratiam hominis interioris et crucem, mortem infernumque exterioris. Die den Gegensatz von theologia crucis und theologia gloriae entfaltende Stelle ist auf S. 612,40–614,37 zu finden.

[73] »Diese Bezeichnungen theologia bzw. theologus crucis und gloriae hat Luther im Jahre 1518 im Ablaßstreit geprägt.« (G. *Ebeling*, Luther, 259).

[74] 233,10 f.

[75] Die sieben Bußpsalmen (1517), WA 1; 154–220.

griechischen *metanoein, metanoia* her genauer zu bestimmen[76]. Das *meta-noeite* in Mt 4,17 könne man im strengen Sinne am besten mit transmenta-mini ins Lateinische übersetzen. Diese ungewöhnliche sprachliche Neubil-dung kommentiert Luther folgendermaßen: id est ›mentem et sensum alium induite, resipiscite, transitum mentis et phase spiritus facite‹, ut scilicet nunc caelestia sapiatis, qui hucusque terrena sapuistis[77]. Diese Interpretation illustriert er mit einer Reihe von Bibelstellen, die die Umkehr der Buße als renovatio, resipiscentia, odium peccati, mortificare carnem et membra, crucifigere carnem umschreiben. Die Buße, wenn sie, wie hier, radikal als Umkehr, als Umdenken verstanden wird, kommt nie zu ihrem Ende, sie prägt das ganze Leben des Gläubigen, sie ist überhaupt die Existenzweise des Christen[78].

Zu einer ganz ähnlichen Entfaltung kommt Luther in dem die Resolutio-nes einleitenden Schreiben an Staupitz[79]. Dort schildert er noch viel ausführlicher, wie er zu dieser Auslegung der poenitentia gekommen sei. Zuerst habe er das griechische *metanoia* nach seinen Bestandteilen gedeutet und deshalb – im wörtlichen Sinne von »post-mentem« – als resipiscentia verstanden. Diese Sinnesänderung, dieses »Wieder-zu-sich-Kommen« sei eine Erkenntnis des Bösen, die nach dem Erleiden der Strafe und dem Begreifen des Irrtums eintrete und nur durch eine Änderung des Affekts und der Liebe überhaupt möglich sei[80]. Doch dann, sagt Luther, sei er noch einen Schritt weitergekommen: das griechische *meta* betreffe nicht nur die Reihenfolge, sondern, wie das lateinische trans, den Vorgang der Verände-rung. Zwar ist sich Luther dessen bewußt, daß diese Deutung teilweise forciert ist[81], doch damit kommt er zu seiner radikalen Auffassung der Buße: im wörtlichen Sinne von »trans-mentem« werde die Buße nun zu einer transmutatio mentis et affectus, und zwar deute dies nicht nur auf die Änderung selbst hin, sondern vielmehr auf den modus mutandi, also auf die Gnade Gottes, die in dieser transmutatio und durch sie walte[82]. Dieser

---

[76] Vgl. WA 1; 530,19–531,3.

[77] 530,21–23.

[78] 530,25 f: Certum est autem, quod ista resipiscentia seu odium sui tota vita fieri debeat. Dadurch bekommt die Buße eine eschatologische Ausrichtung: sie bestimmt die christliche Leben als eschatologische Existenz in Richtung auf das kommende Himmelreich, wie das die 4. These betont (233,16 f): 4 Manet itaque pena, donec manet odium sui (id est penitentia vera intus), scilicet usque ad introitum regni celorum. Im Zeichen dieses Eintretens in das Himmelreich ist das Leben als Leben unter dem Kreuz Buße.

[79] Vgl. 525,1–527,15.

[80] 525,25–29: . . . didici, idem verbum graece ›Metanoea‹ dici a ›meta‹ et ›noyn‹, id est a ›post‹ et ›mentem‹, ut sit poenitentia seu metanea resipiscentia et post acceptum damnum et cognitum errorem intelligentia sui mali, quod sine mutatione affectus et amoris fieri est impossibile.

[81] Vgl. die kurze Klammer in 526,2: (sit sane violentum).

[82] 526,1–4: Denique profeci et vidi, ›Metanoean‹ non modo a ›post‹ et ›mentem‹, sed a ›trans‹ et ›mentem‹ posse deduci (sit sane violentum), ut ›Metania‹ transmutationem mentis et affectus significet, quod non modo affectus mutationem, sed et modum mutandi, id est gratiam dei, videbatur spirare.

transitus mentis ist die echte, die wahre Buße, die schon im Alten Testament mit dem Passahgedanken angekündigt und durch Christus verwirklicht worden ist[83]. Es ist auffallend, wie Luther hier die Buße mit den Begriffen transitus und phase umschreibt, denen wir schon in der Hebräerbriefvorlesung begegnet waren. Dieselben Begriffe werden auch im Kommentar zur 1. These an besprochener Stelle in Anspruch genommen[84]. Dadurch wird die Buße mit der Christologie verknüpft, ja mit dem Brennpunkt der Christologie, wenn man sich daran erinnert, wie in der Hebräerbriefvorlesung die Begriffe transitus und phase auf den Kreuzestod Christi angewandt werden. Die Buße steht im Zeichen des Kreuzes, und zwar nicht bloß als dem Zeichen einer moralistischen Ethik der Kreuzigung und Tötung des Fleisches, sondern vielmehr als dem Zeichen der durch die Gnade Gottes geschehenden radikalen Umkehr des Affekts und des Geistes, des Menschen in seinem tiefsten Sein. Nur so ist das mortificare, das crucifigere recht verstanden, denn so wird es von der Gefahr der Werkgerechtigkeit beschützt, die in einer reinen Kreuzes*ethik* droht.

Die Buße steht im Zeichen des Kreuzes und insofern geht es im Ablaßstreit letztlich um das richtige Verständnis des Kreuzes. Deshalb kann Luther in der 79. These zwischen zwei Arten von Kreuz unterscheiden[85], in denen sich schon so etwas wie theologia gloriae und theologia crucis kundtun: das glorreich aufgerichtete Kreuz des päpstlichen Wappens und das Kreuz Christi. Deshalb sind die Ablässe letzten Endes unannehmbar: sie tragen bei zur Errichtung der päpstlichen crux insigniter erecta, sie führen zur gotteslästerlichen Meinung, diese herrliche crux sei dem Kreuz Christi ebenbürtig. Damit haben wir hier schon einen Ansatz zum späteren Gegensatz von theologia crucis und theologia gloriae der Resolutiones[86]. Es ist jedoch bemerkenswert, daß dieser Gegensatz nicht an dieser Stelle entwickelt wird. Das geschieht an weitaus zentralerer Stelle im Ablaßstreit: bei der 58. These, in der Frage nach den merita Christi et sanctorum, aus deren Schatz die Ablässe geschöpft werden.

Wir können hier die Thematik des Ablasses nicht ausführlich und erschöpfend darstellen, sondern müssen uns damit begnügen, sie in groben Zügen zu umreißen, um uns den theologischen Kontext unserer Stelle bewußtzumachen. Die Ablaßpraxis des Spätmittelalters entstammt einer langen Geschichte der Bußfrömmigkeit, führt aber zu Mißbräuchen, die

---

[83] 526,4–6 (anschl. an Zitat in Anm. 82): Nam transitus ille mentis, id est verissima poenitentia, celeberrimus est in sacris literis, ut quem phase illud vetustum olim significavit, Christus exhibuit . . .

[84] S. o. bei Anm. 77.

[85] 237,15 f: 4 Dicere, Crucem armis papalibus insigniter erectam Cruci Christi equivalere, blasphemia est.

[86] So wird in entgegengesetzter Richtung bestätigt, was wir oben schon öfters betont haben: wie die theologia crucis die Dimension der Herrlichkeit im Zeichen des Kreuzes auslegt, so scheut auch die theologia gloriae nicht das Kreuz und macht es als crux insigniter erecta dienstbar.

sich verheerend auswirken. Man muß dennoch betonen, daß Luther nicht nur die Mißbräuche tadelt, sondern die Ablaßpraxis grundsätzlich angreift und ablehnt. Er fügt sich nicht einfach als nächstes Glied in die lange Reihe der Kritiker am Ablaßwesen ein, die meistens die offensichtlichen Schäden und Mißbräuche bekämpfen. Es geht Luther darum, vom rechten Verständnis der Buße und des christlichen Lebens her das Ablaßwesen überhaupt abzuschaffen.

Das Hauptinteresse im Ablaßwesen liegt nicht – wie man oft fälschlicherweise annimmt – auf Sündenvergebung. Das vermag auch im schlimmsten Ablaßhandel der Ablaß nicht. Es geht darin vielmehr um Straferlaß: der Ablaß kann von gewissen zeitlichen Strafen befreien, die für vergebene Sünden bei der Absolution erteilt worden sind. Damit ist der Gedanke des Fegefeuers verknüpft, denn die Ablässe können sich auf das Leben post mortem erstrecken und können auch dort gewisse Strafen aufheben. Die Lebendigen bekommen den Ablaß mit der Absolution, die Toten durch die Fürbitte.

Man kann sich also mit dem Ablaß nicht die Vergebung, sondern eine Erleichterung des Bußvollzugs erkaufen. Der Ablaß ersetzt nicht die Vergebung, sondern setzt sie voraus und schwächt die Strafpflichten ab, die diese Vergebung begleiten. Dadurch wird aber die Gnade der Vergebung zu einer billigen Gnade, und das ist der Punkt, an dem Luther angreift. Für eine richtig verstandene und wirklich ernstgenommene Buße, die notwendig zur Absolution gehört, bedarf es wesentlich der contritio, einer tiefen, das ganze Leben prägenden contritio. Sie beschränkt sich also nicht auf eine bloß innere Buße, die nichts ist, wenn sie nicht den ganzen Menschen umfaßt, sich nicht bis in sein Äußeres, in sein Fleisch erstreckt[87]. Die wahre contritio flieht also nicht vor den Strafen, sie sucht sie vielmehr und liebt sie. Man kann nicht gleichzeitig zur wahren Buße aufrufen und den Überfluß der Ablässe rühmen, denn das eine steht letzten Endes im Gegensatz zum anderen[88]. Anders gesagt: die Ablässe sind auf Sicherheit aus, sie geben Anlaß zum Vermeiden der anfechtenden penae und wollen deshalb securitas anstatt gegen die Anfechtung kämpfende Gewißheit. Wahre contritio schließt Sicherheit aus[89]. Ist man auf Gewißheit aus, was der wahren Buße entspricht, werden die Ablässe völlig nutzlos, denn in der wahren Buße *hat* der Christ mit Gewißheit die volle Vergebung der Strafe

---

[87] Das drückt die dritte These aus (233,14 f): 3 Non tamen solam intendit interiorem, immo interior nulla est, nisi foris operetur varias carnis mortificationes.

[88] Diese Gedankengänge entfalten am klarsten die Thesen 39–40 (235,14–17): 14 Difficillimum est etiam doctissimis Theologis simul extollere veniarum largitatem et contritionis veritatem coram populo. 15 Contritionis veritas penas querit et amat, Veniarum autem largitas relaxat et odisse facit, saltem occasione.

[89] 234,35 f (Th 30): 5 Nullus securus est de veritate sue contritionis, multominus de consecutione plenarie remissionis. Vgl. auch 234, 39 f: 7 Damnabuntur ineternum cum suis magistris, qui per literas veniarum securos sese credunt de sua salute.

und der Schuld. Er bedarf nicht erst noch eines Ablaßbriefes. Er *hat* von Gott selbst ohne Ablaßbrief geschenkten Anteil an den Gütern Christi und der Kirche[90]. Dieser Anteil ist aber kein sicheres Haben, sondern ein gewisses und gewißmachendes Glauben[91].

Dieser von der Gnade Gottes lebende Glaube ist eine crucis pietas[92], die sich mit der minimalistischen, auf die allergeringste, billigste Gnade ausgerichteten securitas der Ablässe überhaupt nicht vertragen kann. Dieser trügerische Friede der Sicherheit steht in einem schroffen Widerspruch zum Ernst der sich im Zeichen des Kreuzes vollziehenden Buße. Die Schlußthesen bringen diesen Widerspruch in Anspielung auf Jer 8,11 und Ez 13,10 als Widerspruch zwischen den Friedenspropheten und den Kreuzespropheten zur Sprache und betonen nachdrücklich die Kreuzesnachfolge. »Deshalb fort mit all den Propheten, die dem Volk Christi sagen: ›Friede, Friede‹, und ist doch kein Friede. Heil all den Propheten, die dem Volk Christi sagen: ›Kreuz, Kreuz‹, und ist doch kein Kreuz. Man muß die Christen ermahnen, daß sie Christus ihrem Haupt durch Leiden, Tode und Höllen nachzufolgen trachten und so mehr darauf vertrauen, durch viel Trübsal in den Himmel einzugehen als durch Sicherheit des Friedens.«[93]

---

[90] 235,7–11 (th 36 u. 37): 11 Quilibet christianus vere compunctus habet remissionem plenariam a pena et culpa etiam sine literis veniarum sibi debitam. 12 Quilibet verus christianus, sive vivus sive mortuus, habet participationem omnium bonorum Christi et Ecclesie etiam sine literis veniarum a deo sibi datam.

[91] Dieser Glaube an das Wort Gottes bewirkt allein den wahren Frieden, den Frieden des Gewissens, die wahre quietas: Christus wird uns *in fide* zur *pax,* und gerade nicht *in re,* denn diesen Frieden anders als in fide haben wollen heißt, Gott versuchen. 541,5–11 (zu Th 7): . . .fides enim huius verbi (sc. Mt 16,19) faciet pacem conscientiae, dum iuxta illud sacerdos solverit. Qui vero pacem alia via quaerit, utputa experientia intus, hic certe deum videtur tentare et pacem in re, non in fide velle habere. Tantum enim habebis pacis, quantum credideris verbo promittentis: quodcunque solveris etc. Pax enim nostra Christus est, sed in fide. Quod si quis huic verbo non credit, etiam si milies milies absolvatur a Papa ipso et toti mundo confiteatur, nunquam erit quietus. In diesem *sed in fide* (vgl. 541,9) liegt ein für Luther zentrales Korrektiv gegen alle Versuche, eine pax in re zu haben. Das gilt sowohl, wie hier, für das Ablaßwesen als auch für das Streben nach einer pax in der mystischen unio mit Gott.

[92] 236,33 f (Th 68): 18 Sunt tamen re vera minime ad gratiam dei et crucis pietatem comparate.

[93] 238,14–21 (Th 92–95): 17 Valeant itaque omnes illi prophete, qui dicunt populo Christi ›Pax pax‹, et non est pax. 18 Bene agant omnes illi prophete, qui dicunt populo Christi ›Crux crux‹, et non est crux. 19 Exhortandi sunt Christiani, ut caput suum Christum per penas, mortes infernosque sequi studeant, 20 Ac sic magis per multas tribulationes intrare celum quam per securitatem pacis confidant. Später, nämlich in den Operationes in Psalmos (1519–21), hat Luther diesen Gegensatz von crux und pax noch einmal aufgenommen und in Anlehnung an die eben zitierten Schlußthesen auf eindrückliche Weise weiter expliziert. Dort unternimmt Luther den Versuch, beide Aspekte zu verknüpfen und zu zeigen, daß man nur durch das Kreuz zum Frieden gelangen kann, daß der Weg des Friedens kein anderer ist als der Kreuzesweg, daß unser Friede unter dem Kreuz verborgen ist. WA 5; 418,34–419,3 (zu Ps 13,3): Dicit vero, non modo eos pacem non habere, sed viam pacis nescire, hoc est ignorant, qua via ad pacem eatur, nempe per Crucem. Crux enim, quae mortificat omnem sensum et affectum, ipsa ducit ad pacem. Et CHRISTUS, dum Crucifixus est, secum pacem nostram

Dieser Gegensatz von pax und crux wird in den Resolutiones zum Gegensatz von theologia gloriae und theologia crucis. Zwar geschieht in ihnen die Entfaltung dieses Gegensatzes nicht als Erläuterung zu den Schlußthesen, sondern zur 58. These, wie wir schon gesehen haben. Sie steht also im Rahmen einer Kritik der christologischen Begründung des Ablaßwesens.

2.332. Thesaurus Christi und theologia crucis

Die Thesen 56–66 behandeln das Problem des thesaurus, aus dem die Ablässe geschöpft werden können. Das Problem sei bisher, sagt Luther in der 56. These einleitend, zu wenig beachtet worden, die thesauri seien ungenügend definiert und im Volk Christi zu wenig gekannt[94]. Die allgemeine Vorstellung war, daß die Ablässe aus dem Schatz der Verdienste Christi und der Heiligen geschöpft würden. Deshalb nimmt Luther in der 58. These ausdrücklich zu dieser Meinung Stellung: die Schätze der Ablässe seien nicht die Verdienste Christi und der Heiligen, denn diese hätten auch ohne die Ablässe des Papstes ihre Wirkung, nämlich »die Gnade des inneren Menschen und Kreuz, Tod und Hölle des äußeren«[95]. Nachdem Luther einige kritische Bemerkungen zur Definition der thesauri gemacht hat, kommt er zur zentralen 62. These: »Der wahre Schatz der Kirche ist das allerheiligste Evangelium der Herrlichkeit und der Gnade Gottes.«[96] Doch bleiben wir jetzt bei der 58. These und den dazu gehörenden Erläuterungen.

Mit der Formulierung merita Christi et sanctorum stellt die 58. These zwei Probleme, die Luther in der Erläuterung getrennt behandelt: De meritis Sanctorum prius und De secundo, scilicet Merito Christi[97]. Daß die Verdienste der Heiligen Ablässe ermöglichen können, beruht auf der Annahme, daß die Heiligen in diesem Leben Verdienste im Überschuß vollbracht hätten, die Gott noch nicht belohnt habe, für die nun durch die Ablässe ein würdiger Ausgleich geschaffen werde. Das seien die opera supererogationis der Heiligen, durch die sie im voraus für uns genug getan hätten[98]. Diesen Gedanken lehnt Luther grundsätzlich ab. Er bestreitet,

---

abscondit in deum, qui sub Cruce latet, nec alibi invenitur. At impii utriusque generis quidvis aliud quaerunt quam Crucem, sed sensum et affectum suum rebus et consiliis suis nituntur servare. Ideo fieri non potest, ut pacem cognoscant, nedum ut habeant. Quare via pacis est via Crucis, et pax non est pax, sicut prophetae dicunt. Econtra Crux non est crux. Ille enim pacem habet, qui pacem non quaerit, ille crucem habet, qui crucem fugit. Verum hic nisi usus vitae doceat, verba nihil faciunt.

[94] 236,10 f.

[95] S. o. Anm. 72.

[96] 236,22 f: 12 Verus thesaurus ecclesie est sacrosanctum euangelium glorie et gratie dei.

[97] 605,33 ff und 608,17 ff.

[98] 605,34–37: Dicunt enim, quod sancti in hac vita multa operati fuerunt ultra debitum, videlicet opera supererogationis, quae nondum sunt remunerata, sed in thezaurum Ecclesiae

daß die Heiligen Verdienste im Überschuß vollbracht haben, daß sie dem Schatz der Kirche opera supererogationis abgeben können, denn sie seien nicht einmal imstande, das zu tun, was sie schuldig sind. Das begründet Luther mit Bibelstellen und Väterzitaten.

Damit kommt Luther zum Verdienst Christi, nachdem er die Verdienste der Heiligen als nichtig erklärt hat. Das Verdienst Christi sei der einzige Schatz der Kirche – das könnte nur ein Ketzer leugnen –, denn Christus sei das Lösegeld der Welt und ihr Erlöser. Doch daß dieser Schatz der Kirche der Schatz der Ablässe sei, darüber wolle Luther disputieren, das wolle er bestreiten[99]. Er führt deshalb auf den folgenden Seiten seine Gründe für diese Ablehnung an. Als siebenten und letzten Grund gibt Luther an, daß, wie es schon die 58. These selbst betonte, die Verdienste Christi auch ohne Papst ihre Wirkung haben, und zwar, so expliziert nun Luther, eine doppelte Wirkung, opus suum duplex, scilicet proprium et alienum[100]. Wir begegnen hier wieder der Unterscheidung, die wir schon in der Hebräerbriefvorlesung angetroffen hatten. Dieses opus duplex beschreibt Luther anhand von Bibelstellen und betont auch da die tiefe Einheit von opus proprium und opus alienum: »Denn wer in Christus getauft und erneuert wird, werde auf Leiden, Kreuze, Tode vorbereitet . . .«[101]

Mit Mt 10,38 deutet Luther diese Einheit von opus proprium und opus alienum im Christen als Kreuzesnachfolge, was ihm Anlaß wird zu seiner Entfaltung der Kreuzestheologie. Luther fragt sich zu Beginn dieses Abschnittes, ob die Geburt der scholastischen – der illusorischen, wie Luther ironisch glossiert – Theologie nicht die Abschaffung der Theologie des Kreuzes bedeutet habe und nun alles völlig verkehrt sei[102]. Mit diesem Einstieg wird es schon klar, daß das Folgende nicht bloß Bemerkungen zu

---

relicta, quibus fit per indulgentias aliqua digna compensatio etc. Et sic volunt sanctos pro nobis satisfecisse.

[99] 608,18–21: Hoc non esse thezaurum indulgentiarum, disputo, Esse autem thesaurum ecclesiae, haereticus negat, siquidem Christus est precium mundi et redemptor, et ideo verissime et solus unicus ecclesiae thezaurus. Sed quod sit thesaurus indulgentiarum, nego . . .

[100] 612,40–42: Ultima (sc. causa), quam secum fert ipsa conclusio probationem, scilicet quod merita Christi et sanctorum eius sine Papa operantur opus suum duplex, scilicet proprium et alienum.

[101] 613,14–16: Nam quicunque in Christo baptisatur et renovatur, ad poenas, ad cruces, ad mortes paratur, ut aestimetur sicut ovis occisionis et mortificetur tota die. Auffallend ist, wie Luther hier das opus duplex in Hinsicht auf den inneren und den äußeren Menschen unterscheidet. Das entspricht der Unterscheidung in Hinsicht auf Geist und Fleisch, die wir in der Hebräerbriefvorlesung angetroffen hatten, und ist in analogem Sinne zu verstehen (s. o. S. 79f).

[102] 613,21–23: Quo circa nunc vide, Num quo tempore coepit Theologia Scholastica, id est illusoria (sic enim sonat graece), eodem evacuata est Theologia crucis suntque omnia plane perversa. Zu dieser Deutung von ›scholasticus‹ kommt Luther wohl, wie er selbst andeutet, durch den ursprünglichen Sinn des griechischen *scholastikos,* das zunächst »müßig, Muße, Zeit habend« bedeutet und erst später einen meint, der seine Muße den Wissenschaften widmet, was den Übergang zur eigentlichen Bedeutung des lateinischen scholasticus ermöglicht.

einzelnen bedenklichen Problemen der Theologie und der kirchlichen Praxis zum Ausdruck bringt, sondern Luthers tiefsten Anstoß an der scholastischen Theologie überhaupt. Deshalb geht es hier um die Wahrheit der Theologie überhaupt, und dieser Streitpunkt steht im Zentrum des Ablaßstreites. Der Theologe des Kreuzes, so lautet die erste knappe in Klammern gesetzte Definition, ist ein vom gekreuzigten und verborgenen Gott redender Theologe[103]. Diese Formulierung wird Luther in der Heidelberger Disputation näher entfalten, wie wir unten sehen werden. Beachtenswert ist hier schon, wie Luther erneut den Gedanken des Kreuzes mit der Dimension der Verborgenheit verbindet: der gekreuzigte Gott ist zugleich der verborgene Gott, der in den Leiden, in der Demut und Schmach des Kreuzes verborgene Gott. Diese erste Definition macht schon klar, daß der Theologe des Kreuzes den Abscheu der poenae, der sich im Ablaßhandel kundgibt, nicht teilen kann. Ganz im Gegenteil, er lehrt, wie der zitierte Passus zeigt, daß diese poenae, die Kreuze, der Tod »der allerkostbarste Schatz und die heiligsten Reliquien sind«, die es zu küssen, zu suchen und zu umarmen gilt.

Auch hier wieder verfährt Luther polemisch, indem er die poenae zu den allerheiligsten Reliquien macht, denn dadurch wird ein anderer wichtiger Aspekt der spätmittelalterlichen Frömmigkeitspraxis, der Reliquienkult, der eng mit dem Ablaßwesen verknüpft war, in Frage gestellt. Nicht die Reliquien als solche, für die man bis nach Rom oder nach andern heiligen Orten pilgern kann, sind die wirklich heiligen Reliquien. Es sind dies vielmehr die passiones et cruces selbst, »die die Gebeine und andere Reliquien der Märtyrer geheiligt und so großer Verehrung würdig gemacht haben«[104]. Das sind die verae reliquiae, die leider verabscheut, zurückgewiesen und sogar verfolgt werden, die wir aber vielmehr als das allerheiligste Geschenk für die auserwählten Kinder Gottes dankbar in Empfang nehmen sollten. Daß diese Schätze so verachtet werden, liegt daran, wie Luther weiter erklärt, daß der Glaube im Volk so sehr fehlt, mit dem es die Heiligkeit dieser Reliquien verehren sollte[105]. Der Glaube allein vermag es, diese wahren Reliquien, die passiones und cruces, richtig zu lieben und zu umarmen.

---

[103] 613,23–28: Theologus crucis (id est de deo crucifixo et abscondito loquens) poenas, cruces, mortem docet esse thezaurum omnium preciosissimum et reliquias sacratissimas, quas ipsemet dominus huius theologiae consecravit benedixitque non solum tactu suae sanctissimae carnis, sed et amplexu suae supersanctae et divinae voluntatis, easque hic reliquit vere osculandas, quaerendas, amplexandas.

[104] 613,35–41: . . . hoc gemimus, quod veras reliquias, scilicet passiones et cruces, quae sanctificaverunt ossa et reliquias martyrum et tanta veneratione fecerunt digna, ita nescimus, ut non solum non acceptemus oblatas domi, sed summis viribus repellamus et persequamur de loco in locum, cum deberemus summa siti et iugibus lachrymis id apud deum postulare, ut darentur nobis tam preciosae reliquiae Christi omnium sacratissimae tanquam donum electorum dei filiorum.

[105] 614,9 f: At nunc adeo deest fides vulgi, qua hanc religionem talium reliquiarum colat, . . .

Nun seien durch das Ablaßwesen die Katarakte des Himmels geöffnet worden und die Erde mit den Schätzen der Ablässe und der Verdienste derart überschwemmt worden, ut et hoc diluvio prope sit pessundatus orbis Christianus[106]. Dieses Unheil der Christenheit im Ablaßhandel ist der theologia gloriae zur Last zu legen: so scheint Luther argumentieren zu wollen, denn es folgt nun eine Definition des Theologen der Herrlichkeit. Diese Definition ist schon weit differenzierter als die des Theologen des Kreuzes und spielt zugleich auf paulinische Stellen und auf traditionelle scholastische Themen an[107]. Der Theologe der Herrlichkeit, steht zuerst in Klammern, »kennt nicht mit dem Apostel den gekreuzigten und verborgenen Gott allein, sondern mit den Heiden auch den glorreichen Gott«, er erkennt aus den sichtbaren Dingen sein unsichtbares Wesen, er sieht und sagt ihn aus als den allgegenwärtigen und allmächtigen Gott. Mit dieser Definition setzt Luther die theologia gloriae in Verbindung mit der natürlichen Gotteserkenntnis, die in der scholastischen Gotteslehre eine zentrale Rolle spielt. In ihr wird Gott aufgrund des Analogieverhältnisses aus den Werken seiner Schöpfung erkannt und mit metaphysischen Majestätseigenschaften versehen, die auf verschiedenen Wegen – die Tradition unterscheidet die via eminentiae, die via negationis und die via causalitatis – erarbeitet werden. Damit hat Luther Gedankengänge der scholastischen Metaphysik im Auge, die diese natürliche Gotteserkenntnis als Interpretationskontext für die christliche Gotteslehre derart entfalten, daß sie als praeambula fidei fungieren kann. Wenn Luther diese natürliche Gotteserkenntnis mit einer Anspielung auf Rm 1,20 kennzeichnet, so beruht das zunächst auf Bezügen, die schon in der scholastischen Theologie hergestellt sind. Doch zugleich setzt er, wie das cum gentibus zeigt, eine polemische Pointe und deutet an, daß diese Gotteserkenntnis eine uneigentliche, eher den Heiden zugeeignete Erkenntnis sei. Setzt man voraus, wie das Luther hier tut, daß die christliche Gotteslehre die Lehre des Deus crucifixus et absconditus ist, so wird es fraglich, ob diese Gotteslehre im Rahmen einer metaphysischen Auffassung des Deus gloriosus überhaupt interpretiert werden kann, ob dann nicht in der Tat alles völlig verkehrt wird. Luther treibt diese Fragen in der Heidelberger Disputation weiter. Hier beschränkt er sich nun darauf, die Theologie der Herrlichkeit in Hinsicht auf die Ablaßfrage zu bestimmen. Dazu weist er auf die Lehre des summum bonum hin, die die Scholastiker aus Aristoteles geschöpft hätten[108]. Er formuliert hier äußerst knapp die scholastische, mit Hilfe der aristoteli-

---

[106] Vgl. 614,10–17.

[107] Für das Folgende 614,17–22: Theologus vero gloriae (id est qui non cum Apostolo solum crucifixum et absconditum deum novit, sed gloriosum cum gentibus, ex visibilibus invisibilia eius, ubique presentem, omnia potentem videt et loquitur) discit ex Aristotele, quod obiectum voluntatis sit bonum et bonum amabile, malum vero odibile, ideo deum esse summum bonum et summe amabile.

[108] S. o. Anm. 107.

schen Ethik unternommene Definition des Guten und des Bösen. Wir können hier nicht die ganze Thematik entfalten, sondern müssen uns auf die markantesten Punkte beschränken.

Einmal ist hier wichtig, wie die Definition ganz vom Gesichtspunkt des Willens her geschieht, und insofern ganz vom Gesichtspunkt der Aktivität her. Das Gute ist, wonach der Wille strebt, sein obiectum, und definiert man dann, wie das hier geschieht, Gott als das summum bonum, ist das Verhältnis des Menschen zu ihm im höchsten Grade als Aktivität verstanden.

Gleichzeitig werden das Gute und das Böse respektiv mit dem amabile und dem odibile, dem Liebenswerten und dem Hassenswerten verknüpft, was zur Folge hat, daß Gott als summum bonum auch summe amabile ist. Durch diese Verbindung der Aktivität und der Liebenswürdigkeit bekommt das Gottesverhältnis eine ethische Ausrichtung, die überhaupt kein Verständnis mehr aufbringt für das passive Erleiden des nicht unmittelbar Liebenswerten. Das ist in unserem Rahmen wichtig, denn das führt zu einer ganz anderen Einschätzung der Strafe und des Ablasses. Auf diese Verschiedenheit konzentriert sich nun Luther am Schluß seiner Erläuterung, indem er die Frage nach der Definition des thesaurus Christi stellt.

Auf das bonum amabile ausgerichtet, bestimmt der Theologe der Herrlichkeit den thesaurus Christi als relaxationes et solutiones poenarum[109]. Die Strafen sind für ihn die schlimmsten und hassenswertesten Dinge, so daß der Schatz Christi nur ein Erlaß, eine Aufhebung der Strafen sein kann. Beim Theologen des Kreuzes ist alles umgekehrt: die Strafen sind die besten und liebenswertesten Dinge, denn in ihnen vollzieht sich die wahre Buße, die allein die wahren Reliquien, passiones et cruces, verehrt. Der Schatz Christi besteht für ihn nicht in der Entbindung von den Strafen, sondern gerade in der Auferlegung der Strafen, er ist impositiones et alligationes poenarum[110]. Diese Darstellung des Gegensatzes schließt Luther mit der ironischen Bemerkung ab, der Theologe der Herrlichkeit nehme für seinen Schatz Geld entgegen, der Schatz des Kreuzestheologen hingegen, obschon er unentgeltlich dargeboten werde, sei wenig geschätzt und werde verfolgt[111]. Darauf folgt die Frage: »Wer wird aber deren Richter sein, damit wir wissen, auf welchen wir hören müssen?«[112], die Luther aufgrund von Jes 66,4 und 1. Kor 1,27 klar zugunsten des Theologen des Kreuzes beantwortet. Der Ablaßstreit greift in die Tiefe der

---

[109] 614,22–24: Et inde dissentiens Theologo crucis diffinit, thesaurum Christi esse relaxationes et solutiones poenarum tanquam rerum pessimarum et odibilissimarum, . . .

[110] 614,24–26 (anschließend an vor. Anm.): . . . Contra Theologus crucis, thesaurum Christi esse impositiones et alligationes poenarum tanquam rerum optimarum et amabilissimarum, . . .

[111] 614,26 f (anschließend an vor. Anm.): . . . Et tamen adhuc ille accipit pecuniam pro suo thesauro, huius nec gratis oblatum dignantur vel intuitu, sed persequuntur denique.

[112] 614,28.

theologischen Debatte: das Ablaßwesen abzulehnen, das bedeutet zugleich, sich zur Theologie des Kreuzes gegen die Theologie der Herrlichkeit zu bekennen, vom gekreuzigten und verborgenen Gott zu reden. Darauf konzentrieren sich nun die betreffenden Thesen der Heidelberger Disputation.

2.34. Heidelberger Disputation: theologia crucis und theologia gloriae im Streit um die Theologie

Anläßlich des Ordenskapitels der deutschen Augustiner in Heidelberg fand am 26. April 1518 unter Luthers Vorsitz eine Disputation statt. Luther stellte 40 Thesen zur Disputation, die der Magister Leonhard Beyer zu verteidigen hatte. Diese conclusiones samt den wahrscheinlich schon vor der Disputation geschriebenen probationes[113] stellen so etwas wie eine Programmschrift für die theologia crucis dar[114]. Zwar sind die Thesen im

---

[113] WA 1; 350–375 (= BoA 5; 375–404). Im folgenden konzentrieren wir uns hauptsächlich auf Thesen 19–24 (WA 1; 354,17–28) und deren probationes (WA 1; 361,31–363,37), ohne sie jedoch von den anderen zu isolieren. Die Thesenreihe ist in zwei Teile, eine Reihe theologischer (Th 1–28: Ex Theologia; WA 1; 353,7–354,35) und eine Reihe philosophischer Thesen (Th 29–40: Ex Philosophia; WA 1; 355,1–25) aufgeteilt. Luther hat zu den 28 theologischen Thesen probationes geschrieben (WA 1; 355,26–365,21). Umstritten ist die Frage der Echtheit bei den probationes zu den philosophischen Thesen. *Knaake* hatte sie bestritten, was zur Folge hatte, daß sie nicht in die WA aufgenommen wurden. Für die Edition in der BoA nahm dann *Vogelsang* die probationes zu den zwei ersten philosophischen Thesen auf (BoA 5; 403 f), weil er sie, im Gegensatz zu den weiteren, M. Stifel zugeschriebenen, für echt hielt. Für eine neue Edition hat nun *H. Junghans* bisher nicht oder nur teilweise berücksichtigte Handschriften herangezogen (die Kamenzer K-6463 und die Zittauer Z-Th. 4° 377). Aufgrund dieser Handschriften vermutet er, daß Luther zu den philosophischen Thesen probationes geschrieben hat. Diese Annahme der Echtheit sieht er auch durch den späteren persönlichen Eintrag Luthers in Z (auch schon in WA 9; 170,1–9; s. u. Anm. 116) bestätigt. S. ausführlich dazu: *H. Junghans,* Die probationes zu den philosophischen Thesen der Heidelberger Disputation Luthers im Jahre 1518, LuJ 46, 1979, 10–59 (mit Textausgabe samt Übersetzung auf den S. 34–59). Zum Textkomplex der Heidelberger Disputation gehört, nebst einem Disputationsprotokoll von Bucer (WA 9; 161–169), auch eine scheinbar vorbereitende Niederschrift (BoA 5; 392,19–402,39; WA 1; 365,22–374,31 unter dem Titel Explicatio conclusionis sextae), die eine verwickelte Überlieferungsgeschichte hat und bei der es überhaupt fraglich ist, ob sie in extenso ins Vorfeld der Heidelberger Disputation gehört. Zu all diesen Fragen, vgl. WA 1; 350–352 und vor allem BoA 5; 375–377. Zum Aufbau der Thesen, vgl. *H. Bornkamm* aaO (s. u. Anm. 114) 131–133.

[114] Vgl. *W. von Loewenich,* Luthers theologia crucis (s. o. Anm. 4), 18–25. S. auch o. S. 78. Zur Heidelberger Disputation nebst von Loewenich: *K. Bauer,* Die Heidelberger Disputation Luthers, ZKG 21, 1901, 233–268; *H. Bornkamm,* Die theologischen Thesen Luthers bei der Heidelberger Disputation 1518 und seine theologia crucis, in: *ders.,* Luther. Gestalt und Wirkungen. Gesammelte Aufsätze, Schriften des Vereins für Reformationsgeschichte, Nr. 188 (Jahrgang 80/81/82,1), 1975, 130–146; *G. Ebeling,* Luther, 259 ff; *L. Grane,* Modus loquendi theologicus. Luthers Kampf um die Erneuerung der Theologie (1515–1518), Acta Theologica Danica, Bd. XII, 1975, 146–160; *M. Lienhard,* Luther témoin de Jésus-Christ (s. o. Anm. 8), 98 f; *O. Modalsli* aaO (s. o. Anm. 10); *R. Weier,* Das Theologieverständnis Martin Luthers, Konfessionskundliche und kontroverstheologische Studien, Bd. XXXVI, 1976, 22 ff. Bei *Moltmann:* Der gekreuzigte Gott, 193–204.

gesamten nicht unmittelbar auf das Thema der theologia crucis ausgerichtet. Das zeigt schon die Zweiteilung in theologische und philosophische Thesen[115]. In einer etwas später verfaßten kurzen Bemerkung begründet Luther diese Zweiteilung, indem er das doppelte Ziel bekanntgibt, das er in den Thesen verfolgt habe. Er habe zuerst zeigen wollen, daß die Scholastiker in der Interpretation des Aristoteles irren und sein Denken überhaupt nicht verstehen, und ferner, daß, wenn man ihn auch richtig verstehen würde, es nicht nur für die Theologie, sondern sogar für die Philosophie selbst keinen Nutzen brächte[116]. Es geht also Luther hier auch wieder, wie schon in der *Disputatio contra scholasticam theologiam*[117], um eine radikale Auseinandersetzung mit der Scholastik, und zwar diesmal mit besonderer Berücksichtigung der Problematik des Verhältnisses der Theologie zur Philosophie. Diese Problemstellung weist eindeutig auf fundamentaltheologische Zusammenhänge hin: in der Konfrontation von Theologie und Philosophie geht es letzten Endes um die Theologie überhaupt[118]. Als Definition einer solchen »Theologie überhaupt« kann aber in der Heidelberger Disputation allein die theologia crucis in Frage kommen. Die Thesen 19–24 und deren probationes stellen also in der Tat den Höhepunkt der theologischen Thesen dar, und wenn Luther zur Beurteilung einlädt[119], ob diese Theologica paradoxa, wie er seine theologischen Thesen nennt[120],

---

[115] Eine ähnliche, jedoch auf eine völlig andere Intention abzielende Zweiteilung kennt auch die Disputatio de homine, in der die Thesen 1–19 philosophisch, die Thesen 20–40 theologisch ausgerichtet sind (vgl. WA 39,1; 175,1–177,14). Dazu: G. *Ebeling,* LuStud II,1; 31–45.

[116] BoA 5; 377,7–16 (auch in WA 9; 170,1–9 abgedruckt): He conclusiones sunt a me ideo tractate ac disputate, ut ostenderem primo quam longe lateque ab Aristotelis sententia aberrarint omnium Scholasticorum Sophiste ac plane sua somnia in Aristotelis non intellecti libros invexerint. Deinde ut, si quam maxime sensum eius teneamus (quemadmodum hic tradidi), tamen prorsus nihil adiumenti ex ipso haberi possit non solum ad Theologiam seu sacras literas, verum etiam ad ipsam naturalem philosophiam. Quid enim iuvet ad rerum cognitionem, si de materia, forma, motu, finito, tempore nugari et cavillari queas verbis ab Aristotele conceptis et prescriptis?

[117] Vgl. WA 1; 221–228 (1517).

[118] Luther hat sich stets mit dem Problem des Verhältnisses von Theologie und Philosophie befaßt und hat in viel stärkerem Maß, als das die Scholastik tat, eine sachgemäße Unterscheidung von Theologie und Philosophie als entscheidende fundamentaltheologische Aufgabe wahrgenommen. Das hängt zwar teilweise mit der nominalistischen Ausbildung zusammen, läßt sich aber nicht erschöpfend von dort her erklären. Dazu: G. *Ebeling,* Luther, 79–99. Zum systematischen Problem: *ders.,* Art. Theologie und Philosophie I.–III., RGG³, VI, 1962, 782–830.

[119] 353,8–14: Diffidentes nobis ipsis prorsus iuxta illud spiritus consilium ›ne innitaris prudentiae tuae‹ [Spr 3,5], humiliter offerimus omnium, qui adesse voluerint, iuditio haec Theologica paradoxa, ut vel sic appareat, bene an male elicita sint ex divo Paulo, vase et organo Christi electissimo, deinde et ex S. Augustino, interprete eiusdem fidelissimo.

[120] H. *Bornkamm* aaO (s. o. Anm. 114) 131 betont, der Begriff paradoxa sei für Luther ein Lieblingsbegriff zur Kennzeichnung der Disputationsthesen. Luther verweist selbst auf Cicero (Paradoxa ad Marcum Brutum) für diesen in der Scholastik wenig üblichen Begriff (s. WAB 1; 94,17–19). Karlstadts Thesen vom April 1517 nennt Luther auch paradoxa. Er spielt mit

wirklich aus Paulus und Augustin[121] gezogen sind, dann gilt diese Einladung ganz besonders für die Thesen über die theologia crucis. In ihnen kommt das eigentlich Paradoxe am klarsten zur Sprache, diese völlige Umkehr der Theologie von der Herrlichkeit zum Kreuz. Hier geht es um einen fundamentaltheologischen Entscheid in der Frage nach der wahren Theologie, nach der vera Theologia et cognitio Dei[122].

2.341. Theologus gloriae

Auch hier wieder, wie schon in den Resolutiones, bestimmt Luther das Grundinteresse des Theologen der Herrlichkeit in klarer Anlehnung an Rm 1,20: Non ille digne Theologus dicitur, qui invisibilia Dei per ea, quae facta sunt, intellecta conspicit[123]. In der probatio zur 19. These weist Luther nur kurz darauf hin, daß sich diese am Beispiel derer klar zeige, die solches unternehmen und die Paulus dennoch stulti nenne (vgl. Rm 1,22 (Vulg.): dicentes enim se esse sapientes stulti facti sunt). Als solche invisibilia Dei seien seine Kraft, Gottheit, Weisheit, Gerechtigkeit, Güte usw. zu betrachten, und die Erkenntnis dieser Dimensionen mache weder würdig noch weise.

Mit diesen knappen Bemerkungen berührt Luther ein für die gesamte scholastische Tradition zentrales Thema. Für diese ist mit Rm 1,20 die komplexe Frage der natürlichen Erkenntnis Gottes verknüpft. Die geschaffenen Dinge weisen auf ihren Schöpfer hin, denn die Wirkungen sind ihrer Ursache nicht fremd, sie stehen mit ihr in einem Entsprechungsverhältnis, das der Vernunft erlaubt, diese Ursache zu erkennen. Doch zugleich gilt für die Tradition, daß dieses Verhältnis die Ursache ihren Wirkungen, ihren Werken nicht einfach gleichstellt. Die Ursache übersteigt unendlich ihre Werke: was diese charakterisiert, kommt Gott nur eminenter oder gar eminentius zu, die Vollkommenheiten der Dinge präexistieren in Gott excellenter. Dieses Verhältnis zwischen Schöpfer und Geschöpfen führt in der mittelalterlichen Theologie zur Ausarbeitung der drei viae der Gotteserkenntnis, die der Sache nach auf Dionysius Areopagita zurückgehen. Durch das Zusammenwirken der via eminentiae, der via negationis und

---

diesem Begriff und variiert ihn: den Gegnern seien die Thesen kacistodoxa (WAB 1; 106,37), cacodoxa (WAB 1; 94,22), ihm aber seien sie eudoxa, calodoxa, aristodoxa (WAB 1; 94,25).

[121] Wir können hier die komplexe dogmengeschichtliche Frage nicht behandeln, in welchem Verhältnis Augustin zu Paulus steht und inwiefern die neuplatonischen Einflüsse dieses Verhältnis geprägt haben. Man wird wohl nur mit gewissen Vorbehalten wie hier Luther vom »interprete . . . fidelissimo« sprechen können. Ebenso schwierig ist es, Luthers Verhältnis zu Augustin genau zu bestimmen, ein Problem, das besonders die Forschung über den jungen Luther beschäftigt. Vgl. *L. Grane* aaO (s. o. Anm. 114) 23–103, der Luthers Verhältnis zu Augustin in der Römerbriefvorlesung beobachtet.

[122] 362,18 f: Ergo in Christo crucifixo est vera Theologia et cognitio Dei.

[123] 354,17 f (Th 19). Ganz ähnlich heißt es in Rm 1,20 in der Vulgata: Invisibilia enim ipsius (sc. Dei) a creatura mundi per ea quae facta sunt intellecta conspiciuntur . . .

der via causalitatis wird es erst recht möglich, Gott von der Kreatur her und zugleich in seiner alle Kreatur übersteigenden eminentia zu erkennen. Daß dem Menschen diese Vernunfterkenntnis Gottes zukommt, macht gerade seine vorzüglicherweise auf die eminentia Gottes hinweisende excellentia aus.

Dasselbe Problem versucht auch Thomas – und nach ihm die weitere Tradition mit feinen Differenzierungen und Nuancierungen – durch die Bestimmung der Analogie zu lösen. Das zeigt sich bei Thomas am klarsten in seinem Versuch, die analoge Benennung von Gott und Geschöpfen als Mitte zwischen der pura aequivocatio und der simplex univocatio hervor-zuheben[124]. Es läßt sich nichts von Gott und von den Geschöpfen univoce aussagen, denn der Wirkung kommen die Vollkommenheiten der Ursache nur defizient zu: divisim und multipliciter, während sie in Gott unite gegeben sind. Während eine Vollkommenheit, die einem Geschöpf zuge-sprochen wird, von dessen Wesen, Potenz und Sein verschieden ist, bezeichnet sie in Hinsicht auf Gott etwas, das von dessen Wesen, Potenz und Sein nicht verschieden ist. Doch, nachdem Thomas daraus die Unmöglichkeit der univocatio deduziert hat, erfolgt nun ebenfalls die Ablehnung der aequivocatio. In dieser Ablehnung spielt Rm 1,20 eine Schlüsselrolle. Wenn man von einer bloßen Wortgleichheit ausgehen würde, könnte man von den Geschöpfen her über Gott nichts mehr erkennen und beweisen und würde immer wieder Trugschlüssen unterlie-gen. Das würde den Philosophen wie auch Rm 1,20 widersprechen. Dem ist deshalb nur mit dem analogen Reden, secundum analogiam, idest proportionem Genüge zu tun[125]. Es ist für unser Verständnis von Luthers 19. These beachtenswert, wie eng bei Thomas – und das gilt sicher für die mittelalterliche Tradition im weiteren Sinne – Rm 1,20 mit der Lehre von der Analogie verbunden wird.

Doch müssen wir noch etwas weitergehen. Im nächsten Artikel behan-delt Thomas die Frage, ob die Namen, die analogisch gebraucht werden, zuerst von Gott oder zuerst von den Geschöpfen ausgesagt werden[126].

---

[124] Vgl. zu diesem Thema etwa *Thomas,* S.th. I q.13 a.5 (wir zitieren nach der Marietti-Ausgabe der Summa theologiae, Tom. I–III, Turin 1952–1956). Im corpus: Et iste modus communitatis medius est inter puram aequivocationem et simplicem univocationem. Neque enim in his quae analogice dicuntur, est una ratio, sicut est in univocis; nec totaliter diversa, sicut in aequivocis; sed nomen quod sic multipliciter dicitur, significat diversas proportiones ad aliquid unum.

[125] Zum ganzen Gedankengang crp.: Unde nullum nomen univoce de Deo et creaturis praedicatur. Sed nec etiam pure aequivoce, ut aliqui dixerunt. Quia secundum hoc, ex creaturis nihil posset cognosci de Deo, nec demonstrari; sed semper incideret fallacia Aequi-vocationis. Et hoc est tam contra philosophos, qui multa demonstrative de Deo probant quam etiam contra Apostolum dicentem, Rom. 1: ›Invisibilia Dei per ea quae facta sunt, intellecta, conspiciuntur‹. Dicendum est igitur quod huiusmodi nomina dicuntur de Deo et creaturis secundum analogiam, idest proportionem.

[126] Vgl. zu dieser Frage S.th. I q.13 a.6.

Thomas betont in der Behandlung dieser Frage, daß, wenn die Namen weder bloß metaphorice Gott beigelegt werden noch ihn bloß causaliter bestimmen, sondern dessen Wesen bezeichnen, sie zuerst von Gott und erst nachträglich von den Geschöpfen gelten[127]. Diese Priorität Gottes in der analogischen Benennung bringt den ontologischen Primat der Ursache zum Ausdruck, in der alle Vollkommenheiten in überragender Weise zu finden sind und in der alle unvollkommenen, erschaffenen Dinge ihren Grund haben. Daran zeigt sich, daß die hermeneutische Regel des analogen Redens von Gott auf einer *Seinsanalogie* gründet, die Gott und Geschöpfe ontologisch in ein durch das Verhältnis von Ursache und Wirkung geprägtes Entsprechungsverhältnis setzt[128]. Auf dieser ontologischen Begründung der Analogie liegt das ganze Gewicht ihrer theologischen Verarbeitung bei Thomas.

Indem Luther die theologia gloriae mit Rm 1,20 kennzeichnet, deutet er an, daß er mit dieser Bezeichnung den ganzen Fragenkomplex der natürlichen Gotteserkenntnis und der Analogie im Auge hat. Doch inwiefern kann man hier von einer theologia gloriae sprechen? Man könnte sagen, daß die gleichzeitige Konzentration auf das Kausalitätsverhältnis und auf das Entsprechungsverhältnis den Ansatz für eine theologia gloriae bildet. Wenn die Beziehung Gottes zur Welt vom Kausalitätsprinzip her verstanden wird, kommt Gott nur als die Ursache schlechthin in Betracht, als causa sui und causa prima. Darin liegt die Bestimmung Gottes in gloria. Wird die Thematik der Ursache vom aristotelischen Schema der vier causae her interpretiert, das sie teleologisch auf die causa finalis orientiert, so erkennt man in dieser Bestimmung Gottes die klassisch scholastische: Gott als principium und finis, Ursprung und Ziel aller Wirklichkeit. Nun führt die gleichzeitige Orientierung am Entsprechungsverhältnis dazu, den Menschen in analoger Weise im Rahmen des Kausalitätsverhältnisses zu definieren. Damit erfolgt eine Bestimmung des Menschen in gloria. Zwar ist der Mensch nur unvollkommene causa: er ist nicht causa sui, sondern als Geschöpf Gottes ist er gewirkt. Doch er ist, auf seine Natur gesehen, analog zu Gott, wenn auch in den Grenzen des bloß kreatürlichen Seins, causa seiner Werke. Dieses analogische causa-Schema läßt es zur entscheidenden theologischen Frage werden, wie denn der Mensch gnadenhaft so ausgestattet werden kann, daß er seinem übernatürlichen Ziel angemes-

---

[127] Die responsio lautet schließlich (crp.): Unde, secundum hoc, dicendum est quod, quantum ad rem significatam per nomen, per prius dicuntur de Deo quam de creaturis: quia a Deo huiusmodi perfectiones in creaturas manant. Sed quantum ad impositionem nominis, per prius a nobis imponuntur creaturis, quas prius cognoscimus.

[128] So etwa S.th. I q.4 a.3 crp.: Si igitur sit aliquod agens, quod non in genere contineatur, effectus eius adhuc magis accedent remote ad similitudinem formae agentis: non tamen ita quod participent similitudinem formae agentis secundum eandem rationem speciei aut generis, sed secundum aliqualem analogiam, sicut ipsum esse commune omnibus. Et hoc modo illa quae sunt a Deo, assimilantur ei inquantum sunt entia, ut primo et universali principio totius esse.

sene, gute Werke vollbringen kann. Die theologische Bewältigung dieses Problems wurde mit dem Versuch in Angriff genommen, die aristotelische Auffassung des habitus für das Verständnis der Gnade fruchtbar zu machen.

Damit haben wir jetzt nur das scholastische Grundschema skizziert, ohne alle Differenzierungen und Präzisierungen zu berücksichtigen. Doch schon diese grobe Beschreibung zeigt klar, wie diese Problematik der scholastischen Theologie Ansatz zur theologia gloriae werden kann. Die Verherrlichung liegt in der theologischen Logik der Analogie verborgen, die zur Entsprechung von Gott und Geschöpf führt und so Gott und Mensch vom selben Standpunkt der natürlichen Kausalität her erfaßt, der so zum Maßstab des Gnadenverständnisses wird. Dadurch verknüpft sich die Erkenntnis Gottes per ea, quae facta sunt, mit einer ganz bestimmten ethischen Auffassung des Menschen und seines Handelns. Diese Verknüpfung bildet in der Heidelberger Disputation den Brennpunkt von Luthers Kritik der theologia gloriae[129]. Dem müssen wir jetzt noch unsere Aufmerksamkeit schenken.

2.342. Facere quod in se est

Es ist für den Gegensatz von theologia crucis und theologia gloriae in der Heidelberger Disputation bezeichnend, daß diese mit dem Gegensatz von opera hominum und opera Dei beginnt[130]. Während die Werke der Menschen als schöne und gute Werke erscheinen, und doch aller Wahrscheinlichkeit nach Todsünden sind, scheinen hingegen die Werke Gottes – und damit meint Luther, wie er bei Th 6 in Klammern beifügt, die vom Menschen vollbrachten gottgefälligen Werke oder, wie es dann in Th 7 heißt, die Werke der Gerechten – häßlich und schlecht zu sein, und sind doch unsterbliche Verdienste. Diese erste Gegenüberstellung muß Luther sofort präzisieren, denn sie könnte den Eindruck erwecken, als sei das Tödliche, das Sündige einerseits und das Unsterbliche, das Verdienstliche anderseits in den Werken selbst, sozusagen in der Materie der Werke gegeben. Das wäre eine allzu »natürliche«, scholastische Gegenüberstel-

---

[129] Diese Verknüpfung betont auch schon *P. Althaus,* Die Bedeutung des Kreuzes im Denken Luthers, Vierteljahrsschrift der Luthergesellschaft, 1926, 97–107. So auch *von Loewenich* aaO (s. o. Anm. 4) 20 f: »Für Luther rücken die moralischen Werke und die Werke der Schöpfung, sofern sie als Weg zu Gott in Frage kommen, auf eine Linie. Luther hat nicht nur den Weg der ›Werke‹, sondern auch den Weg der Erkenntnis abgelehnt. Durch seinen Kampf gegen die theologia gloriae hat er die gemeinsame Wurzel von Moralismus und Rationalismus bloßgelegt . . . Religiöse Spekulation und Werkheiligkeit sind nur zwei Auswirkungen desselben Verlangens im Menschen, des Verlangens nach ungebrochenem direktem Verkehr mit Gott.« Von Loewenichs Interpretation scheint hier besonders – wie auch sonst an vielen Stellen seiner Schrift – durch die Fragestellungen der frühen dialektischen Theologie beeinflußt zu sein.

[130] Vgl. zu dieser Thematik Th 2–12.

lung, die die Werke zum entscheidenden Kriterium erheben würde, was Luther ja gerade vermeiden will. Deshalb betont er zuerst einmal, daß mit der Behauptung, die Werke der Menchen seien tödlich, nicht einfach die Verbrechen gemeint seien. Ähnlich korrigiert er die Auffassung der Verdienste der Gerechten: sie seien nicht Verdienste derart, daß sie nicht auch zugleich Sünden wären.

Diese erste Korrektur entfaltet nun Luther in den Th 7–12, indem er die Dimension des timor Dei einführt. Dieser timor Dei ist das entscheidende Kriterium zwischen Todsünde und unsterblichem Verdienst. Mit dieser Dimension ist, wie wir später noch sehen werden, das scholastische Verständnis der peccata actualia bereits aus den Fugen geraten. Die opera mala sind nicht mehr die Verwirklichung in actu des sündigen habitus. Mit dem Thema des timor Dei wird alles geradezu umgekehrt: die Werke der Menschen werden erst zu tödlichen Sünden dadurch, daß sie ohne timor Dei, in mere et mala securitate vollbracht werden. Nicht die Werke sind die konkrete, wirkliche Sünde, sondern die securitas, das Fehlen des timor. Dadurch verschwindet die »materiale« Unterscheidung der Werke der Sünder und der Gerechten: auch die Werke der Gerechten wären tödlich, wenn die Gerechten nicht im timor Dei fürchten würden, ihre Werke seien tödlich. Die Gerechtigkeit entscheidet sich also am timor, und deshalb kann Luther die scholastische Unterscheidung von peccata venalia und peccata mortalia auf den Kopf stellen: die Sünden der Menschen seien vor Gott erst dann erläßlich, wenn die Menschen wirklich befürchten, in der Furcht leben, sie seien Todsünden. Was eine auf das Materiale ausgerichtete Unterscheidung der verschiedenen Arten von Sünden war, wird hier zum Ausdruck von Buße und Vergebung, die den existentiellen Umgang mit der Sünde betreffen. Erst dieser timor, die Furcht vor dem Gericht der Verdammung, vermag es, die praesumptio von der vera spes zu unterscheiden.

Von hier aus wird es nun viel klarer, worin Luther einen Ansatz zur theologia gloriae sieht. Die Erkenntnis Gottes mittels der Kreaturen, weil sie den Menschen in seiner zwar unvollkommenen, aber doch grundlegenden Entsprechung zu Gott auffaßt, führt im Endeffekt zu einer Verherrlichung des Menschen. Indem die cognitio hominis, die mit dieser cognitio Dei per ea, quae facta sunt, verknüpft ist, den Menschen fundamental als Ursache seiner Werke denkt, liefert sie ihn einem trügerischen Vertrauen aus, nämlich dem Vertrauen auf seine Werke. Doch dieses Vertrauen heißt, wie das Luther in der probatio zur 7. These verdeutlicht, »sich selbst den Ruhm geben und ihn Gott wegnehmen«[131].

Ähnlich formuliert er auch in der probatio zur 9. These, die gloria, die

---

[131] 358,4–7: Quia confidere in opus, de quo debuit timere, est sibi gloriam dare et Deo auferre, cui timor debetur in omni opere. Haec autem tota est perversitas, scilicet sibi placere fruique seipso in operibus suis seque idolum adorare.

der Mensch Gott schuldig sei, übertrage er in der securitas der Werke auf sich selbst[132]. Die Erkenntnis Gottes aus seinen Werken ist letztlich eine Erkenntnis *des Menschen* aus seinen Werken: in dieser Verknüpfung des Theologischen und des Moralischen liegt für Luther das Grundproblem der scholastischen Theologie, das die ganze Thesenreihe der Heidelberger Disputation durchzieht. Die theologia gloriae erweist sich letzten Endes als eine theologia gloriae hominis, während gerade die theologia crucis Gott allein allen (geschuldeten) Ruhm zukommen läßt. In diesem Sinne betont gerade die theologia crucis das »soli Deo gloria«, das die theologia gloriae eben als theologia gloriae nicht respektieren kann.

Auch in Th 22, nachdem er gleich zweimal in Th 19–21 den Theologen des Kreuzes und den Theologen der Herrlichkeit einander gegenübergestellt hat, fällt Luther das eindeutige Urteil, diese Weisheit der Herrlichkeit blähe auf, mache blind und verstocke[133]. Wie ist das zu verstehen? Darüber gibt die probatio Auskunft.

Die cupiditas des Menschen, so kommentiert Luther, ist nicht dadurch gesättigt, daß das Ersehnte erreicht wird. Vielmehr wird sie dadurch gerade gesteigert, denn je mehr sie hat, je mehr sie will. Das gilt auch von der cupiditas gloriae[134], die in der theologia gloriae zum Ausdruck kommt. So verstrickt sich der Mensch in einen Selbstwiderspruch hinein, aus dem er sich nicht mehr befreien kann, der ihn vielmehr zu immer tieferer Verstockung führt.

Gerade deshalb wird der Kampf dem scholastischen facere quod in se est in aller Schärfe angesagt. Mit dieser Formel ist der eigentliche Gegner der lutherischen theologia crucis am klarsten charakterisiert. Wenn der Mensch das tun soll, was in ihm ist, führt das höchstens zu einer Steigerung, zu einer Verdoppelung seines Selbstwiderspruches. Wie Luther sagt: peccatum addit peccato[135]. Mit diesem Gedanken des facere quod in se est, wie er hier gebraucht wird, ist zunächst einmal die spätscholastische, nominalistische Theologie im Blick. Für die hochscholastische Theologie wäre es in der Tat kaum denkbar, mit solcher Klarheit im facere quod in se est ein ad gratiam velle pervenire zu erblicken. Das gilt zwar auch für die Spätscholastik, denn auch da wird der Gedanke der praeparatio ad gratiam mit einer äußerst differenzierenden Gnadenlehre verknüpft, die sorgfältig verschie-

---

[132] 358,36–38: Quia sic homines fiunt securi ac per hoc superbi, quod est pericolosum. Quia sic Deo assidue aufertur et differtur sibi debita gloria, cum omni studio sit eo festinandum, ut quantocius ei sua reddatur gloria.

[133] 354,23 f: 22. Sapientia illa, quae invisibilia Dei ex operibus intellecta conspicit, omnino inflat, excaecat et indurat.

[134] 363,6–8: Sic cupiditas gloriae non saturatur acquisita gloria, Nec cupido dominandi saturatur potestate et imperio, Nec cupido laudis saturatur laude etc. ut Iohan. 4 [Joh 4,13] Christus significat dicens: Qui bibit ex aqua hac, sitiet iterum.

[135] 354,11 f: 16. Homo putans, se ad gratiam velle pervenire faciendo quod est in se, peccatum addit peccato, ut duplo reus fiat.

dene gratiae unterscheidet. Dennoch wird man die Tendenz zur Betonung der Relevanz der menschlichen praeparatio in Hinsicht auf das Erlangen der Gnade als eine eher spätscholastische Eigenart deuten müssen.

Über diese innerscholastischen Unterschiede hinaus muß man aber betonen, daß mit dem facere quod in se est eben doch auch ein Gemeinzug des scholastischen Denkens getroffen ist. Das soll jetzt nicht etwa dazu verleiten, alle Unterschiede zu bagatellisieren. Obwohl ein ad gratiam velle pervenire wohl kaum in diesem Sinne in Frage kommen könnte, wird man dennoch etwa bei Thomas insofern von einem facere quod in se est sprechen können, als der eingegossene habitus dem Menschen eingegeben ist und es nun bei ihm liegt, ob er die Gnade in actu verwirklicht und so wirklich im Gnadenstand lebt. Gerade deshalb könnte man ja auch gewissermaßen von einem ad gratiam pervenire sprechen, jedoch so, daß es radikal unter dem Zeichen der infusio gratiae zu stehen kommen würde. Durch die Interpretation im Kontext der habitus-Lehre wird das sola gratia gefährdet.

Daß es hier um Gemeinscholastisches geht, zeigt sich schon daran, daß die Kritik des facere quod in se est eng mit einer Kritik des liberum arbitrium verbunden wird[136]. Denn damit wird das Entsprechungsmodell an der Wurzel angegriffen: das Kausalschema, das die Natur des Menschen in Analogie zum Schöpfersein Gottes versteht, beruht auf der Annahme, daß der Mensch als Handelnder sich selbst auf sein Ziel hin verwirklicht und daß er deshalb mit einem freien Willen ausgestattet ist, der ihm ein solches Handeln erlaubt. Sosehr die scholastische Theologie auch immer betont hat, daß dieser freie Wille durch den Fall beeinträchtigt, geschwächt wurde, hat sie doch nie in Frage gestellt, daß dem infralapsarischen Menschen etwas von dieser natürlichen Willenskraft erhalten geblieben ist. Auch in dieser Frage unterscheiden sich die verschiedenen scholastischen Tendenzen in vielfältigen Nuancen. Aber die Grundstruktur bleibt doch die, daß die christliche Freiheit auf dem natürlich gegebenen liberum arbitrium des Menschen gründet.

Dieses Problem der Willensfreiheit bildet ein Grundproblem in Luthers Auseinandersetzung mit der Scholastik, auf das er stets zurückkommen wird. Das zeigt sich nicht nur an seinen zwei für dieses Thema grundlegenden Schriften, *De libertate christiana* (1520) und *De servo arbitrio* (1525), sondern auch an der Weise, wie er auf die Verurteilung dieser 13. These der Heidelberger Disputation in der päpstlichen Bannandrohungsbulle reagierte. Dieser Artikel sei in der Tat zu revozieren, so antwortet Luther, denn er habe ihn allzu sehr in Hinsicht auf die noch ausstehende Gnade eingeschränkt. Sie sei viel radikaler und absoluter zu setzen, ohne Ein-

---

[136] Vgl. dazu die berühmte 13. These: 354,5 f: 13. Liberum arbitrium post peccatum res est de solo titulo, et dum facit quod in se est, peccat mortaliter. Hier ist die Beziehung sogar so eng, daß das facere quod in se est direkt vom liberum arbitrium ausgesagt wird.

schränkungen, denn alles entspringe absoluter Notwendigkeit, wie er mit einem Verweis auf Wiclif betont[137].

So bilden die Th 13–16 in ihrem Angriff auf das facere quod in se est des liberum arbitrium eine wichtige Vorstufe für die Entfaltung des Gegensatzes von theologia crucis und theologia gloriae. Wir werden später noch einmal spezieller auf die Problematik der Freiheit zurückkommen müssen[138].

2.343. Theologus crucis

Wir wollen jetzt versuchen, im Kontrast zum Vorangegangenen einige Aspekte des theologus crucis, wie er hier präsentiert wird, kurz zu skizzieren. Der Gegensatz ist schon rein formal durch die sprachliche Gestalt der Th 19–21 klar hervorgehoben[139]. Ging es dem theologus gloriae um die invisibilia Dei per ea, quae facta sunt, intellecta, so steht nun im Gegensatz dazu, daß es dem Kreuzestheologen um die visibilia et posteriora Dei gehe, und zwar als per passiones et crucem conspecta[140].

Der Begriff visibilia, den Luther hier bewußt im Gegensatz zu den invisibilia Dei der theologia gloriae aufnimmt, enthält eine polemische Pointe gegen das Suchen des Unsichtbaren, das verschiedentlich auch als

---

[137] Diese Radikalisierung in der Bekämpfung des liberum arbitrium vollzieht Luther in der Assertio omnium articulorum M. Lutheri per bullam Leonis X. novissimam damnatorum (1520), im 36. articulus (WA 7; 142,22–149,7). 146,3–8: Habes, miserande Papa, quid hic ogganias? Unde et hunc articulum necesse est revocare. Male enim dixi, quod liberum arbitrium ante gratiam sit res de solo titulo, sed simpliciter debui dicere ›liberum arbitrium est figmentum in rebus seu titulus sine re‹. Quia nulli est in manu sua quippiam cogitare mali aut boni, sed omnia (ut Viglephi articulus Constantiae damnatus recte docet) de necessitate absoluta eveniunt. Diese Formulierung mag insofern erstaunen, als das ante gratiam, um das es hier geht, sich gar nicht in Th 13 der Heid. Disp. befindet. Dort steht die Einschränkung post peccatum, auf die die betreffende Radikalisierung wohl nicht direkt anwendbar ist. Zwar ist auch schon dieser Aspekt des post peccatum in der Heid. Disp. nicht streng durchgehalten, denn, wie das Luther in Th 14 f mit einer schwierigen und nur ungenügend explizierten Unterscheidung andeutet, sei auch im status innocentiae das liberum arbitrium wie nach dem Fall in Hinsicht auf das Gute, das in statu innocentiae stare, nur potentia subiectiva und nicht potentia activa. In seiner späteren Radikalisierung bezieht sich Luther wahrscheinlich eher auf seine probatio zu Th 13, in der er sich noch zur Bemerkung verpflichtet fühlt, der freie Wille sei nicht etwa nichts, und Augustin dafür zitiert, daß der freie Wille *ohne Gnade* nur zum Sündigen gut sei. 359,35–360,1: . . . non quod sit nihil, sed quod non sit liberum, nisi ad malum . . . Inde B. Augustinus libro de spiritu et litera dicit: Liberum arbitrium sine gratia non nisi ad peccandum valet, . . . Doch auch hier, wie das etwa das Weitere der probatio zeigt, wo schon vom servum arbitrium gesprochen wird, drängt das Ganze – zwar noch nicht mit der späteren Klarheit – auf die radikale Ablehnung des liberum arbitrium in theologischer Perspektive.

[138] S. u. 2.44.

[139] Vgl. etwa die zwei Formulierungen intellecta conspicit (Th 19) und conspecta intelligit (Th 20).

[140] 354,19 f: 20. Sed qui visibilia et posteriora Dei per passiones et crucem conspecta intelligit.

sapientia, sapientia sapientium bezeichnet wird[141]. Die theologia crucis richtet sich auf Sichtbares aus, nicht auf Unsichtbares. Diese Betonung der visibilia trifft den Kern der theologia crucis, obschon sie, wie wir noch sehen werden, differenziert werden muß. Das Sichtbare der theologia crucis ist nur als das zugleich Verborgene zu erfassen. Darin liegt eine Umkehrung der theologischen Perspektive, die auch im Begriff der posteriora Dei zum Ausdruck kommt.

Man könnte zwar posteriora auch als »das Niedrige, das Untere« deuten. Doch spielt hier Luther möglicherweise auf Ex 33,18 ff an, einen für den Gegensatz von theologia crucis und theologia gloriae interessanten Text. Moses Bitte an Jahwe, ihm seine Herrlichkeit[142], oder wie es weiter im Text heißt, sein Angesicht zu zeigen, wird ihm verweigert: Mose kann das Angesicht Jahwes nicht sehen, er kann Jahwe nur nachschauen, wenn dieser schon vorbei ist[143]. So radikal ist die Umkehrung, die sich in der theologia crucis vollzieht, und dies ist, wie es in der probatio zu Th 22 heißt, das einzige Mittel gegen den Teufelskreis der cupiditas. Man kann sie nur heilen, wenn man sie nicht befriedigt, sondern zerstört, zum Verschwinden bringt: deshalb muß man den Weisheit Suchenden zum Toren werden lassen. Was die cupiditas sucht, muß vermieden werden. »Das ist die Weisheit, die der Welt eine Torheit ist.«[144]

Wir merken hier schon, wie stark die theologia crucis vom Gedanken des Widerspruchs geprägt ist, während die theologia gloriae immer wieder das Moment der Entsprechung hervorhebt. Es ist zwar kein reiner, absoluter Widerspruch. Es bleibt eine Weisheit, sogar die einzige Weisheit, die aber der Welt eine Torheit ist. Während die Entsprechung in der theologia gloriae eine unmittelbare, natürlich gegebene ist, ist sie in der theologia crucis eine wundersame, die nur im Widerspruch geschehen kann.

Auch für die Entfaltung der theologia crucis benutzt Luther wieder in erstaunlichem Maß biblisches Textmaterial, vor allem 1. Kor 1. Im Argumentationsgang der probatio zu Th 20 spielt 1. Kor 1,21 eine zentrale Rolle. Weil die Welt Gott nicht per sapientiam erkannte, gefiel es Gott, die Glaubenden per stulticiam praedicationis zu erretten. Das heißt, daß die neue Erkenntnis Gottes in den Leiden und im Kreuz daraus hervorgeht,

---

[141] 354,23; 362,13 (WA hat: sapientum). Vgl. auch 362,7 f, wo sich zwei Arten von sapientia gegenüberstehen: . . . et reprobare illam sapientiam invisibilium per sapientiam visibilium . . .

[142] Ex 33,18 (Vulg.): ostende mihi gloriam tuam.

[143] Ex 33,22 f (Vulg.): cumque transibit gloria mea ponam te in foramine petrae et protegam dextera mea donec transeam tollamque manum meam et videbis posteriora mea faciem autem meam videre non poteris.

[144] 363,9–14: Restat ergo remedium, ut non explendo curetur, sed extinguendo, id est, ut qui vult fieri sapiens non querat sapientiam procedendo, sed fiat stultus querendo stulticiam retrocedendo. Sic qui vult fieri potens, gloriosus, voluptuosus, satur omnium rerum, fugiat potius quam querat potentiam, gloriam, voluptatem omniumque rerum saturitatem. Haec sapientia illa est, quae mundo est stulticia.

daß die Erkenntnis Gottes per ea, quae facta sunt, an den Menschen gescheitert ist. Dieses Scheitern expliziert Luther als den Mißbrauch der Erkenntnis Gottes aus seinen Werken[145]: die Menschen hätten den in seinen Werken offenbaren Gott nicht verehrt, sagt er in einer Wendung, die an Rm 1,18 ff erinnert. Über diesen Mißbrauch geht die theologia gloriae hinweg; die theologia crucis hingegen setzt neu ein, und zwar »so, daß die, die den in seinen Werken offenbaren Gott nicht verehrt haben, nun den in seinen Leiden verborgenen Gott verehrten . . .«[146].

Wie wir bereits angedeutet haben, wird hier zunächst noch einmal klar, wie eng der Gesichtspunkt der visibilia mit dem des Deus absconditus verknüpft wird. Der in seinen Leiden und in seinem Kreuz »sichtbare«, zu erkennende Gott ist der darin verborgene, während der Gott, der aus seinen Werken erkannt wird, gerade der Deus manifestus ex operibus ist. Wirklich sichtbar ist Gott erst dann, wenn er absconditus ist. Diese enge Verbindung von Gottes Offenbarsein und seinem Verborgensein geschieht in der Demut und Schmach des Kreuzes. Gott ist am Kreuz nur als Verborgener offenbar, und erst dann ist er auch wirklich offenbar. Dies ist der einzige Weg, um der Weisheit der Herrlichkeit zu entgehen, die den unsichtbaren Gott erkennen will, weil er ein Gott in Herrlichkeit und Majestät, und deshalb im Grunde genommen auch ein den Menschen offenbarer, manifester Gott ist. Der sichtbare, verborgene Gott des Kreuzes stürzt diese Weisheit in die Verderbnis[147].

Die theologia crucis ist deshalb notwendig durch eine paradoxale Aussagestruktur gekennzeichnet. In ihr wird gelehrt, man werde weise, indem man die Torheit suche, man erlange Macht, indem man vor ihr fliehe, man habe alles im Überfluß, indem man auf allen Überfluß verzichte. In ihr ertönt die stulticia praedicationis: zwar eine Weisheit, aber eine Weisheit, die der Welt eine Torheit ist[148]. Luther kann diese Struktur nicht genug betonen. Doch geschieht das nicht aus bloßer Freude am Paradoxen. Die theologia crucis erschöpft sich nicht in einem Spiel mit berauschenden Paradoxien. Das zeigt sich schon daran, daß der theologus crucis gegen den theologus gloriae den Anspruch erhebt, nicht alles zu verkehren und der Wirklichkeit gerecht zu werden. Der Widerspruch des Paradoxalen prägt so stark die theologia crucis, weil der Mensch, auf den sie stößt, im Widerspruch mit sich selbst ist. Es wird deshalb zur Hauptaufgabe des Kreuzestheologen, zu zeigen, wie das grundlegend Paradoxe seiner Theo-

---

[145] 362,5–7: Quia enim homines cognitione Dei ex operibus abusi sunt, voluit rursus Deus ex passionibus cognosci . . .

[146] 362,8 f: . . . ut sic, qui Deum non coluerunt manifestum ex operibus, colerent absconditum in passionibus, . . .

[147] 362,13 f: Sic perdit sapientiam sapientium etc. sicut Isaias dicit: Vere absconditus tu es Deus.

[148] S. o. Anm. 144.

logie, gerade weil es paradox ist, der menschlichen Wirklichkeit gerecht wird. Diese Aufgabe formuliert in aller Deutlichkeit die Th 21[149].

Mit einer Anspielung auf den Weheruf in Jes 5,20[150] spricht Luther die Verkehrung aus, die durch die theologia gloriae vollzogen wurde und gegen die nun die theologia crucis ankämpfen muß, um die Wirklichkeit wieder in Wahrheit zur Sprache zu bringen. Der Gegensatz von bonum und malum ist ursprünglich der Gegensatz von crux und opus. Daran entscheidet sich alles, und deshalb lassen sich hier zwei einander radikal entgegengesetzte Einstellungen unterscheiden, die Luther in Anlehnung an Phil 3,18[151] die Einstellung der inimici crucis Christi einerseits und der amici crucis anderseits nennt. Die Freunde des Kreuzes nennen das Gute gut und das Böse böse; sie sagen, daß das Kreuz gut und das Werk böse sei. Die Begründung dieses Urteils der Freunde des Kreuzes ist wichtig und muß genauer betrachtet werden[152]. Die Werke sind nicht an sich böse, sie sind nicht als schlechte Werke böse, denn, wie der Text zeigt, geht es auch – und vornehmlich – um die bona opera. Böse sind sie in dem, was sie beim Menschen anrichten: sie richten den Adam auf, so daß er von seinen Werken aufgebläht wird. Das Kreuz ist gut, weil durch es, durch die Leiden und die Übel, dieser Adam gekreuzigt, vernichtet und zerstört wird, damit er erkennt, daß er selbst nichts ist und seine Werke Gottes Werke sind. Die Leiden und das Kreuz schaffen eine neue Einstellung zu den Werken, und erst diese Einstellung macht aus diesen etwas Gutes. Sind hingegen die Werke allein, so verleiten sie den Menschen zu einer verkehrten Einstellung, zum Vertrauen auf die Werke. Erst in der Erfahrung der Leiden und des Kreuzes, in dem Gekreuzigtwerden vollzieht sich diese Erneuerung.

Der Standpunkt des theologus gloriae ist der der inimici crucis[153]. Diese kehren die Werte um, denn sie hassen Kreuz und Leiden und lieben die Werke und ihre Herrlichkeit. Deshalb nennen sie das Gute böse und das Böse gut: sie lieben die Herrlichkeit der Werke. Die gloria der theologia gloriae ist immer schon die gloria der Werke, das glorificari per opera. Insofern ist sie als solche Ausdruck der fundamentalen Verkehrung der

---

[149] 354,21 f: 21. Theologus gloriae dicit malum bonum et bonum malum, Theologus crucis dicit id quod res est.

[150] Jes 5,20 (Vulg.): vae qui dicitis malum bonum et bonum malum ponentes tenebras lucem et lucem tenebras ponentes amarum in dulce et dulce in amarum.

[151] . . . *tous echthrous tou staurou tou Christou* . . .

[152] 362,29–33: Ideo amici crucis dicunt crucem esse bonam et opera mala, quia per crucem destruuntur opera et crucifigitur Adam, qui per opera potius aedificatur. Impossibile est enim, ut non infletur operibus suis bonis, qui non prius exinanitus et destructus est passionibus et malis, donec sciat seipsum esse nihil et opera non sua sed Dei esse.

[153] 362,24–28: Ideo (sc. theologus gloriae) praefert opera passionibus et gloriam cruci, potentiam infirmitati, sapientiam stultitiae, et universaliter bonum malo. Tales sunt quos Apostolus vocat Inimicos crucis Christi. Utique quia odiunt crucem et passiones, Amant vero opera et gloriam illorum, Ac sic bonum crucis dicunt malum et malum operis dicunt bonum.

inimicitia crucis: in ihr werden die Werke den Leiden, die Herrlichkeit dem Kreuz, die Weisheit der Torheit, allgemein: das Gute dem Bösen[154] vorgezogen.

Nach diesem kurzen Gang durch die Hauptaspekte der theologia gloriae und der theologia crucis müssen wir noch einmal auf den zweiten Teil der 21. These zurückkommen: Theologus crucis dicit id quod res est. Welche res ist damit gemeint? Oder anders gefragt: woraufhin kann der theologus crucis beanspruchen, der Sache näher zu sein, der Wirklichkeit gerechter zu werden? In der Beantwortung dieser Fragen konzentrieren sich alle Perspektiven zu einem einzigen Kristallisationspunkt.

Das Grundproblem, auf das es im Gegensatz von theologia gloriae und theologia crucis letztlich ankommt, ist die Sünde. Das ist im Grunde genommen die Sache, die die theologia crucis in aller Deutlichkeit aussagt. Die Sünde ist es, die die Erkenntnis Gottes ex creaturis mißbraucht, sie scheitern läßt; sie ist es, die aus der theologia gloriae ein Suchen nach der gloria der Werke macht; sie ist es, die den timor zerstört und die mera et mala securitas stiftet. Die theologia crucis weiß um diese res, und sie versucht deshalb alles umzukehren, gewissermaßen von hinten, von den posteriora Dei her an die Sache heranzugehen.

Kann man nun sagen, die theologia gloriae wisse nicht um diese res? Zwar hat sie nicht wenig mit der Sünde zu tun, denn das dicere malum bonum et bonum malum könnte gerade als sündiges Verkehren der Wirklichkeit betrachtet werden, und in diesem Sinne ist das Suchen nach gloria eben Sünde. Weil sie auf diese Weise mit der Sünde verstrickt ist, vermag es die theologia gloriae nicht, sie in aller notwendigen Schärfe zu erfassen. Sie denkt, die natürliche Ausstattung des Menschen – so etwa: das liberum arbitrium – sei mehr oder weniger unversehrt geblieben. Sie erfaßt deshalb den Menschen als principium und finis seiner opera, relativiert den unendlichen Unterschied der Sünde im Entsprechungsverhältnis zwischen Mensch und Gott. Doch, weil sie die Sünde nicht scharf erfaßt, fügt sie die Sünde der Sünde hinzu, verdoppelt gewissermaßen die Sünde, denn dadurch, daß die Sünde im Dunkeln bleibt, wird sie nur stärker. So verfällt die theologia gloriae schließlich der unheilvollen Verkehrung der Sünde, anstatt sie zu bekämpfen. In diesem Sinn weiß der Theologe der Herrlichkeit nicht um die Sünde, und deshalb gilt das Urteil: Non ille digne Theologus dicitur . . .[155]. Im Kontrast dazu ließe sich sagen, die theologia

---

[154] Man würde hier eigentlich eher das Gegenteil erwarten – in Luthers Beurteilung –: das Böse dem Guten vorgezogen. Doch für den theologus gloriae sind gerade die Werke, die Herrlichkeit, die Weisheit das Gute. Der Mensch wertet eben naturaliter wie der theologus gloriae. Im radikalen Kampf mit dieser uns natürlichen Einschätzung wird die theologia crucis zur paradoxen Torheit und muß es bleiben. In ihr müssen wir von Grund auf diese natürliche Einschätzung verlassen lernen, das heißt: eigentlich das Gute böse und das Böse gut nennen. Luthers Formulierung ist folgerichtig, denn sie verharrt in der Spannung: der natürliche Mensch kann nicht anders denn als der theologus gloriae denken.

[155] 354,17.

crucis konzentriere sich ganz auf die Sündenerkenntnis. Es lohnt sich, diese These etwas zu erläutern. Das läßt sich am besten anhand von Th 17–18 und deren probationes machen.

2.344. Peccatum und desperatio

Gott kann nur in den Leiden und im Kreuz gefunden werden. Im gekreuzigten Christus ist die wahre Theologie und Gotteserkenntnis[156]. Das wird in den probationes zu Th 20–21 immer wieder betont und erläutert. Doch dieser cognitio Dei entspricht eine cognitio hominis, die ebenfalls im gekreuzigten Christus ihren Ursprung hat. Das wird auch am Ende der probatio zu Th 21 verdeutlicht: der Mensch wird »durch die Leiden und die Übel vernichtet und zerstört, damit er weiß, daß er selbst nichts ist und seine Werke nicht seine, sondern Gottes Werke sind«[157]. Entfaltet man jene Erkenntnis Gottes und diese Erkenntnis des Menschen im Zusammenhang, wie das der inneren Sachlogik der Theologie entspricht, so konzentriert sich das Ganze auf die Erkenntnis von Sünde und Gnade. Diese Thematik reflektieren die Thesen 17 und 18 und deren probationes mit dem Gedanken der desperatio.

Die Kritik des facere quod in se est, wie sie in den vorangegangenen Thesen formuliert wird, veranlaßt nicht zur Verzweiflung. Wenn verkündigt wird, wir seien Sünder, wird nicht die Verzweiflung, sondern die Hoffnung verkündigt, denn die Erkenntnis der Sünde im Glauben an diese Verkündigung ist die Vorbereitung auf die Gnade[158]. Deshalb kann Luther gleich anschließend sagen: Tunc enim surgit desiderium gratiae, quando orta est peccati cognitio[159]. In dieser Erkenntnis, in der der Wunsch nach der Gnade entsteht, sind das Gesetz und die Gnade zugleich am Werk. Nur so ist sie keine zur Verzweiflung führende Erkenntnis, weil sie ganz auf die gnädige Heilung ausgerichtet ist. In dieser Zusammenwirkung von Gesetz und Gnade sieht Luther die Zusammenwirkung von opus alienum und opus proprium, wie wir sie schon in der Hebräerbriefvorlesung kennengelernt haben[160]. Das Ziel ist dabei, »den Sünder zu machen, um ihn gerecht zu machen«.

---

[156] 362,28 f: At Deum non inveniri nisi in passionibus et cruce, iam dictum est. 362,18 f: Ergo in Christo crucifixo est vera Theologia et cognitio Dei.

[157] S. o. Anm. 152.

[158] 361,12–15: Patet quod non desperatio, sed spes potius praedicatur, quando nos esse peccatores praedicatur. Illa enim praedicatio peccati est praeparatio ad gratiam seu potius agnitio peccati et fides talis praedicationis.

[159] 361,15 f. Vgl. auch 361,19–21: Ita dicere quod nihil sumus et semper peccamus, quando facimus quod in nobis est, non est desperatos (nisi sint stulti) sed sollicitos ad gratiam Domini nostri Ihesu Christi facere.

[160] 361,2–5: Per Legem enim cognitio peccati, per cognitionem autem peccati humilitas, per humilitatem gratia acquiritur. Sic opus alienum Dei inducit tandem opus eius proprium, dum facit peccatorem, ut iustum faciat.

Diese Bewegung der Sündenerkenntnis drückt Th 18 dann doch wieder mit der Idee des desperare aus. Nun ist es aber ein radikales »de se desperare«. Der Mensch muß an sich selbst verzweifeln, damit er fähig wird, die Gnade aufzunehmen. Wer in der Illusion des facere quod in se est lebt, ist noch nicht ganz an sich selbst verzweifelt, er versucht noch, mit seinen eigenen Kräften zur Gnade zu gelangen. Doch gerade diese praesumptio ist unheilvoll, denn sie will nicht auf Christus allein vertrauen[161].

Mit dieser Thematik der desperatio merken wir noch einmal, wie sehr die theologia crucis auf die cognitio peccati ausgerichtet ist. Zwar kann sie Luther auch mit mystisch geprägten Redewendungen beschreiben: so etwa wenn er sagt, der Mensch müsse durch die Leiden und das Kreuz vernichtet und zerstört werden[162]. Doch zeigt sich gerade an dieser Ausrichtung auf die cognitio peccati ein Unterschied zum mystischen Verständnis der Leiden. Es geht hier nicht um reine Leidensmystik: der redactus ad nihilum findet hier nicht Seelenruhe, Gelassenheit. Die Leiden des Kreuzes führen nicht zu einer Absonderung mit ekstatischer oder asketischer Prägung. Die destructio ist hier Sündenerkenntnis und Buße als einzige praeparatio ad gratiam. Daß damit etwas anderes als mystische pax gemeint ist, zeigt sich an der Konzentration der theologia crucis auf die Unterscheidung von usus und abusus.

2.345. Usus und abusus

Die theologia crucis intendiert nicht etwas materialiter Neues, eine neue Weisheit, neue opera, einen neuen Seelenzustand usw. Es geht ihr allein um den rechten Umgang des Menschen mit allem, was zu seiner Wirklichkeit gehört, um die Unterscheidung zwischen dem rechten usus und dem verwerflichen abusus[163]. Es gibt nichts, was an sich böse wäre; es wird erst böse durch den bösen Umgang des Menschen mit ihm. Das präzisieren Th 24 und deren probatio. Luther nimmt noch einmal die Themen der zwei vorangegangenen Thesen auf, die Weisheit der Herrlichkeit und das Gesetz, und bemerkt, daß weder das eine noch das andere an sich schlecht sei und vermieden werden müsse. Es sei vielmehr der Mensch, der »ohne

---

[161] In ähnlicher Weise drückt Luther diese radikale Verzweiflung in einem Brief an G. Spenlein (8. April 1516) aus, indem er von einer fiducialis desperatio spricht. WAB 1; 35,33–36: Igitur non nisi in illo, per fiducialem desperationem tui et operum tuorum, pacem invenies; disces insuper ex ipso, ut, sicut ipse suscepit te et peccata tua fecit sua, et suam iustitiam fecit tuam. Vgl. auch dazu unten 3.4134.

[162] 362,32: exinanitus et destructus; 363,28 f: destructus, ad nihilum redactus; 363,34: annihiletur. Das sind alles Termini, die Luther hier aus der Mystik für die theologia crucis in Anspruch nimmt.

[163] G. *Ebeling*, Luther, 262: »Theologie des Kreuzes zielt also in eminentem Sinne ins ›Praktische‹, auf den rechten Umgang mit der Wirklichkeit. Sie treibt in die Erfahrung, ist existentielle Theologie.«

theologia crucis das Beste aufs schlimmste mißbrauche«[164]. Dieser
schlimmste abusus wird in der probatio folgendermaßen bestimmt: der
Umgang dessen, der alles, Werke und Weisheit, sich selbst und nicht Gott
zuspricht und der solcherart Gottes Gaben mißbraucht und verunstaltet[165].
Dagegen gibt es nur ein Mittel: der Mensch muß durch Leiden und Kreuz
gehen, darin vernichtet werden, sterben und von neuem geboren werden,
wie das der Schluß der probatio mit Joh 3,7 expliziert. In dieser destructio
erkennt der Mensch, daß er nichts tut, daß Gott alles wirkt, und dieses
Erkennen schenkt ihm ein neues, freies Verhältnis zu seinen Werken,
weder gloriari noch confundi, einen Umgang, der sich an Leiden und
Zerstörung durch das Kreuz genug sein läßt[166].

Der Mißbrauch, um den es hier geht, ist die Sünde des Menschen. Gegen
diese vermag weder die theologia gloriae noch das Gesetz etwas. Nur die
theologia crucis vermag es, gegen die Sünde anzukämpfen, weil sie sie
radikal erfaßt hat. Doch das bedeutet, daß erst von der theologia crucis her
dem Gesetz sein wahrer Sinn zurückgegeben wird. Auch was an der
Erkenntnis Gottes in seiner Herrlichkeit trotz allem wahr ist, wird erst in
der Kreuzestheologie klar, weil diese erst den rechten Umgang mit jener
Erkenntnis bestimmt. Insofern könnte man, wie von einem usus legis, so
auch von einem usus sapientiae Dei in gloria sprechen. Erst die theologia
crucis erlaubt den angemessenen Umgang mit der gloria, und zwar gerade
weil sie nicht durch amor gloriae, sondern durch amor crucis geleitet wird.
Das führt uns zu einigen abschließenden Bemerkungen zur letzten theologischen These.

2.346. Amor crucis

Der Gegensatz von theologia gloriae und theologia crucis läßt sich zum
Schluß noch als Gegensatz von amor hominis und amor Dei (oder: amor
crucis) variieren[167]. Die Liebe des Menschen entzündet sich erst am Schät-
zenswerten, das geliebt wird. Das geliebte Objekt ist die causa der menschlichen Liebe, denn diese sucht das Ihre und ist eher auf ein Empfangen als
auf ein Geben bedacht. Das erfolge schon aus der passiven und materiellen
Bestimmung, die in der aristotelischen Philosophie den Seelenpotenzen

---

[164] 354,27 f: 24. Non tamen sapientia illa mala nec lex fugienda, Sed homo sine Theologia
crucis optimis pessime abutitur.

[165] 363,28–30: Sed sicut supra dictum est, qui nondum est destructus, ad nihilum redactus
per crucem et passionem, sibi tribuit opera et sapientiam, non autem Deo, et sic abutitur donis
Dei eaque polluit.

[166] 363,31–34: Qui vero est per passiones exinanitus, iam non operatur, sed Deum in se
operari et omnia agere novit. Ideo sive operetur sive non, idem sibi est, nec gloriatur si
operetur, nec confunditur si non operetur Deus in eo: sibi scit satis esse, si patitur et destruitur
per crucem, ut magis annihiletur.

[167] 354,35 f: 28. Amor Dei non invenit sed creat suum diligibile, Amor hominis fit a suo
diligibili.

zukomme. Dadurch erweise sich, daß diese Philosophie in einem klaren Widerspruch zur Theologie stehe. Mit diesem knappen Hinweis begnügt sich Luther für die Kommentierung des zweiten Teils der These. Schon in den Resolutiones zu den Ablaßthesen hatte Luther in ähnlicher Kürze auf das hingewiesen, was der Theologe der Herrlichkeit bei Aristoteles gelernt habe: dort bezog er sich auf den Gedanken, daß das Gute das obiectum voluntatis sei, und auf die Lehre vom höchsten Gut[168]. Die Akzente sind also etwas anders gesetzt: ging es dort um den Gegensatz von aktiver Ausrichtung des Willens auf das höchste Gut und passiones et crux, so zielt Luther hier auf den Gegensatz von passivem, materiellem Empfangen und aktivem, kreativem Geben, wie es die im Menschen lebende Liebe Gottes vollzieht. Parallel ist aber das Verkehrte hier und dort: eine Konzentration auf das bonum amabile, die jede Beziehung zum odibile des Kreuzes und zu seiner Liebe verunmöglicht.

Während die menschliche Liebe vor den Sündern flieht, weil sie das Schöne, das Liebenswerte sucht, liebt die Liebe Gottes die Sünder, die Bösen, die Toren, die Schwachen, um ihnen das Gesetz zu geben, um sie gerecht, gut, weise, stark zu machen. Hier zeigt sich noch einmal der Unterschied von crux und gloria: das Suchen der gloria ist ein Suchen des Schönen und ein Fliehen vor dem Sünder, während die crux die Sünder liebt, damit sie durch diese Liebe schön werden. Der amor Dei ist nicht rezeptiv, er ist kommunikativ. Er setzt nicht Schönheit voraus, er schenkt Schönheit. »Denn«, so betont Luther in einem bemerkenswerten Satz, »die Sünder sind schön, weil sie geliebt werden, sie werden nicht geliebt, weil sie schön sind.«[169] In diesem Sinne ist die These zu verstehen, Gottes Liebe erschaffe sein Objekt, und wie das gerade auch für die Schöpfung überhaupt gilt: ex nihilo.

Das ist der amor crucis, aus dem Kreuz geboren[170]. Die Erkenntnis der Sünde in der theologia crucis vollzieht sich als Liebe zum Sünder, die diesen schön werden läßt, die ihn den Weg der Sündenerkenntnis, der Buße und der Sündenvergebung gehen läßt. Der Deus absconditus in passionibus ist der liebende Gott, der Adam, der durch das Kreuz gekreuzigt wird, ist der peccator. Die theologia crucis, und zwar gerade als vera theologia et cognitio Dei, konzentriert sich als ganze auf dieses Geschehen der Liebe Gottes zum Sünder. Denn diese kommunikative Liebe ist im Kreuz geschehen.

Darin verrät die Kreuzestheologie den Kontext ihrer Entstehung: die

---

[168] S. o. Anm. 107.

[169] 365,9–12: . . .amor Dei in homine vivens diligit peccatores, malos, stultos, infirmos, ut faciat iustos, bonos, sapientes, robustos et sic effluit potius et bonum tribuit. Ideo enim peccatores sunt pulchri, quia diliguntur, non ideo diliguntur, quia sunt pulchri.

[170] 365,12–15: Sic Christus [Mt 9,13]: Non veni vocare iustos, sed peccatores. Et iste est amor crucis ex cruce natus, qui illuc sese transfert, non ubi invenit bonum quo fruatur, sed ubi bonum conferat malo et egeno.

Auseinandersetzungen um Kreuz und Buße im Ablaßstreit. Damit ist nicht impliziert, daß das Thema der theologia crucis auf die Periode des frühen, des jungen Luthers zu beschränken sei. Vielmehr wäre von dort her zu überlegen, ob nicht eher die Erkenntnisse, die Luther im Ablaßstreit errungen hat, mit der theologia crucis für die Theologie Luthers überhaupt entscheidend wichtig und prägend wurden. Das muß sich nun an einer umfassenderen Beschäftigung mit Luthers Theologie erweisen. Doch bevor wir das unternehmen, wollen wir noch kurz bei einem letzten, für unser Thema wichtigen Aspekt des Gegensatzes von theologia gloriae und theologia crucis verweilen.

2.35. Die Unterscheidung von crux und gloria als eschatologische Bestimmung des Menschen

Wir wollen unseren ersten Gang durch die Hauptaspekte des Gegensatzes von theologia gloriae und theologia crucis mit einem Text aus den *Operationes in Psalmos* beschließen. Zwar tauchen in diesem Text die Begriffsbildungen theologia bzw. theologus gloriae und theologia bzw. theologus crucis nicht auf. Luther entfaltet hier direkter das Begriffspaar crux und gloria. Doch befindet sich u. E. dieser Text nicht nur in zeitlicher[171], sondern – wie noch zu zeigen sein wird – auch in sachlicher Kontinuität mit den bis jetzt behandelten Texten.

Der Text, den wir nun betrachten wollen, bildet, in den Operationes zum 5. Psalm, den Kommentar zur Anrede in 5,3: rex meus et deus

---

[171] Es ist schwierig, die Entstehungsgeschichte der Operationes in Psalmos genau nachzuzeichnen. Es erscheint jedoch als wahrscheinlich, daß erste Teile schon im Jahre 1518 entstanden und vorgetragen worden sind und daß einiges (wahrscheinlich die Operationes zu den 5 ersten Psalmen) schon im Frühjahr 1519 gedruckt zur Verfügung stand. Zu diesen Fragen, vgl. WA 5; 1–18 (Einleitung von *E. Thiele*). AaO 5: ». . . so wird mindestens sehr wahrscheinlich, daß sie (sc. die 5 ersten Psalmen) es waren, die am 22. März 1519 einem Leser fertig vorlagen, und daß Luther seine Vorlesungen etwa dreiviertel Jahr früher begonnen hat.« Unser Text, den Operationes zum 5. Psalm entnommen, dürfte dann spätestens im ersten Viertel des Jahres 1519, vielleicht auch schon 1518 entstanden sein, in zeitlicher Nähe mit den zuvor behandelten Texten. Einen etwas neuen Einblick in die Entstehungsgeschichte der 2. Psalmenvorlesung ermöglichte die Entdeckung, in der Vatikanischen Bibliothek in Rom, von Fragmenten aus einer unbekannten Nachschrift dieser Vorlesung, die der Druckbearbeitung von 1519–1521 gegenüber ziemlich selbständig und eigenartig ist. Dieses Vaticana-Fragment (abgekürzt: VF) enthält jeweils Glosse und Scholie zu Ps 4 und 5. Es wurde von E. Vogelsang mit einer ausführlichen historischen und theologischen Einleitung herausgegeben: Unbekannte Fragmente aus Luthers zweiter Psalmenvorlesung 1518. Hg. v. *E. Vogelsang, AKG* 27, 1940. Wir konzentrieren uns hauptsächlich auf WA 5 und ziehen VF gegebenenfalls zur Erläuterung heran. Zu den Operationes in Psalmos, vgl. die demnächst erscheinende Neuedition in der WA. Speziell zur Theologie der Operationes: *H. Beintker,* Die Überwindung der Anfechtung bei Luther. Eine Studie zu seiner Theologie nach den Operationes in Psalmos, 1954.

meus[172]. In dieser doppelten Anrede sieht Luther die zwei Dimensionen der crux und der gloria. Doch bevor er diese unterscheidet, kommentiert Luther die gesamte Formel dahin, daß sie ein direkter Angriff auf die impii iustitiarii sei, weil diese ohne König und ohne Gott leben, »sich selbst genügen«, »sich selbst Könige, Abgötter sind«[173]. Dieses Thema bezieht Luther sofort auf das Problem der gloria, indem er definiert, was es bedeute, einen König und Gott zu haben: von sich selbst nichts zu halten, sich der Regierung Gottes zu übergeben und sich von ihr leiten zu lassen, alles, was empfangen worden ist und noch zu empfangen ist, Gott zuzuschreiben. Damit konzentriert sich das Ganze auf die entscheidende Frage des Zuschreibens, des tribuere: ob ich Gott oder mir selbst alles zuschreibe[174]. Es geht hier, so betont Luther, um eine kompromißlose Alternative: es läßt sich nicht aufteilen in ein »sowohl dem Menschen als auch Gott etwas zuschreiben«. Im tribuere besteht radikaler Totalitätsanspruch: wer sich etwas zuschreibt, schreibt sich auch schon den Ruhm zu, und wer sich den Ruhm zuschreibt, hat auch schon nichts mehr übrig, das er Gott zuschreiben könnte. Alles oder nichts, aut tota aut nulla gloria: wie der Mensch, wenn er sich etwas zuschreibt, sich auch schon alles zuschreibt, so teilt auch Gott seine Herrlichkeit nicht, noch gibt er einem anderen daran Anteil. Insofern ist das genau die Alternative von theologia crucis und theologia gloriae: Gott die ganze Herrlichkeit oder schlechterdings keine Herrlichkeit geben. Nun löst sich der Gegensatz gerade nicht, wie man erwarten würde, nämlich so, daß die theologia gloriae die Theologie wäre, die Gott alle Herrlichkeit geben würde. Paradoxerweise ist es umgekehrt: nur wenn man von einem gekreuzigten und in seinen Leiden verborgenen Gott spricht, schreibt man Gott allein die Herrlichkeit zu. Nur in der theologia crucis kommt das »soli Deo gloria« voll zum Zuge. Dieses Paradox gilt es nun im weiteren zu explizieren.

Das geschieht zunächst dadurch, daß in aller Kürze Situation und Lebensbezug des Textes angegeben werden. Die Situation, in der hier gesprochen wird, ist die des Beters: »er hat nichts anderes, als was er betend zu empfangen hofft«. Das betont Luther mit einer polemischen Pointe gegen die impii iustitiarii: ut sit orator, non operator[175]. Nicht der Täter, sondern der Beter ist hier bestimmend für die Markierung der Situation des theologischen Redens. In dieser Situation des Gebets wird

---

[172] WA 5; 128,17–129,16. Vgl. zu dieser Stelle *Lienhard* aaO (s. o. Anm. 8) 125–129, freilich mit einer anderen Textabgrenzung.

[173] 128,17 f: Hic plane percutit impios iustitiarios, ut qui sine rege, sine deo agunt, sibimet sufficientes. 128,26 f: Proinde ipsi regnant, sed non ex deo, sibiipsis reges sunt, sibiipsis Idola.

[174] 128,22–26: . . . immo dum non omnia deo tribuunt, nihil tribuunt. Qui enim aliquid sibi tribuit, iam gloriam quoque sibi tribuit. At qui gloriam sibi tribuit, omnia sibi, nihil deo tribuit, cui aut tota aut nulla gloria tribuitur; nec enim dividit eam aut communicat, sicut dicit ›Gloriam meam alteri non dabo‹ Isa. xlviij [Jes 48,11].

[175] 128,28 f: ›Quoniam ad te orabo‹ [Ps 5,4]. Paupertatem suam confitetur: nihil habet, nisi quod oraturus sperat accipere, ut sit orator, non operator.

auch erst völlig klar, wie stark die theologische Fragestellung auf das menschliche Leben bezogen ist und daß es deshalb entscheidend ist, diesem Lebensbezug des theologischen Redens auf der Spur zu sein. In diesem Sinne betont Luther, in der Formel »einen König und einen Gott haben« sei eine Zusammenfassung unseres ganzen Lebens enthalten[176]. Darauf kommt es ihm nun an, wenn er beide Aspekte unterscheidet und entfaltet: es sind zwei Grundbestimmungen, zwei conditiones des menschlichen Lebens[177].

Die zwei conditiones werden als prior und posterior unterschieden. Wie wir noch sehen werden, legt Luther auf diese Reihenfolge ein großes Gewicht. Auffallend ist ferner, wie sehr in der Beschreibung der zwei Bestimmungen die Dimension der Passivität betont wird. Es geht in ihnen um zwei Weisen des Handelns Gottes an uns, die Luther mit Begriffen kennzeichnet, die an die Hebräerbriefvorlesung und an die Resolutiones zurückerinnern. Als König holt er uns von uns weg und führt uns zu sich; als Gott nimmt er uns auf und erfüllt uns mit göttlichen Gaben. Die Unterscheidung erinnert an die von opus alienum und opus proprium und wird auch dementsprechend charakterisiert: einerseits Kreuz, Passah, Hinübergehen, Weggeführtwerden von der Welt und den Lastern, Tötung; andererseits Aufgenommenwerden und Verherrlichung. Damit ist der Gegensatz eingeführt, der Luther hier beschäftigt: die Bestimmung des habere regem ist die crux, die des habere deum die glorificatio.

Mit einem Verweis auf Augustin geht nun Luther in seiner Kommentierung des Textes zu einer christologischen Deutung über, indem er die zwei zuvor beschriebenen conditiones des Menschen auf die zwei naturae Christi zurückführt: seiner doppelten Natur entsprechend bewirke Christus beide conditiones unseres Lebens[178]. Damit wird die Doppeldimension von crux und glorificatio christologisch begründet in den zwei Momenten des regnum humanitatis seu carnis[179] und des regnum divinitatis et gloriae[180]. Es lohnt sich hier, den Text genauer zu betrachten, denn er bildet eigentlich

---

[176] 128,29–31: Atque in his duobus iterum summa totius vitae nostrae exprimitur: habere Regem et deum.

[177] 128,31–34: Regit, dum nos a nobis auffert et ad se ducit; Deus est, dum nos venientes suscipit et seipso, idest divinis bonis replet. Prior conditio est Crux, phase, transitus, ductus a mundo, a vitiis et omnino mortificatio nostri. Posterior susceptio et glorificatio nostri.

[178] 128,36: Christus enim gemina natura utrunque horum efficit.

[179] 128,36–129,4: Humanitatis seu (ut Apostolus loquitur) carnis regno, quod in fide agitur, nos sibi conformes facit et crucifigit, faciens ex infoelicibus et superbis diis homines veros, idest miseros et peccatores. Quia enim ascendimus in Adam ad similitudinem dei, ideo descendit ille in similitudinem nostram, ut reduceret nos ad nostri cognitionem. Atque hoc agitur sacramento incarnationis. Hoc est regnum fidei, in quo Crux Christi dominatur, divinitatem perverse petitam deiiciens et humanitatem carnisque contemptam infirmitatem perverse desertam revocans.

[180] 129,4–6: At regno divinitatis et gloriae configurabit nos corpori claritatis suae, ubi similes ei erimus, iam nec peccatores nec infirmi, nec ductiles aut rectiles sed ipsi reges et filii dei sicut Angeli. Tunc dicetur ›deus meus‹ in re, quod nunc in spe dicitur.

so etwas wie eine Kurzformel des christlichen Glaubens. Im Zentrum des regnum humanitatis steht die Sündenerkenntnis. »Ihr werdet sein wie Gott«, das war die verführerische Verheißung der Sünde (Gen 3,5). In Adam sind die Menschen zur Gottähnlichkeit hinaufgestiegen, und haben dadurch ihre Menschlichkeit verloren. Sie wurden ihre eigenen Götter, unselige und stolze Götter. Doch diese Gottähnlichkeit der Sünde macht aus den Menschen Unmenschen. Es ist die Aufgabe des regnum humanitatis, uns wieder zu wahren Menschen zu machen. Deshalb kehrt sich in ihm alles um: Christus ist herabgestiegen, uns ähnlich geworden, damit wir durch ihn zur Erkenntnis unser selbst zurückgeführt werden. Diese Erkenntnis unser selbst, die sich sacramento incarnationis vollzieht, ist die Erkenntnis unserer Sünde. Diese Identifikation vollzieht Luther in der bemerkenswerten Gleichsetzung: homines veros, idest miseros et peccatores[181]. Hier zeigt sich einmal mehr, daß Luther nicht an einer materialen Veränderung des Menschen interessiert ist – was sehr wahrscheinlich sein Denken letzten Endes sowohl von der Scholastik als auch von der Mystik unterscheidet. Nicht dadurch, daß ich materialiter, realiter Sünder werde, werde ich zu einem wahren Menschen, denn ein materialer, realer Sünder bin ich ja schon von Anfang an, im peccatum originale der ascensio ad similitudinem dei. Wahrer Mensch werde ich, wenn ich mich als diesen elenden Sünder erkenne, und diese Erkenntnis ist für mich die eigentliche Kreuzigung[182], in der Christus mich sich selbst gleich macht und mich mit sich selbst kreuzigen läßt. Hier geht es also auch um das tribuere als das entscheidende Movens: wahrer Mensch werde ich, wenn ich Gott allein alle Herrlichkeit zuschreibe und mich als elenden, nichtigen Sünder betrachte. Denn das ist ja gerade das Verkehrte, das »Perverse« in der Sünde, daß ich für mich Göttlichkeit in Anspruch nehme und suche und vor der Menschlichkeit und der verachteten Schwachheit des Fleisches fliehe.

Diese Menschwerdung des Menschen, die durch die Menschwerdung Christi ermöglicht wurde, vollzieht sich allein im Glauben: quod in fide agitur[183]. Noch stärker kann das Luther dadurch betonen, daß er vom regnum humanitatis seu carnis als von einem regnum fidei spricht[184]. In diesem Reich des Glaubens herrscht das Kreuz Christi. Damit ist eine für die theologia crucis entscheidende Verbindung zur Sprache gebracht: die von crux und fides. Diese Verbindung wird zum tragenden Element des regnum humanitatis.

---

[181] 128,38 f.

[182] So kann Luther auch sagen, der timor, der ja, wie wir sahen, eng mit der Sündenerkenntnis verknüpft ist, sei ein großer Teil des Kreuzes, ja sogar fast das ganze Kreuz. WA 5; 70,32: Timor itaque iste in tota vita, in omnibus operibus est magna pars crucis, immo fere tota crux.

[183] 128,37.

[184] 129,1 f: Hoc est regnum fidei, in quo Crux Christi dominatur, . . .

Während die Beschreibung des regnum humanitatis im Präsens formuliert war, geschieht die des regnum divinitatis et gloriae im Futurum. Damit wird eine zeitliche Reihenfolge angezeigt, die Luther schon mit der Unterscheidung von prior und posterior conditio angedeutet hatte. Man wird sich davor hüten müssen, diese Reihenfolge christologisch zu deuten. Gemeint ist nicht etwa eine zeitliche Aufteilung der zwei Naturen, so daß Christus zuerst Mensch (etwa im status exinanitionis) und dann erst Gott (etwa im status exaltationis) gewesen wäre. Eine solche Aufteilung wäre für Luther ganz undenkbar[185]. Vielmehr handelt es sich hier um eine zeitliche Reihenfolge, die das menschliche Leben von Christus her eschatologisch bestimmen soll. Weil der Mensch Sünder ist, gilt ihm das regnum humanitatis, in dem er zum wahren Menschen werden kann. Deshalb ist Gott in Christus Mensch geworden und am Kreuz gestorben. Doch die Gottheit Christi begründet die zukünftige glorificatio. Ganz im Kontrast zum Vorangegangenen heißt es hier, daß wir nicht mehr dem Gekreuzigten, sondern seinem verklärten Leib ähnlich sein werden, daß wir weder sündig noch schwach sein werden, daß wir dann weder der Führung noch der Regierung bedürfen werden, sondern vielmehr selbst Könige und Söhne Gottes sein werden.

Luther betont mit allem Nachdruck die Zukünftigkeit dieser vollkommenen Verherrlichung. Was jetzt nur in spe gesagt wird, wird sich in re verwirklichen. Der zeitlichen Reihenfolge kommt sachliche Relevanz zu: man muß Christus zuerst als Menschen und dann erst als Gott ergreifen, man muß zuerst nach dem Kreuz seiner Menschlichkeit und dann erst nach der Herrlichkeit seiner Gottheit fragen[186]. Doch diese Reihenfolge wird noch präzisiert: die Bestimmung der gloria ist nicht einfach der eschatologischen Zukunft vorenthalten. Wo man Christus als Menschen hat, d. h. in der Bestimmung des Kreuzes, da kommt auch sponte sua, ganz von selbst Christus in seiner Gottheit. Nun scheinen sich die Perspektiven zu vermischen. Wird nun doch die crux durch die gloria ergänzt, korrigiert? Oder findet etwa ein progressiver, spontaner Übergang von der crux zur gloria statt? Mit einem Hinweis auf den Widerstand des Menschen gegen die crux erläutert Luther seinen Gedanken: Dem menschlichen Fleisch sei die Bestimmung des Kreuzes so hart, weil »es Christus lieber als Gott denn als Menschen mag, mehr nach der Herrlichkeit als nach dem Kreuz

---

[185] Für ihn ist Christus zugleich vere homo und vere Deus, sowohl im Stand der Erniedrigung als auch im Stand der Erhöhung. Das zeigt sich u. a. an der Betonung, die bei ihm – etwa in der Sakramentslehre – die communicatio idiomatum zwischen den zwei Naturen erfährt. Vgl. dazu: *P. Bühler,* Der Abendmahlsstreit der Reformatoren und seine aktuellen Implikationen, ThZ 35, 1979, (228–241) 233–236.

[186] 129,9–11: . . ., quod prior sit Christus homo, quam deus apprehendendus, prior humanitatis eius Crux, quam divinitatis eius gloria petenda. Christus homo habitus Christum deum sponte sua adducet.

trachtet, davor zurückschreckt, die Herrlichkeit durch das Kreuz zu suchen«[187].

Dadurch kommt nun die eschatologische Bestimmung des Menschen klarer zum Ausdruck. Luther schärft die Unterscheidung zwischen den zwei conditiones, der gegenwärtigen und der zukünftigen, ein, indem er sie als die Perspektiven der crux und der gloria kennzeichnet. Doch sie bleiben beide insofern aufeinander bezogen, als es paradoxerweise in beiden um gloria in verschiedener Hinsicht geht. Während sich in der zukünftigen Verherrlichung die gloria in re verwirklichen wird, ist sie jetzt noch in spe. Das heißt jedoch nicht, daß sie nur unvollkommen, gewissermaßen nur in vorläufigen Antizipationen realisiert ist, die noch auf weitere Vervollkommnung hoffen lassen. Die gloria in spe ist die gloria per crucem. Die Hoffnung auf die endzeitliche gloria steht nicht schon im Zeichen des Übergangs zu dieser gloria, sondern im Zeichen der crux und ihrer gloria. Je mehr die eschatologische Bedeutung der glorificatio in re betont wird, desto mehr gilt für die Gegenwart die eschatologische Bestimmung der gloria per crucem[188]. Gerade um der endzeitlichen gloria willen ist diese gloria per crucem die von Gott allein geschenkte, vom Menschen nicht aufzuhebende eschatologische Bestimmung des Menschen: die paradoxe gloria der elenden Sünder, die alle Herrlichkeit Gott zuschreiben und sich für nichts halten, sich alle gloria absprechen. Das ist eine verborgene, als solche nur im Glauben offenbare gloria, eine gloria abscondita sub contrario, abscondita in passionibus et cruce[189]. Aus dieser paradoxen gloria ausbrechen zu wollen, in irgendeiner Form von Beanspruchung der gloria in re, würde bedeuten, daß man die theologia crucis zugunsten einer theologia gloriae verließe.

2.36. Zusammenfassende Zwischenbemerkungen

Beabsichtigt war mit diesem ersten Gang durch einige Texte Luthers der Jahre 1517–19 eine erste Bekanntschaft mit seiner theologia crucis in den

---

[187] 129,12–14: Dura sunt haec carni nostrae, quae mallet Christum deum quam hominem, gloriam enim prae Cruce petit, gloriam per Crucem quaerere horret . . .

[188] In einer Formulierung, die stark an Gal 6,14 (Vulg.: mihi autem absit gloriari nisi in cruce Domini nostri Iesu Christi) erinnert, WA 5; 178,33: Nos autem oportet gloriari in Cruce domini nostri.

[189] Vgl. auch WA 5; 84,36–40 (Ps 3,4): Arduum est enim et divinae gratiae virtus, deum credere exaltatorem capitis et coronatorem in media morte et inferis. Hic enim abscondita est exaltatio, et paret non nisi desperatio et nulla salus in deo. Itaque contra spem in spem hic docemur credere, quae crucis sapientia nimis hodie est abscondita in mysterio profundo. Auch hier wieder werden alle Elemente in eindrücklicher Art verknüpft, so daß die abscondita exaltatio unter der Bestimmung contra spem in spem eschatologisch erfaßt werden kann. Wie wir schon gesehen haben, kann Luther in ähnlicher Weise mit dem Begriff der pax umgehen und von einem Frieden, der im Kreuz verborgen ist, von einer pax per Crucem sprechen (vgl. WA 5; 418,34–419,3: s. o. Anm. 93).

Jahren ihres Aufkommens und ihrer ersten Entfaltung. Nachdem wir nun die Texte in ihrer Vielfältigkeit betrachtet haben, müssen wir versuchen, die Hauptstränge zu sammeln und systematisch zu erfassen. Diesen Versuch orientieren wir am Leitfaden des Verhältnisses von Kreuz und Eschatologie, den wir uns ja von vornherein vorgenommen hatten.

Die übliche Kategorie des Eschatologischen ist die der gloria. Die eschatologische Bestimmung besteht, wie auch immer, in der Ausrichtung des Menschen und seines Lebens auf diese zukünftige Herrlichkeit. Sie kommt aus der Zukunft auf die gegenwärtige Lebenswirklichkeit zu. Diese Eschatologie der gloria kann auf vielfältige, verschiedene Weisen definiert und interpretiert werden, die jeweils andere Akzente setzen und wichtige Differenzierungen anbringen. Der Grundton jedoch bleibt ungefähr derselbe: die eschatologische Bestimmung der Gegenwart besteht darin, daß diese Gegenwart in einer Umwandlung begriffen ist, die sie, wenn auch vielleicht nur in rätselhaften Erscheinungen und in antizipierenden Zeichen, der zukünftigen gloria näher bringt. Dieser Eschatologie wird dann auch meistens die Christologie dienstbar gemacht, indem sie als Vorzeichen der anbrechenden Verherrlichung interpretiert wird.

Im Kontrast zu dieser gloria-Eschatologie kann man nun sagen, daß Luther den Versuch unternimmt, die Eschatologie radikal vom Kreuz her zu bestimmen. Damit wird zweifellos ein Grundzug des wesenhaft Christlichen aufgenommen und neu fruchtbar gemacht. Durch die Konzentration auf das Kreuz rückt das Eschatologische in das Herz des christlichen Glaubens. Das zeigt sich schon daran, daß die Unterscheidung von theologia gloriae und theologia crucis eine fundamentaltheologische Alternative bildet. Mit der theologia crucis ist nicht ein Einzelbereich der Theologie definiert, der neben anderen auch zu berücksichtigen wäre. Sie ist z.B. nicht nur eine Bezeichnung für die Christologie, oder gar für ein christologisches Einzelthema, etwa die Behandlung der Passionsgeschichte. In der theologia crucis vollzieht sich eine radikale Umprägung der Theologie überhaupt. Das heißt aber andererseits auch, daß es, wenn wir uns nun auf das Verhältnis von Kreuz und Eschatologie konzentrieren, nicht primär darum geht, Luthers Behandlung der klassischen Themen der Eschatologie, der Lehre von den letzten Dingen zu analysieren. Das muß zwar teilweise mitberücksichtigt werden, doch auch um diesen Einzelbereich geht es nicht vornehmlich. Das Verhältnis von Kreuz und Eschatologie hat nicht einfach zur Folge, daß nun die Lehre von den letzten Dingen vom Ende ins Zentrum oder gar an den Anfang der Dogmatik gerückt wird. Mit solchen Umstrukturierungen im Aufbau der Dogmatik ist das Problem noch nicht gelöst[190].

---

[190] Vielmehr wird man sich fragen müssen, ob das Problem nicht erst dann richtig erfaßt wird, wenn erkannt wird, daß ein theologisches Ernstnehmen der Eschatologie den bescheidenen Platz der Lehre von den letzten Dingen durchaus positiv aufnehmen und als sinnvoll für die Darlegung der futurischen Eschatologie betrachten kann.

In der Perspektive der Unterscheidung von theologia gloriae und theologia crucis muß man zu erfassen versuchen, wie die gesamte Theologie in ihrer ganzen Weite, von der Schöpfungslehre bis hin zur Lehre von den letzten Dingen, durch eine neue Eschatologie, durch die *Kreuzeseschatologie* bestimmt wird. Es gilt also, die Eschatologie als theologia crucis zu entfalten[191] und zu zeigen, wie sie als solche die Theologie überhaupt prägt. In diesem Sinne wollen wir nun unsere Aufmerksamkeit einigen theologischen Aspekten schenken, die sich in den Texten herauskristallisiert haben.

Die theologia crucis vollzieht die eschatologische Bestimmung des Menschen durch die Unterscheidung von crux und gloria. Das mag befremden, denn man würde ja gerade erwarten, daß in der theologia crucis der Gesichtspunkt der gloria vermieden wird. Das wäre jedoch ein Mißverständnis. Es muß vielmehr das Gegenteil betont werden: erst ohne theologia gloriae, erst in der theologia crucis wird man der gloria voll gerecht. Erst diese Art von Theologie ermöglicht den richtigen Umgang mit der gloria, den richtigen usus gloriae, während die theologia gloriae zu einem abusus gloriae führt. In diesem Sinn gilt es auch für Luther, wie wir gesehen haben, daß gloria die Kategorie der futurischen Eschatologie ist. Zu einem Mißbrauch dieser gloria kommt es, wenn sie auf irgendeine Weise für die Gegenwart in Anspruch genommen wird. Das vermeidet Luther, indem er die Unterscheidung von crux und gloria als eschatologische Unterscheidung einschärft. Während die endzeitliche Zukunft unter dem Zeichen der gloria steht, herrscht über mein Leben als irdisches die eschatologische Bestimmung der crux. Diese prior conditio, wie Luther sagt, ist eine conditio, die durch eine perfektische, Eschatologie gekennzeichnet ist. Nicht durch das, was noch geschehen wird, nicht durch die noch ausstehende gloria, nicht dadurch, daß es schon im wundersamen, zeichenhaften Übergang zum eschatologischen Futurum begriffen ist, ist mein irdisches, gegenwärtiges Leben eschatologisch bestimmt. Vielmehr steht es unter der Determination dessen, was schon geschehen ist, unter der Determination der Christologie als des eschatologischen Perfectum. Nicht in einem – wie auch immer sich vollziehenden – Übergang vom Kreuz zur zukünftigen Herrlichkeit, sondern im unaufhörlichen Ausharren unter dem Kreuz kraft des gekreuzigten Gottes liegt das eschatologische Leben des Christen. Diese prior conditio ist die Bestimmung der haec vita, des hodie.

Dadurch kommt in aller Schärfe der Lebensbezug dieser Kreuzeseschatologie zum Ausdruck. Das Verständnis der haec vita von der vita futura her bedeutet, die Spannungen des hodie zu überspielen und so die Lebenswirklichkeit zu verfehlen. Der in den Leiden und im Kreuz verborgene Gott öffnet die Augen für die Leiden des irdischen Lebens und gibt den Mut, sie zu bestehen. Allein die Kreuzestheologie sagt id quod res est.

---

[191] Vgl. *G. Ebeling,* Erwägungen zur Eschatologie, WG III, 428–447, bes. 439–447.

Diesen Lebensbezug kann Luther dadurch noch verschärft betonen, daß er ihn ausweitet auf den Gesichtspunkt der tota vita oder der omnis vita. So argumentiert etwa die erste der 95 Thesen gegen das Ablaßwesen, Jesus Christus habe das ganze Leben der Gläubigen als Buße bestimmt. Das Kreuz ist nicht nur das Zeichen, unter dem das irdische Leben vorläufig steht. Es gilt für das ganze Leben, bis hin zum Tod, der als Übergang in das eschatologische Futurum auch erst die eigentliche Vollendung der Kreuzesbestimmung ist[192]. Diese Interpretation des Todes zeigt die Bewegung an: nicht durch einen schon im irdischen Leben anhebenden Übergang zur Herrlichkeit, sondern nur durch die höchste Vollendung der Kreuzesbestimmung im Tod kann ich in die zukünftige gloria eingehen. Im Tode verknüpfen sich aufs engste das Kreuz und die Herrlichkeit. Diese enge Verknüpfung macht es erforderlich, die Unterscheidung von crux und gloria noch zu präzisieren, um sie gegen mögliche Mißverständnisse abzuschirmen.

Es könnte den Anschein haben, als ob die Bestimmung der crux eine nur negative sei: ein bloßes trostloses Ausharren unter dem Kreuz und ungeduldiges Warten auf die zukünftige gloria. Diesem Eindruck könnte noch Vorschub geleistet werden, wenn man die Unterscheidung von in re und in spe, die Luther in diesem Rahmen gelegentlich braucht, nur oberflächlich verstehen würde. Wie wir noch sehen werden, ist bei Luther die spes nicht rein auf die Zukunft ausgerichtet. Sie liegt als spes contra spem in der fides begründet und übernimmt deren Gestalt unter der Bestimmung der perfektischen Eschatologie. Das heißt, daß die Situation der crux nicht uneschatologisch – oder voreschatologisch – ist: in ihr ist das Eschatologische schon präsent, eschatologische Freude und Gewißheit, eschatologische Herrlichkeit. Deshalb kann Luther die Dimension des Kreuzes auch als die der gloria per crucem zur Sprache bringen. So wird die Unterscheidung zu einer solchen zwischen zwei Arten derselben uns von Gott geschenkten gloria[193].

---

[192] Das kann man etwa am Beispiel der Taufe zeigen. Luther entfaltet ausführlich, was er die geistliche Bedeutung der Taufe nennt. Als geistliche erstrecke sich die Taufe auf das ganze Leben, werde eigentlich erst im Tode wirklich vollendet. Dadurch wird die Taufe zum Zeichen eines durch und durch eschatologisch bestimmten Lebens. WA 2; 728,10–17. 27–29: Die bedeutung, und sterben odder ersauffen der sund, geschicht nit volnkomen yn dissem leben, biss der mensch auch leyplich sterb und gantz vorwesse zu pulver. Das sacrament odder tzeychen der tauff ist bald geschechen, wie wir vor augen sehen, aber die bedeutung, die geystliche tauff, die erseuffung der sund, weret die weyl wir leben, und wirt aller erst ym tod volnbracht, da wirt der mensch recht yn die tauff gesenckt, unnd geschicht, was die tauff bedeut. Drumb ist diss gantz leben nit anders, dan eyn geystlich tauffen an unterlass biss yn denn todt . . . Also ist eyns Christen menschens leben nit anders, dan eyn anheben seliglich zu sterben von der Tauff an biss ynss grab, Dan gott will yhn anders machen vo new auff am Jungsten tag. – Eine ähnliche, auf den Jüngsten Tag ausgerichtete geistliche Interpretation bekommt das Herausheben aus dem Wasser der Taufe, vgl. WA 2; 728,30–37.

[193] Wie schon betont wurde, geht es hier um zwei Weisen des Handelns Gottes an uns, und zwar nicht nur so, daß zuerst das opus alienum im Kreuz und dann erst das opus proprium in

Also nicht das Fehlen von Herrlichkeit unterscheidet unser irdisches Leben von der zukünftigen Herrlichkeit, sondern, daß sie in diesem Leben nur durch das Kreuz gegeben wird. Diese paradoxale Struktur der gloria per crucem wird zur dominierenden Struktur der Kreuzeseschatologie. Sie erst macht das irdische Leben zum eigentlich eschatologischen Leben. Im Kreuz liegt die Herrlichkeit, in der Torheit die Weisheit, im Leiden die Freude, in der Schwachheit die Kraft, im Tod das Leben: das ist das eschatologische Leben, das bis hin zum Tode währt, und mit diesem Tode wird es nicht etwa überwunden und überholt, sondern vielmehr vollendet und so zur Herrlichkeit geführt[194]. Die Paradoxalität der eschatologischen Bestimmung des Kreuzes ist in der Christologie verankert, im paradoxen sacramentum incarnationis, im paradoxen Zusammensein von vere Deus und vere homo. Gerade darin erweist sich der Primat der perfektischen Eschatologie, die sich in Christus ereignet hat und das gegenwärtige Leben der Gläubigen prägt[195].

Die Grundstruktur der Kreuzeseschatologie läßt sich in ihrer Paradoxalität am besten mit der Dimension der Verborgenheit charakterisieren.

---

der Herrlichkeit geschieht. Vielmehr ist in beiden Momenten das opus proprium Dei beteiligt, doch so, daß in der endzeitlichen Herrlichkeit unmittelbar zum Austrag kommt, im irdischen Leben hingegen als glorificatio per crucem nur im opus alienum verwirklicht wird.

[194] Diese Bestimmung des Eschatologischen zeigt sich bei Paulus etwa in 2. Kor 12, einem Text, der für Luthers theologia crucis eine wichtige Rolle spielt. Wenn es für Paulus ein gloriari gibt – und es geht ja hier um das gloriari –, dann höchstens ein gloriari in infirmitatibus meis ut inhabitet in me virtus Christi. Deshalb sagt Paulus nicht etwa: »jetzt bin ich noch schwach, einst werde ich stark sein«, sondern: »wenn ich schwach bin, dann bin ich stark« (2. Kor 12,10). Dazu *G. Ebeling* aaO (s. o. Anm. 191) 442: ». . .2. Kor 12 ist randvoll von dieser eschatologischen Erwartung. Aber der Bezug darauf will richtig bestimmt sein. Eben die Bejahung der Schwachheiten ist nach Paulus der Ausdruck der Gewißheit, daß das Eschaton als perfektisches schon präsent ist. Die Freude an seinem Leiden ist bereits eschatologische Freude . . . Aber was steht noch aus? Offenbar die Vollendung seiner Schwachheit als Vollendung der Kraft Christi bei ihm. Es steht die Vollendung des Sterbens noch aus als die Vollendung der Einverleibung in Christus durch das Auferstehen mit ihm.«

[195] Die Zweinaturenlehre spielt in der Begründung der Paradoxalität der eschatologischen Existenz eine wichtige Rolle. Hatte Luther im Kommentar zu Ps 5,3 die zwei conditiones des christlichen Lebens aus der gemina natura Christi (s.o. Anm. 178) abgeleitet, so wird auch in VF von Christi gottmenschlicher Doppelnatur her der Jünger Christi als gemellus bezeichnet. Die Beschreibung dieses gemellus-Seins des Christen betont mit Nachdruck die paradoxale Doppelheit, die dem Christen durch das Kreuz von Christus, gemellus et forma omnium gemellorum, geschenkt wird. VF 45,20–28 (zu Ps 4,4): per crucem primo omnis discipulus Christi gemellus fit, quia in carne stultus, in spiritu sapiens, formosus ab intus, nulla spetie extra, abiectus foris, glorificatus intus; pauper et dives conveniunt sic in unum, fortis et infirmus, tribulatus et quietus, tristis et gaudens, solus et multis vallatus, reprobus et electus, imo timidus homo et deus, sicut in Christo gemello et forma omnium gemellorum, qui per infirmam humanitatem infirmos homines angustatos, captivos, servos facit, sed per potentem divinitatem potentes filios dei et deos, liberos dominos facit. Es wird für das Verständnis des Eschatologischen bei Luther wichtig sein, die hier auftauchenden Gegensätze in carne und in spiritu, ab intus und extra und foris und intus zu berücksichtigen und die Dimension der Externität näher zu bestimmen.

Schon sehr früh, in der Hebräerbriefvorlesung, und später immer mehr spielt dieser Aspekt in Luthers theologia crucis eine zentrale Rolle. Das Beieinander von Kreuz und Herrlichkeit, Schwachheit und Kraft, Torheit und Weisheit, Leiden und Freude, darf man nicht etwa als Nebeneinander verstehen, in dem beide Größen unabhängig voneinander jeweils mit derselben Unmittelbarkeit die Lebenswirklichkeit bestimmen. Es ist vielmehr ein Ineinander: das eine liegt im anderen verborgen. Das Verhältnis bedarf jedoch noch einer weiteren Präzisierung: nicht etwa daß das Kreuz in der Herrlichkeit, sondern daß die Herrlichkeit im Kreuz verborgen liegt, prägt die eschatologische Situation. Das umgekehrte Verhältnis würde bloß eine Eingliederung des Kreuzes als des negativen Momentes in die theologia gloriae bedeuten[196]. Das Eschatologische ist das Verborgene: die eschatologische Herrlichkeit, die eschatologische Freude, die eschatologische Weisheit, das eschatologische Leben, die eschatologische Kraft Christi nehmen Wohnung in der Verborgenheit des Kreuzes, des Leidens, der Torheit, des Todes, der Schwachheit. In diesen immer wiederkehrenden Reihen von Begriffspaaren beschreibt Luther die absconditas. Das Eschatologische verbirgt sich unter dem Uneschatologischen und bestimmt es so als Eschatologisches, als das Konträre, das die Verborgenheit überhaupt erst erlaubt und deshalb erst das Eschatologische wirklich eschatologisch sein läßt. Denn ohne Verborgenheit ist das Eschatologische zunichte gemacht. Zur Kreuzeseschatologie gehört also wesenhaft der Aspekt des sub contrario[197].

Wie das im soeben zitierten Text deutlich unterstrichen wird, in dem es um den summus gradus des Glaubens geht, darum, dem Glauben möglichst Raum zu verschaffen, legt die Kreuzestheologie alles Gewicht auf die Kategorie der fides. Die eschatologische Verborgenheit impliziert den Glauben, denn der Glaube allein sieht das Verborgene. Deshalb ist das Reich, in dem das Kreuz herrscht, das regnum fidei und die Herrlichkeit des Kreuzes die gloria fidei. Das eschatologische Leben steht ganz unter dem Zeichen des Glaubens als einer absolut neuen Einstellung zur Lebenswirklichkeit in ihren vielfältigen Spannungen. Eine solche auf die Eschato-

---

[196] Das wäre in einer Theologie der Fall, die sich in ihrer inneren Sachlogik ganz von einem heilsgeschichtlichen Schema leiten läßt, in dem Kreuz und Auferstehung in einer zeitlichen Abfolge gedacht werden und in dem theologia gloriae und theologia crucis so etwas wie zwei partielle, einander ergänzende Momente bilden (s. o. S. 73–75 zu K. Barth). Diese Verhältnisbestimmung könnte auch für eine Theologie kennzeichnend sein, die das Kreuz und das Leiden als Moment, als Stadium auf dem Weg zur beglückenden unio mystica mit Gott versteht. Noch einmal ähnlich sieht es bei *Moltmann* aus, in seiner Kreuzestheologie als Kehrseite der Hoffnungstheologie (vgl. Der gekreuzigte Gott, 10). Auch hier liegt die Betonung auf dem Negativen im Kreuz, das ganz im Dienste der Hoffnungsvisionen steht (vgl. o. S. 46–50 und u. S. 292–296).

[197] In *De servo arbitrio* (1525) schreibt *Luther,* von der Bestimmung des Glaubens in Hebr 11,1 ausgehend, das Verborgene sei nirgendwo so tief verborgen wie sub contrario. WA 18; 633,7–17; zu diesem Text, vgl. u. S. 220–223.

logie abzielende Radikalisierung des Glaubens erfordert, wie wir noch sehen werden, eine neue Definition des Glaubens, denn die scholastische Auffassung der fides etwa würde wohl kaum diese eschatologische Ausrichtung erlauben.

Daß eine neue Definition des Glaubens erforderlich wird, zeigte sich schon am Problem der Sünde. Beide Dimensionen werden in Hinsicht auf den Umgang mit den Lebensgegebenheiten interpretiert: ist der Glaube als der gemäße, der gottgemäße, gottgefällige usus zu verstehen, so bildet die Sünde den eigentlichen abusus der Lebenswirklichkeit. Dieser Parallelismus in der Auffassung von Sünde und Glaube führt nicht etwa dazu, um der radikalen Erfassung des Glaubens willen die Wirklichkeit der Sünde zu entschärfen oder gar zu bagatellisieren. Vielmehr bedeutet die Radikalisierung des Glaubens zugleich eine Radikalisierung der Sünde. Das ganze Leben der Gläubigen ist Sündenerkenntnis und Buße. Diese Sündenerkenntnis ist die allein wahre Selbsterkenntnis des Menschen, denn in eschatologischer Perspektive ist der Mensch Sünder[198]. Auch darin offenbart sich die eschatologische Verborgenheit sub contrario, denn ein Glaube, der sich der Sünde entledigt wähnte, würde der Versuchung der theologia gloriae anheimfallen und gerade so der Sünde verfallen[199]. Nur wenn er simul iustus et peccator ist, bleibt der Gläubige ein Gläubiger. Das ist die eschatologische Bestimmung, unter deren Zeichen er bis zu seinem Tode steht und stehen wird. Doch damit wird auch ein ganz neues Verständnis der Sünde erforderlich, das Luther vor allem in Auseinandersetzung mit der Scholastik unaufhörlich zu erarbeiten versucht hat.

Mit diesen letzten Bemerkungen ist uns ein Übergang zur weiteren Beschäftigung mit Luthers theologia crucis gegeben. Im ersten Arbeitsgang haben wir den Versuch unternommen, anhand des Gegensatzes von

---

[198] Hier verrät Luthers theologia crucis ihren Ursprung im Ablaßstreit. Es wird noch als wichtiger Unterschied herauszuarbeiten sein, daß Moltmanns Hoffnungstheologie die Sünde letztlich nicht als eschatologische Dimension zu erfassen vermag. S. u. 3.2343.

[199] Die Heidelberger Disputation hatte die theologia gloriae hauptsächlich in Hinsicht auf die natürliche Erkenntnis Gottes aus den Werken der Schöpfung definiert. Von dem zuletzt behandelten Text (aus den Op. in Ps.) her drängte sich die Auffassung einer theologia gloriae auf, die auf ein natürliches Verständnis der endzeitlichen Herrlichkeit bezogen ist. In beiden Dimensionen erweist sich als Grundproblem die mangelnde Erfassung der Sünde als des entscheidenden Störfaktors sowohl in der Entsprechung des Geschöpfes zum Schöpfer in bezug auf das Erwirken seiner Werke als auch in der Entsprechung des gegenwärtigen, irdischen Lebens zum kommenden, zukünftigen Leben in bezug auf die zu erreichende gloria. In der Frage der Sünde als des »perversen« abusus vereinigen sich die protologische und die eschatologische Perspektive. Darin liegt ein Hinweis darauf, daß das Problem, das man traditionell als Problem der natürlichen Theologie bezeichnet, sich nicht nur »am Anfang«, sondern auch »am Ende« der Theologie stellt, also auch die eschatologische Thematik betrifft. Immer geht es um eine die Sünde überspielende Analogie, ob von der Schöpfungstheologie her konzipiert oder auf die novissima orientiert, und diese Analogie bildet das Grundproblem der natürlichen Theologie. Zur natürlichen Theologie in der Eschatologie, vgl. G. Ebeling aaO (s. o. Anm. 191) 442 f. S. auch unseren 1. Teil.

theologia gloriae und theologia crucis das Problem zu artikulieren. Es liegt Luther jedoch fern, eine feste Terminologie zu prägen, die die Offenheit für die sachliche Vielfältigkeit verbauen würde. Es ist bemerkenswert, daß Luther nach der ausführlichen Entfaltung in der Heidelberger Disputation die Bezeichnungen theologia bzw. theologus crucis und gloriae nur selten wieder aufgreift[200]. Zwar kann er die fundamentaltheologische Einsicht der Kreuzestheologie auch etwa mit der Aussage ausdrücken, das Kreuz allein sei unsere Theologie[201]. Doch im großen und ganzen kommt dieses Thema als selbständiges Thema weniger zur Sprache, was nicht etwa heißt, daß die Frage der Kreuzestheologie nur den jungen Luther der Jahre 1517–1519 beschäftigt hat. Vielmehr wird man sagen müssen, daß diese fundamentaltheologische Einsicht so tief in seine Theologie eingedrungen ist, daß sie nicht mehr so sehr als Spezialthema behandelt wird, sondern unmittelbar auf das Verständnis der theologischen Hauptthemen überhaupt einwirkt. Damit ist unserer Arbeit der Weg gewiesen. Wir müssen nun zeigen, wie sich die theologia crucis auf die Interpretation solcher theologischer Schlüsselstellen auswirkt. Dies erschöpfend tun zu wollen, käme einer umfassenden Darstellung der gesamten Theologie Luthers gleich und kommt deshalb unmöglich in Frage. Wir beschränken die folgende Analyse auf einige jeweils anhand eines bestimmten Textes ausgeführte Beispiele theologischer Kategorien, an deren Verständnis Luther intensiv gearbeitet hat. Die Auswahl, die wir dabei treffen, orientiert sich bewußt am Leitfaden, den wir von vornherein gewählt haben, am Problem des Verhältnisses von Kreuz und Eschatologie.

2.4. Theologia crucis im Vollzug

2.41. Spes

Wir wollen medias in res gehen und versuchen den Einstieg deshalb bei dem stark eschatologisch geprägten Begriff der spes. Wir beziehen uns zu

---

[200] Z. B. WA 7; 148,23 f (Ass. omn. artic., 1520): Crucis est enim haec Theologia, quae damnat, quicquid Papa probat, et martyres facit. WA 40,3; 193,5–8 (In XV Ps. grad., 1532/33): »Paulus: ›Per multas tribulationes‹ etc. [Apg 14,22] Istam doctrinam valde bene scitis, quia nostra Theologia est Crucis Theologia; oportet Christianum pati etc. et ›posteriores glorias in Christo‹ [1. Petr 1,11]. Da wird nichts anders aus.« Auffallend ist eine Stelle in den Op. in Ps., in der die theologia crucis nicht im Gegensatz zur theologia gloriae, sondern zur theologia speculativa präsentiert wird: WA 5; 299,20–300,22, bes. 300,1–22 (zu Ps 9,8). Die spekulative Theologie kehrt von der Sündenerkenntnis und Buße ab, während sich die Kreuzestheologie gerade darauf konzentrieren will.
[201] WA 5; 176,32 f: CRUX sola est nostra Theologia. In ähnlicher Weise heißt es WA 5; 217,2 f: Crux Christi unica est eruditio verborum dei, Theologia syncerissima. Im Kontrast zu dieser letzten Bezeichnung steht die oben zitierte Charakterisierung der scholastischen Theologie als theologia illusoria (WA 1; 613,21–23; s. o. Anm. 102).

diesem Zweck auf den langen Exkurs zu Ps 5,12, den Luther in seiner
Auslegung des 5. Psalmes in den *Operationes in Psalmos* ganz dem Thema
der spes widmet[1]. Anhand einiger Abschnitte aus diesem Exkurs wollen
wir versuchen, die Hauptkennzeichen von Luthers Auffassung der Hoffnung zu skizzieren[2].

2.411. Spes und merita: die Hoffnung als theologische Tugend

Der Exkurs als ganzer tendiert auf eine Auseinandersetzung mit der für
die ganze scholastische Tradition grundlegenden Definition der spes bei
Petrus Lombardus[3]. Schon früher hatte sich Luther mit dieser Auffassung
auseinandergesetzt[4]. Wie die Thesen der *Disputatio contra scholasticam theologiam* zeigen, war Luther in diesen früheren Kritiken daran interessiert, die
eher spätscholastische Lehre zu widerlegen, daß die Tugend der Hoffnung
den amor concupiscentiae aus der Unordnung seiner eigennützigen Zielsetzung, nämlich Gott nur zu lieben um der eigenen Seligkeit, des eigenen
Heiles willen, wieder in die richtige Ordnung bringe[5]. Doch auch schon
dort tendiert Luther auf eine Kritik der im großen und ganzen einen
gemeinscholastischen Konsens bildenden Lehre, daß die Hoffnung auf

---

[1] Die Auslegung von Ps 5,12 erstreckt sich in WA 5 von 156,18 bis 194,16. Das Zwischen-
stück über die spes hingegen steht 158,4–177,27. Vgl. auch VF 67,14–68,25. 79,22–89,3.
Dieses Stück scheint schnell das Interesse auf sich gezogen zu haben. Es wurde als erstes aus
den Operationes anscheinend schon früh (zwar ohne Jahresangabe) ins Deutsche übersetzt und
unter dem Titel »Von der Christlichen Hoffnung ein tröstlich leer für die kleinmütigen
Martin Luthers über on ein de letsten verss des fünfften Psalmen, Verba mea auribus, etc.«
veröffentlicht. Dieser Text erschien dann noch verschiedentlich, entweder isoliert oder
zusammen mit einem anderen übersetzten Stück, mit der Auslegung von Ps 13(14),1, die
unter dem Titel »Vom Glauben, Was er sey etc. Und wie die Cerimonien gehalten oder
verlassen sollen werden. Doct. Mart. Luth. zu Wittenberg. In Psalmo. xiij.« veröffentlicht
wird.
[2] Für die Darstellung sowohl der spes beim jungen Luther als auch des Traditionshinter-
grundes in Hinsicht auf das Verständnis der Hoffnung: *R. Schwarz,* Fides, spes und caritas
beim jungen Luther unter besonderer Berücksichtigung der mittelalterlichen Tradition, AKG
34, 1962, besonders 316–357. 424–427. Zur systematischen Verarbeitung: *Fr. Gogarten,* Die
Frage nach Gott, 1968, 88–112 (IV. Die Hoffnung, die hofft, da nichts zu hoffen ist).
[3] Vgl. das knappe Referat dieser Definition in 163,32–34: . . . Magister Sententiarum cum
universa theologorum turba diffinitionem spei amplectantur illam: Spes est certa expectatio
praemii, ex meritis proveniens.
[4] Bereits zwei Predigten aus dem Jahre 1516 enthalten erste kritische Bemerkungen
zur scholastischen Definition der spes (WA 1; 70,24 ff [Pred. 3. 8. 1516]. 84,22 ff [Pred. 24. 8.
1516]). Auch in der Disputatio contra scholasticam theologiam (1517) setzt sich Luther in den
Thesen 21–25 mit der scholastischen Konzeption der Hoffnung auseinander. Ebenso in den
Decem praecepta Wittenbergensi praedicata populo (1518) findet man eine Widerlegung der
traditionellen Auffassung (WA 1; 428,30 ff).
[5] Vgl. die 23. These der Disp. contra schol. theol., WA 1; 225,11 f: 23. Nec est verum quod
actus concupiscentiae possit ordinari per virtutem spei. Contra Gab. Für eine ausführliche
Darstellung dieses Aspektes der Auseinandersetzung, s. *R. Schwarz* aaO (s. o. Anm. 2)
342–348.

Verdienste bezogen sei[6]. Im Exkurs zu Ps 5,12 konzentriert er sich nun ganz auf diesen letzten Punkt. Diese Theologen, so kommentiert Luther sein Referat der Definition des Lombarden, hätten keine andere Hoffnung als die, die auf Verdiensten beruht, und das sei auch die Ursache dafür, daß »die ganze Theologie verdorben sei, Christus und sein Kreuz ignoriert und Gott seit langem vergessen werde«[7], denn, wie er weiter oben sagt, spes, quae in meritis est, nulla est[8].

Nun ist aber bemerkenswert, daß Luthers Referat die Definition des Lombarden um einiges kürzt. Hatte doch Petrus Lombardus betont, daß die spes eine certa exspectatio sei, die aus Gottes Gnade und aus vorangehenden Verdiensten kommt, und präzisiert, daß die Verdienste in doppelter Hinsicht, nämlich einerseits der Hoffnung selbst und andererseits der erhofften Seligkeit, vorangehen[9]. Zunächst ist auffallend, daß Luther die zuletzt genannte Unterscheidung der zwei Hinsichten des praecedere nicht berücksichtigt: er merkt vielleicht, daß diese Unterscheidung zwischen einem subjektiven und einem objektiven Aspekt der Gewißheit der spes nicht streng durchzuführen ist. Doch entscheidender ist, daß er das ex dei gratia ausläßt und die spes auf eine certa expectatio ex meritis proveniens reduziert. Entsteht hier nun ein Mißverständnis? Verfehlt hier Luther die wirkliche Absicht des Lombarden und der scholastischen Tradition? Die Verkürzung der Definition ist keine Verfälschung, sondern bereits so etwas wie eine kritische Interpretation, die den heiklen Punkt anzeigt. Luther weiß wohl um die scholastische Problematik der göttlichen Gnade. Das läßt sich in unserem Exkurs an einigen einschneidenden Stellen zeigen.

Gleich nachdem er die Definition des Lombarden referiert und kurz beurteilt hat, versucht Luther, in der scholastischen Theologie einen Widerspruch aufzuweisen[10]. Während die scholastischen Theologen die Hoffnung als aus Verdiensten kommend bestimmen, »bekennen sie doch, daß Glaube, Hoffnung und Liebe eingegossene Tugenden und Prinzipien alles Guten seien«. Damit ist die Dimension der Gnade ausgesprochen:

---

[6] Das ist schon das Thema der 25. These der Disp. contra schol. theol., WA 1; 225,15 f: 25. Spes non venit ex meritis, sed ex passionibus merita destruentibus. Contra usum multorum.

[7] 163,34–37: Neque enim aliam spem illi habent, nisi quae est in meritis. Ex qua sententia quid aliud potuit sequi quam ruina universae theologiae, ignorantia Christi et crucis eius et oblivio . . . dei diebus innumeris?

[8] 160,22 f.

[9] Sent. III dist. 26 cap. 1 n. 1 (zitiert nach *R. Schwarz* aaO 424): Est enim spes certa exspectatio futurae beatitudinis veniens ex dei gratia et ex meritis praecedentibus vel ipsam spem, quam natura praeit caritas, vel rem speratam, i.e. beatitudinem aeternam; sine meritis enim aliquid sperare, non spes sed praesumptio dici potest.

[10] 163,38–164,4: Quod autem nobis ad hoc dicent, quod fidem, spem, charitatem ipsimet confitentur infusas esse virtutes et principia omnium bonorum? Neque enim etiam ipsi merita ante charitatem fieri dicunt. Tum cum charitate simul infundi spem et fidem constanter asserunt, ergo eorum quoque sententia non spem ex meritis, sed merita ex spe provenire certum est, et tamen spem diffinientes vertunt hanc sententiam sibique contradicunt, spem ex meritis producentes.

Verdienste können der Liebe nicht vorangehen, und mit der Liebe werden auch die zwei anderen Tugenden eingegossen. Aus der Konfrontation der zwei Bestimmungen läßt Luther den Widerspruch entstehen: ist die Hoffnung eine gnadenhaft eingegossene Tugend, erwachsen die Verdienste aus der Hoffnung; ist sie aber ein gewisses aus den Verdiensten kommendes Erwarten von Lohn, erwächst die Hoffnung aus den Verdiensten. Diesen Widerspruch, diese Unklarheit könnte man gerade in der Definition des Lombarden ausgedrückt sehen, denn wie ist es überhaupt denkbar, daß die Hoffnung zugleich ex dei gratia und ex meritis praecedentibus herkommen kann? Muß ein solches Nebeneinander nicht notwendig zur Vernachlässigung der Gnade, zur Reduktion auf ein ex meritis führen? Zu diesem Schluß kommt Luther in der kritischen Erörterung der Definition der Hoffnung als theologischer Tugend.

Er nimmt hier una omnium sententia auf: »die Hoffnung sei eine theologische Tugend, die nichts anderes als Gott allein zum Gegenstand habe«[11]. Auch hier unterstreicht er die Dimension der Gnade in der bonitas und in der verheißenen misericordia. Von dort her kann er nun die Hoffnung beurteilen, die auf Gott und zugleich auf die Verdienste hofft. Luthers Formulierung vollzieht hier eine Gleichsetzung dessen, was die Tradition als Gegenstand und Gewißheitsgrund der Hoffnung unterschieden hatte, und läßt die scholastischen Bestimmungen der zwei Dimensionen in Konkurrenz zueinander treten. Setzt man die Verdienste als Gewißheitsgrund, so wird die Hoffnung auch ein Hoffen auf sie und ist kein reines Hoffen mehr, das auf die göttliche Güte allein hofft. Gewißheitsgrund und Gegenstand bedingen einander und müssen deshalb zusammenfallen: erst dann ist die Hoffnung wirklich theologische Tugend, die auf Gott allein ausgerichtet ist, wenn dessen Güte und Barmherzigkeit auch deren einziger Gewißheitsgrund ist. Dadurch erfolgt eine ganz neue Bestimmung der Vermessenheit, die die Definition des Lombarden gewissermaßen auf den Kopf stellt: war dort die Vermessenheit, etwas ohne Verdienste zu erhoffen, so ist sie hier, auch auf seine Verdienste zu hoffen, anstatt auf die reine Barmherzigkeit Gottes. Deshalb steigert Luther seine Aussage dahin, daß die Hoffnung, wie auch Glaube und Liebe, erst dann wirklich theologische, göttliche Tugend ist, wenn für sie Gott alles ist, »Objekt, Subjekt, Wirker, Werk, Kunst und Weise«[12].

Doch damit ist die Kritik noch nicht zu Ende geführt. Es könnte ja immer noch der Eindruck entstehen, Luther verzeichne die scholastische

---

[11] 162,21–25: Haec omnia hoc probantur firmamento, quod una omnium sententia Spes sit virtus Theologica, non nisi solum deum habens pro obiecto (ut vocant), Deus autem bonitas est et misericordia nostra nobis promissa. Ubi si quis in aliud quam promissam misericordiam (idest deum) sperat, iam praesumit amissa spe. Idem facit, qui simul cum meritis in deum sperat.

[12] 162,29–31: Adeo istae tres virtutes sunt divinae tantummodo divinum obiectum, subiectum, operatorem, opus, artem, modum obtinentes.

Position. In der Tat, das Beieinander von Gottes Gnade und Verdiensten
hat einen ganz bestimmten, bis jetzt noch nicht genug explizierten Grund.
Es beruht auf Elementen des aristotelischen Verständnisses der virtus, die
in der scholastischen Tradition aufgenommen wurden. Wie das schon
Luther angedeutet hatte, unterscheiden sich in der Tradition die drei
theologischen Tugenden von den anderen Tugenden, den virtutes morales,
die in den vier Kardinaltugenden gipfeln, dadurch, daß sie infusae sind,
dem Menschen gnadenhaft eingegossen werden, während die anderen
acquisitae sind, durch den Menschen selbst erworben und eingeübt werden. Doch diese Unterscheidung wird noch durch eine andere Differenzierung nuanciert. Eingegossen ist in der theologischen Tugend nur der
habitus, die Fertigkeit. Der actus hingegen kommt dem Menschen als
sittliche Aufgabe zu: er muß die ihm eingegossene Fertigkeit in actu
verwirklichen, und erst diese aktuale Verwirklichung, in der sich der
Mensch verdienstlich verhält, vollendet die Tugend. Wenn also in der
Definition der spes von einem ex dei gratia et ex meritis gesprochen wird,
ist das in Hinsicht auf eine Aufteilung in habitus und actus gemeint. Das
zeigen die Unterscheidungen, mit denen etwa Bonaventura und Thomas
von Aquin bei der Definition der spes operieren[13]. Während Bonaventura
zwischen habitus, res sperata, actus und status der Hoffnung unterscheidet,
differenziert Thomas habitus, actus und res sperata. Doch beide sind sich
darin einig, daß ein provenire ex meritis zwar allen anderen Aspekten
zukomme, nicht aber dem habitus der Hoffnung, denn dieser werde dem
Menschen aus reiner Gnade eingegossen.

Hat nun Luther diese Nuancen übersehen? Gegen Schluß seines Exkurses
kommt er noch einmal auf das Problem der theologischen Tugenden
zurück[14]. An dieser Stelle greift er zurück auf die Unterscheidung von
virtutes morales und virtutes theologicae, verschärft sie aber sofort: während die moralischen Tugenden im tätigen Handeln vollendet werden –
darin drückt sich die Ausrichtung des habitus auf den actus aus –, kommen
die theologischen nur im Erleiden zur Vollendung. Damit wird es ganz
unmöglich, die Unterscheidung von habitus und actus auf die theologischen Tugenden anzuwenden. Es ist für Luther überhaupt ganz falsch, die
theologischen Tugenden vom Schema des auf den actus, auf das Handeln
abzielenden habitus her zu verstehen. Dieses Schema mag zwar für die

---

[13] Vgl. den Exkurs über die scholastische Definition der spes bei R. *Schwarz* aaO 424–426.

[14] S. 176,1 ff. 176,1–14: Ex quibus hoc sequi videtur: Quod caeterae virtutes forte
poterunt agendo perfici, Fides vero, spes et charitas non nisi patiendo: patiendo, inquam, intus
operationem divinam, quia caeterarum opera sunt fructus fidei, spei, charitatis, quasi videas
incarnatam fidem, incarnatam spem, incarnatam charitatem, atque omnino in crassis tantum
operibus exercentur . . . At fidei, spei, charitatis opus et esse videntur idem esse. Quid enim
est fides, nisi motus ille cordis, qui credere, Spes motus, qui sperare, Charitas motus, qui
diligere vocatur? Nam phantasmata illa puto humana esse, quod aliud sit habitus et aliud actus
eius, praesertim in his divinis virtutibus, in quibus non est nisi passio, raptus, motus, quo
movetur, formatur, purgatur, impregnatur anima verbo dei, . . .

anderen Tugenden einigermaßen zutreffen. Dort geht es ja im Endeffekt um das tätige Handeln. Die theologischen Tugenden hingegen bedürfen nicht noch zusätzlicher eigener Werke. Die Werke der moralischen Tugenden seien ja die Frucht der theologischen, so daß man in ihnen die fleischgewordenen göttlichen Tugenden sehen kann.

Damit ist die scholastische Interpretation der theologischen Tugenden aus den Angeln gehoben, denn sie war ganz darauf aus, mit der Tugendlehre die Gnadenlehre als theologische Basis für das sittliche Handeln zu artikulieren. Indem Luther die Ausrichtung auf das agere als unsachgemäß betrachtet und das pati als Grunddimension der theologischen Tugenden setzt, greift er die Grundvoraussetzung der gesamten scholastischen Tugendlehre an. In diesem Angriff ist, wie wir noch sehen werden, die theologia crucis als Kreuzeseschatologie wirksam. Denn nun geht es nicht mehr um die actio, sondern um die *passio*, die passio als Erleiden des Handelns Gottes in mir, als ein leidendes Geschehenlassen dessen, was Gott in mir erwirken will. Doch dann kann man in der Tugend nicht mehr unterscheiden zwischen Sein und Werk, zwischen habitualem Gegebensein und aktualer Tätigkeit. Die theologische Tugend ist nichts anderes als die Herzensregung des pati intus operationem divinam, und in diesem motus cordis sind opus und esse ein und dasselbe. In ihm »wird die Seele vom Wort Gottes bewegt, gestaltet, gereinigt, durchdrungen«. Um diese Dimension zum Ausdruck zu bringen, bedarf Luther einer anderen Terminologie als der scholastischen.

2.412. Die Hoffnung im Zeichen des Kreuzes: spes als passio

Der spes als passio entspricht nicht eine vita activa, die durch die Verdienste geprägt wird, sondern eine vita passiva, »die dieses tätige Leben tötet und zerstört, bis keine Verdienste mehr übrig bleiben, derer sich ein Hochmütiger rühmen würde«[15]. Die Verdienste hemmen die wahre Hoffnung; erst ein leidendes Leben, in dem der Mensch seine Hoffnung nur noch auf Gott setzen kann, erlaubt wahre Hoffnung. Deshalb müssen die Verdienste zerstört werden, und diese mortificatio der Verdienste geschieht im Kreuz[16]. Nicht in den Werken liegt der Gewißheitsgrund der Hoffnung, sondern in den tribulationes, in denen ich auf Gott allein zurückgewiesen werde und die Werke gekreuzigt werden. Die vita passiva,

---

[15] 165,33–37: Activa sane vita, in qua multi satis temere confidunt, quam intelligunt quoque per merita, non producit nec operatur spem, sed praesumptionem, . . . Ideo addenda est vita passiva, quae mortificet et destruat totam vitam activam, ut nihil remaneat meritorum, in quo superbus glorietur.

[16] 166,39–167,1: Nostri vero iustitiarii activa meritorum vita saginati nihil aeque horrescunt atque hanc meritorum suorum crucem, decepti verbo Magistri, quando spem ex meritis provenire dicit, quae illi opera intelligunt, Apostolus vero tribulationes, idest mortificationes et cruces operum.

die allein rein ist und spes und gloria schafft, liegt im conformari imagini et exemplo Christi, des leidenden und sterbenden, von Gott verlassenen Christus am Kreuz[17]. Die reine Hoffnung ist nur als Hoffnung im Zeichen des Kreuzes möglich, denn sie ist nur als vita passiva möglich. In dieser vita passiva liegt der existentielle Vollzug der spes, den Luther im Kontrast zu einem Cicero-Zitat über das Bewußtsein des gut geführten Lebens auch als vita bene passa, gut gelittenes Leben[18] bezeichnen kann.

Es stellt sich nun für Luther ein hermeneutisches Problem. Der Ansatz der Kreuzestheologie läßt, indem er die Dimension der Passivität im Moment des Leidens als zentral aufweist, die scholastische Terminologie unsachgemäß werden, denn diese ist ja ganz auf das Handeln, die Aktivität orientiert. Luther muß nun auf eine andere Terminologie zurückgreifen, die ihm erlaubt, dieses neu entdeckte Moment der Passivität zur Sprache zu bringen. Zu diesem Zweck nimmt er die mystische Sprache auf[19].

An vielen Stellen des Exkurses tauchen diese mystischen Elemente auf. So etwa versucht Luther nach seiner ersten Radikalisierung des Begriffs der theologischen Tugend, die Beziehung des Menschen zu Gott als das mystische Verhältnis von Braut und Bräutigam zu verstehen[20]. In der reinen, auf Gott allein hoffenden Hoffnung ziehen sich Braut und Bräuti-gam in das geheime Brautgemach zurück. Wie das in der mystischen Tradition der allegorischen Auslegung schon üblich war, bezieht sich Luther für die Beschreibung dieses Brautpaares auf das Hohelied[21]. Was darin von Braut und Bräutigam, von der fleischlichen Liebe des Menschen, vom Verhältnis von Mann und Frau gesagt wird, meint das äußerste Gegenteil dieser »Wollüste«: »die vollkommensten Werke des Glaubens, der Hoffnung und der Liebe«. Sich auf Cant 8,6 stützend, nennt Luther diese Werke Tod und Hölle. Mit dieser Identifizierung hat Luther einen

---

[17] Vgl. die Beschreibung des Leidens Christi in 166,11 ff.

[18] 167,24–28.

[19] So wird etwa im angegebenen Text diese Übertragung in die mystische Terminologie als knapper, in Klammern gesetzter Kommentar formuliert, 167,26–28: Non hoc Christianus sapiat, cui potius conscientia vitae bene passae (idest ad nihilum redactae) iucundissima est, ut qui gloriatur, in domino glorietur. Daß es sich um ein hermeneutisches Problem handelt, nämlich: wie die Mängel der scholastischen Denkweise für die Erfassung der passio zu überwinden seien, zeigt sich an der auffallenden Tatsache, daß Luther im Exkurs immer nach der Kritik an der scholastischen Tugendlehre die mystische Sprache aufnimmt. Vgl. für das Folgende die Literaturangaben in 2.3. Anm. 7, vor allem *H. A. Oberman* aaO, *K.-H. zur Mühlen* aaO 195–198.

[20] Vgl. den ganzen Passus 162,31–163,29. 162,31–33: Hic enim sponsus cum sponsa secreta cubilis capit solus cum sola, ubi in caeteris operibus per filias Hierusalem aut sodales res geruntur.

[21] 163,9–14: Proinde quae in Canticis de sponso et sponsa velut lascivo et de hominum carnali amore dicuntur, immo et omnia, quae inter sexum maris et foeminae etiam num geruntur, non significant nisi extreme contraria voluptatibus illis, Nempe fidei, spei, charitatis perfectissima opera, hoc est mortem et infernum, sicut ibi dicit ›fortis ut mors dilectio, et dura sicut infernus aemulatio‹.

Gesichtspunkt gewonnen, der ihm ermöglicht, die mystische Sprache gegebenenfalls kritisch gegen sie in Anspruch zu nehmen und zu gebrauchen. »Mors et infernus« wird nun in allen weiteren Anlehnungen an die Mystik zum grundlegenden Kriterium. Nur wenn sie radikal auf Tod und Hölle ausgerichtet wird, kann die mystische Terminologie die spes als passio des Handelns Gottes, d. h. die Hoffnung im Zeichen des Kreuzes zur Sprache bringen. Nur dann kann sie für die theologia crucis fruchtbar gemacht werden[22].

Schon im Rahmen dieses ersten Passus unternimmt Luther eine Kritik der mystischen Tradition, die auf Dionysius Areopagita zurückgeht[23]. Viele Theologen, so sagt Luther, sprechen von Theologia mystica, negativa, propria, symbolica, ohne zu wissen, was sie sagen und wovon sie es behaupten, sprechen von affirmatio und negatio, ohne zu wissen, wie beides zustandekommt. Doch das Hauptmotiv der Warnung vor derer Büchern drückt Luther mit aller Klarheit aus: sie lieben weder Tod noch Hölle und erfassen deshalb nur das Gegenteil der wirklichen theologia negativa[24]. Die wahre theologia negativa liegt in der theologia crucis, denn sie verankert die Erfahrung von Tod und Hölle im Kreuz, an dem Sterben und Verdammung so durchlitten wurden, daß sie zum Leben führten. Deshalb heißt es kritisch: »Durch das Leben, d. h. durch das Sterben und die Verdammung, wird man zum Theologen, nicht durch das Verstehen, das Lesen oder die Spekulation«[25]. Der leitende Gesichtspunkt von Tod und Hölle impliziert eine Betonung des Lebensbezuges, die die Versuchung der Lebensferne kritisch beleuchtet, der die Mystik durch ihre Ausrichtung auf Entrückung und ekstatische Entzückung ausgesetzt ist.

Das läßt Luther die deutsche Mystik, vor allem die Mystik Taulers, von dem er als von einem Gottesmann sprechen kann, viel positiver beurteilen. Diese Mystiker sind experti, sie haben erfahren, was sie sagen, und konzentrieren sich deshalb auf die Bewährung der Anfechtung, der Trübsal[26]. In diesem Kontext, in dem es darum geht, die probatio genauer zu

---

[22] Hier zeigt sich schon, was wir im folgenden noch werden verifizieren können: Luthers theologia crucis ist nicht einfach eine verspätete Form der mittelalterlichen Kreuzes- und Leidensmystik, wie das z. B. Moltmann meistens anzunehmen scheint (s. o. 2.1.). Vielmehr führt gerade die theologia crucis Luther dazu, die Mystik nicht unkritisch, sondern mit kritischer Sorgfalt zu betrachten und zu verwenden. Deshalb wird man auch nicht einfach pauschal von *der* mittelalterlichen Mystik sprechen können, sondern, wie das Luther auch tat, sie aus kritischer Distanz und differenzierend beurteilen müssen.

[23] Vgl. 163,17–29.

[24] 163,20–24: Nec possunt commentaria eorum citra periculum legi, quod quales ipsi fuerunt, talia scripserunt, sicut senserunt, ita locuti sunt. Senserunt autem contraria negativae theologiae, hoc est nec mortem nec infernum dilexerunt, ideo impossibile fuit, ut non fallerent tam seipsos quam suos lectores.

[25] 163,28 f: Vivendo, immo moriendo et damnando fit theologus, non intelligendo, legendo aut speculando.

[26] 165,18–20: Hinc Taulerus, homo dei, et experti dicunt, deum suis filiis non esse unquam gratiorem, amabiliorem et dulciorem ac familiariorem quam post tribulationis probationem.

bestimmen, kommt Luther noch einmal auf das Verhältnis von sponsus und sponsa zu sprechen[27]. Er nimmt die mystische Vorstellung des amplexus, der Umarmung von Bräutigam und Braut auf. Obschon hier die dem Fleisch entgegengesetzte Wollust im Zentrum des Interesses steht, die der Bräutigam die Braut nach den Umarmungen empfinden läßt, legt Luther das Gewicht gerade nicht auf das, was nach den Umarmungen geschieht, sondern auf die amplexus selbst und versteht diese radikal als mors et infernus. In diesen harten amplexus geschieht die Reinigung der Rebe, die die süßesten Früchte hervorbringt[28]. Diese Umarmungen geschehen im Kreuz, das die Bewährung der Anfechtung bewirkt und an dem der Mensch in der Anfechtung mit Christus gekreuzigt wird.

In ähnlicher Weise nimmt Luther weitere mystische Vorstellungen auf. Nachdem er in Auseinandersetzung mit Cicero die vita bene acta und die vita bene passa unterschieden und dazu einige Bibelstellen angeführt hat, kommt Luther zuletzt auf Ps 115 (116), 11 zu sprechen. An dieser Psalmstelle entfaltet die ganze mystische Tradition die Vorstellung des excessus[29]. Mit Augustin und anderen deutet Luther hier diesen excessus als »die Anfechtung, in der der Mensch belehrt wird, wie eitel und lügnerisch jeder ist, der nicht auf Gott allein hofft«[30]. Gott allein ist wahr, und der Mensch bleibt Mensch, eitel und lügnerisch, solange er nicht an Gott Anteil gewinnt. Diese Teilhabe an Gott ist nur dann verwirklicht, wenn der Mensch, durch den excessus zunichte gemacht, sich mit wahrem Glauben und Hoffen an ihn hängt. Auch hier merken wir, wie Luther die mystischen Vorstellungen mit den Kategorien, die ihm am Herzen liegen, interpretiert: hier das deo adhaerere, das in der Mystik Entrückung wäre, mit dem vera fide et spe. Die redactio ad nihilum, die Luther nun eindrücklich beschreiben kann[31], ist diese fides, diese spes; das Sich-Hängen-an-Gott ist das Glaubensverhältnis, in dem der Mensch zum Nichts zurückkehrt, aus dem er gekommen ist. Doch wer ins Nichts zurückkehrt, kehrt zu Gott zurück, der ihn aus dem Nichts gerufen hat.

---

[27] 165,21–23: Sicut et filii patrem carnis dulcius amant post virgam, qua verberati sunt, Ita carni contraria voluptate sponsus sponsam suam afficit Christus, Nempe post amplexus. Amplexus vero ipsi mors et infernus sunt.

[28] 165,24 ff.

[29] Für eine Darstellung der Hauptstadien der Auslegungsgeschichte von Ps 115 (116), 11, vgl. *K.-H. zur Mühlen* aaO (s. o. 2.3. Anm. 7) 54 ff.

[30] 167,38–168,1: Hoc voluit ps. cxv. ›Ego dixi in excessu meo: Omnis homo mendax‹. Excessus iste tribulatio fuit, in qua homo eruditur, quam vanus mendaxque sit omnis homo, qui non in solum deum sperat. Homo enim homo est, donec fiat deus, qui solus est verax, cuius participatione et ipse verax efficitur, dum illi vera fide et spe adhaeret, redactus hoc excessu in nihilum.

[31] 168,1–7: Quo enim perveniat, qui sperat in deum, nisi in sui nihilum? Quo autem abeat, qui abit in nihilum, nisi eo, unde venit? Venit autem ex deo et suo nihilo, quare in deum redit, qui redit in nihilum. Neque enim extra manum dei quoque cadere potest, qui extra seipsum omnemque creaturam cadit, quam dei manus undique complectitur . . . Per mundum ergo rue, quo rues? utique in manum et sinum dei.

Das Zunichtewerden deutet Luther als ein Fallen, und zwar als ein Fallen aus sich selbst und aus aller Kreatur heraus in die alles umfassende Hand Gottes.

In der mystischen Tradition läßt sich eher die Tendenz auf ein Nacheinander in der Bestimmung des Verhältnisses von Zunichtewerden und Ekstase feststellen. Das zeigt sich etwa an der voluptas, die der Braut post amplexus geschenkt wird. Die Aufnahme des Mystischen bei Luther, wie es sich an dieser Stelle vollzieht, tendiert eher auf ein spannungsvolles Ineinander: das Zurückgehen ins Nichts ist das Zurückgehen auf Gott, das Fallen aus sich selbst ist ein Fallen in Gott. Diese Unterscheidung gilt nicht ohne Einschränkungen und Nuancen. Die mystische Überlieferung ist zu vielfältig und deren Übernahme durch Luther zu komplex, um absolute Trennungslinien zu erlauben. Man wird jedoch von zwei verschiedenen Akzentsetzungen sprechen können, die in allen Nuancen und Überschneidungen die Grundperspektiven bestimmen. Luthers Perspektive ist durch die Kreuzeseschatologie bestimmt, und wenn er von der Mystik kritisch Distanz nimmt, geschieht das im Namen des Kreuzes, in dem das Leben im Sterben, die Seligkeit in der Verdammung verborgen liegt.

Das zeigt sich am klarsten gegen Schluß des Exkurses, im Passus, in dem er die scholastische Tugendlehre und deren Unterscheidung von habitus und actus von der Bestimmung der Hoffnung als passio her in Frage stellt[32]. Auch hier wieder führt die Kritik an der Tugendlehre zu einem Aufgreifen der mystischen Sprache. Die spes als passio wird zunächst unmittelbar als ein raptus, als ein motus beschrieben, in dem »die Seele durch das Wort Gottes bewegt, gestaltet, gereinigt, durchdrungen wird«[33]. Darauf beruht für Luther die Unterscheidung zwischen den sittlichen und den theologischen Tugenden: jene haben äußerlich mit groben, leiblichen Werken zu tun, diese aber »innerlich mit dem reinen Wort Gottes«[34]. Aus dem »interne« wird man hier nicht die Vorstellung des verbum internum ableiten können. Zwar wirkt das verbum dei innerlich, jedoch gerade als verbum externum, incarnatum. Das ist ein Zug, der Luther von der mystischen Tradition unterscheidet, wie überhaupt seine Bestimmung des Verhältnisses von innen und außen, von Internität und Externität[35].

In diesem Verhältnis von Wort Gottes und Seele wird die Passivität der Seele stark hervorgehoben: die Seele ergreift nicht das Wort, sie wird durch es ergriffen. In diesem Ergriffenwerden wird der Seele alles weggenommen. Sie wird in die Wüste, in ihre Kammer, in den Weinkeller geführt, wie Luther mit allegorisch interpretierten Stellen aus Hos und Cant den

---

[32] 176,1 ff. S. o. S. 136 f.

[33] S. o. Anm. 14.

[34] 176,16–18: Denique caeterae virtutes versantur circa res crassas et corporales externe, Illae vero circa purum verbum dei interne, quo capitur et non capit anima, . . .

[35] Vgl. zu diesem Thema das Werk von *K.-H. zur Mühlen* (s. o. 2.3. Anm. 7).

raptus, die »Entführung«, das Hingerissenwerden, die Reinigung der Rebe erläutert. Zwei weitere mystische Begriffe greift er in seiner Beschreibung auf: neben raptus, nun ductus und expolitio[36], Führung und Verfeinerung, Auspolierung. Auch hier wieder betont Luther mit denselben Worten wie an den anderen Stellen die Schwierigkeit dieses engen Weges: auf ihm stirbt die Seele und fährt in die Hölle. Alles, worauf sie stand, womit sie umging, woran sie hing, ist ihr genommen und sie berührt weder Erde noch Himmel, sie fühlt weder sich noch Gott, in der Dunkelheit und Finsternis sieht sie nichts mehr. Das sind lauter Themen der Mystik, was Luther auch mit einer kritischen Bemerkung notiert[37]. Diese Bewegung der Seele würden die Mystiker »ins Dunkel schreiten«, »über Sein und Nichtsein hinausgehen« nennen. Doch ist Luther unklar, »ob sie sich selbst dabei verstehen, wenn sie diesen ductus sogenannten erwirkten Akten zuschreiben und nicht glauben, daß er vielmehr die Leiden des Kreuzes, des Todes und der Hölle bedeutet«.

Mit der Idee der actus eliciti spielt Luther auf eine vornehmlich ockhamistische Lehre an, die sich seinem Urteil nach in der Auffassung derer, die er hier die Theologi mystici nennt – man wird deshalb wohl an die nominalistische Mystik denken müssen! –, widerspiegelt. Die actus eliciti meinen Akte, die der freie Wille jederzeit von sich aus, ohne habituale Ausstattung, vollziehen kann, in denen er sich auf die erkannten Objekte ausrichtet und sich so einen habitus erwerben kann[38]. Dadurch setzt das Erleben des Zunichtewerdens und des raptus naturhaft durch den menschlichen Willen erwirkte Akte voraus und ist insofern nicht mehr pura passio. Deshalb betont Luther erneut kritisch Tod und Hölle und noch viel stärker das Kreuz, das er mit einer particula exclusiva versieht, die die Mystik in dieser Radikalität wahrscheinlich nicht akzeptiert hätte: »Das Kreuz allein ist unsere Theologie«. Hatte Luther die mystische Sprache in Anspruch genommen, um die spes als passio zu erfassen, so muß er hier auch die Mystik einer Kritik unterziehen, denn auch sie schreibt noch etwas den eliciti actus zu, verfälscht so die passio der Hoffnung, indem sie sie mit bestimmten actus verknüpft. Semper est passio, betont hingegen Luther, indem er alle gebrauchten mystischen Termini im Bild des Tons und des Töpfers zusammenfaßt[39]. In ihrem Angewiesensein auf eliciti actus erweist

---

[36] 176,21–24: At hic ductus, hic raptus, haec expolitio misere eam discrutiat. Arduum est enim et angusta via relinquere omnia visibilia, exui omnibus sensibus, educi ex consuetis, denique hoc mori est et ad inferos descendere.

[37] 176,29–33: Hunc ductum Theologi mystici vocant In tenebras ire, ascendere super ens et non ens. Verum nescio, an seipsos intelligant, si id actibus elicitis tribuunt et non potius crucis, mortis infernique passiones significari credunt. CRUX sola est nostra Theologia.

[38] Zu den actus eliciti, vgl. *R. Schwarz* aaO 328–335. Bei Luther s. auch schon WA 56; 465, 15–24 (Röm. Vorlesung).

[39] 177,12–17: Velle enim illud, quod credere, sperare, diligere iam diximus, est motus, raptus, ductus verbi dei et quaedam continua purgatio et renovatio mentis et sensus de die in diem in agnitionem dei. Licet non semper aeque intensa sit illa passio, tamen semper est

sich die Mystik als theologia gloriae. Hoffnung im Zeichen des Kreuzes heißt: »Das Kreuz allein ist unsere Theologie«.

2.413. Spes und desperatio: die Frage nach dem affectus

Nachdem wir Luther bei seiner Verarbeitung sowohl der scholastischen als auch der mystischen Gedanken beobachtet haben, stellt sich nun die Frage, worauf Luther sich in seiner eigenen Interpretation des Hoffnungsbegriffes letzten Endes konzentriert. Was ist das tragende Movens in diesem Versuch Luthers, die spes ganz neu von der theologia crucis her auszulegen? Gegenüber der Scholastik wie auch der Mystik verschärfte er den Gesichtspunkt der passio. Anders gesagt: es geht ihm darum, das Handeln Gottes in uns als eine Bestimmung wahrzunehmen, die nicht nur die habituale Fähigkeit zu verdienstlichen Werken eingießt, noch den Menschen elicitis actibus zu einer vom Leben entfernenden Entrückung führt, sondern als eine Bestimmung, die das Leben des Menschen von Grund auf neu begründet, gestaltet und befreit. In seiner Auslegung des spes-Begriffes geht es deshalb Luther darum, die spes auf ihre Existenzbezogenheit hin zu prüfen, sie als eine Größe zu verstehen, die unsere ganze Existenz affiziert[40]. In diese Richtung geht schon sein Verständnis der drei theologischen Tugenden, die er ganz von ihrem motus cordis her erfaßt[41]. Noch viel klarer kommt das in der Frage nach dem affectus zur Sprache. Das geschieht gleich zu Beginn des Exkurses[42].

Luther formuliert hier parallel im Sinne einer Steigerung: »wie Ungeduld, Traurigkeit, Verwirrung nicht ihren eigentlichen und ersten Ursprung in der Menge und in der Größe aller möglichen Betrübnisse, Widerwärtigkeiten, Übel haben, sondern vielmehr im Affekt, der solches verabscheut und unverständig das Gegenteil, das Glückliche, das Ange-

---

passio. ›Ecce (inquit Hiere. XVIIj. [Jer 18,6]) sicut lutum in manu figuli, ita vos domus Israel in manu mea‹. Die Auslegung der Stelle (s. 177,17 ff) zeigt einmal mehr, daß es Luther letztlich darauf ankommt, wie Gott im Menschen am Werk ist.

[40] So auch *R. Schwarz* aaO 232 zu Luthers Verständnis der spes zur Zeit der 1. Psalmenvorlesung: ». . . daß die spes in dem Begriff des vivere in spe zu einer umfassenden Existenzbestimmung wird und nicht mehr ein psychologisch eingesetzter Tugendhabitus ist.«

[41] Z. B. 176,9–11: Quid enim est fides, nisi motus ille cordis, qui credere, Spes motus, qui sperare, Charitas motus, qui diligere vocatur?

[42] 158,7 ff. In VF wird dieser erste Abschnitt des Exkurses mit folgender kurzen Formel eingeführt, VF 79,26: Sit ergo haec posita prima regula et conclusio: . . . In WA lautet die einleitende, fast thesenartige Entfaltung des Problems 158,7–13: Igitur sicut impatientia, tristitia, confusio proprie et primo non proveniunt ex multitudine vel magnitudine afflictionum, adversitatum, malorum quorumcunque, sed potius ex affectu talia exhorrescente et contraria, prospera, iucunda, gloriosa appetente insipienter: Ita desperatio, tristitia spiritualis, confusio perturbatae conscientiae non proveniunt proprie et primo ex multitudine et magnitudine peccatorum, sed ex affectu potius peccata exhorrescente et copiam bonorum operum, iustitiae, salutis quaerente insipienter.

nehme, das Herrliche sucht, so haben auch Verzweiflung, geistliche Traurigkeit, Verwirrung des beunruhigten Gewissens nicht ihren eigentlichen
und ersten Ursprung in der Menge und Größe der Sünden, sondern
vielmehr im Affekt, der die Sünden verabscheut und unverständig eine
Fülle von guten Werken, von Gerechtigkeit und Heil sucht«. Ungeduld
und Verzweiflung entscheiden sich also nicht an den Widerwärtigkeiten
und Sünden selbst, die uns widerfahren, sondern an der Einstellung des
menschlichen Herzens ihnen gegenüber. Traurig und betrübt sind die
Menschen, »nicht weil Widerwärtigkeiten und Trübsale kommen, sondern
weil sie, wenn solche kommen, in ihrem törichten Affekt nicht auf Gott
schauen, sondern nur dem verlorenen Glücklichen und Angenehmen nach-
trauern«[43]. Denen, die auf Gott hoffen, bleiben die Trübsale und die
Sünden nicht erspart. Doch weil sie sich nicht daran hängen, können sie sie
für nichts halten. Darauf kommt es letztlich an: wie man durch die Dinge
des Lebens affiziert, betroffen wird. In diesem existentiellen Betroffensein
liegt das Unterscheidende: ob ich mich in der Hoffnung mit meinem
ganzen Wesen und Leben auf Gott verlasse oder ob ich in meiner ganzen
Person durch den affectus laetitiae et gloriae affiziert und deshalb von jeder
Trübsal betrübt werde. Daran entscheiden sich Freude und Traurigkeit[44].
Deshalb kann Luther das – ursprünglich stoische – Sprichwort aufnehmen,
daß die Welt von Meinungen regiert werde, denn auf die opinio kommt es
letztlich an. Die Dinge haben die Bedeutung, die ich ihnen in meiner
Einschätzung, in meiner opinio von ihnen schenke. Somit verknüpft sich
der affectus mit dem existentiellen Verstehen und Einschätzen meiner
Situation vor Gott.

Für die Gläubigen verfügt Gott über alles, er schenkt und nimmt zurück.
Deshalb hangen sie nicht so sehr am Geschenkten und am Verlorenen,
sondern vielmehr am Geber selbst, an Gott[45]. Das läßt sie zwischen Wohl
und Übel mitten hindurchgehen und so Vermessenheit und Verzweiflung
vermeiden. Der insipiens affectus laetitiae et gloriae hingegen liefert der
Vermessenheit aus: der Vermessenheit, auf gute Werke zu hoffen und sie

---

[43] 159,4–12: Quid aliud faciunt, quam ut tristentur, perturbentur, impatientes fiant, non
quia adversa et tristia veniunt, sed quia his venientibus affectu suo stulto non ad deum, sed
post sua prospera et iucunda respectant? . . . Quare universa cuiuslibet tristitiae causa est
affectus laetitiae et gloriae insipiens, quibus nisi esset agglutinatus, nihili faceret adversitates,
ut sit verissimum proverbium: Mundus regitur opinionibus, et tales cuique res, qualis opinio
rerum, contemptae nulli neque nocent, neque prosunt, aestimatae autem tum prosunt, tum
nocent.
[44] Während die Traurigkeit paradoxerweise ihren Ursprung im affectus laetitiae et gloriae
hat, kommt die wahre Freude allein aus der Hoffnung. 157,13–15: Vis ergo scire, ubi sit vera
cordis laetitia? ›Laetentur‹ inquit ›qui sperant in te‹. Stat haec diffinitio certa et sententia firma,
non in operibus, non in rebus ullis, sed in spe pura cor hominis laetatur.
[45] 159,40–160,2: Nec praesumentes, quod bene vivunt, nec desperantes, quod peccant,
Scientes in neutro horum eis esse sive laetandum seu tristandum, ut quae sciant esse dona dei
aut donorum dei ablationem, ipsi vero in ipso datore fixi haerent.

den Sünden entgegenzustellen. Doch der Wahn zu meinen, die Sünden würden durch Werke getilgt, läßt diese Vermessenheit notwendig in Verzweiflung umschlagen, denn nicht einmal gegen eine läßliche Sünde vermögen die Werke aufzukommen[46].

Interpretiert man die Hoffnung in der Perspektive der Frage nach dem affectus, wie das hier Luther tut, so konzentriert sich die ganze Auslegung auf den Gegensatz von Hoffnung und Verzweiflung. Die Frage ist jetzt nicht mehr: wie verwirkliche ich in actu die mir eingegossene Hoffnung?, sondern: was geschieht nun, »wenn ich nicht hoffen kann und so meine unüberwindliche Verzweiflung fühle?«[47] Das ist in der Perspektive des Affektes die entscheidende Frage. Deshalb geht Luther so ausführlich darauf ein und entfaltet, was in solcher Lage zu tun sei.

Die Verzweiflung gehört zur Hoffnung und begleitet sie als ihre schwerste Anfechtung, und deshalb gilt es, sich von der Verzweiflung nicht zur Verzweiflung verführen[48], sondern zur Hoffnung ermahnen zu lassen. Die Verzweiflung stellt die Hoffnung auf die Probe, auf die härteste Probe, und ist, insofern sie bestanden wird, die beste Stärkung der Hoffnung. Die Hoffnung ohne Verzweiflung wäre Vermessenheit, die ohne Anfechtung auskommen will. Eine so schwere Anfechtung ist die Verzweiflung, weil sie die größte Sünde ist, die Sünde gegen das erste Gebot, die Verleugnung Gottes ardentissimo et aeterno affectu[49]. Es gilt deshalb zwischen spes und desperatio dasselbe Verhältnis wie zwischen Gerechtigkeit und Sünde: ein radikales simul[50]. Die Gleichzeitigkeit von Hoffnung und Verzweiflung läßt die Hoffnung erst wirklich Hoffnung sein. Luther kann hier die Unterscheidung von in re und in spe aufnehmen, die er auch sonst oft braucht. In dieser Terminologie heißt das simul von spes und desperatio, daß die spes immer in spe bleibt und nie in re gilt. In dieser Bestimmung der spes in spe liegt ein kritischer Maßstab, der die wahre, die reine von der falschen, vermessenen Hoffnung unterscheidet.

---

[46] Vgl. 159,13 ff.

[47] Für die Konzentration auf den Gegensatz von spes und desperatio s. 170,10 ff. 170,10 f: Dicet adhuc pusillanimis et infirma conscientia, quid si non possim sperare, atque ita sentiam meam invincibilem desperationem?

[48] 170,11–14 (als Antwort auf die in Anm. 47 zitierte Frage): Dicemus et nos, nec sic desperandum, etiam si desperare te sentias. Non est desperatio, quae non vult doletque, se desperare, sed est spei tentatio, omnium tentationum sine omni dubio gravissima, . . .

[49] 171,18–23: Neque enim, si omnium aliorum praeceptorum peccata fecisses idque multis modis, tantum peccasti, quantum si hoc momento contra primum hoc praeceptum desperes. Nam hoc esset iam deum directe negare, quod horrendum est cogitare. Quis enim deo suo in faciem dicit: Tu non es deus? immo quis hoc audire potest? et tamen desperans hoc dicit ardentissimo et aeterno affectu.

[50] Dieses doppelte simul von Gerechtigkeit und Sünde und von Hoffnung und Verzweiflung erläutert das Vaticana-Fragment VF 85,1 ff. Nachdem Luther das simul iustus et peccator entfaltet hat, sagt er 85,26–86,4: Similiter de spe dicendum, quod simul desperamus, id est sine spe sumus, et simul speramus, quia spem in spe quaerimus; quod speramus, hoc ignoramus, quod desperamus, hoc scimus, ideo enim petimus, quia desperare nos scimus et sentimus. At ideo sperantes reputamur a deo, quia spem petimus.

2.414. Spes und peccatum: die tribulatio

Da die Verzweiflung als höchste Sünde identifiziert ist, wird sie in ihrer Relevanz für das Verständnis der Hoffnung im Begriff des peccatum weiter reflektiert. Im Kontrast zur scholastischen Lehre, daß die Hoffnung nur vollkommene Hoffnung ist, wenn sie sich auf Verdienste stützen kann, die sie actualiter verwirklichen, ist Luther um die Hoffnung des Sünders besorgt. Was ist die christliche Hoffnung, wenn sie dem Sünder nicht zukommt? Wie wird der Sünder sich zur Buße kehren, wenn ihm keine Hoffnung gegeben wird? Wo wird dann ein Gerechter sein, wenn kein Sünder mehr Buße tut? Das sind alles Fragen, die sich kritisch gegen die scholastische Lehre wenden[51]. Die scholastische Lehre macht aus der Hoffnung eine praesumptio, die den timor dei, das eigentliche exercitium spei, verachtet. Und deshalb betont Luther in bewußt antischolastischer Weise, daß es gerade die Natur der Hoffnung sei, nicht in Verdiensten, sondern in Sünden zu sein[52].

Diese Formulierung bedarf der Präzisierung. Man darf sie nicht etwa materialiter verstehen; man darf nicht etwa zum Schluß kommen, man müsse möglichst viel sündigen und Übles tun, damit man um so mehr hoffen kann. Auch hier geht es einmal mehr um den affectus der Sünde, den affectus des Trauens auf die Werke[53]. Diesen Affekt gilt es in aller Radikalität zu erkennen und anzuerkennen, damit er »zertreten, ausgerissen und vernichtet werde«. Also nicht durch ein Verharren in der Sünde unterscheidet sich Luthers Lehre von der scholastischen. Der Unterschied liegt eher in der Verschärfung der Sündenerkenntnis. Die scholastische Ausrichtung auf die Verdienste ist durch den Gedanken geleitet, die Überwindung der Sünde durch die Hoffnung vollziehe sich erst actualiter in den guten Werken des Menschen. Für Luther ist der Mensch so radikal Sünder, daß er durch seine verdienstlichen Werke seine Sünde nicht zu bekämpfen vermag, daß diese vielmehr die guten Werke immer wieder zu ihren Gunsten mißbraucht. Deshalb kann die Hoffnung im Menschen nur in seinen Sünden sein, denn er ist ja nichts anderes als Sünder. Deshalb auch kann der Mensch nur durch die Gnade wirklich, actualiter von der Sünde befreit werden. Das drückt Luther so aus, daß er mit der infusio gratiae eine gleichzeitige »effusio peccati« verknüpft[54]. Die Rechtfertigung

---

[51] Vgl. 164,12 ff.

[52] 160,22–27: Igitur sicut patientia, quae in prosperis est, nulla est, ita spes, quae in meritis est, nulla est. Atque quam facile aut possibile est patientiam habere in prosperis, tam facile est spem habere in meritis, utrobique enim periculum est: illic, ne securus superbiat, hic, ne iustitia inflatus timorem dei (idest exercitium spei) posthabeat. Patientiae siquidem est non nisi in adversis esse, ita spei natura non est nisi in peccatis esse.

[53] 161,30–33: Solus enim affectus ille (serpentis antiqui caput) occultissime et subtilissime carnalis, qui istis operibus confidit et spei, quae est in dei sola misericordia, contentiosissime resistit, conterendus, eruendus, perdendus est.

[54] 164,22–27: Primum certum est, gratiam, idest fidem, spem, charitatem non infundi, nisi peccatum effundatur simul, hoc est peccator non iustificatur, nisi damnetur, non vivificatur,

geschieht zugleich als Verdammung, die Erweckung zum Leben als Tötung, die Himmelfahrt als Höllenfahrt. Wird die Gnade eingegossen, so muß die Sünde »hinausgegossen« werden. Das kann aber nicht durch merita geschehen, sondern allein durch Bitternis, Trübsal und Leiden. Auch hier wird das Moment des passiven Erleidens betont: nur eine operatio dei in uns kann uns von der Sünde befreien. Diese operatio geschieht in der tribulatio, die die spes immer begleitet.

Mit der Konzentration auf das Verhältnis von tribulatio und spes greift Luther das Problem der Auslegung von Rm 5,3 ff[55] auf. Im großen und ganzen tendierte die scholastische Tradition dahin, diese Stelle für das provenire ex meritis der Hoffnung in Anspruch zu nehmen, indem sie neben dem Leiden auch die bona opera berücksichtigte und von dort her die probatio eng mit den merita verknüpfte. Luther hingegen legt alles Gewicht auf die tribulatio. Sie ist die Einübung der vita passiva, die die Verdienste zerstört. Diese Anfechtung begleitet nicht etwa nur die erste Gnadeneingießung, sondern auch jede Vermehrung der Gnade, wie Luther, auf eine scholastische Unterscheidung anspielend, betont. Immer mehr wird der alte Mensch gekreuzigt, immer mehr die Sünde ausgetrieben, weil die Gnade mehr und mehr einströmt bis zum Tode. Die infusio gratiae und die effusio peccati in Hoffnung und Anfechtung bilden ein einziges zusammenhängendes existentielles Geschehen, in dem wir von der Hoffnung in die Hoffnung gehen[56]. Die probatio ist eine existentielle Bewährung, in der ich durch die Anfechtung, die mich zunichte werden läßt, auf Gott allein hoffen lerne. Ich kann also in der Anfechtung nicht Gewißheitsgrund und Inhalt meiner Hoffnung finden; die Anfechtung bildet nicht das Verdienstliche, das ich geleistet habe und aus dem nun Hoffnung entspringen kann. Die Bewährung in der Anfechtung ist nicht ein für die Hoffnung vorausgesetztes Verdienst. Vielmehr muß man betonen: wahre Hoffnung auf Gott geschieht nicht anders denn als Bewährung in der Anfechtung, die die Hoffnung immer stärkt. Das ist ein und dasselbe Geschehen, in dem die Hoffnung unter Wirkung der in der Bewährung bestandenen Anfechtungen aus sich selbst heraus wächst, stärker wird[57]. Deshalb erläutert Luther mit Nachdruck, es könne niemand

---

nisi occidatur, non ascendit in coelum, nisi descendat ad inferos, ut habet tota scriptura. Quare in gratiae infusione necesse est, esse amaritudinem, tribulationem, passionem, sub quibus gemit vetus homo, sui occasum egerrime ferens.

[55] Vulg.: . . . scientes quod tribulátio patientiam operatur, patientia autem probationem, probatio vero spem, spes autem non confundit, . . . Zur Deutung der Stelle im Rahmen der scholastischen Definition der Hoffnung, vgl. *R. Schwarz* aaO 350 f. 424 ff.

[56] 164,38: Ita de spe in spem proficisci recte dicemur. Vgl. *R. Schwarz* aaO 352: »Es besteht also keine sachlich-inhaltliche Verknüpfung zwischen der tribulatio und der spes, so daß der Mensch aus seinem eigenen Leiden und Tun Gewißheit und Inhalt für sein Hoffen gewinnen könnte. Es handelt sich vielmehr um einen Zusammenhang im existentiellen Geschehen.«

[57] 175,38 f: Ita et spes semper ex seipsa augeri recte intelligetur operantibus eam tribulationibus, modo sic ferantur, ut probati inveniamur.

die tribulatio ertragen, wenn er nicht schon Hoffnung habe. Die Hoffnung könne also nicht einfach aus den Anfechtungen entspringen, sondern müsse vielmehr schon »am Anfang der Anfechtung dasein«[58].

Paulus spreche also an dieser Stelle, so interpretiert Luther, nicht von der Hoffnung selbst, sondern eher von der Gewißheit, die das Herz in dieser Hoffnung findet. »Glaube, Hoffnung und Liebe müssen schon bei Beginn eines jeden guten Werkes und eines jeden Leidens anwesend sein, werden aber erst dann kund, wenn Werk und Leiden vollbracht sind, damit offenbar werde, wer sich darin bewährte.«[59] Damit wird die Verborgenheit zur tragenden Dimension in Luthers Verständnis der theologischen Tugenden überhaupt und ganz besonders der Hoffnung: das soll nun noch genauer betrachtet werden.

2.415. Spes purissima in purissimum deum

Wurde zuvor beobachtet, wie bei Luther die Verzweiflung als Sünde erfaßt wird, so gilt es nun zu beachten, wie die Hoffnung die Struktur des Glaubens annimmt, wie sie als spes in spe gewissermaßen zur spes sola fide wird. In der Bestimmung dieses Verhältnisses der Hoffnung zum Glauben spielt die Dimension der Verborgenheit eine wichtige Rolle. Damit hatte sich Luther schon in der Römerbriefvorlesung ausführlich befaßt[60]. Davon sind im Exkurs zu Ps 5,12 noch wichtige Spuren vorhanden.

Wenn es darum geht, zu bestimmen, was in der Situation der Verzweiflung zu tun sei, rät Luther als zweites, man müsse sein ganzes Leben lang um Hoffnung bitten, ohne zu zweifeln, daß Gott diese Hoffnung geben werde. Wenn sie nicht gleich komme, sei das noch kein Grund zum Zweifel, denn zu ihrer Zeit werde sie kommen, und in der Zwischenzeit sei »gegen alle Hoffnung auf Hoffnung zu hoffen«[61]. An verschiedenen ande-

---

[58] 164,5–11: At quis sine spe toleret quicquam tribulationis? Desperans enim non ad patientiam nec ad probationem nec ad gloriationem in tribulatione pervenit unquam, sed contra peior fit tribulatione semper . . . unde spem in principio tribulationis adesse oportet.

[59] 164,39 f. 165,2–5: Perspicuum ergo est, Apostolum non tam loqui de spe ipsa obtenta quam de certitudine cordis in spe, . . . Quare necesse est, fidem, spem, charitatem esse in cuiuslibet boni operis et passionis initio, et tamen post opus et passionem ea, quae latuit, fit manifesta, ut, qui probati sunt, manifesti fiant.

[60] Die Bemerkungen zur Hoffnung in der Römerbriefvorlesung 1515/16 konzentrieren sich hauptsächlich auf zwei Stellen: die Scholie zu Rm 4,18 (Vulg.: qui contra spem in spem credidit; WA 56; 295,13–296,2) und die Scholie zu Rm 8,24 (Vulg.: spes autem, quae videtur, non est spes; WA 56; 374,5–21). Indirekt liefert auch die Scholie zu Rm 8,19 (Vulg.: nam expectatio creaturae revelationem filiorum Dei expectat; WA 56; 371,1–372,25) wichtige Anhaltspunkte. Vgl. zu diesen Stellen *R. Schwarz* aaO 316 ff. Wie stark das Problem der absconditas diese Scholien prägt, zeigen schon die zwei folgenden, diesen Scholien entnommenen Zitate WA 56; 295,28 f.: . . . , Sed omnia abscondita nimis et contraria apparentia. Ideo Est spes potius affirmatiua quam negatiua. WA 56; 374,14–17: Ergo spes transfert in speratum, Sed speratum non apparet. Ideo transfert in incognitum, in absconditum, in tenebras interiores, Vt nesciat, quid speret, et tamen sciat, quid non speret.

[61] WA 5; 171,4.9–11: Secundo id agas tota vita, ut pro spe ores . . . Itaque dilatam

ren Stellen nimmt Luther diese paulinische Wendung des sperare (credere) contra spem in spem auf, um mit ihr das Wesen der christlichen Hoffnung zu bestimmen. Daß das Moment des contra der christlichen Hoffnung so wesenhaft zu eigen ist, hat seinen Grund darin, daß die Hoffnung, wie Glaube und Liebe, auf Unsichtbares ausgerichtet ist, wie Luther in Anlehnung an Rm 8 immer wieder expliziert[62]. Diese paulinische Bestimmung bildet für ihn ein grundlegendes Argument gegen die scholastische Auffassung der spes proveniens ex meritis. Die Begründung der Hoffnung auf Verdienste macht aus ihr eine Hoffnung auf Werke, die der Mensch sieht, hält, hat und fühlt. Doch dann hofft er nicht mehr »auf den unsichtbaren, unwahrnehmbaren, unbegreiflichen Verheißer, der sich ihm allein durch das Wort zu erkennen gibt«. Das Unsichtbare, auf das die Hoffnung sich ausrichtet, ist der unsichtbare, allein im Wort offenbare Gott. Diese Ausschließlichkeit des Gottesbezuges kann Luther im Superlativ als »Hoffnung schlechthin auf Gott schlechthin«, wörtlich: »reinste Hoffnung auf den reinsten Gott« bezeichnen[63]. Diese Formulierung steht im Passus, der den Gegensatz von vita activa und vita passiva entfaltet. Erst wenn unser Leben vita passiva ist, die allein purissima ist, leben wir in der reinsten Hoffnung. Diese vita passiva liegt in der Konformität mit dem gekreuzigten, vor den Menschen als Übeltäter geltenden, von Gott selbst verlassenen Christus. In einem solchen Zunichtewerden, in dem uns alles – sogar die besten Gaben Gottes, die Verdienste[64] – weggenommen wird, worauf wir vertrauen würden, verwirklicht sich die spes purissima. Allein die spes contra spem ist spes purissima.

Doch die Hoffnung ist nur purissima, wenn auch Gott, auf den sie hofft, purissimus ist. In diesem Sinne entfaltet Luther das negocium, in dem dem Menschen alles weggenommen wird. Solange es nur um Besitz, Gesundheit oder Ehre geht, mag der Verlust noch mit Geduld ertragen werden; doch wenn es um das Letzte geht, wenn die guten Werke und das gute Gewissen weggenommen werden, dann muß die Hoffnung hart kämpfen. Sie muß gegen die Verzweiflung, gegen sich selbst, ja gegen Gott strei-

---

patienter feras, dandam vero non diffidas, suo tempore veniens veniet et non tardabit, interim contra spem in spem sperandum est.

[62] 162,34–163,8: Denique eo quoque probantur haec dicta, quod spes sit rerum non apparentium, sicut fides et charitas, . . . At qui in opera sua sperat, videt, tenet, habet, sentit, in quo nitatur, non in promissorem invisibilem, insensibilem, incomprehensibilem, quem verbo solo audivit sibi significari. Arduissima, asperrima, durissima sunt haec carni nostrae, quia mors eius in his regnat.

[63] 166,16–19: Adeo scilicet omnia a nobis aufferenda sunt, ut nec optima dei dona, idest ipsa merita, reliqua sint, in quibus fidamus, ut sit spes purissima in purissimum deum: tunc demum homo vere purus et sanctus est.

[64] In diesem kleinen Nebensatz, der die Verdienste als die besten Gaben Gottes bezeichnet, liegt ein Ansatz zu einem neuen Verständnis der Verdienste verborgen, auf den wir später noch einmal zurückkommen müssen (s. u. S. 151 f).

ten[65]. Diese Steigerung im Kampf der Hoffnung zeigt, wie der deus purissimus, mit dem die spes purissima zu tun hat, zu verstehen ist. Erst dann ist die Hoffnung rein, wenn Gott ihr nicht zu einer verfügbaren, sichtbaren Größe wird, auf die sie selbstsicher pochen könnte, wenn sie nicht nur mit der Verzweiflung und mit sich selbst, sondern gerade auch mit Gott streiten muß. Allein dann bleibt Gott ein reiner Gott, auf den sich reine Hoffnung gründen kann.

Diesen Streit mit Gott expliziert Luther folgendermaßen[66]. Wenn das Gewissen angefochten ist, wenn die Verdienste und die guten Werke zunichte gemacht werden, bekommt die Hoffnung den Eindruck, Gott zürne ihr, weil sie nichts Verdienstliches aufzuweisen habe. In dieser höchsten Anfechtung des Zornes erfährt sie Gott als gnadenlosen Gott und die Schuld als unvergebbare Sünde gegen Gott. Doch wenn der Mensch gerade in dieser Anfechtung ausharrt und in ihr contra spem in spem hofft, wird er als bewährt befunden. Diese Bewährung kann Luther mit eschatologischen Akzenten beschreiben: »durch die Trübsal seiner Verdienste entkleidet, wird der Mensch mit Hoffnung bekleidet und für alle Ewigkeit mit der nie zuschanden werdenden Krone gekrönt«[67]. Das Ausharren im Streit besteht darin, stets zu erkennen, daß Gott in Wirklichkeit nicht zürnt, sondern uns nur erprobt, versucht, »um zu sehen, ob wir mehr auf seine reine Barmherzigkeit als auf unsere Verdienste hoffen«[68]. Gottes Verhalten erscheint dem Menschen als gnadenloser Zorn, der dem Sünder jede Vergebung absagt. Der Mensch muß aber den Kampf mit diesem zornigen Gott aufnehmen und gegen alle Hoffnung glauben, daß dieser gnadenlose Zorn eine heilsame Versuchung ist, die uns lehren soll, auf unsere Verdienste zu verzichten und auf den unsichtbaren und reinsten, auf den barmherzigen Gott zu hoffen. In diesem Streit gilt es also, dem zornigen Gott in der Ausharrung der Erprobung den gnadenvollen, liebenden Gott abzuringen. Es gilt, »Gott gegen Gott zu besiegen«, wie Luther anhand des Beispieles von Jakobs Kampf am Jabbok formulieren kann[69]. Erst in diesem Kampf, in dem nicht nur der Mensch gegen Gott, sondern

---

[65] 166,26–27: In his vero conscientiae procellis et meritorum ruinis spes ipsa pugnat contra desperationem et fere contra seipsam immo contra deum, . . .

[66] 166,27–29 (im Anschluß an vor. Anm.): . . . quem sentit sibi iratum, sicut ei, quae nihil bonorum meritorum habeat, et quibus non possit et tamen cogatur carere, quod miserrime discrutiat spiritum et expansum cum Christo dinumerat omnia ossa eius.

[67] 166,34–36: Et tamen si perseveret homo et contra spem in spem speret, probatus invenietur et hac tribulatione meritis exutus spe induetur et coronabitur inconfusibili corona in aeternum.

[68] 166,36–38: Non enim vere iratus est deus nec culpas irremissibiles vult, sed tentat nos, an magis in misericordiam suam puram quam in nostra merita speremus.

[69] 167,11–16: Non enim ideo tentaris desperatione se furbinibus conscientiae, ut ad operum fiduciam curras, sed contra ab opere avocaris, quia spiritualissima etsi acerbissima haec pugna est intra te solum cum solo deo consummanda, sola spe sustinente et expectante, deoque causam totam commendante deumque contra deum vincente, sicut Iacob Gen. xxxij.

Gott gegen sich selbst kämpft, ist der deus purissimus zu finden. Wie die spes contra spem allein spes purissima ist, so ist auch der deus contra deum allein deus purissimus. Dieses Moment des contra ist bei Luther ein unentbehrliches, kennzeichnendes Grundelement des Eschatologischen.

Diese Bestimmung führt zu einem neuen Verständnis der Verdienste, das schon teilweise anklingt, wenn Luther die scholastische Formel dahin umkehrt, daß nicht die Hoffnung aus den Verdiensten, sondern die Verdienste aus der Hoffnung hervorgehen[70]. Diese Umkehrung bedarf weiterer Erläuterung, um klarer zur Sprache gebracht zu werden. Seiner Bestimmung des deus purissimus entsprechend führt Luther neben Verdiensten und Hoffnung eine dritte Dimension ein, die Dimension der göttlichen Verheißung: ». . . die Verdienste sind das Werk der Hoffnung, die Hoffnung hingegen das Werk des Wortes oder der Verheißung«[71]. Deshalb bedarf es keiner Verdienste für die Hoffnung, sondern nur eines einfachen Schauens auf das Wort der umsonst geschenkten Verheißung. Damit nimmt er noch einmal seine Auffassung der theologischen Tugend auf und begründet von dort her die Hoffnung als Tugend allein auf das Wort der göttlichen Verheißung. Dieser schlechthinnige Vorrang der Hoffnung, der die Hoffnung vor, mit und nach den Verdiensten sein läßt, impliziert eine neue Einschätzung der Verdienste und der guten Werke. Es ist nicht etwa so, daß dieser auf der Verheißung begründete Vorrang die Aufhebung der Verdienste und guten Werke zur Folge hätte, denn, wie Luther sagt, »die guten Werke müssen getan werden und der Baum des Geistes seine Früchte tragen«[72]. Nur geschehen diese Werke in einer ganz neuen Perspektive, in der Perspektive der durch die Eingießung der theologischen Tugenden erwirkten mortificatio und purgatio[73]. Diese bewirken, daß der Mensch lernt, die guten Werke, die er tut, nicht mehr für sich selbst als Verdienste zu tun, für die er eine Belohnung beansprucht, sondern sie umsonst, frei und spontan Gott zu Gefallen, zum Ruhm Gottes zu tun.

Nur wenn die Werke so aus freier Herzensbewegung hervorgehen, gratuito et libero spontaneoque affectu geschehen, sind sie wirklich gut. Solange die guten Werke in der Hoffnung geschehen, sich mit ihnen eine

---

[70] So z. B. 175,32 f: Sequitur ergo, spem ex meritis non provenire, sed contra ex spe merita aut spem ex spe in spem, ut sit ante merita, cum meritis, post merita, . . .

[71] 175,11–14: Duo sunt in spe observanda: Merita nostra et promissio divina. Inter haec duo sic constituas spem, ut ex promissione spem pendere scias et ex spe merita provenire, ut merita sint opus spei, spes vero opus verbi seu promissionis.

[72] 168,37 f: . . . vere enim bona opera sunt facienda, et arbor spiritus suos fructus ferre debet, de quibus Gal. v. scribitur.

[73] 169,1–9: Haec enim mortificatio et purgatio (quae fit infusione fidei et spei et charitatis) facit, ut homo operibus suis exutus discat in solum deum fidere et opera bona facere, iam non sibi tanquam merita, quibus praemium quaerat, sed gratuito et libero spontaneoque affectu placendi deo, nihil in ea fidens, sed per ea in gloriam dei serviens, . . . Qui isto modo bona operantur, non sibi, sed deo, tanquam instrumentum dei operantur. Nihil in his sibi arrogant, solo deo contenti, in quo sperant.

verdienstliche Grundlage zu erarbeiten, sind sie verfälscht, mißverstanden und verdorben. Die Güte der Werke ist eine geistliche: sie entscheidet sich am Geiste, in dem man die Werke vollbringt. Deshalb kann ich erst gute Werke vollbringen, wenn ich meiner Werke ganz entblößt bin und auf Gott allein vertraue und hoffe. Dann erst tue ich sie nicht für meine eschatologische gloria, sondern diene mit ihnen umsonst der gloria dei. Das gelingt dem Menschen erst, wenn er sich vom Werk überhaupt nichts zuschreibt, in allem sich selbst abstirbt und Gott allein in sich wirken läßt, gleichsam nur noch als instrumentum dei handelt. Dieses unscholastische Verständnis des guten Werkes läßt Luther das meritum ganz anders einschätzen. Die Verdienste sind Gaben Gottes, wie wir schon oben gesehen hatten, und deshalb gibt es sie in uns und gibt sie doch auch wieder nicht[74]: sie sind uns zwar als Gaben Gottes gegeben, sind aber als solche eben nicht eigentliche Verdienste, denn wir können sie nicht uns selbst zuschreiben und uns ihrer rühmen. Als Gaben Gottes sind sie sozusagen verdienstlose Verdienste. Nur so, als ein die Verdienste erschaffender und schenkender Gott kann der Gott der Hoffnung deus purissimus bleiben. Darum geht es Luther letztlich in seiner Bestimmung der spes.

Betrachtet man im Gesamteffekt Luthers Auffassung der spes, wie sie hier in der Auslegung von Ps 5,12 entfaltet wird, so wird klar, daß sie dem scholastischen Denken ganz fremd erscheinen mußte, so fremd gar, daß die scholastische Tradition sehr wahrscheinlich die spes purissima in purissimum deum als gefährliche praesumptio charakterisiert hätte. Darin kommt eine Veränderung in der anthropologischen Perspektive zum Ausdruck: von der aristotelisch geprägten Orientierung am habitus-actus-Schema zur teilweise mit der Aufnahme mystischen Materials verknüpften Frage nach dem affectus, dem motus cordis, nach der existentiellen passio. Daraus erklärt sich die Umkehrung, die zur Folge hat, daß Luthers spes purissima in scholastischer Sicht als praesumptio purissima interpretiert würde, während Luther gerade die scholastische spes proveniens ex meritis als praesumptio betrachten kann.

Im Blick auf unser systematisches Thema bildet Moltmanns Kritik an Luthers spes purissima in purissimum deum eine interessante moderne Parallele zur Auseinandersetzung zwischen Scholastik und Luther[75]. Moltmann bestimmt zwar die Hoffnung auch von der Verheißung her, konzentriert sich aber im angegebenen Passus auf die Frage nach der Wirklichkeitsdeckung der Verheißung. Im Gegensatz zu einem theologischen Personalismus, der die verheißene Zukunft nur »als personale Zukunft Gottes ›selbst‹« aussprechen könne und die Hoffnung deshalb nur auf Gott selbst

---

[74] 169,19–21: Sunt itaque merita, et nulla merita in nobis: sunt, quia dona dei sunt et opera ipsius solius. Nulla sunt, quia non plus de illis possumus praesumere quam ullus novissimus peccator, in quo nondum aliquid operatur deus.

[75] Vgl. für das Folgende *J. Moltmann,* Theologie der Hoffnung. Untersuchungen zur Begründung und zu den Konsequenzen einer christlichen Eschatologie, (1964) 1977[10], 107 f.

ausrichte, betont Moltmann, »daß Verheißungen effektiv auf ein reales, futurisches Erfüllungsgeschehen aus sind«[76]. Die Hoffnung hoffe nicht nur personal auf Gott, »sondern auch sachlich auf seine Herrschaft, seinen Frieden und seine Gerechtigkeit auf Erden«[77]. Deshalb betrachtet Moltmann die spes purissima in purissimum deum als eine Abstraktion[78], die zur Folge haben kann, daß die Hoffnung ihr Erfüllungsobjekt verliert und selbst zu einer Art Erfüllung wird. In seiner Auffassung legt Moltmann den Akzent hingegen auf das Wissen der Hoffnung, das aktiv in Vorstellungen und Realutopien der wirklichen Erfüllung vorausgreift, so die Hoffnung von der Abstraktion befreit und ihr ihre wahre Konkretion in der Geschichte schenkt[79]. Die Argumentation verläuft also parallel: wie die merita für die Scholastik die spes vor der praesumptio bewahren, so auch konkretisiert bei Moltmann unser aktives Vorausgreifen die Hoffnung und schützt sie gegen die Abstraktion des vagen Abenteuers. Hier wird nun die Abstraktion zur Vermessenheit, die erst durch das antizipierende Handeln in der geschichtlichen Konkretion vermieden wird. Das gehört zur Wirklichkeitsdeckung, die der Hoffnung ihre Rechtfertigung schenkt.

Es gilt jetzt nicht etwa, die Differenzen zu überspielen und die angeführten Positionen einfach gleichzusetzen. Es ist jedoch unbestreitbar, daß sich bei Moltmann mit der Perspektive der Wirklichkeitsdeckung eine Betonung der hoffenden aktiven Gestaltung verknüpft, die zu ähnlichen theologischen Implikationen führt wie die scholastische Konzentration auf den actus. Es stellt sich dann als schwer zu lösendes Grundproblem, wie denn das Verhältnis von göttlicher Gnade und menschlichem Wirken zu bestimmen sei. Es fragt sich, ob dieses Problem dadurch besser erfaßt wird, daß der Gnadenhabitus, der auf seine Verwirklichung in actu hin tendiert, in ein eschatologisches Hoffnungsmotiv verwandelt wird, das den Menschen zur vorausgreifenden, antizipierenden Verwirklichung befähigen soll. Im einen wie im anderen Fall kann die Dimension der Passivität, wie sie bei Luther im zentralen Thema der passio und der vita passiva zum Ausdruck kommt, keine angemessene Berücksichtigung finden, denn dafür wäre es erforderlich, die spes viel radikaler vom affectus her zu erfassen. Diese Perspektive wird bei Moltmann vorschnell mit dem Schlagwort des theo-

---

[76] AaO 107.

[77] Ebda.

[78] Ebda: »Sicher muß man sagen: die Hoffnung hofft auf das Kommen der Treue Gottes, sie erwartet die verheißene Zukunft vom Zukommen Gottes selbst und nicht abgesehen von ihm. Doch wäre es wohl eine Abstraktion, die der alttestamentlichen Hoffnung nicht gerecht würde, wenn man diese Hoffnung als spes purissima in Deum purissimum beschreiben würde.«

[79] AaO 108: »Das Wissen der Hoffnung erinnert die Treue dieses Gottes in der Geschichte und greift in vielen Vorstellungen, ja Realutopien, der wirklichen Erfüllung voraus, ohne doch damit die Freiheit des verheißenen Gottes anzutasten. Eine Hoffnungsgewißheit ohne solches Wissen wäre ein vages Abenteuer. Ein Wissen ohne solche Gewißheit wäre Geschichtsspekulation.«

logischen Personalismus abgetan. Deshalb kann er auch die spes purissima in purissimum deum nur als Abstraktion verurteilen.

Damit zeigen sich Differenzen in der eschatologischen Einschätzung der Hoffnung. Moltmann befürchtet, daß Luthers spes purissima in purissimum deum die Hoffnung selbst zur eschatologischen Erfüllung werden läßt. In der Tat ist es Luther gerade daran gelegen, das gegenwärtige Leben in spe als eschatologische Existenz und insofern als existentielle Erfüllung der Eschatologie zu erfassen. Moltmann hingegen erfaßt nicht die Hoffnung selbst unmittelbar als eschatologische Größe. Sie ist es nur indirekt, hinsichtlich des von der Zukunft Erhofften, das erst das eigentlich Eschatologische ist. Die Hoffnung als solche, als gegenwärtiges Leben, bleibt deshalb bei Moltmann »voreschatologisch«, weil das Eschatologische, als das anbrechende erhoffte Heil, der Zukunft vorbehalten bleibt. Es erweist sich aber gerade als eine Testfrage der Eschatologie, ob und wie die Gegenwart eschatologisch erfaßt werden kann.

Damit sind Probleme angedeutet, die wir hier nicht ausführlich entfalten können, die wir aber später, im systematischen Teil unserer Arbeit, werden aufnehmen müssen. Zuerst wollen wir nun aber in unserer historischen Analyse von Luthers Theologie weitermachen. Nachdem wir uns mit dem Begriff der spes mitten in die eschatologische Problematik begeben hatten, nehmen wir nun einen anscheinend ganz uneschatologischen Themenkreis auf, den Begriff der Sünde.

2.42. Peccatum

Für die Behandlung dieses neuen Themenkreises wählen wir als Textgrundlage die Schrift, die Luther 1521 von der Wartburg aus gegen den Löwener Theologen Latomus geschrieben hat, die *Rationis Latomianae confutatio*[80]. Diese interessante und leider oft zu wenig berücksichtigte Schrift erscheint uns für dieses Thema der Sünde besonders geeignet zu

---

[80] Die Kölner und die Löwener Theologen hatten im Jahre 1519 feierlich einige Lehrsätze Luthers verurteilt und seine Schriften verbrannt. *Luther* erwiderte 1520 mit der Condemnatio doctrinalis librorum Martini Lutheri per quosdam Magistros Nostros Lovanienses et Colonienses facta. Responsio Lutheriana ad eandem damnationem (WA 6; 170–195). Auf Löwener Seite versuchte, neben Johann Driedoeus von Turnhout, Latomus, mit einer breit angelegten Schrift den Kampf weiterzuführen. Sich vor allem auf Luthers Resolutiones zur Leipziger Disputation stützend, verurteilte *Latomus* in seinem Werk Articulorum doctrinae fratris Martini Lutheri per theologos Louanienses damnatorum ratio ex sacris literis, et veteribus tractatoribus verschiedene Artikel der Lehre Luthers. Mit Widerwillen, weil diese Arbeit ihn daran hindert, die deutsche Übersetzung der Bibel voranzutreiben, nimmt Luther eine Antwort auf die Schrift des Latomus in Angriff. In kurzer Zeit (Mai–Juni 1521) schreibt er seine Rationis Latomianae pro incendiariis Lovaniensis Scholae sophistis redditae Lutheriana confutatio. Dieser Text ist in WA 8; 36–128 zu finden. Erst viel später, 1525, antwortete *Latomus* mit De primatu pontificis adversus Lutherum und dann noch mit einer Responsio ad Lutherum. Auf diese Antworten ist Luther nie mehr eingegangen.

sein, weil Luther sich in seiner Antwort an Latomus ganz auf diese Frage konzentriert, ihr also in diesem Streit offenbar entscheidende Bedeutung beimißt[81]. Auch hier wäre es vermessen, eine ausschöpfende Analyse dieses reichen Textes bieten zu wollen. Wir werden nur einige Aspekte hervorheben, die für unser Thema von Bedeutung sind und uns eine knappe Beschreibung von Luthers Sündenverständnis ermöglichen[82].

2.421. Peccatum exaggerare

Dieses Motiv geht durch die ganze Schrift Luthers hindurch: Latomus entfalte eine Auffassung der Sünde, die diese bagatellisiere und zu einer unbedeutenden Dimension reduziere. Das ist für Luther ein schwerwiegender Fehler – er kann sogar von einem sacrilegium, von einer Gotteslästerung sprechen[83] –, denn dadurch wird die Gnade Christi billig und die Barmherzigkeit Gottes unwichtig. Erst wenn die Sünde, die Gott selbst so groß erachtet, daß er seinen Sohn einsetzt, radikal ernstgenommen wird, ist die Größe und Herrlichkeit der Werke Gottes zu fassen. Die Größe dieses Schutzes gegen die Sünde genügt schon als Hinweis auf deren Größe[84]. Deshalb warnt Luther vor den scholastischen Lehren, die Träume und Spielereien seien, die die ernste Sache nur verfehlten und vergleichgültigten[85].

---

[81] Nachdem Luther ausführlich die Vorrede des Latomus besprochen hat (WA 8; 45–58; vgl. 45,16: Ad praefacionem Latomi), begnügt er sich damit, die erste von Latomus angegriffene These zu verteidigen, die These, daß jedes gute Werk in den Heiligen Sünde sei (WA 8; 59–126; vgl. 59,1 f: Primus articulus a Latomo petitus est iste: omne opus bonum est peccatum). Diese intensive Behandlung des Sündenverständnisses, die Luther zu eingehenden Exegesen vor allem von Jes 64,6, Eccl 7,20 und Rm 7,14 ff führt und die deshalb auch wichtige hermeneutische und dogmatische Bemerkungen enthält, genügt ihm als Antwort an Latomus (vgl. 126,15 f: Iam quid opus est omnia Latomi per singula persequi, cum ex his dictis abunde omnia sint confutata et mea roborata?).

[82] Zu Luthers Schrift gegen Latomus, vgl. *R. Frick,* Einführung und Erläuterungen zur deutschen Übersetzung in: *M. Luther,* Ausgewählte Werke. Hg. von *H. H. Borcherdt* und *G. Merz,* 6. Bd. der Ergänzungsreihe, 1961³, 139–184; *R. Hermann,* Zur Kontroverse zwischen Luther und Latomus, in: Luther und Melanchthon. Referate und Berichte des Zweiten Internationalen Kongresses für Lutherforschung, Münster 1960. Hg. von *V. Vajta,* 1961, 104–118; *K.-H. zur Mühlen* aaO (s. o. 2.3. Anm. 7.) 204–210. Allgemeiner zu Luthers Sündenlehre: *R. Hermann,* Luthers These »Gerecht und Sünder zugleich«, 1930. Neudruck mit Berichtigungen und Ergänzungen 1960; *G. Ebeling,* Cognitio Dei et hominis, in LuStud I, 1971, 221–272, besonders 255–272; *ders.,* Theologie zwischen reformatorischem Sündenverständnis und heutiger Einstellung zum Bösen, in: WG III, 1975, 173–204. Vgl. auch *P. Bühler,* Le problème du mal et la doctrine du péché, Genf 1976, 45–69.

[83] Vgl. 93,15–17.

[84] 115,17–19: Noli errare. Magnitudo protectionis satis indicat, quantum sit peccatum istud, nisi Christum filium dei existimes ligneam aliquam imaginem esse.

[85] 115,11–14: Ne ergo auscultes frigidis istis et languidis sophistarum sibilis de operibus bonis sine peccato, de fide infusa, de fide acquisita, de libero arbitrio: somnia sunt et ludicra ad istam rem seriam.

Es bildet also nach Luther gerade die entscheidende Testfrage für jede Theologie, ob und wie sie die Sünde in aller Radikalität erfassen kann. Erst dann nimmt die Theologie die Größe der Herrlichkeit der göttlichen Gnade wahr. Um zu lernen, daß Gottes Werke groß, wunderbar und herrlich sind, kann man deshalb die Sünde nicht genug groß machen, nicht genug exaggerare[86]. Es lag Luther sehr viel daran, diese Aufgabe der radikalen Erfassung der Sünde möglichst gut zu bewältigen. Dadurch spielt die Lehre von der Sünde eine Schlüsselrolle in seiner Theologie.

Eine intensive Beschäftigung mit dem Problem der Sünde kennzeichnet auch schon die scholastische Theologie, die immer wieder, in oft schwierigen und subtilen, immer differenzierteren Lehraussagen und Distinktionen versuchte, das Phänomen der Sünde theologisch zu erfassen. An mehreren Stellen unseres Textes macht sich Luther über die scholastischen Lehren lustig und spricht in unermüdlicher Polemik von frigidi et languidi sibili, von subtilitates, von somnia et ludicra, von ranarum et muscarum voces usw. Oft zählt er eine ganze Reihe von Unterscheidungen und Begriffsbildungen der scholastischen Tradition auf[87], damit andeutend, daß das eigentliche Thema in der komplizierten Terminologie verlorengeht und diese deshalb vor lauter Differenziertheit und Verfeinerungen nicht mehr brauchbar ist. Hinter diesen ironischen Bemerkungen Luthers steckt nicht bloß Polemik. Gegen Latomus, der in dieser scholastischen Terminologie

---

[86] 115,2–4: Tu ergo cave illos pestilentissimos et disce opera dei magna, mirifica et gloriosa esse, ideo scias tete non posse hoc peccatum satis exaggerare. Parallel formuliert Luther für die Gnade 115,10: Magnificanda est gloria gratiae, nec potest satis magnificari . . . Diese Formulierungen erinnern an das »plantare ac constituere et magnificare peccatum«, das Luther in seiner Römerbriefvorlesung von 1515/16 als Hauptabsicht des Römerbriefes betrachtete (vgl. WA 56; 157,5 f). Auch mit dem zeitlich näheren, am 1. 8. 1521 geschriebenen, von der Wartburg aus an Melanchthon gesandten Brief weist unser Passus auffallende Ähnlichkeiten auf (vgl. WAB 2; 370 ff [Nr. 424]). S. besonders 372,82–92: Si gratiae praedicator es, gratiam non fictam, sed veram praedica; si vera gratia est, verum, non fictum peccatum ferto. Deus non facit salvos ficte peccatores. Esto peccator et pecca fortiter, sed fortius fide et gaude in Christo, qui victor est peccati, mortis et mundi. Peccandum est, quamdiu hic sumus; vita haec non est habitatio iustitiae, sed exspectamus, ait Petrus, coelos novos et terram novam, in quibus iustitia habitat. Sufficit, quod agnovimus per divitias gloriae Dei agnum, qui tollit peccatum mundi; . . . Putas, tam parvum esse pretium redemptionis pro peccatis nostris factum in tanto ac tali agno?

[87] Vgl. die kurze, in Anm. 85 zitierte Aufzählung. Vgl. auch Luthers Urteil über die bei Latomus zu findende Unterscheidung der vier Weisen, wie von Sünde geredet werden kann, 82,19 ff. Am ausführlichsten und schärfsten ist Luther in seiner Aufzählung in 118,36–119,7: . . . cum interim subtilitates illas reatuum, debitorum, formalium, materialium, peccati, privationis, habitus, actus, expulsionis, infusionis, remissionis, qualitatum, formarum, subiectorum, bonitatis intrinsecae et extrinsecae, malitiae intrinsecae et extrinsecae, congrui meritorii, generis bonorum, acceptati, deaccepati – et quis ranarum et muscarum istarum voces omnes audiat, nedum recenseat? – ipsimet nondum concorditer capiant, qui aliorum Magistri sunt, tantum abest, ut aliquando miserum vulgus ex ipsis veram peccati et gratiae cognitionem accipiat, cum hic philosophiae etiam novissimas feces et decies excretas vorasse oporteat, antequam quid reatus aut debitum sit, intelligas. Facessant ista absurda et monstra sophistarum.

lebt und denkt, will Luther zeigen, daß man mit neuen, von der Heiligen
Schrift her geprägten Unterscheidungen und Begriffen das Wesen der
Sünde, das peccatum substantiale, wie er auch sagt, besser erfassen kann.
Luther bezeugt dabei eine gewisse Anerkennung der scholastischen Arbeit:
es ist nicht etwa so, daß die Scholastiker nichts vom peccatum substantiale
verstanden hätten[88]; sie haben schon etwas verstanden. Die Schwierigkeit
ist jedoch die, daß die philosophische Grundlage der Scholastik, die
aristotelische Psychologie und Ethik, eine radikale Erfassung des peccatum
substantiale letzten Endes nicht erlaubt. Dieses Problem muß noch genauer
formuliert, noch strenger auf den Kern der Auseinandersetzung mit Latomus zugespitzt werden.

Die scholastische Tradition unterschied in der Sündenlehre zwei
Aspekte: einerseits das habitual als carentia, defectus der iustitia originalis,
als Veranlagung, Hang zum Bösen verstandene peccatum originale und
anderseits die diese Veranlagung aktual verwirklichenden Tatsünden, die
peccata actualia, für die scholastische Theologie die eigentlich wirklichen
Sünden. Dieser Unterscheidung im Sündenverständnis liegt die aristotelische habitus-Psychologie zugrunde. Dieses aristotelische Modell lenkt die
Aufmerksamkeit ganz auf die Verwirklichung in actu in den Tatsünden als
auf das entscheidende Moment. Die Erbsünde hingegen, als eine angebo-
rene Anlage zum Bösen, eine dispositionelle Schwäche der menschlichen
Natur, ist durch den Zustand bloßer Potentialität charakterisiert und wird
erst in den peccata actualia zur eigentlichen Sünde. Für Luther ist dadurch
die radikale Erfassung des peccatum substantiale schon verunmöglicht,
denn peccatum substantiale ist nach ihm allein das peccatum originale. Die
ganze Betonung liegt in seiner Sündenlehre auf der Erbsünde: sie ist als
Aufruhr gegen Gott, in dem sich der Mensch mit ganzer Person und
Leidenschaft auflehnt, die wirkliche Sünde. Die einzelnen Tatsünden hingegen sind die bösen Werke, die bösen Früchte der Erbsünde. Deshalb gilt
es für Luther, die Sünde an ihrer Wurzel anzugreifen, ihren Zunder
auszulöschen. Diese Akzentsetzung veranlaßt ihn, das Gewicht in Frage zu
stellen, das die scholastische Theologie auf den Kampf gegen die läßlichen
Sünden legt. Dadurch würden zwar die Blätter beschnitten, die Wurzel
jedoch nicht ausgerissen. Die wahre Bekämpfung reiße hingegen die
Wurzel aus, reinige nicht nur die Akte, sondern die Person selbst, lösche
den der Sünde zugrundeliegenden Zunder des Aufruhrs, des Unglau-
bens[89].

---

[88] Vgl. 88,25 f: Hoc vero peccatum substantiale (ut dixi) non nihil intelligunt sophistae . . .

[89] 109,35–110,4: Nihil horum potes ad poenas et infirmitates aptare, statim enim perit
lavandi, purgandi, curandi sensus, nisi quod vaga venialia huc possis trahere, sed superficialis
ille est sensus, folia praescindit, radicem non excindit . . . Non sic donum dei, quod radices
mortificare laborat, et non actus, sed ipsam personam purgat, ut venialia illa cessent aut certe
minus pullulent: frustra venialibus resistis, nisi peccatum illud fomitis extinguas, unde illa
pullulant.

Diese Unterschiede in der Orientierung des Sündenverständnisses hängen mit einer unterschiedlichen Auffassung der Befreiung von der Sünde durch die Gnade zusammen. Damit kommen wir zum eigentlichen Streitpunkt zwischen Luther und Latomus. Für die scholastische Tradition – und das betont Latomus – wird in der infusio gratiae der Taufe das Verhängnis des peccatum originale aufgehoben. Die Erbsünde besteht zwar noch als Erklärung für die Sündenanfälligkeit, unter der der Mensch noch leidet, aber es bildet doch das Privileg des Christen, daß er eigentlich nur noch mit peccata actualia zu kämpfen hat und deshalb auch nur noch von Fall zu Fall und mehr oder weniger ein Sünder wird, es sei denn, er falle wieder in Todsünde. Die Wiedergutmachung der Tatsünden geschieht vornehmlich in der Verwirklichung in actu der eingegossenen Gnade, in den guten Werken der Liebe, in der karitativen Praxis. Die gnadenhafte Zerstörung der carentia der Erbsünde wird dadurch zum Ausdruck gebracht, daß das, was von der Sünde nach der Taufe übrig bleibt, nicht mehr Sünde, sondern concupiscentia, infirmitas, poena, imperfectio, vicium genannt wird.

Dadurch wird es verständlich, daß der Streit sich ganz auf die These Luthers konzentrierte, jedes gute Werk in den Heiligen sei Sünde. Für die Scholastik gehört das gute Werk zum Kampf gegen die wiedergutzumachenden schlechten Werke, gegen die noch auszutreibenden Tatsünden. Zwar weiß auch die Scholastik, daß der Christ ab und zu wieder Sünder werden kann und daß seine guten Werke dann auch sündhaft sind. Doch für Luther geht es um viel mehr, nicht einfach darum, daß die Heiligen zuweilen sündigen[90]. Diese Bestimmung der Sünde wäre ja eine bloß akzidentelle, die zur Folge hätte, daß die Sünde nur eine für den Menschen buchstäblich unwesentliche Größe wäre, die seinem Wesen nur zufällig beigefügt würde. Das macht Luther dem Latomus zum Vorwurf: er versage in den Arten der Prädikation, in der Bestimmung einer Sache aus sich selbst, ihrem Wesen nach, und hinsichtlich der Akzidentien des zufällig Hinzukommenden. So betont Luther gegen Latomus – in vollem Bewußtsein, daß dadurch alle Haare der scholastischen Lehrer zu Berge stehen werden! –: solange wir leben, gehöre die Sünde zum guten Werk praedicatione perseitatis[91], in der Bestimmung wesenhafter Zugehörigkeit. Nicht darum geht es, ob der Christ ab und zu wieder sündigen kann: das wäre eine Prädikation per accidens. Vielmehr will Luther unterstreichen, daß das peccatum originale wesenhaft auch für den Heiligen, für den Getauften wirkliche Sünde bleibt. Deshalb beruft er sich gegen alle anderen durch Latomus angeführten Autoritäten mit Nachdruck auf Paulus, um diese übriggebliebene Sünde auch eindeutig Sünde zu nennen[92]. Mit der

---

[90] 78,6: Obsecro, quis dubitat sanctos aliquando peccare?

[91] 77,8–11: Quod si haec vicia non essent, adhuc deficit in modis praedicandi per se et per accidens. Peccatum enim (quod horrescere faciet omnes pilos Magistrorum nostrorum) volui et nunc dico praedicatione perseitatis inesse operi bono, quam diu vivimus, . . .

[92] 89,18–23: Proinde, pro reducendo usu Paulinae vocis, hic omnia omnium patrum dicta

Bestimmung als poena, infirmitas oder imperfectio, zu der Latomus tendiert, erwirkt man eine Abschwächung der Wirklichkeit der Sünde im
Getauften. Luthers quam diu vivimus hingegen macht aus der radikal
erfaßten Sünde eine eschatologische Bestimmung des christlichen Lebens,
und zwar eine eschatologische Bestimmung, die nicht etwa durch die
Taufe, durch die infusio gratiae aufgehoben wäre, sondern vielmehr erst
eingesetzt und eingeschärft wird. Darum geht es letztlich im peccatum
exaggerare, und die richtige Einschätzung dieses peccatum reliquum bildet
auch den innersten Kern der Auseinandersetzung zwischen Latomus und
Luther[93].

Für die Bestimmung per se der Sünde stellt Luther, mit einem Seitenhieb
gegen die Scholastiker, einen Vergleich mit der aristotelischen Bestimmung des Lachvermögens[94] an. Sich stützend auf eine Äußerung des
Aristoteles[95], hat die aristotelische Tradition in der Unterscheidung der
fünf praedicabilia (genus, species, differentia (specifica), proprium, accidens) das Lachvermögen als Beispiel für das proprium des Menschen
angeführt[96]. Dieses Beispiel hat sich in der Schullogik als Standardbeispiel
eingeprägt, mit dem die Wesenseigenschaft im Unterschied zur zufälligen,
akzidentell hinzukommenden Bestimmung exemplifiziert wurde. Durch
diesen Vergleich mit dem homo als animal risibile will Luther die enge,
zwingende Verbindung zwischen der Sünde und dem Menschen definieren, die er der ungenauen, akzidentellen Bestimmung des Latomus entgegenstellen kann. Deshalb setzt er die Sünde als das proprium, oder wie er
auch sagen kann: als die propria passio des Menschen, und schließt: »Der
Mensch tut Gutes, also sündigt er . . .«[97] Um das peccatum substantiale

---

semel in unum negemus, sive appellent superstitem illam concupiscentiam infirmitatem,
poenam, imperfectionem, vicium aut quoquo modo volent: nos illis Paulum opponimus,
Apostolum nostrum, id est gentium, tam locupletem autorem, qui non uno loco peccatum et
semper peccatum, nunquam poenam, nunquam imperfectionem, nunquam infirmitatem
vocat.

[93] 89,10–12: De hoc reliquo peccato mihi cum sophistis quaestio est, an sit censendum vere
peccatum nec ne.

[94] 77,11–14 (im Anschluß an Anm. 91): . . . sicut risibile inest homini (loquor ad morem
Aristoteli, non sophistarum, qui adhuc nesciunt, quid sit per se apud Aristotelem aut propria
passio), sed esca, somnus, mors, insunt praedicatione per accidens.

[95] De part. animal. III,10 673a 6–8.

[96] Dieses Beispiel gibt schon der neuplatonische Aristoteles-Kommentator *Porphyrius* im
zweiten Kapitel seiner Einführung in die aristotelische Kategorienschrift, der Isagoge sive
quinque voces (in der lateinischen Übersetzung des *Boethius,* Commentaria in Aristotelem
graeca IV, 1, hg. von *A. Busse,* 1887, 27,5–7): est autem genus quidem ut animal, species vero
ut homo, differentia autem ut rationale, proprium ut risibile, accidens ut album, nigrum,
sedere. Dieser Text prägte die ganze Tradition in ihren Versuchen einer philosophischen
Definition des Menschen. Zum komplexen Problem des Verständnisses von Definition in der
aristotelischen und scholastischen Tradition, vgl. *G. Ebeling,* LuStud II,1; 46–71.

[97] 77,17–21: . . . ita sequitur: Homo bene facit, ergo peccat, quia homo bene faciens est
subiectum et peccatum eius passio, . . . Quare ego melius aemulor consequentias istas
perseitatis, quam Latomus, et veris exemplis meam consequentiam et necessariis necessariam

noch schärfer zum Ausdruck zu bringen, beruft sich Luther im Laufe seiner Schrift noch einmal auf die aristotelische Terminologie, und zwar auf die Kategorienlehre. Er wolle für die Scholastiker so deutlich wie nur möglich sprechen und deshalb die Sünde nach den verschiedenen Kategorien behandeln. Die Scholastiker hätten zwar wohl etwas von der substantia der Sünde verstanden – Auflehnung gegen Gott und Übertretung seines Gesetzes –, aber davon, was die Sünde in den Kategorien der Quantität, der Qualität, der Beziehung, des Tuns und des Leidens sei, wüßten sie nichts[98]. Auch hier dient die Aufnahme der aristotelischen Kategorien dem exaggerare peccatum: durch die Beschreibung anhand der Kategorien soll die Bedeutung der Sünde in den verschiedenen Grundhinsichten der Wirklichkeit hervorgehoben werden. Luther exemplifiziert das zunächst am Beispiel des Begriffs der Gerechtigkeit: in dessen Bestimmung erlaube die Reihe der praedicamenta eine angemessene Anordnung der loci der Rede. Ohnehin sei das Verständnis der Kategorien, so betont Luther, sehr nützlich für die Beredsamkeit, das Gedächtnis, das Verständnis und die Erkenntnis der Dinge und leider in den scholastischen Schulen allzu sehr vernachlässigt[99].

Eine außerordentliche Rolle spielt die Kategorie der substantia. Zwar muß Luther hier präzisieren, in welchem Sinne er von substantia spricht: nicht in der Weise des Aristoteles, sondern in der Weise des Quintilian, die aber auch die des Aristoteles ist ubicunque disserit[100]. Gegen die latomianische Bestimmung, in der die Sünde per accidens als eine Größe, die nur von Fall zu Fall und mehr oder weniger Relevanz hat, charakterisiert wird, legt Luther den Akzent darauf, daß die Sünde, wo immer sie ist, in Wahrheit Sünde nach ihrer Natur ist[101]. In dieser Konzentration auf das

---

suadebo. Vgl. weiter unten, polemisch gegen Latomus, 78,4–6: iterum hic Latomus affert suum ›potest sic dici‹ et non monstrat, quia debeat sic dici.

[98] 88,3–6: Ultra dicimus sophistas non nihil capere, quae sit substantia peccati, scilicet offensio dei et legis dei transgressio, sed quale sit in praedicamento quantitatis, qualitatis, relationis, actionis, passionis, hic prorsus nihil sciunt.

[99] 88,19–22: Sic enim de iustitia disserturus, per praedicamenta dispones locos orationis, primum, quid sit secundum substantiam suam, deinde, quanta, qualis, quorum, quid agat, quid patiatur, ubi sit, quo tempore sit, quid habeat, quo modo gerat sese. Diese Aufzählung entspricht im großen und ganzen der traditionellen Aufzählung der zehn Kategorien (substantia, quantitas, qualitas, relatio, actio, passio, ubi, quando, habitus, positio), ohne jedoch genau die üblichen Formulierungen aufzunehmen. Vgl. ferner die eindeutige Anerkennung der Nützlichkeit der Kenntnis der 10 Kategorien 88,22–25.

[100] Mit dieser etwas komplexen Unterscheidung (vgl. 88,15–19) will Luther wohl betonen, daß er die Substanz nicht im Sinne der ersten Substanz, des Einzeldinges, als *tode ti,* (das wäre more Aristotelis) gebraucht, sondern im Sinne der zweiten Substanz, der Antwort auf die Frage quid sit, der Bestimmung des Wesens einer Sache (das wäre more Quintiliani, den man auch bei Aristoteles selbst im Gebrauch des Begriffs der Substanz als Kategorie beobachten kann).

[101] 88,10–15: Peccatum citra metaphoram, ubi ubi fuerit, vere peccatum est natura sua, nec unum magis peccatum quam aliud iuxta proprietatem substantiae, quae non suscipit magis

Wesen, die Substanz der Sünde, auf die offensio dei in jeder Sünde, verlieren die scholastischen Differenzierungen von verschiedenen Graden und Arten von Sünden ihre Bedeutung. Die eine Sünde ist nicht mehr Sünde als die andere; alle haben teil an derselben sündigen Natur. In der radikalisierenden Konzentration auf das Wesen der Sünde kommt auch deren existentielle Bedeutung zum Ausdruck. Es geht in ihr nicht um einen Mangel, eine carentia, um ein fatales Verhängnis, sondern um die Auflehnung eines jeden Menschen gegen Gott.

In diesem radikalisierenden Sinne beschreibt Luther dieses peccatum substantiale nun mit den anderen Kategorien[102]. Wir wollen jetzt nur einige charakteristische Merkmale hervorheben. Einmal ist auffallend, wie das Ganze auf die Bestimmung der Macht der Sünde, dessen, was sie vermag, ausgerichtet ist. Diese Macht wird sowohl durch das in quantitate, qualitate et actione potens wie auch durch die Orts- und die Zeitbestimmung, die mit ubique und semper universal formuliert sind, unterstrichen. Ferner ist zu bemerken, daß hinsichtlich der zwei Kategorien der passio und der relatio die Sünde negativ gekennzeichnet wird. In bezug auf die Kategorie des Leidens ist die Sünde nichts, denn sie leidet nichts, sie leidet nicht das anklagende Gesetz und will nicht berührt werden. Unter der Kategorie der Beziehung, mit der Luther die Beziehung der Sünde zu Gott erläutert, ist die Situation am schlimmsten, denn die Sünde will von der Gnade nichts wissen und ist dem Zorn und der Wut Gottes unterworfen. Wie wir noch sehen werden, ist es kennzeichnend, daß gerade diese zwei Kategorien eine solche Sonderstellung einnehmen. Der Schlußsatz des Passus weist auf die Grundtendenz der Darstellung hin: es geht um die herrschende Sünde, die uns beherrscht und der wir dienen. Die Beschreibung anhand der Kategorien will diese Herrschaft betonen.

2.422. Peccatum in gratia als peccatum regnatum

Diese Sünde, dieses peccatum substantiale als einzig wahre Sünde gilt es ernst zu nehmen. Denn Gott errettet nicht fiktive, sondern wahre, wirkliche Sünder und er lehrt nicht eine fiktive, sondern eine wahre, wirkliche Sünde töten[103]. Nur so wird nicht eine fiktive, sondern eine wahre Gnade

---

neque minus, licet unum sit maius et fortius alio, sicut et substantia una maior quam altera, non enim minus substantia est musca quam homo, nec minus homo infirmus quam robustus.

[102] 88,28–36: Quid autem potuit? reos nos agebat coram deo et conscientiam infestabat tyrannice trahebatque de die in diem in maiora mala, eratque in quantitate, qualitate et actione potens, in ubi et quando regnabat, quia ubique et semper in omnibus viribus, omni hora praevalebat. In passionis vero praedicamento nihil erat, non enim paciebatur legem arguentem, nolebat tangi etiam. Deinde situm suum in corde posuerat, declinare faciem suam deorsum et ad inferos properare. Porro, relatio erat omnium pessima, quod opponebatur gratiae, subiectum irae et furori dei. Sic regnaebat, nos serviebamus illi.

[103] 107,35 f: Deus non fictos, sed veros peccatores salvos facit, non fictum, sed verum

gelehrt, und deshalb gilt es gegen Latomus, der Gnade als ständigen Gegner nicht nur ein fictum, sondern das verum peccatum zuzutrauen und anzuvertrauen. Das heißt zunächst, daß das Gnadengeschehen nicht einfach als eine Aufhebung des peccatum substantiale zu verstehen ist, die sich realiter zutragen würde. Das kann Luther mit aller Deutlichkeit dadurch zum Ausdruck bringen, daß er sagt, die Sünde sei nach wie vor der Gnade dieselbe. »Die Sünde unterscheidet sich nicht von sich aus, ihrer Natur nach, vor der Gnade und nach der Gnade . . .«[104] Sie ist auch nach der Taufe ihrer Natur nach in Wahrheit Sünde. Das Handeln der Gnade sieht Luther auf einer ganz anderen Ebene: die Gnade betrifft nicht die Natur der Sünde, sondern ihre Macht, was sie im Menschen vermag[105]. In gratia ist der Sünde ihre Macht genommen. Hatte Luther mit allem Nachdruck die Herrschaft der Sünde dargestellt, so entfaltet er nun die Unterwerfung der Sünde: aus dem peccatum regnans ist das peccatum regnatum geworden.

Diesen Vorgang illustriert Luther an einer allegorischen Auslegung des Einzuges der Kinder Israel in das versprochene Land: sie haben zwar die Könige der kananäischen Völker getötet, ihre Macht zerbrochen, leben aber mit den ihnen tributpflichtig und dienstbar gemachten Resten der Völker zusammen, bis sie David dann zur Festigung des Reiches vernichtet. Entsprechend umschreibt er das Verhältnis des Menschen zur beherrschten Sünde: »So haben wir, als die durch die Gnade der Taufe in das Reich des Glaubens Berufenen, das Reich der Sünde in unserer Gewalt, alle seine Kräfte sind zerschlagen; in den Gliedern bleiben allein die Reste, die dawider murren und Geist und Natur ihres zerstörten Geschlechts vertreten, die wir in eigenem Kampf austilgen müssen, was jedoch erst geschehen wird, wenn unser David nach der Festigung seines Reiches auf dem Thron seiner Herrlichkeit Platz genommen haben wird«[106]. Auf die eschatologische Ausrichtung dieser Situationsbestimmung werden wir noch einmal zurückkommen müssen. Auffallend ist hier, wie das Gnadengeschehen nicht als substanzhafte Aufhebung der carentia iustitiae originalis, sondern als Machtwechsel vom regnum peccati zum regnum fidei charakterisiert wird, in dem die Sünde gefangen, gerichtet und entmachtet

---

peccatum mortificare docet. Vgl. den o. in Anm. 86 zitierten Brief an Melanchthon, der auch wieder diese Terminologie aufnimmt.

[104] 91,35–39: Ita peccatum in nobis post baptismum vere peccatum est naturaliter, . . . Nam idem prorsus est motus irae et libidinis in pio et impio, idem ante gratiam et post gratiam, sicut eadem caro ante gratiam et post gratiam, . . . 107,26 f: Nihil differt peccatum a seipso, secundum naturam suam, ante gratiam et post gratiam, . . .

[105] 125,16 f: Natura peccati est vere in eis, sed iam non potest, quod potuit. In ähnliche Richtung weisend fügt Luther dem in der vorigen Anmerkung zitierten Satz den kleinen Zusatz hinzu (91,39 f): sed in gratia nihil potest, extra gratiam praevalet.

[106] 89,6–10 (anschließend an die allegorische Auslegung 89,1–6): Ita nos in regnum fidei vocati per baptismi gratiam, regnum peccati obtinemus, cesis omnibus viribus eius, tantum in membris reliquiae manent, remurmurantes et generis deleti sui ingenium et naturam referentes, quas nostro marte abolere debemus, fiet autem, ubi David noster confortato regno sederit in sede maiestatis suae.

wird. Diesen Machtverlust kann Luther durch die Aufnahme der aristotelischen Kategorien explizieren: die Sünde bleibt zwar in Substanz; da sie
jedoch nichts mehr vermag, ist sie weder in Quantität noch in Qualität
noch in Aktivität; sie ist nun ganz in Passivität[107]. Während die herrschende Sünde nichts erlitt, muß sie nun als beherrschte alles erleiden. Sie
geht nun ganz in diesem Leiden, in dieser Unterwerfung auf.

Dadurch wird nun auch klar, warum der Kategorie der Beziehung eine
große Bedeutung zugesprochen wird. Faßt man das Gnadengeschehen, wie
das Luther hier tut, als einen Machtwechsel auf, so wird nicht mehr die
Substanz der Sünde an sich verändert, sondern die Beziehung Gottes und
des Menschen zur Sünde. Das betrifft die Kategorie der Relation: ut aliud
scias esse ›peccatum regnare‹ et aliud ›peccatum regnari‹[108].

Zu dieser Bestimmung des peccatum *in gratia* – oder wie Luther sogar
einmal sagen kann: peccatum *gratiae*[109] – gehört es, daß die gnadenhaft
geschenkte Gerechtigkeit nicht im Menschen, in seiner psychologischen,
natürlichen Ausstattung geortet werden kann. Sie hat ihren Ort nicht, wie
Luther polemisch gegen die Scholastik formuliert, »in jenen Formen der
Qualitäten«, sondern allein in der Barmherzigkeit Gottes. Wenn man den
Frommen diese Barmherzigkeit wegnimmt, bleibt allein ihr verum peccatum zurück und sie sind dann bloße Sünder. ». . . weil sie aber glauben und
ihr Leben unter dem Reich der Barmherzigkeit verbringen, die Sünde in
ihnen verdammt ist und beständig getötet wird, wird sie ihnen nicht
angerechnet.«[110] Mit diesem Passus kommen wir zu einem wichtigen
Aspekt der Sündenlehre Luthers, der zwischen ihm und Latomus strittig
ist, zur Lehre der Nichtanrechnung der Sünde. Latomus macht ihm zum
Vorwurf, er denke zu gering von der Macht der Gnade über die Sünde,
wenn er nicht von Tilgung, sondern nur von Nichtanrechnung spreche.

Gegenüber diesem Vorwurf will Luther zeigen, daß die wahre Tilgung
sich gerade in der Nichtanrechnung ereignet. Deshalb weist er zunächst

---

[107] 91,35–37 (zum Kontext vgl. o. Anm. 104 f): Ita peccatum in nobis post baptismum vere
peccatum est naturaliter, sed in substantia, nec in quantitate, nec qualitate, nec actione, in
passione vere totum.

[108] 94,4 f. In dieser Betonung der relatio vollzieht sich ein Wechsel, der von theologischer
und ontologischer Relevanz ist. In der aristotelischen Tradition galt die Kategorie der
Substanz als Grundkategorie, was zur Folge hatte, daß die gesamte Wirklichkeit, und deshalb
in der aristotelisch geprägten Scholastik auch die theologische Thematik mit Hilfe einer
Substanzontologie erfaßt wurde. Luthers Betonung der relatio weist auf die theologische und
ontologische Bedeutung des Relationalen hin, das in der klassischen aristotelischen Ontologie
nie richtig erfaßt werden konnte. Vgl. dazu: *G. Ebeling,* Dogmatik des christl. Glaubens, I,
346–355.

[109] Vgl. 102,5–8 die Unterscheidung von peccatum gratiae (sic dixerim animi causa) und
peccatum extra gratiam.

[110] 92,39–42: Iustitia non est sita in formis illis qualitatum, sed in misericordia dei. Revera
enim si a piis removeris misericordiam, peccatores sunt et verum peccatum habent, sed quia
credunt et sub misericordiae regno degunt, et damnatum est et assidue mortificatur in eis
peccatum, ideo non imputatur eis.

darauf hin, daß man nicht sagen dürfe, die Taufe nehme nicht alle Sünden weg. »Sie nimmt wirklich alle Sünden weg, nicht nach der Substanz, jedoch zum größten Teil nach der Substanz und ganz nach ihren Kräften; zugleich nimmt sie sie auch täglich nach der Substanz weg, damit sie geräumt wird.«[111] In diesem Schwanken Luthers, – daß die Taufe die Sünde nach der Substanz nicht wegnehme, jedoch zum größten Teil wegnehme und zugleich, wie er noch einmal korrigiert, sie täglich auch wegnehme – offenbart sich, daß ihm die scholastische Terminologie für das genaue Aussprechen seiner Meinung nicht mehr genügt. Die scholastische Tradition versteht die in der Taufe geschehene infusio als zwar von der Gnade bewirktes, jedoch sich in der natürlichen Ausstattung des Menschen realisierendes Geschehen. Dadurch wird eine substanzhafte Tilgung der Sünde vollzogen, die dem Getauften realiter eingegeben ist. Luthers Insistieren darauf, daß das peccatum in substantia bleibe, wird mißverständlich, wenn es vom scholastischen Wortgebrauch her verstanden und deshalb als Leugnung der Gnade ausgelegt wird. In seinem Versuch, seine Meinung anders zu formulieren, gewinnt nun das »quottidie«, wie oben schon das »assidue«, an Bedeutung. Es ist nicht etwa so, daß die Substanz der Sünde, das peccatum substantiale unangefochten bliebe. Nur geschieht der Kampf so, daß diese Substanz immer wieder, beständig, täglich durch die Gnade weggenommen und geräumt wird. Auch hier wieder wird es klar, wie Luther den Kampf der Gnade mit der Sünde als eschatologische, das ganze christliche Leben durchziehende Dimension verstehen will. Damit ist das scholastische Verständnis der Taufe überholt: sie ist nicht eine habituale Eingießung der Gnade in den Menschen; sie ist eine Sintflut der Gnade, in die der Mensch sein ganzes Leben hindurch immer wieder eingetaucht wird.

So allein ist für Luther die Gnade wirklich ernstgenommen, wenn sie quottidie den Kampf mit dem peccatum substantiale aufnimmt und durchkämpft. Das ist die eigentliche Intention der Lehre von der Nichtanrechnung, für die Luther sich auf Augustin berufen kann[112]. Das ist nicht etwa schwache, geringe, sondern unaussprechliche Barmherzigkeit Gottes, daß er den Menschen ganz rechtfertigt von aller Sünde und ihn hält, als sei er ohne Sünde. Durch dieses Halten, dieses Nichtanrechnen ist die Sünde schon getilgt. Deshalb kann Luther mit aller Deutlichkeit dem zunächst gerade als Einwand gedachten Satz zustimmen: hoc iam non peccatum est,

---

[111] 93,3–6: Non ergo dicendum, quod baptismus non tollat omnia peccata, vere omnia tollit, non secundum substantiam, sed plurimum secundum substantiam et totum secundum vires eius, simul quottidie etiam tollens secundum substantiam, ut evacuetur.

[112] 93,7 f: Augustini verba sunt: ›Remittitur in baptismo universum peccatum, non ut non sit, sed ut non imputetur‹. Vgl. De nuptiis et concupiscentia I, XXV, 28 CSEL 42; 240,16–18: ad haec respondetur dimitti concupiscentiam carnis in baptismo, non ut non sit, sed ut in peccatum non inputetur. Zu dieser berühmten Stelle und zu den Unterschieden zwischen Augustin und Luther an diesem Punkt vgl. *R. Hermann*, Luthers These »Gerecht und Sünder zugleich« (s. o. Anm. 82), 41 ff.

non imputari[113]. »Daß die Sünde nicht angerechnet ist, heißt schon, daß die Sünde nicht mehr ist.« Das sei genau, was er wolle, damit es nicht der Natur des Werkes, sondern der nicht anrechnenden Barmherzigkeit zugeschrieben werde. Wie Latomus hingegen zu denken, die Sünde sei der Natur nach weggenommen, das sei gotteslästerlich. Diese Unterscheidung von Natur und Gnade, die hier in einem völlig anderen Sinn verstanden wird als in der Scholastik, nimmt für Luther eine große Bedeutung ein. In der Lehre vom non imputari kommt das reformatorische Prinzip des sola gratia zum Ausdruck. Daran entscheidet sich das Ganze des Streites. So formuliert Luther andernorts in seiner Schrift den Streitpunkt: hinsichtlich des Zieles würden ihre Meinungen übereinstimmen, jedoch nicht hinsichtlich der Ursache. Die in der Gnade übrigbleibende Sünde sei zwar unschädlich, diese Unschädlichkeit sei aber nicht der Natur, sondern der Gnade Gottes zuzuschreiben[114]. Damit ist das scholastische Harmonieverhältnis von Natur und Gnade zerstört, denn es beruht ja gerade darauf, daß quod gratiae dei est in die natürliche Ausstattung des Menschen eingeschrieben wird.

Für Latomus mußte Luthers Lehre eine Geringschätzung der göttlichen Gnade bedeuten: sowohl darin, daß die Sünde auch für den Gläubigen peccatum originale bleibt, als auch darin, daß die Gnade die Sünde nicht substanzhaft tilgt, sondern »bloß« nicht anrechnet. Diese Meinung muß auch eine solche Geringschätzung bleiben, solange man sie im Rahmen der aristotelischen Substanzontologie beurteilt. Das Verständnis ihrer wahren Bedeutung stellt sich erst ein, wenn in diesem Umdenken in der Sündenlehre das Umdenken in ontologischer Hinsicht erfaßt wird. Man muß in der ontologischen Perspektive ganz besonders die Frage überlegen, woran sich das Menschsein letztlich entscheidet. Für das scholastische Denken entscheidet es sich an der Substanz des Menschseins, an der Verwirklichung in actu des gnadenhaft eingegossenen Wesens des Menschen, im großen und ganzen an der Entelechie des Menschseins. Luther weist in eine ganz andere ontologische Richtung. »Wenn das Menschsein sich daraus entscheidet, was der Mensch letztlich *gilt,* so kommt in eminentem Maß dem Urteil bestimmende Bedeutung für die Lebenswirklichkeit zu. Darauf weist schon im Verhältnis zur Umwelt die Erfahrung mit dem Einschätzen von Dingen und dem Eingeschätztwerden durch Mitmenschen. Wieviel mehr trifft es auf das Gottesverhältnis zu. Der Primat des Glaubens hat, wenn ich einmal so formulieren darf, mit dem ontologischen Primat des Urteils zu tun.«[115]

---

[113] 93,14–17: At dices: hoc iam non peccatum est, non imputari. Hoc est quod volo, ut non naturae operis, sed misericordiae non imputanti tribuatur. Latomus autem misericordiae ignoscentia postposita vult ex natura non esse peccatum. Hoc vero est sacrilegium.

[114] 112,18–20: Respondeo: de fine concordamus, esse scilicet innoxium, sed nequaquam de causa ipsa. Nam ipsi naturae tribuunt, quod gratiae dei est, quod ferendum non est.

[115] G. *Ebeling,* WG III (s. o. Anm. 82), 188.

Diese neue Orientierung kommt in der Schrift gegen Latomus in Hinsicht auf das Sündenverständnis klar zum Ausdruck. Die Sünde nach der Gnade unterscheidet sich nicht ihrer Natur nach von der Sünde vor der Gnade, sondern »hinsichtlich ihrer Behandlung«, denn in der Gnade wird sie anders behandelt als zuvor[116]. Die Dimension des tractatus setzt den Menschen in ein ganz neues Licht: er wird nun nicht mehr vornehmlich aufgrund seines substanzhaften Wesens beurteilt, sondern von einer Relation her, die ihn mit einer außerhalb seiner selbst liegenden Größe in Beziehung setzt, und zwar nicht als ein auf seine Vervollkommnung hin handelndes, sondern als ein passiv dem Handeln von außen her ausgesetztes Wesen. Das heißt, daß das Menschsein des Menschen sich vor Gott, im Urteil Gottes über den Menschen entscheidet. Dort allein kommt der Mensch zu seiner Wahrheit. Deswegen unterscheidet Luther zwischen zwei conspectus, nach denen der Mensch beurteilt wird[117]. Durch das Zusammenwirken dieser zwei Hinsichten werden die Sünde und die Gnade in ihrer radikalen Tiefe erfaßt, die Sünde als nicht naturhaft austilgbares peccatum originale und die Gnade als die unermüdliche, das peccatum immer wieder nicht anrechnende gratia dei.

Dieses Zusammenspiel des rigor iudicii und der benignitas misericordiae bestimmt das Leben des Menschen, sein irdisches Leben als ein Leben vor Gott, unter der Bestimmung seines Urteils. Deshalb liegt die Betonung auf der Notwendigkeit, die zwei conspectus nicht zu trennen, sondern als zwei gleichzeitige Bestimmungen zu verstehen, die miteinander gelten. Dadurch wird die haec vita des Menschen eschatologisch bestimmt als Leben »zwischen den Zeiten« der Gnade und des Zornes, in der Gleichzeitigkeit der Urteilshinsichten. Diesem Thema hat Luther ganz besondere Aufmerksamkeit geschenkt und hat es in der Latomus-Schrift ausführlich behandelt. Die zwei conspectus identifiziert er, als die zwei Weisen der Behandlung der Sünde in der heiligen Schrift, mit den zwei testamenta dei, mit Gesetz und Evangelium[118]. Es lohnt sich, diese zwei Gesichtspunkte kurz im einzelnen in Betracht zu ziehen.

---

[116] 107,26–28: Nihil differt peccatum a seipso, secundum naturam suam, ante gratiam et post gratiam, differt vero a sui tractatu. Aliter enim nunc tractatur quam antea.

[117] 96,2–6: Aliud ergo de te iudicabis bis secundum rigorem iudicii dei, aliud secundum benignitatem misericordiae eius. Et hos duos conspectus non separabis in hac vita. Secundum illum omnia opera tua polluta et immunda sunt propter partem tui adversariam deo, secundum hunc vero totus mundus et iustus. Dieselbe Unterscheidung kann Luther andernorts, sich auf Jes 64,5 ff stützend, als Unterscheidung zwischen zwei Zeiten entfalten, den leta tempora, in denen die Gerechtigkeit gedeiht und Gottes Gnade regiert, und den tristia tempora, in denen Gottes Zorn wütet. Vgl. 68,7 ff. Sind die Menschen in den fröhlichen Zeiten gerecht, so sind sie in den traurigen Zeiten des Zornes nichts als Sünder, denn ihre Gerechtigkeit hängt allein an Gottes Gnade. Es wäre interessant, die Implikationen dieser Unterscheidung von zwei tempora auf den zugrunde liegenden Zeitbegriff genauer zu betrachten.

[118] 103,35–37: Scriptura divina peccatum nostrum tractat duobis modis, uno per legem dei, altero per Euangelium dei. Haec sunt duo testamenta dei ordinata ad salutem nostram, ut a

2.423. Die Sünde im Licht des Gesetzes: peccatum und ira

Die Behandlung der Sünde im Gesetz besteht im Offenbarmachen der Sünde, in der schon bei Paulus (Rm 3 u. 7) betonten cognitio peccati[119]. Die Offenbarung der Sünde hebt in dieser zweierlei hervor, ein duplex malum, wie Luther sagt: »einerseits das innere Übel, das wir uns selbst auferlegen, die Sünde selbst, die Verderbnis der Natur; andererseits das äußere Übel, das Gott auferlegt, den Zorn, den Tod und die Verfluchung«[120]. So lautet die knappe, thesenhafte Beschreibung. Mit diesem doppelten Übel wird die Wirklichkeit der Sünde scharf akzentuiert. Was die corruptio naturae und das peccatum betrifft, unterstreicht Luther, daß damit in der Schrift nicht nur die einzelnen Tatsünden gemeint seien, sondern vielmehr der an der Wurzel liegende Sauerteig, der als Früchte die schlechten Werke und Worte hervorbringt[121]. Dieses peccatum radicale ist die durch das Gesetz offenbarte Sünde, unter der alle Menschen gefangen sind.

Mit dem der Sünde geltenden Zorn Gottes betont Luther, daß nichts, was gut scheint, keine natürlichen, sittlichen oder auffallenden Güter etwas vermögen, daß alles so fest unter dem Zorn befangen ist, daß nicht nur das Verdienst de condigno, sondern auch das Verdienst de congruo vereitelt wird. Diese Betonung des Zornes nimmt Luther als Anlaß zur kritischen Besprechung der scholastischen Meinungen in Hinsicht auf die Gesetzeserfüllung und die Einschätzung der guten Werke und ihres verdienstlichen Charakters. Hier werden vornehmlich spätscholastische Lehrentwicklungen heftig kritisiert. Wir beschränken uns auf Aspekte, die direkt die Sündenlehre betreffen.

Luther verwirft die Meinung, mit den guten Werken sei dem Gesetz Genüge geleistet, so daß die Notwendigkeit der Gnade sich nur noch ex quodam superfluo exactionis divinae des Evangeliums erweise[122]. Auch hier handelt es sich, wie etwa der anschließende Hinweis auf die Verdienst-

---

peccato liberemur. Die Behandlung der zwei Aspekte erfolgt 103,37–105,35 (lex) und 105,36–107,36 (Euangelium). Es ist auffallend, wie stark hier Luther die bei ihm oft erscheinende Unterscheidung von Gesetz und Evangelium auf die Sünde ausrichtet, indem er entschieden Gesetz und Evangelium als die zwei modi der göttlichen Behandlung der menschlichen Sünde definiert.

[119] 103,37 f: Lex aliter non tractat peccatum, quam ut ipsum revelet sicut dicit Paulus Ro. iij. ›per legem cognitio peccati‹.

[120] Am Anfang zunächst nur ganz kurz 103,39 (im Anschluß an Anm. 119): Quae cognitio docebat duo, corruptionem naturae et iram dei. Ausführlicher dann 104,22–24: Igitur duplex malum lex revelat, internum et externum: alterum, quod ipsi nobis irrogavimus, peccatum seu corruptionem naturae, alterum, quod deus irrogat, iram, mortem et maledictionem.

[121] 104,4–7: Et haud scio, an peccatum in scripturis unquam accipiatur pro operibus illis, quae nos peccata vocamus. Videtur enim ferme radicale illud fermentum sic vocare, quod fructificat mala opera et verba.

[122] 105,29–31: Summa, lex illis est impleta, nec indigent gratia (ut dixi) nisi ex quodam superfluo exactionis divinae. Vgl. auch 104,37–39: . . . non enim deesse eis quicquam putant, quod lex requirat, sed quod gratia exigat. Legi satisfactum docent, sed non Euangelio.

frage zeigt, bei diesen Theologen, die bereit wären zu behaupten, daß die guten Werke auch den Himmel verdienen, wenn ihnen nicht etwas von der notwendigen Gnade zu Gehör gekommen wäre[123], um Vertreter der Spätscholastik. In der hochscholastischen Tradition wurde in der Frage der Erfüllung des Gesetzes der Gnade eine entscheidende Bedeutung zugeschrieben[124]. Zwar ist es auch bei den Spätscholastikern in der Frage der Gesetzeserfüllung nicht so eindeutig, wie das Luthers Urteil annehmen lassen könnte. Daß die spätscholastische Entwicklung im Endeffekt auf eine Infragestellung der Notwendigkeit der Gnade hinausläuft, läßt sich jedoch kaum bestreiten. Damit verknüpft sich ein Problem, das wieder an das Gemeinscholastische rührt, nämlich das Problem, daß das Wesen des Evangeliums durch die Verbindung mit der zusätzlichen Forderung nicht richtig erfaßt, sondern vergesetzlicht wird, was mit der hochscholastischen Auffassung der nova lex nicht ohne Beziehung ist.

In unserem Kontext ist nun interessant, wie sich diese Frage auf das Verständnis der Sünde auswirkt. Wurde in der Scholastik im Zeichen der schon geschehenen infusio gratiae der Kampf gegen die peccata actualia mit der karitativen Praxis vollzogen, so wird nun bei Luther diese Praxis hinterfragt. Denn für ihn besteht die Erbsünde oder, wie er hier sagt, die Wurzelsünde nicht in einem schlechte Werke hervorbringenden schlechten habitus. Vielmehr kann sie sich gerade auch in den guten Werken auswirken und diese zu schlechten Werken verkehren, denn das zutiefst verborgene peccatum radicale ist ein malus usus der besten Dinge, der alles pervertiert[125]. Dieser schlechte Gebrauch besteht darin, daß der Mensch sein Vertrauen in die guten Werke setzt, die doch Gottes Gaben sind, daß er sich ihrer rühmt. Durch diese Grundverkehrtheit wird jedes Entsprechungs-, jedes Angemessenheitsverdienst verunmöglicht. Das bedeutet aber, daß die scholastische Sündenlehre nicht nur im einzelnen korrigiert und nuanciert, sondern von Grund auf überwunden werden muß. Das zeigt sich daran, daß die Auseinandersetzung mit Latomus um die These kreist, daß jedes gute Werk in den Heiligen Sünde sei. Von der Sünde als malus usus her wird nun auch klar, wie Luther diese im Zentrum des Ganzen stehende These versteht. Nicht an sich ist jedes gute Werk Sünde, also nicht im Sinne der scholastischen Tatsünde. Es ist Sünde, weil es durch den Menschen immer wieder sündhaft gebraucht, mißbraucht wird. Das

---

[123] Vgl. die Bemerkung über hodie etiam nostri Theologi 104,33 ff. Zur Verdienstfrage vgl. 104,39 ff.

[124] Das zeigt sich z. B. bei *Thomas* in der Behandlung der Frage Utrum homo sine gratia per sua naturalia legis praecepta implere possit, die eindeutig negativ beantwortet wird. Vgl. S. th. 1,II q.109 a.4.

[125] 105,13–17: Sola igitur lex ostendit, non quidem esse ista mala per se, cum sint dona dei, sed esse in malo usu propter radicale illud peccatum occultissimum, quo in illis confidebant, placebant, gloriabantur insensibili malo, sicut et nunc et semper facit hoc intimum peccati malum, cum in solo deo fidendum, placendum et gloriandum sit, . . . Zum Thema des usus, s. o. S. 117 f.

gute Werk von diesem Mißbrauch zu befreien, das ist die Sache des Evangeliums, die Sache, der sich die Gnade Gottes unermüdlich widmet.

2.424. Die Sünde im Licht des Evangeliums: donum und gratia

Das Evangelium behandelt die Sünde so, daß es sie wegnimmt, und so folgt es aufs schönste auf das Gesetz. Das Gesetz hat uns durch die Erkenntnis der Sünde in diese eingeführt und ihr unterworfen, wodurch erreicht wurde, daß wir begehrten, von ihr befreit zu werden, und uns nach der Gnade sehnten. Wie das Gesetz enthält auch das Evangelium zweierlei, Gerechtigkeit und Gnade Gottes, wie es zunächst ganz knapp heißt[126]. Luther expliziert dann beide Aspekte folgendermaßen: »Durch die Gerechtigkeit, die Gottes Gabe ist, das heißt: durch den Glauben an Christus heilt das Evangelium die Verderbnis der Natur; diesem Glauben und dieser Gerechtigkeit wird als Begleiter die Gnade oder Barmherzigkeit beigesellt, Gottes Gunst, die gegen den Zorn, den Begleiter der Sünde, ankämpft . . .« Deshalb kann Luther sagen, im Evangelium seien die zwei bona enthalten, die gegen die zwei mala des Gesetzes aufkommen, »die Gabe für die Sünde, die Gnade für den Zorn«[127]. Waren es vorhin das malum internum und das malum externum, so sind es nun ebenfalls das bonum internum und das bonum externum[128]. Das sind die Grundaspekte, die Luther im Kontrast zu denen des Gesetzes unter dem Gesichtspunkt des Evangeliums entfaltet. Bemerkenswert ist hier vor allem die jeweilige Doppelstruktur von malum resp. bonum internum und externum. Dadurch wird hervorgehoben, daß die innere Wirklichkeit des Menschen außen, und das heißt: im Verhältnis zu Gott, so etwas wie einen Widerhall erfährt: der Sünde entspricht Gottes Zorn, der Glaubensgabe Gottes Gnade. Mit dieser Doppeldimension wird der Blick auf die Externrelation gerichtet, die nun zum entscheidenden Faktor wird, denn Zorn und Gnade liegen außerhalb unser selbst und werden uns von außen her zuteil. Das betont Luther ganz besonders in Hinsicht auf die Gnade, indem er seine Auffassung gegen die spätscholastische Lehre abgrenzt. Wurde die Gnade im Rahmen der scholastisch ausgelegten aristotelischen Psychologie als eingegossene habituale Gabe und deshalb als qualitas animi, wie Luther

---

[126] 105,36–39: Euangelium contra sic tractat peccatum, ut ipsum tollat, et sic pulcherrime legem sequitur. Lex enim introduxit et nos obruit peccato per cognitionem eius, quo fecit, ut ab illo liberari peteremus et gratiam suspiraremus. Nam Euangelium etiam duo praedicat et docet, iustitiam et gratiam dei.

[127] 106,1 f.6–8: Per iustitiam sanat corruptionem naturae, iustitiam vero, quae sit donum dei, fides scilicet Christi . . . Huic fidei et iustitiae comes est gratia seu misericordia, favor dei, contra iram, quae peccati comes est, ut omnis qui credit in Christum, habeat deum propitium. Zur zusammenfassenden Formulierung 106,35–37: Habemus ergo duo bona euangelii adversus duo mala legis, donum pro peccato, gratiam pro ira.

[128] 106,20.22: Quia fides est donum et bonum internum oppositum peccato, . . . At gratia dei est externum bonum, favor dei, opposita irae.

sagen kann, verstanden, so wendet sich dieser gegen eine solche psycholo-
gisch-ethische Ortung und konzentriert sich in seinem Verständnis der
gratia als *favor dei* auf das Urteil Gottes über den Menschen[129]. Dadurch
wird die Situation des Menschen als forensische interpretiert: nicht am
Menschen, nicht an seinem Wesen, in bezug auf seine Art tritt eine
Veränderung ein, sondern in bezug auf sein Sein vor Gott, auf Gottes
Urteil über ihn.

Dieses Umdenken hat zur Folge, daß sich nun nicht mehr alles auf die
infusio konzentriert, sondern gerade auf die effusio, auf das Ausgießen von
Zorn und Gnade über den Menschen[130]. Das Menschsein vollzieht sich als
ein esse sub ira oder sub gratia. Daran entscheidet sich das Menschsein,
denn dadurch ist der Mensch als ganzer Mensch, in seiner Person
bestimmt. Gott teilt seinen Zorn und seine Gnade nicht; sie kommen nur
als ganzer Zorn oder als ganze Gnade in Betracht, und gerade deshalb
kommt es zur Entscheidung hinsichtlich der Wahrheit des Menschen.
Allein diese totale Gnade Gottes kann das durch die Sünde versklavte und
tyrannisierte Gewissen befreien, es »zu einem fröhlichen, sicheren, uner-
schrockenen Gewissen machen, das alles wagt, alles vermag, so daß es in
diesem Vertrauen auf die Gnade Gottes auch des Todes spottet«[131]. Diese
Gewissensgewißheit kommt im Glauben zum Ausdruck, der als donum
unter dieser Gnade steht, und wird im christologischen Bezug dieses
Glaubens begründet. Wir wollen uns jetzt nicht auf eine ausführliche
Behandlung des Glaubensbegriffs einlassen. Diese Thematik soll später
zum Zuge kommen[132]. Wir beschränken uns hier zunächst auf die für die
Sündenlehre relevanten Aspekte.

Sich auf Paulus stützend bezieht Luther Gerechtigkeit und Sünde auf
Christus[133]. Christus, der nichts von der Sünde wußte, wurde durch Gott
zur Sünde gemacht, damit wir in ihm die Gerechtigkeit Gottes würden.
Luther kann in diesem Rahmen von Christus als von der Sünde Gottes
sprechen, mit der dieser unsere Sünde verdammt[134]. In dieser Sünde Gottes
wird unsere Sünde weggenommen. Die Sünde Gottes ist die Sünde unserer

---

[129] 106,10 f: Gratiam accipio hic proprie pro favore dei, sicut debet, non pro qualitate
animi, ut nostri recentiores docuerunt, . . .

[130] 106,37–107,3: Iam sequitur, quod illa duo ira et gratia sic se habent (cum sint extra
nos), ut in totum effundantur, ut qui sub ira est, totus sub tota ira est, qui sub gratia, totus sub
tota gratia est, quia ira et gratia personas respiciunt. Quem enim deus in gratiam recipit,
totum recipit, et cui favet, in totum favet.

[131] 106,13–15: Hoc est, quod impinguat ossa et conscientiam reddit laetam, securam,
imperterritam, nihil non audentem, nihil non potentem, ut quae mortem etiam rideat in
fiducia ista gratiae dei. Zum Thema der Gewißheit und des certificare, vgl. auch 82,3 ff.

[132] Vgl. u. den Abschnitt 2.43.

[133] S. 91,4 ff. Luther verweist vor allem auf Rm 8,3 f und 2. Kor 5,21, und konzentriert sich
auf die Formeln ›peccatum damnari de peccato‹ und ›Christum pro nobis peccatum facere‹.

[134] 91,13–15: Nam quod peccatum nostrum tollatur, unde habemus, nisi de Christo, facto
peccato pro nobis? non utique de nostris viribus aut meritis, sed de peccato dei, id est, quem
deus peccatum fecit.

Sünde und schenkt uns dadurch Gerechtigkeit. Das dem Menschen im Glauben zukommende Heil ist also in einem eigentümlichen christologischen simul begründet, das für Luther eine wichtige Rolle spielt, wie wir noch sehen werden: als peccatum dei ist Christus zugleich unsere Gerechtigkeit. Dieses christologische simul bringt zum Ausdruck, was der Kreuzestod Christi für uns bedeutet, auch wenn hier das Kreuz nicht explizit erwähnt wird. Am Kreuz wurde Christus zur Sünde gemacht, und die Gerechtigkeit, die uns so zuteil wird, steht im Zeichen eben dieses Kreuzes.

Allein die Gerechtigkeit Christi ist gewiß und beständig. Deshalb ist der Glaube vornehmlich fides Christi. Diesen engen Bezug auf Christus hebt Luther polemisch gegen die scholastische Bestimmung hervor. Der Glaube begnügt sich nicht damit, die Gabe einmal zu empfangen, er begnügt sich nicht schon mit der iustitia c(o)epta, sondern er ist ein tägliches Hineingerissenwerden in Christus, ein vollständiges Umgestaltetwerden in Christus[135]. Dadurch wird der existentielle Charakter des Glaubens scharf akzentuiert. Das wird noch klarer mit dem Gedanken der Zuflucht, des Schutzes zur Sprache gebracht[136]. Die scholastische habituale Interpretation führt zu einer fides vaga, die aufgrund der in Empfang genommenen Gabe Werke hervorbringen soll, sie führt zur Auffassung einer absoluta – immo obsoleta, wie Luther ironisch beifügt! – qualitas in anima[137]. Fides vera ist für Luther erst der Glaube, »der dich zum Küchlein und Christus zur Henne macht, damit du unter seinen Flügeln Hoffnung findest«. Das mußte für Latomus eine allzu unscholastische Begriffsbestimmung sein.

Im Kontext der Unterscheidung von donum und gratia im Evangelium behandelt Luther die Frage des consensus und dissensus[138]. Seine Bemer-

---

[135] 111,31–35: . . . voluit, ut in Christum niteremur, ut nec iustitia illa cepta nobis satis sit, nisi in Christi iustitia haereat et ex ipso fluat, ne quis insipiens, semel accepto dono, iam satur et securus sibi videatur, sed in illum nos rapi de die in diem magis voluit, non in acceptis consistere, sed in Christum plane transformari. Bemerkenswert ist hier die Akzentuierung der Passivität, teilweise mit Verwendung eher mystischer Sprache vollzogen: im rapi als Glaubensbewegung klingt der mystische raptus an.

[136] 112,1–3.6–9: Ecce fides non satis, sed fides, quae se sub alas Christi recondat et in illius iustitia glorietur . . . Quid istis vult Apostolus, nisi quod non satis est illa fides vaga sophistarum, quae accepto dono putatur operari? sed ea demum fides est, quae te pullastrum, Christum gallinam facit, ut sub pennis eius speres.

[137] 114,21–23: Haec est enim fides (ut dixi) vera, non absoluta immo obsoleta illa qualitas in anima, ut illi fingunt, sed quae se a gratia Christi non patitur avelli, . . . Zum Begriff der qualitas absoluta, vgl. *R. Hermann*, Luthers These »Gerecht und Sünder zugleich« (s. o. Anm. 82), 167–169. Hermann betont, »daß durch den Begriff qualitas animae die wirklich transzendente Art des Glaubens nie erfaßt wird . . .« Auch wenn man die psychologischen Begriffe metaphysisch interpretiert, »selbst dann ist der Tatsache in keiner Weise Genüge geleistet, daß es sich beim Glauben um die eigentümliche Wirklichkeit handelt, die durch das in Wort und Tat bestehende *Zusammensein* von Gott und Mensch konstituiert wird und sich in der Sündenvergebung und dem Neuwerden durch sie vollzieht« (aaO 169).

[138] 114,12 f.15 f: . . . ideo nihil est damnationis, non quia non sit ibi peccatum, ut Latomus mentitur, sed quia sunt in Christo Ihesu, . . . Deinde non ambulant secundum peccatum seu carnem peccati, id est, non consentiunt peccato, quod revera habent. *R. Hermann* hat in seiner

kungen zu diesem Thema konzentriert er auf die Explizierung der zwei stärksten und aufs beste befestigten Hauptgründe, die Gott aufgerichtet hat, damit die Sünde, die in den Menschen zurückbleibt, ihnen nicht zur Verdammnis wird[139]. In dieser Unterscheidung zwischen den zwei firmamenta erkennt man die Unterscheidung von gratia und donum wieder. Das erste, wichtigste firmamentum bildet die Gnade, die in Christus als propitiatorium geschenkt wird. Das zweite besteht darin, daß die Gläubigen, »indem sie die Gabe aufnehmen, nicht nach dem Fleisch wandeln, der Sünde nicht gehorchen«. Dieses zweite firmamentum, das seine Kraft nur in virtute prioris hat, ist also der Ort des non consentire, des Kampfes der Gläubigen gegen sich selbst und ihre Sünde, des dissensus, der deshalb ganz im Zeichen der Gnade des ersten Hauptgrundes steht. Das non consentire ist nicht Vorbedingung, sondern vielmehr Glaubensvollzug im täglichen Leben unter der Gnade.

2.425. Die Gerechten als hypocritae salutares: simul iustus et peccator als eschatologische Bestimmung

Nach dieser ausführlichen Behandlung der einzelnen Aspekte gilt es nun, noch einmal das Ganze auf das Wesentliche hin zu pointieren. An Gottes Urteil, wie es sich in Gesetz und Evangelium kund gibt, entscheidet sich das Menschsein des Menschen in Sünde und Gerechtigkeit. Luther betont, wie wir schon sahen, die Untrennbarkeit dieser zwei Urteilshinsichten. Das irdische Leben des Christen, haec vita, ist durch die Gleichzeitigkeit dieser zwei conspectus geprägt. Diese Doppelstruktur gibt dem menschlichen Leben eine paradoxale Gestalt, denn wenn Gott richtet und zürnt, sind wir nichts als Sünder vor ihm und kommen um, »wenn uns aber seine Barmherzigkeit deckt, sind wir unschuldig und fromm vor ihm – wie auch vor aller Kreatur«[140]. Die Gleichzeitigkeit von richterlichem Zorn und barmherziger Gnade hat zur Folge, daß wir zugleich gerecht und Sünder sind[141]. Auf diesem simul von Sünde und Gerechtigkeit im irdischen Leben gründet letztlich Luthers gesamtes Sündenverständnis.

Studie das Thema des consensus bzw. dissensus ausführlich behandelt, ganz besonders die komplexe Frage des Verhältnisses von Luthers Auffassung zum augustinischen Verständnis des consensus. Vgl. aaO 139–233, bes. 155 ff.

[139] 114,16–20.28–30 (anschl. an Anm. 138): Deus enim providit duo robustissima munitissimaque firmamenta, ne hoc peccatum eis sit in damnationem. Primum, ipsum Christum propitiatorium (ut Ro. iij.), ut sub huius gratia tuti sint, non quia credunt et fidem aut donum habent, sed quia in gratia Christi habent . . . Alterum est, quod dono accepto non ambulant secundum carnem, nec obediunt peccato, sed prius illud principale et robustissimum est, licet et alterum sit aliquid, sed in virtute prioris.

[140] 67,32–34: Omnes ergo coram eo peccamus si iudicet, et perimus si irascatur, qui tamen si misericordia nos operiat, innocentes et pii sumus, tam coram eo quam omni creatura.

[141] 67,13–16: In quo tamen iudicio, quia iuste iudicat et vere, necessarium est simul eos esse iustos et tamen immundos. Et ita ostendit, quam nullus in sua iustitia, sed sola misericordia eius niti debeat.

Wie Luther es seinem Gegner Latomus vorwerfen kann, führte die scholastische Lehre zu einer Abschwächung dieser Gleichzeitigkeit, denn das peccatum originale verliert für sie im Gnadenstand seine eigentliche Radikalität, und die Gnade ihrerseits büßt als habituale qualitas der menschlichen Seele ihre göttliche Externität ein. Versteht man hingegen Sünde und Gnade in der forensischen Situation, bleibt die Sünde wirkliche, radikale Sünde und die Gnade wirkliche, radikale Gnade, dem Menschen immer wieder von außen zukommende, ihm nie zu eigen werdende Gnade. Dem Menschen zu eigen ist allein die Sünde, die durch das Gesetz und den Zorn offenbart wird. Die Gerechtigkeit wird nie seine eigene Gerechtigkeit, sie ist sola misericordia. Fällt diese weg, so ist der Mensch auch schon aller Gerechtigkeit entkleidet. Die Sünde ist also nicht der Substanz nach aufgehoben, wohl aber dem Urteil nach. Sie ist nun, wie Luther sagen kann, wenn in Gnade und Gabe ausgeharrt wird, »Sünde ohne Zorn, Sünde ohne Gesetz«, – nicht mehr Todsünde, sondern – »tote Sünde, unschädliche Sünde«[142].

Diese Gleichzeitigkeit von Sünde und Gerechtigkeit erstreckt sich über das ganze Leben des Gläubigen. Es gibt kein Ausbrechen aus diesem simul, weder ein einmaliges, noch ein progressives. Dadurch wird das simul iustus et peccator zu einer eschatologischen Bestimmung des christlichen Lebens. Das zeigt sich schon daran, daß es durch die Urteilssituation entscheidend geprägt wird. Die Einschärfung der Gleichzeitigkeit von Sünde und Gerechtigkeit in den Spannungen des Lebens, die Einschärfung des nackten Angewiesenseins auf externe Gnade gehört deshalb zum Leben im Zeichen des Kreuzes[143]. In dieser Kreuzeseschatologie wird das irdische Leben durch die Spannung zwischen der Zusage der vergebenden Gnade und dem täglich aufzunehmenden und durchzuhaltenden Kampf gegen die noch zurückgebliebene Sünde bestimmt. Dieser Spannung gilt es nun noch etwas genauer nachzugehen.

Die Befreiung, die uns im Evangelium zuteil geworden ist, ist nicht die endgültige Befreiung zur eschatologischen gloria. Es muß noch gestorben, es muß noch in Sünden gearbeitet werden. Zwar werden wir einst von Tod und Sünde befreit werden. Jetzt aber sind wir *vom Gesetz* des Todes und der Sünde befreit, von ihrer Herrschaft und Tyrannei, so daß sie zwar noch da sind, aber nichts mehr vermögen[144]. Diese eschatologische Spannung

---

[142] 107,24–26: Interum dum haec aguntur, peccatum dicitur et est vere natura sua, sed iam peccatum sine ira, sine lege, peccatum mortuum, peccatum innoxium, modo in gratia et dono eius perseveres.

[143] Zum Verhältnis von Sünde und Kreuz, vgl. *P. Bühler* aaO (s.o. Anm. 82) 55–59. Daß die Sünde erst am Kreuz in aller Deutlichkeit als Sünde enthüllt wird, was in der Schrift gegen Latomus nie explizit zur Sprache kommt, zeigt etwa folgende These (aus der quarta disputatio de loco Rm 3,28) WA 39,1; 84,14 f: Nullus ex omnibus hominibus cogitare potuit peccatum mundi esse, Non credere in Christum Iesum crucifixum.

[144] 92,5–10: Ille ergo spiritus vitae quid fecit? nondum a morte, nondum a peccato liberavit, liberabit autem tandem, quia adhuc moriendum est, adhuc in peccatis laborandum. Sed a lege

kann Luther mit der Unterscheidung von Vergebung und Vernichtung kennzeichnen. Die Sünden sind ganz vergeben, aber noch nicht alle ver-nichtet[145]. Die Vergebung aller Sünden ist zweifellos gegeben, doch ihre Vernichtung und vollständige Räumung steht noch aus, und in dieser Zwischenzeit, die unser jetziges, irdisches Leben bestimmt, glauben wir an die Vergebung, wirken täglich gute Werke und warten auf die letzte abolitio und evacuatio. Ganz ähnlich kann Luther andernorts von Verge-bung und Heilung sprechen: Remissa sunt omnia per gratiam, sed nondum omnia sanata per donum[146]. Hier verknüpft sich die eschatologische Span-nung mit der Unterscheidung von gratia und donum. Die Gnade hat der Person die Sünde schon vergeben, doch nun muß die eingegossene Gabe als Sauerteig wirken, arbeiten, um die Sünde, den schlechten Gast, auszufe-gen und auszutreiben. Hier sehen wir schon, daß das simul iustus et peccator die Situation des Menschen als eine Kampfsituation kennzeichnet, in der der Mensch kraft der schon geschehenen Befreiung der Gnade mit der bleibenden Sünde kämpft. Deshalb kann Luther auch von einer militia strenua sprechen[147], die gegen das ungezähmte Toben, den impetus der Sünde in den Frommen erforderlich sei. Das erfährt der Gläubige viel mehr, denn der Ungläubige hält nicht stand und gehorcht der Sünde, während der Gläubige gegen sie ankämpft.

Es zeigt sich hier einmal mehr die Paradoxalität des simul iustus et peccator. War zuvor von einer toten Sünde gesprochen worden, so wird jetzt von einer tobenden Sünde geredet. Das zeigt an, daß das Gnadenge-schehen und der Glaubensvollzug ganz eng miteinander verknüpft sind zu einem einzigen Vorgang, in dem die immer wieder tobende Sünde immer wieder getötet wird und so immer wieder bekämpft und besiegt werden kann. Die Gleichzeitigkeit von Gerechtigkeit und Sünde ist nicht ein provisorisch erreichter Zustand, in dem wir auf die glorreiche Zukunft warten; sie ist die eschatologische Bestimmung, die die haec vita zu einer ständigen Wiederholung der Rechtfertigung des Sünders in Gnade und Glaube werden läßt[148].

---

peccati et mortis liberavit, hoc est, a regno et tyrannide peccati et mortis, ut peccatum quidem assit, sed amissa tyrannide nihil possit, et mors quidem instet, sed amisso stimulo nihil nocere neque terrere possit.

[145] 96,7–11: . . . verissime omnia peccata tibi remissa sunt, remissa inquam in totum, sed nondum omnia abolita. Credimus enim remissionem peccatorum omnium factam absque dubio, sed agimus quottidie et expectamus, ut fiat etiam omnium peccatorum abolitio et omnimoda evacuatio. Et ii, qui in hoc laborant, faciunt bona opera.

[146] 107,21. Anschließend 22–24: Donum etiam infusum est, fermentum mixtum est, laborat, ut peccatum expurget, quod iam personae indultum est, et hospitem malum extrudat, cui licentia facta est eiiciendi.

[147] 123,2–5: Indomitus est furor eius (sc. peccati), imo, quod mireris, in impiis non sic furit, quia non sustinent eius impetum, cedunt et obediunt ei, ideo nunquam experiuntur, quantus labor, quanta molestia sit peccato reluctari et eius dominari. Militiam exigit iste impetus strenuam, . . .

[148] G. *Ebeling,* Theologie zwischen reform. Sündenverständnis und heutiger Einstellung

Diesen Kampf mit der Sünde interpretiert Luther in Anlehnung an Lukas als Buße und greift somit auf ein ihm wichtiges Thema zurück. In der Buße geschieht die abolitio und evacuatio der Sünde, und die Unterscheidung von gratia und donum verdichtet sich deshalb zur Unterscheidung von remissio und poenitentia[149]. Während die Vergebung der Sünde den Zorn wegnimmt, ist die Buße, als Umkehr, »die Umwandlung der Verderbnis und die stete Erneuerung von der Sünde«. Diese Unterscheidung dient der Einschärfung des simul: das Sündersein wird in meinem Leben nie erlöschen, und ich werde der Sünde immer dienen.

Gegen Schluß seiner Schrift versucht Luther dieses Dienen noch genauer zu beschreiben. Er unterscheidet zwischen einem simpliciter servire, das er auf die Person bezieht als ihren status, die Bemühung eines ganzen Lebens, und einem servire carne, einem Dienen mit dem Fleisch, das ein äußerliches Dienen, ein Dienen in Werken ist. Aufgrund dieser Unterscheidung kann er nun hypocritae damnabiles und hypocritae salutares unterscheiden[150]. Die Heuchler sind verdammungswürdige Heuchler, weil sie zwar dem Fleische nach mit guten Werken Gott dienen, jedoch nicht mit dem Glauben des Herzens, so daß ihre guten Werke ihnen nichts nützen. Die Gerechten hingegen sind heilswürdige Heuchler, denn mit dem Fleisch dienen sie der Sünde, sind aber gut in Wahrheit, dienen Gott in ihrer Person, so daß ihre Sünden ihnen nichts schaden. Die Gerechten als hypocritae salutares: diese Kennzeichnung bringt die eschatologische Bestimmung des Gläubigen mit aller Deutlichkeit zum Ausdruck. Damit ist das unüberwindliche und unaufhebbare Ineinander von Sünde und Gerechtigkeit klar zur Sprache gebracht, auf das Luther am Schluß noch einmal zu sprechen kommt[151]. Er zieht eine Parallele mit der Christologie und betont, daß man von Sünde und Gnade wie von Gott und Mensch in Christus reden müsse. Hinter dieser Parallele steckt die theologische Aufgabe, die Christologie für das richtige Verständnis der Soteriologie fruchtbar zu machen, eine Aufgabe, die Luther an vielen Stellen seiner Schrift in Angriff genommen hat.

Vom fleischgewordenen Gott oder vom gottgewordenen Menschen zu

---

zum Bösen (s. o. Anm. 82), 190: »Worum es im Glauben geht, das erledigt sich nie im Leben, sondern erstreckt sich über das ganze Leben. Taufe, Buße und Rechtfertigung werden infolgedessen, entsprechend dem Verständnis von Sünde, aus einzelnen biographischen Momenten und Daten zur Grundbewegung des Lebens selbst im Zeichen des Glaubens.«

[149] 109,13–15: Nonne hoc congruit, quod poenitentia est immutatio corruptionis et renovatio de peccato assidua, quam operatur fides, donum dei, et remissio gratiae donum est, ut non sit ibi peccatum irae?

[150] 125,40–126, 5: Iusti simpliciter serviunt deo, id enim personam respicit, sed hypocritae serviunt ei carne tantum, quia solis operibus, non fide cordis. Atque ut hi sunt hypocritae damnabiles, ita illi (ut sic dicam) hypocritae quidam salutares, quia carne serviunt peccato, et sunt mali in speciem, boni autem in veritate, . . . atque ut opera illa hypocritis bona nihil prosunt, ita iustis sua peccata ista nihil nocent.

[151] Vgl. 126,15 ff.

reden, das sei etwas anderes als einfach von Gott und Mensch zu reden. Dasselbe gelte für das Reden von Sünde und Gnade: »So sind es zwei verschiedene Sachen, die Sünde außerhalb der Gnade und innerhalb der Gnade . . .« Mit einer Reflexion, die noch bei größerer Muße zu behandeln sei, versucht Luther das Ineinander beider Größen zu formulieren: solange wir hier, auf dieser Erde leben, sei die Gnade oder die Gabe Gottes »eingesündet«, Sünde gewordene Gnade, und die Sünde »gegnadete«, Gnade gewordene Sünde[152]. Gratiam seu donum dei impeccatificatum und peccatum gratificatum: man kann das simul iustus et peccator kaum schärfer zur Sprache bringen. Damit ist zugleich betont, daß das christliche Leben als eschatologisches Leben im Zeichen einer nie ein für allemal vollbrachten, einer immer wieder geschehenden iustificatio steht, sich als Bewegung, Lauf auf die Gerechtigkeit hin vollzieht[153]. Dieser Lauf ist das Leben im Glauben. Daran hat die Eschatologie ihr entscheidendes Kriterium: erst dann wird sie zur wahren Eschatologie, wenn sie nicht das Nacheinander, sondern das simul zu ihrem grundlegenden Prinzip macht.

2.43. Fides

Unsere ersten Versuche zu beobachten, wie sich die theologia crucis als Interpretation einiger theologischer Hauptthemen vollzieht, haben uns zunächst vom stark eschatologisch geprägten Thema der Hoffnung zum Fragenkomplex der Sünde und in ihm zum simul iustus et peccator als eschatologischer Bestimmung geführt. In beiden Themenbereichen von spes und peccatum sind uns immer wieder Bezüge zur Dimension der fides begegnet. Deshalb liegt es nahe, daß wir uns nun auf die Frage nach dem Glaubensverständnis konzentrieren. Auch hier sollen die immer wieder auftretenden Querverbindungen zu Scholastik und Mystik berücksichtigt werden. Wir betrachten deswegen zwei Texte zum Thema der fides, den einen mit Schwerpunkt auf der Auseinandersetzung mit der Scholastik und den anderen mit Akzent auf Berührungen mit mystischen Motiven. Im ersten Fall handelt es sich um die 1535 entstandene Thesenreihe *De fide*[154]

---

[152] 126,27–32: Aliud enim est, de deo incarnato vel homine deificato loqui, et aliud de deo vel homine simpliciter. Ita aliud est peccatum extra gratiam, aliud in gratia, ut possis imaginari gratiam seu donum dei esse impeccatificatum et peccatum gratificatum, quam diu hic sumus, ut propter donum et gratiam peccatum iam non peccatum sit. Sed haec est meditatio ocio maiori tractanda.

[153] Vgl. WA 39,1; 83,16 f: Iustificari enim hominem sentimus, hominem nondum esse iustum, sed esse in ipso motu seu cursu ad iustitiam. Diese Bestimmung der Rechtfertigung, die sich ganz auf die Bewegung, auf das Ausgerichtetsein auf Gerechtigkeit konzentriert und die so das Menschsein als Zwischen-Sein charakterisiert, wird oft, wenn man pauschal von Luthers Rechtfertigungslehre spricht, zu wenig berücksichtigt. Sie gehört auch zur Theologie des reiferen Luthers, wie das Zitat aus der Disputation de iustificatione (1536) zeigt.

[154] Die Thesen De fide bilden die erste der zwei Thesenreihen, die Luther für die am 11. September 1535 stattfindende Promotionsdisputation von Hieronymus Weller und Niko-

und im zweiten um einen Abschnitt aus dem *Tractatus de libertate christiana* [155]. Mit dieser doppelten Konfrontation soll gezeigt werden, wie sich Luther in der Auseinandersetzung mit Scholastik und Mystik zu einem eigenen, neuen Verständnis des Glaubens durchringt.

2.431. Die fides vera als fides apprehensiva

In einem ersten Teil der Thesenreihe (Th 1–24) unternimmt es Luther, in kritischem Gespräch mit der scholastischen Lehre seine Auffassung der fides zur Sprache zu bringen. Es ist auffallend, wie dieser Versuch sich von vornherein, schon von der ersten These an, am Gesichtspunkt der fides vera orientiert [156]. Darin drückt sich gegenüber der Scholastik schon eine neue Akzentuierung aus. Zwar ist auch die Scholastik am wahren Glauben, am letzten Endes rechtfertigenden Glauben interessiert, was sich etwa, wie wir noch sehen werden, am Gewicht zeigt, das auf die fides caritate formata gelegt wird. Dieses Interesse verknüpft sich in der scholastischen Theologie jedoch mit dem Versuch, in einer fein auffächernden und differenzierenden Betrachtung verschiedene Glaubensaspekte, Glaubensweisen, Glaubensformen zu unterscheiden und in einem integrierenden System miteinander zu verbinden. So wird etwa in Hinsicht auf die fehlende oder die vollzogene Formierung zwischen fides informis und fides formata oder in Hinsicht auf die causa zwischen dem gnadenhaft eingegossenen und dem mit menschlichen Kräften erworbenen Glauben unterschieden. Diese später noch genauer zu erörternden Unterscheidungen zielten auf eine ausführliche Erwägung der Beteiligung von Mensch und Gott,

---

laus Medler geschrieben hat. Diese Promotion war die erste theologische Doktorpromotion, die unter der Leitung Luthers nach der Neueinrichtung des Wittenberger Disputationswesens stattfand. Die Thesen stehen in WA 39,1; 44,1–48,30. Die zweite Thesenreihe, die den Titel De lege trägt, steht in WA 39,1; 48,31–53,12. Von der Disputation selbst sind nur zwei Bruchstücke erhalten (WA 39,1; 53,13–59,10). Die Disputation wurde als solenne Feierlichkeit durch Luther aufs genaueste vorbereitet, was etwa aus der Tatsache ersichtlich wird, daß er selbst die Promotionsrede von Weller verfaßt hat (WA 39,1; 59,11–62,31). Die Thesenreihe De fide bildet in den Ausgaben seit 1538 mit vier anderen Thesenreihen der Jahre 1535–37 (die bereits erwähnte Reihe De lege, die zwei Thesenreihen zur Promotionsdisputation von Jakob Schenk und Philipp Motz am 10. Oktober 1536 De iustificatione [WA 39,1; 82–86] und die Thesen zur Promotionsdisputation von Petrus Palladius am 1. Juni 1537 De operibus legis et gratiae [WA 39,1; 202–204]) die Gruppe der fünf Thesenreihen über Rm 3,28 (vgl. WA 39,1; 44 f im App.). Gelegentlich ziehen wir einige Stellen aus den vier anderen Disputationen heran.

[155] Wir betrachten den Abschnitt, in dem Luther die tertia gratia (oder virtus) des Glaubens mit Motiven der Brautmystik beschreibt und die Thematik des fröhlichen Wechsels aufgreift. Wir berücksichtigen vor allem den lateinischen Text (WA 7; 54,31–55,36), beziehen uns aber gelegentlich auch auf die deutsche Bearbeitung. In dieser bildet der ausgewählte Text den zwölften Punkt (Czum zwölfften: WA 7; 25,26–26,12).

[156] 44,4 (Th 1): Fides hic vera et donum illud spiritus Sancti intelligi debet. Der Ausdruck fides vera begegnet in den weiteren Thesen öfters: in Th 18, 20 und 22 dreimal im Gegensatz zu fides acquisita und in Th 24 durch das Moment des pro me bestimmt.

von Natur und Gnade an Heil und Seligkeit ab. So wurden die verschiedenen Glaubensweisen auf ihre jeweilige Heilsnotwendigkeit und Rechtfertigungskräftigkeit hin geprüft und im Verhältnis zueinander eingeschätzt.

Luthers Insistieren auf der fides vera läuft dieser auf ein harmonisch-hierarchisch angelegtes System ausgerichteten Differenzierung von unterschiedlich heilsnotwendigen Glaubensformen zuwider. Es hat zentrierende Wirkung: nicht auf die auffächernde Unterscheidung von verschiedenen Aspekten der fides, sondern auf die eine, alles entscheidende fides kommt es an[157]. Deshalb distanziert sich Luther von der scholastischen Terminologie und versucht, den Glaubensbegriff neu von Paulus her zu bestimmen, und zwar bewußt in der Absicht, diese neue Bestimmung auf den letztlich entscheidenden, auf den rechtfertigenden Glauben hin zu pointieren. Das geschieht schon andeutungsweise in der ersten These mit der Formulierung donum illud spiritus Sancti. Will man die fides vera wirklich verstehen, dann muß man sie als Gabe des heiligen Geistes verstehen. Somit ist darauf hingewiesen, daß der wahre Glaube auf jeden Fall als fides infusa zu verstehen ist. Das wird in Th 16 ausdrücklich betont: »Das ist jener Glaube, den man in Wahrheit eingegossen nennen muß, und der nicht mit unseren Kräften (wie jener erworbene) erworben werden kann«[158]. Die Unterscheidung von fides infusa und fides acquisita spielt also eine Schlüsselrolle in Luthers Versuch, sich von der scholastischen Glaubenslehre abzuheben[159]. In der Tat, wie wir schon sahen, steht für Luther die fides vera in einem scharfen Gegensatz zur fides acquisita. Durch diese Gegensätzlichkeit tritt gegenüber der Scholastik schon eine Verschiebung ein, denn diese hat ihre Unterscheidung nie zu einem solchen Gegensatz pointiert.

Es ist zwar auch für die scholastischen Theologen klar, wenn sie zwischen dem durch die Gnade eingegossenen und dem mit menschlichen

---

[157] Einen ähnlich zentrierenden Effekt hatte auch – wie wir sahen – Luthers Betonung des peccatum originale. Während die Scholastik durch die Ausrichtung auf das peccatum actuale zu einer breit angelegten Entfaltung der verschiedenen peccata geführt wurde – das zeigt sich z. B. bei Thomas in der Vielfalt der Hinsichten der distinctio und der comparatio peccatorum in S.th. 1,II q.72 und 73 –, gelangte Luther zur Auffassung der Erbsünde als der einen eigentlichen Sünde, der incredulitas als Wurzelsünde. Das kommt ganz klar in WA 39,1; 84,14–23 bes. 14 f und 22 f zum Ausdruck: Nullus ex omnibus hominibus cogitare potuit peccatum mundi esse, Non credere in Christum Iesum crucifixum . . . Haec incredulitas trahit secum omnia alia peccata, cum sit primi praecepti principale peccatum.

[158] 45,29 f: Haec est illa fides, quae vere infusa dici debet, nec viribus nostris acquiri (sicut illa acquisita) potest.

[159] Das wird bei Luther schon früher klar, in der Disputatio de fide infusa et acquisita (1520), in der sich Luther eingehend mit dieser Unterscheidung beschäftigt (WA 6; 84–98). Auch in diesem früheren Text zeigt sich schon, wie stark Luther die fides infusa gegenüber der fides acquisita betont. Z. B. WA 6; 85,7–9.21: 2. Fides acquisita sine infusa nihil est, infusa sine acquisita est omnia. 3. Dicere fidem infusam non operari sine acquisita blasphemia est. 4. Fides acquisita sine infusa non operatur nisi malum . . . 12. Etiam sola fides infusa satis est ad iustificationem impii.

Kräften erworbenen Glauben unterscheiden, daß nur der erste rechtfertigen und zum Heil führen kann[160]. Das gilt, freilich in verschiedenen Hinsichten, sowohl von der Hochscholastik als auch von der Spätscholastik. Obschon er die Frage nach der fides acquisita nicht ausdrücklich stellt, scheint Thomas doch in seiner Beantwortung der Frage nach dem Glauben bei den gefallenen Engeln an einen solchen Glauben zu denken. Sich auf Jak 2,19 berufend, sagt Thomas, die Dämonen würden glauben, dieser Glaube sei aber nicht Gnadengabe, sondern vielmehr erzwungen, weil sie durch den Scharfsinn des natürlichen intellectus zum Glauben genötigt würden. Dieser Glaube entstehe also nicht ex ordine voluntatis ad bonum und sei deshalb auch nicht lobenswert[161]. Diese Verknüpfung mit der Frage nach der fides in daemonibus bleibt ein charakteristischer Zug in der weiteren Behandlung der Unterscheidung und findet sich auch in der Spätscholastik wieder, bei Biel etwa[162]. Darauf bezieht sich Luther polemisch in Th 9: »Man gesteht sogar den Dämonen und den übelsten Menschen diesen erworbenen Glauben zu«[163]. Es sei nun aber ein anderer Glaube zu suchen, der es nicht zulasse, daß wir den gefallenen Engeln und den Menschen gleichen, die in die Hölle fahren, der uns vielmehr »den heiligen Engeln und den Kindern Gottes gleich mache, die in den Himmel fahren«[164].

Wie sich bei Biel zeigt, wird in der Spätscholastik die fides acquisita mit einem viel größeren Gewicht als in der Hochscholastik versehen[165]. Der Primat der fides infusa wird zwar nicht aufgehoben[166], auch wenn er sich

---

[160] Das weiß auch Luther, der es in Th 3 ganz klar betont, wenn auch mit der polemischen Einschränkung, daß die Sophisten doch nichts von diesen Sachen verstehen. 45,1 f: Nam et Sophistae, etsi rerum istarum nihil intelligunt, tamen fatentur fidem istam (sc. acquisitam) non iustificare.

[161] S. th. 2,II q.5 a.2 (Utrum in daemonibus sit fides) crp.: . . . Quod autem voluntas moveat intellectum ad assentiendum potest contingere ex duobus. Uno modo, ex ordine voluntatis ad bonum: et sic credere est actus laudabilis. Alio modo, quia intellectus convincitur ad hoc quod iudicet esse credendum his quae dicuntur, licet non convincatur per evidentiam rei. ad 1: . . . daemonum fides est quodammodo coacta ex signorum evidentia. Et ideo non pertinet ad laudem voluntatis ipsorum quod credunt. ad 2: Unde fides quae est in daemonibus non est donum gratiae; sed magis coguntur ad credendum ex perspicacitate naturalis intellectus.

[162] Vgl. *H. A. Oberman,* The Harvest of Medieval Theology – Gabriel Biel und Late Medieval Nominalism, dt. Übersetzung: Spätscholastik und Reformation. Bd. I. Der Herbst der mittelalterlichen Theologie, 1965, 72. Zu Biels Glaubensverständnis vgl. S. 68–87. Nach Oberman darf man nicht übersehen, »daß Biel ausdrücklich betont, daß die *fides acquisita etiam in demonibus esse potest*« (aaO).

[163] 45,14 f: Quin et daemonibus et pessimis hominibus concedunt hanc fidem acquisitam.

[164] 45,18–20 (Th 11): Et quae (sc. alia fides) nos non sinat similes esse daemonibus et hominibus descendentibus in infernum, sed similes faciat sanctis Angelis et filiis Dei ascendentibus in coelum. Vgl. auch Th 7 (45,9 f).

[165] Für das Folgende, vgl. die Darstellung der Unterscheidung von fides infusa und fides acquisita bei Biel in *H. A. Oberman* aaO 70 ff.

[166] Das wird bei Oberman gegen die, wie er sagt, »allgemein übliche Interpretation« (aaO 71 f) betont, die eher auf einen Primat der fides acquisita schließt.

nun nur noch durch eine Notwendigkeit ex potentia ordinata Dei erweist. Währenddem die fides infusa, trotz ihres Primates, als klare, unmittelbare Gnadeneingießung etwas aus dem Problemfeld zurücktritt, wird die fides acquisita viel ausführlicher behandelt und im Grunde genommen zentraler bestimmt. Der erworbene Glaube bildet als historischer Glaube eine notwendige Grundlage[167]. Historisch ist er als Glaube an die in Bibel, Tradition und Kirche bezeugten und geschehenen geschichtlichen Taten Gottes in ihrer objektiven Faktizität, man könnte eigentlich sagen: als ein Fürwahrhalten der einzelnen Ereignisse der Heilsgeschichte und der einzelnen Glaubensartikel, das noch nicht deren Wirkung auf die glaubende Person erkennt. Auf diesen Aspekt wird sich, wie wir noch sehen werden, Luthers Gegensatz von fides acquisita und fides vera konzentrieren. Wichtig ist aber auch, daß die fides acquisita, obschon sie durchaus auf eine natürliche Neigung des Menschen stößt, dennoch stark mit der fides ex auditu von Rm 10,17 identifiziert wird. Während die fides infusa im Menschen immediate creata a deo ist, was vorwiegend mit den Sakramenten verbunden wird, kommt der erworbene Glaube aus dem Hören des Wortes.

Das läuft Luthers Meinung zuwider, denn dadurch wird die gnadenhafte Gabe des wahren Glaubens vom aufzunehmenden, gepredigten Wort unabhängig gemacht und die Verkündigung des Wortes auf einen uneigentlichen, nicht rechtfertigenden Glauben ausgerichtet und so nicht in ihrer Heilsbedeutung wahrgenommen. Gegen eine solche Aufteilung muß er sich wenden, denn er will gerade Gnadengabe und auditus praedicationis eng miteinander verknüpfen. Nicht irgendein erworbener Glaube wird mit der Stimme des Evangeliums in die Herzen gelegt und in ihnen erhalten, sondern die fides, die man vere infusa nennen kann[168]. Dadurch wird die fides infusa so stark betont – sie allein genügt für die Rechtfertigung der Gottlosen[169] –, daß erneut ein Streit mit der Scholastik ausbricht.

---

[167] Dieser Sprachgebrauch spiegelt sich in Luthers Thesenreihe wider, wenn er von fides acquisita seu Historica spricht. 44,5 f (Th 2): Si Paulus de fide acquisita seu Historica loqui intelligitur, in vanum totus laborat.

[168] Das kommt im Nebeneinander von Th 15 und Th 16 klar zum Ausdruck. 45,27–30: Hanc fidem Paulus praedicat, quam spiritus Sanctus ad vocem Evangelii in cordibus audientium donat et servat. Haec est illa fides, quae vere infusa dici debet, nec viribus nostris acquiri (sicut illa acquisita) potest. Dadurch konzentriert sich das Verständnis der fides infusa auf den auditus der vox Evangelii. In der schon erwähnten Disputatio de fide infusa et acquisita (s. o. Anm. 159) hat Luther die Verbindung der fides acquisita mit der fides ex auditu noch schärfer angegriffen. WA 6; 85,10 (Th 5): Fidem acquisitam intelligere in verbo Pauli ›fides ex auditu‹ error est. Vgl. auch Th 10 in 85,18 f: Fides acquisita non modo non custodit, sed etiam evomit verbum Dei semper. S. auch WA 39,1; 83,26 f (Disp. de iust.): Sed fides, quae ex auditu Christi nobis per spiritum sanctum infunditur, ipsa comprehendit Christum. In diesem unscholastischen Zusammendenken von fides infusa und gepredigtem Wort drückt sich bei Luther ein hermeneutischer Vorgang aus, der ihn von der das Mittelalter beherrschenden augustinischen Signifikationshermeneutik zu einer Neuentdeckung des biblischen Wortverständnisses führt. Vgl. dazu *K.-H. zur Mühlen* aaO (s .o. 2.3. Anm. 7.) 18–24.

[169] Es geht Luther in der fides vera um den rechtfertigenden Glauben, denn wie Th 8 sagt,

In der Tat, die scholastische Theologie kann die These, daß die fides infusa allein rechtfertige, nicht ohne Korrektur gelten lassen, und zwar betrifft diese Korrektur die forma des Glaubens. Die vom heiligen Geist eingegossene fides rechtfertigt erst dann, wenn sie nicht mehr informis ist, sondern durch die Liebe geformt wird[170]. Diese entscheidende Korrektur hängt mit der anthropologischen Ortung des Glaubens zusammen. Der Glaube ist die erste der theologischen Tugenden, die im intellectus ihren Träger hat, also eine virtus intellectualis. Das muß jedoch noch genauer bestimmt werden. Das credere ist ein actus intellectus, der unter der Bestimmung der voluntas steht[171], denn zur glaubenden Beistimmung wird der Verstand durch den Willen bewegt. Dadurch ist der Glaube zunächst immediate auf das obiectum intellectus bezogen, das das Wahre ist, dann aber auch auf das obiectum des bestimmenden Willens, das das Gute und das Ziel ist. Soll deshalb der actus des Glaubens, wie das durch die Bestimmung der Tugendhaftigkeit verlangt wird, vollkommen sein, so muß sowohl im Intellekt wie auch im Willen ein vollendender habitus vorhanden sein. Im eingegossenen Glaubenshabitus ist die perfectio des intellectus durch die Ausrichtung auf das verum, auf die veritas prima verwirklicht. Seine Form bekommt der Glaube aber erst durch die vollkommene Ausrichtung des Willens auf das Gute in der Liebe, denn die forma wird gewissermaßen durch den finis bestimmt. Darum ist die Liebe die Form des Glaubens[172].

Was Luther in Th 5 bemerkt, gilt deshalb in der Scholastik nur für die fides informis. Als virtus intellectualis kann sie allein durch die Todsünde der Häresie aufgehoben werden, sonst aber kann sie mit Todsünde zusammen bestehen, denn die Todsünde zerstört zwar die Formierung durch die Liebe, nicht aber den Glauben als solchen. Diese Möglichkeit des Bestehens

---

schreibe Paulus mit vielen Worten die Rechtfertigung dem Glauben zu. Vgl. auch WA 6; 85,21 (Disp. de fide inf. et acqu., Th 12): Etiam sola fides infusa satis est ad iustificationem impii.

[170] Diesen Streitpunkt formuliert Luther in der 4. These 45,3f: Imo docent, neque infusam spiritu Sancto fidem iustificare, nisi formata sit Caritate. Diese Aussage begründet er mit der 5. These 45,5f: Hoc enim palam asserunt, fidem infusam posse stare cum peccato mortali et damnari. Zu dieser 5. These, vgl. *G. Ebeling,* WG III, 1975, 189 Anm. 42. Für das Folgende, vgl. z. B. *Thomas,* S.th. 2,II q.4 (De ipsa fidei virtute).

[171] Das kann *Thomas* ganz verschiedentlich ausdrücken. S. th. 2,II q.4 a.1 crp.: Actus autem fidei est credere, qui, sicut supra dictum est, actus est intellectus determinati ad unum ex imperio voluntatis. a.2 crp.: Dictum est autem supra quod credere est actus intellectus secundum quod movetur a voluntate ad assentiendum. Vgl. auch q.2 a.1 ad 3 und q.2 a.9 crp.

[172] S. th. 2,II q.4 a.3 crp.: Et ideo cuiuslibet actus voluntarii forma quodammodo est finis ad quem ordinatur: tum quia ex ipso recipit speciem; tum etiam quia modus actionis oportet quod respondeat proportionaliter fini. Manifestum est autem ex praedictis quod actus fidei ordinatur ad obiectum voluntatis, quod est bonum, sicut ad finem. Hoc autem bonum quod est finis fidei, scilicet bonum divinum, est proprium obiectum caritatis. Et ideo caritas dicitur forma fidei, inquantum per caritatem actus fidei perficitur et formatur.

neben der Todsünde führt zu Vorbehalten und zu Einschränkungen in der Bestimmung der fides informis als virtus[173].

Durch diese Betonung der fides caritate formata verlagert sich das Gewicht auf die Verwirklichung des Glaubens in den Taten der Liebe, während der eingegossene Glaube als noch ungeformter zu einer noch uneigentlichen Glaubensform wird[174]. Es erweist sich also für Luther, daß er, wenn er die fides infusa von Paulus und seiner Predigt des Evangeliums her verstehen will, sich von der scholastischen Terminologie distanzieren muß. Paulus spricht von einem Glauben, der »Christus in uns gegen Tod, Sünde und Gesetz wirksam werden läßt«. Diese Wirksamkeit wird in den scholastischen Unterscheidungen entschärft, so daß man nur noch einen ociosus aut fabulosus Christus predigt[175]. Das hängt damit zusammen, daß das aristotelisch orientierte Verständnis der virtus den Blick stark auf ihre Verwirklichung als actus richtet. Luther will hingegen einen Glauben definieren, der ganz auf die Beziehung zu Christus, und das heißt für ihn auch: der ganz auf die Rechtfertigung ausgerichtet ist. Im Namen des Paulus verwirft er deshalb die verschiedenen scholastischen Unterscheidungen[176] und charakterisiert den Glauben, dem die Rechtfertigung zugesprochen wird, als fides apprehensiva Christi[177].

---

[173] Thomas etwa betont zwar, daß die fides informis und die fides formata nicht verschiedene, sondern ein und derselbe habitus sind (vgl. S.th. 2,II q.4 a.4 crp.), kann aber sagen, die fides informis sei keine Tugend, oder auch differenzierender, die fides informis komme nicht an die vollkommene ratio virtutis heran. q.4 a.5 crp.: Fides autem informis non est virtus: quia etsi habeat perfectionem debitam actus fidei informis ex parte intellectus, non tamen habet perfectionem debitam ex parte voluntatis. ad 3: . . . fides formata et informis non differunt specie sicut in diversis speciebus existentes: differunt autem sicut perfectum et imperfectum in eadem specie. Unde fides informis, cum sit imperfecta, non pertingit ad perfectam rationem virtutis. Zu den Nuancen in der Argumentation des Thomas, vgl. G. *Ebeling* aaO (s. o. Anm. 170).

[174] Deshalb kann Luther, obschon er gerade die fides infusa betonen will, pejorativ von fides acquisita seu Sophistarum infusa (vgl. 45,31) sprechen. Damit kommt zum Ausdruck, daß seine Auffassung der fides infusa sich nicht mit der scholastischen Auffassung deckt, die durch die Unterscheidung von fides informis und formata der fides infusa eher wieder Züge der fides acquisita zu geben scheint.

[175] 45,16 f (Th 10): Oportet igitur de alia fide quadam eum loqui, quae faciat Christum in nobis efficacem contra mortem, peccatum et legem. 7 f (Th 6): Sequitur hinc: Si Paulum de hac fide intelligas, ipsum de ocioso aut fabuloso Christo praedicare.

[176] 45,11–13 (Th 8): Cum vero Paulus prolixe tribuit iustificationem fidei, necesse est ipsum de istis fidebus (ut sic dicam) acquisita, infusa, informi, formata, explicita, implicita, generali, speciali nihil dicere. Auch hier läßt sich wieder die Zentrierung auf den einen wahren Glauben gegenüber den vielen fides beobachten. Neben den zwei ausführlicher behandelten Unterscheidungen von fides acquisita und infusa und von fides informis und formata greift Luther noch zwei weitere Unterscheidungen auf, die von fides explicita und implicita und von fides generalis und specialis. Mit diesen Unterscheidungen werden Nuancen angesprochen, die einige Aspekte des scholastischen Glaubensverständnisses noch präzisieren, ohne jedoch das Gesamtbild zu verändern. Die letztere tendiert auf eine Differenzierung zwischen dem allgemeinen Glauben im noetischen Sinne des Fürwahrhaltens der kirchlichen Lehre und dem besonderen Glauben im soteriologischen Sinne des rechtfertigenden Glaubens und über-

Es zeigt sich hier eine für Luther wichtige Verbindung zwischen Rechtfertigungslehre und Christologie, die sowohl für die Rechtfertigungslehre
wie auch für die Christologie von Bedeutung ist. Die rechtfertigende fides
ist die Christus ergreifende, die ihn fassende fides. Nur dann vermeidet die
Christologie einen »müßigen und fabelhaften Christus«, wenn sie ihn in
enger Beziehung mit dem ihn aufnehmenden Glauben zur Sprache bringt.
Ähnliches gilt vom Glauben: der wahre Glaube steht nicht wie ein Faulen-
zer da und verbirgt seine Hand unter der Achselhöhle, sondern »er streckt
seine Arme aus und umarmt mit Freuden den für ihn dahingegebenen Sohn
Gottes . . .«[178]. Die hier aufgenommene Vorstellung des amplexus ist
mystischen Ursprungs. Mit ihr wird angezeigt, daß der Glaube als fides
apprehensiva nicht wie in der Scholastik eine virtus intellectualis bleiben
kann, die noch einer Formierung durch die Liebe bedarf, sondern zu einer
Bewegung wird, die den Menschen in seiner Lebenssituation affiziert, die
den Menschen in seinem tiefsten Wesen auf Christus hin bewegt. Auch
hier, wie schon bei der spes, orientiert sich das Verständnis der fides an der
Perspektive des affectus. Deshalb wird das *pro me* oder *pro nobis* so stark als
fundamentale Dimension des Glaubens betont[179]: darauf kommt es letztlich an, wie Christus in uns wirksam wird und wie diese Wirkung im
Glauben empfangen wird.

Gerade deshalb konzentriert sich Luthers Entfaltung auf den Gegensatz
von fides acquisita und fides vera, denn an ihm kommt am schärfsten zum
Ausdruck, was Luther mit der fides vera im Auge hat. Es ist bemerkenswert, wie dieser Gegensatz unter dem Gesichtspunkt des Todes und der
Auferstehung Christi behandelt wird[180]. Damit wird offenbar, daß dieses
neue Verständnis des Glaubens im Zeichen der theologia crucis steht, denn

---

schneidet sich deshalb teilweise mit der von fides acquisita und infusa, obschon sie sich nicht
wie diese auf die Frage nach dem Ursprung des Glaubens konzentriert. Die Unterscheidung
von fides implicita und explicita erörtert die Frage nach der Ausdrücklichkeit, mit der gewisse
Glaubensartikel von verschiedenen Arten von Glaubenden geglaubt werden müssen. Zu
Gabriel Biels Behandlung dieser Frage, s. *H. A. Oberman* aaO (s.o. Anm. 162). Auch *Thomas*
beschäftigt sich mit diesem Thema. Vgl. S.th. 2,II q.2 a.5–8. Die Frage Utrum homo teneatur
ad credendum aliquid explicite beantwortet er bejahend, nuanciert dann dieses Ja quantitativ
in Hinsicht auf superiores und inferiores homines und betont die necessitas salutis apud omnes
der Ausdrücklichkeit für den Glauben an das mysterium Christi und an die Trinität.

[177] 45,21 f (Th 12): Haec est autem fides apprehensiva (ut dicimus) Christi, pro peccatis
nostris morientis, et pro iustitia nostra resurgentis.

[178] 46,1–4 (Th. 21 f): Fides acquisita stat velut piger manum sub ascella abscondens, et dicit:
Ista nihil ad me. Fides vera extensis brachiis amplectitur laeta filium Dei pro sese traditum et
dicit: Dilectus meus mihi et ego illi. Luther spricht in Hinsicht auf den erworbenen Glauben
nicht nur von Faulheit, sondern auch von fides mortua (s. u. Anm. 185).

[179] 46,7 f (Th 24): Igitur illud, pro Me, seu pro Nobis, si creditur, facit istam veram fidem et
secernit ab omni alia fide, quae res tantum gesta audit. Dieses Moment kommt in diesen
Thesen sonst noch zur Sprache. Vgl. Th 12. 14. 18. 19. 22. 26–28.

[180] Auch dieses christologische Grunddatum wird in den Thesen öfters aufgenommen.
Vgl. etwa 45,21 f (s.o. Anm. 177); 45,31 f: Credo filium Dei passum et resuscitatum . . .;
45,23 f: . . . res a Iudaeis et Pilato in Christo crucifigendo gestas, vel de resurgente narratas.

es vollzieht sich als Zentrierung auf Christi Tod und Auferstehung. Dies ist der Christus, den es zu ergreifen gilt: der filius Dei passus et resuscitatus. Während die fides acquisita die Erzählung der Kreuzigung und der Auferstehung aufnimmt und nicht weiter kommt, als sie für wahr zu halten, erfaßt der wahre Glaube die Liebe Gottes, die im dahingegebenen Christus kund wird, und nimmt das durch ihn geschenkte Heil auf. Das heißt, daß sich die zwei Glaubensweisen letztlich in Hinsicht auf den finis et usus passionis Christi voneinander unterscheiden[181]. Ziel und Gebrauch der passio Christi ist für die fides apprehensiva »das Leben und das Heil«, für den historischen Glauben aber »nackte Spekulation«. In ihrer Ausrichtung auf die speculatio bedeutet die fides acquisita einen Rückgriff auf die theologia gloriae und ist deshalb dem Kreuz feindlich[182]. Die fides apprehensiva hingegen ist allein die der theologia crucis angemessene fides, weil sie den allein angemessenen Gebrauch des Leidens Christi macht, weil sie allein aus ihm Leben und Heil schöpft. Das hat zur Folge, daß die fides vera als die Gewißheit verstanden wird, die dessen gewiß ist, daß Leiden, Tod und Auferstehung Christi pro me, pro peccatis meis geschehen sind[183]. Das heißt also: nicht etwa nur historische Gewißheit, sondern im strengen Sinne Heilsgewißheit, die im Zeichen der passio Christi – und deshalb im Zeichen der theologia crucis – steht.

2.432. Die fides apprehensiva im Verhältnis zu Werk und Gesetz

Die Dimension der Heilsgewißheit gibt dem Glaubensverständnis eine ganz andere Orientierung als die scholastische Ausrichtung. War der Glaube in der scholastischen Interpretation stark in der Perspektive des Moralischen aufgefaßt worden – was sich etwa am Akzent zeigt, der auf der fides caritate formata liegt –, so wird er nun bei Luther vielmehr, als Heilsgewißheit, zu einer umfassenden Lebenseinstellung, die in unserem Herzen wohnt und unser ganzes Wesen in seinen tiefsten Bezügen auf Christus ausrichtet. Es stellt sich deshalb die Frage, ob und wie diese existentielle Auffassung des Glaubens dessen Bezug zum Sittlichen zu denken vermag.

Es ist zunächst einmal zu betonen, daß das Verhältnis nicht so bestimmt wird, daß der Glaube erst im Vollzug der Werke der Liebe zu seiner wahren Konkretion und Verwirklichung kommt und deshalb auch dann

---

[181] Vgl. die für uns zentrale Th 20 (45,38–40): Fides acquisita habet finem seu usum passionis Christi nudam speculationem. Fides vera habet finem et usum passionis Christi vitam et salutem.

[182] WA 6; 93,22–24 (Resolutio disp. de fide inf. et acqu.): Quare fides acquisita contrariatur fidei infusae, est inimica Dei, hostis crucis, sapientia carnis, impia, superba, coeca, fallax, hypocrita . . .

[183] Vgl. Th 18 und 19, in denen das Thema der certitudo stark im Vordergrund steht. 45,33f: . . . vera fides dicit: Credo quidem filium Dei passum et resuscitatum, Sed hoc totum pro me, pro peccatis meis, de quo certus sum.

erst wirklich rechtfertigend wirkt. Das Sittliche, wie es durch Gesetz und Werke bestimmt wird, bildet nicht als solches den Verifikationsboden für den Glauben. Vielmehr unterstreicht hier Luther das sola fide mit einem sine lege et operibus, das diese Dimension von der Rechtfertigung fern hält, um diese ganz auf die in Christus offenbar gewordene Barmherzigkeit Gottes zu begründen[184]. Dadurch wird die Frage noch dringlicher, in welchem Verhältnis der Glaube zu den Werken und zum Gesetz stehe. Das Problem wird ganz und gar nicht so gelöst, daß er, weil er allein rechtfertigt, zu einer Vernachlässigung oder gar zu einer Aufhebung der Werke und des Gesetzes führt.

Wenn dem Glauben keine Werke folgen, dann ist er nicht die fides apprehensiva, sondern nur die tote fides acquisita. Wenn wir hingegen Christus in der fides apprehensiva ergreifen, »dann tun wir Werke, denn Christus selbst tut alles in uns«[185]. Nicht das Fehlen oder das Vergleichgültigen der Werke unterscheidet also die fides apprehensiva von der scholastischen virtus, sondern eine neue Einschätzung der Werke und deshalb auch ein neues Verhältnis des Menschen zu ihnen. Dieses Verhältnis versucht Luther in Th 34–39 mit verschiedenen Bildern, u.a. mit dem Bild des Baumes und der Früchte zu präzisieren. Zunächst weist er darauf hin, daß die Werke nicht auf den Glauben folgen müssen, sondern vielmehr spontan folgen, wie auch der gute Baum nicht gute Früchte tragen muß, sondern sie einfach von allein trägt[186]. Dieses Moment des »sponte« spielt für Luther eine wichtige Rolle und muß deshalb noch erläutert werden. Damit ist nicht etwa das spontane Hervorgehen der Gerechtigkeit des Menschen aus seinen guten Werken gemeint, denn auch die guten Früchte machen den Baum nicht gut[187]. Mit dem »sponte« will Luther sagen, daß die aristotelische Auffassung der natürlichen Einübung einer Qualifikation durch die wiederholte Ausführung des entsprechenden actus bei der Bestimmung der Gerechtigkeit nicht angewandt werden darf. Das wußte auch die Scholastik, die deshalb, anstatt von naturhaft gegebenen Qualifikationen und Begabungen auszugehen, gnadenhaft eingegossene habitus

---

[184] 46,9 f (Th 25): Haec est fides, quae sola nos iustificat sine lege et operibus, per misericordiam Dei, in Christo exhibitam. Mit dieser These beginnt Luther den größeren mittleren Teil der Thesenreihe, der m. E. das Verhältnis des Glaubens zu den Werken (Th 25–39) und zum Gesetz (Th 51–64) erörtert. Diese zwei Dimensionen werden durch eine Besinnung über die Beziehung zwischen Schrift und Christus (Th 40–50) miteinander verknüpft, die wir hier nicht direkt berücksichtigen werden.

[185] 46,18–21 (Th 29 f): Iustificati autem sic gratis, tum facimus opera, imo Christus ipse in nobis facit omnia. Quod si opera non sequuntur, certum est, fidem hanc Christi in corde nostro non habitare, sed mortuam illam, scilicet acquisitam fidem.

[186] 46,28–30 (Th 34): Fatemur opera bona fidem sequi debere, imo non debere, Sed sponte sequi, Sicut arbor bona non debet bonos fructus facere, Sed sponte facit.

[187] Vgl. zu diesem Thema Th 35 f. Ähnliche Formulierungen finden sich bei Luther oft. 46,31–34: Et sicut boni fructus non faciunt arborem bonam, Ita bona opera non iustificant personam. Sed bona opera fiunt a persona iam ante iustificata per fidem, Sicut fructus boni fiunt ab arbore iam ante bona per naturam.

eingeführt hat. Doch damit stellt sich das Problem noch einmal von einer anderen Seite: die Werke bekommen nun erneut ein großes Gewicht als vollendete Verwirklichung in actu einer habitual gegebenen Disposition, die nur in ihnen zu ihrer Wahrheit kommt.

Daraus folgt, daß das Problem noch nicht durch den Hinweis gelöst wird, daß die Werke auf den Glauben folgen und nicht umgekehrt. Dieses Gefälle gilt auch für das scholastische Verständnis. Der grundlegende Unterschied wird erst mit dem Gesichtspunkt des »sponte« vollends klar. Im scholastischen Verständnis steht der Mensch unter der Forderung, die in ihn gelegte Anlage in bestimmten guten Werken zu verwirklichen, und von dieser Verwirklichung hängt das Heil ab. Als fides apprehensiva ist der Glaube bei Luther hingegen nicht unmittelbar auf Werke ausgerichtet, die ihn verwirklichen sollen. Er kommt schon als freudige Umarmung Christi, als Schöpfen von Leben und Heil aus dem Leiden Christi, zu seiner völligen Verwirklichung. Die fides apprehensiva ist als solche Heilsgewißheit, die den Menschen von seinen Werken und zu seinen Werken befreit. Dadurch eröffnet sich die Perspektive einer neuen Einschätzung der Werke: nicht wie bestimmte gute Werke zu verwirklichen sind, sondern was die Werke zu guten Werken macht, ist nun das Grundproblem. Die so verstandene Güte der Werke entscheidet sich am Verhältnis des Menschen zu ihnen. Als Heilsgewißheit erweist sich der Glaube als die Macht, die die Werke von der unsachgemäßen Zielsetzung befreit, sich durch sie vor Gott zu rechtfertigen, mit ihnen zu prahlen. In dieser Freiheit der Heilsgewißheit allein kann der Mensch seine Werke sponte tun und sich darin durch die Nötigungen leiten lassen, die durch die Liebe aufgewiesen werden. In diesem Sinne der gewissen Spontaneität der Freiheit, und nicht im Sinne des aktualen Vollzugs der habitualen Disposition, gilt, daß nur der gute Werke vollbringt, der schon vorher durch den Glauben gerecht wurde. Wegen dieser entscheidenden Nuance begnügt sich Luther nicht ganz mit dem Bild des Baumes und der Früchte, das allzu schnell zur mißverständlichen Idee einer naturhaften Disposition verleiten könnte. In diesem Sinne ist die Gerechtigkeit *per fidem* noch etwas anderes als die Güte *per naturam* [188].

---

[188] Vgl. o. Anm. 187. Luther führt dann das Beispiel des Baumeisters an und behandelt vor allem das explizit als philosophisch bezeichnete Problem des Verhältnisses von Vernunft, Wille und Werk: nicht Vernunft und Wille werden durch das gute Werk gut und recht, sondern opus fit a recta ratione et voluntate (46,35 ff). Dadurch wird klar, wie sich Luther hier auf die Dimension des fieri konzentriert. Es wird übrigens auch klar, daß seine Kritik an der aristotelischen Philosophie nicht nur auf das Problem der scholastischen Inanspruchnahme abzielt, sondern durchaus auch das Problem des philosophischen Verständnisses des Menschen aufnimmt. Auch in Philosophia ist zu fragen, ob die Qualifikation von ratio und voluntas mit der aristotelischen Lehre von der einübenden Aneignung des habitus angemessen verstanden wird, ob das in der Theologie erarbeitete Verhältnis von Glauben und Werk nicht auch Konsequenzen in der philosophischen Erfassung des Menschen zeigt. So kann Luther in der Disputation de homine die philosophische und die theologische Definition des

Dieselbe Freiheit bestimmt das Verhältnis des Glaubens zum Gesetz. Das zeigt schon der Abschnitt über das Verhältnis von Christus und Schrift, der von zwei Thesen umrahmt wird, in denen Christus als »Herr über den Sabbat, das Gesetz und alle Dinge«, und so auch über die Schrift, bezeichnet wird[189]. Die Schrift ist deshalb nicht contra, sondern pro Christo zu verstehen und muß auf ihn bezogen werden, um die wahre Schrift zu sein. »Wenn die Gegner gegen Christus auf die Schrift pochen, pochen wir gegen die Schrift auf Christus.«[190] Mit diesem Gedanken ist eine ganze Reihe von hermeneutischen Problemen verknüpft, die wir jetzt nicht berücksichtigen und behandeln können[191]. Was uns jetzt primär interessiert, ist, wie dieses hermeneutische Verhältnis zwischen Christus und der Schrift eine neue Einschätzung des Gesetzes zur Folge hat. In der Frage nach der Schrift spielt für Luther auch die Frage nach dem Gesetz mit, denn es wird ja größtenteils in ihr tradiert. Deshalb wird auch die Gesetzesfrage von der Christologie her angegangen.

Luther beginnt mit einer scharfen Antithese: »Müssen wir eines von beiden, Christus oder das Gesetz, lassen, dann ist das Gesetz zu lassen, und nicht Christus. Denn wenn wir Christus haben, werden wir leicht Gesetze machen und alles recht beurteilen.«[192] Christi Herrsein über das Gesetz befreit den Glaubenden vom Gesetz, weil ihm der Glaube an ihn die Einsicht schenkt, die Dinge einzuschätzen, die Nötigungen wahrzunehmen und das Angemessene zu tun. Diese Freiheit besteht nicht in einer totalen Entbindung von allen Pflichten und Geboten, sondern in einer Befreiung zur Einsicht in die Aufgaben, zur Gewißheit, die alles richtig beurteilen läßt[193]. In einem erstaunlichen Ausmaß betont Luther diese Freiheit und versieht sie mit beinahe eschatologischen Zügen: wie Paulus in allen Briefen und Petrus, vor allem auch wie Christus selbst im Evangelium,

---

Menschen konfrontieren (vgl. WA 39,1; 175–177). Vgl. dazu G. *Ebeling,* LuStud II,1; 31–42. Zum Verhältnis von Werk und Vernunft u. zur recta ratio bei Luther, vgl. *K.-H. zur Mühlen,* Reformatorische Vernunftkritik und neuzeitliches Denken, BHTh 59, 1980, 44–167.

[189] 47,1 f (Th 40): Summa, Christus est dominus, non servus, Dominus Sabbati, legis et omnium. 47,21 f (Th 50): Nos dominum habemus, illi servos, Nos caput, illi pedes seu membra, quibus caput oportet dominari et praeferri.

[190] 47,3 f (Th 41): Et Scriptura est, non contra, sed pro Christo intelligenda, ideo vel ad eum referenda, vel pro vera Scriptura non habenda. 47,19 f (Th 49): Quod si adversarii scripturam urserint contra Christum, urgemus Christum contra scripturam.

[191] Es würde sich hier das Problem des reformatorischen Schriftprinzips stellen, das mit der Frage nach der Klarheit der Schrift als sui ipsius interpres und der Bestimmung der christologischen Auslegung sowie mit der Thematik des Kanons – und des Kanons im Kanon – verquickt ist. Vgl. dazu G. *Ebeling,* »Sola scriptura« und das Problem der Tradition, in: WGT, (1964) 1966², 91–143. Vgl. auch *W. Mostert,* Scriptura sacra sui ipsius interpres. Bemerkungen zum Verständnis der Heiligen Schrift durch Luther, LuJ 46, 1979, 60–96.

[192] 47,23–26 (Th 51 f): Si utrum sit amittendum, Christus vel Lex, Lex est amittenda, non Christus. Habito enim Christo facile condemus leges, et omnia recte iudicabimus.

[193] Ungefähr denselben Ausdruck braucht Luther hier gleich zweimal, 47,25 f: . . . et omnia recte iudicabimus; 47,34: . . . et de omnibus rectissime iudicare.

werden wir neue Dekaloge machen, die »klarer sind als der Dekalog
Moses, wie ja auch das Angesicht Christi heller ist als das des Mose«[194].
Diese Einsicht des Glaubens ist so stark, daß sie zu neuen Gesetzen, zu
neuen, viel eindeutigeren Dekalogen führen kann. Wenn die Heiden in
ihrer verderbten Natur etwas von Gott ergründen und sich selbst ein
Gesetz sein können, wieviel mehr kann Paulus oder ein vollkommener
Christ, der voller Geist ist, einen Dekalog aufstellen und alles richtig
beurteilen. Luther beruft sich dafür auch auf die Propheten und Väter, die
aus demselben Geist Christi alles gesagt haben, was in der Schrift steht.

Diese Freiheit, diese Möglichkeit, neue Dekaloge zu machen, denkt
Luther, wie das in Th 56 ersichtlich wird, vom Standpunkt des perfectus
Christianus plenus spiritu aus[195]. Deswegen gibt er seiner Beschreibung
eschatologische, endzeitliche Züge. Doch gerade deshalb ist es auch wieder
falsch, bei ihr bleiben zu wollen. Jetzt schon in der Freiheit zu leben, wie sie
hier bestimmt wird, jetzt schon als perfekte Christen voller Geist neue
Dekaloge zu schaffen, das wäre in der Tat eine Art theologia gloriae. Denn,
wie nun Luther entscheidend korrigiert, »weil wir unterdessen ungleichen
Geistes sind und das Fleisch wider den Geist streitet, muß man – auch um
der Irrgeister willen – bei gewissen Geboten und Schriften der Apostel
bleiben, damit die Kirche nicht zerrissen werde«[196]. Das eschatologische
interim, in dem wir leben, ist nicht die Zeit des perfekten Christen,
sondern des ungleichen Geistes, des Kampfes von Fleisch und Geist. Wie
der Hinweis auf die vagi spiritus zeigt, erklingen hier polemische Töne
gegen die antinomistischen Tendenzen der Schwärmer und der Wiedertäu-
fer. Im Kontrast zu den Vergleichen mit Christus, mit den Aposteln, den
Propheten und den Vätern, die er vorher angestellt hatte, betont nun
Luther, daß wir irren und fallen können, daß »wir nicht alle Apostel sind,
die uns nach dem gewissen Entschluß Gottes als unfehlbare Lehrer gesandt
worden sind«[197]. Auch hier läßt sich eine Auseinandersetzung mit der
schwärmerischen Berufung auf die quasi-apostolische unfehlbare Autorität
der eigenen unmittelbaren Geisterfahrung erkennen.

Man darf diese Korrektur nicht so verstehen, daß die Freiheit nun ganz
auf die endzeitliche Zukunft verschoben wird. Die Christen leben schon in
dieser Freiheit, unter dem Herrsein Christi, doch im eschatologischen

---

[194] 47,27–30 (Th 53 f): Imo novos Decalogos faciemus, sicut Paulus facit per omnes
Epistolas, et Petrus, maxime Christus in Euangelio. Et hi Decalogi clariores sunt, quam Mosi
decalogus, sicut facies Christi clarior est, quam facies Mosi.

[195] 47,33 f (Th 56): Quanto magis Paulus aut perfectus Christianus plenus spiritu potest
decalogum quendam ordinare et de omnibus rectissime iudicare.

[196] 47,37–39 (Th 58): Tamen quia interim sumus inaequali spiritu, et caro adversatur
spiritui, necesse est etiam propter vagos spiritus, certis mandatis et scriptis apostolorum
adhaerere, ne laceretur ecclesia.

[197] 48,1–4 (Th 59 f): Non enim sumus omnes Apostoli, qui certo Dei decreto nobis sunt
infallibiles Doctores missi. Ideo non illi, Sed nos, cum sine decreto tali simus, errare possumus
et labi in fide.

interim drückt sich diese Freiheit als freier, einsichtiger Dienst, als freie Knechtschaft unter dem Gesetz aus. Das Gesetz bleibt nicht etwa nur in Kraft, weil die Nichtchristen darauf angewiesen sind, sondern gerade weil die Christen als unvollkommene Christen im Kampf von Fleisch und Geist, von altem und neuem Menschen, von Sünde und Gerechtigkeit stehen. Die wahre Freiheit besteht deshalb nicht darin, sich selbstsicher über das Gesetz zu erheben und einen novus Decalogus einzuführen, sondern darin, sich in dieser eschatologischen Spannung dem Gesetz in freier Dienstbarkeit zu unterwerfen. Diese Dialektik von Freiheit und Knechtschaft, auf die wir in der Beschäftigung mit dem Freiheitsbegriff (2.44.) noch einmal zurückkommen werden, erlaubt überhaupt erst einen sachgemäßen usus legis. Darauf kommt es letztlich an: nicht daß materiell eine nova lex eingesetzt wird, sondern daß existentiell ein neuer Umgang mit dem Gesetz geschaffen wird. Dieser neue usus ist Sache des Glaubens, der unter dem Gesetz im Lichte des Evangeliums leben läßt[198], denn zu diesem neuen Umgang mit dem Gesetz und den Werken kommt es erst in der Gewißheit, daß allein die Barmherzigkeit Gottes, und nicht die eigenen Werke, unsere Gerechtigkeit ist[199].

2.433. Die iustificatio als regeneratio in novitatem

Die Perspektive der fides apprehensiva wird nun am Ende der Thesenreihe (Th 65–71), nachdem das Verhältnis zu den Werken, zur Schrift und zum Gesetz entfaltet wurde, noch einmal auf die iustificatio hin pointiert. Dieses Thema hatte sich ja ohnehin als Brennpunkt der ganzen Problematik des Glaubensbegriffs herausgestellt, da Luther die fides vera als den Glauben definierte, dem die Rechtfertigung zugeschrieben wird.

An verschiedenen Stellen unserer Beschäftigung mit Luthertexten war uns schon aufgefallen, wie stark Luther die theologische Thematik in die ontologische Problematik hinein verfolgt, d.h. immer wieder an den Fragen einer theologischen Bestimmung des Menschseins selbst arbeitet. Um dies richtig zu erfassen, muß man sich freilich von der Vorstellung der klassischen Substanzontologie befreien. Die scholastische Theologie – zumindest sehr bewußt seit der Entdeckung der aristotelischen Hauptschriften – ging von einer vorgegebenen Ontologie aus, die sie zwar hinsichtlich des theologischen Interesses neu prägte und verarbeitete, im großen und ganzen jedoch übernahm, und versuchte, die theologische

---

[198] Hier liegt der Ansatz für eine Entfaltung des Verhältnisses von Gesetz und Evangelium und des duplex usus legis in der Theologie Luthers, die wir hier nicht unternehmen, sondern nur andeuten können. Auch in der Lehre vom Gesetz könnte man die Eigenart von Luthers theologia crucis gegenüber dem scholastischen Denken herausarbeiten. In diesem Sinne: G. *Ebeling,* Erwägungen zur Lehre vom Gesetz, WG I, 255–293.

[199] 48,12 f (Th 64): Quia stat sententia, non aliquorum, Sed omnium miseretur; Et sola misericordia Dei est iustitia nostra, non opera propria.

Thematik in diesem Rahmen denkerisch zu verantworten. Das hatte zur Folge, daß die Substanz des Menschen mit der vorgegebenen Ontologie auch schon feststand und daß dadurch das Theologische nicht mehr als radikale Veränderung der ontologischen Bestimmung des Menschseins verstanden werden konnte, sondern vielmehr als Veränderung *am* Menschen, an seinen Vermögen und Fertigkeiten, an seiner Ausstattung[200]. Diese Einstellung hinsichtlich der Ontologie impliziert, daß sich die theologische Reflexion auf das konzentriert, was der Mensch vollbringt, was er aus seiner natürlichen und gnadenhaften Ausstattung macht und wie er dank der eingegossenen Gnade in dieser Aktualisierung zu seiner Vollendung kommt. Dadurch ergibt sich eine Ausrichtung auf die aktualisierende Aktivität des Menschen.

Für Luther verknüpft sich das ontologische Problem des Menschseins viel enger mit der theologischen Problematik. Beide Dimensionen bilden sogar ein einziges Problem: im Empfangen der göttlichen Gnade durch den Glauben entscheidet sich letztlich das Menschsein des Menschen. In ihm geschieht eine radikale Veränderung des Menschen in seiner Lebenssituation. Das zeigte sich schon an der Ausrichtung auf die Frage nach dem affectus und dem motus cordis im Verständnis der spes und in der Zentrierung der Sünde auf das peccatum originale, das er auch radicale oder substantiale nennen kann. Damit richtet sich der Blick auf die Existenzbestimmung des Menschen, auf das, was ihn letzten Endes affiziert und leidenschaftlich bewegt, was ihn in Freiheit und Gewißheit leben läßt. Damit hängt zusammen, daß der Akzent sich nun von der Dimension der Aktivität auf die Dimension der Passivität verschiebt.

Das kommt hier im Thema der iustificatio zur Sprache. Die existentielle Dimension wird dadurch betont, daß die iustificatio als regeneratio in novitatem bezeichnet wird[201]. Die Rechtfertigung geschieht als Wiedergeburt: in ihr werde ich im strengen Sinne neu geboren, geboren zu einem neuen Leben. Durch diese Verbindung mit dem nasci wird die Dimension der Passivität unterstrichen, die eine Rechtfertigung durch Werke ausschließt. »Denn es ist unmöglich, daß wir aus unseren Werken geboren werden, sondern die Werke werden vielmehr (. . .) aus uns geboren.«[202]

---

[200] Im Endeffekt gilt das auch bei *Thomas,* obwohl er betont, daß die Gnade nicht in die verschiedenen Seelenpotenzen, sondern in die essentia animae eingegossen wird (vgl. S.th. 1,II q.110 a.3: Utrum gratia sit idem quod virtus), denn dadurch wird zwar die Einheit der gratia akzentuiert, doch unter dem Gesichtspunkt dieser Einheit wirkt sich die gratia trotzdem in Verbindung mit den theologischen Tugenden auf die habitualen Dispositionen aus.

[201] 48,14 f (Th 65): Iustificatio est revera regeneratio quaedam in novitatem, sicut Ioannes dicit [1. Joh 5,1.13]: Qui credunt in nomine eius et ex Deo nati sunt. In Th 66 beruft sich Luther dann noch auf zwei weitere Bibelzitate: Tit 3,5, wo die Taufe als lavacrum regenerationis et renovationis charakterisiert wird, und Joh 3,3: Nisi denuo quis renatus fuerit, non potest videre regnum Dei.

[202] 48,19–21 (Th 67): Ideo impossibile est per opera iustificari, Quia impossibile est nos nasci ex operibus nostris, sed potius opera nascuntur (sic loquendo) ex nobis.

Die iustificatio geschieht also nicht als das Vollenden in actu der eingegossenen Disposition, sie geschieht als nasci. Dadurch verbindet sich mit dem Thema der Rechtfertigung der Gesichtspunkt der Schöpfung, denn unsere Geburt verdanken wir in aller Passivität unserem Schöpfer. Durch die Wiedergeburt, die Erneuerung der Rechtfertigung werden wir deshalb zur neuen Kreatur Gottes, zum initium creaturae Dei[203]. Es ist auffallend, wie hier im Zeichen des einen selben Geistes, der das ganze Geschehen zu einem geistlich-eschatologischen Geschehen macht, die Rechtfertigung, die nova creatura und das Handeln Gottes durch das Wort verknüpft werden. Damit wird verständlich, daß die Rechtfertigung für Luther sola fide geschieht, denn das worthafte Handeln Gottes kann nur im Glauben als fides apprehensiva zu einer völligen, umfassenden Wiedergeburt werden. In diesem Glauben erst werden wir zu wahren Geschöpfen Gottes und sind wir nicht mehr Geschöpfe unserer Werke. Deswegen kann Luther von der Rechtfertigung durch die eigenen Werke als von einer Gotteslästerung sprechen[204]. Es ist ebenso gotteslästerlich zu sagen, man sei selbst sein eigener Gott, wie zu behaupten, man werde durch seine eigenen Werke gerecht, denn Rechtfertigung und neue Schöpfung sind hier eins. Werde ich durch meine Werke gerecht, so bin ich mein eigener Schöpfer und Erzeuger, mein eigener Gott. Das ist aber höchste Sünde.

Nachdem sie auf die Schöpfung bezogen wurde, wird die Rechtfertigung als regeneratio in novitatem gewissermaßen in die entgegengesetzte Richtung hinein bestimmt, sie wird eschatologisch ausgerichtet. Es wird ihr nicht einfach eine zusätzliche eschatologische Größe beigefügt, sondern sie wird selbst im Rahmen der eschatologischen Spannung gedacht, was hier mit der doppelten Formulierung nova creatura Dei und initium creaturae Dei geschieht[205]. Der Mensch wird in der Rechtfertigung völlig neu, doch diese völlige Neuheit ist gleichsam nur ein Anfang und muß es auch bleiben, denn das neue Leben steht im Zeichen des simul iustus et peccator. Als immer wieder gerechtfertigter Sünder steht der Glaubende immer am Anfang des Glaubens, und so am Anfang seines Neuwerdens.

---

[203] 48,22 f (Th 68): Eodem spiritu appellantur iusti, nova creatura Dei et initium creaturae Dei, qui nos verbo suo volens genuit.

[204] Vgl. Th 69–71, vor allem 69 und 71. 48,24 f.28–30: Quis autem ferat hanc blasphemiam, ut opera nostra nos creent, vel ut simus operum nostrorum creaturae . . . Quam blasphemum igitur est dicere, Se ipsum esse sui ipsius Deum, creatorem seu generantem, tam blasphemum est suis operibus iustificari.

[205] Vgl. Th 68 (48,22 f). Man könnte sagen, daß ähnlich wie hier sich auch bei Paulus das Problem der Eschatologie ganz auf die Bestimmung des Verhältnisses von Rechtfertigung und neuer Schöpfung, wie sie etwa in 2. Kor 5,17 präsentiert wird, konzentriert. Luther ist auch hier stark durch paulinisches Gedankengut beeinflußt. Zum Thema Rechtfertigung und neue Schöpfung, s. auch J. *Moltmann*, Zukunft der Schöpfung. Gesammelte Aufsätze, 1977, 157–179.

Diese eschatologische Spannung wird nochmals in der 5. Thesenreihe zu Rm 3,28[206] aufgenommen und näher entfaltet.

In einer, wie er sagt, uneigentlichen Redeweise expliziert Luther diese Spannung als Unterscheidung der Gesetzeserfüllung durch den Glauben und durch die Liebe. In diesem irdischen Leben wird das Gesetz durch den Glauben erfüllt: Gott rechnet uns um Christi willen die Gerechtigkeit oder die Erfüllung des Gesetzes gnadenhaft zu. Hingegen »durch die Liebe wird das Gesetz erst im zukünftigen Leben erfüllt werden, wenn wir als neue Kreatur Gottes vollkommen sein werden«[207]. Diese Unterscheidung von haec vita, in der Gott interim die barmherzig imputierte Gerechtigkeit walten läßt, und futura vita, in der wir vollkommen gerecht sein werden, spielt im Verständnis der Rechtfertigung eine wichtige Rolle, denn sie gibt deren eschatologische Relevanz an. Auch wenn wir laufen und wollen, mit Geduld nach dem ewigen Leben trachten und den Lauf vollenden müssen, liegt es doch in diesem Leben nicht an diesem Laufen, Wollen, Trachten und Vollenden, sondern an Gottes Erbarmen allein[208]. Die haec vita bleibt im Zeichen der fremden, von Gott dem Menschen zugerechneten Gerechtigkeit Christi, und sie bleibt es, solange wir hienieden leben[209]. Die vollständige Gesetzeserfüllung in Liebe geschieht in der futura vita: damit ist das Uneigentliche an der Formulierung auch schon angedeutet. Wie der Glaube, die reputatio Dei und die Sündenvergebung, das ganze ministerium spiritus überhaupt, das Vaterunser, das Glaubensbekenntnis und die Sakramente, wird auch in der perfectio des zukünftigen Lebens das Gesetz samt aller Erkenntnis und Weissagung und der gesamten Schrift aufgehoben und abgetan werden. Es wird kein Gesetz mehr geben, sondern »allein

---

[206] Es handelt sich um die Thesenreihe zur Promotionsdisputation von P. Palladius (und, nach der Eintragung ins Dekanatsbuch, jedoch nicht nach dem Plakatdruck der Thesen, auch von Tilemann) am 1. Juni 1537 (WA 39,1; 202–204). Vgl. vor allem Th 16 ff 203,14 ff.

[207] 203,14–19 (Th 16–18): Lex igitur dupliciter impletur, scilicet per fidem et charitatem. Fide impletur in hac vita, reputante interim Deo nobis per Christum iustitiam seu legis impletionem gratuito. Charitate implebitur in futura vita, cum perfecti erimus nova creatura Dei.

[208] Vgl. Th 12 ff 203,5 ff.

[209] Von dieser Bestimmung her könnte neues Licht fallen auf die etwas unglückliche Unterscheidung von forensischer und effektiver Rechtfertigung (vgl. *W. Joest,* Ontologie der Person bei Luther, 1967, 373 ff; *M. Lienhard* aO [s. o. 2.3. Anm. 8] 143 f. 195 f). Eine eigentlich effektive Rechtfertigung kann im Grunde genommen nur für die futura vita in Anspruch genommen werden. Doch die Unterscheidung erweist sich ohnehin als schief, denn sie gibt dem »Forensischen« den Charakter des Beschränkten, Ungenügenden, des »bloß Forensischen«, den es bei Luther nicht hat. Für ihn ist die forensische Rechtfertigung als solche auch schon die effektive, durch die Christus in uns Form annimmt und uns zur spontanen Verwirklichung der Werke des Gesetzes befreit. Effektive Rechtfertigung ist für ihn nur als forensische, als Gerechtigkeit coram Deo möglich (vgl. dazu etwa die ersten Thesen der Disputatio de iustificatione WA 39,1; 82,4 ff), denn die Formierung durch Christus ist nur als lebensverwandelnde Neugeburt und nicht als Ausstattung mit Qualitäten zu verstehen. Das Unterscheiden von forensischer und effektiver Rechtfertigung bildet den Versuch, diese nochmals anders als existentiell zu verstehen.

die Sache selbst, die das Gesetz in diesem Leben verlangt«, denn »was von Natur so ist, muß nicht, ja kann nicht durch ein Gesetz so sein oder werden«[210].

Im Zeichen dieser Unterscheidung von haec vita und vita futura wird das interim, das »unterdessen«, das »inzwischen« bestimmt: »Unterdessen werden wir in den Schoß Gottes gelegt, als Anfang der neuen Kreatur, bis wir in der Auferstehung von den Toten vervollkommnet werden. Dieser Anfang zeigt sich aber, wenn er wirklich innewohnt, an guten Werken und macht unsere Berufung gewiß«[211]. Das interim als irdisches Leben ist nicht schon zukünftiges Leben; ein Anfang aber ist gemacht, der sich in guten Werken ausdrückt, denn wir können im Glauben nicht ohne Werke leben. In diesem Anfang nimmt Christus in uns Form an. Doch dieser Anfang trägt das Kennzeichen des interim: er steht mitten im Widerstreit von Geist und Fleisch, der das Leben des gerechtfertigten Sünders bestimmt. Deshalb sind die vollbrachten Werke nicht schon an sich Zeichen einer »effektiven« Gerechtigkeit, sondern bedürfen ganz und gar der reputatio Dei, sind nur durch diese reputatio gut[212]. So erweist sich diese forensische reputatio als die entscheidende Kategorie für die Entfaltung des eschatologischen Lebens des Glaubenden. Das unterscheidet Luthers Verständnis des Eschatologischen nicht nur vom scholastischen und vom mystischen Verständnis, sondern auch, wie wir noch sehen werden, von modernen Versuchen in der politischen Theologie.

2.434. Der Glaube als »frölich wechssel«

Wie eben angedeutet, bildet die reputatio Dei auch in Luthers Verhältnis zur Mystik ein kritisches, korrektives Moment. Es ist hier zwar schwieriger, die Gemeinsamkeiten und Unterschiede klar herauszuarbeiten, weil in vielen Punkten die Interpretation mystischer Vorstellungen und die Auseinandersetzung mit ihnen stillschweigend, implizit, oder nur andeutungsweise vollzogen werden. Für Luther bilden die mystischen Vorstellungen –

---

[210] Für die Aufzählung dessen, was alles im zukünftigen Leben aufhören wird, vgl. Th 24–26 (203,30–35). 203,20 f (Th 19): Quamvis improprie dicitur, legem tunc impleri, cum futura tunc sit nulla lex, sed res ipsa, quam lex in hac vita requirit. 203,26 f (Th 22): Quidquid natura tale est, non debet, imo nec potest lege esse vel fieri tale.

[211] 204,6–9 (Th 31–32): Interim fovemur in sinu Dei, tanquam initium creaturae novae, Donec perficiamur in resurrectione a mortuis. Hoc initium autem per bona opera, si vere inest, sese ostendit, et certam facit vocationem nostram.

[212] Der Widerstreit von Geist und Fleisch wird in Th 36 f folgendermaßen beschrieben: 204,16–19: Imo fatemur, iustis non esse positam legem, quatenus iusti sunt et spiritu vivunt. Sed quatenus in carne sunt, et corpus peccati habent, esse sub lege, et facere opera legis, id est, non esse iustos, nec facere bona opera. Es ist auffallend, wie in den Schlußthesen die reputatio Dei als zentrales Motiv hervorgehoben wird. Vgl. Th 40.41.42 und am eindeutigsten Th 45 (204,37 f): Summa, Omnium hominum opera sunt mala et vitiosa. Sed iustorum sunt reputante Deo bona, Impiorum sunt natura mala.

die er ohnehin oft gar nicht explizit als solche übernimmt – eine Möglichkeit, seine theologische Erkenntnis kritisch gegen die scholastische Lehre zu formulieren, was jedoch nicht ohne gewisse Korrekturen an diesen Vorstellungen geht. Diese doppelte Bewegung der Inanspruchnahme und der Korrektur wollen wir jetzt an der Vorstellung des fröhlichen Wechsels beobachten[213].

Als fides apprehensiva Christi ist der Glaube, wie wir schon sahen, ganz auf das Verhältnis zu Christus angelegt und wird insofern streng christologisch begründet. Die Anlage der scholastischen Summen hatte zur Folge, daß in ihnen die Christologie und die Soteriologie nicht in einem unmittelbaren Zusammenhang zueinander gesehen wurden, was zu eigentümlichen Spannungen führte, die mit Unterscheidungen wie der zwischen Person und Werk Christi nur ungenügend gelöst wurden. Bei Luther ist das Verhältnis von Christologie und Soteriologie viel enger. Das kommt in der Terminologie der Brautmystik nun noch viel stärker zum Ausdruck: durch den Glauben wird die Seele mit Christus wie die Braut mit dem Bräutigam verbunden[214]. Dieses eheliche Band ist sehr stark – die menschlichen Ehen sind nur blasse Figuren dieses Ehebundes –, so stark, daß durch es alles, was jedem von beiden gehört, zum gemeinsamen Besitz wird. Durch diese tiefgreifende, die bona und die mala umfassende Gütergemeinschaft der Seele und Christi wird überhaupt der fröhliche Wechsel[215] erst möglich: die Seele kann sich dessen rühmen, was Christus gehört, und Christus nimmt auf sich und macht zum Seinen, was der Seele gehört. Fröhlich ist dieser Wechsel, weil in ihm der Seele alle Güter Christi, Gnade, Leben und Heil geschenkt werden, während Christus alle Übel der Seele, Sünden, Tod und Hölle[216] übernimmt. Während Christus Sünden, Tod und Hölle

---

[213] Vgl. o. Anm. 155. Allgemein zum Tractatus de libertate christiana: *W. Maurer,* Von der Freiheit eines Christenmenschen. Zwei Untersuchungen zu Luthers Reformationsschriften 1520/21, 1949; *E. Jüngel,* Zur Freiheit eines Christenmenschen. Eine Erinnerung an Luthers Schrift, Kaiser Traktate 30, 1978. Zur Brautmystik: *F. Th. Ruhland,* Luther und die Brautmystik. Nach Luthers Schrifttum bis 1521, 1938; *E. Iserloh* aaO (s. o. 2.3. Anm. 7); *W. Joest* aaO (s. o. Anm. 209) 370ff; *K.-H. zur Mühlen* aaO (s. o. 2.3. Anm. 7) 106ff. 199f; *M. Lienhard* aaO (s. o. 2.3. Anm. 8) 138–144.

[214] 54,31–33: Tertia fidei gratia incomparabilis est haec, Quod animam copulat cum Christo, sicut sponsam cum sponso. Quo sacramento (ut Apostolus docet) Christus et anima efficiuntur una caro.

[215] 54,35–38: Sequitur, et omnia eorum communia fieri tam bona quam mala, ut, quaecunque Christus habet, de iis tanquam suis praesumere et gloriari possit fidelis anima, Et quaecunque animae sunt, ea sibi arroget Christus tanquam sua. Allein der deutsche Text braucht hier explizit die Terminologie des fröhlichen Wechsels. Vgl. 25,34: Hie hebt sich nu der frölich wechssel und streytt. Vgl. auch in 26,5 die Formulierung »ein fröliche wirtschafft«.

[216] 54,39–55,2: Christus plenus est gratia, vita et salute, Anima plena est peccatis, morte et damnatione. Intercedat iam fides, et fiet, ut Christi sint peccata, mors et infernus, Animae vero gratia, vita et salus: . . . Vgl. auch 55,17–20: Ita fit anima fidelis per arram fidei suae in Christo, sponso suo, omnibus peccatis libera, a morte secura et ab inferno tuta, donata aeterna iustitia, vita, salute sponsi sui Christi.

auf sich nimmt, als ob er selbst gesündigt hätte und sie ihm gehören würden, besitzt die Seele in Christus die Gerechtigkeit, als ob diese ihre eigene Gerechtigkeit wäre, und kann sie mit Zuversicht den Sünden, dem Tod und der Hölle entgegensetzen.

Die mystische Tradition hat von der Vorstellung des Brautpaares regelmäßig Gebrauch gemacht. Die Brautmystik entfaltet sich vor allem in der mystischen Auslegung des Hohenliedes. Es ist für die mystische Tradition im großen und ganzen kennzeichnend, daß dieses Brautverhältnis als Verzückungserfahrung interpretiert wird[217]. Die Liebe, die die Seele mit Christus vermählt, ist ein excessus, der nur von kurzer Dauer ist und immer wieder unterbrochen wird, in dem aber die Seele mit Gott vereint wird und für kurze Zeit die beatitudo der Vollkommenheit erfährt. Die Brautmystik tendiert deshalb auf die Explizierung des amor exstaticus als einer entrückenden Versenkung in Gott und Vereinigung mit ihm. Nicht auf eine solche mystische Erfahrung ist Luther in seiner Auslegung des fröhlichen Wechsels aus, sondern auf eine dauernde Einstellung der Seele, in der der Mensch frei und getrost sein alltägliches Leben leben kann. Das zeigt sich schon daran, daß Luthers Interpretation nun ganz auf den Glauben ausgerichtet ist. An mehreren Stellen des Textes weist Luther darauf hin, daß die Verbindung der Braut mit dem Bräutigam durch den Glauben geschieht[218]. In ihm geschieht der Austausch der Sünde und der Gerechtigkeit zwischen Christus und der Seele, ja, er ist selbst dieser Austausch, in dem die fremde Gerechtigkeit Christi der Seele zur eigenen wird. »Wo Bernhard vom amor exstaticus spricht, der die Braut mit dem Bräutigam, die Liebende mit dem Geliebten vereint, dort spricht Luther von der fides als der Weise, in der unser Heil, der Christus extra nos, in uns wirksam und gegenwärtig wird«[219].

Ein mystisches Verständnis dieser Dimension des Glaubens wird durch die vorangehenden Seiten des Tractatus verwehrt, die den Glauben ganz vom Bezug auf das Wort her charakterisiert hatten. Das kommt auch im Text selbst noch zum Ausdruck: die unfaßbare Hochzeit, in der das arme, gottlose Hürlein zur glorreichen flecken- und faltenlosen Braut wird, geschieht als Reinigung im Bad des verbum vitae, d. h. »durch den Glauben an das Wort, das Leben, die Gerechtigkeit und das Heil«[220]. Im

[217] Das zeigt *K.-H. zur Mühlen* aaO (s. o. 2.3. Anm. 7) 106 ff im Anschluß an *St. Gilson* (Die Mystik des Heiligen Bernhard von Clairvaux, 1936) am Beispiel der Brautmystik bei Bernhard.

[218] Vgl. 55,1: Intercedat iam fides, et fiet . . .; 55,12: . . . et propter annulum fidei . . .; 55,18: . . . per arram fidei . . . Auch ganz klar wird das zweimal im entsprechenden deutschen Text unterstrichen: 25,37: . . . durch yhren braudtring, das ist der glaub, . . .; 26,3: . . . durch yhren malschatzts, das ist des glaubens halben, . . .

[219] *K.-H. zur Mühlen* aaO 107 f.

[220] 55,20–23: Sic exhibet sibi sponsam sine macula et ruga gloriosam, mundans eam lavacro in verbo vitae, id est per fidem verbi, vitae, iustitiae et salutis. Sic sponsat eam sibi in fide, in misericordia et miserationibus, in iustitia et iuditio, ut Oseae 2. [Hos 2,19 f] dicit.

Glauben hängt der Mensch sein Herz an das Wort, empfängt er den
Zuspruch des Evangeliums und lebt vertrauensvoll aus dieser Gnade. Diese
lebensbestimmende Relation von Glaube und Wort bildet bei Luther den
Angelpunkt für die Kritik des mystischen Brautmotivs, und seine Interpretation des fröhlichen Wechsels konzentriert sich auf diese Relation[221].

Das Wort spielt zwar auch in der Mystik keine unwesentliche Rolle.
Doch ist das zumeist in der Gestalt des unsprachlichen, ewigen Wortes
Gottes, das die Seele durch eine mystische Bewegung zu sich zieht und ihr
die conformitas mit sich selbst schenkt. Bei Luther weist aber der Bezug
auf das Wort in die Richtung einer geschichtlichen Beziehung, denn das
Wort wird hier als fleischgewordenes Wort verstanden und begegnet der
Seele im dulcissimum spectaculum des mit Sünden, Tod und Hölle kämpfenden Christus. Dadurch ergeben sich Akzentverschiebungen, die auf eine
unmystische Verwendung mystischen Materials hinweisen.

2.435 Nicht nur communio, sondern salutare bellum und victoria

Im dulcissimum spectaculum, von dem Luther hier spricht, geht es nicht
nur um Gemeinschaft, sondern um einen heilsamen Kampf und um den
Sieg, das Heil und die Erlösung[222]. Dieses dulcissimum spectaculum ist ein
christologisches, denn in Christus liegt der Grund für das Heil, das dem
Menschen im fröhlichen Wechsel zuteil wird. Der Hinweis auf den notwendigen Bezug zu Christus ist zugleich Betonung des Zugangs durch den
Glauben allein. Dieser durch das Hören des Wortes vermittelte Zugang
läßt sich nicht einfach als communio definieren. Im Band des Glaubens
geschieht keine ekstatische Verschmelzung, keine unio mystica mit Gott,
in der der Unterschied zwischen den Verbündeten für nur kurze oder für
längere Zeit aufgehoben wäre. Durch den Glauben geht der Mensch nicht
in Gott als seinem Seelengrund auf. Das zeigt sich bei Luther schon in der
Beschreibung des fröhlichen Wechsels zwischen Braut und Bräutigam: es
geht hier nicht um Verschmelzung der Personen in einem excessus,
sondern um eine Gütergemeinschaft und um den Austausch dieser
Güter[223]. Es geht um den Zuspruch durch das Wort und die Aneignung

---

[221] Diese Relation betont immer wieder *K.-H. zur Mühlen* aaO als die grundlegende
Dimension von Luthers Verarbeitung der mystischen Vorstellungen für die Betonung der
Externität der Gnade. Vgl. aaO 108: »Bedient sich Luther zur Darstellung seines Rechtferti-
gungsverständnisses mystischer Sprachmittel, so werden sie in der Relation von Wort und
Glaube neu interpretiert.«

[222] 55,7 f: Hic iam dulcissimum spectaculum prodit non solum communionis sed salutaris
belli et victoriae et salutis et redemptionis.

[223] Vgl. *M. Lienhard* aaO 139 f: »On s'éloigne . . . de la perspective mystique en considé-
rant la terminologie juridique employée par le Réformateur. Il n'est pas question de la fusion
des personnes, mais de la communauté de leurs biens et de l'échange de ces biens.«

durch den Glauben des durch Christus errungenen Heils. Deshalb geht es nicht vornehmlich um communio, sondern um einen heilsamen Kampf[224].

Christus ist der menschgewordene Gott, deus et homo eaque persona, Gott und Mensch in derselben Person, die weder sündigt noch stirbt noch verdammt wird, ja die weder sündigen noch sterben noch verdammt werden kann, und deren Gerechtigkeit, Leben und Heil unüberwindlich, ewig und allmächtig sind. Das stupendum duellum ist folgendes: als diese persona macht er die Sünden, den Tod und die Hölle seiner Braut zu seinen eigenen, er verhält sich ihnen gegenüber, als ob es seine eigenen wären und er selbst gesündigt hätte. Er leidet, stirbt und fährt in die Hölle, um alles zu besiegen, um Sünde, Tod und Hölle zu verschlingen, denn seine Gerechtigkeit ist höher als alle Sünden, sein Leben stärker als aller Tod, sein Heil unbesiegbarer als alle Hölle[225].

Es zeigt sich hier in dieser christologischen Orientierung eine von der theologia crucis her konzipierte Interpretation des fröhlichen Wechsels zwischen Braut und Bräutigam. Den Wechsel als Kampf, als »streytt« vollzieht Christus laborans, mortiens et ad infernum descendens, in seiner Passion, in seinem Leiden und Sterben am Kreuz. An diesem Geschehen allein hat der Glaube Anhalt, denn er ist selbst nicht bloß Zuschauer dieses Kampfes, sondern vielmehr Vollzug, im Leben selbst, dieses Kreuzeskampfes. Er lebt von ihm, denn er hat teil an Gerechtigkeit, Leben und Heil im Mitgekreuzigtwerden. Die theologia crucis erweist sich deshalb im Glaubensverständnis als bestimmende Dimension sowohl in der Auseinandersetzung mit der scholastischen Denkweise wie auch in der kritischen Verarbeitung der mystischen Vorstellungen. Aus der Konfrontation beider Traditionsströme läßt sie ein neues Glaubensverständnis hervorgehen. Der scholastischen virtus intellectualis wird die fides apprehensiva Christi entgegengesetzt, die vom affectus und von der passio her als ein neues Leben aus der für uns durch Christus errungenen Gnade verstanden wird. Diese existentielle Dimension wird mit den Themen der Brautmystik zur Sprache gebracht, was allerdings nur insofern gelingt, als dieser Vorstellung gegenüber die Externität der Gnade durch die Hervorhebung der Worthaftigkeit in der Beziehung des Glaubens zu Christus unterstrichen wird. Durch diese doppelte Konfrontation mit Scholastik und Mystik profiliert sich Luthers Verständnis des Glaubens in seiner Lebensrelevanz.

2.44. Libertas

An einzelnen Stellen unserer Beschäftigung mit dem Glaubensbegriff sind Zusammenhänge mit der Thematik der Freiheit zu Tage getreten. Wir wollen uns nun auf diese Zusammenhänge konzentrieren und Luthers

---

[224] Luther kann diesen Kampf auch ein stupendum duellum nennen (vgl. 55,16).

[225] Für diese knappe, aber eindrückliche Zusammenfassung des Heilsgeschehens in Christus, s. 55,8–17.

theologia crucis bei der Behandlung des Freiheitsproblems beobachten. Dieser Themenkreis der Freiheit spielt bei Luther eine wichtige Rolle. Hat er doch diese Thematik gewissermaßen neu entdeckt, indem er auf das paulinische Verständnis der Freiheit zurückging, das in der mittelalterlichen Tradition weitgehend in Vergessenheit geraten war[226]. Man darf zwar daraus nicht einfach schließen, daß im Mittelalter von der Freiheit keine Rede war. Das scholastische Reden von der Freiheit vollzog sich jedoch in ganz anderen, eng mit dem griechischen Freiheitsgedanken zusammenhängenden Formen. Luther hat – daran ist, wie wir noch sehen werden, die theologia crucis nicht unerheblich beteiligt – das Freiheitsproblem mit neuen Kategorien erfaßt, die es wieder in das Zentrum der theologischen Reflexion rückten.

Es gehört zu dieser auf den Grund gehenden Erfassung des Freiheitsproblems, daß sie in ihm ein spannungs- und konfliktvolles Ineinander von gegensätzlichen Dimensionen entdeckt. Das kommt schon dadurch zum Ausdruck, daß die zwei Hauptschriften Luthers zu diesem Thema »Tractatus de libertate christiana« (1520)[227] und »De servo arbitrio« (1525)[228] heißen. Indem er mit ganz neuer Radikalität den Aspekt der *Freiheit* aufnimmt und verfolgt, öffnet sich ihm zugleich ein verschärftes Verständnis der *Unfreiheit* des Menschen. Das zugrundeliegende Problem der Freiheit kann Luther deshalb nur als Unterscheidung von Freiheit und Unfreiheit artikulieren. Diese spannungsvolle Unterscheidung wollen wir anhand einiger Gedankengänge aus den zwei genannten Schriften näher betrach-

---

[226] *G. Ebeling,* LuStud I, 1971, 314: »Stärker noch . . . ist das Wort ›Freiheit‹ durch Luther plötzlich mit neuer Macht in Umlauf gekommen. In bestimmter Hinsicht hat er es wieder entdeckt, indem er zur Quelle des christlichen Gebrauchs des Wortes ›Freiheit‹ durchstieß und neu erfaßte, wo im Leben die Freiheit ihren wahren Ort hat.«

[227] WA 7; 20–38 (deutscher Text: Von der Freyheyt eynisz Christen menschen; BoA 2, 10–27) und WA 7; 49–73 (lateinischer Text: Tractatus de libertate christiana). Zu erwähnen ist, daß mit dieser Schrift, die zu den reformatorischen Hauptschriften gezählt wird, der Sendbrief an den Papst Leo X. eng verknüpft ist, der ebenfalls in deutscher (WA 7; 3–11; BoA 2; 2–10) und lateinischer (WA 7; 42–49) Form vorliegt. Zu diesen Texten, vgl. *W. Maurer* aaO (s. o. Anm. 213).

[228] Es handelt sich um die große Schrift, mit der *Luther* auf die 1524 veröffentlichte Schrift des *Erasmus* De libero arbitrio ΔΙΑΤΡΙΒΗ sive collatio antwortet. Die Frage der Willensfreiheit bildete schon seit Jahren einen brennenden Streitpunkt zwischen Erasmus und Luther, was sich etwa in Briefen beider beobachten läßt. Mit diesen zwei Schriften erreicht nun der Streit in den Jahren 1524–1525 seinen Höhepunkt. Dazu vgl. *K. Zickendraht,* Der Streit zwischen Erasmus und Luther über Willensfreiheit, 1909. De servo arbitrio steht in WA 18; 600–787 (= BoA 3; 94–293). Für die Schrift des Erasmus, s. die Ausgabe durch *J. von Walter* in den Quellenschriften zur Geschichte des Protestantismus, 8. Heft, 1910. S. auch: *Erasmus von Rotterdam,* Ausgewählte Schriften, Ausgabe in 8 Bden lateinisch und deutsch. Hg. von *W. Welzig,* Bd. IV (übersetzt, eingeleitet und mit Anmerkungen versehen von *W. Lesowsky*), 1969, 1–195. Dieser 4. Band enthält auch den ersten Teil der in zwei Teilen 1526 und 1527 erschienenen Antwort des *Erasmus* auf *Luthers* De servo arbitrio, der Hyperaspistes diatribae adversus servum arbitrium Martini Lutheri (Bd. IV, 197–675). Wir zitieren nach dieser Ausgabe.

ten, denn in ihr kommen wichtige Aspekte der eschatologischen Bestimmung der Existenz unter dem Kreuz zum Vorschein[229].

2.441. Die Illusion des absolutum velle

Sieht man einmal von der komplexen kirchenpolitischen Thematik der Freiheit der Kirche ab, die mit dem Kampf zwischen geistlicher und weltlicher Gewalt und der Teilhabe an bestimmten im Rahmen des Machtgefüges festgelegten Privilegien zusammenhängt, kann man sagen, daß sich im Mittelalter das Interesse am Freiheitsproblem ganz auf die Frage der Willensfreiheit konzentriert. Damit kommen kennzeichnende Merkmale in anthropologischer Hinsicht zutage. Unter dem Einfluß der griechischen und vornehmlich aristotelischen Philosophie, wie sie durch die Schultradition überliefert wird, geht die scholastische Theologie von einer Auffassung der menschlichen Natur aus, die den Menschen als animal rationale bestimmt[230]. Zu dieser Natur des vernünftigen Lebewesens gehört nicht nur, daß es Vernunft hat, sondern auch, daß es einen freien Willen hat und so mit Vernunft und freiem Willen handelt und sich als Handelnder auf seinen finis hin verwirklicht. Diese natürliche Ausstattung des Menschen bildet den unaufgebbaren anthropologischen Kontext, in dem das Gnadengeschehen interpretiert werden muß. Das hat Konsequenzen für das Verständnis der Allmacht Gottes, der Vorherbestimmung und weiterer Aspekte der Gotteslehre[231]. Das Hauptproblem stellt sich jedoch in der Gnadenlehre und auf sie konzentrieren sich die Bemühungen in der mittelalterlichen Tradition. Es stellt sich hier die Frage, ob und wie Natur und

---

[229] Zu dieser Thematik der Freiheit bei Luther: *G. Ebeling,* Luther, Kap. XIII: Freiheit und Unfreiheit, 239–258; *ders.,* Frei aus Glauben. Das Vermächtnis der Reformation, in: LuStud I, 1971, 308–329. Zur Konfrontation mit dem scholastischen Freiheitsverständnis: *H. Vorster,* Das Freiheitsverständnis bei Thomas von Aquin und Martin Luther, 1965. Eher auf das Thema der Willensunfreiheit konzentriert: *R. Hermann,* Luthers These vom unfreien Willen, 1931; *Fr. Gogarten,* Luthers Theologie, 1967, Kap. 11: Der geknechtete Wille, 128–171; *Kl. Schwarzwäller,* Theologia crucis. Luthers Lehre von der Prädestination nach De servo arbitrio, 1525, Forschungen zur Geschichte und Lehre des Protestantismus, 10, XXXIX, 1970.

[230] Während bei Aristoteles die Definition des Menschen als *zoon logon echon* im Kontext der Politik zu finden ist und deshalb den Menschen als sittliches Lebewesen in seiner sprachlichen Kommunikation mit den Mitmenschen in der Gemeinschaft bestimmt, wird diese Definition in der Schultradition zum klassischen Beispiel der Definition, in dem der Mensch durch Angabe der Vernunft als differentia specifica als Art charakterisiert wird. Dadurch verlagert sich das Interesse der Definition wesentlich. Dazu vgl. *G. Ebeling,* LuStud II, 1; 72–89.

[231] Daß die Gotteslehre durch die Frage der Willensfreiheit stark tangiert ist, zeigt sich klar in Luthers De servo arbitrio, wo die Prädestinationslehre und entscheidende Dimensionen der Gotteslehre, so etwa die Unterscheidung von deus absconditus und deus revelatus, entfaltet werden.

Gnade so zusammengedacht werden können, daß die Gnade die Natur nicht aufhebt, sondern übersteigt und vollendet[232].

Das gilt für die scholastische Tradition im gesamten zwar nur mit Nuancen. War es für Thomas von Aquin das Grundanliegen, Natur und Gnade in einem harmonischen, allumfassenden System zusammenzudenken, so werden den Franziskanern eher die Probleme bewußt, die bei diesem Versuch auftauchen und die Harmonie in Frage stellen. Im spätscholastischen Nominalismus konzentriert sich die Reflexion gerade auf die Erarbeitung der Bruchstellen im Verhältnis von Natur und Gnade. Mit diesen Nuancen verknüpfen sich auch Verschiebungen in der Einschätzung des Verhältnisses von freiem Willen und Gnade. In der Entwicklung von der Hochscholastik zur Spätscholastik läßt sich beobachten, daß der Primat der Gnade immer problematischer wird, zwar nie völlig aufgegeben, aber mit neuen Distinktionen zugunsten einer Betonung des natürlichen liberum arbitrium formal eingeschränkt wird. Als Konstante in diesen verschiedenen Akzentuierungen zeichnet sich jedenfalls das Anliegen ab, den freien Willen so mit der göttlichen Gnade in Verbindung zu bringen, daß der Primat dieser Gnade die Freiheit des liberum arbitrium nicht aufhebt. Damit stünde ja das Menschsein des Menschen auf dem Spiel. Es gilt deshalb vielmehr zu zeigen, wie der Mensch als vernünftiges, freies Lebewesen auch im Gnadengeschehen, auch unter dem Primat der Gnade, tätig bleibt, wie göttliche Gnade und menschlicher Wille in Hinsicht auf das Heil eine cooperatio eingehen, die beiden gerecht wird. Dadurch wird vorausgesetzt, daß der freie Wille, auch wenn er durch die Sünde stark beeinträchtigt, eingeschränkt und verletzt, so doch nicht ausgelöscht und völlig zerstört wird, wie auch andere Teile der natürlichen Ausstattung des Menschen durch die Sünde hindurch erhalten bleiben. Damit ist das Problem gestellt, ob im Rahmen dieser anthropologischen Voraussetzungen die Radikalität der Sünde überhaupt noch genügend erfaßt werden kann.

So zeigt sich, daß mit dem Thema der Willensfreiheit schwierige Fragen verbunden sind, die in der scholastischen Tradition mit differenzierenden Nuancen vielfältig behandelt wurden. Davon zeugt etwa die Darstellung der Hauptpositionen, die Erasmus in seiner Schrift über die Willensfreiheit im Anschluß an das Zitat von Sir 15,14–18 unternimmt[233]. Es ist für ihn

---

[232] Zu dieser bekannten Formulierung, vgl. etwa *Thomas,* S. th. I q.1 a.8 ad 2: Cum enim gratia non tollet naturam, sed perficiat, oportet quod naturalis ratio subserviat fidei; sicut et naturalis inclinatio voluntatis obsequitur caritati. Dieser Text bietet eine interessante Parallelisierung im Verhältnis von Natur und Gnade: im Intellektiven gilt das Verhältnis der Vervollkommnung zwischen natürlicher Vernunft und Glauben, im Voluntativen zwischen natürlicher Neigung und Liebe. Dadurch verknüpfen sich, im Zeichen des perficere, die theologischen Tugenden mit der natürlichen Ausstattung des Menschen.

[233] Vgl. *Erasmus,* Bd. IV (s.o. Anm. 228), 36–58 (in der Aufteilung von *Joh. von Walter:* IIa1–IIa13). Er entfaltet vor allem die Unterscheidung der drei Arten von Gesetz: lex naturae, lex operum und lex fidei (aaO 42–46), und die etwas unklar formulierte Unterscheidung der

charakteristisch, wie er versucht, die verschiedenen traditionellen Richtungen dadurch auf einen gemeinsamen Nenner zu bringen, daß er in der Einleitung seiner collatio jede Richtung auf den Akzent hin befragt, den sie jeweils setzt[234]. Wenn man so berücksichtigt, daß alius aliud spectat, kann man die Meinungsverschiedenheiten als verschiedene Schattierungen eines einzigen mittleren Weges verstehen. Während die einen, die Verzweiflung und Sicherheit vermieden und »die Menschen zur Hoffnung und zum Streben anspornen wollten, dem freien Willen mehr zuschrieben«, »neigten die anderen in Anbetracht dessen, wie verderblich es für die wahre Frömmigkeit ist, wenn der Mensch auf die eigenen Kräfte vertraut, eher zur Betonung der Gnade, die Paulus überall einschärft«[235]. Durch diesen mittleren Weg zwischen der securitas des Vertrauens auf das eigene Vermögen und die eigenen Werke und der desperatio der hoffnungslosen Knechtschaft unter der Sünde gelingt es Erasmus, den Anliegen von Pelagius und Duns Scotus auf der einen Seite und von Augustin und denen, die ihm folgen[236], auf der anderen Seite gerecht zu werden. Auf dieser harten augustinischen Linie entfaltet Erasmus noch zwei weitere Meinungen, eine duriora und eine durissima, die er in der Hyperaspistes einerseits Karlstadt, andererseits Wiclif und Luther zuschreibt[237] und denen er den Kampf ansagt[238], weil sie zu hart sind, um zum mittleren Weg gerechnet werden zu können. Die durissima sententia definiert Erasmus in direktem

---

drei bzw. vier Arten der Gnade: die gratia naturalis, – die eigentlich nicht gratia genannt wird, weil sie allen gemeinsam ist –, die gratia peculiaris, die auch operans, exstimulans genannt wird, die gratia cooperans, die vorantreibt, was begonnen hat, und die gratia gratum faciens als vollendende Gnade (aaO 52–56). Diese Gnaden werden schließlich unter dem Aspekt der Dreiheit aaO 56 folgendermaßen zusammengefaßt: Has tres putant eandem esse gratiam, licet ab iis, quae operantur in nobis, diversis cognominibus appellentur. Prima exstimulat, secunda provehit, tertia consummat.

[234] Vgl. das Urteil über die Vielfältigkeit in der Tradition aaO 8: Itaque quod ad sensum meum attinet, fateor de libero arbitrio multa variaque tradi a veteribus, de quibus nondum habeo certam persuasionem, nisi quod arbitror esse aliquam liberi arbitrii vim. Diese Vielfalt versucht er mit dem Hinweis auf die jeweilige Intention zu ordnen. Vgl. aaO 48: . . . mire variant et veterum et recentiorum sententiae, dum alius aliud spectat.

[235] AaO 48 (anschl. an vorherige Anm.): Qui vitabant desperationem ac securitatem, sed ad spem et conatum acuere volebant homines, plus tribuebant libero arbitrio. AaO 50: Sanctus Augustinus et qui hunc sequuntur, considerantes, quanta sit pernicies verae pietatis hominem fidere suis viribus, propensiores sunt in favorem gratiae, quam ubique Paulus inculcat.

[236] In der Diatribe werden bei der ausführlicheren Behandlung dieser harten Linie keine weiteren Namen genannt (vgl. aaO 56). Hingegen in der späteren Antwort des Erasmus auf Luthers De servo arbitrio, der Hyperaspistes diatribae werden ausdrücklich Augustin und Thomas von Aquin genannt (vgl. aaO [s. o. Anm. 228] 642: Excussisti primam opinionem, quae est Thomae vel Augustini . . .). Es wäre eine interessante Aufgabe, genau zu beobachten, ob man überhaupt, wie hier Erasmus, Thomas und Augustin im Problem der Willensfreiheit in eine einzige Position zusammenbringen kann. Das wird kaum ohne tiefgreifende Nuancen gehen.

[237] AaO 642: Augustini sententiae subjicio Carolstadii, quam appello duriorem . . . Tertio loco pono tuam et Wiclevi, quam appello durissimam . . .

[238] AaO 58: Itaque cum his duabus postremis mihi potissimum erit conflictatio.

Anschluß an Luthers Formulierungen: »der freie Wille sei bloß ein leerer Name und vermöge nichts und habe nichts vermocht, weder in den Engeln noch in Adam noch in uns, weder vor noch nach der Gnade, sondern Gott wirke in uns sowohl das Böse als auch das Gute, und alles, was geschehe, geschehe aus reiner Notwendigkeit«[239].

Für Erasmus, der auf ein im Rahmen der scholastischen Anthropologie maßvolles Urteil[240] bedacht ist, muß Luthers Meinung eine ärgerliche Übertreibung bedeuten. Diese Reaktion hängt damit zusammen, daß der Humanist trotz wiederholter Kritik an der scholastischen Tradition doch die Grundlage der scholastischen Anthropologie, die natürliche Bestimmung des Menschen als des vernünftigen, freien und sich im Handeln verwirklichenden Lebewesens teilt. Bei Luther läßt sich in anthropologischer Hinsicht eine andere Denkbewegung feststellen: für ihn gilt es, den Menschen nicht im vornherein neutral zu bestimmen, sondern erst von seinem Verhältnis zu Gott her neu zu erfassen. Ob es eine Willensfreiheit gibt, steht für ihn nicht schon als philosophische Wahrheit fest, sondern muß vielmehr im Licht der Gnadenlehre kritisch geprüft werden. Durch diese Neuorientierung gelangt Luther zu einer neuen Erfassung des Willens überhaupt und deshalb auch zu einem neuen Verständnis von Freiheit.

Das wird am klarsten in seiner Kritik an der Vorstellung des absolutum velle kund. Er erachtet es als eine Träumerei, als ein figmentum Dialecticum, im Menschen ein absolutes, reines Wollen anzunehmen, das als medium zwischen gut und böse stünde und sich noch nicht für das eine

---

[239] AaO 58: Durissima videtur omnium sententia, qui dicunt liberum arbitrium inane nomen esse nec quicquam valere aut valuisse vel in angelis vel in Adam vel in nobis nec ante gratiam nec post gratiam, sed deum tam mala quam bona operari in nobis, omniaque, quae fiunt, esse merae necessitatis. Zum Vergleich s. etwa bei Luther WA 1; 354,5 f (Disp. Heid., Th 13): Liberum arbitrium post peccatum res est de solo titulo, et dum facit quod in se est, peccat mortaliter. S. auch zur Verteidigung dieser These in der Assertio von 1520 WA 7; 146,4–8 (s. o. 2.3. Anm. 137), einen Passus, in dem sich Luther selbst auf Wiclif beruft und der der Äußerung bei Erasmus sehr ähnlich ist.

[240] Nachdem er in den ersten Teilen seiner Schrift Zitate aus der Bibel zusammengestellt hat, die für und gegen den freien Willen sprechen, definiert er folgendermaßen seine weitere Aufgabe aaO 156: Quoniam autem spiritus sanctus, quo auctore prodita sunt haec, non potest pugnare secum, cogimur velimus nolimus aliquam sententiae moderationem quaerere. Es ist auffallend, daß die Auseinandersetzung zwischen Luther und Erasmus auch zentrale fundamentaltheologische Probleme berührt. Es wäre einmal genauer zu beobachten, wie sich die fundamentaltheologische Einstellung auf das Verständnis der Freiheit auswirkt. So etwa die Frage, wie die theologische Arbeit als solche aufzufassen sei. Für Erasmus geht es vornehmlich um eine collatio, was als ein Zusammentragen zu verstehen ist, und zwar ein Zusammentragen nicht so sehr von traditionellen Meinungen als vielmehr von Schriftstellen zum Thema. Diese collatio kann Erasmus aber durchaus mit einem Disputieren verbinden, das er als gesundes, offenes Disputieren gegen Luthers Richten und Verurteilen kritisch betont. Luther jedoch setzt mit Nachdruck die assertio gegen die erasmianische collatio. Durch diesen Unterschied sind auch schon wesentliche Aspekte der Freiheitsproblematik betroffen. Dies im einzelnen darzustellen, würde einen intensiven und ausführlichen Arbeitsgang erfordern, den wir jetzt nicht unternehmen können.

oder das andere entschieden hätte[241]. Ein solches »Noch-nicht-Entschiedensein« ist abstrakt gedacht, denn der menschliche Wille steht nicht in der Situation der absoluten Wahlfreiheit, er steht nicht einfach vor der Möglichkeit des Entweder-oder. Er steht vielmehr unter dem Zeichen des »immer schon«. Als konkreter, geschichtlicher Wille ist er der immer schon entschiedene und engagierte, der immer schon vollzogene Wille, der immer schon an die eine oder die andere Möglichkeit verfallene Wille. Diese Betonung des konkreten Vollzugs des Willens stellt die scholastische Auffassung des freien Willens in Frage, denn, auch wenn sie nicht an einen absoluten, sondern an einen verletzten, beschränkten freien Willen denkt, versteht sie ihn doch von der Situation der absoluten Wahlfreiheit her. Diese Situation gibt es aber nach Luther im Grunde genommen nur für Gott, und deshalb betrachtet er denn auch das liberum arbitrium im eigentlichen, absoluten Sinne als ein göttliches Prädikat[242]. Diese Vokabel für das menschliche Vermögen in Anspruch zu nehmen, bedeute letztlich die größte Gotteslästerung, denn dadurch werde dem Menschen auch die Göttlichkeit zugesprochen. Es gilt aber, den Menschen in seiner Menschlichkeit zu erfassen, und das kann nur geschehen, indem der menschliche Wille anders angegangen wird als in der scholastischen Perspektive des absolutum velle.

2.442. Die Frage nach dem Vermögen des Willens

Will man den menschlichen Willen wirklich menschlich erfassen, und d. h.: im Zeichen der Geschichtlichkeit, in der er sich immer schon entschieden hat, so muß man die Frage nach seiner Freiheit als Frage nach seinem konkreten Vermögen stellen. Es genügt nicht zu behaupten, daß es eine Kraft des freien Willens gibt; es gilt, genau zu erwägen, was menschlicher Wille überhaupt vermag. Man muß, wie das Sprichwort sagt, »das Kind bei seinem Namen nennen, definieren, was diese Kraft ist, was sie macht, was sie erleidet, was in ihr geschieht, . . . denn wenn sie eine Kraft ist, wird sie auch irgendein Werk vollbringen«[243]. Wenn man so an den

---

[241] WA 18; 669,20–26: Sed hoc forte somniat Diatribe inter haec duo, posse velle bonum, non posse velle bonum, dari medium quod sit, absolutum Velle, nec boni nec mali habito respectu, . . . sit purum et merum velle, per gratiam sursum ad bonum, per peccatum deorsum ad malum vertibile. 670,1 f: Deinde hoc merum figmentum Dialecticum est, quod in homine sit medium et purum velle, nec possunt probare, qui id asserunt.

[242] 636,27–637,1: Sequitur nunc, liberum arbitrium esse plane divinum nomen, nec ulli posse competere quam soli divinae maiestati. Ea enim potest et facit (sicut Psal. [Ps 135,6] canit) Omnia quae vult in coelo et in terra. Quod si hominibus tribuitur, nihilo rectius tribuitur, quam si divinitas quoque ipsa eis tribueretur, quo sacrilegio nullum esse maius possit. Proinde theologorum erat ab isto vocabulo abstinere, cum de humana virtute loqui vellent, et soli Deo relinquere . . .

[243] 644,20–645,7: Non enim satis est dicere: Est vis, Est vis, Est vis quaedam liberi arbitrii, quid enim dictu facilius? nec hoc est virorum eruditissimorum et sanctissimorum tot saeculis

freien Willen herangeht, bemerkt man bald, daß er gar nicht frei ist. Davon zeugen nicht nur die sprichwörtliche Weisheit, die Formeln der Umgangssprache, die Dichter und die Philosophen, auf die sich Luther oft beruft, sondern vornehmlich die Lebenserfahrung mit dem eigenen Willen. Trotz allem Anschein der Freiheit – auf den später noch zurückzukommen ist – steht der Wille doch unter dem Gesetz der Notwendigkeit. Man läßt sich zwar schnell durch die verwirrende Kontingenz und Unbeständigkeit des Lebens täuschen, doch der menschliche Wille vermag letztlich nichts, er folgt der Bewegung der Notwendigkeit, einer absoluten Notwendigkeit.

Um diese Notwendigkeit genauer zu bestimmen, führt Luther die ursprünglich scholastische Unterscheidung von necessitas coactionis und necessitas immutabilitatis ein. Wenn es heißt, daß der menschliche Wille notwendig das Böse will und tut, gilt das nicht im Sinne eines äußeren Zwanges – das wäre eine necessitas coactionis. Das Böse geschieht nicht gegen den Willen des Menschen; er tut es vielmehr sponte et libenti voluntate[244]. Der Mensch hat aber seinem Willen gegenüber die Freiheit verloren: er kann diese Neigung oder diesen Willen mit seinen eigenen Kräften weder unterlassen noch beherrschen noch verändern. Das ist, was Luther necessitas immutabilitatis nennt: der Wille kann sich nicht verändern und anderem zuwenden, sondern wird durch den Widerstand nur um so mehr zum Wollen gereizt[245]. Durch die necessitas immutabilitatis ist der Wille sich selbst verfallen und hat an sich selbst seine Freiheit verloren. Das ist eigentlich die Knechtschaft, die das liberum arbitrium zum servum arbitrium macht, dieses innere Gesetz der Notwendigkeit, das den menschlichen Willen der Sünde unterwirft. Die coactio, so sagt Luther, sei eigentlich eher eine »noluntas«[246].

Doch was hier vom Zustand des Willens in der Sünde gilt, gilt ebenfalls im Gnadenzustand. Wenn Gott in uns wirkt, besiegt er den Hang des Willens zum Bösen und verwandelt die voluntas, die nun, nicht etwa coacte, sondern mera lubentia et pronitate ac sponte sua will und tut, was Gott will. Also auch hier gilt radikal das servum arbitrium, denn auch hier handelt Gott allein als der Stärkere und ergreift uns wie eine Beute. So

---

approbatorum, sed nominandus est infans (ut aiunt germanico proverbio), definiendum, quae sit illa vis, quid faciat, quid patiatur, quid accidat . . . Si enim vis est, aliquid operis molietur. Vgl. auch sehr klar 614,39 f: Nam fieri non potest, ut scias, quid sit liberum arbitrium, nisi scieris, quid possit voluntas humana, . . .

[244] 634,21–25: Necessario vero dico, non coacte, sed ut illi dicunt, necessitate immutabilitatis, non coactionis, hoc est, homo cum vacat spiritu Dei, non quidem violentia, velut raptus obtorto collo, nolens facit malum, quemadmodum fur aut latro nolens ad poenam ducitur, sed sponte et libenti voluntate facit.

[245] 634,25–27.30–32: Verum hanc libentiam seu voluntatem faciendi non potest suis viribus omittere, coercere aut mutare, sed pergit volendo et lubendo, . . . Hoc vocamus modo necessitatem immutabilitatis, id est, quod voluntas sese mutare et vertere alio non possit, sed potius irritetur magis ad volendum, dum ei resistitur.

[246] 635,12–14: . . . idque facimus volentes et lubentes, pro natura voluntatis, quae cogeretur, voluntas non esset. Nam coactio potius est (ut sic dicam) Noluntas.

werden wir zu Sklaven und Gefangenen durch seinen Geist – was eine königliche Freiheit ist –, so daß wir freiwillig wollen und tun, was er will[247]. Hier kündigt sich schon an, wie das servum arbitrium mit der königlichen Freiheit zusammenhängt. Doch das sei momentan noch zurückgestellt. Auffallend ist zunächst, wie stark das servum arbitrium hier betont wird, als eine Gegebenheit, die den Menschen sowohl vor als auch nach der Gnade, die ihn schlechthin kennzeichnet. Das kann Luther in schärfster Weise mit dem Bild des Reittiers zum Ausdruck bringen. »So steht der menschliche Wille wie ein Reittier zwischen zwei Reitern. Wenn Gott aufsitzt, will es und geht es, wohin Gott will . . . Wenn Satan aufsitzt, will es und geht es, wohin Satan will, und es liegt nicht in seiner Entscheidung, zu einem der Reiter zu laufen oder ihn zu suchen, sondern die Reiter selbst streiten darum, es zu halten und zu besitzen.«[248]

An dieser Darstellung des unfreien Willens scheint mehreres problematisch zu sein. Zunächst weckt das Bild des Reittiers doch eher Assoziationen an eine necessitas coactionis als an die necessitas immutabilitatis. Damit verknüpft sich eine geradezu als hoffnungslos erscheinende Verschärfung der Unfreiheit, die mit ihrem totalen Determinismus die Verantwortung und die Zurechnungsfähigkeit des Menschen überhaupt in Frage zu stellen scheint. Hinzu kommt, daß das Bild der miteinander streitenden Reiter die Frage nach dem letzten Grund der alles bestimmenden Notwendigkeit mit dem Verweis auf einen metaphysischen Dualismus zu beantworten scheint. Um diese Probleme zu klären, müssen wir das servum arbitrium noch einmal an der Wurzel zu erfassen versuchen. Erst so wird dann auch das Reden von der Freiheit verständlich.

2.443. Wille und Gewissen: das anthropologische Problem der Freiheit

Es muß noch einmal genauer gefragt werden, was das liberum arbitrium versklavt und zum servum arbitrium macht. Gegen Schluß seiner Schrift bekennt Luther, er wünschte nicht, selbst wenn das möglich wäre, daß ihm ein freier Wille gegeben würde oder daß etwas in seiner Macht stünde,

---

[247] 634,37–39: Rursus ex altera parte, si Deus in nobis operatur, mutata et blande assibilata per spiritum Dei voluntas iterum mera lubentia et pronitate ac sponte sua vult et facit, non coacte, . . . 635,14–17: Si autem fortior (sc. Deus) superveniat et illo victo nos rapiat in spolium suum, rursus per spiritum eius servi et captivi sumus (quae tamen regia libertas est), ut velimus et faciamus lubentes quae ipse velit.

[248] 635,17–22: Sic humana voluntas in medio posita est, ceu iumentum, si insederit Deus, vult et vadit, quo vult Deus . . . Si insederit Satan, vult et vadit, quo vult Satan, nec est in eius arbitrio ad utrum sessorem currere aut eum quaerere, sed ipsi sessores certant ob ipsum obtinendum et possidendum. Dieses Bild war schon in der scholastischen Tradition bekannt, jedoch diente es dort einem anderen Anliegen als hier bei Luther. Es exemplifizierte das Zusammenwirken zwischen dem natürlichen Willen des Menschen und der übernatürlichen Gnade Gottes.

wodurch er sich um das Heil bemühen könnte[249]. Das begründet Luther nicht nur damit, daß er den vielen Versuchungen, Gefahren und Dämonen nicht standhalten könnte, sondern auch damit, daß er, selbst wenn er keinen Versuchungen, Gefahren und Dämonen ausgesetzt wäre, dennoch stets gezwungen wäre, sich im Ungewissen abzumühen und ins Leere zu schlagen, denn sein Gewissen, auch wenn er ewig leben und handeln würde, wäre nie gewiß und sicher, wieviel es tun muß, um Gott zu genügen[250]. Denn, sagt Luther, »wie vollkommen auch mein Werk wäre, es bliebe doch das Bedenken, ob es Gott gefällt oder ob er nicht noch mehr verlangt«[251]. Luther verweist dabei auf die Erfahrung aller Werkgerechten und auf seine eigene jahrelange Erfahrung.

Damit ist auf das Grundproblem des freien Willens hingewiesen: durch den ständigen scrupulus des Gewissens ist das liberum arbitrium versklavt, denn er läßt ihm keine Ruhe. Er treibt es unaufhaltsam weiter im Vollbringen seiner Werke, weil diese den scrupulus nie zum Schweigen bringen. So verfällt letztlich der Wille einer necessitas immutabilitatis, die ihn von seinem törichten Ziel nicht mehr abkommen läßt. Er ist sich selbst verfallen in seinem Versuch, den ihm stets vorauseilenden scrupulus einzuholen; und seine Freiheit geht daran zugrunde, denn der freie Wille kann die Ungewißheit des Gewissens nicht aufheben.

Das kann nur Gott, indem er mein Heil meinem Willen wegnimmt und es seinem eigenen Willen anvertraut, indem »er verspricht, mich zu erretten, nicht etwa kraft meines Werkes oder Laufes, sondern kraft seiner Gnade und Barmherzigkeit«. »So bin ich sicher und gewiß, daß er treu ist und mir gegenüber nicht lügt, daß er so mächtig und groß ist, daß keine Dämonen, keine Widerwärtigkeiten ihn bezwingen und mich ihm entreißen könnten.«[252] Nun sind wir unter dem Zeichen dieser gnädigen Verheißung nicht mehr auf das Verdienst unseres Werkes angewiesen, wir sind gewiß und sicher, daß wir Gott gefallen durch die Gunst seiner uns

---

[249] 783,17–19: Ego sane de me confiteor, Si qua fieri posset, nollem mihi dari liberum arbitrium, aut quippiam in manu mea relinqui, quod ad salutem conari possem, . . .

[250] 783,19–26 (anschl. an Anm. 249): . . . non solum ideo, quod in tot adversitatibus et periculis, Deinde tot impugnantibus daemonibus subsistere et retinere illud non valerem, . . . Sed, quod etiam si nulla pericula, nullae adversitates, nulli daemones essent, cogerer tamen perpetuo in incertum laborare et aerem pugnis verberare; neque enim conscientia mea, si in aeternum viverem et operarer, unquam certa et secura fieret, quantum facere deberet, quo satis Deo fieret.

[251] 783,26–28: Quocunque enim opere perfecto reliquus esset scrupulus, an id Deo placeret, vel an aliquid ultra requireret, sicut probat experientia omnium iustitiariorum et ego meo magno malo tot annis satis didici.

[252] 783,28–33: At nunc cum Deus salutem meam extra meum arbitrium tollens in suum receperit, et non meo opere aut cursu, sed sua gratia et misericordia promiserit me servare, securus et certus sum, quod ille fidelis sit et mihi non mentietur, tum potens et magnus, ut nulli daemones, nullae adversitates eum frangere aut me illi rapere poterunt.

versprochenen Barmherzigkeit. Das ist für Luther die gloriatio, die alle Heiligen in ihrem Gott haben[253].

In diesem Abschnitt von Luthers Schrift zeigt sich der spannende Versuch, das Problem der Freiheit und der Unfreiheit neu zu erfassen. Er orientiert sich, um es einmal formelhaft zusammenzufassen, an der Thematik der Heilsgewißheit des Gewissens vor Gott. Das hat tiefgreifende Veränderungen der theologischen Perspektive zur Folge, denen wir noch etwas Beachtung schenken wollen. Zunächst muß betont werden, daß hier die Frage der Freiheit auf das Problem des Heils ausgerichtet wird. Wenn Luther das servum arbitrium in aller Radikalität behauptet, dann gilt das in Hinsicht auf das Heil des Menschen. Damit ist nicht etwa eine Einschränkung, sondern eine Zentrierung auf das Wesentliche vollzogen, denn was der Wille vermag, das entscheidet sich daran, was der Wille letztlich zu tun vermag, und d. h. was er für das Heil des Menschen zu tun vermag. An diesem Vermögen, und nirgendwo anders, entscheidet sich für Luther die Freiheit des Willens. In dieser Frage läßt nun aber Luthers Meinung keinen Zweifel übrig: für ihn schließen Willensfreiheit und Heil einander geradezu aus. Wenn es einen freien Willen gibt, ist er in seinem Streben nach Heil dem scrupulus unterworfen, kommt dadurch nie zum Heil, sondern verfehlt es ständig, so daß er letztlich, statt der salus, dem periculum dient[254]. Darin kommt gerade seine tiefe Unfreiheit zum Ausdruck. Deshalb kehrt sich für Luther das Ganze um: erst wenn diese Unfreiheit des Willens erkannt wird, und wenn das Heil dem menschlichen Willen entrissen und dem göttlichen Willen anvertraut wird, ist dieses Heil dem Menschen gewiß. Erst im vollen Wissen um das servum arbitrium ist dem Menschen die Heilsgewißheit geschenkt.

In dieser Konzentration auf die Heilsfrage zeigt sich, daß Luthers Betonung des servum arbitrium nicht die Verantwortung und Zurechnungsfähigkeit des Menschen in Frage stellt, denn die Unfreiheit gilt nicht in Hinsicht auf die natürliche Ausstattung des Menschen als eines vernünftigen, freien Lebewesens. Für Luther gehören die Erfahrung der natürlichen Fähigkeit, sich zwischen zwei offenen Handlungsmöglichkeiten zu entscheiden, und, damit verknüpft, die moralische und zivile Verantwortung des Menschen nicht zum Horizont, in dem er die Frage der Willensfreiheit erörtert. Er kann diese natürlichen Erscheinungen des liberum arbitrium in ihrem Recht gelten lassen, was etwa durch die Unterscheidung von superior und inferior res[255] geschieht. Will man auf den Ausdruck ›freier

---

[253] 783,36–39: Tum etiam certi sumus et securi, nos Deo placere, non merito operis nostri, sed favore misericordiae suae nobis promissae, atque si minus aut male egerimus, quod nobis non imputet, sed paterne ignoscat et emendet. Haec est gloriatio omnium sanctorum in Deo suo.

[254] 647,22–24: Rogamus itaque per Christum, Mi Erasme, tu cum tuis nobis saltem concaedite, ut periculo conscientiae nostrae absterriti liceat metu trepidare, . . .

[255] Vgl. für das Folgende 638,4–11: Quod si omnino vocem eam omittere nolumus, quod

Wille‹ nicht verzichten, dann muß man, um ihn angemessen zu gebrauchen, diesen freien Willen auf das beschränken, was unter dem Menschen, im Bereich seiner freien Verfügung liegt. So werden etwa seine Fähigkeiten und sein Besitz als Beispiele angeführt. An anderer Stelle kann Luther auch vom Essen und Trinken sprechen. Dazu gehören aber auch das Politische und das Ethische, das Zeitliche und Weltliche im weitesten Sinne. Hier hat er das Recht, mit den Dingen nach seiner Freiheit umzugehen, das Recht, sie zu gebrauchen, das Recht, zu tun und zu lassen. Was aber über dem Menschen liegt, oder, wie Luther in aller Klarheit sagen kann, was Gott betrifft, was Heil und Verdammung ausmacht, das entgeht dem freien Willen des Menschen. Hier vermag der Mensch unmöglich als Wählender und Handelnder in Aktion zu treten, denn hier geht es nicht mehr um die ihm von seiner natürlichen Ausstattung her offenstehenden Verwirklichungsmöglichkeiten, sondern hier wird über den Menschen selbst in seinem Menschsein entschieden. Diesem Geschehen kann er nur passiv begegnen, als der Empfänger des über ihn gefällten Urteils.

Es muß nun auch wieder betont werden, daß diese Unterscheidung von superiora und inferiora nicht eine völlige Trennung von zwei gesonderten Bereichen zur Folge hat. In der Tat, was Heil und Verdammung entscheidet, besteht nicht neben und zusätzlich zu dem Leben und Handeln des Menschen in der Welt, sondern bestimmt es als der Grund, auf dem solches Leben und Handeln überhaupt erst möglich wird. Die Unterscheidung bedarf deshalb einer Korrektur: betont man, daß der Mensch nur in Hinsicht darauf, was unter ihm ist, nach freiem Entscheid walten, tun und lassen kann, so muß man doch, wie das Luther tut, hinzufügen: »obwohl auch dies durch den freien Willen Gottes allein gelenkt wird, wohin es ihm gefällt«[256]. Damit ist nun nicht etwa die Unterscheidung wieder hinfällig geworden. Durch diese Korrektur wird vielmehr erreicht, daß die Relativität, die Gebrechlichkeit und Verwundbarkeit der Willensfreiheit im Licht der Unterscheidung erfaßt wird.

Diese Gebrechlichkeit hängt damit zusammen, daß der freie Wille immer wieder das zu Unterscheidende vermischt, in der inferior res immer wieder die superior res verfolgt. So gerät er immer wieder in die Knechtschaft des scrupulus, den er mit eigenen Kräften und Werken überwinden will und der ihm die Heilsgewißheit immer wieder entreißt. So spielt die Frage des

---

esset tutissimum et religiosissimum, bona fide tamen eatenus uti doceamus, ut homini arbitrium liberum non respectu superioris, sed tantum inferioris se rei concedatur, hoc est, ut sciat sese in suis facultatibus et possessionibus habere ius utendi, faciendi, omittendi pro libero arbitrio, licet et idipsum regatur solius Dei libero arbitrio, quocunque illi placuerit. Caeterum erga Deum, vel in rebus, quae pertinent ad salutem vel damnationem, non habet liberum arbitrium, sed captivus, subiectus et servus est vel voluntatis Dei vel voluntatis Satanae. Er kann auch von einer Unterscheidung zwischen den zwei Reichen oder zwischen natura und gratia sprechen, wie etwa in 781,6–13 (s. u. Anm. 258).

[256] 638,8f (s. o. Anm. 255): . . . licet et idipsum regatur solius Dei libero arbitrio, quocunque illi placuerit.

Heils immer schon in den inferiora mit, was zur Folge hat, daß diese inferiora mißbraucht und verfehlt werden. Deshalb muß, gerade um der Willensfreiheit willen, die Unterscheidung zwischen dem der Person zugesprochenen Heil oder Unheil und den von der Person vollbrachten Werken eingeschärft werden. Es besteht also, so könnte man sagen, ein gebrochener Anschein von Freiheit des Willens, solange man von der Heilsfrage absieht. In diesem begrenzten Maß besteht dieser Anschein durchaus zu Recht und ist ihm auch sein volles Gewicht zu geben, denn im Zeitlichen und Weltlichen soll sich der menschliche Wille in Freiheit seinen Aufgaben und Werken widmen. Freilich heißt das, daß er sich an der grundlegenden Unterscheidung zwischen der Person und ihren Werken orientieren muß. Insofern zeigt es sich, daß gerade der Glaube, weil er die radikale Nichtigkeit der Willensfreiheit erkennt und deshalb die Heilsgewißheit mit dem Vertrauen auf die göttliche Gnade im voraus entscheidet, den Menschen dazu befreit, in den weltlichen Aufgaben von dieser Frage abzusehen und dem Anschein der Willensfreiheit in den gesetzten Grenzen Gestalt und Wirklichkeit zu geben. Erst die Erkenntnis des servum arbitrium im Glauben befreit den Willen zum gebrochenen, menschlichen, konkreten liberum arbitrium. Indem der Glaube dem Willen die Freiheit nimmt, die er vermessen in Anspruch nimmt und die ihn unfrei werden läßt, schenkt er ihm die Freiheit, die ihm zukommt und ihn frei werden läßt.

Die Zentrierung auf den Glauben, wie Luther sie hier vollzieht, zeigt, daß die Aussage des servum arbitrium für ihn nicht einfach einem metaphysischen Determinismus gleichkommt. »Daß alles, was geschieht, im Blick auf Gottes Willen mit Notwendigkeit und unwandelbar geschieht, läßt sich nicht als theoretische Aussage vertreten, sondern nur als Bekenntnis, d. h. im Glauben als Lobpreis Gottes, also als Aussage dessen, der bekennt, seiner selbst nicht mächtig zu sein, sondern mitsamt seinem Willen sich dem Willen Gottes zu verdanken.«[257] Das servum arbitrium muß geglaubt werden, und zwar gerade gegen den verführerischen Anschein der Willensfreiheit. Die Aussage des servum arbitrium ist im strengsten Sinne eine Glaubensaussage, denn die Erkenntnis des servum arbitrium ist nichts anderes als die Erkenntnis meiner selbst in Hinsicht auf mein Verhältnis zu Gott, die Erkenntnis meiner Ohnmacht im Angesicht Gottes in seiner alles bestimmenden Allmacht. Dadurch steht die Aussage des servum arbitrium im Zeichen der Situation des Menschen vor Gott. Das servum arbitrium bekennt allein der Mensch, der im Angesicht Gottes bekennt, seiner selbst nicht mächtig zu sein, und sich in seiner ganzen Person Gott anvertraut. Aus dieser Aussage einen metaphysischen Determinismus zu machen, hieße, Gott vom natürlichen Kausalitätsschema her zu verstehen und die Grundsituation des Menschen coram Deo durch die Orientierung an der natürlichen Ausstattung zu verfälschen. Denn so

---

[257] G. *Ebeling,* Luther, 257.

betont Luther: »Wir disputieren nicht über die Natur, sondern über die Gnade, und fragen nicht, wie beschaffen wir auf Erden sind, sondern wie beschaffen wir im Himmel vor Gott sind.«[258] Wir wissen, daß der Mensch zum Herrn über die inferiora eingesetzt ist, wir müssen aber nach seiner Freiheit erga Deum fragen. Und so kann er deshalb auch nuancieren, der freie Wille mache zwar vieles, das aber vor Gott nichts sei[259].

Es stellt sich nun aber die Frage, wie diese Betonung der existentiellen Dimension des coram Deo mit dem Bild des Reittiers zu vereinbaren ist, das ja eher den Eindruck eines dualistischen Determinismus hatte aufkommen lassen. Dieser Eindruck muß jedoch korrigiert werden, denn auch dieses Bild der zwei miteinander um ihr Reittier kämpfenden Reiter darf nicht vom bloßen causa-Schema her deterministisch verstanden werden. Das wird schon an der Tatsache bemerkbar, daß Luther das Bild des Reittiers auch für das Verhältnis zwischen Gott und Satan in Anspruch nehmen kann: Gott wird als Reiter beschrieben, der, wie auf den Gottlosen, so auch auf Satan als einem hinkenden Pferd reitet[260]. Damit will Luther die Frage beantworten, wie denn die alles bestimmende Allmacht Gottes mit der Tatsache des Bösen zu vereinbaren ist, ob denn Gott das Böse will. Zur Lösung dieses Problems begnügt sich Luther nicht mit dem dualistischen Determinismus. Vielmehr versucht er den Gedanken einzuprägen, daß Gott auch mit dem Bösen zu tun hat, daß er, wie der Zimmermann, der mit einer schartigen Axt nur schlechte Arbeit vollbringt, durch uns und in uns das Böse wirkt, durch unseren Fehler, aber dennoch zu seiner Herrlichkeit und zu unserem Heil[261]. Dadurch entzieht sich Gott dem Zugriff der menschlichen Vernunft, die ihn berühren, sehen und verstehen möchte, die seine Güte unmittelbar begreifen möchte, denn in seiner zweideutigen, das Gute wie auch das Böse wirkenden Allmacht

---

[258] 781,6–13: Nos non de natura, sed de gratia disputamus, nec quales simus super terram, sed quales simus in coelo coram Deo, quaerimus. Scimus, quod homo dominus est inferioribus se constitutus, in quae habet ius et liberum arbitrium, ut illa obediant et faciant, quae ipse vult et cogitat. Sed hoc quaerimus, an erga Deum habeat liberum arbitrium, ut ille obediat et faciat, quae homo voluerit, vel potius an Deus in hominem habeat liberum arbitrium, ut is velit et faciat, quod Deus vult, et nihil possit, nisi quod ille voluerit et fecerit.

[259] 751,23 f: Hoc enim est quod contendimus et evictum volumus, quod liberum arbitrium multa agat, quae tamen sunt nihil coram Deo.

[260] 709,21–28: Quando ergo Deus omnia movet et agit, necessario movet etiam et agit in Satana et impio. Agit autem in illis taliter, quales illi sunt et quales invenit, hoc est, cum illi sint aversi et mali et rapiantur motu illo divinae omnipotentiae, non nisi aversa et mala faciunt, tanquam si eques agat equum tripedem vel bipedem, agit quidem taliter, qualis equus est, hoc est equus male incedit. Sed quid faciat eques? equum talem simul agit cum equis sanis, illo male, istis bene, aliter non potest, nisi equus sanetur.

[261] 709,31–33: Vitium ergo est in instrumentis, quae ociosa Deus esse non sinit, quod mala fiunt, movente ipso Deo. Non aliter quam si faber securi serrata et dentata male secaret. 711,2–7: In nobis, id est, per nos Deum operari mala, non culpa Dei, sed vitio nostro, qui cum simus natura mali, Deus vero bonus, nos actione sua pro natura omnipotentiae suae rapiens, aliter facere non possit, quam quod ipse bonus malo instrumento malum faciat, licet hoc malo pro sua sapientia utatur bene ad gloriam suam et salutem nostram.

übersteigt er ihr Fassungsvermögen[262]. Gott verbirgt sich, und deshalb ist Satan nicht ein selbständiges göttliches Prinzip, sondern eine Maske, hinter der Gott sich dem Menschen und seiner Vernunft gegenüber verbirgt. Der Kampf zwischen Gott und Satan um ihr Reittier ist in dieser Perspektive eigentlich als ein Kampf Gottes mit sich selbst um den Menschen zu verstehen. Es ist deshalb auch ein Kampf, der den Menschen in seinem Menschsein unbedingt angeht und betrifft. Es wäre falsch, von der Allmacht Gottes her auf eine fatalistische Gleichgültigkeit zu schließen. Vielmehr ist die Verborgenheit Gottes eine radikale Herausforderung an den Menschen, seine Situation vor Gott klar zu erfassen und ihr im Glauben standzuhalten. Der Kampf Gottes mit sich selbst in der satanischen Verborgenheit ist ein Kampf um den Glauben des Menschen, um den Glauben gegen die Versuchung der Vernunft, die, den Glauben ausschaltend, Gott berühren, sehen und verstehen, ihn erfassen will. Der Vernunft muß sich Gott entreißen, er muß die äußerlichen Dinge der Welt so regieren, daß die menschliche Vernunft zum Schluß kommt, entweder gebe es ihn nicht oder er sei ungerecht[263]. Denn damit eröffnet sich erst die Möglichkeit des Glaubens, der gegen den Anschein des nicht existierenden oder ungerechten Gottes an einen guten Gott glaubt[264]. Der Glaube hat es, nach Hebr 11,1, mit Dingen zu tun, die man nicht sieht, die tief verborgen sind[265].

Wir werden später auf das Problem des Deus absconditus ausführlicher zurückkommen müssen. Es sei jetzt nur darauf das Gewicht gelegt, daß durch die Dimension der Verborgenheit das coram Deo des Menschen nicht etwa entschärft, sondern gerade eingeschärft wird. Damit ist auch der Weg für das neue Verständnis der Freiheit des Menschen coram Deo gewiesen: die Freiheit wird dem Menschen in der gegen die Anfechtung der Willensfreiheit ankämpfenden Gewißheit zuteil, daß Gott allein sein Heil in den Händen hat. Freiheit ist nicht ein Vermögen, das seinen Ort in der natürlichen Ausstattung des Menschen hat, sondern Freiheit ist die dem Menschen durch den Glauben an Gott geschenkte Heilsgewißheit. Durch diese Zentrierung auf die Gewißheit wird die eschatologische Komponente des christlichen Lebens erfaßt: in diesem irdischen Leben, das im Zeichen

---

[262] 708,1–4: Haec dictabit ratio non esse boni et clementis Dei. Superant nimio captum illius, nec captivare etiam sese potest, ut credat bonum esse Deum, qui talia faciat et iudicet, sed seclusa fide palpare et videre et comprehendere vult, quomodo sit bonus et non crudelis.

[263] 784,36–39: Ecce sic Deus administrat mundum istum corporalem in rebus externis, ut si rationis humanae iudicium spectes et sequaris, cogaris dicere, aut nullum esse Deum, aut iniquum esse Deum, . . . Vgl. zu diesem Text u. S. 223–225.

[264] Vgl. 708,8 f kurz nach der o. in Anm. 262 zitierten Stelle: Sed fides et spiritus aliter iudicant, qui Deum bonum credunt, etiam si omnes homines perderet.

[265] Unter vielen Stellen, vgl. etwa 633,7–9: . . . fides est rerum non apparentium. Ut ergo fidei locus sit, opus est, ut omnia quae creduntur, abscondantur. Non autem remotius absconduntur, quam sub contrario obiecto, sensu, experientia. Zu diesem Text vgl. u. S. 220–223.

des Kreuzes Christi steht, ist das Heil als Heilsgewißheit gegeben[266]. Der Glaube ist weder eine qualitas im scholastischen Sinne noch eine ekstatische Entzückung im mystischen Sinne, sondern eben diese den scrupulus conscientiae überwindende Heilsgewißheit.

Dadurch verlagert sich das anthropologische Problem der Freiheit entscheidend. Nicht mehr der Wille, sondern das Gewissen ist nun der eigentliche anthropologische Ort der Freiheit und der Unfreiheit. Das hängt mit einer vertieften Erfassung des Problems zusammen, die die Frage nach dem *Umgang mit* der Freiheit stellt. Wie wir gesehen hatten, kann der Wille sich in seiner Freiheit versklaven, unfrei mit seiner Freiheit umgehen und sie in seiner Selbstverfallenheit verlieren. Die vertiefte Erfassung des Freiheitsproblems verlangt grundlegend eine Befreiung zur Freiheit. Diese Befreiung ist die christliche Freiheit, die die Freiheit des Gewissens ist[267]. Wie der zitierte Text zeigt, erfolgt damit nicht einfach ein Austausch von zwei verschiedenen virtutes operandi des Menschen. Die Perspektive des Gewissens umfaßt den Willen, seine radikale Unfreiheit und seine begrenzte Freiheit, denn im Gewissen als der *virtus iudicandi* wird ein Urteil über den Menschen, über die Werke, die vollbrachten und die zu vollbringenden, gefällt. Als Gewissen wird der Mensch erfaßt, wenn er nicht mehr als bloßes Prinzip seiner Werke verstanden wird, sondern in der Urteilssituation wahrgenommen wird, in der er sich als vor Gott stehend befindet. Diese Urteilssituation, die bei Luther mit der Präposition coram zum Ausdruck gebracht wird, markiert einen wesentlichen Unterschied zur scholastischen Auffassung des Gewissens. Auch hier meint es das Innerste, den innersten Nerv des Menschen, jedoch nicht wie in der Scholastik von allen Externbezügen abgesondert, sondern gerade im Zeichen der vielfältigen Externrelationen. In deren Urteil steht das innerste Wesen des Menschen, sein Menschsein überhaupt zur Entscheidung. Im Gewissen ent-

---

[266] Für diese zentrale Rolle der Gewißheit, s. o. Anm. 252 f (securus et certus sum-certi sumus et securi). Auch wenn das Thema nie ausführlich behandelt wird, ist es doch für Luther klar, daß der Streit mit Erasmus um die Willensfreiheit ein Streit um die Verkündigung des Gekreuzigten ist. Das zeigt sich etwa in 638,19 ff, wo klar wird, daß beide je in verschiedener Weise diese Verkündigung für sich in Anspruch nehmen. 638,24–639,6: Nam et nos nihil nisi Ihesum crucifixum docemus. At Christus crucifixus haec omnia secum affert, ipsamque adeo sapientiam inter perfectos, cum nulla sit alia sapientia inter Christianos docenda, quam ea quae abscondita est in mysterio et ad perfectos pertinet non ad pueros Iudaici et legalis populi sine fide in operibus gloriantis, . . . nisi tu Christum crucifixum docere aliud nihil vis intelligi, quam has literas sonare: Christus est crucifixus.

[267] Das betont Luther mit aller Deutlichkeit in De votis monasticis iudicium (1521). WA 8; 606,30–32: Est itaque libertas Christiana seu Euangelica libertas conscientiae, qua solvitur conscientia ab operibus, non ut nulla fiant, sed ut in nulla confidat. Darauf folgt sogleich eine Bestimmung dessen, was er mit conscientia meint. 606,32–37: Conscientia enim non est virtus operandi, sed virtus iudicandi, quae iudicat de operibus. Opus eius proprium est (. . .) accusare vel excusare, reum vel absolutum, pavidum vel securum constituere. Quare officium eius est, non facere, sed de factis et faciendis dictare, quae vel ream vel salvam faciant coram deo.

scheidet sich deshalb erst der Wert der Werke, denn in ihm erweist sich, wie der Mensch bei der Sache ist, wie er mit dem Gesamten seiner Lebenswirklichkeit, auch mit seinen Werken, umgeht. Gerade deshalb erweist sich in ihm Schuld und Heil vor Gott. Das Gewissen macht das Leben des Menschen zu einem Gericht, in dem der Mensch vor der letzten Instanz steht und in Anklage, Verteidigung, Schuld und Vergebung um seine Gerechtigkeit ringt. In diesem Gericht ist Freiheit von allen Gewissensskrupeln nur in der Gewißheit zu erlangen, unser Heil hänge allein von der Gnade dieses Gottes ab, der uns richtet und über uns urteilt.

Nur in dieser forensischen Situation des Gewissens ist es berechtigt, von Freiheit im Sinne der christlichen Freiheit des Menschen vor Gott zu reden. Denn die christliche Freiheit verwirklicht sich nur in der Aneignung durch den Glauben des Zuspruchs des Wortes Gottes, sie geschieht nur in diesem sprachlich vor sich gehenden Geschehen von Wort und Glaube. Das Gewissen, als Ort der Freiheit und der Unfreiheit, ist für Luther nichts anderes als der Ort dieses befreienden Wort- und Glaubensgeschehens. Das Gewissen, als die Bestimmung des Menschen in der Urteilssituation, ist gerade durch dieses Hören und Aufnehmen gesprochenen Wortes geprägt. Dadurch kommt dem Gewissen eine entscheidende Bedeutung zu: es ist nicht bloß im herkömmlichen Sinne die moralische Instanz, sondern der Ort, an dem sich das Menschsein des Menschen überhaupt entscheidet. Hatte die scholastische Tradition – wie auch teilweise die mystische – versucht, das Theologische in einzelnen Seelenpotenzen des Menschen, sei es im Kognitiven, im Affektiven oder im Volitiven, zu orten und so die theologische Veränderung als Veränderung am Menschen darzustellen, versucht Luther das Theologische dort zu orten, wo das Menschsein selbst entschieden wird, und so die Veränderung als Veränderung des Menschen in seiner ganzen Person und in allen seinen Bezügen darzustellen. In diesem Ansatz beim Gewissen kommt ein zentraler Zug von Luthers Erfassung des Eschatologischen zum Ausdruck, denn nur als Gewissen steht für Luther der Mensch wirklich in der eschatologischen Spannung von Freiheit und Unfreiheit. Das zeigt die jetzt noch näher zu betrachtende Spannung von Freiheit und Dienstbarkeit in der christlichen Freiheit.

2.444. Freiheit in der Dienstbarkeit

Wenn wir jetzt kurz noch auf die Schrift »Von der Freiheit eines Christenmenschen« eingehen, kann das nicht mit dem Anspruch geschehen, diese geniale Schrift zu erschöpfen. Wir wollen uns auf die Frage konzentrieren, wie die Bestimmung der Gewissensfreiheit sich auf die konkrete Gestaltung der Freiheit im Leben des Christen auswirkt. Wir beschränken uns deshalb hauptsächlich auf Bemerkungen zum Verhältnis von Freiheit und Dienstbarkeit. Dadurch kommt gewissermaßen doch wieder die ganze Schrift in Betracht, denn sie ist im Gesamtaufbau stark durch diese Zweiheit von Freiheit und Dienstbarkeit geprägt. Schon am Anfang stehen »dysse zween beschluss«:

»Eyn Christen mensch ist eyn freyer herr über alle ding und niemandt unterthan.

Eyn Christen mensch ist eyn dienstpar knecht aller ding und yderman unterthan.«[268]

Luther kommentiert zunächst diese Doppelthese mit einigen Paulus-Zitaten (1. Kor 9,19; Rm 13,8; Gal 4,4[269]), die die Spannung von Freiheit und Dienstbarkeit zur Sprache bringen. Doch dann geht er gleich über, diese Zweiheit auf die doppelte Natur des Menschen hin auszulegen[270]. Er unterscheidet die geistliche und die leibliche Natur, die durch die zwei Gesichtspunkte »nach der seelen« und »nach dem fleysch und blut« bestimmt werden. Dadurch erarbeitet sich Luther eine anthropologische Unterscheidung, mit der er das Ineinander von Freiheit und Dienstbarkeit erörtern und klären kann. Während die Freiheit eher die geistliche Natur betrifft, wird die Dienstbarkeit auf die leibliche bezogen. Diese Unterscheidung charakterisiert Luther näher mit den Bestimmungen ›geistlich-leiblich‹, ›neu-alt‹ und ›innerlich-äußerlich‹. Diese Bestimmungen weisen auf verschiedene Hinsichten der Betrachtung des Menschen hin. Während die erste eher die Konstitution des Menschen betrifft, und die zweite eher eine zeitliche Orientierung aufweist, sieht die dritte den Menschen eigentlich unter dem Gesichtspunkt der Räumlichkeit. Diese drei einander entsprechenden Unterscheidungen enthalten eine eigentümliche Ambivalenz.

Zunächst scheinen sie auf ein neutrales philosophisch-anthropologisches Schema hinauszulaufen. Doch dabei schwingen auch schon eindeutige

---

[268] WA 7; 20,27–21,4. Diese Zweiheit führt zu folgendem Aufbau. Die drei ersten der insgesamt 30 Punkte der Schrift formulieren das Gesamtthema. Darauf folgen ein erster großer Teil (Pkt. 3–18), der sich der Freiheit des inwendigen geistlichen Menschen widmet, und ein zweiter großer Teil (Pkt. 19–29), der sich mit der Dienstbarkeit des äußerlichen Menschen in Hinsicht auf das Verhältnis zum eigenen Leib (Pkt. 20–25) und zu den Mitmenschen (Pkt. 26–29) beschäftigt. Den Abschluß bildet der 30. Punkt, der die Zweiheit noch einmal mit der Unterscheidung von Glaube und Liebe zur Sprache bringt.

[269] Diese letzte Stelle ist auf die Christologie ausgerichtet. Luther versucht mit ihr zu zeigen, daß die Zweiheit von Freiheit und Dienstbarkeit auch Christus selbst charakterisiert. Es ist ohnehin auffällig, wie hier der Bezug zur Christologie betont wird, so etwa schon zu Beginn der Schrift, wo die christliche Freiheit als eine von Christus erworbene und gegebene Freiheit bestimmt wird. 20,25–27: Das wir grundlich mügen erkennen, was eyn Christen mensch sey, und wie es gethan sey umb die freyheyt, die yhm Christus erworben und geben hatt, . . ., will ich setzen dysse zween beschluss . . .

[270] 21,11–17: Disse zwo widderstendige rede der freyheyt und dienstparkeyt zuvornehmen, sollen wir gedencken, das eyn yglich Christen mensch ist zweyerley natur, geystlicher und leyplicher. Nach der seelen wirt er eyn geystlich, new, ynnerlich mensch genennet, nach dem fleysch und blut wirt er eyn leyplich, allt und eusserlich mensch genennet. Und umb disses unterschidiss willen werden von yhm gesagt yn der schrifft, die do stracks widdernander seyn, wie ich itzt gesagt, von der freyheyt und dienstparkeit.

soteriologische Töne mit. Die Unterscheidung des äußeren und des inneren Menschen legt den Akzent auf den inneren Menschen als die entscheidende Dimension. Noch stärker ist die Bestimmung des soteriologischen Gegensatzes im Paar ›geistlich-leiblich‹, denn hier spielt das paulinische Begriffspaar von Fleisch und Geist in seiner Ausrichtung auf gegensätzliche Seinsweisen des Menschen eine nicht unbedeutende Rolle. Völlig soteriologisch geprägt wird der Sinn der Unterscheidung mit den Bestimmungen ›alt-neu‹, denn, obwohl der alte Mensch nicht einfach zerstört wird, ist doch das soteriologische Richtungsgefälle vom alten zum neuen Menschen eindeutig. Diese Ausrichtung auf das Heil überträgt sich auf alle drei Unterscheidungen. So wird die Unterscheidung der zwei Naturen des Menschen zur Frage nach der existentiellen Bestimmung des Menschen als ganzen, zur Frage, ob der Mensch sich in seinem Menschsein von der einen oder von der anderen Natur her versteht. Es wäre aber ein Mißverständnis, daraus zu schließen, daß der innere, der geistliche Mensch im neutralen anthropologischen Sinne als solcher schon der erlöste Mensch wäre, während das Äußere, Leibliche das Heillose wäre, das es abzutöten, zu vermeiden, zu verachten gälte. Vielmehr weist das Richtungsgefälle darauf hin, daß die Entscheidung über den Menschen als ganzen, beide Naturen umfassend, letztlich im Geistlichen, Inneren des Menschen gefällt wird, daß die Frage nach dem Heil letztlich eine geistliche Frage ist, die über Heil und Heillosigkeit, Freiheit und Unfreiheit des totus homo entscheidet. Nicht zwischen dem Äußeren und dem Inneren als solchen entscheidet sich die Erlösung, sondern in der Frage, von welchem Gesichtspunkt her der Mensch sein ganzes, umfassendes Menschsein versteht, vom inneren, geistlichen oder vom äußeren, leiblichen her.

Am eindeutigsten kommt das zum Ausdruck, wenn diese Thematik mit der Unterscheidung von Person und Werk verknüpft wird. Beide Dimensionen gehören unbedingt zur Lebenswirklichkeit des einen Menschen in der Vielfalt ihrer verschiedenen Bezüge. Es stellt sich aber die Grundfrage, von welchem Gesichtspunkt her diese Lebenswirklichkeit empfangen, verstanden und gelebt wird. Äußerlich, leiblich im eigentlichen Sinne, alt wird der Mensch dadurch, daß er die Werke die Person bestimmen läßt und sich bemüht, seiner Person durch die Werke Gerechtigkeit zu verschaffen. Hingegen innerlich, geistlich im eigentlichen Sinne, neu wird der Mensch dadurch, daß er die der Person geschenkte Gerechtigkeit im Glauben empfängt und seine Werke frei und umsonst zur Ehre Gottes vollbringt.

Daran entscheiden sich letztlich Freiheit und Unfreiheit. Das weist noch einmal darauf hin, daß Freiheit und Unfreiheit sich in der Gewißheit des Gewissens entscheiden, die die richtige Beziehung von Person und Werk bestimmt. Hängt die Person in ihrem Heil von den Werken des Menschen ab, so fällt sie der Ungewißheit zum Opfer und wird unfrei. Die christliche Freiheit aber, als Heilsgewißheit, wird in Gottes Verheißungswort

geschenkt und im Glauben in Empfang genommen[271]. Sie ist deshalb nicht
Vermögen, virtus operandi, sondern vielmehr Vollmacht der Person, dem
Menschen durch Christus geschenkte Vollmacht. Das erläutert Luther an
der Lehre von den zwei Ämtern, die Christus innehat und an denen er den
Christenmenschen teilhaben läßt[272]. In dieser Teilhabe an der königlichen
und der priesterlichen Vollmacht gründet die Freiheit des Christenmen-
schen, die dadurch in ihrer unendlichen Relevanz sowohl in bezug auf die
Welt wie auch in bezug auf Gott in kühner Formulierung betont wird.
»Wer mag nun ausdenken die Ehre und Höhe eines Christenmenschen?
Durch sein Königreich ist er aller Dinge mächtig, durch sein Priestertum
ist er Gottes mächtig.«[273]

Doch zeigt sich gerade an Christus, daß die geschenkte Vollmacht der
Freiheit sich erst in der Hingabe des Dienstes verwirklicht. Das ist der
eigentliche Sinn der die Schrift einleitenden Doppelthese. Die Freiheit ist
Freiheit zur Dienstbarkeit. Was in Christus kund wurde, bestimmt unsere
Freiheit im konkreten und alltäglichen Lebensvollzug. Es liegt im Wesen
der Vollmacht, daß sie erst in der selbstlosen Hingabe wirkliche Vollmacht
wird. In diesem Sinne ist der Christenmensch erst dann ein freier Herr über
alle Dinge und niemand untertan, wenn er ein dienstbarer Knecht aller
Dinge und jedermann untertan ist. Diese tiefe Einheit von Freiheit und
Dienstbarkeit, die uns von Christus erworben und gegeben worden ist,
bestimmt unsere Freiheit in der eschatologischen Spannung des irdischen
Lebens. Unsere Freiheit wäre nicht Freiheit in der Dienstbarkeit, bedürfte
der Werke der Liebe nicht, wenn wir ganz geistlich und innerlich geworden wären. Doch dies geschieht nicht bis an den Jüngsten Tag. »Es ist und
bleibt auf Erden ein Anheben und Zunehmen, welches wird in jener Welt
vollbracht.«[274] Luther bezieht diese Aussage auf die Erstlingsgabe des
Geistes (Rm 8,23). Unser irdisches Leben steht unter dem Zeichen des
Geistlichen und des Leiblichen, des Innerlichen und des Äußerlichen, des

---

[271] Diese Konzentration der Freiheit auf Wort und Glaube bildet die Thematik der ersten
Punkte des ersten großen, sich mit der Freiheit des innerlichen Menschen beschäftigenden
Teils der Schrift (vgl. WA 7; 21–26).

[272] Die Darstellung der zwei Ämter Christi und der Christen bildet das Thema der zweiten
Hälfte des ersten Teils (vgl. WA 7; 26–29).

[273] 28,13–16. Nicht kraft des freien Willens, sondern kraft der im Glauben empfangenen
Vollmacht ist der Christ Gottes mächtig. Man würde, verstünde man diese Vollmacht als
Vermögen, schwerwiegende Mißverständnisse hervorrufen.

[274] Diese Überlegungen zur eschatologischen Spannung stehen am Übergang vom ersten
zum zweiten Teil der Schrift. 29,35–30,7: Hie wollen wir antworten allen denen, die sich
ergern auss den vorigen reden und pflegen zusprechen ›Ey so denn der glaub alle ding ist und
gilt allein gnugsam frum zumachen, Warumb sein denn die gutten werck gepotten? so wollen
wir gutter ding sein und nichts thun‹. Neyn, lieber mensch, nicht also. Es wer wol also, wen
du allein ein ynnerlich mensch werist, und gantz geystlich und ynnerlich worden, wilchs nit
geschicht biss am Jüngsten tag. Es ist und bleybt auff erden nur ein anheben und zu nehmen,
wilchs wirt in yhener welt volnbracht. Daher heysset der Apostell primitias spiritus, das sein
die ersten frücht des geysts, . . .

Neuen und des Alten zugleich und kennt deshalb nur die Freiheit in dieser eschatologischen Spannung, die Freiheit in der Dienstbarkeit. Die Vollendung der totalen, von aller Dienstbarkeit befreiten Freiheit ist der Endzeit vorenthalten. Gerade deshalb gilt es, nicht etwa diese absolute Freiheit schon auf Erden teilweise und unvollkommen anzustreben, sondern vielmehr bis ins äußerste die Widersprüche und Spannungen der Freiheit in der Dienstbarkeit auszutragen. Die Erstlingsgabe des Geistes schenkt diese Freiheit für die Widersprüche und Spannungen des konkreten, irdischen Lebens. Dies allein ist die wahre eschatologische Freiheit.

Die Freiheit des Christenmenschen ist Freiheit für die Dienstbarkeit, gerade weil sie um die Willensunfreiheit weiß. Damit verbinden sich die zwei Aspekte auf eigentümliche Weise: der Streit um die Willensfreiheit und die Bestimmung der Freiheit in der Dienstbarkeit. Was die Dienstbarkeit meint, ist nicht einfach mit dem servum arbitrium gleichzusetzen. Doch sind beide Dimensionen eng miteinander verknüpft, durch die christliche Freiheit als Freiheit des Gewissens verknüpft. Wird die Freiheit als Willensfreiheit verstanden, so steht das Vollbringen von Werken der Liebe ganz im Zeichen der Vervollkommnung des Menschen zum Heil. Dadurch geschehen die Werke nicht in der Dienstbarkeit. Erst wenn das Gewissen in aller Gewißheit das Heil Gott allein anvertraut und auf jede Willensfreiheit verzichtet, wird es frei dafür, die Werke der Liebe als Dienst aufzufassen und sie gerade deshalb in aller Freiheit zu tun. Diese dialektische Beziehung von Freiheit und Unfreiheit ist konstitutiv für die Freiheit des Christenmenschen.

Das greift Luther am Schluß der Schrift noch einmal mit der Unterscheidung von Glaube und Liebe auf[275]. Durch diese Unterscheidung verknüpft Luther Freiheit und Dienstbarkeit mit der radikalen Externität, die die Situation des Menschen in Glauben und Liebe bestimmt. Der Christenmensch lebt nicht in sich selbst, er wird immer außerhalb seiner selbst versetzt. Dieses extra se gilt in zweierlei Hinsicht: durch den Glauben lebt er in Christus oder, wie Luther auch sagen kann, in Gott und durch die Liebe in seinem Nächsten. So vollzieht sich sein Leben als Leben in den Externrelationen, als Bewegung über sich hin zu Gott und unter sich hin zum Nächsten. In dieser doppelten Bewegung kommt die Vollmacht der Freiheit zum Ausdruck, die ihren letzten Grund im Glauben hat, sich deshalb aber nicht von der Liebe abwendet, sondern gerade deshalb sich ihr vielmehr mit Leib und Seele hingibt. Hier kündigt sich der Primat des Glaubens gegenüber der Liebe an, der sich bei Luther darin äußert, daß der Christenmensch, auch wenn er sich in der Liebe dem Nächsten zuwendet, doch immer in Gott und göttlicher Liebe bleibt. Das ist der Vorrang der

---

[275] 38,6–10: Aus dem allenn folget der beschluss, das eyn Christen mensch lebt nit ynn yhm selb, sondern ynn Christo und seynem nehstenn, ynn Christo durch den glauben, ym nehsten durch die liebe: durch den glauben feret er uber sich yn gott, auss gott feret er widder unter sich durch die liebe, und bleybt doch ymmer ynn gott und gottlicher liebe.

Freiheit, der überhaupt erst ermöglicht, daß sie Freiheit zur Dienstbarkeit sein kann. »Sihe das ist die rechte, geystliche, Christliche freyheyt, die das hertz frey macht von allen sundenn, gesetzen und gepotten, wilch alle andere freyheyt ubirtrifft, wie der hymell die erdenn, Wilch geb uns gott recht zuvorstehen und behaltenn.«[276]

2.45. *Deus absconditus*

Die theologia crucis wäre nicht *theologia* crucis, wenn sie sich nicht auf die Theologie im engeren Sinne, d. h. auf die Gotteslehre auswirken würde. Es geschieht tatsächlich von der Kreuzestheologie her so etwas wie eine »Revolution im Gottesbegriff«[277]. Diesem Umdenken in Hinsicht auf die Gotteslehre gilt es jetzt etwas genauer nachzugehen. Im großen und ganzen geschieht es bei Luther in der Unterscheidung zwischen dem verborgenen und dem offenbaren Gott. Man hätte erwarten können, daß das Umdenken innerhalb der klassischen Gestalt der Gotteslehre, in der Trinitätslehre vollzogen wird[278]. Obschon Luther sich auch mit der Trinitätslehre – in den späteren Jahren eigentlich immer mehr – beschäftigt, ist sie doch nicht ein besonders privilegierter Ort seiner Gotteslehre, die sich im Wesentlichen vielmehr auf die erwähnte Unterscheidung konzentriert. Es ist deshalb auch nicht ohne weiteres möglich, die Unterscheidung von Deus absconditus und Deus revelatus unmittelbar auf die klassische Gotteslehre zu übertragen. Von dieser Schwierigkeit zeugt schon die auffallende Tatsache, daß die Unterscheidung in der altprotestantischen Dogmatik keinen Eingang in die Gotteslehre gefunden hat. Das Problem läßt sich auf jeden Fall nicht so lösen, daß die Lehre vom verborgenen Gott mit der

---

[276] 38,12–15.

[277] Diese Formel steht bei *J. Moltmann, Der gekreuzigte Gott,* 9 (s. o. 1.34.). Man wird gegen Moltmanns Gedanken jedoch sagen müssen: für Luther ist es eben die durch die Kreuzestheologie vollzogene Revolution im Gottesbegriff, daß die Gotteslehre nicht über die Grenzen der Heilslehre hinausgeht, sondern ganz und gar als Heilslehre zu entfalten ist. Wie das noch zu zeigen ist, gilt dieser Grundsatz cum grano salis gerade auch für das Verständnis des Deus absconditus.

[278] Auf eine solche trinitarische Reflexion zielt die Kreuzestheologie bei Moltmann ab, und zwar in kritischer Distanznahme gegenüber dem Gedanken des verborgenen Gottes und seinen »Paradoxien«, wie auch gegenüber der Zweinaturenlehre. Es gilt sogar – teilweise im Gefolge K. Barths – mit einer differenzierten trinitarischen Deutung des Kreuzesgeschehens die Unterscheidung von Deus revelatus und Deus absconditus zu vermeiden (vgl. *Der gekreuzigte Gott,* 188). Für Moltmann geht es darum, das Kreuzesgeschehen als Trinitätsprozeß, als trinitarische Gottesgeschichte zu interpretieren. Zu diesen Themen vgl. besonders *J. Moltmann, Der gekreuzigte Gott,* 222–236. 243–245; *ders., Der »gekreuzigte Gott«.* Neuzeitliche Gottesfrage und trinitarische Gottesgeschichte, Concilium, 8, 1972, 407–413; *ders., Die Verwandlung des Leidens.* Der dreieinige Gott und das Kreuz, Evangelische Kommentare, 5, 1972, 713–717 (derselbe Text unter dem Titel »Der gekreuzigte Gott und der apathische Mensch« in: Das Experiment Hoffnung. Einführungen, 1974, 93–111); *ders., Die trinitarische Geschichte Gottes,* in: *ders.,* Zukunft der Schöpfung. Gesammelte Aufsätze, 1977, 89–104.

klassischen Lehre vom Deus unus, seinem Wesen und seinen Eigenschaften verknüpft und die Lehre vom offenbaren Gott in der Entfaltung der göttlichen Trinität aufgespürt würde. Das liefe der eigentlichen Intention der Unterscheidung – wie übrigens auch der Intention der klassischen Gotteslehre – zuwider. Die Unterscheidung dient nicht einfach als Schema für die Einteilung der loci im ordo docendi der Dogmatik. Sie ist nicht an der separaten Gotteslehre orientiert, sondern an dem auf die Situation der Anfechtung bezogenen Gottesverhältnis des Menschen, das das Thema der gesamten Dogmatik überhaupt bildet. Problematisch wäre ebenfalls in der erwähnten Zuteilung der dabei aufkommende Eindruck, als hätte die Trinitätslehre mit dem Deus absconditus nichts mehr zu tun. Man wird vielmehr von einer Trinitätslehre, die vom Kreuzesgeschehen her denkt, verlangen müssen, daß sie sich mit der Unterscheidung zwischen dem verborgenen und dem offenbaren Gott auseinandersetzt und sie als grundlegende Dimension der Gotteslehre aufnimmt. In diesem Sinne wird man den Rückgriff Moltmanns auf die Trinität in seiner Kreuzestheologie kritisch prüfen müssen.

Wir versuchen zunächst, Luthers Darstellung des Deus absconditus im Verhältnis zum Deus revelatus genauer zu betrachten. Wir beschränken uns auf einige für unsere Arbeit wichtige Aspekte[279].

2.451. Der im Kreuz verborgene Gott

Wir hatten oben schon verschiedentlich Gelegenheit zu bemerken, daß die Dimension der Verborgenheit in Luthers Kreuzestheologie eine ganz wesentliche Rolle spielt. Der Kreuzestheologe redet vom gekreuzigten und verborgenen Gott. Gott ist in Kreuz und Leiden verborgen, und deshalb ist es weder genügend noch nützlich, Gott in seiner Herrlichkeit und Majestät zu erkennen, wenn er nicht in der Demut und in der Schmach des Kreuzes erkannt wird. Luther wird es nicht müde, diese Thematik immer wieder aufzunehmen und immer neu zu formulieren. Damit ist die paradoxale Struktur der Kreuzestheologie eng verknüpft, denn mit »theologischen Paradoxen« – wie Luther sagt – muß die Verborgenheit ausgesagt werden, in der Gottes Kraft in Schwachheit, seine Weisheit in Torheit, sein Gottsein in Menschsein verhüllt werden.

Das ist also zunächst ganz zentral der Deus absconditus: der im Kreuz verborgene Gott. Diese Verborgenheit muß jedoch noch etwas genauer

---

[279] Zum folgenden vgl. *P. Bühler,* Die Anfechtung bei Luther, 1942; *H. Bandt,* Luthers Lehre vom verborgenen Gott, 1958; *G. Ebeling,* Luther, 259–279 (Kap. XIV: Verborgener und offenbarer Gott); *ders.,* Existenz zwischen Gott und Gott. Ein Beitrag zur Frage nach der Existenz Gottes, in: WG II, 257–286, bes. 257–261. 279–286; *E. Jüngel,* Quae supra nos, nihil ad nos. Eine Kurzformel der Lehre vom verborgenen Gott – im Anschluß an Luther interpretiert, EvTh 32, 1972, 197–240. Wir konzentrieren uns hier hauptsächlich, nebst Rückverweisen auf schon behandelte Texte, auf einige Texte aus De servo arbitrio (1525).

bestimmt werden, denn sie steht in einem spannungsvollen Verhältnis zur *Erkenntnis* Gottes im Kreuz. In der Tat, so hat es Luther knapp und klar in der Heidelberger Disputation formuliert: Ergo in Christo crucifixo est vera Theologia et cognitio Dei[280]. Der im Kreuz verborgene Gott ist also zugleich im Kreuz offenbar und kann in ihm erkannt werden. Im Kreuz verknüpfen sich deshalb Verborgenheit und Offenbarung aufs engste. Dadurch ist nicht bloß ein reiner Widerspruch gesetzt. Als solcher Widerspruch muß es zwar erscheinen, solange ein unmittelbares, natürliches Verständnis von Verborgenheit und Offenbarung vorausgesetzt wird, wonach die Offenbarung auf die Verborgenheit folgt, sie ablöst und ihr ein Ende macht. Das wäre aber nur eine vereinfachende Verzeichnung des eigentlichen Sachverhalts, denn die Offenbarung hebt die Verborgenheit nicht einfach auf. Das Zugleich von Verborgenheit und Offenbarung im Kreuz darf aber auch nicht als »halbe Sache« verstanden werden, in der Gott teils verborgen teils offenbar, halb verborgen halb offenbar wäre.

Die Verknüpfung von Verborgenheit und Offenbarung im gekreuzigten Gott ist viel enger. Die Offenbarung läßt erst die Verborgenheit wirklich als Verborgenheit erscheinen. Sie hebt die Verborgenheit nicht auf, setzt sie vielmehr in Kraft, offenbart sie als Verborgenheit. Ähnlich gilt aber, daß die Verborgenheit die Offenbarung nicht verschleiert und verdunkelt, sondern sie erst Offenbarung sein läßt, lichtspendende Offenbarung. Im Licht dieser Offenbarung wird der Mensch in seiner Verborgenheit sich selbst offenbar. In dieser Ausrichtung auf die Selbsterkenntnis des Menschen gründet das notwendige Ineinander von Verborgenheit und Offenbarung in der Offenbarung Gottes. Deshalb ist Gott nur als Verborgener offenbar. Auch wenn die Offenbarung im Kreuzesgeschehen begründet ist, wäre sie dennoch, wenn sie nicht die Dimension der Verborgenheit aufnähme, eine theologia gloriae, die die Selbsterkenntnis des Menschen in ihrer Radikalität überspielen würde.

Es lohnt sich, einige Kennzeichen dieser engen Beziehung von Verborgenheit und Offenbarung genauer zu betrachten. Das soll anhand eines kurzen, prägnanten Textes geschehen, der diese Beziehung zwar ohne direkten Bezug auf das Kreuzesgeschehen beschreibt, dessen Hauptmomente jedoch klar erkennen läßt[281]. Dieser Text steht in *De servo arbitrio* im Abschnitt, in dem Luther seinem Gegner zu erkennen gibt, welche Gründe ihn dazu bewegen, der Lehre vom unfreien Willen ein so großes Gewicht beizulegen. Dafür weist er auf zwei Gründe hin: einerseits auf die Demütigung unseres Stolzes und die Erkenntnis der göttlichen Gnade, anderseits auf den christlichen Glauben selbst[282]. Wir verbleiben jetzt bei diesem zweiten Grund.

---

[280] WA 1; 362,18 f.

[281] WA 18; 633,7–23.

[282] 632,27–29: Duae res exigunt talia praedicari. Prima est humiliatio nostrae superbiae et cognitio gratiae Dei, altera ipsa fides Christiana.

»Der andere Grund ist, daß der Glaube es mit Dingen zu tun hat, die man nicht sieht. Damit also Raum da sei für den Glauben, muß alles, was geglaubt wird, verborgen werden; es wird aber nicht tiefer verborgen als unter gegensätzlichem Anblick, Empfinden, Erfahren.«[283] Mit diesen ersten Sätzen sind schon wichtige Hinweise gegeben. Es geht zunächst vornehmlich um den Glauben, dessen Wesen Luther wie schon öfters mit Hebr 11,1 bestimmt. Die Offenbarung Gottes führt nicht dazu, daß ich ihn mit der Vernunft verstehen kann, daß er mir einfach allgemein einsichtig wird. Paradoxerweise hat es die Offenbarung gerade auf den Glauben abgesehen, der mit Dingen zu tun hat, die man nicht sieht. Deshalb hat sie mit Verborgenheit zu tun. »Wenn ich mit der Vernunft verstehen könnte . . ., wäre der Glaube nicht mehr nötig.«[284] Doch geht es gerade um den summus gradus, um die höchste Stufe des Glaubens[285]. Diesen Glauben im höchsten Sinne gilt es einzuschärfen. Die Unmöglichkeit eines vernünftigen Verstehens schafft Raum für die Einübung des Glaubens[286]. Auf ein solches Einüben des Glaubens kommt es letztlich im engen Verhältnis von Offenbarung und Verborgenheit an. Die fides ist und bleibt exercenda fides.

Diesem einzuübenden Glauben wird nur wirklich Raum gegeben, wenn das Geglaubte verborgen wird, und zwar remotius verborgen, was für Luther nur sub contrario geschehen kann, unter gegensätzlichem Anblick, Empfinden, Erfahren. Dieses Moment des Gegensatzes bestimmt wesenhaft die absconditas des im Kreuz verborgenen Gottes. Gott ist nicht einfach verborgen, er ist absconditus sub contrario, unter dem Gegenteil dessen, was sich menschliche Empfindung und Erfahrung als göttlich vorstellt. Dieser Gegensatz prägt den Glauben selbst, denn dieser hat teil an der Verborgenheit des Gottes, an den er glaubt. Deshalb steht er in einem spannungsgeladenen Verhältnis zu unmittelbarem Anblick, Empfinden und Erfahren. Man wird daraus nicht einfach schließen können, daß der Glaube in seinem summus gradus überhaupt nichts mit der Erfahrung zu tun habe, daß er von ihr zu trennen sei. Letztlich entbrennt zwar ein Konflikt zwischen dem Glauben und der Erfahrung. Doch bedeutet das Austragen dieses Konfliktes gerade die höchste und intensivste Beschäftigung mit der Erfahrung[287]. Denn erst indem ich mich mit der Erfahrung

---

[283] 633,7–9 (Übersetzung nach *G. Ebeling*, Luther, 272 f): Altera est, quod fides est rerum non apparentium. Ut ergo fidei locus sit, opus est, ut omnia quae creduntur, abscondantur. Non autem remotius absconduntur, quam sub contrario obiectu, sensu, experientia.

[284] 633,19–21: Si igitur possem ulla ratione comprehendere, . . . non esset opus fide.

[285] Vgl. 633,15: Hic est fidei summus gradus, . . .

[286] 633,21–23: Nunc cum id comprehendi non potest, fit locus exercendae fidei, dum talia praedicantur et invulgantur, non aliter, quam dum Deus occidit, fides vitae in morte exercetur.

[287] *G. Ebeling*, Einführung in theologische Sprachlehre, 1971, 264: »Selbst wenn es gilt, gegen alle Erfahrung zu glauben, bedeutet dies eine eminent erfahrungsbezogene Weise, das Leben auf sich zu nehmen und zu bestehen.«

auseinandersetze, auf sie eingehe und ihr standhalte, kann ich auch das
Gegensätzliche erfassen, das sich unter ihr verbirgt. Der Glaube sondert
sich nicht vom menschlichen Anblick, Empfinden und Erfahren ab, er
sammelt aber auch nicht Erfahrungen und ruht nicht auf ihnen wie auf
einsichtigen praeambula fidei. Er ringt der Erfahrung das göttliche
Geheimnis ab, das sie verbirgt. Diese Auseinandersetzung gehört so eng
zum Glauben, daß sie in das offenbarende Kreuzesgeschehen selbst hineingenommen wird. Damit ist aber zugleich betont, daß der Glaube seinen
Gott nie anders als im Glauben haben kann. So führt die intensive Erfah-
rungsbezogenheit, wie wir sie beschrieben haben, paradoxerweise gerade
zur Einschärfung des sola fide, das dem Deus revelatus als dem Deus
absconditus sub contrario entspricht.

Nun muß aber ein weiterer Aspekt berücksichtigt werden, der das
Wesen des Glaubens erhellt. Um die Verborgenheit sub contrario zu
beschreiben, entfaltet Luther die paradoxe Struktur des Handelns Gottes
am Menschen: »So, wenn Gott lebendig macht, tut er dies dadurch, daß er
tötet; wenn er rechtfertigt, tut er dies dadurch, daß er schuldig macht;
wenn er zum Himmel emporhebt, tut er es dadurch, daß er zur Hölle
führt ... So verbirgt er seine ewige Güte und Barmherzigkeit unter
ewigem Zorn, seine Gerechtigkeit unter Ungerechtigkeit.«[288] Es wird also
nicht ein Gottesgedanke, eine Gottesvorstellung gedacht. Für ein solches
Denken würde die Verborgenheit höchstens noch als Grenzbegriff fungieren. Es geht im Glauben vielmehr darum, empfangend das Handeln Gottes
an sich selbst zu erfahren. Dadurch verändert sich die Perspektive radikal:
die Bedeutung der Verborgenheit wird erst richtig erfaßt, wenn mit der
Passivität des Glaubens Ernst gemacht wird. Das Denken ist vornehmlich
aktiv und ist insofern auf ein Tun ausgerichtet, für das das Gedachte zum
Motiv, zum Grund oder zum Ziel wird. Deshalb gerade sind das Denken
und das Tun darauf aus, die Verborgenheit möglichst auszuschalten. Im
Glauben hingegen werden die Spannungen und Gegensätze, Widersprüche, denen der Mensch in seinem Leben ausgesetzt ist, ernstgenommen,
und zwar werden sie so ernstgenommen, daß sie auf die eine Grunderfahrung des Menschen hin interpretiert werden, die Erfahrung des Menschen
im Widerspruch. Anders gesagt: die Erfahrung des Menschen als Sünders.
Das ist der letzte Grund der Verborgenheit sub contrario: das Handeln
Gottes muß dem Menschen im Widerspruch widersprechen, damit es ihn
wieder in Einklang mit sich selbst bringen kann; es muß sich mit seiner
Sünde auseinandersetzen, damit es ihn von ihrer Herrschaft befreien kann.
Eine Offenbarung, die die Verborgenheit unter dem Gegenteil preisgeben
würde, würde die Sünde des Menschen ignorieren und überspielen und

---

[288] 633,9–15 (Übersetzung nach *G. Ebeling*, Luther, 273): Sic Deus dum vivificat, facit illud
occidendo; dum iustificat, facit illud reos faciendo; dum in coelum vehit, facit id ad infernum
ducendo, . . . Sic aeternam suam clementiam et misericordiam abscondit sub aeterna ira,
Iustitiam sub iniquitate.

wäre deshalb theologia gloriae. Die Kreuzestheologie weiß um den Sünder als den Adressaten des Handelns Gottes und weiß deshalb, daß allein die Verborgenheit sub contrario die Sünde ernst nimmt und insofern dem Sünder ermöglicht, nicht in der Sünde zu verharren – indem er sogar Gottes Offenbarung sündhaft mißbrauchen würde –, sondern den Glauben zu finden. Gegen den unmittelbaren Zugriff der Sünde richtet sich der Deus absconditus sub contrario an den Glauben, der allein unter dem Töten des Lebendigmachens, unter dem Schuldigmachen der Rechtfertigung, unter dem ewigen Zorn der ewigen Barmherzigkeit, unter der Ungerechtigkeit der Gerechtigkeit gewiß sein kann.

2.452. Der in der Majestät verborgene Gott

Der Deus absconditus sub contrario ist der offenbare Gott. Er ist der ins Fleisch gekommene, menschgewordene Gott, und insofern als der erniedrigte der in Kreuz und Leiden verborgene Gott. Hier sind Offenbarung und Verborgenheit im Kreuzesgeschehen aufs engste verbunden. Der Glaube an diesen gekreuzigten Gott steht nun aber nicht mit seinem Gottesbezug für sich da, von allen anderen Bezügen abgesondert. Er vollzieht sich vielmehr in der Welt und geht deshalb in diesem konkreten Vollzug auf die vielen Erscheinungen der Welt ein. Damit verknüpft sich eine neue Dimension der Gottesfrage. Der Glaube muß den Gottesbezug angesichts der Welterfahrung verantworten, er muß Gott mit der Welt und allen ihren Erscheinungen in Beziehung setzen. Das hat ein Verständnis Gottes zur Folge, das nun aufs schärfste dem des gekreuzigten Gottes widerspricht. Es ist nun nicht mehr der in seiner Ohnmacht am Kreuz anstößig menschliche Gott, sondern der allmächtige Gott, der hinter allem steht, was in der Welt geschieht, ausnahmslos hinter allem und gerade hinter dem Grausamen und dem Verheerenden, hinter allen Übeln und Katastrophen. Das schenkt dem verborgenen Gott grausame, furchterregende Züge. Zwar kann auch Schönes in dieser Erfahrung des verborgenen Gottes beinhaltet sein, etwa eine schöne Fügung, eine wundersame Errettung, eine unerhoffte Wiedergutmachung. Das steht jedoch alles zum Entsetzlichen und Sinnlosen in einem ungeheuerlichen Kontrast, der den Eindruck der Grausamkeit eher noch verschärft.

Dieser andere Aspekt der Verborgenheit Gottes ist nicht etwa eine Gottesvorstellung, die, weil mit dem im Kreuz offenbaren Gott nicht vereinbar, falsch wäre und die man deswegen zugunsten des Deus revelatus verwerfen müßte. Für Luther gilt vielmehr, daß dieser grausame Deus absconditus eindeutig als eine Dimension der Wirklichkeitserfahrung gegeben ist. Dieser Erfahrung gegenüber darf der Glaube an den Gekreuzigten nicht etwa die Augen schließen, sondern muß sie vielmehr – gerade im Namen des Gekreuzigten – offen halten. Diesen Aspekt der Wirklichkeitserfahrung versucht Luther gegen Ende der Schrift *De servo arbitrio* mit

dem cursus mundi aufzuweisen[289]. Sich sowohl auf die Sprichwörter als
auch auf die Philosophen und Schriftsteller beziehend betont er die Erfah-
rungsbezogenheit dieses Problems. Daran seien die großen Geister gescheitert und dazu geführt worden, Gott zu leugnen und alles dem Zufall
zuzusprechen[290]. Die Erfahrung ist folgende: »Siehe, Gott lenkt diese
leibliche Welt in äußeren Dingen so, daß man, wenn man auf das Urteil der
menschlichen Vernunft sieht und ihm folgt, gezwungen ist zu sagen:
Entweder gibt es keinen Gott oder Gott ist ungerecht . . .«[291] Wer den
Glauben an die allmächtige Lenkung der Welt durch Gott mit der Erfahrung des Laufes der äußeren Dinge der Welt konfrontiert und dabei das
Urteil der Vernunft nicht scheut, der muß zu dieser letzten, ungeheuren
Alternative kommen. Dem kann keine Vernunft, kein Licht der Natur
widerstehen. Durch diese Alternative nimmt das verborgene Angesicht
Gottes die Züge einer satanischen Maske an, die ihn als einen zornigen,
grausamen Gott zeigt. Er, der Allmächtige, läßt der Welt ihren Lauf, als ob
kein Gott wäre. Er zieht sich in die Abwesenheit zurück, was ihn erst recht
schrecklich sein läßt, denn diese Abwesenheit ist ja nur die allmächtige
Anwesenheit Gottes unter der Form der Abwesenheit. Wenn es einen Gott
gibt, dann ist er als Abwesender in der Welt anwesend und deshalb
unbegreiflich, ungerecht, unmenschlich in seiner Zurückgezogenheit und
Unerreichbarkeit.

Waren im Kreuz der Deus absconditus und der Deus revelatus aufs
engste identisch, treten sie nun aufs schärfste auseinander, denn dem im
Kreuz verborgenen und als solchen offenbaren Gott steht nun ein in
geheimnisvoller Majestät verborgener Gott gegenüber. Diese Doppeldimension führt bei Luther nicht etwa zu einer Zwei-Götter-Lehre, weder
so, daß man zwei miteinander streitende Götter annehmen würde, noch so,
daß man im zeitlichen Nacheinander den einen den anderen ablösen ließe.
Für Luther handelt es sich um den einen und selben Gott unter verschiedenen Gesichtern, und die Doppeldimension führt deshalb in Hinsicht auf
den einen Gott zu einer Unterscheidung zwischen dem verborgenen und
dem offenbaren Gott. Nur in dieser unaufhebbaren, unüberholbaren
Unterscheidung ist Gott richtig zu verstehen. Das betont Luther gegen die
für ihn eiskalte, christuslose und geistlose epikureisch gefärbte Auffassung
des Erasmus, die nur einen wesenhaft barmherzigen Gott kennt, von dem

---

[289] Für das Folgende 784,35 ff.

[290] 785,4–6: At ita fert cursus mundi. Hic etiam summa ingenia eo lapsa sunt, ut Deum esse
negent, et fortunam omnia temere versare fingant, . . . Vgl. dazu die verschiedenen Hinweise
auf die Epicurei und Plinius (785,6), Aristoteles (785,7–9), die Propheten (785,9 f), Demosthe-
nes und Cicero (785,11 f). In 785,1 verweist Luther auf die Sprichwörter und betont den
Bezug zur Erfahrung durch die Formel »und die Erfahrung, Mutter der Sprichwörter«.

[291] 784,36–39 (Übersetzung nach G. *Ebeling*, Luther, 265): Ecce sic Deus administrat
mundum istum corporalem in rebus externis, ut si rationis humanae iudicium spectes et
sequaris, cogaris dicere, aut nullum esse Deum, aut iniquum esse Deum, . . .

man die Vergebung selbstverständlich erwarten kann[292]. Das Problem des in der Majestät verborgenen Gottes muß ernstgenommen werden, denn ein Gott, der nicht die Zukunft im voraus weiß und durch die Ereignisse getäuscht wird, der nicht alles kann und macht, was geschieht, ist ein lächerlicher Gott, ein Deus ridiculus[293]. Die Unterscheidung muß also vollzogen werden, der satanische Deus absconditus muß wahrgenommen werden, damit der gekreuzigte Gott nicht zu einem Deus ridiculus wird.

Auf diese Unterscheidung kommt Luther im Versuch einer angemessenen Auslegung von Ez 33,11 zu sprechen[294]. Es geht darum, die Aussage des Textes, nämlich daß Gott nicht den Tod des Sünders will, sondern vielmehr, daß er sich bekehre und lebe, mit dem Gedanken der doppelten Prädestination in Einklang zu bringen. Wie kann Gott das Leben des Sünders wollen und doch zugleich unter den Menschen die einen zum ewigen Heil und die anderen zum ewigen Verderben vorherbestimmen? Wie kann man zugleich von seiner grenzenlosen Barmherzigkeit und von seinem ewigen Rat sprechen, mit dem er von allem Anfang an die Erretteten und die Verlorenen erwählt hat? Diese Spannung erfaßt Luther mit Hilfe der Unterscheidung zwischen »der verkündigten und dargebotenen Barmherzigkeit Gottes« und »dem verborgenen und furchtbaren Willen Gottes«, der nach seinem Rat bestimmt, welche Menschen er diese verkündigte und dargebotene Barmherzigkeit aufnehmen und an ihr teilhaben lassen will[295]. Aufgrund dieser Unterscheidung sieht er in der Ezechiel-Stelle »eine evangelische Stimme und den süßesten Trost für die elenden Sünder«[296]. Als solcher Trost gilt aber dieser Text nur für den gepredigten Gott: dieser beklagt den Tod, den er vorfindet und von dem er befreien will, damit wir, frei von Sünde und Tod, erlöst seien. »Der in der Majestät verborgene Gott hingegen beklagt nicht den Tod, noch tilgt er ihn aus, sondern er wirkt das Leben, den Tod und alles in allem.«[297] Dieser

---

[292] Vgl. 611,1 ff, wo Luther die Meinung des Erasmus kennzeichnet. Vor allem 4 f: Item nemini desperandam esse veniam a Deo natura clementissimo. Haec verba tua, sine Christo, sine spiritu, ipsa glacie frigidiora, . . . Zum Vorwurf des Epikureismus vgl. 605,27–30.

[293] 718,17–20: . . . videlicet quod ridiculus ille Deus fuerit aut idolum verius, qui incerto praevideat futura aut fallatur eventis, cum et gentiles Diis suis fatum dederint ineluctabile. Aeque ridiculus fuerit, si non omnia possit et faciat aut aliquid sine ipso fiat.

[294] Für das Folgende WA 18; 682,26 ff, bes. 684,32–686,13. Luther spricht zwar von Ez 18,23, einer Stelle, die dieselbe Thematik zur Sprache bringt. Dem Wortlaut nach handelt es sich aber eher um Ez 33,11. Aspekte beider Stellen werden hier zugleich behandelt.

[295] 684,32–37: Caeterum, Cur alii lege tanguntur, alii non tanguntur, ut illi suscipiant et hi contemnant gratiam oblatam, alia quaestio est, nec hoc loco tractatur ab Ezechiele, qui de praedicata et oblata misericordia Dei loquitur, non de occulta illa et metuenda voluntate Dei ordinantis suo consilio, quos et quales praedicatae et oblatae misericordiae capaces et participes esse velit.

[296] 683,11: Vox Euangelica et dulcissimum solatium est miseris peccatoribus . . . Vgl. zur weiteren Beschreibung dieses evangelischen Sinnes 683,37 ff.

[297] Vgl. 685,18–24: Deus pius . . . deplorat mortem quam invenit in populo et amovere studet. Hoc enim agit Deus praedicatus, ut ablato peccato et morte salvi simus . . . Caeterum

Unterschied hängt damit zusammen, daß der in der Majestät verborgene Gott sich nicht durch sein Wort festgelegt, definiert hat, sondern sich die Freiheit über alles gewahrt hat. Wie wir sehen, spielt also das Wort in der Unterscheidung eine zentrale Rolle. Der offenbare Gott ist indutus et proditus verbo suo[298]. Durch das Wort ist die voluntas des offenbaren Gottes nobis praedicata, revelata, oblata, culta, während der verborgene Gott non praedicatus, non revelatus, non oblatus, non cultus ist[299]. Deshalb kann Luther ganz einfach vom offenbaren Gott als dem Deus praedicatus sprechen, und noch mehr, er kann die Unterscheidung von Deus praedicatus und Deus absconditus sogar als Unterscheidung zwischen Gottes Wort und Gott selbst explizieren[300]. »Gott macht vieles, das er uns durch sein Wort nicht zeigt. Er will auch vieles, ohne durch sein Wort zu zeigen, daß er es will.«

Diese Spannung zwischen Gott selbst und seinem Wort gilt es radikal ernst zu nehmen. Das versucht Luther, sich auf 2. Thess 2,4 beziehend, dadurch, daß er sie mit der Figur des Antichrists zum Ausdruck bringt. Dieser »kann sich zwar über den gepredigten und angebeteten Gott erheben, also über das Wort und die Anbetung, durch die Gott uns offenbar wird und mit uns umgeht, aber über den weder angebeteten noch verkündigten Gott, wie er in seiner Natur und Majestät ist, kann sich nichts erheben, sondern alles ist seiner mächtigen Hand unterworfen«[301]. Hier finden wir wieder die schon oben beobachtete Beziehung des verborgenen Gottes zum Teuflischen, Satanischen. Wenn auch der offenbare Gott dem Antichrist unterworfen ist, so ist doch dieser dem majestätischen Gott unterworfen. Dessen mächtige Hand lenkt ihn in all seinem Treiben, so daß er zu einer bloßen Maske wird, hinter der sich Gott in sua natura et maiestate verhüllt und so selbst satanisch, teuflisch wirkt. Unter dieser Maske scheint der grausame majestätische Gott nicht einmal davor zurückzuschrecken, gegen das Werk des gepredigten Gottes zu kämpfen. Auch hier, in dieser radikalen Spannung, darf man nicht auf eine Zwei-Götter-

---

Deus absconditus in maiestate neque deplorat neque tollit mortem, sed operatur vitam, mortem et omnia in omnibus. Neque enim tum verbo suo definivit sese, sed liberum sese reservavit super omnia.

[298] 685,16.

[299] 685,3–5: Aliter de Deo vel voluntate Dei nobis praedicata, revelata, oblata, culta, Et aliter de Deo non praedicato, non revelato, non oblato, non culto disputandum est.

[300] 685,25–28: Illudit autem sese Diatribe ignorantia sua, dum nihil distinguit inter Deum praedicatum et absconditum, hoc est, inter verbum Dei et Deum ipsum. Multa facit Deus, quae verbo suo non ostendit nobis. Multa quoque vult, quae verbo suo non ostendit sese velle.

[301] 685,8–14: . . . Paulum sequor, qui ad Thessalonicenses de Antichristo scribit, . . ., manifeste significans, aliquem posse extolli supra Deum, quatenus est praedicatus et cultus, id est, supra verbum et cultum quo Deus nobis cognitus est et nobiscum habet commercium, sed supra Deum non cultum nec praedicatum, ut est in sua natura et maiestate, nihil potest extolli, sed omnia sunt sub potenti manu eius.

Lehre schließen. Es geht nur um den einen einzigen Gott, wie das schon die Unterscheidung zwischen dem verbum Dei und dem Deus ipse klar zeigt.

Damit nun aber das Ganze nicht zu einem völlig unverständlichen Widerspruch in Gott selbst führt, muß noch schärfer auf die existentielle Verankerung der Frage geachtet werden. Dafür enthält unser Text wichtige Hinweise. Alles, was den Deus absconditus in maiestate betrifft, bildet das secretum longe reverendissimum maiestatis divinae, das Gott allein reserviert und uns verboten ist[302]. Deshalb gilt: Relinquendus est igitur Deus in maiestate et natura sua[303]. Denn so haben wir mit ihm nichts zu tun, und er hat es von uns nicht gewollt, daß wir so mit ihm zu tun haben. Hingegen haben wir es mit Gott zu tun, quatenus indutus et proditus est verbo suo. Insofern er sich aber verbirgt und von uns nicht erkannt werden will, geht er uns nichts an. »Denn hier gilt dies fürwahr: was über uns ist, geht uns nichts an.«[304] Dieses Sprichwort weist hin auf das existentielle Gefälle der Unterscheidung zwischen dem Deus absconditus und dem Deus revelatus: weg vom Deus absconditus zum Deus revelatus. Von dem in der Majestät verborgenen Gott müssen wir uns abwenden, um uns dem im Kreuz verborgenen Gott zuzuwenden, denn in ihm, im Deus incarnatus, im Ihesus crucifixus liegen alle Schätze der Weisheit und der Erkenntnis verborgen[305]. In diesem Gefälle erweist sich die Unterscheidung als theologia crucis.

Doch auch hier ist die theologia crucis stets im Vollzug. Anders gesagt: das Gefälle, der Weg vom verborgenen zum offenbaren, fleischgewordenen Gott bestimmt zutiefst die Existenz des Christenmenschen. Seine Existenz ist stets »Existenz zwischen Gott und Gott«[306]. Will man noch stärker das Gefälle, die Bewegung berücksichtigen und sagen: »Existenz von Gott zu Gott«, so muß man betonen, daß diese Bewegung nicht ein für allemal zu bewältigen, nicht überwindbar ist, sondern immer wieder

---

[302] 684,37–40 (anschl. an Zitat in Anm. 295): Quae voluntas (sc. des verborgenen Gottes) non requirenda, sed cum reverentia adoranda est, ut secretum longe reverendissimum maiestatis divinae soli sibi reservatum ac nobis prohibitum, multo religiosius quam infinitae multitudinis specus Coricii.

[303] 685,14 f: Relinquendus est igitur Deus in maiestate et natura sua, sic enim nihil nos cum illo habemus agere, nec sic voluit a nobis agi cum eo. In einem solchen Suchen des Deus absconditus in maiestate war für Luther die mystisch spekulative Theologie des Areopagiten verfangen, und das hat er ihr zum Hauptvorwurf gemacht. Vgl. *K.-H. zur Mühlen,* Nos extra nos, 66.

[304] 685,5–7: Quatenus igitur Deus sese abscondit et ignorari a nobis vult, nihil ad nos. Hic enim vere valet illud: Quae supra nos, nihil ad nos. Zum Traditionshintergrund dieses Sprichwortes und zu seinem Gebrauch bei Luther, s. *E. Jüngel* aaO (s. o. Anm. 279).

[305] Vgl. 689,22–24. Vgl. ähnlich *E. Jüngel* aaO 222: »Indem der Mensch sich dem offenbaren Gott zuwendet, respektiert er das secretum longe reverendissimum maiestatis divinae. Er verehrt es, indem er es ihm selber überläßt. Kurz: *nur indem der Mensch sich dem offenbaren Gott zuwendet, verehrt er den verborgenen Gott.* Das Geheimnis des verborgenen Gottes respektiert der Mensch also, indem er es sich *nichts* angehen läßt. So und nicht anders.«

[306] Vgl. *G. Ebeling,* WG II, 257–286 (s. o. Anm. 279).

vollzogen werden muß. Denn strenggenommen suche ich bei keinem anderen als beim zornigen und grausamen Gott Zuflucht. Es ist der eine und selbe Gott, dem ich sozusagen die satanische Maske abreißen, seine Barmherzigkeit abringen muß. Gegen Gott, gegen seinen Zorn und sein Teufelswerk, glaube ich an Gott, an seine Gnade und Barmherzigkeit[307]. Die Lehre vom verborgenen Gott entfaltet nicht nur eine Grenzvorstellung, die »die Definitivität der Offenbarung Gottes zur Geltung bringen« soll, sondern hat ihre tiefen Wurzeln in der Wirklichkeitserfahrung des Menschen[308]. Angesichts der seine Existenz bestimmenden Wirklichkeit glaubt der Mensch immer wieder gegen Gott an Gott. Das weist hin auf den Sitz-im-Leben der Gotteslehre.

---

[307] In einem der Schrift De servo arbitrio zeitlich nahe stehenden Text, in der 1526 geschriebenen Auslegung des Propheten Jona, und zwar in der Auslegung seines Gebets im Bauch des Fisches, hat Luther auf eindrückliche Weise diese Existenz zwischen Gott und Gott beschrieben. WA 19; 222,30–33. 222,34–223,3. 223,12–16: Kurtz umb, der natur alleyne odder eynem gottlosen ists unmüglich widder solche last sich auffrichten und gleich den Gott selber anruffen, der da zornet und strafft, und zu keynem andern lauffen . . . Die natur ist viel mehr geschickt, das sie fliehe fur Gott, wenn er zurnet odder strafft, schweyge denn, das sie sich solte zu yhm wenden und yhn anruffen, und sucht ymer anders wo hulffe und wil dieses gotts nicht und kan yhn nicht leyden . . . Es kan natur nicht anders thun noch sich schicken, denn wie sie fulet. Nu sie aber Gotts zorn und straffe fulet, helt sie nicht anders von Gott denn als von eym zornigen tyrannen, kan sich nicht uber solchen zorn schwingen odder uber solch fulen springen und durch hyn widder Gott zu Gott dringen und ruffen. Vgl. auch o. S. 150 Anm. 69 (Op. in Ps., 1519–21) die Formel deum contra deum vicens, die den am Jabbok kämpfenden Jakob umschreibt.

[308] Das muß kritisch gegen *E. Jüngel* aaO (s.o. Anm. 279) betont werden. Jüngel befürchtet, daß der Deus absconditus als »eine die Offenbarung Gottes problematisierende Instanz aufgefaßt« werden könnte (aaO 219), daß der Unterscheidung von Deus praedicatus und Deus absconditus die Funktion zugesprochen werden könnte, »die Verborgenheit Gottes und die Offenbarung Gottes in ein dialektisches Gleichgewicht zu bringen oder gar die Offenbarung Gottes durch die Erinnerung an den verborgenen Gott als immer wieder problematisierbar aufzuweisen« (aaO 220). Dagegen will er mit der Kurzformel »Quae supra nos, nihil ad nos« eine Unterscheidung prägen, von der pointiert gilt: »die viel strapazierte Unterscheidung soll nicht die Undefinierbarkeit Gottes, sondern die Definitivität der Offenbarung Gottes zur Geltung bringen« (aaO 220). Im Einverständnis mit Jüngel kann man das Gefälle der Unterscheidung zum offenbaren Gott hin klar betonen. Doch muß dieses Gefälle radikal als existentielles Gefälle ernstgenommen werden, das denkerisch nicht zu bewältigen, sondern höchstens zu umschreiben ist. Deshalb kann die Lehre vom verborgenen Gott *als Lehre* das Gefälle nicht sicherstellen. Sie kann aber *als Lehre* auch nicht die Offenbarung Gottes problematisieren. Der Grund dieser letzten These ist nun aber anders als bei Jüngel zu bestimmen: er liegt darin, daß die Offenbarung Gottes immer schon problematisiert ist. Dazu bedarf es keiner »Erinnerung an den verborgenen Gott«. Die Offenbarung ist immer schon problematisiert, und zwar in der Wirklichkeitserfahrung des Menschen, die ihn immer wieder mit dem verborgenen Gott konfrontiert. Mit dieser im eigentlichen Sinne problematischen Erfahrung muß sich der Glaube auseinandersetzen und das Gefälle zum offenbaren Gott befreit ihn nicht von dieser Auseinandersetzung, sondern befreit ihn dazu. Die Lehre vom verborgenen Gott wird angesichts der definitiven Offenbarung Gottes über diese problematisierende Erfahrung denkerisch Rechenschaft ablegen müssen. In dieser Hinsicht wird man sich vor einem allzu selbstverständlichen »Quae supra nos, nihil ad nos« hüten müssen. Dieses Dictum wendet sich im Grunde genommen *immer wieder* an den Menschen, der sich *immer*

2.453. Glaube und Anfechtung als Sitz-im-Leben der Gotteslehre

Was uns zunächst als ein unüberwindlicher Widerspruch erschien: einerseits der im Kreuz verborgene und so offenbare Gott, anderseits der in der Majestät verborgene Gott, wird zu einer zwar spannungsvollen, aber doch auf einen gemeinsamen Nenner zu bringenden Unterscheidung, sobald man auf die existentielle Verankerung achtet. In den zwei Dimensionen des verborgenen Gottes kommt ein doppelter Hinweis darauf zum Ausdruck, daß das Verhältnis des Menschen zu Gott ausschließlich im Glauben besteht. So ist im Grunde genommen die gesamte Lehre des Deus absconditus ein doppelter Aufruf zum Glauben. Währenddem die Unterscheidung des majestätischen und des fleischgewordenen Gottes den Menschen im Horizont der weitesten und tiefsten Wirklichkeitserfahrung auf den Glauben als Verhältnis zum offenbaren Gott hinführen will, wiederholt sich gewissermaßen der Aufruf zum Glauben noch einmal innerhalb dieses Verhältnisses selbst durch die Verborgenheit des offenbaren Gottes sub contrario. Damit verbindet sich das Ganze zu dem einen grundlegenden Geheimnis, mit dem der Glaube allein umgehen kann: das Geheimnis Gottes in Jesus Christus, das Geheimnis, das darin besteht, daß der allmächtige Gott, der Himmel und Erde regiert und hinter allem steht, sich im ohnmächtigen Menschen Jesus offenbart, der mit vollmächtigem Gehorsam den leidensschweren Weg von der Krippe zum Kreuz ging. Dieses paradoxale Geheimnis wird in der Offenbarung nicht etwa aufgelöst, sondern vielmehr erst recht als Geheimnis offenbar. Wäre hier kein secretum mehr, so wäre kein Raum für den Glauben mehr. Wird die Verborgenheit Gottes preisgegeben, wird auch ipso facto der Glaube preisgegeben. Das ist die Verankerung der Gotteslehre in der Lebenserfahrung des Menschen. Das heißt aber, daß der Sitz-im-Leben der Gotteslehre in der Auseinandersetzung des Glaubens mit der Anfechtung liegt. Denn wahren, lebendigen Glauben gibt es nur als stets angefochtenen Glauben. Diese enge Beziehung kann man nur wirklich erfassen, wenn man die Dimension der Gewissensgewißheit im Glauben radikal ernst nimmt. Versteht man den Glauben als eingegossene theologische Tugend im scholastischen Sinne, so wird es schwierig sein, der Anfechtung ihr volles Gewicht zukommen zu lassen. Wenn hingegen der Glaube als Heilsgewißheit des Gewissens bestimmt wird, kann die Relevanz der Anfechtung für den Glauben betont werden, denn Gewißheit ist nur Gewißheit, wenn sie weder selbstsicher zur über alle Anfechtung erhabenen securitas neigt noch

---

schon das, was über ihm ist, etwas angehen ließ. »So und nicht anders« (s.o. Anm. 305) ist es zu gebrauchen. Das »immer wieder« und das »immer schon« bringen eine Spannung zur Sprache, die eigentlich nichts anderes ist als die Spannung des simul iustus et peccator. Diese Spannung führt unmittelbar zur Dimension der Anfechtung, die in Jüngels Darstellung der Lehre vom verborgenen Gott – eigentlich charakteristischerweise – nie direkt ausführlich thematisiert wird.

zur ungewissen, an jeder Anfechtung scheiternden desperatio. Die Auseinandersetzung des Glaubens mit der Anfechtung weist ihn in die Nachfolge
des menschgewordenen Gottes, denn dieser war »der angefochtene Christus«[309]. Das gilt ganz besonders für den gekreuzigten Christus. Er erlitt
die Anfechtung der Gottverlassenheit, der bedrohenden Anwesenheit des
abwesenden Gottes. In diesem Sinne gehört die Anfechtung als zentrale
Dimension zur theologia crucis.

Wir haben oben schon verschiedene Aspekte der Anfechtung unter dem
Gesichtspunkt der Hoffnung dargestellt[310]. Wir konzentrieren uns jetzt auf
den Bezug zum Thema des verborgenen Gottes. Verschiedentlich wurde
schon auf die satanischen Züge des verborgenen Gottes hingewiesen. Das
zeigt an, daß der verborgene Gott mit der Anfechtung zu tun hat, daß er
mit der Anfechtung zum Glauben anhält. Das kann Luther mit dem
Gedanken explizieren, daß Gott uns versucht. So geschieht das zum
Beispiel an einer Stelle, in der er gegen Erasmus den usus theologicus legis
betont[311]. Erasmus geht von der selbstverständlichen Annahme aus, daß
Gott vom Menschen nicht etwas fordern kann, das er gar nicht tun kann,
und daß deshalb der Mensch die Fähigkeit hat, Gottes Gebote zu erfüllen.
Das war schon in der scholastischen Theologie eine stark umstrittene
Frage, inwiefern Gott vom Menschen unmögliche Dinge fordern könne.
Luther weist hier aber in eine ganz andere Richtung, indem er die Aufmerksamkeit stark auf die Selbsterkenntnis des Menschen im Gesetz richtet. Es geht also nicht um das Aufweisen einer annehmbaren Entsprechung
zwischen Gottes Forderung und des Menschen Vermögen, sondern vielmehr gerade darum, mit dem Unvermögen des Menschen, die absoluten
Forderungen Gottes zu erfüllen, Ernst zu machen. Es geht im Ganzen um
die Erkenntnis unserer Ohnmacht. Luther zieht einen Vergleich mit den
Eltern, die ihren Kindern das Angewiesensein auf die elterliche Hilfe durch
das Aufweisen ihres Unvermögens offenbaren wollen, und mit dem Arzt,
der den mißtrauischen Kranken seine Krankheit erfahren läßt, indem er
ihm etwas Unmögliches oder Schädliches verschreibt, das ihn zur Erkenntnis zwingt[312]. Schließlich weist er hin auf die bewährte Weise, Freunde
oder Feinde mit beleidigenden und provozierenden Worten auf die Probe
zu stellen, um zu sehen, was sie können und was nicht[313]. Handelt nun
Gott mit uns wie der Vater mit seinen Kindern, wie der Arzt mit dem
Kranken, stellt er uns als Freunde oder Feinde auf die Probe, so werden wir
nicht daraus schließen dürfen, daß wir all das, was er verlangt, auch frei
machen können, daß er sich sonst nur über uns lustig macht. »Warum

---

[309] Zur Anfechtung in dieser christologischen Hinsicht, vgl. *E. Vogelsang,* Der angefochtene Christus bei Luther, AKG 21, 1929.
[310] Vgl. o. 2.41., bes. S. 146–151.
[311] Zum Folgenden WA 18; 673,34–674,12.
[312] Vgl. 673,21–26.
[313] 673,26–28.

nicht eher folgenden Schluß ziehen: also versucht uns Gott, damit er uns durch das Gesetz zur Erkenntnis unserer Ohnmacht führt, wenn wir Freunde sind, oder aber, und zwar mit Recht, uns beleidigt und über uns lacht, wenn wir hochmütige Feinde sind?«[314]

Es zeigt sich also in aller Klarheit, daß der verborgene Gott in allen seinen Erscheinungen der anfechtende Gott ist. Deus tentat nos: darin liegt letztlich der Grund für die Wucht und Tiefe der Auseinandersetzung zwischen dem Glauben und der Anfechtung. Gott, der den Glauben, die Heilsgewißheit schenkt, ist auch der Urheber der Anfechtung. Das Anfechtende ist nicht etwa eine dunkle, fremde, namenlose Macht, sondern ist mit dem Namen Gottes anzurufen. Darin findet gerade auch die Überwindung der Anfechtung statt: indem ich zum anfechtenden Gott rufe, zu keinem anderen als zu ihm, ihn bei seinem Namen nenne, in ihm gegen die anfechtende Erfahrung des Zornes, der Verborgenheit, der Grausamkeit, des Anstoßes den gnädigen Gott erkenne[315]. So allein, in der Auseinandersetzung mit der Anfechtung, kann ich den Glauben, die fides exercenda einüben.

In dieser Betonung der Anfechtung trifft sich Luther viel stärker mit der mystischen Tradition als mit der scholastischen. Zwar spielt auch in dieser die tribulatio eine nicht unwichtige Rolle. Das habituale Verständnis der theologischen Tugenden hat jedoch zur Folge, daß sie eher in Verbindung mit dem Thema der merita betrachtet wird. Das haben wir bei der Behandlung des Begriffs der Hoffnung beobachten können. In dieser Verknüpfung mit dem Meritorischen kommt zum Ausdruck, daß die scholastische Theologie das Problem der Gewissensgewißheit nicht scharf erfaßt und sich am Leitfaden der aktualen Verwirklichung des Menschen orientiert. Was Luther hingegen mit der Mystik, vornehmlich der deutschen Mystik verbindet und ihn in gewissen ihrer Vertreter Gesinnungsgenossen sehen läßt, ist die Akzentuierung der Passivität des Menschen und des verborgenen Handelns Gottes in der Anfechtung. Zwar bestehen auch hier klare Unterschiede, die berücksichtigt werden müssen.

---

[314] 673,34–674,1: Si nunc Deus velut pater nobiscum velut filiis suis agat, ut ignaris nobis ostendat nostram impotentiam, vel ut medicus fidelis nobis nostrum morbum notum faciat, vel ut hostibus suis superbe resistentibus suo consilio insultet et legibus propositis (. . .) dicat: fac, audi, serva, vel: si audieris, si volueris, si feceris, Nunquid hinc proba consequentia inferetur: ergo nos possumus libere, aut Deus nos irridet? Cur non id potius sequitur: Ergo Deus nos tentat, ut per legem nos ad cognitionem nostrae impotentiae perducat, si amici sumus, vel tum vere et merito insultet ac irrideat, si hostes superbi sumus? Haec enim est caussa legislationis divinae, ut Paulus docet.

[315] Daß die Anfechtung schon im Rufen überwunden ist, zeigt Luther etwa am Beispiel des Gebets des Propheten Jona im Fisch. WA 19; 223,16 f (im Anschluß an das Zitat in Anm. 307): Drumb da Jona so ferne komen ist, das er rieff, da hatte er gewonnen. Vgl. auch 222,9 f. 15–17: Die erste (sc. die erste Lehre des Textes), das man ja fur allen dingen balde zu Gott laufe und schreye ynn der not zu yhm und klages yhm . . . Kanstu ruffen und schreyen, so hats freylich keyne not mehr. Denn auch die helle nicht helle were noch helle bliebe, wo man drynnen rieffe und schrye zu Gott.

Es ist zunächst auffallend, daß die Verborgenheit sub contrario des Handelns Gottes der Mystik bekannt und für sie wichtig ist. Das zeigt sich etwa an der Vorstellung der antiperistasis spiritualis bei Gerson oder an der resignatio ad infernum bei Tauler[316]. Die antiperistasis läßt Gott im Gegensatz zum menschlichen Glücksstreben erscheinen. In dieser Anfechtung soll die superbia bekämpft und die humilitas aufgerichtet werden[317]. Dadurch wird für Gerson die Liebe zu Gott bewährt, was zur geistlichen Vervollkommnung des Menschen in der meritoria humilitas führt. Es zeigt sich hier, daß Gersons Mystik auch nicht ganz frei vom Gedanken des Meritorischen ist. Das hängt damit zusammen, daß sie sich ganz auf den amor exstaticus als die höchste Möglichkeit des Menschen ausrichtet. An dieser Stelle hat Luther hingegen charakteristischerweise die fides betont[318]. Das hat wichtige Folgen für die Beurteilung der Anfechtung[319]. Die antiperistasis spiritualis hat zum Ziel, durch das Abstreifen aller äußerlichen Bestimmungen die innere wesenhafte Dimension freizulegen, in der die mystische unio mit Gott vollzogen werden kann. Diese als homogeneitas verstandene Union beruht auf einer anthropologischen Kraft, die mit Gott in einem wesenhaften, substantialen Bezug steht, auf der syntheresis, die in der Anfechtung erst recht entdeckt wird.

Ähnlich ist es bei Tauler mit der resignatio ad infernum. Im Abstreifen alles Äußerlichen geht der Mensch auf sein »gemuete«, seinen Seelengrund zurück, der der vorkreatürliche Zustand des Menschen in seiner wesenhaften Einheit mit Gott ist und in dem sich die »weselich union« mit Gott verwirklichen kann, in dem Gott geboren werden kann. In beiden Vorstellungen ist es das letzte Ziel der Anfechtung, den Menschen auf diese in ihm liegenden soteriologischen Hilfsmittel zurückzuführen, mit denen er die wesenhafte Vereinigung mit Gott vollziehen kann[320]. Diese Betonung der soteriologischen Qualität der menschlichen Natur in ihrem innersten Wesen macht es unmöglich, die Passivität des Menschen, seine reine Empfänglichkeit angemessen zu erfassen. Deshalb hat sich Luther hier mit der Konzentration auf den Glauben von der Mystik abgesetzt. Nicht durch

---

[316] Für die Beschreibung und Beurteilung dieser mystischen Vorstellungen vgl. *K.-H. zur Mühlen,* Nos extra nos, 111 ff. Vgl. auch für Luthers Verhältnis zu Tauler aaO 95 ff.

[317] In auffallender Ähnlichkeit hatte Luther seinen ersten Grund für das Reden vom servum arbitrium mit den Worten humiliatio nostrae superbiae et cognitio gratiae Dei (s. o. Anm. 282) charakterisiert.

[318] So auffallend ähnlich mit Gersons Gedanken der erste Grund ist, den Luther für die Lehre des unfreien Willens entfaltet, so auffallend neu ist doch der zweite in seiner Konzentration auf den Glauben: ipsa fides Christiana (s.o. Anm. 282).

[319] Für das Folgende, vgl. die wichtige Studie von *St. E. Ozment,* Homo spiritualis (s. o. 2.3. Anm. 7).

[320] Diese Orientierung an den »soteriological resources« in der Natur und im Handeln des Menschen ist für St. E. Ozment das Hauptcharakteristikum der Mystik Gersons und Taulers und bildet den Punkt, an dem Luther sich mit ihnen explizit oder implizit auseinandersetzt. So auch *K.-H. zur Mühlen,* Nos extra nos, 97.

die syntheresis oder durch den Seelengrund wird der homo spiritualis bestimmt, sondern durch die fides[321].

Diese fides ist das Angewiesensein auf ein Heil, das außerhalb des Menschen liegt und das von außen her empfangen wird. Deshalb weist bei Luther die Anfechtung nicht auf das wesenhafte Innere des Menschen hin, sondern auf das radikal externe Heil, das ihm im Glauben zuteil wird. Deshalb auch liegt das ganze Gewicht in der Anfechtung, wie das der besprochene Text aus *De servo arbitrio* zeigt, auf der cognitio nostrae impotentiae[322]. Die Anfechtung versetzt uns außerhalb unser selbst, weil sie das Fehlen jeglicher soteriologischen Möglichkeiten unserer Natur und unseres Handelns aufweist[323]. Diese Ohnmacht in soteriologischer Hinsicht gilt es experientia certa zu erkennen[324].

Dieser grundlegende Unterschied bringt weitere Unterschiede mit sich. Die mystische Betonung der soteriologischen Qualität des menschlichen Wesens hat zur Folge, daß weder die Anfechtung noch die Verborgenheit Gottes radikal erfaßt werden. Die antiperistasis führt zu einer mystischen Kontemplation, in der alle Gegensätze überwunden sind[325]. Die Anfechtung öffnet den Weg zu einer substantialen Vereinigung mit Gott, in der die anscheinend unwesentlichen Merkmale des geschichtlichen Gottes und des irdischen Menschen aufgehoben werden[326]. Das heißt aber, daß die Verborgenheit Gottes und die in ihr begründete Anfechtung nur eine Stufe, ein Moment sind auf dem Weg zur mystischen Vereinigung mit Gott, in der sie dann aufgehoben werden. Die Beziehung zwischen der Anfechtung und der Heilserfahrung ist deshalb im wesentlichen durch das zeitliche Nacheinander gekennzeichnet. Bei Luther hingegen steht der Mensch zugleich im Glauben und in der Anfechtung, denn die Glaubensgewißheit

---

[321] *Ozment* aaO 215: »As a statement expressing the exclusive location of *all* soteriological resources outside man, ›homo spiritualis nititur fide‹ is the very antithesis of Tauler's concern to promote the *Seelengrund* and Gerson's concern to enhauce the soteriological possibilities of the *syntheresis.* «

[322] WA 18; 673,40–42 (s. o. Anm. 314). Das wird bei Luther noch durch den Verweis auf die blinde Natur des Menschen unterstrichen. 674,1–4: Caeca est enim natura humana, ut nesciat suas ipsius vires seu morbos potius. Deinde superba videtur sibi nosse et posse omnia. Cui superbiae et ignorantiae nullo Deus remedio praesentiori mederi potest quam proposita lege sua.

[323] *Ozment* aaO 205 (zu Luthers Einstellung): »The very reverse is the case: the total absence of soteriological resources in the nature and activity of man is made manifest.«

[324] Vgl. 674,12.

[325] *Ozment* aaO 212: »Gerson had spoken of strength through an ›antiperistasis spiritualis‹. But for him this ›antiperistasis‹ strengthens precisely because it drives one to the ›safe place of contemplation‹, i.e. to a region where opposition can be escaped.«

[326] *Ozment* aaO 46 (zu Tauler): . . . »a still higher union with God: absorption in the being of God, in which all unlikeness and likeness between divine and human spirit are transcended. At this level, God's *potentia ordinata,* and that means not only all historical aids, including the passion of Christ, the Word of God, and the sacraments, but also the *historicity of man,* is suspended. The significance of human life, for Tauler, lies ultimately in its becoming divine life. Historical man is an organ *en route* to his a-historical Origin: the being of God.«

ist nur dann wirklich Glaubensgewißheit, wenn sie immer wieder die Anfechtung der Ungewißheit und des Zweifels überwinden muß. In dieser Hinsicht vollzieht sich die Auseinandersetzung im konkreten Leben des Glaubenden, in dem nicht etwa die Geschichtlichkeit aufgehoben wird, das vielmehr zu einer einzigen Lebensgeschichte wird.

Diese Simultaneität von Anfechtung und Glaube beruht auf der Tatsache, daß die Vereinigung mit Gott, die für Luther im Glauben geschieht, den radikalen Unterschied zwischen Gott und Mensch nicht überwinden kann, daß die Vereinigung im Glauben nur unter der Form der radikalen Unterscheidung zwischen Gott und Mensch möglich ist[327]. Dieses Anerkennen der Ungleichheit mit Gott, der Opposition gegen ihn, ist die Erkenntnis der Sünde, die Luther auch in unserem Text gegen den Traum der Diatribe eines homo integer et sanus einschärft[328]. Die Vereinigung durch den Glauben steht unter dem eschatologischen Zeichen des simul iustus et peccator. In mystischer Sprache: die Gleichförmigkeit mit Gott ist zugleich die Ungleichförmigkeit mit Gott[329].

2.46. Das Reich Gottes und das Reich der Welt

Mit diesem letzten Aspekt, den wir jetzt in Hinsicht auf die »theologia crucis im Vollzug« in Betracht ziehen wollen, verbinden sich besondere Schwierigkeiten. Diese seien zunächst kurz in einigen einleitenden Gedanken reflektiert.

2.461. Bauernkrieg und Schwärmer

Die Thematik der Zweireichelehre Luthers ist mit einer Fülle von historischen und systematischen Problemen befrachtet, die jetzt in der uns gebotenen Kürze nicht alle berücksichtigt werden können[330]. Unter den

---

[327] *Ozment* aaO 215: ». . . while the latter (sc. Tauler and Gerson) consider man's union with God in this life to be the attainment of maximum similitude with God, Luther understands man's union with God to be *simultaneously* the full recognition of man's unlikeness and opposition to God. He who recognizes and acknowledges his unlikeness and opposition to God is the one who is conformed and united with Him, and vice versa, and *simul.*«

[328] 674,6–12: Diatribe somniat hominem esse integrum et sanum, qualis est aspectu humano in rebus suis, . . . Scriptura autem definit hominem esse corruptum et captum, tum superbe contemnentem et ignorantem suae corruptionis et captivitatis, ideo illis verbis ipsum vellit et suscitat, ut agnoscat vel experientia certa, quam nihil horum possit.

[329] *Ozment* aaO 214: »And by the same faith in which the righteousness of God lives in us, sin also lives in us: conformity with God is simultaneously disconformity with God. Two ›forms‹ and two ›plans‹, two forms and plans which are diametrically opposed, coexist simultaneously: *simul iustus et peccator.*«

[330] Die beste Übersicht über die wichtigsten Problemaspekte liefert wohl folgender Sammelband: Reich Gottes und Welt. Die Lehre Luthers von den zwei Reichen, hg. von *H.-H. Schrey,* WdF CVII, 1969. Dieser Sammelband gibt auf S. 557–566 eine ausführliche Bibliogra-

vielen möglichen Betrachtungsperspektiven wählen wir ganz bewußt die, die unserer Fragestellung entspricht: wir fragen nach der Bedeutung der Kreuzestheologie für die Unterscheidung zwischen den zwei Reichen. Doch auch dieses Thema könnte man noch allgemeiner behandeln. Die Zweireichelehre steht ja in einem komplexen, vielschichtigen Verhältnis sowohl zu Augustins Unterscheidung der zwei civitates in der Weltgeschichte als auch zur mittelalterlich-katholischen Unterscheidung der zwei potestates in der Christenheit. So könnte man Luthers Denken ausführlich auf dem Hintergrund dieser Tradition darstellen[331].

Wir wollen uns aber in unserer Darstellung auf den Augenblick konzentrieren, in dem Luthers Zweireichelehre am härtesten auf die Probe gestellt wurde, auf den Bauernkrieg. Dadurch sind wir mit der Schwierigkeit konfrontiert, einem Komplex von sich überstürzenden und verworrenen, schwer zu überprüfenden Ereignissen gegenüberzustehen, der eine Fülle von historischen Problemen aufgibt[332]. Hier wie sonst an keinem Ort in solch intensiver Art ist Luthers Arbeit in geschichtliche Ereignisse verwikkelt. Wir werden uns zwar auf »Luthers Haltung im Bauernkrieg«[333], genauer: auf Luthers theologische Reflexion und Einstellung im Bauern-

---

phie zu diesem Thema. Das Unterfangen einer Bibliographie ist nicht leicht, denn die Literatur zur Zweireichelehre ist kaum überblickbar. Zu den sozialethischen und politischen Implikationen: Luther und die Obrigkeit. Hg. von G. *Wolf*, WdF LXXXV, 1972.

[331] Das versucht etwa U. *Duchrow*, Christenheit und Weltverantwortung. Traditionsgeschichte und systematische Struktur der Zweireichelehre, 1970. Eine historisch-systematische Gesamtdarstellung von Luthers Zweireichelehre liefert auch in konzentrierter Form G. *Ebeling*, Leitsätze zur Zweireichelehre, WG III, 574–592 (zum Traditionshintergrund vgl. vor allem 577–580). Zur Zweireichelehre auch G. *Ebeling*, Die Notwendigkeit der Lehre von den zwei Reichen, WG I, 407–428; *ders.*, Luther, 198–238 (Kap. XI. Reich Christi und Reich der Welt; Kap. XII. Christperson und Weltperson).

[332] Auch zum Thema des Bauernkrieges ist es schwierig, die Literatur zu überblicken. Immer noch grundlegend: G. *Franz*, Der deutsche Bauernkrieg, (1933) 1975[10], mit Aktenband, (1935) 1968[2]. Vgl. jetzt auch einzelne Aufsätze in: *ders.*, Persönlichkeit und Geschichte. Aufsäze und Vorträge. Hg. von O. *Hauser*, 1977 (vor allem S. 51–149). Vgl. auch: Bauernkriegs-Studien, hg. von B. *Moeller*, Schriften des Vereins für Reformationsgeschichte, 189 (Jahrg. 82, 2 und 83), 1975. Durch die vielen und vielfältigen Arbeiten zur marxistischen Interpretation des Bauernkrieges ist die Forschung kaum erleichtert, sondern eher zusätzlich belastet worden. Die Probleme, die zunächst Fr. *Engels* (Der deutsche Bauernkrieg [1850–1875], Berlin [1946] 1974[11]), doch dann auch E. *Bloch* mit seinem Buch über Müntzer (s. u. Anm. 345), und anderseits auch die »offizielle« marxistische Interpretation, wie sie etwa bei W. W. *Smirin* vorliegt (Die Volksreformation des Thomas Müntzer und der große Bauernkrieg, Berlin 1956[2]), gestellt haben, prägen stark die Forschungen der letzten Jahre. Das zeigt sich z. B. an folgenden Sammelbänden sowohl in positiver Übernahme der Ansätze als auch in kritischer Auseinandersetzung mit ihnen: Der deutsche Bauernkrieg und Thomas Müntzer. In Verbindung mit S. *Hoyer*, E. *Ullmann* und H. *Wermes* hg. von M. *Steinmetz*, Leipzig 1976; Der Deutsche Bauernkrieg 1524–1526. Hg. von H.-U. *Wehler*, Geschichte und Gesellschaft. Zeitschrift für Histor. Sozialwissenschaft, Sonderheft 1, 1975.

[333] Das ist der Titel der Studie, die P. Althaus zu diesem Thema geschrieben hat: P. *Althaus*, Luthers Haltung im Bauernkrieg, (1952) 1971[4]. Vgl. auch dazu: W. *Elliger*, Luthers politisches Denken und Handeln, 1952.

krieg konzentrieren. Doch kann das nur so geschehen, daß die Ereignisse selbst den Horizont bilden, in dem Luthers Aussagen interpretiert werden. Im besonderen wird man auf das achten müssen, was P. Althaus »das eigentlich Tragische an Luthers Eingreifen im Bauernkrieg« nennt: »die leidige Frist zwischen Niederschrift und Erscheinen im Druck ließ sein für die jeweilige Stunde bestimmtes, allein aus ihr verständliches Wort jedesmal erst dann an die Öffentlichkeit kommen, wenn der reißende Lauf der Ereignisse es längst überholt hatte!«[334]

Das läßt sich ganz eindeutig bei den zwei mitten in den Ereignissen verfaßten Schriften beobachten. Die »Ermahnung zum Frieden auf die zwölf Artikel der Bauernschaft in Schwaben«[335] wurde in der Zeit (2. Hälfte April) geschrieben, in der eine friedliche Lösung noch möglich schien und Luther noch versuchen wollte, mit allen möglichen Mitteln den Krieg zu verhindern. Doch sie erschien erst, als die Bauern schon auf jedes friedliche Vorgehen verzichtet hatten und in verschiedenen Gegenden schon von Rauben und Plündereien in Schlössern und Klöstern begleitete Kampfzüge veranstalteten (Anfang Mai). Diesem kriegerischen Treiben der Bauern gegenüber wirkten die Fürsten unentschlossen und ängstlich und schienen unfähig zu sein, die Lage in den Griff zu bekommen. Diese neue Situation veranlaßte Luther, die Bauernbewegung viel schärfer zu verurteilen und die Fürsten zum Kampf zu ermutigen. Das geschah in der kleinen, harten Schrift »Wider die räuberischen und mörderischen Rotten der Bauern«[336], die er nicht allein erscheinen ließ, sondern zusammen mit der »Ermahnung zum Frieden« in den Druck gab[337]. Diese Schrift unterlag noch stärker der historischen Bedingtheit der sich überstürzenden Ereignisse, denn sie erschien erst, als die Fürsten bereits die Oberhand zurückgewonnen hatten, und wurde nun zum Vorwand, die Rache an den Bauern in ein grausames Blutbad zu steigern. Das führte zu heftigen Kritiken an Luther. Aus zeitlicher Distanz (Ende Juni–Anfang Juli) nahm dieser dann noch einmal zu den Ereignissen und vornehmlich zu seinem »harten Büchlein« Stellung und versuchte, die theologischen Einsichten darzustellen, die seine Haltung begründeten und die ihn veranlaßten, diese weiterhin trotz aller Kritik zu verantworten. »Ein Sendbrief von dem harten Büch-

---

[334] AaO (s. o. Anm. 333) 55. Diese Tragik hatte schon *Joh. Brenz* in seiner im Juni 1525 verfaßten Schrift »Von Milderung der Fürsten gegen die aufrührischen Bauern« wahrgenommen und betont: »Des Luthers büchlin vonn dem straffenn vnd würgen neuwlich aussgangen, lautet auf die oberkayt, so sye schwerdt noch nit widerumb in der hand hat vnd die vnterthon noch inn mutwillen vnnd vngehorsam stecken. Er wurd freylich anderst schreyben, so sich die vnderthon haben ergebenn vnnd die oberkayt ir schwerdt widerumb in der hand tregt.« (zitiert nach BoA 3; 69).

[335] WA 18; 291–334 (vgl. Einleitung, 279–290).

[336] WA 18; 357–361 (vgl. Einleitung, 344–356).

[337] Unter dem Titel »Ermanunge zum fride auff die zwelff artikel der Bawrschafft ynn Schwaben. Auch widder die reubischen und mördischen rotten der andern bawren« (zitiert nach WA 18; 345).

lein wider die Bauern«[338] bildet Luthers abschließende Schrift zu diesem Thema. Auf die drei erwähnten Schriften werden wir uns bei unserer Behandlung hauptsächlich konzentrieren. Die Berücksichtigung des historischen Kontextes soll nicht etwa dazu führen, deren Inhalt historisch völlig zu relativieren, sondern vielmehr dazu helfen, die zwar spannungsvolle, aber im Grunde doch einheitliche theologische Linie zu explizieren, an der sich Luther orientiert hat und die – was noch zu zeigen ist – eng mit den Grundmotiven der theologia crucis zusammenhängt. Darauf wollen wir hauptsächlich unser Augenmerk richten.

Die Absicht, uns vornehmlich mit den Schriften zum Bauernkrieg zu befassen, hat zur Folge, daß wir nun der theologia crucis auf einer anderen Front begegnen, nämlich in der Auseinandersetzung mit dem Schwärmertum. Während wir bis jetzt bestrebt waren, Luthers Kreuzestheologie möglichst im Kontrast zur scholastischen Tradition und zur mittelalterlichen Mystik darzustellen, steht nun die Auseinandersetzung mit dem »linken Flügel der Reformation«, mit der »radikalen Reformation« im Zentrum. Diese Bezeichnungen sind (mehr oder weniger gelungene) Versuche, die vielfältigen Bewegungen und Gruppen auf einen Nenner zu bringen, die auf verschiedene Weisen eine gründliche Radikalisierung der (von Luther angeblich bloß angefangenen) Reformation verfolgt haben. Für die Charakterisierung dieser Front hat Luther selbst die Bezeichnung »Schwärmer« geprägt und benutzt. Diese Benennung »ist, ungeachtet des damit getriebenen Mißbrauchs, eine treffende Charakterisierung radikalistischer Tendenzen zur ›Vollendung‹ der Reformation: des enthusiastischen Offenbarungsverständnisses, des ungeduldigen Drängens auf religiöse Verwirklichung und der spiritualistischen Mißachtung des geschichtlich-welthaft Gegebenen«[339]. Der Frontwechsel hat nun aber nicht eine vollständige Veränderung der Theologie Luthers zur Folge, bewirkt jedoch die Erarbeitung neuer Akzente und Aspekte, die in diesem Kontext die Grundlinie der Kreuzestheologie noch schärfer zum Ausdruck bringen[340]. Die Kontinuität zeigt sich schon daran, daß Luther an mehreren Stellen bemüht ist, die Gemeinsamkeiten zwischen den »alten« und den »neuen« Gegnern hervorzuheben[341]. In späterer Zeit kann er dann sogar die These vertreten, die eigentliche Konstante sei der Enthusiasmus selbst, der sowohl Papsttum als auch Schwärmertum in ihrer letztlich verachtenden Einschätzung

---

[338] WA 18; 384–401 (vgl. Einleitung, 375–383).

[339] G. *Ebeling,* Art. Luther, II. Theologie, RGG³, IV, Sp. 507.

[340] G. *Ebeling* aaO: »So hält sich auch den neuen Fronten gegenüber das Grundthema von Luthers Theologie durch, wird jedoch zu Variationen veranlaßt, deren gemeinsamer Nenner – in einem weiten Verständnis – das *Problem des Gesetzes* ist.«

[341] So z. B. bestimmt Luther in der Schrift »Wider die himmlischen Propheten« (1525) Papsttum und Schwärmertum als zwei verschiedene Arten der Zerstörung der christlichen Freiheit (WA 18; 111,14–16) und als zwei Spielarten der Vermischung von Geistlichem und Leiblichem (WA 18; 181,30–34). S. u. 2.5. Anm. 14 f.

des äußeren Wortes charakterisiere[342]. An dieser Stelle wird der Enthusiasmus viel umfassender definiert: er wird als Prinzip der Internalisierung des uns von außen her Begegnenden, des äußeren Wortes, zum Quellgrund aller Irrtümer, aller Ketzereien[343].

Auf diesen Gedankengang, der den inneren Nerv von Luthers Auseinandersetzung mit der Scholastik, der Mystik und den Schwärmern anzeigt, werden wir später zurückkommen[344]. Wir beschäftigen uns nun im Rahmen des Bauernkrieges mit den »Schwärmern« im engeren Sinne der radikalistischen Reformationsbewegungen, und zwar, noch genauer, mit der radikalen Tendenz, die in Thomas Müntzer ihren Hauptvertreter hat[345]. Diese Bewegung gilt es vor allem als aktive Bewegung, die nicht davor zurückschreckt, mit Waffen gegen die gottlosen Herrscher und für das göttliche Recht zu kämpfen, von der Bewegung zu unterscheiden, die sich eher passiv verhält, sich aus der Welt zurückzieht und mit Geduld auf den baldigen Anbruch des Gottesreiches wartet[346].

2.462. Gott und Teufel im Bauernkrieg

Die zwölf Artikel der Bauernschaft, auf die sich Luther in seiner »Ermahnung zum Frieden« bezieht, wurden Februar–März 1525 geschrieben. Die Bauern hatten sich in Memmingen zu einer »christlichen Vereinigung« zusammengeschlossen und hatten mit den zwölf Artikeln ihre wichtigsten Ansprüche formuliert, für die sie sich auf das göttliche Recht beriefen[347]. Die Artikel bildeten ein Gemisch von sozialpolitischen Forderungen, die im großen und ganzen auf eine Restauration des alten gemeinen Rechtes tendierten[348], und von kirchlich-geistlichen Ansprüchen (so

---

[342] BSLK 453,16–456,18 (Schmalkaldische Artikel; WA 50; 245,1 ff).

[343] Vgl. aaO 455,27–456,3 (s. u. 2.5. Anm. 24 f).

[344] S. u. S. 272–277.

[345] Zum Thema des Schwärmertums immer noch grundlegend: *K. Holl,* Luther und die Schwärmer, in: Gesammelte Aufsätze zur Kirchengeschichte, Bd. I: Luther, (1921) 1932⁶, 420–467. Auch für das Verständnis von Müntzers Theologie spielt die marxistische Interpretation eine wichtige Rolle. Vor allem muß erwähnt werden: *E. Bloch,* Thomas Müntzer als Theologe der Revolution, (1921) 1962² (nun auch in: Gesamtausgabe der Werke in sechzehn Bänden, Bd. 2, 1969). Jetzt neu und umfassend zur Darstellung von Leben und Werk des Thomas Müntzer: *W. Elliger,* Thomas Müntzer. Leben und Werk, 1975. Dieses ausführliche Werk enthält eine gute Bibliographie zu Th. Müntzer und allgemein auch zum Bauernkrieg. Vgl. ebenfalls *ders.,* Außenseiter der Reformation: Thomas Müntzer. Ein Knecht Gottes, Kleine Vandenhoeck-Reihe 1409, 1975.

[346] *K. Holl* aaO 458 bestimmt diese Tendenz als »die rein leidentlich ablehnende Haltung nach dem Grundsatz des Nichtwiderstehens gegenüber dem Übel« und nennt in diesem Kontext hauptsächlich »Karlstadt, . . ., die Züricher, die Mehrzahl der süddeutschen Täufer und Melchior Hofmann« (ebda.).

[347] Vgl. auch Luthers Bemerkung WA 18; 301,32–34: Erstlich, lieben brüder, yhr füret den namen Gottes und nennet euch eyne Christliche rotte odder vereynigung und gebt fur, yhr wöllet nach dem göttlichen recht faren und handeln.

[348] Schon dieses ursprüngliche »restaurative« Moment gibt der Interpretation der Bauern-

vor allem das Recht, ihre Pfarrer selbst zu ernennen und sie mit dem Zehnten zu bezahlen). Es wurde also von vornherein zwischen den zwei Aspekten, dem Zeitlichen und dem Geistlichen, keine eindeutige Grenze gezogen. Die Forderungen der Artikel im gesamten wurden vielmehr auf der alleinigen Autorität der Schrift begründet. Diese biblische Begründung vollzogen Marginalnotizen zu den Artikeln, die diese hauptsächlich durch Verweise auf Bibelstellen theologisch untermauerten[349].

Den zwölf Artikeln und den Marginalnotizen war ein Zettel beigelegt, auf dem einige Theologen genannt wurden, die »Gelehrtesten deutscher Nation«, auf die sich die Bauern für die Konformität ihrer Forderungen mit der heiligen Schrift beriefen und die dadurch implizit zu einer Stellungnahme eingeladen wurden. Unter diesen Theologen figurierte auch Luther, was ihm zum Anlaß wurde, in dieser Sache mit einer Schrift zu intervenieren. Das wagte er um so mehr als die Bauern im zwölften Artikel sich bereit erklärten, sich eines Besseren belehren zu lassen, falls dies mit Hilfe der heiligen Schrift geschehe.

Das gibt Luthers Absicht in seinen Schriften zum Bauernkrieg klar zu erkennen: es geht ihm um nichts anderes als um den Unterricht und die Weisung der Gewissen mit der heiligen Schrift[350], um die Bestärkung der Gewissen in dieser ungewissen, verwirrenden Sache. Den theologischen Häuptern der Bauernbewegung kann er hingegen vorwerfen, sie seien nicht um das Gewissen der Bauern besorgt, sondern wollten lediglich durch sie »zu Gut und Ehren kommen«[351]. Doch auch den Fürsten gilt der

---

bewegung als einer frührevolutionären Tendenz einige Schwierigkeiten auf. Das Problem stellt sich zwar dann ganz anders in der späteren Entwicklung, wenn die Theologie Müntzers mit ihren mystisch-eschatologischen Zügen die Bauernbewegung prägen und beeinflussen wird.

[349] Während der Memminger Kürschner Lotzer die zwölf Artikel aufgrund von Beschwerden der Baltringer Bauern verfaßt hat, stammt der theologische Kommentar vom zwinglianischen Memminger Prediger Schappeler. In seiner »Ermahnung zum Frieden« äußert sich Luther zunächst positiv über die zwölf Artikel, hebt hervor, daß sie »billich und recht« sind (vgl. 298,21–299,32). Ihr Recht sei durchaus anzuerkennen. »Denn obirkeit nicht drumb eingesetzt ist, das sie yhren nutz und mutwillen an den unterthanen suche, sondern nutz und das beste verschaffe bey den unterthenigen.« (299,22–24). Eine ähnliche Ausrichtung auf den eigenen Nutzen macht für Luther gerade auch die Grenze der zwölf Artikel der Bauernschaft aus: sie sind »fast alle auff yhren nutz und yhn zu gut gestellet und nicht auff yhr bestes ausgestrichen« (298,24 f). Deshalb fügt er hinzu: »Ich hette wol ander artickel widder euch zu stellen, . . ., da wol mehr angelegen were« (298,25–27). Ausführlich besprochen werden die Artikel gegen Ende der Schrift (319,26–328,36). Sehr kritisch äußert sich Luther über den theologischen Kommentar der Artikel (vgl. 319,32 ff).

[350] 291,18–23: Ynn wilchen mir das auffs best gefallen hat, das sie ym zwellfften artikel sich erbieten, besser unterricht, wo es mangelt und von nöten were, gerne und williglich anzunehmen und sich wöllen weysen lassen, so ferne dasselbige durch helle, offentliche, unleugbare sprüche der schrift geschehe, wie denn billich und recht ist, das niemands gewissen weitter oder anders denn mit Götlicher schrifft unterricht und geweyset werde.

[351] 328,33–36: Ich kenne die falschen propheten unter euch wol, Gehorchet yhnen nicht, sie verfüren euch warlich, Sie meynen ewer gewissen nicht, Sondern wolten gerne Galater aus

Vorwurf, sie sorgten weniger für die Gewissen ihrer Untertanen als für ihre eigenen Güter, ihren Reichtum und ihre Pracht[352]. Diese Ausrichtung auf das Gewissen und auf dessen Bestärkung bildet in Luthers Haltung die Grundkonstante, sowohl in Hinsicht auf die zwei einander angreifenden Parteien[353] als auch in Hinsicht auf die sich überstürzenden Ereignisse. Diese Linie der Bestärkung der Gewissen zieht sich als Leitfaden durch das Ganze hindurch.

Diese Bestärkung geschieht zunächst einmal darin, daß die Sache nicht bagatellisiert, sondern als eine entscheidende und folgenreiche Sache radikal ernstgenommen wird. Das bringt Luther damit zum Ausdruck, daß er sagt, diese Sache gefährde beide Reiche, das Reich Gottes und das Reich der Welt[354]. Dadurch ist die fundamentale theologische Bedeutung des Problems unterstrichen: es betrifft das Gesamte der Wirklichkeit überhaupt, die mit dem Gedanken der zwei Reiche auf eine knappe, prägnante Formel gebracht wird. Der Bauernkrieg ist also nicht bloß ein auf der Ebene des rein Politischen, Sozialethischen zu lösendes Problem. Es wurde oft allzu stark betont, Luthers Haltung führe zu einer entschiedenen Säkularisierung des Konfliktes. Daran ist unbestreitbar etwas Richtiges, doch muß man sich vor vorschnellen Mißverständnissen hüten. Indem Luther die Perspektiven unterscheidet, die bei den Bauern durcheinander gehen und ineinander greifen, geschieht in der Tat eine gewisse Emanzipation der sozialpolitischen Ebene gegenüber der theologischen Thematik[355]. Das darf aber nicht im Sinne eines reinen Säkularismus verstanden werden. Die Säkularisierung, die hier stattfindet, steht im Kontext einer theologischen Erfassung des Konfliktes, einer Erfassung des Konfliktes in Hinsicht auf dessen Zusammenhänge mit der Gottesfrage. Nur im Rahmen

---

euch machen, das sie durch euch zu gut und ehren kemen und darnach sampt euch ynn der hellen ewiglich verdampt seyn müsten.

[352] Vgl. 293,21 ff. Wie wir noch oft sehen werden, spielen die kritischen (oft sogar recht scharfen) Bemerkungen zum Verhalten der Fürsten und Herren eine wichtige Rolle in Luthers Haltung. Das muß gegen das leider immer noch beliebte Motiv des »adulator principum« stark betont werden. Das gilt ganz besonders für die marxistische Beurteilung Luthers. Daß dieses Motiv alt ist, zeigt schon die Tatsache, daß Luther selbst sich dagegen wehren mußte. Vgl. 328,29–31: Wenn nu dis zu euch kompt, so schreyet nicht so bald: Der Luther heuchlet den Fürsten, Er redt widder das Euangelion. . . .

[353] Es ist auffallend, wie Luther sich mit den zwei Gruppen auseinandersetzt und sie teils gesondert teils miteinander anspricht, so etwa in der »Ermahnung zum Frieden« (vgl. 293,26; 299,33; 329,17).

[354] 292,31–293,1: Weyl denn diese sache gros und ferlich ist, alls die beyde Gottes reich und der wellt reich betrifft, Denn wo diese auffruhr sollt fort dringen und uber hand nemen, würden beide reich untergehen, das widder welltlich regiment noch Göttlich wort, sondern eine ewige verstörunge gantzes Deutschen landes folgen würde, So ist von nötten, das wir frey davon reden und radten, niemands angesehen, . . .

[355] Das zeigt sich etwa an der Einladung, auf die Bezeichnung »christlich« zu verzichten, an der Feststellung, daß im Streit keine christliche Sache strittig sei, daß Bauern und Fürsten einander nicht als Christen gegenüberstünden, »sondern, wie sonst der wellt laufft nach, eyn volck mit dem andern streytet« (315,23 f).

dieser streng theologischen Orientierung hat sie ihr begrenztes Recht. Man muß also, bevor man zur Bestimmung dieser Säkularisierung übergeht, das theologische Zeichen klar markieren, unter dem sie steht.

Es ist bemerkenswert, wie stark Luther in seinen Schriften die Gegenwart Gottes hervorhebt. Gleich zu Beginn seiner Ermahnung »an die Fürsten und Herren« bemerkt Luther, sie selbst seien am »Unrat und Aufruhr« schuld, dieser sei nur die notwendige Folge ihres Hochmuts und ihrer Unterdrückung der Untertanen. Er beruft sich dabei auf Ps 107,40: Effundit contemptum super principes, und kommt zum Schluß, daß die Unruhen der Ausdruck des Zornes Gottes seien, verursacht durch das Verhalten der Fürsten[356]. Er entdeckt Zeichen dieses Zornes einmal darin, daß es nun so viele falsche Lehrer und Propheten gebe, anderseits darin, daß sich die Bauern versammeln und Deutschland mit Zerstörung und Verwüstung, mit Mord und Blutvergießen bedrohen. Luther kann den Fürsten in aller Klarheit sagen: »Es sind nicht bawren, lieben herren, die sich widder euch setzen, Gott ists selber, der setzt sich widder euch, heymzusuchen ewer wueterey.« Gott selbst ist also im Spiel, und deshalb gilt es, die Sache wirklich ernst zu nehmen. »Schertzt nicht mit Gott, lieben herrn.«[357]

Sieht er hier noch die Gegenwart des zornigen Gottes, so erblickt er in der zweiten Schrift »Wider die räuberischen und mörderischen Rotten der Bauern« hinter dem Aufruhr der Bauern das Treiben des Teufels[358]. An den Bauern zeigt sich die Macht des Teufels, der so schnell so viele »fangen, verführen, verblenden, verstocken und empören kann und mit ihnen machen, was sich sein allerwütigster Grimm vornimmt«[359]. Der Kampf gegen diesen Teufel und die teuflischen Bauern wird nun zu einem Gottesdienst: der in diesem Kampf mit gutem Gewissen Sterbende kann zu einem Märtyrer werden. »Solch wunderliche Zeiten sind jetzt, daß ein Fürst den Himmel mit Blutvergießen verdienen kann, besser denn andere mit Beten.«[360]

Im »Sendbrief« sieht es nochmals anders aus. Die Fürsten sind wohl kaum zu Märtyrern geworden, sie haben sich grausam mit unnützem Blutvergießen gerächt, gleichgültig darüber, ob es Gott oder dem Teufel

---

[356] Vgl. 293,27 ff; 294,26 f: Wolan, weyl yhr denn ursach seyt solchs Gottes zorns, wirds on zweiffel auch uber euch aufgehen, wo yhr euch noch nicht mit der zeyt bessert.

[357] 295,22–24.27.

[358] 357,12 f: Kurtz umb, eyttel teuffels werck treyben sie. Insbesondere wird nun Th. Müntzer als Erzteufel bezeichnet, der gemäß Joh 8, 44 ein Mörder von Anbeginn sei (vgl. 357,13–15).

[359] Vgl. 358,28–32.

[360] 361,4–6: Sölch wunderliche zeytten sind itzt, das eyn Fürst den hymel mit blutvergissen verdienen kan, bas denn andere mit beten. Vgl. auch: 360,28–30; 361,24–28. Über diese scharfen Sätze, die ihm stark angekreidet wurden, äußert sich Luther mit einiger Ironie im »Sendbrief«, 399,26 ff.

gefalle. So dienen sie denn ihrem Meister, dem Teufel[361]. Noch schärfer
kann Luther im Sinne einer Klimax formulieren: »Ich habe es beydes
gesorgt, wurden die bauren herren, so wurde der teuffel apt werden,
wurden aber solche tyrannen herrn, so wurde seyne mutter eptissthyn
werden.«[362]

Es zeigt sich also, daß das Reden von Gott und Teufel nicht etwa so
aufzufassen ist, daß die zwei Aspekte sich auf die zwei kämpfenden
Parteien verteilen ließen. Gott und Teufel manifestieren sich auf beiden
Seiten in verschiedenen Variationen und sind deshalb eng miteinander
verknüpft. Auch hinter dem Treiben des Teufels könnte ja Gott stehen[363],
ein Gott, der sich in seinem Zorn hinter einer teuflischen Maske verbirgt.
Mit dieser Spannung von Gott und Teufel wird also letztlich der verborgene Gott zum Ausdruck gebracht. Er ist das theologische Zeichen, unter
dem der Bauernkrieg steht. Bauern und Fürsten handeln beide wider Gott
und provozieren durch ihren Unfug seinen Zorn und sein Urteil. Beiden
Teilen wird er zum Feind und hetzt sie gegeneinander auf, damit »beide
Teile schändlich umkommen und also sein Zorn und Urteil über die
Gottlosen vollbracht werde«[364]. Im Zeichen des zornigen Deus absconditus ist die Situation unheilvoll, denn beide Parteien kämpfen nicht etwa mit
gutem Gewissen für das Recht, sondern nur darum, das Unrecht zu
erhalten, die Fürsten ihre Tyrannei und Unterdrückung, die Bauern ihren
Aufruhr und Mißbrauch des christlichen Namens. So stehen einander im
Bauernkrieg nicht etwa Christen gegenüber, sondern Heiden, auf der einen
Seite »öffentliche Räuber und Schänder des christlichen Namens« und auf
der anderen »Tyrannen und Verfolger Gottes und der Menschen«, »Mörder der Heiligen Christi«[365]. In dieser Situation des beidseitigen Unrechts
unter dem Zorn Gottes muß die Sache ganz anders in Angriff genommen
werden. Das betont Luther in der Ermahnung, die er an Obrigkeit und
Bauernschaft zugleich richtet: weil es nicht um eine christliche, sondern um
eine Sache des heidnischen, weltlichen Rechts und Unrechts geht, weil
beide Seiten gegen Gott handeln und unter seinem Zorn stehen, ». . . laßt

---

[361] 400,27–30: . . . solchen bluthunden gillt es gleich viel, sie würgen schuldig odder
unschuldig, es gefalle Gott odder dem teuffel, die haben das schwerd alleyne, yhre lust und
mutwillen zu bussen, die lasse ich yhren meyster, den teuffel, furen, wie er sie furt.

[362] 401,3–5.

[363] Das klingt an mehreren Stellen an. 296,24–27: »So nu Gott euch zu straffen gedenckt
und lesst den teuffel durch seyne falsche propheten den tollen pöfel widder euch erregen . . .,
Was kan ich odder meyn Euangelion dazu.« 332,28–30: »O der teuffel hats trefflich böse ym
synn, So ist Gott hoch erzürnet und drewet uns, den selben los zu lassen und seyn müttlin ynn
unserm blut und seelen zukülen.« Im kleinen Büchlein gegen die Bauern wird zur Frage, was
die christliche Obrigkeit zu tun habe, als zweites erwähnt: »Dazu besorgen, das Gott villeicht
den teuffel also errege zu gemeyner straffe Deutschs lands.« (359,29 f)

[364] 331,19–22: Kurtz umb beyde, tyrannen und rotten, ist Gott feynd, darumb hetzt er sie
aneinander, das sie beydes teyls schendlich umb komen und also seyn zorn und urteyl uber die
gottlosen volnbracht werde.

[365] Vgl. 333,29 ff.

euch um Gottes willen sagen und raten und greift die Sachen an, wie solche Sachen anzugreifen sind, das ist mit Recht und nicht mit Gewalt noch mit Streit«[366]. Der zornige Gott verlangt, daß man in den weltlichen Dingen mit gutem Gewissen dem Recht allein dient. Was das genauer heißt, muß jetzt präzisiert werden.

2.463. Zorn und Barmherzigkeit: die Aufgabe der Unterscheidung

Die Aussagen Luthers zu diesem Thema weisen auf eine Dimension hin, die in der leidenschaftlichen Erhitzung und Verwirrung der Ereignisse ganz untergegangen war, die Dimension der Evidenz[367]. Das zeigt schon der Rat: ». . . greift die Sachen an, wie solche Sachen anzugreifen sind«. Luther kann den Bauern auch raten, sie sollen nicht nur auf ihre Macht und auf das Unrecht der Gegner achten, sondern vornehmlich darauf, ob sie ein »gut recht und gewissen« haben[368]. In ähnliche Richtung weist der Rat an die Fürsten, sie sollen, wie ein Fuder Heu dem Betrunkenen weichen soll, gegenüber den Bauern als den Betrunkenen und Irrigen nicht mit Toben und Tyrannei, sondern mit Vernunft handeln[369]. Zwar gestaltet sich dieses vernünftige Verhalten in den drei Schriften immer wieder anders. Gilt es zunächst, Zorn und Wut beiseitezulassen und mit Güte zu handeln, wird es dann mitten in den Kämpfen vernünftig, mit aller Härte durchzugreifen. Später verurteilt Luther mit aller Schärfe die blinde und blutgierige Rache der Fürsten und ruft diese zu größerer Milde auf, ohne jedoch einer falschen, vorschnellen Barmherzigkeit das Wort zu sprechen. Diese verschiedenen Akzente stehen in jeweils grundverschiedenen Situationen. In dieser spannungsvollen Vielfalt kommt jedoch ein Grundanliegen zum Ausdruck, das als Ausrichtung auf das schlechthin Notwendige alle Situa-

---

[366] 329,17–25: Vermanung beyde an die Oberkeyt und Bawrschafft. Weyl nu, lieben herren, auff beyden seytten nichts Christlichs ist, auch keyne Christliche sache zwisschen euch schwebt, sondern beyde, herrn und bawrschafft, umb Heydenisch odder welttlich recht und unrecht und umb zeytlich gut zu thun habt, Dazu auff beyden seyten wider Gott handelt und unter seynem zorn stehet, wie yhr gehört habt, So lasst euch umb Gottes willen sagen und raten und greyfft die sachen an, wie solche sachen anzugreyffen sind. Das ist mit recht und nicht mit gewallt noch mit streyt, Auff das yhr nicht eyn unendlich blutvergiessen anrichtet ynn Deutschen landen.

[367] Zu diesem Begriff vgl. *G. Ebeling*, Die Evidenz des Ethischen und die Theologie, WG II, 1–41. Vgl. auch die daraus entstandene Diskussion mit W. Pannenberg: *W. Pannenberg*, Die Krise des Ethischen und die Theologie, ThLZ 87, 1962, 7–16; *G. Ebeling*, Die Krise des Ethischen und die Theologie. Erwiderung auf W. Pannenbergs Kritik, WG II, 42–55; Ein Briefwechsel zwischen Wolfhart Pannenberg und Gerhard Ebeling, ZThK 70, 1973, 448–473.

[368] 300,30–32: Und ist am meysten des war zu nemen und mit allem ernst drauff zu sehen, nicht alleyn wie mechtig yhr seit, und wie gros unrecht ihene haben, sondern wie gut recht und gewissen yhr habt.

[369] 297,26–28: Eym truncken man soll eyn fudder haw weichen, Wie viel mehr sollt yhr das toben und störrige tyranney lassen und mit vernunfft an den bawren handeln als an den trunckenen odder yrrigen.

tionen umfaßt. Das Evidente, das Luther in seinen Schriften hervorheben will, ist das Lebensnotwendige. Aus dieser Notwendigkeit schöpft es auch seine Evidenz, denn es ist »ia so not ym volck als essens und trinckens, ia als des lebens selbst«[370]. Am eindeutigsten kommt dieses Lebensnotwendige zum Ausdruck, wenn man in Betracht zieht, wie Luther die extremsten Gefahren des Bauernkrieges beschreibt, wie er für seine Bestimmung des Lebensnotwendigen von dem ausgeht, was das Leben am meisten gefährdet. Unaufhörlich warnt er Bauern und Fürsten davor, mit einem Krieg ein unendliches Blutvergießen über ganz Deutschland herbeizuführen[371]. Das ist auch der Hauptgrund für die harte Linie im Büchlein gegen die Bauern: der Aufruhr, wie ein großes Feuer, verbrennt und verwüstet das Land, stiftet Mord und Blutvergießen, macht Witwen und Waisen und zerstört alles[372]. Dieses Übel gilt es zu vermeiden, die Zerstörung und Verwüstung des Landes, die das Leben überhaupt gefährdet, weil sie Frieden und Sicherheit aufhebt. Wird dies toleriert, d. h.: wird mit den Bauern nachsichtig und barmherzig umgegangen, droht uns ein Zustand, in dem es weder Schwert, Obrigkeit, Gericht, Strafe, Henker noch Kerker gibt, in dem jeder machen kann, was er will[373]. Diese Gefahr des Verlustes von Recht und Ordnung hängt mit der Grundintention des Aufruhrs zusammen: die Bauern tendieren durch ihren Aufruhr darauf, der Obrigkeit Gerechtigkeit und Vergeltungsrecht wegzunehmen, sich selbst zu Richtern zu machen und sich selbst zu rächen. Würde sich die Bauernschaft durchsetzen, würde jeder Richter des anderen werden, ihn selbst richten und strafen[374]. Dadurch würde sich überhaupt jedes Recht auflösen, denn es würde willkürlich bestimmt. Recht gibt es aber nicht als von den Menschen freiwillig festgelegtes, sondern eigentlich nur *als unverletzliche Forderung,* die dem Menschen in seinem irdischen, leiblichen, mitmenschlichen Leben verbindlich widerfährt. Deshalb bezieht sich Luther auf das natürliche Recht und auf das evidente Prinzip der Billigkeit und sagt vom Vorhaben der Bauern, es sei »widder natürlich recht und alle billickeyt«[375].

---

[370] 392,9 f.

[371] Vgl. z. B. 329,24 f; 332,3–6.

[372] 358,10–14: . . . denn auffrur ist nicht eyn schlechter mord, sondern wie eyn gros feur, das eyn land anzundet und verwustet, also bringt auffrur mit sich eyn land vol mords, blutvergissen und macht widwen und weysen und verstoret alles, wie das allergrossest ungluck.

[373] 388,19–22: Heyst das barmhertzigkeyt, so wöllen wyr eyn feyn wesen anrichten, Nemlich das keyn schwerd, oberkeyt, gericht, straffe, hencker noch kerker sey, sondern lassen eynen iglichen buben thun, was er will, . . .

[374] 304,22–24: Nu mügt yhr ia nicht leucken, das ewer auffrur sich dermassen hellt, das yhr euch selbs zu richter macht und euch selbs rechen und kein unrecht leyden wöllt. 306,24–29: . . . wenn ewer furnemen sollt recht seyn, So würde eyn iglicher widder den andern richter werden und keyne gewalt noch oberkeyt, ordnung noch recht bleyben ynn der wellt, sondern eytel mord und blutvergiessen, Denn so bald er sehe, das yhm yemand unrecht thette, würde er zufaren und selbs yhn richten und straffen.

[375] 304,25 f. Daß es auch »widder Christlich recht und Euangelion« (aaO) ist, bildet eine

Auch die Bauern unterstehen diesem zwingenden natürlichen Recht, auch sie sind auf das Schwert der Obrigkeit angewiesen, das dafür eingesetzt ist, Recht und Ordnung durchzusetzen, Gericht und Rache zu verwalten. Das macht Luther klar, indem er auf die Möglichkeit von internen Schwierigkeiten verweist, die unter den Bauern auftauchen und eine solche Obrigkeit erfordern könnten[376]. Auch für die Bauern gilt das natürliche Recht der Obrigkeit, und ein entscheidendes Kriterium in Luthers Einstellung bildet die Frage, inwiefern die Bauern in der Lage wären, die Obrigkeit, die sie stürzen wollen, durch eine ebenso fest eingesetzte und eindeutig bestimmte zu ersetzen. Schwierigkeiten unter den Bauern in Hinsicht auf die Führung deuten eher auf ein Unvermögen hin: es war keine Ordnung da, keiner traute dem andern, sie setzten einen Hauptmann nach dem anderen ab, und nicht redliche Leute, sondern »die aller losesten buben« bestimmten das Vorgehen[377].

Die Evidenz, um die Luther in seinen Schriften kämpft, das Vermeiden der Verwüstung und Zerstörung, erfordert den naturrechtlich begründeten Respekt des Obrigkeitsprinzips. Nicht nur die Tatsache, daß die Bauern unfähig sind, dieser Grundnötigung gerecht zu werden, beunruhigt Luther, sondern vielmehr die, daß das Problem dieser Grundnötigung bei ihnen überhaupt nicht bewußt erfaßt wird. In dieser Frage spielt der schwärmerische Ansatz der Bewegung eine zentrale Rolle. Deshalb warnt Luther wiederholt gegen die Theologen und Prediger, die die Bauernbewegung theologisch prägen und den Inhalt ihres Programms bestimmen[378]. Ihre enthusiastische Theologie erlaubt ihnen nämlich nicht, die Evidenz des Obrigkeitsprinzips einzusehen. Die Grundnötigung der Obrigkeit steht unter dem Zeichen des Zornes Gottes. »Denn ein Fürst und Herr muß hier denken, wie er Gottes Amtsmann und seines Zornes Diener ist.«[379] Das hängt damit zusammen, daß die weltlichen Sachen immer schon durch das Unrecht der darin Verwickelten geprägt sind und deshalb unvermeidlich

---

andere Argumentationsebene, auf die wir später zurückkommen müssen. Die Formulierung »natürliches Recht und Billigkeit«, wie sie hier steht, stellt die Grundformel von Luthers ethischer Reflexion zum Bauernkrieg dar.

[376] 306,33–307,20: Und wie wollt yhr thun, wenn ynn ewer rotte sich anfienge solcher frevel, das sich eyn iglicher wider den andern setzet sich selbs rechenet an seynem beleydiger? Wollt yhrs auch leyden? Würdet yhr nicht sagen, er sollte andere lassen richten und rechen, die von euch gesetzet weren?

[377] 397,5–8: . . . denn es war aus Gott nicht angefangen und keyne ordnung da und stund bereyt unter yhn also, das keyner dem andern trawet noch glewbt, setzten eynen hewbtman nach dem andern ab und muste gehen, nicht wie redliche leütte, sondern wie die aller losesten buben sagten und wollten. (So urteilt Luther aus zeitlicher Distanz im »Sendbrief«.)

[378] So z. B. 301,19–22: . . . sehet ia zu mit vleis, was yhr macht, und gleubt nicht allerley geistern und predigern, Nach dem der leydige Satan itzt viel wilder rotten geyster und mordgeyster unter dem namen des Euangeli hat erweckt und damit die wellt erfüllet. – Am schärfsten angegriffen wird Th. Müntzer, vgl. o. Anm. 358.

[379] 360,1 f: Denn eyn Fürst und herr mus hie dencken, wie er Gottes amptman und seyns zorns diener ist Ro. 13, . . .

mit dem Problem des Bösen befrachtet sind. Deshalb gilt es, wie das in Luthers Reden von Gott und Teufel im Bauernkrieg geschieht, diese Dimension des Zornes radikal einzuschärfen. In der kritischsten Situation vollzieht Luther diese Einschärfung: den resignierenden Fürsten sagt er in seinem Büchlein, es sei nun »die Zeit des Schwertes und des Zornes«, und nicht die Zeit der Gnade«[380].

In der Auseinandersetzung mit den Bauern und der schwärmerischen Theologie wird die Aufgabe einer klaren Unterscheidung, wie sie hier formuliert wird, als die Aufgabe einer Unterscheidung zwischen Zorn und Barmherzigkeit, zum theologischen Grundproblem. In dieser Unterscheidung und erst in ihr kann man der Evidenz gerecht werden, um die es letzten Endes geht, der Evidenz des gemeinschaftlichen Lebens in Frieden und Sicherheit[381]. Es gibt nichts Elenderes auf Erden als Unfrieden, Unsicherheit, Unterdrückung, Gewalt, Unrecht usw., »denn wer kondte odder wöllte leben bleyben, wo es so söllte zugehen?« Deshalb ist der Zorn und Ernst des Schwertes ebenso lebensnotwendig wie das Essen und Trinken, und eben deshalb gilt es, ihn von der Barmherzigkeit angemessen zu unterscheiden.

Diese Unterscheidung entspricht der Unterscheidung von den zwei Reichen[382]. »Gotts reich ist eyn reich der gnaden und barmhertzickeyt und nicht eyn reich des zorns odder straffe, denn daselbs ist eytel vergeben, schonen, lieben, dienen, wolthun, frid und freude haben etc. Aber das welltlich reich ist eyn reich des zorns und ernsts, denn da selbst ist eytel straffen, weren, richten und urteylen, zu zwingen die bösen und zu schützen die fromen, darumb hat es auch und furet das schwerd, und eyn furst odder herr heyst Gotts zorn odder Gottis rute ynn der schrifft Esa. xiiij.«[383] Mit dieser knappen Gegenüberstellung setzt Luther die wichtigsten Akzente der Unterscheidung. Während das Gnadenhafte auf seiten des Reiches Gottes steht, liegt das Gewicht im Reich der Welt auf Zorn, Strafe und Ernst. Das unterstreichen die zwei Reihen von Verben. Doch muß dieser Gegensatz noch präzisiert werden. Letzten Endes verfolgt ja das Reich der Welt auch ein höchst barmherziges Ziel: das klingt hier nur ganz knapp im Ausdruck »zu zwingen die bösen und zu schützen die fromen« an. Das expliziert Luther im weiteren. Zwar sei das Werkzeug des weltlichen Reiches weder ein Rosenkranz noch ein Blümlein der Liebe, sondern ein bloßes Schwert. Dieses Schwert sei aber »zum Schutz und zur Errettung der Frommen« auf die Bösen gerichtet, damit »es sie strafe und im Zaum und im Frieden halte«[384].

---

[380] 360,9–11.   [381] 392,2–10. Vgl. o. bei Anm. 370.

[382] Diese Thematik entfaltet Luther nicht in den zwei ersten Schriften – dort begnügt er sich mit einigen Andeutungen –, sondern aus der zeitlichen Distanz des »Sendbriefes«, vgl. 389,10 ff.

[383] 389,19–26.

[384] 389,34–38: Denn seyn handzeüg ist nicht eyn rosenkrantz odder eyn blümlin von der

Wenn man es also näher ansieht, ist das weltliche Reich doch, obschon es als völlig unbarmherzig erscheint, »nicht das geringste Stück göttlicher Barmherzigkeit«. Weil es mit dem Problem des Bösen in all seiner Radikalität konfrontiert ist, muß es gerade aus großer Barmherzigkeit unbarmherzig sein und aus reiner Güte Zorn und Ernst ausüben[385]. Dieses Begründetsein in der göttlichen Barmherzigkeit bildet den zentralen Gesichtspunkt, der die zwei Reiche verbindet. Letztlich sind eben beide Reiche die Reiche Gottes, die je in verschiedener Hinsicht dessen Barmherzigkeit zum Ausdruck bringen. Während sie im Reich Gottes unmittelbar kund wird als Gnade der Vergebung, der Liebe und des Dienstes, des Friedens und der Freude, vollzieht sie sich im Reich der Welt nur unter dem Zeichen des Zornes. Im Reich der Welt unmittelbar geübte Barmherzigkeit hätte ipso facto Unbarmherzigkeit zur Folge, denn wäre ich mit den Übeltätern barmherzig, wäre ich mit ihren Opfern unbarmherzig. Die göttliche Barmherzigkeit erfordert deshalb eine angemessene Unterscheidung von Zorn und Barmherzigkeit, die beiden als komplementären Weisen, wie Gott dem Bösen begegnet, ihr Recht und ihre relative Autonomie schenkt. Während das Reich der Gnade die Sünde an den Wurzeln angreift, bildet das Reich des Zornes eine lebensnotwendige Schranke gegen die lebenzerstörenden Auswirkungen der Sünde. Erst wenn diese zwei Dimensionen unterschieden und ins rechte Verhältnis zueinander gebracht werden, ist die göttliche Barmherzigkeit richtig erfaßt.

Das bildet für Luther den Haupteinwand gegen seine Gegner: sie respektieren diese Unterscheidung nicht, vermengen beide Aspekte und pervertieren dadurch beide aufs schlimmste. Indem man den Zorn in das Reich Gottes und die Barmherzigkeit in das Reich der Welt setzt, setzt man den Teufel in den Himmel und Gott in die Hölle[386]. Es ist bezeichnend, wie Luther das schon oben beobachtete Reden von Gott und Teufel hier mit der Unterscheidung der zwei Reiche verknüpft. Die »Verteufelung«, die den Zorn Gottes hervorruft und die dieser Zorn straft und in Schranken hält, ist die Vermischung der zwei Reiche. Sie ist die Wurzel des Übels, das es im weltlichen Reich einzudämmen gilt. Diese Vermischung in ihren beiden Formen haben die Bauern angestrebt: währenddem sie jetzt, da sie gestraft

---

liebe, sondern eyn blos schwerd, Eyn schwerd aber ist eyn zeichen des zorns, ernsts und der straffe und ist auch nirgent hyn gericht denn auff die bösen, auff die selbigen sihet es, das es sie straffe und ym zaum und fride halte zum schutz und errettunge der frumen, . . .

[385] 390,20–22: Wie wol aber solcher ernst und zorn des welltlichen reichs eyn unbarmhertzig ding scheynet, wo mans doch recht ansiht, ists nicht das geringste stück Gottlicher barmhertzickeit, . . . 391,30–32: Drumb hat die schrifft feyne, reyne augen und sihet das welltlich schwerd recht an, als das aus grosser barmhertzickeyt mus unbarmhertzig seyn und fur eytel gute zorn und ernst uben, . . .

[386] 390,6–9: Wer nu dise zwey reich ynn eynander wöllt mengen, wie unser falschen rotten geyster thun, der wurde zorn ynn Gotts reich setzen und barmhertzickeyt ynn der welt reich, das wer eben, den teuffel ynn den hymel und Gott ynn die helle setzen.

werden, im Reich der Welt nach Barmherzigkeit rufen, wollten sie vorher als christliche Brüder für das Evangelium mit dem Schwert streiten und töten[387].

Für Luther charakterisiert die Vermengung der zwei Reiche das schwärmerische, durch die Theologie Thomas Müntzers stark beeinflußte Motiv der Bauernbewegung. Auch wenn diese vor allem gewisse ökonomisch-politische Forderungen verfolgt, sind diese Forderungen doch eindeutig mit theologischen Aspekten verbunden. Das zeigt sich unter anderem daran, daß das Christliche immer wieder durch die Bauernbewegung in Anspruch genommen wurde, sei es in der Formulierung kirchlich-theologischer Ansprüche, in der theologischen Begründung der Forderungen oder gar in der Benennung der Bewegung als christlich. Diese Tendenz zeigt sich noch viel eindeutiger in Müntzers Theologie. Müntzer war schon früh davon überzeugt, daß Luthers Reform noch radikalisiert werden mußte. Diese Radikalisierung tendiert zunächst auf eine mystisch geprägte Verinnerlichung des Glaubensempfanges. Während Luther den Glauben an das Wort bindet, und zwar gerade mit Nachdruck an das äußere Wort, wird dies bei Müntzer als Verflachung und Verfleischlichung des Glaubens, als Verlust des wahren Ernstes und der Gottesfurcht verurteilt. Für Müntzer kommt es im wahren Glauben darauf an, daß er nicht bloß aus der Schrift geschöpft werde – was aus ihm einen Glauben für »Schriftgelehrte« machen würde –, sondern daß er persönlich angeeignet und d. h., daß er auf eine unmittelbare Geisterfahrung begründet werde, in der das ewige, ungeschaffene Wort Gottes als inneres Wort im Menschen selbst laut wird. Erst im Wahrnehmen dieses unmittelbaren, lebendigen Wortes vollzieht sich der wahre Glaube. »Ganz wahr, ganz echt ist das religiöse Erlebnis nur dann, wenn *gar nichts* von Fremdem, von Angelerntem, von geschichtlich Übernommenem sich einmischt, sondern der Vorgang rein aus dem Menschen selbst, aus einer unmittelbaren Gottesbeziehung entspringt.«[388] Dieser Verzicht auf alles Äußerliche, Fleischliche, zu dem sich Luther nicht durchringen konnte, kann für Müntzer nur im eigenen Erleben von Kreuz und Leiden geschehen. Hier verbindet sich bei ihm die Geisterfahrung mit dem Thema des Kreuzes. Indem der Mensch das Kreuz auf sich nimmt und mit dem Gekreuzigten gleichförmig wird, wird er für Gott empfänglich, denn dadurch wird er alles Weltlichen und Fleischlichen entblößt und offen für den durch Gott in seinem Seelengrund unmittelbar erschaffenen Glau-

---

[387] 390,9–15 (im Anschluß an das Zitat der vor. Anm.): Alle beydes wollten dise beurischen auch gerne thun, Vorhyn wollten sie mit dem schwerd faren und als Christliche bruder fur das Euangelion streytten und andere tödten, da sie söllten barmhertzig und gedultig seyn, Itzt nu das welttliche reich uber sie gehet, wöllen sie barmhertzickeyt drynnen haben, das ist, sie wöllen keyn welttlich reich leyden und doch selbs Gotts reich auch niemand gonnen, Was möchte verkereters erdacht werden?

[388] *K. Holl* aaO (s. o. Anm. 345) 434. Vgl. auch zu diesem Thema *K.-H. zur Mühlen,* Nos extra nos, 244–258, bes. 251–253.

ben. Dies ist der bittere Christus, im Gegensatz zum honigsüßen Christus, den Luther verkündigt. Die Radikalisierung betrifft also auch die Kreuzestheologie, mit der Luther leichtfertig umgehe. Müntzer verschärft sie im Sinne der mittelalterlichen Kreuzesmystik und macht aus dem Gekreuzigten ein Vorbild für die Erfahrung der Langweiligkeit der Welt und der Ankunft des Gottesglaubens im inneren, reinen Seelengrund[389]. Auch hier erfolgt also im Zeichen der Radikalisierung eine Verinnerlichung, die das, was bei Luther dem Menschen von außen – und zwar gerade im Kreuz Christi – zuteil wird, in den Menschen, in seinen inneren, essentiellen Kern versetzt.

Nun ist aber bezeichnend, daß gerade diese radikale Verinnerlichung des Äußerlichen zu einer ebenso scharfen Veräußerlichung des Inneren führt. Das hat seinen Grund darin, daß die Unmittelbarkeit des Gottesverhältnisses ein ausgeprägtes Erwählungsbewußtsein zur Folge hat. Weil die Umkehr so radikal erfolgt, muß sie sich am ganzen Menschen erweisen. Das impliziert, daß der Auserwählte mit aller Eindeutigkeit vom Gottlosen zu unterscheiden ist. »Zunächst müsse . . . jeder Auserwählte imstande sein, Rechenschaft darüber abzulegen, wie er zu seinem Glauben gelangt sei. Schon das gebe einen Anhalt. Aber auch das Leben sei sicher zu beurteilen. Wohl begehe auch der Auserwählte noch Sünden, trotzdem trete die *Gesamtrichtung* seines Inneren bei jedem so deutlich hervor, daß man den Auserwählten bestimmt von dem ›Gottlosen‹ zu unterscheiden vermöge.«[390] Mit diesem Erwählungsbewußtsein verbindet sich bei Müntzer die feste Überzeugung der nahen Endzeit: »jetzt ist die Zeit der Ernte da, von der das Gleichnis redet; nun muß der ›reine Weizen‹ von dem Unkraut geschieden werden.«[391] Deshalb verlangt Müntzer als erstes, daß sich die Auserwählten von der Welt absondern und zu einer eigenen Gemeinde zusammenschließen, sozusagen zu einer sichtbaren Kirche. Indirekt steht sicher dieser Gedanke der Absonderung der Erwählten hinter der »christlichen Vereinigung« der Bauern.

Für Müntzer ist es in dieser Zurüstung auf die Endzeit hin ein besonders störender Faktor, daß die gottlosen Fürsten an der Macht sind und so dem Vormarsch des Evangeliums den Weg versperren können. Für den Durchbruch des Evangeliums ist eine Umwälzung unvermeidlich[392]. Deshalb

---

[389] *K.-H. zur Mühlen* aaO 251 f: »Die Orientierung am Kreuz Christi übernimmt Müntzer von Luther, sieht aber deren Bedeutung nicht im Wort vom Kreuz, das das Gericht Gottes über die Selbstgerechtigkeit und zugleich das rettende Heil für den Sünder offenbart, sondern versteht das Kreuz im Sinne mittelalterlicher Passionsmystik als ein Beispiel für das eigene Absterben und die Erfahrung Gottes im unweltlichen, inneren Seelengrund.«

[390] *K. Holl* aaO 451. Zum Erwählungsbewußtsein vgl. auch aaO 434.

[391] AaO. Zum Eschatologischen in Müntzers Theologie, vgl. *R. Schwarz,* Die apokalyptische Theologie Thomas Müntzers und der Taboriten, 1977.

[392] Nicht das Klassenbewußtsein, nicht das Leiden an der Unterdrückung der unteren Schichten bildet das Grundmotiv in Müntzers Haltung, sondern vielmehr das theologische Bewußtsein, Gottes Knecht zu sein und in den Kampf gegen die Gottlosen gehen zu müssen.

ruft er zunächst die christlichen Fürsten, vor allem die Fürsten von Sachsen dazu auf, mit ihrem Schwert diese Aufgabe zu übernehmen, die Gottlosen auszurotten und dem Evangelium die Bahn vorzubereiten. Falls die Fürsten dies nicht tun, muß die Gemeinde der Auserwählten diese Pflicht der Fürsten übernehmen und mit der Verwirklichung der Theokratie beginnen, deren voller Anbruch für die nächste Zukunft verheißen ist. Man wird kaum sagen können, daß sich die Bauernschaft solcher eindeutiger theologischer Motive bewußt war. Diese Gedanken sind es jedoch, die Müntzer dazu gedrängt haben, in den Bauernkrieg einzugreifen und den Versuch zu unternehmen, mit den Bauern diese Bahn zu brechen. Diese Aufforderung zum Angriff mit Gewalt auf die Gottlosen führt Müntzer zu einer scharfen Kritik an Luther. Wenn dieser meint, die Gottlosen seien nicht durch das Schwert, sondern allein durch die Kraft Gottes zu beseitigen, sei das bloße Scheu vor dem Kreuz und ein Zeichen seines billigen Glaubens. Hier konzentriert sich der Gegensatz noch einmal auf das Thema des Kreuzes. Der schwere Kampf gegen die Gottlosen ist das Kreuz, das dem Christen auferlegt ist und das es zu tragen gilt. Luthers Hinweis auf die Kraft Gottes hingegen ist ein fleischliches Zurückschrecken vor dem Kreuz. »Dieser Vermischung von kirchlicher und weltlicher Gewalt stellt Luther die Lehre von den zwei Reichen entgegen, die gerade Geistliches und Weltliches nicht vermischt und durch deren Unterscheidung deren Beziehung zueinander wahrt.«[393] Explizit geschieht dies im »Sendbrief«, doch in wichtigen, eher impliziten Ansätzen auch schon in der »Ermahnung zum Frieden«.

Ausgangspunkt der Auseinandersetzung ist hier das Problem der Inanspruchnahme des Christlichen durch die Bauern. Es zeigt sich bei Luther eine ganz andere Einschätzung der äußerlichen Erscheinung des Christen. Während bei Müntzer die Verinnerlichung des Glaubensempfanges eine Veräußerlichung des Erwählungsbewußtseins zur Folge hat, gilt bei Luther vielmehr, daß das von außen her empfangene Heil den Menschen im Innersten trifft und deshalb nicht unmittelbar äußerlich zum Ausdruck kommt. Die äußere Erscheinung steht in einer dialektischen Spannung mit der inneren Bestimmung, und diese Spannung erlaubt deshalb keine spontane Absonderung der Auserwählten. Christen in diesem pointierten Sinne sind selten, und es wäre schon wünschenswert, wir wären größtenteils gute fromme Heiden, die das natürliche Recht hielten. »Es ist eyn seltzamer vogel umb eyn christen.«[394] Man kann also nicht in diesem äußerli-

---

Das ist gegen die verschiedenen marxistischen Deutungen zu betonen, die mit dieser mißverständlichen Interpretation das Bild verfälscht haben (vgl. dazu die Interpretation von *W. Elliger*).

[393] *K.-H. zur Mühlen* aaO 253.

[394] 310,32–36: Lieben freunde, die Christen sind nicht so gemeyne, das so viel sollten auff eynen hauffen sich versamlen, Es ist eyn seltzamer vogel umb eyn Christen. Wollt Gott, wyr weren das mehrer teyl gute fromme Heyden, die das natürlich recht hielten, ich schweyge des Christlichen.

chen Sinne von einer »Christlichen Rotte oder Vereinigung«[395] sprechen. Deshalb will Luther, sosehr er auch das Anliegen der Bauern billigt, ihre Sache als gut und recht anerkennt, den Bauern mit allen Kräften den Namen ›christlich‹ streitig machen[396]. Dem Christlichen entspricht ein ganz anderes Recht, das sich nicht einfach mit den Vorhaben und Verhalten im weltlichen Bereich deckt, wie sie etwa bei den Bauern oder bei den Fürsten vorliegen. Nimmt man den christlichen Namen in Anspruch, ohne jedoch dieses christliche Recht zu erfüllen, so mißbraucht man diesen Namen und deshalb auch den Namen Gottes. Man handelt dann gegen das zweite (resp. das dritte) Gebot, denn: »Das heißt ia, Gottes namen unnützlich füren, furgeben Gotes recht, und doch unter dem selben namen widder Gottes recht streben.«[397] Deswegen betont Luther immer wieder mit Nachdruck, daß in diesem Streit auf keiner Seite von Christen gesprochen werden darf, sondern daß es lediglich zwei Völker sind, die für ihr Recht miteinander kämpfen und diesen Streit auch möglichst vernünftig zu bewältigen haben. In diese Richtung sind deshalb auch »Titel und Name« der Bauern zu bestimmen[398].

Nun könnte diese Betonung der Spezifizität des christlichen Rechts gegenüber den weltlichen Dimensionen den Eindruck erwecken, Luther vollziehe die Unterscheidung zwischen den zwei Reichen derart, daß der Christ dem Reich Gottes zugeteilt und daß ihm deshalb untersagt wird, sich im Weltlichen überhaupt zu betätigen. In diese Richtung könnte es etwa mißverstanden werden, wenn Luther dem weltlichen Reich das Reich Gottes *und die Christen* entgegenstellt[399]. Es scheint, als ob hier die Christen als Auserwählte von der Welt abgesondert und in ein eigenes Reich, eben in Gottes Reich versetzt würden. Doch wenn die *Vermischung* der zwei Reiche bei den »Rottengeistern« eine teuflische Vermischung war, die Gott in die Hölle und den Teufel in den Himmel setzt, so wäre diese andere Möglichkeit der Scheidung ebenso teuflisch. Denn das eigentliche Problem ist ja das der Absonderung der Christen als der Auserwählten, sei es für den

---

[395] Vgl. 301,32–34.

[396] 314,27–35: Darumb sage ich abermal, Ich lasse ewer sachen seyn, wie gut und recht sie seyn kan, . . . Aber den Christlichen namen, den Christlichen namen, sage ich, den lasst stehen und macht den nicht zum schanddeckel ewrs ungedultigen, unfridlichen, unchristlichen furnehmens, den will ich euch nicht lassen noch gönnen, sondern beide, mit schrifften und worten, euch abreyssen noch meynem vermügen, so lange sich eyne ader regt ynn meynem leybe.

[397] 303,24 f. Zum Übertreten des dritten Gebots 301,34–302,19: Wolan, so wisset yhr ia auch, das Gottes name, wort und titel soll nicht vergeblich noch unnütze anzogen werden, wie er spricht ym andern gepot: ›Du sollt den namen Gottes deynes HERREN nicht unnützlich füren‹. Vgl. auch 302,31–34.

[398] 316,19–22: So soll nu und mus ewr titel und namen dieser seyn, Das yhr die leute seyt, die darumb streytten, das sie nicht unrecht noch ubels leyden wöllen noch sollen, wie das die natur gibt. Den namen sollt yhr füren und Christus namen mit friden lassen, . . .

[399] Z. B. 389,27 f: Die sprüche nu, die von der barmhertzickeyt sagen, gehören ynn Gotts reich und unter die Christen, nicht ynn das weltliche reich, . . .

weltlichen Kampf gegen die Gottlosen oder für den Rückzug aus der Welt. Die Unterscheidung der zwei Reiche darf nicht zu einer Unterscheidung von zwei Gruppen werden, den Gottlosen und den Erwählten, Erretteten. Das zeigt sich daran, daß der Christ, auch wenn er noch so stark dem christlichen Recht gehorcht, doch im Reich der Welt handelt und so dem im Weltlichen herrschenden natürlichen Recht unterworfen bleibt. Er darf das Reich der Welt in seinem Werk nicht hindern, sondern muß ihm dabei vielmehr helfen[400].

Das deutet darauf hin, daß die Unterscheidung nicht prinzipiell und äußerlich als Unterscheidung von zwei Gruppen oder gar von zwei Bereichen geschieht. Darin unterscheidet sich Luthers Zweireichelehre doch im wesentlichen von ihren traditionellen Vorgängern, der augustinischen civitates-Lehre und der mittelalterlich-katholischen potestates-Lehre. Freilich sind gewisse Aspekte aufgenommen und werden auch politische und sozialethische Konsequenzen reflektiert, was sich etwa an der Verbindung mit der Regimentenlehre zeigt. All das kommt jedoch unter ein anderes Zeichen zu stehen, wenn auf die eigentliche Intention der Unterscheidung geachtet wird. Eigentlich vollzieht sie sich nämlich im Gewissen des Einzelnen, der in seinem Leben den verschiedenen ihn betreffenden Urteilshinsichten das zukommen läßt, was ihnen zukommt. Die Unterscheidung der zwei Reiche vollzieht sich also als unaufhörliche Aufgabe des Christenmenschen in seinem Leben vor Gott in der Welt. Deshalb ist Luther in seinen Schriften zum Bauernkrieg so stark auf die Bestärkung der Gewissen ausgerichtet. Das Gewissen eines jeden ist der eigentliche Ort der Unterscheidung, in der immer wieder Gott zukommt, was Gott gehört, und der Welt, was der Welt angemessen ist. Diese Unterscheidung vollzieht sich, wie das in der »Ermahnung zum Frieden« dargestellt wird, als Unterscheidung von zwei *Rechten*.

2.464. Obrigkeit und Recht: das gemeine göttliche und natürliche Recht

Wir haben in einzelnen Aspekten schon gesehen, wie Luther versucht, die fundamentale Lebensnotwendigkeit der Obrigkeit nachzuweisen. Das sei jetzt noch etwas genauer erläutert. Im »Sendbrief« unterscheidet Luther in Hinsicht auf sein Büchlein wider die Bauern zwischen dem Aufrührer und dem Übeltäter (Mörder oder Räuber)[401]. Sie unterscheiden sich darin, daß der letztere im Gemeinschaftswesen nicht das Haupt, die Obrigkeit angreift, sondern diese vielmehr fürchtet und sich auf Glieder und Güter

---

[400] 390,17–19: Die aber ynn Gottes reich sind, söllen sich ydermans erbarmen und fur sie bitten, Aber doch dem welltlichen reich seyn recht und werck nicht hyndern, sondern helffen foddern.

[401] 397,20–22: Meyn buchlin ist nicht widder schlechte ubelthetter, sondern widder die auffrurischen geschrieben, Du must aber eynen auffrurischen weyt, weyt sondern von eynem mörder odder reuber odder sonst eynem ubelthetter.

stürzt, während der erstere das Haupt selbst angreift und ihm sein Schwert und sein Amt streitig macht. Während im Fall des Übeltäters das Haupt selbst, seinem Amt entsprechend, strafen kann, ist in der Situation des Aufruhrs das angegriffene Haupt gefangen und geschlagen, so daß es nicht mehr befehlen und urteilen kann und deshalb auf die selbstlose Hilfe aller Glieder angewiesen ist[402]. So rechtfertigt Luther seinen Aufruf gegen die Bauern. Es zeigt sich hier, wie ernst Luther die Bauernbewegung nimmt. Das gilt nicht nur für die »Ermahnung zum Frieden« in der Anerkennung ihrer Anliegen und in den gewissenhaften Ratschlägen an Fürsten und Bauern, sondern gerade auch für das »Büchlein« und den »Sendbrief« in der scharfen Wahrnehmung der Gefahr, die der Bauernkrieg mit sich bringt.

In der Einschätzung der Gefahr spielt diese Perspektive des Hauptes eine zentrale Rolle. Um des Rechtes willen bedarf es in der Welt einer Obrigkeit. Diese Obrigkeit ist jedoch nicht schon von vornherein durch besonderen Stand oder Reichtum, durch religiöse Relevanz oder gar sakrale Qualität bestimmt. Sie wird ausschließlich von ihrem Amt her, vom Amt des Schwertes und der Gewalt her erfaßt. Diese Gewalt ist auch das einzige, was sie überhaupt hat; wird die Gewalt ihr entzogen, so hat sie nichts mehr[403]. Die Gewalt des Schwertes, die für die Obrigkeit Gut, Leib und Leben bedeutet, für sie die einzige Rechtfertigung überhaupt ist, muß ausgeübt werden. Dieser Sachverhalt impliziert die kritische Frage an die Bauern, wie sie in ihrem Aufruhr das Problem der lebensnotwendigen Obrigkeit lösen können, wie sie die Übertragung des Amtes des Schwertes vollziehen wollen[404]. Werden sie »einen neuen sonderlichen Befehl von Gott aufbringen, mit Zeichen und Wunder bestätigt«[405]?

Luthers Urteil ist klar: das Problem der Obrigkeit haben die Bauern nicht wahrgenommen, und damit drohen der Welt Obrigkeit, Gewalt,

---

[402] 397,27–33: Aber eyn auffrurischer greyfft das hewbt selbs an und fellt yhm ynn das schwerd und ampt, . . ., hie ist nicht zu harren, bis das hewbt befelh thu und urteyle, denn es kan nicht und ist gefangen und geschlagen, sondern soll zu lauffen, wer da kan, unberuffen und unbefolhn, und als eyn getrewes glied seyn hewbt helffen retten mit stechen, hawen, würgen und zum heubt setzen leyb und gut.

[403] Das betont Luther gegen die Bauern und warnt sie davor, durch diesen Raub der Gewalt eine größere Ungerechtigkeit als die Ungerechtigkeit der Obrigkeit zu vollbringen. 305,24–26: Dazu nemet der oberkeyt yhre gewallt und recht auch, Ja alles, was sie hat, Denn was behellt sie, wenn sie die gewallt verloren hat? Ähnlich 305,30–33: Die oberkeyt nympt euch unbillich ewr gut, das ist eyn stuck. Widderumb nennt yhr der selben yhre gewallt, darynne alle yhr gut, leyb und leben stehet, drumb seyt yhr viel grösser reuber denn sie und habts erger fur, denn sie gethan haben.

[404] Gegen die Meinung Moltmanns, Luther sei im Bauernkrieg unfähig gewesen, seine Theologie sozialkritisch zu entfalten, muß hier diese Frage als die eigentlich zentrale Sozialkritik akzentuiert werden. Sozialkritik vollzieht sich nicht schon in der Parteinahme für die verändernden Kräfte, sondern erst in der möglichst kritischen Prüfung beider Parteien in Hinsicht auf das Lebensnotwendige.

[405] 304,29–31.

Ordnung und Recht zu entschwinden. Das hängt damit zusammen, daß die Bauern nicht um das Wohlerhaben der gesamten Gemeinschaft aller Stände und Schichten besorgt sind – das wäre ja die Aufgabe der gerechten Obrigkeit –, sondern vornehmlich darauf bedacht sind, ihr Recht durchzusetzen, sich als Richter über die anderen zu setzen und sich selbst zu rächen, wie sie wollen. Vor allem diese Parteilichkeit, die die Bauern die Anliegen ganz Deutschlands nicht mehr sehen läßt, hat Luther den Artikeln der Bauernschaft vorgeworfen[406]. In ihrem Aufruhr lassen sie sich nicht vom Bewußtsein des Hauptes leiten. Sie beanspruchen aber trotzdem die Gewalt des Schwertes, die dem Haupt gehört, und wollen richten und sich rächen, als ob sie das Haupt wären. Indem sie das Recht des Richters und des Vergelters an sich ziehen, gefährden sie es aufs schlimmste, denn Gericht und Vergeltung kann es nur im Dienste der Allgemeinheit geben. Aufgabe der Obrigkeit ist es eben, den Vollzug des Rechtes im Dienste der Allgemeinheit zu gewährleisten. An dieser Aufgabe mag zwar die Obrigkeit auch gemessen und beurteilt werden, doch auf die Obrigkeit in ihrem Amt des Schwertes kann man nicht verzichten. Ihr allein kommt es deshalb zu, dieses Amt zu verwalten, und jeder Versuch, das Recht aus dem Dienst der Allgemeinheit zu reißen, ist ein Mißbrauch dieses Rechtes.

Das begründet Luther sowohl mit dem göttlichen wie auch mit dem natürlichen Recht[407]. Gott spricht, wie es Dt 32,35 heißt: »Die Rache ist mein, ich will vergelten.« Dies führt er aus, indem er, wie es in Rm 13,1 ff und 1. Petr 2,14 dargelegt wird, eine Obrigkeit einsetzt, der es obliegt, dieses Amt zu verrichten. Doch nicht in dieser göttlichen Einsetzung soll die Obrigkeit ihre Berechtigung finden, sondern allein im sachgemäßen Vollziehen des ihr von Gott aufgegebenen Amtes. Deshalb verknüpft sich hier mit dem göttlichen das natürliche Recht[408], das ebenfalls den Verzicht darauf einschärft, sein eigener Richter und Rächer zu sein. Beide Perspektiven kann Luther im gemeinen göttlichen und natürlichen Recht[409] zusammenfassen. Diese Stelle verdient noch einige Aufmerksamkeit.

Es ist zunächst auffallend, wie Luther das natürliche Recht, das im Weltlichen ausschließlich gelten soll, auf Frieden und Recht orientiert. Der Kontrast mit Müntzers Eschatologie unterstreicht diese Eigenart. Während Müntzer sich vom Kampf mit dem Schwert den Beginn des Anbruchs des eschatologischen Reiches verspricht, konzentriert sich bei Luther das gött-

---

[406] Vgl. 298,21 ff.

[407] Vgl. 303,30 ff.

[408] 303,34–304,19: So gibts auch das natürliche und aller wellt recht, das niemand solle noch müge seyn eygen richter seyn, noch sich selbs rechen.

[409] 307,23–29: Nu dis ist alles gesagt von gemeynem göttlichem und natürlichem recht, das auch Heyden, Türcken und Juden hallten müssen, soll anders fride und ordnung ynn der wellt bleyben. Und wenn yhr dasselbige schon alles hieltet, dennoch nichts bessers noch mehr thettet, denn die Heyden und Türcken, Denn das man sich selbs nicht richtet noch rechet, sondern der gewallt und oberkeyt solchs lesst, macht keynen zum Christen, man mus es doch zu letzt thun, man thu es gerne odder ungerne.

liche und natürliche Recht auf die möglichst beste Erhaltung von Frieden und Recht in der Welt. Von diesem Unterschied her Luther jegliches eschatologische Bewußtsein abzusprechen, wäre kurzschlüssig. Es nimmt bei ihm nur eine andere Gestalt an. Der göttliche Zorn führt Müntzer in einen bedingungslosen Kampf gegen die Gottlosen, der das Eschatologische in seiner umstürzenden Neuheit anbrechen lassen soll. Bei Luther hingegen gilt es gerade im Zeichen des Zornes Gottes, im Zeichen des eschatologischen Kampfes von Gott und Teufel, verschärft das Evidente, das Lebensnotwendige wahrzunehmen. Das Handeln des Menschen steht nicht erst im Zeichen des baldigen eschatologischen Anbruchs. Vielmehr ist der Glaube an das in Christus geschenkte Heil schon eschatologische Gewißheit, die Freiheit dafür schenkt, das völlig uneschatologische Natürliche, das für das Wohl der Welt Unerläßliche, wahrzunehmen und zu tun. Daran ändert kein noch so eschatologisches Leitbild etwas: ohne Frieden und Recht, und das heißt zuletzt: ohne Obrigkeit, wird die Welt zur Wüste.

Mit dem Verweis auf das natürliche Recht kommt ein weiterer eigentümlicher Zug zum Ausdruck: während Müntzer in der eschatologisch gezeichneten Zeit eine radikale Trennung der Erwählten von den Gottlosen anstrebt, betont Luther das den Christen und den Gottlosen, »den Heiden, Türken und Juden« gemeinsame Recht. Nicht in der Absonderung, sondern in der gemeinsamen Unterwerfung unter das göttliche und natürliche Recht besteht die Aufgabe der politischen Verantwortung des Christen. Das zeichnet ihn nicht aus, damit hat er noch nichts Besseres und nichts mehr als die Heiden und Türken, die Gottlosen gemacht. Doch hat er damit das Notwendige und Evidente gemacht.

Das führt uns zum dritten eigentümlichen Merkmal in diesem Passus: die Unterwerfung unter das natürliche Recht zeichnet den Christen noch nicht aus, weil das natürliche Recht letztlich zwingend, unverletzlich ist. ». . . man muß es doch zu letzt thun, man thu es gerne odder ungerne.« Das Achten auf das gemeine göttliche und natürliche Recht ist nicht einfach beliebig, es unterliegt nicht dem guten Willen der Menschen. Alle weltlichen Vorhaben und Verhalten, auch wenn sie eschatologisch-geistlich bestimmt sind, haben daran ihr bleibendes kritisches Maß. Das gemeine Recht verpflichtet alle Menschen ausnahmslos.

2.465. Kreuz und Leiden: das christliche und evangelische Recht

Im Kontrast zum gemeinen göttlichen und natürlichen Recht entfaltet Luther ein Recht, das die Heiden nicht bindet, das er das christliche und evangelische Recht nennt[410]. Luther beruft sich hier auf die Inanspruch-

---

[410] 308,34–309,20: Weytter wöllen wyr nu auch von dem Christlichen und Euangelischen recht sagen, wilchs die Heyden nicht bindet wie das vorige. Denn so yhr euch rhümet und gerne höret, das man euch Christen nenne und dafur wölt gehalten seyn, so werdet yhr ia

nahme des christlichen Namens durch die Bauern, um ihnen mit aller Schärfe dieses christliche und evangelische Recht vorzuhalten. Da sie sich christlich nennen, sollen sie zu hören bekommen, was das christliche Recht wirklich ist. Mit einer Reihe von neutestamentlichen Zitaten beschreibt er die christliche Einstellung zum Unrecht und zum Leiden, was ihn dazu führt, den Bauern den christlichen Namen streitig zu machen, weil ihr Verhalten in krassem Widerspruch zu diesem christlichen Recht stehe.

Aufgrund von Mt 5,39ff betont Luther zunächst Christi Weisung, »man solle keinem Übel noch Unrecht widerstehen, sondern immer weichen, leiden und nehmen lassen«[411]. Dies expliziert er mit einigen Paulusstellen und Mt 5,44. Während die Bauern für irdische Güter kämpfen, Mantel und Rock für sich haben wollen, für eigenes Recht und eigene Freiheit sorgen, und deshalb auch besser daran tun, einen anderen, angemesseneren Namen zu suchen, besteht das christliche Recht gerade im Gegenteil, wie das sogar ein Kind aus den angeführten Stellen begreifen kann. Begründet auf der Gewißheit, daß uns unser Herr genügt, der uns nicht verlassen wird, wie er es versprochen hat, heißt das christliche Recht: »nicht sich sträuben wider Unrecht, nicht zum Schwert greifen, nicht sich wehren, nicht sich rächen, sondern dahingeben Leib und Gut, daß es raube, wer da raubt«[412]. Das faßt Luther anschließend noch einmal eindrücklich folgendermaßen zusammen: »Leiden, Leiden, Kreuz, Kreuz ist der Christen Recht, das und kein anderes.«[413] Es zeigt sich hier erneut, daß der Streit mit den Bauern eigentlich ein Streit um die Kreuzestheologie ist. Das wird am besten wieder am Gegensatz mit Müntzer offenkundig. Müntzer wirft Luther eine Kreuzesscheu vor und betont, das wahre Kreuz, das es nun zu tragen gelte, sei der Widerstand der Welt gegen den Anbruch des Reiches, der im Kampf der Gläubigen mit dem Schwert beginne. Der Kampf selbst, als Durchsetzen des Rechtes Gottes gegen die Gottlosen, sei das Tragen des Kreuzes, und Luther wage diesen Schritt nicht, weil er in seiner Lauheit dieses Kreuz befürchte. Das Kreuz ist das Schicksal derer, die die kriegerische Aktivität auf sich nehmen, die mutig zum Schwert greifen und als auserwählte Knechte Gottes das Reich der Gottlosen zu zerstören versuchen.

Luthers Bestimmung des christlichen und evangelischen Rechts impliziert eine ganz andere Einschätzung des Kreuzes. Nicht etwa in der

---

auch leyden, das man euch ewr recht fur hallte. Höret nu zu, lieben Christen, ewr Christlich recht.

[411] 309,24–29: Höret yhrs, yhr Christliche samlunge? wie reymet sich ewr furnemen mit diesem recht? Yhr wöllt nicht leyden, das man euch ubel und unrecht thue, sondern frey seyn und nur eytel gut und recht leyden. Und Christus spricht, man solle keynem ubel noch unrecht widderstehen, sondern ymer weychen, leyden und nemen lassen.

[412] 310,24–28: Denn an diesen sprüchen greyfft eyn kind wol, das Christlich recht sey, nicht sich strewben widder unrecht, nicht zum schwerd greiffen, nicht sich weren, nicht sich rechen, sondern dahyn geben leyb und gut, das es raube, wer da raubet, wyr haben doch gnug an unserm HERRN, der uns nicht lassen wird, wie er verheyssen hat.

[413] 310,28f: Leyden leyden, Creutz creutz ist der Christen recht, des und keyn anders.

Aktivität des Aufruhrs wird das Kreuz erfahren, sondern in der Passivität des Leidens, des Ertragens von Übel und Unrecht. Damit wird nicht etwa, wie Moltmann meint, »eine unprotestantische Leidensmystik und Demutsergebenheit« vertreten[414]. Luthers theologisches Anliegen ist vielmehr folgendes: im Kreuz muß unbedingt Gottes Handeln wahrgenommen werden. Das kann aber nur sola fide geschehen, d. h. indem der Mensch auf eigenes Wirken verzichtet und sich rein passiv dem Handeln Gottes aussetzt. Das Kreuz impliziert diese Passivität des Leidens: das ist ein Grundzug in Luthers theologia crucis. Daß er aber diese Bestimmung von Kreuz und Leiden nicht unmittelbar in den Bereich des Politischen übertragen will, zeigt schon, daß er das christliche Recht vom gemeinen natürlichen Recht unterscheidet und den Bauern für ihr politisches Vorhaben den Titel des Christlichen entziehen will. Es geht ihm also nicht darum, im Gegensatz zu Müntzers christlich geprägtem Aufruhr nun einen christlich geprägten, sozusagen einen evangelischen Pazifismus zu begründen. Die Schärfe, mit der er Kreuz und Leiden akzentuiert, weist schon darauf hin, daß Luther eine ganz andere Dimension als das Politische im Auge hat: die Dimension der das Leben als ganzes in seinen vielfältigen Bezügen umfassenden Grundeinstellung des Menschen, seines existentiellen Umgangs mit sich selbst, mit den anderen, mit der Welt und mit Gott.

Daß es hier vornehmlich um diese existentielle Hinsicht geht, kommt am besten im zweiten von den drei angeführten Beispielen zum Ausdruck[415]. Neben der Szene der Gefangennahme Jesu, bei der Petrus durch Jesus zurechtgewiesen wird, weil er zum Schwert greift, und neben seinem eigenen Kampf gegen Papst und Kaiser, den er nicht mit Schwert und Aufruhr, sondern allein durch Gottvertrauen gewonnen habe[416], erwähnt Luther als Beispiel auch Christus selbst, als er am Kreuze starb[417]. Also nicht etwa Kreuzesscheu, wie das Müntzer behauptet, zwingt Luther zu seiner Einstellung. Vielmehr geschieht auch hier, in ganz anderer Manier,

---

[414] Vgl. o. S. 67.

[415] 311,20 f: Ich will euch etliche exempel erzelen des Christlichen rechts, das yhr sehet, wo hyn euch die tollen propheten gefüret haben.

[416] Zum Beispiel des Petrus, vgl. 311,21 ff. Zum Beispiel seiner eigenen Person, vgl. 313,21 ff. 22–29: Nu wo mit hab ichs dahyn bracht, das yhe mehr Bapst und Keyser tobet haben, yhe mehr meyn Euangelion fort ist gangen? Ich habe nie keyn schwerd gezuckt, noch rache begerd, Ich habe keyn rotterey noch auffrur angefangen, . . . Aber damit byn ich blieben, das ichs Gott gar heym gestellet und allezeyt auff seyne hand trotzlich mich verlassen habe. – Auch hier klingt die existentielle Perspektive in aller Deutlichkeit an: nicht mit dem Schwert ist dem Evangelium zu helfen, sondern so, daß man es hört und es im Glauben an Gott wirken läßt.

[417] Vgl. 312,18–313,20. 18–24: Eyn ander exempel: Christus selbs, was thut er, da man yhm das leben am creutz nympt und damit seyn predigampt nydderlegt, dazu er gesand war von Gott selber, den seelen zu gut? Das thut er, wie S. Petrus sagt, Er stellet es dem heym, der recht richtet und er leyd solch unleydlich unrecht. Uber das bat er fur seyne verfolger und sprach: ›Vater vergib yhnen, denn sie wissen nicht, was sie thun‹. Wo yhr nu rechte Christen seyt, müsst yhr warlich auch so thun und diesem exempel folgen.

Kreuzestheologie. Im Kontrast zu vielen anderen Stellen wird hier im Kreuz die Dimension des Exempels, des Vorbildes hervorgehoben. Jedoch führt dies nicht zu einer moralischen Kreuzesinterpretation, die in Christi Tod ein gutes Werk unterstreichen würde, das es nachzuahmen gälte. Im Gekreuzigten offenbart sich vielmehr die Lebenseinstellung des Glaubens, der Leiden und Unrecht, ja sogar die Verfolger und Feinde Gott anvertraut und in selbstloser Hingabe leidet, ja sogar für die Verfolger und Feinde stirbt. In diesem Kreuz hat Gott das Evangelium triumphieren lassen.

Demgegenüber versuchen die Bauern, mit eigener Kraft dem Evangelium zu helfen. Dadurch aber kämpfen sie gegen das Evangelium, verhindern Gottes Handeln, und ihnen droht schließlich der Verlust sowohl des Evangeliums als auch der Faust[418]. Dem Evangelium, dem Handeln Gottes kann man nur so helfen, daß man auf jegliche eigene Hilfe verzichtet und es wirken läßt. Von der existentiellen Einstellung her versuchen die Bauern im Grunde genommen, indem sie sich mit eigener Macht helfen, nichts anderes, als sich zu ihrem eigenen Gott und Heiland zu machen und so zu verhindern, daß Gott ihr Gott und Heiland sei[419]. In diesem Sinne ist Müntzers Kreuz ein Kreuz zur Verherrlichung, zur Vergöttlichung des Menschen, es ist das Kreuz nicht der theologia crucis, sondern einer theologia gloriae, die das menschliche Handeln mit dem eschatologischen Handeln Gottes vermischt.

Die christliche Weise, mit Unglück und Übel umzugehen, besteht darin, auf seine eigene Macht zu verzichten, alles auf Gott zu setzen, zu leiden und ihn anzurufen, zu ihm zu beten[420]. Dadurch nimmt das christliche Ringen paradoxale Züge an: die Kraft liegt in der Schwachheit (in der Unkraft, wie Luther sagt), der Sieg im Unterliegen. Gleich wie der Herzog der Christen, Christus, am Kreuz hängt und nicht etwa das Schwert schwingt, streiten die Christen nicht etwa mit Schwertern und Büchsen, sondern mit Kreuz und Leiden[421]. Das christliche Recht besteht schließlich darin, auf sein

---

[418] 313,32–34: Nu fallet yhr myr dreyn, wöllet dem Euangelio helffen und sehet nicht, das yhrs damit auffs aller höhest hyndert und verdruckt. Vgl. auch 312,33–313,20: Nu yhr aber selbs dreyn fallet und wöllets nicht mit leyden, sondern mit der faust erobern und erhallten, so hyndert yhr seyne rache und werdets machen, das yhr wider Euangelion noch faust behallten werdet.

[419] 318,36–319,21: Sehet, das ist die rechte Christliche weyse, von unglück und ubel los zu werden, nemlich dulden und Gott anruffen. Weyl yhr aber der keyns thut, widder ruffet noch duldet, sondern mit eygener macht euch selber helfft und macht euch selbs zu ewrem Gott und heyland, So müs und kan Gott nicht ewer Gott noch heyland seyn.

[420] 318,25–27: Weret yhr aber Christen, So würdet yhr faust und schwerd trotzen und drewen lassen und zum Vater unser euch hallten und mit beten ewer sachen bey Gott foddern und sprechen: ›Deyn will geschehe‹.

[421] 315,29–36: Denn Christen, die streytten nicht fur sich selbs mit dem schwerd und mit büchsen, sondern mit dem Creutz und leyden, Gleych wie yhrer hertzog Christus nicht das schwerd füret, sondern am creutze hanget. Darumb steht auch yhrer sieg nicht ym obligen und hyrschen odder gewallt, sondern ym unterligen und unkrafft, wie S. Paulus sagt 2. Corinth. 1 [2. Kor. 10,4]: ›Unser Ritterschafft waffen sind nicht leyblich, sondern gewalltig ynn Gott‹. Und abermal [2. Kor. 12,9]: krafft wird durch unkrafft volkomen.

Recht nicht zu pochen, sondern zu verzichten, um so durch den Glauben dem Recht Gottes in Kreuz und Leiden unbeschränkten Raum zu geben. In dieser Konzentration auf Kreuz und Leiden greift Luther auf zentrale Aspekte seiner theologia crucis zurück, die er auch hier mit paulinischen Stellen zum Ausdruck bringt, vor allem aus 2. Kor 12. »Kraft wird durch Unkraft vollkommen«: das gilt im Lichte des Kreuzestodes Christi.

Wie bereits betont wurde, geht es Luther nicht darum, dieses christliche Recht unmittelbar ins Politische zu übertragen. Das widerspräche ja der Unterscheidung zwischen den zwei Reichen. Deshalb ist es kurzschlüssig, wenn man, wie es oft geschieht, von Luther sagt, er habe von seinem Kreuzesverständnis her die Bauern zum christlichen Dulden aller Unrechte und aller Übel aufgerufen. Damit würde man die Ebene des natürlichen Rechtes vergessen. Luthers Argumentation verläuft vielmehr folgendermaßen: wenn die Bauern schon nicht Christen sind, so seien sie wenigstens rechte Heiden, die das natürliche Recht respektieren. Anders gesagt: Kreuz und Leiden, als christliches Recht, ist kein Recht für das Reich der Welt, sondern verlangt vielmehr eine sorgfältige Unterscheidung der zwei Reiche. Durch diese Unterscheidung bekommt jedes der Reiche sein angemessenes Recht. So gilt es nicht etwa, das Christliche unmittelbar politisch aufzunehmen – sei es als Aufruhr oder als Dulden. Vielmehr bildet aber Kreuz und Leiden als Vorgang im Reich Gottes die existentielle Grundlage, auf der es erst recht möglich wird, im Weltlichen den Forderungen des natürlichen Rechtes gerecht zu werden. Indem ich am Kreuz meinem Recht und meiner Macht abgestorben bin, auf jede Vergöttlichung verzichtet habe, kann ich mich frei, in selbstloser Hingabe, den Aufgaben im Reich der Welt widmen. Nicht auf eine besondere christlich geprägte Haltung ist Luther ausgerichtet, sondern auf die in Kreuz und Leiden geschenkte Freiheit, einem jeden Reich das Seine zukommen zu lassen. In politischer Hinsicht heißt das: das Reich der Welt nüchtern als Reich der Welt – und nicht etwa als Reich Gottes – wahrnehmen und in ihm die Imperative des natürlichen Rechts zur bestmöglichen Erhaltung des Lebensnotwendigen walten lassen. In Hinsicht auf das Verhältnis zur Welt im weitesten Sinne findet also die theologia crucis in der Unterscheidung von den zwei Reichen ihre sachgemäße Explizierung. Diese Unterscheidung gilt es freilich immer wieder zu vollziehen, als innere Freiheit zu äußerem Dienst, als Freiheit von sich selbst für den Nächsten, als Freiheit im Glauben für die Liebe, als Freiheit, in allen Spannungen und Widersprüchen gewissenhaft zu unterscheiden. »Also gehets denn beydes feyn mit eynander, das du zu gleych Gottis reych und der wellt reich gnug thuest, eusserlich und ynnerlich, zu gleych ubel und unrecht leydest und doch ubel und unrecht straffest, zu gleych dem ubel nicht widderstehist unnd doch widderstehist. Denn mit dem eynen sihestu auff dich und auff das deyne, mit dem andern auff den nehisten und auff das seyne. An dyr und an dem deynen helltistu dich nach dem Euangelio und leydest unrecht als eyn rechter Christ fur dich, An dem andern und an dem seynem helltistu dich nach der liebe unnd leydest keyn unrecht fur deynen nehisten; wilchs das Euangelion nicht verpeutt, ja viel mehr gepeutt am andern ortt.«[422]

In dieser spannungsvollen Paradoxalität zeigt sich eindrücklich, daß die Zweireichelehre bei Luther nicht als eine Lehre vom friedlichen Nebenein-ander verschiedener Lebensbereiche aufgefaßt werden kann. Es geht in ihr vielmehr um den richtigen Umgang mit einer einzigen konfliktreichen Lebenswirklichkeit, die der Mensch als Gewissen zu bewältigen hat, um gleichzeitig ineinandergreifende, miteinander streitende Relationen, die den Menschen als ganzen in Anspruch nehmen. Man müßte deshalb eigentlich angemessener von einer »Zweiinstanzenlehre« sprechen[423], denn in ihr wird eigentlich »nur« reflektiert, wie der Mensch vor Gott und vor der Welt als den ihn letztlich angehenden Instanzen lebt, glaubt und liebt. Nur mit diesem intensiven Lebensbezug der coram-Relationen ist die Zweireichelehre in ihrer eigentlichen, letzten Wurzel erfaßt. Denn auch hier geht es Luther darum, das strittige simul zu erfassen, das erst den wirklich eschatologischen Charakter des Lebens im Zeichen des Kreuzes ausmacht.

2.5. Eschatologia crucis: Zusammenfassung und Übergang

Nach dieser langen Wanderung durch die vielen Texte Luthers und, damit verbunden, durch vielfältige, abwechslungsreiche Themen seiner Theologie hindurch drängt es sich auf, eine Zusammenfassung zu unter-nehmen. Da aber dieser Teil über Luthers theologia crucis im Kontext einer systematischen Fragestellung steht und, wie zu Beginn dieses Teils formuliert wurde, wegweisende Denkrichtungen für die dogmatische Ver-arbeitung des Themas geben soll, kann diese Zusammenfassung nicht abschließenden Charakter haben. Sie soll vielmehr – indem sie die verschie-denen Fäden der historischen Arbeit sammelt und gewissermaßen zu einem Gesamtstrang verknüpft – die Perspektiven der weiteren Arbeit markieren. Die Zusammenfassung soll zugleich Übergang sein. Diese Übergangs-funktion soll dadurch angedeutet werden, daß wir diese zusammenfassen-den Bemerkungen unter den Titel »eschatologia crucis« stellen: Diese von

---

[422] WA 11; 255,12–21 (Von weltlicher Obrigkeit, wie weit man ihr Gehorsam schuldig sei, 1523). In dieser knappen Formulierung sind die wichtigsten Aspekte der Unterscheidung von christlichem und natürlichem Recht enthalten und man könnte deshalb auch mit ihr genau bestimmen, was Luther in der Bauernbewegung beanstandet, auch wenn er sich hier eher an die Obrigkeit wendet. Der Mangel in der Haltung der Bauern scheint letzten Endes der zu sein, daß sie der eigentümlichen Spannung nicht standhalten und sich zu einer Vermischung des Inneren und des Äußeren verleiten lassen.

[423] Vgl. G. *Ebeling*, WG III, 580, der erwägt, ob man nicht mit gewissem Recht von einer Zweiforalehre sprechen könnte und müßte.

Moltmann entliehene Formulierung[1] weist auf die Aufgabe hin, die weiten und vielfältigen Aspekte der in Betracht gezogenen Luthertexte nochmals auf das Verhältnis von Kreuz und Eschatologie hin zu bündeln und konzentrisch zu erfassen. Diesen Übergang wollen wir so vollziehen, daß wir die Probleme der Rezeption von Luthers theologia crucis wieder aufgreifen, die uns als Einstieg in diesen zweiten Teil gedient hatten, und sie im Lichte des in diesem Teil Erarbeiteten behandeln.

Vorerst sei jedoch noch auf einige Spannungsfelder hingewiesen, die sich aus der Beschäftigung mit Luthers theologia crucis herauskristallisieren und die den Horizont unserer Zusammenfassung bilden.

2.51. *Konzentration und Weite: theologische Spannungsfelder*

2.511. Historische und systematische Beschäftigung

Die Behandlung von Luthers theologia crucis geschah in zwei Hauptmomenten. Zunächst wurde an Texten einer zeitlich beschränkten Periode seines Wirkens beobachtet, wie bei ihm der Gegensatz von theologia crucis und theologia gloriae sich durchsetzt und zu einer für ihn grundlegenden theologischen Einsicht wird. Im zweiten Arbeitsgang jedoch erweiterte sich die Perspektive, denn nun mußte versucht werden, die theologia crucis in ihrem konkreten Vollzug, sozusagen am Werk zu zeigen. War das erste Thema noch so angelegt, daß es eine historische Arbeit in bescheidenem Rahmen erlaubte, so war das zweite dergestalt, daß dessen Bearbeitung schon viel stärker die systematischen Interessen verriet.

Das hat seine Gründe im historischen Sachverhalt selbst, der durch eine eigentümliche Spannung charakterisiert ist. Einerseits konzentriert sich die ausdrückliche und intensive Beschäftigung mit dem Thema der theologia crucis bei Luther auf einige Texte einer bestimmten Zeit. Andererseits aber steht die gesamte Theologie Luthers unter dem (oft impliziten, unausgesprochenen) Einfluß der theologia crucis. Wollte man von einem Vollständigkeitsprinzip ausgehen, käme die Beschreibung der »theologia crucis im Vollzug« bei Luther einer ausführlichen Darstellung seiner gesamten Theologie gleich. Eine Auswahl von einzelnen, begrenzten Texten und Themen drängte sich auf. Für diese Auswahl ließen wir uns ganz bewußt durch unsere systematischen Interessen leiten. Daß wir uns etwa mit den Themen der Hoffnung, der Sünde, des verborgenen Gottes oder der Zweireichelehre beschäftigten, ist also nicht von ungefähr. Diese systematische Orientierung verfälscht aber nicht von vornherein die historische Arbeit, denn unsere Auswahl hat auch ihre eindeutigen historischen Gründe. An den

---

[1] Vgl. *J. Moltmann,* Theologie der Hoffnung. Untersuchungen zur Begründung und zu den Konsequenzen einer christlichen Eschatologie, (1964) 1977[10], 140 ff. Dazu s. 1. Anm. 59 und 3.231.

ausgewählten Themen schien uns die Eigenart von Luthers Theologie ganz besonders eindeutig zum Ausdruck zu kommen.

Freilich trägt das systematische Interesse die Gefahr in sich, daß gewisse historische Probleme nicht genügend Berücksichtigung finden, was sich dann mit der Ungenauigkeit des erreichten Verständnisses rächt. So könnte man sich fragen, ob der Unterschied zwischen dem jungen und dem alten Luther und die Entwicklung in seiner Theologie nicht größere Aufmerksamkeit verdient hätten, ob Luthers Auseinandersetzung mit Scholastik, Mystik und Schwärmertum nicht durch eine ausführlichere und differenziertere Darstellung der gegnerischen Positionen hätte profiliert werden müssen, ob überhaupt seine Theologie nicht viel mehr im Kontext ihrer kirchlichen, politischen, sozialen und geschichtlichen Situation zu interpretieren wäre. Hinter diesen Fragen stecken schwerwiegende, nicht zu vergleichgültigende Aufgaben. In der Tat können wir wohl kaum behaupten, wir hätten sie in diesem zweiten Teil alle umgehend gelöst. Es wurde jedoch versucht, im gesetzten, beschränkten Rahmen diese historischen Probleme möglichst wahrzunehmen. So hoffen wir, daß das systematische Interesse der Beschäftigung mit Luthers theologia crucis nicht nur geschadet, sondern vielmehr geholfen hat, sie stets auf die wesentliche Fragestellung auszurichten.

2.512. Christologie und Soteriologie

Die Spannung von Konzentration und Weite, die wir soeben in methodologischer Hinsicht beschrieben haben, wiederholt sich gewissermaßen auf theologischer Ebene. Man könnte zunächst meinen, die Kreuzestheologie sei im Grunde genommen ein Thema der Christologie, und zwar, wenn man heilsgeschichtlich denkt, nicht einmal ein gesamtchristologisches Thema. In diesem heilsgeschichtlichen Verständnis würde die Kreuzestheologie allein die freilich wichtige, aber doch kurze Zeitspanne der Passion und des Todes Jesu umfassen. Mit dieser Bestimmung ist eine Konzentration vollzogen, die auch Luther anerkennen würde. In der Tat geht es bei ihm letztlich um dieses Ereignis des Leidens und Sterbens Jesu, das für die gesamte Theologie das alleinige grundlegende Geschehen bildet. Das schwingt mit in Luthers »CRUX sola est nostra Theologia«[2]. Es wäre jedoch abwegig, von diesem konzentrischen Zug her zu schließen, die theologia crucis beschränke sich bei Luther auf die Interpretation des Kreuzestodes Jesu in diesem engen, historischen Rahmen. Vielmehr führt die Konzentration auf das Kreuzesereignis zu einer schärferen Erfassung der weiten theologischen Zusammenhänge. Diese Zusammenhänge kann Luther so zum Ausdruck bringen, daß er von der Aufgabe spricht, nicht nur die Mysterien des Kreuzes Christi, sondern auch dessen Gebrauch und

---

[2] WA 5; 176,32 f (Op. in Ps.).

Wohltat darzustellen[3]. Fabulatores nennt er die, die Christi Passion nur in
historischer Hinsicht betrachten, d. h. nur daraufhin, daß und wie es
passiert ist, was tatsächlich geschehen ist, was in den Ereignissen für wahr
zu halten ist. Diesem Fabulieren entgegen betont Luther, daß vielmehr der
usus und fructus des Kreuzes gelehrt werden muß. So erst wird man dem
göttlichen Handeln gerecht, denn damit wird betont, daß nicht wir handeln und wirken, daß vielmehr Gott uns wirkt, was sozusagen von Grund
auf jede Theologie der Hochmütigen – jede theologia gloriae! – zerstört[4].

Es zeigt sich hier, daß Luther in seiner Kreuzestheologie von einem
engen Verhältnis von Christologie und Soteriologie ausgeht. Dieses Verhältnis erweitert entscheidend die Perspektiven, so daß man sich für die
Darstellung der lutherischen theologia crucis nicht mit seiner Lehre vom
Kreuz Christi begnügen kann. Mit ihr verknüpfen sich unmittelbar nicht
nur die weiteren christologischen Themen wie Auferstehung, Geburt,
Verkündigung und Leben Jesu, sondern auch alle soteriologischen Implikationen in den verschiedenen Bereichen der Theologie. Die Kreuzestheologie ist nicht als reine Christologie zu bewältigen: auch hier verbinden sich
Konzentration und Weite, christologische Zentrierung und soteriologische
Ausdehnung. Diese zwei Pole kennzeichnen das Spannungsfeld, in dem
sich die Theologie als theologia crucis vollzieht. Das Kreuz Christi verliert
seine ganze Bedeutung, wenn sein usus und fructus nicht das zentrale
Anliegen seiner Auslegung bildet. Die Christologie impliziert die Soteriologie. Umgekehrt aber erfordert auch die Soteriologie eine Verwurzelung
in der Christologie, denn Heil im christlichen Sinne gibt es nur als in der
christologisch gesetzten Externität begründetes Heil.

Interessant ist in diesem Kontext, daß Moltmann in seinem Versuch
eines Neuansatzes für die Kreuzestheologie gerade bei der Notwendigkeit
einsetzt, sie von den Grenzen der Heilslehre zu befreien[5]. Das geschieht
zwar hier nicht mit dem Anspruch der fabulatores, das Kreuz Christi allein
historico more zu betrachten. Als Motiv wird »die fällige Revolution im
Gottesbegriff« erwähnt. Damit verbinden sich weitere Ansätze, die Einseitigkeiten der Tradition zu überwinden: es gilt, »über die Sorge um
persönliches Heil hinauszugehen und nach der Befreiung des Menschen
und seinem neuen Verhältnis zur Realität der Teufelskreise in seiner
Gesellschaft zu fragen« und so »die reformatorische Theologie . . . über

---

[3] WA 5; 544,15–19 (Op. in Ps., zu Ps 19,2): Ubi iterum vides, quam brevi et apto verbo
eloquatur spiritus non solum mysteria Crucis Christi, sed et usum et beneficium eius, ut et hic
discas, meros esse fabulatores, qui Christi passionem praedicant historico more, nullum eius
usum et fructum docentes, qui est, ut opera manuum dei efficiamur.
[4] WA 5; 544,19–22: Ubi ergo manebit liberum arbitrium, ubi facere quod in se? cum hic
fieri nos doceamur, non facere, et non nos operemur, sed deus nos operetur, facturae non
factores simus, funditus scilicet ruit omnis Theologia superborum.
[5] *J. Moltmann*, Der gekreuzigte Gott, (1972) 1976³, 9 (s. dazu o. 1.34.).

Kirchenkritik hinaus zur Gesellschaftskritik zu entfalten«[6]. Nicht eigentlich über die Soteriologie schlechthin will Moltmann hinausgehen[7], sondern über die Heilslehre der »Sorge um persönliches Heil«. Er will also vielmehr die Soteriologie vom Gesichtspunkt des Einzelnen und seines persönlichen Heils befreien und Gotteslehre und Gesellschaftstheorie unmittelbar miteinander zu einer neuen Soteriologie verknüpfen, die diesen Gesichtspunkt übersteigt und überholt.

Man wird sich fragen müssen, ob mit diesem Überspielen des Einzelnen nicht schlechtweg jede Verankerung in der Wirklichkeit verloren geht und man sich dadurch nicht wieder in einer Form von Theologia superborum befindet[8].

2.513. Eschatologie und Lehre von den letzten Dingen

Dasselbe wiederholt sich noch einmal, wenn man nun den zweiten Aspekt des Grundverhältnisses unserer Arbeit in Betracht zieht, das Problem der Eschatologie. Auch hier gilt zunächst eine zentrierende Einschränkung der Eschatologie: sie hat vornehmlich die Darstellung der letzten Dinge zum Thema. So hat etwa P. Althaus die Eschatologie bei Luther bestimmt und beschrieben[9]. In diesem Sinne behandelt sie Themen wie Auferstehung der Toten, ewiges Leben, Zwischenzustand, das Jüngste Gericht, das Reich Gottes usw. Dieser engen Bestimmung der Eschatologie kommt ein beschränktes, aber durchaus beachtliches Recht zu. Es wäre nicht von vornherein berechtigt, diese Spezialthemen des zukünftigen Lebens ins Zentrum oder gar an den Anfang zu rücken. Ein bescheidener Platz – etwa für die klassische Dogmatik in einem abschließenden Kapitel »De novissimis« – wird ihnen vielleicht doch eher gerecht. Die enge Bestimmung erlaubt es auch, den Problemkomplex besser zu überblicken und ihn genauer zu erfassen, während eine Ausweitung des Eschatologischen allzu leicht der Gefahr der Äquivokation unterliegt und eine scharfe Definition des Eschatologischen verunmöglicht.

Trotzdem wird in unserer Arbeit die Eschatologie bei Luther nicht einfach als Lehre von den letzten Dingen – etwa im Sinne von Althaus – entfaltet. Diese Perspektive gehört zwar und muß auch dazu gehören, so etwa wenn die Unterscheidung zwischen diesem und dem zukünftigen Leben oder der zukünftige Zustand der endzeitlichen gloria beschrieben wird. Sie steht aber in einem weiteren Rahmen. Dies hat auch wieder seine

---

[6] AaO.

[7] Ein solches Hinausgehen über die Grenzen der Soteriologie müßte ohnehin als problematisches Unterfangen eingeschätzt werden, denn es scheint wohl kaum möglich, überhaupt etwas ungeachtet seiner soteriologischen Bestimmung zu betrachten.

[8] Zur Kategorie des Einzelnen, s. o. 1.15.

[9] Vgl. *P. Althaus*, Luthers Gedanken über die letzten Dinge, LuJ 33, 1941, 9–34; *ders.*, Die Theologie Martin Luthers, 1962, 339–354 (»Die letzten Dinge«). Vgl. auch an verschiedenen Stellen *ders.*, Die letzten Dinge, 1933⁴.

sachliche Berechtigung in Luthers Theologie. Diese ist in der Tat durch eine verschärfte Erfassung des Eschatologischen nicht nur im klassischen locus der novissima, sondern primär in seiner zentralen Bedeutung für die theologischen Grunddaten überhaupt, für Gotteslehre, Christologie, Soteriologie und Pneumatologie geprägt[10]. Überhaupt kennzeichnet diese Wiederentdeckung des eschatologischen Charakters der Theologie die eigentliche Neuheit von Luthers Denken gegenüber der Scholastik[11]. Dadurch reicht die eschatologische Thematik weit über die zukünftigen letzten Dinge in die Gegenwart und in die Vergangenheit hinein und gestaltet sich nicht nur als präsentische, sondern auch vornehmlich – und zwar gerade im Kreuz – als perfektische Eschatologie. Von dieser weiten Ausdehnung des Eschatologischen her wird es überhaupt erst möglich, Kreuz und Eschatologie zueinander in Verbindung zu bringen.

Doch sowenig unser zweiter Teil Luthers Lehre von den letzten Dingen entfaltet, ebensowenig können wir in Anspruch nehmen, in ihm im weiten Sinne »Eschatologie bei Luther« behandelt zu haben. Vielmehr versuchten wir in Hinsicht auf beide Aspekte, Kreuz und Eschatologie, der doppelten Bewegung von äußerster Konzentration und breitangelegter Weite so gerecht zu werden, daß wir ihre gegenseitige, spannungsvolle Interpretation in einzelnen Texten und Themen beobachteten. Weil er gegenseitig ist, gestaltet sich dieser Interpretationsprozeß in doppelter Richtung: einerseits ging es darum, aufzuweisen, wie die Eschatologie sich auf das Verständnis des Kreuzes auswirkt, wie das Kreuz eschatologisch bestimmt wird; anderseits darum, zu entfalten, wie das Kreuz die Eschatologie bestimmt, wie diese unter das Zeichen des Kreuzes gestellt wird.

2.514. Fundamentaltheologie und Theologie im Vollzug

Das Kreuz hat bei Luther fundamentaltheologische Relevanz. Das wurde am Gegensatz von theologia gloriae und theologia crucis deutlich, den wir anhand einiger Schriften aus den Jahren 1517–19 erläuterten. Mit ihm werden nicht nur zwei Teile oder zwei Aspekte einer einzigen Theologie unterschieden. An ihm entscheiden sich vielmehr wahre und falsche Theologie. Neben diesem Gegensatz hat eigentlich bei Luther nur noch ein weiterer Grundsatz im selben Ausmaß fundamentaltheologische Bedeutung: die cognitio Dei et hominis in der Enarratio des 51. Psalms[12]. In

---

[10] In diesem weiten Sinne hat *U. Asendorf* die lutherische Eschatologie zu erfassen versucht. Vgl. Eschatologie bei Luther, 1967. Vgl. auch als weitere systematische Verarbeitung: *ders.*, Gekreuzigt und auferstanden. Luthers Herausforderung an die moderne Christologie, 1971.

[11] Darauf müssen wir später zurückkommen, um diese These noch zu erläutern und genauer zu erfassen, vor allem aber auch um zu überlegen, ob darin nicht ebenfalls ein wesentlicher Unterschied zur mittelalterlichen Mystik und zu den schwärmerischen Bewegungen gegeben ist.

[12] WA 40,2; 313–470. Zur fundamentaltheologischen Formel, vor allem die Auslegung des

diesem wesentlich späteren Versuch verläuft zwar die fundamentaltheologische Bestimmung ganz anders, doch weisen beide Formulierungen wichtige Gemeinsamkeiten auf. Im Gegensatz von theologia crucis und theologia gloriae werden wahre und falsche Theologie beschrieben und auf ihren unüberwindbaren Unterschied hin bedacht. Dieser Aspekt der Gegenüberstellung fehlt zwar auch in der Enarratio nicht, denn dort wird die cognitio Dei et hominis als sapientia divina et proprie theologica im Kontrast zu einer theologia facta mere mundana, Civilis betont[13]. Hier wird jedoch diese göttliche und eigentlich theologische Weisheit eher inhaltlich umschrieben, indem die Gotteserkenntnis und die Selbsterkenntnis des Menschen nicht etwa einander gegenübergestellt, sondern vielmehr als die zwei unentbehrlichen und untrennbaren Aspekte der Theologie zueinander in die richtige Beziehung gebracht werden. Auch in der Darstellung der theologia crucis kommt dieser Zug zum Ausdruck: die Kreuzestheologie wird als einzige wahre Gotteserkenntnis bestimmt, wobei auch mitschwingt, daß die angemessene Erkenntnis des Menschen als Sünders mit jener aufs engste verknüpft ist. Die zwei fundamentaltheologischen Aussagen weisen im Grunde genommen auf Gemeinsames, so daß man sagen kann: die wahre cognitio Dei et hominis ist nichts anderes als die theologia crucis.

Mit diesen Gedankengängen konzentriert sich Luther auf die grundlegende Aufgabe, immer wieder das Wesen der Theologie zu bedenken, die Theologie immer wieder zu ihrer Sache zu ermahnen. Doch gerade weil die fundamentaltheologische Bestimmung ganz auf die Sache der Theologie ausgerichtet ist, kann die theologia crucis nicht einfach Fundamentaltheologie bleiben, sondern muß diese entscheidende Sache auch in Angriff nehmen. Deshalb ist sie auch schon immer Theologie im Vollzug. Gerade aufgrund der äußersten Konzentration auf die eine Sache der Theologie vollzieht die theologia crucis die theologische Aufgabe in allen einzelnen Schritten bis hin zu den scheinbar abgelegensten Themenbereichen. Nur so ist die Möglichkeit geschaffen, auch immer wieder von diesen weiten Perspektiven auf das eine Zentrum des Kreuzes zurückzukommen.

Damit sind in aller Kürze die Spannungsfelder angedeutet, in denen unsere Beschäftigung mit Luthers theologia crucis stand. Sie bilden für den Versuch einer zugleich als Übergang dienenden Zusammenfassung den

---

v. 2 des Psalmes (319–329). Zu diesem Thema: G. *Ebeling,* Cognitio Dei et hominis, in: Lu-Stud I, 221–272, bes. 255–272.

[13] WA 40,2; 327,11 und 317,5. Damit erfolgt eine thematische Bestimmung des subiectum Theologiae 328,1–5: . . . ut proprie sit subiectum Theologiae homo reus et perditus et deus iustificans vel salvator. Diese Bestimmung liefert ein Kriterium dafür, was zum Thema der Theologie gehört und was in ihr nur Irrtum und Nichtigkeit ist und deshalb die Theologie verweltlicht: quicquid extra istud argumentum vel subiectum quaeritur, hoc plane est error et vanitas in Theologia, quia non expectamus in sacris literis possessiones, sanitates corporum vel politicarum rerum, quae omnia tradita sunt in manus nostras et creata.

angemessenen Horizont. Zusammenfassung in diesem Sinne gibt es nur als den – seinerseits spannungsvollen – Schnittpunkt dieser verschiedenen Spannungsfelder.

2.52. *Kreuz und Eschatologie bei Luther*

An verschiedenen Stellen haben wir versucht, Luthers Denken in der Auseinandersetzung mit seinen verschiedenen Gegnern zu erfassen. Das geschah vor allem in Hinsicht auf einzelne, begrenzte Themen und aufgrund ganz bestimmter Texte, so daß diese Konfrontation immer beschränkt blieb, stark den Charakter der Einzelheit trug. Es soll nun versucht werden, darüber hinaus zusammenfassend die verschiedenen Fronten zu skizzieren und auf ein gemeinsames Grundproblem hin zu kennzeichnen. Diese Darstellung soll uns erlauben, Luthers Theologie schärfer in den Blick zu bekommen.

Geht man von dem Grundgegensatz von theologia crucis und theologia gloriae aus, so liegt es nahe, die Theologie der Gegner Luthers als theologia gloriae zu charakterisieren. Doch damit diese Bezeichnung nicht eine bloß karikierende Etikettierung bleibt, bedarf es gründlicher Rechenschaft über eine solche Interpretation.

2.521. Theologien im Zeichen der theologia gloriae: das Problem der Internalisierung

Den besten Einstieg liefert hier die Testfrage, ob überhaupt und wie sich in den verschiedenen Positionen das Kreuz auf das Verständnis der Eschatologie auswirkt. Mit dieser Frage verbinden sich erhebliche Schwierigkeiten für die drei Traditionen und Bewegungen, denen wir in der Darstellung von Luthers theologia crucis begegneten und die nun auch hauptsächlich in Betracht kommen: die scholastische Schule, die mystische Tradition und die schwärmerische Bewegung.

Für die Scholastik steht die Eschatologie als letzter großer Abschnitt im Rahmen eines breitangelegten Gesamtaufbaus der Geschichte, der sowohl die Weltgeschichte im ganzen als auch die Geschichte der kirchlichen Institutionen und schließlich, in diesem weiten Kontext eingebettet, die Lebensgeschichte eines jeden einzelnen Menschen umfaßt. Am Anfang und am Ende, das Ganze umklammernd, steht Gott als principium und finis. Als Lehre von den letzten Dingen ist die Eschatologie auf Gott als den finis ausgerichtet. Diese Ausrichtung bestimmt die Perspektive, in der der Mensch eschatologisch erfaßt wird: im Zeichen dieses vollkommenen finis kommt alles unter den Leitgedanken der Vervollkommnung zu stehen. In allen innerscholastischen Nuancen und Akzentuierungen bildet die perfectio die Grundkategorie der Eschatologie. Der scholastische Zug muß zwar noch präzisiert werden, denn der Gesichtspunkt der Vollendung an sich ist nicht schon scholastisch, sondern spielt für jede Eschatologie eine wichtige Rolle. Eigentümlich für die perfectio in scholastischem Sinne ist jedoch ihre Interpretation im Rahmen des Verhältnisses von menschlicher unvollkommener Natur und übernatürlicher vervollkommnender Gnade. Im Zeichen der eschatologischen perfectio bemüht sich der Mensch um seine Vollendung, indem er die übernatürlichen Gaben verwirklicht – im wörtlichen Sinne: in seinem Wirken, in seinen Werken verwirklicht –, die er gnadenhaft als habituale Ausstattungen seiner Natur empfangen hat. Zwar steht ein eschatologisches, ganz neues Handeln Gottes noch aus, und als eine auf diese Zukunft ausgerichtete theologische Tugend hat die Hoffnung ihren Grund in diesem zukünftigen Gott. Doch weil sie ein gnadenhaft eingegossener habitus ist, beruht sie zugleich auf den Verdiensten als ihrer notwendigen aktualen Verwirklichung, die diese Zukunft gewissermaßen schon vorwegnimmt, indem sie die Hoffnung »versichert«. Dadurch spielt das menschliche Handeln, zwar unter dem mehr oder weniger betonten Zeichen der Gnade – im Grad dieser Betonung vor allem unterscheiden sich die verschiedenen scholastischen Richtungen –, in der Eschatologie eine zentrale Rolle, denn in ihm als dem Meritorischen liegt die entscheidende Vorbereitung auf die eschatologische perfectio und gewissermaßen schon ein Anzeichen dieser perfectio.

In der Tradition der mittelalterlichen Mystik steht die Eschatologie, wenn auch mit einigen scholastischen Zügen versehen, so doch im großen und ganzen unter einem anderen Zeichen. Hier ist die mystische Erfahrung das eigentliche Anzeichen der eschatologischen Vollkommenheit und trägt als solches den Charakter einer augenblicklichen, unverfügbaren Vorwegnahme des eschatologischen Endzustandes. Das Unverfügbare kommt darin zum Ausdruck, daß die mystische Erfahrung ekstatisch erlebt wird, als ein überwältigendes Hingerissenwerden, ein excessus, ein raptus beschrieben wird, der die gewöhnlichen menschlichen Möglichkeiten übersteigt, für diese vielmehr Tod und Hölle, eine radikale Vernichtung bedeutet. Darin kommt gerade das Eigentümliche der mystischen Erfahrung zum Ausdruck: in der Vernichtung wird der Mensch auf seinen eigentlichen, wesentlichen Kern reduziert; er streift alles Äußerliche, Unwesentliche, Niedrige ab und erfährt in seinem innersten Wesen (Seelengrund, synthesis) die Vereinigung mit Gott, die als ekstatische unio auf die vollkommene, eschatologische unio hinweist. Im mystischen Erlebnis geschieht eine wesenhafte, substantiale Vereinigung des eigentlichen Kerns des Menschen mit Gott, die letztlich in der höchsten wesenhaften Gottähnlichkeit des Menschen besteht. Dadurch wird klar, daß das notwendige Potential an Heilskräften im Menschen selbst, in seinem eigentlichen Wesen liegt, auf das er immer wieder zurückgeführt werden muß. In diesem Zurückgeführtwerden auf den wesentlichen Menschen liegt die eigentliche perfectio, denn dort allein kann sich die »wesentliche Union« mit Gott vollziehen.

Am intensivsten ist das eschatologische Bewußtsein eindeutig in der schwärmerischen Bewegung. Die Radikalisierung des reformatorischen Ansatzes steht im Zeichen einer überzeugten Naherwartung: die Zeit der Ernte, in der der Weizen und das Unkraut voneinander geschieden werden, ist angebrochen, und die Scheidung muß nun trotz allen noch bleibenden Unklarheiten in Angriff genommen werden. Im Verständnis der Scheidung unterscheiden sich die Tendenz der pazifischen Absonderung und die des aktiven Kampfes. Während sich für die ersten die Scheidung dadurch vollzieht, daß die Frommen sich absondern und sich in der reinen Gemeinschaft aus der gottlosen Welt zurückziehen, verbindet sie sich für die zweiten mit der Aufforderung, den Kampf gegen die Gottlosen aufzunehmen und um den Anbruch des eschatologischen Sieges Gottes zu ringen. Mit dem eschatologischen Bewußtsein verbindet sich ein intensives Erwählungsbewußtsein, das auf eine innere Geisterfahrung zurückgeführt wird. Diese ermöglicht erst die Scheidung von Frommen und Gottlosen, denn die Erwählungsüberzeugung, die in der Unmittelbarkeit der Geisterfahrung erlangt wird, drückt sich unmittelbar im äußeren Wandel und Verhalten der wahren Christen aus. Weil hier die Umkehr so radikal und unbedingt geschieht, muß sie sich am ganzen, gerade auch am äußerlichen Menschen erweisen.

Dieser skizzenhafte Überblick zeigt, daß in allen drei Positionen der Eschatologie in jeweils verschiedenen Akzenten eine große Bedeutung zukommt. Ersichtlich wird aber auch, daß je auf verschiedene Weise der Grundansatz der Eschatologie ein Leitgedanke ist, der nicht unmittelbar auf das Kreuz bezogen ist, sondern theologisch anders orientiert ist. Das Kreuz wirkt sich nicht unmittelbar auf das Verständnis des Eschatologischen aus. Die gnadenhafte Vervollkommnung der Natur durch aktuale Verwirklichung übernatürlicher habitualer Ausstattung, die ekstatische Vereinigung des auf seinen eigentlichen Kern zurückgeführten Menschen mit Gott, die intensive durch innere Geisterfahrung vermittelte Erwählungsüberzeugung: an diesen Grundperspektiven läßt sich nichts von einer theologia crucis beobachten, wie wir sie immer wieder bei Luther antrafen. Man kann zwar nicht behaupten, in diesen Denkrichtungen finde das Kreuz überhaupt keine Berücksichtigung. Jede auf ihre Art – wie wir noch sehen werden – bekennt das Kreuz als eine wesentliche theologische Dimension. Doch gilt ebenfalls, daß es in keiner zum letztlich prägenden und konstituierenden Motiv zu werden vermag. Kann und muß man deshalb von Eschatologien, oder überhaupt von Theologien im Zeichen der theologia gloriae sprechen?

Man muß mit solchen Bezeichnungen vorsichtig sein. Zunächst formulierte Luther den Gegensatz von theologia crucis und theologia gloriae im Kontext des Ablaßstreites. Daraus wurde später, am eindeutigsten und ausführlichsten in der Heidelberger Disputation, eine fundamentaltheologische Angabe, die den Gegensatz seiner Theologie zur scholastischen

Theologie zum Ausdruck brachte. Deshalb trägt die theologia gloriae stark den Charakter der scholastischen Theologie, vornehmlich – mit Hinweisen auf Bibelstellen wie etwa Rm 1 – der scholastischen Lehre von der Erkenntnis des Schöpfers aus seinen Werken, von der natürlichen Gotteserkenntnis. Damit sind Lehrstücke betroffen wie etwa die Lehre von der Seinsanalogie, die die ontologische Grundlage für die Erkenntnislehre und die Hermeneutik überhaupt liefert. Will man nun die Bedeutung der Begriffsbildung erweitern und auf alle drei Denkrichtungen anwenden, muß man diese gewissermaßen auf einen gemeinsamen Nenner bringen können, der dem Grundanliegen der theologia gloriae in Luthers Konzeption entsprechen würde.

Am besten kann man das, wenn man die Bestimmung des Verhältnisses des Menschen zu Gott in Betracht zieht. In dieser Hinsicht fällt auf, daß in jeweils verschiedener Weise die Ähnlichkeit des Menschen mit Gott, seine enge, unmittelbare Verbindung zu ihm unterstrichen und die Dimension des Widerstandes, des Gegensatzes, die dieses Verhältnis stört und zerstört, überspielt wird. Für die scholastische Lehre kommt das im Entsprechungsverhältnis zwischen Gott und Mensch zum Ausdruck: wie Gott principium und finis all seines Wirkens ist, so wird auch der Mensch in der perfectio das Prinzip seines Handelns und bemüht sich als solches darum, möglichst seinem übernatürlichen Ziel angemessene und in diesem Sinne gute Werke zu vollbringen. Hier mischt sich zwar die Sünde als Störfaktor ein, jedoch nicht so, daß sie das Entsprechungsverhältnis einfach zerstören kann, denn die menschliche Natur bleibt, wenn auch nur in kleineren Resten, über die Sünde hinweg unversehrt. In der Mystik gehört die Sünde zum Fleischlichen, Äußerlichen, das es abzustreifen gilt, um auf den letzten, eigentlichen Grund des Menschen zu stoßen, dessen Wesensgleichheit mit Gott erst die wahre substantiale Vereinigung mit Gott erlaubt. Nochmals ähnlich verläuft die Bestimmung in der schwärmerischen Bewegung: die innere, unmittelbar eingegebene Geisterfahrung impliziert eine radikale Umkehr des ganzen Menschen, in der zwar das sündhafte Verhalten vereinzelt noch stören kann, die Frömmigkeit in ihrer inneren und äußeren Eindeutigkeit jedoch nicht gefährden kann.

In den verschiedenen Richtungen zeigt sich das Problem folgendermaßen: das Moment des Widerstandes, des Gegensatzes im Gottesverhältnis, das in der Sünde seinen Ort hat, wird nicht genügend ernstgenommen. Alles tendiert darauf, in irgendeiner Weise dieses Moment im Namen eines Entsprechungsverhältnisses zu überspielen oder zumindest abzuschwächen. Gerade darin liegt die Wurzel der theologia gloriae, wie sie Luther verstanden hatte: das Erfassen des Gottesverhältnisses von der Entsprechung her – wie auch immer diese verstanden wird – setzt eine Bestimmung des Menschen in gloria. Hier wirkt sich das dialektische Prinzip der cognitio Dei et hominis aus. Wo Gott in gloria erfaßt wird, wird letztlich auch der Mensch in gloria erfaßt. Wenn Gott hingegen zum gekreuzigten

Gott, zum in Kreuz und Leiden verborgenen Gott wird, wird der Mensch im Lichte des Kreuzes in seiner eigentlichen Wirklichkeit, als der gegen Gott aufgelehnte Sünder erkannt.

Die theologia gloriae hat nicht nur zur Folge, daß das Kreuz sich nicht als leitendes theologisches Verstehensprinzip behaupten kann. Die Bewegung der Interpretation kehrt sich um: das Kreuz wird von der theologia gloriae her gedeutet, es wird ihr sozusagen dienstbar gemacht, als einer ihrer wesentlichen Bestandteile. Auch das kann in den drei Denkrichtungen ganz kurz skizziert werden.

Für die scholastische Tradition gehört der Kreuzestod Jesu eindeutig zu den Grunddaten der Heilsgeschichte und bildet mit der Auferstehung das in theologischer Hinsicht grundlegende Geschehen. Während die Inkarnation vornehmlich in der Lehre von der Person Christi behandelt wird, die hauptsächlich in der klassischen Zweinaturenlehre besteht, stehen Kreuz und Auferstehung eher im Rahmen der Lehre vom Werk Christi. Dementsprechend konzentriert sich die Interpretation des Kreuzes auf die Versöhnung, die den Menschen durch das satisfaktorische Leiden und Sterben Jesu, durch sein rückkaufendes Opfer geschenkt wird. Dadurch kommt dem im Kreuzestod vollbrachten Verdienst Jesu das Hauptgewicht zu. Da die Dignität des Gekreuzigten unendlich war, war auch sein Verdienst unendlich: es gilt nicht nur für Jesus selbst, sondern schüttet sich vom Haupt auf alle Glieder aus und wird so der ganzen Menschheit zuteil. Sakramental vermittelt erwirkt es die gnadenhafte Ausstattung des Menschen mit übernatürlichen Gaben, die ihn zu entsprechenden Verdiensten befähigen und auffordern. Ihren eigentlichen Sinn gewinnt somit die Christologie erst im weiteren Rahmen des habitualen Gnadenverständnisses.

Für die mittelalterliche Mystik spielt der Gedanke der Kreuzesnachfolge eine zentrale Rolle. Der Weg zur mystischen Erfahrung wird als ein schwerer, anfechtungsvoller Schmerzensweg verstanden, der durch Tod und Hölle zum Zunichtewerden führt. Auf diesem Weg fallen die fleischlichen, weltlichen Hüllen, und der Mensch wird zu seinem ursprünglichen, reinen Wesen zurückgeführt, in dem er mit seinem Ursprung, mit Gott vereint, ja sogar wesensidentisch wird. Das Kreuz bedeutet hier die schmerzliche Befreiung vom Äußerlichen und Fleischlichen. Am Kreuz wird dieses Unwesentliche gekreuzigt, am Kreuz stirbt der Mensch der Welt ab, und aus diesem schmerzvollen Absterben geht der neue, zu seinem göttlichen Wesen befreite Mensch hervor. In mystischer Hinsicht zielt der Kreuzesgedanke auf die Bestimmung des Menschen in der unio mit Gott ab.

Bei den Schwärmern zeigt sich dasselbe in nochmals anderer Nuancierung. Auch hier dient das Kreuz in seiner eigentlichen Bedeutung zur Läuterung. Das Kreuz besteht entweder im Kampf gegen die Gottlosen in der Welt oder in der Verfolgung der Frommen durch die Welt. Auf jeden

Fall gehört es wesenhaft zum nun anbrechenden, endzeitlichen Prozeß der Scheidung zwischen den Frommen und den Gottlosen. Dadurch vollzieht es die äußere Einschärfung des inneren, auf unmittelbare Geisterfahrung gestützten Erwählungsbewußtseins.

In allen drei Denkbewegungen steht das Kreuz im Kontext einer jeweils ganz bestimmten theologischen Orientierung, die das Kreuz auf eine je unterschiedlich definierte gloria hin uminterpretiert. Es zeigt sich also, daß der fundamentaltheologisch formulierte Gegensatz von theologia crucis und theologia gloriae sich in concreto auf den verschiedenen Fronten vollzog, auf denen Luthers Theologie zu kämpfen hatte. Darin liegt eine gemeinsame Wurzel verborgen, die die verschiedenen gegnerischen Positionen verbindet und den gemeinsamen Ansatz zur »Herrlichkeitstheologie« enthält. Als Anleitung zur Erfassung dieser verborgenen Wurzel sollen einige Überlegungen von Luther selbst dienen, in denen er dieses Thema reflektiert.

Es ist bemerkenswert, wie Luther, als er mit den radikalen Reformbewegungen, mit den schwärmerischen Tendenzen immer mehr Schwierigkeiten bekam und sich immer mehr mit ihnen auseinandersetzen mußte, den gemeinsamen Grundirrtum des Papsttums und der Schwärmer zu charakterisieren versuchte. In seiner Schrift »Wider die himmlischen Propheten« (1525) unternimmt er diese Bestimmung mit dem Gegensatz von leiblich und geistlich und mit dem Gedanken der christlichen Freiheit. In beiden Fällen gelingt es ihm, sowohl den gemeinsamen Irrtum anzugeben als auch auf den Unterschied hinzuweisen, der die verschiedenartige Orientierung der zwei Tendenzen zur Sprache bringt. Im ersten Versuch sieht er das Problem in einer unheilvollen Vermischung des Leiblichen und des Geistlichen: während der Papst das Geistliche leiblich werden ließ, so daß die geistliche Christenheit zu einer leiblichen, äußerlichen Gemeinde wurde, macht der Rottengeist das Leibliche, das Äußerliche geistlich[14]. Gegen diese Vermengung betont Luther eine Unterscheidung, die das Geistliche geistlich und das Leibliche leiblich sein läßt. In der anderen Gegenüberstellung heißt es, daß beide Richtungen die christliche Freiheit brechen – was den gemeinsamen Nenner bildet. Während der Papst es mit dem Gebot tut, dadurch, daß er Dinge zu tun gebietet, die nicht getan werden müssen, tut es Karlstadt (hier als Vertreter der Schwärmer genannt) mit dem Verbot, dadurch, daß er Dinge verbietet, die man nicht unterlassen darf[15].

---

[14] WA 18; 181,30–36: Denn alle menschen sind lügener, Der Bapst hat auch so gelogen. Aber seyn geyst hat mehr gehandelt, das er das geystliche leyblich machte, wie er die geystliche Christenheyt eyne leybliche, eusserliche gemeyne macht. Dieser rotten geyst widderumb damit am meysten umbgeht, das er geystlich mache, was Gott leyblich und eusserlich macht. Darumb gehen wyr zwisschen beyden hyn und machen nichts widder geystlich noch leyblich, sondern hallten geystlich, was Gott geystlich, und leyblich, was er leyblich macht.

[15] WA 18; 111,13–24: Aber es hat hyrynnen mit dem rottengeyst eyne andere nasen denn mit dem Bapst, Sie brechen beyde die Christliche freyheyt und sind beyde widderchristisch,

Es wird schon hier deutlich, daß zentrale Gedanken auf dem Spiele stehen. Der gemeinsame Irrtum der Gegner bedeutet eine entscheidende Gefährdung der libertas christiana. Diese Gefährdung geschieht nicht durch das Gesetz an sich – das wäre eine Vereinfachung des Verhältnisses von Gesetz und Evangelium –, sondern durch usurpierendes Gesetz, durch Gebieten und Verbieten, wo es nichts zu gebieten oder zu verbieten gibt, also durch einen Mißbrauch des Gesetzes, der auf einer Vermischung der zu unterscheidenden Perspektiven beruht. Noch deutlicher kommt der Gesichtspunkt der Vermischung im erstzitierten Versuch zum Ausdruck. Auch hier steht die christliche Freiheit auf dem Spiel, denn gerade an ihr wird klar, wie stark und wie gewissenhaft man das Leibliche und das Geistliche unterscheiden und zueinander in Beziehung setzen muß, damit die Freiheit *geistliche Freiheit* bleibt. Das ist eine Bestimmung, die Luther sowohl gegen das Papsttum als auch gegen die Schwärmer betont[16].

In einem späteren Text, in den Schmalkaldischen Artikeln (1537), versucht er nochmals diesen gemeinsamen Irrtum zu erfassen[17]. Bemerkenswert ist nun, wie er noch schärfer die Gemeinsamkeit unterstreicht und zugleich die Perspektive erweitert, so daß der betreffende Irrtum zum Ursprung aller Ketzerei überhaupt wird. Nachdem er die Bedeutung der Beichte mit dem Hinweis auf die schwachen Gewissen und den notwendigen Unterricht der Jugend hervorgehoben hat, kommt Luther allgemeiner auf die Wichtigkeit des mündlichen, äußerlichen Wortes zu sprechen. Ausgangspunkt des Passus ist eine scharfe Abgrenzung gegen die »Enthusiasten«, diese Geister, »so sich rühmen, ohn und vor dem Wort den Geist zu haben, und darnach die Schrift oder mündlich Wort richten, deuten und dehnen ihres Gefallens, . . .«[18]. Diese Bezeichnung, in der er sich auf

---

Aber der Bapst thuts durch gepot, D. Carlstad durch verbot, Der Bapst heysst thun, D. Carlstad heyst lassen, wie denn die Christliche freyheyt durch die zweyerley gebrochen wird, . . . Und Christliche freyheyt eben so wol untergehet, wenn sie lassen sol, das sie nicht lassen mus, als wie sie thun sol, das sie nicht thun mus.

[16] Man denke hier etwa an die Aufteilung der Schrift »Von der Freiheit eines Christenmenschen« (1520) in Hinsicht auf den inneren und den äußeren Menschen, die gegen die Vermischung der zwei Perspektiven in der Frömmigkeitspraxis der päpstlichen Kirche gerichtet ist. Auch gegen die schwärmerischen Tendenzen kann Luther die notwendige »Geistlichkeit« der Freiheit akzentuieren. So etwa, wenn es im Bauernkrieg darum geht, die Leibeigenschaft im Namen des Evangeliums aufzuheben. WA 18; 326,32 f. 327,18–22 (zum dritten Artikel der Bauernschaft): Es soll keyn leybeygener seyn, weyl uns Christus hat alle befreyet. Was ist das? das heysst Christliche freyheyt gantz fleyschlich machen . . . Denn eyn leybeygener̨ kan wol Christen seyn und Christliche freiheyt haben, gleich wie eyn gefangener odder krancker Christen ist und doch nicht frey ist. Es will dieser artickel alle menschen gleich machen und aus dem geystlichen reich Christs eyn welltlich, eusserlich reich machen, wilchs unmüglich ist, . . .

[17] Im folgenden beziehen wir uns auf die Aussagen Luthers im Abschnitt über die Beichte, in den Schmalkaldischen Artikeln, vgl. BSLK 453,16–456,18. Zu diesem Abschnitt vgl. *K.-H. zur Mühlen,* Nos extra nos, 262–265.

[18] 453,20–454,3.

Müntzer »und noch viel« bezieht, die zwischen Geist und Buchstaben scharfe Richter sein wollen und doch nicht wissen, was sie sagen oder setzen, ist zunächst im engeren Sinne einer Kritik der schwärmerischen Bewegung zu verstehen. Gegen diese Tendenz betont Luther, Gott gebe niemandem seinen Geist oder seine Gnade, es sei denn »durch oder mit dem vorhergehenden äußerlichen Wort«[19]. Damit ist ein zentrales Thema der Auseinandersetzung mit den Schwärmern angeschnitten: die hermeneutische Problematik des Verhältnisses zwischen der inneren Geisterfahrung und dem äußeren Wort, und also auch der Schrift.

Doch gleich auf diesen ersten Gedankengang folgt eine erstaunliche Wende: auch das Papsttum sei »eitel Enthusiasmus«[20]. Zur Stützung dieser Aussage weist Luther auf das Corpus iuris canonici hin: pontifex, qui iura omnia in scrinio pectoris sui censetur habere. Damit greift Luther die lehramtliche Funktion des Papstes an, die durch die Kennzeichnung als Enthusiasmus mit der Geisterfahrung der Schwärmer parallelisiert wird. Diese Parallelisierung mag erstaunen. Am deutlichsten kommt sie zum Ausdruck im Verhältnis zur Schrift und zum mündlichen Wort. Beide Positionen beruhen auf einer – freilich ganz verschiedenartigen – hermeneutischen Instanz, die der Schrift gegenüber eine gewisse Unabhängigkeit genießt und sie deshalb von außen her beurteilen kann. Während die eine mit der Unmittelbarkeit einer vollmächtigen Geisterfahrung legitimiert wird, steht die andere im Rahmen der kirchlichen Tradition[21]. Beide jedoch charakterisieren sich dadurch, daß sie dem Menschen – sei es nun dem geisterfüllten Prediger und seiner Gemeinde der Auserwählten oder dem Papst und, hinter ihm, der gesamten Kirche als der institutionalisierten, autorisierten Tradition – die Möglichkeit einer selbständigen Beurteilung der Schrift und des mündlichen Wortes bieten, indem sie das Auslegungsprinzip in ihn hinein verlegen.

In einem nächsten Schritt erweitert Luther noch einmal die Perspektive, indem er den Enthusiasmus auf Adam und Eva bezieht und damit andeutet, er sei mit der Erbsünde gleichzusetzen, zu der sie sich verführen ließen und die »vom äußerlichen Wort Gottes auf Geisterei und eigenen Dünkel führt«[22]. Auf diese Bemerkung folgt ein Abschnitt, in dem er ironisch auf die paradoxe Tatsache hinweist, daß die Schwärmer zwar das äußere Wort

---

[19] 453,16–19: Und in diesen Stücken, so das mündlich, äußerlich Wort betreffen, ist fest darauf zu bleiben, daß Gott niemand seinen Geist oder Gnade gibt ohn durch oder mit dem vorgehend äußerlichem Wort, . . .

[20] 454,7–12: . . . denn das Bapsttum auch eitel Enthusiasmus ist, darin der Bapst rühmet, »alle Rechte sind im Schrein seines Herzen« und, was er mit seiner Kirchen urteilt und heißt, das soll Geist und Recht sein, wenn's gleich über und wider die Schrift oder mündlich Wort ist.

[21] 454,9–11: . . . was er mit seiner Kirchen urteilt und heißt, das soll Geist und Recht sein, . . .

[22] 454,12–15: Das ist alles der alte Teufel und alte Schlange, der Adam und Eva auch zu Enthusiasten machte, vom äußerlich Wort Gotts auf Geisterei und eigen Dünkel führet . . .

verdammen und den Geist von ihm unabhängig machen, daß sie jedoch selbst nicht schweigen, sondern »die Welt voll plaudern und schreiben«. »Warumb lassen sie auch ihre Predigt und Schrift nicht anstehen, bis der Geist selber in die Leute ohn und vor ihrer Schrift kommpt, wie sie rühmen, daß er in sie kommen sei ohn Predigt der Schrift?«[23] Nachdem Luther weiter – vor allem am Beispiel des Kornelius – betont, daß der Glaube der Getauften immer auf ein vorhergehendes äußerliches Wort zurückgeht, faßt er das Gesamte noch einmal prägnant zusammen, indem er den Enthusiasmus als *Ursünde* und nun umfassend als »aller Ketzerei . . . Ursprung, Kraft und Macht« überhaupt bestimmt[24]. Als Beispiele dafür erwähnt er gesondert nur noch Papsttum und Islam. Diesem Enthusiasmus gegenüber hebt Luther hervor, man müsse darauf beharren, daß Gott nicht anders mit den Menschen umgehen will als »durch sein äußerliches Wort und Sakrament«[25].

Es ist nicht von ungefähr, wenn Luther in der Kritik des Enthusiasmus immer wieder auf das äußerliche Wort zurückkommt. Darin meldet sich das Grundproblem dieser hermeneutischen Auseinandersetzung an: liegt das Auslegungsprinzip im äußerlichen Worte selbst – das somit sui ipsius interpres wäre –, oder beruht es auf einer außerhalb dieses Wortes, beim Auslegenden selbst liegenden normierenden Dimension, von der her es interpretiert und beurteilt werden kann? Im Streit mit den Enthusiasten im weitesten Sinne meldet sich das Problem der angemessenen Beachtung des Externen, des von außen her auf den Menschen Zukommenden, an. Der Enthusiasmus ist wesenhaft eine Internalisierung des Externen, sei es im päpstlichen Lehramt oder in der schwärmerischen Geisterfahrung, und gegen diese Internalisierung kann man nur so aufkommen, daß man das extra nos des göttlichen Umgangs mit uns und das nos extra nos unseres Versetztseins außerhalb unser selbst vor Gott betont.

Es liegt im Wesen der lutherischen Bestimmung des Enthusiasmus, daß sie weite Phänomene umfassen kann. Es ist deshalb auch möglich, mit ihr die Wurzel der theologia gloriae noch schärfer zu erfassen. Theologia gloriae entsteht, wo auf irgendeine Weise das Externe, das mit dem Kreuz Christi ein für allemal radikal gesetzt wurde, internalisiert wird, wo das Versetztwerden außerhalb unser selbst, das im Glauben an den Gekreuzigten erfolgt, in ein Internalisieren der göttlichen Gnade verwandelt wird. In den drei von uns hauptsächlich in Betracht gezogenen Denkrichtungen läßt sich das mehr oder weniger deutlich beobachten.

---

[23] 454,22–455,3. Vgl. den ganzen Passus 454,16–455,5.

[24] 455,27–31: Summa: der Enthusiasmus sticket in Adam und seinen Kindern von Anfang bis zu Ende der Welt, von dem alten Trachen in sie gestiftet und gegiftet, und ist aller Ketzerei, auch des Bapsttums und Mahomets Ursprung, Kraft und Macht.

[25] 455,31–456,5: Darumb sollen und müssen wir darauf beharren, daß Gott nicht will mit uns Menschen handeln denn durch sein äußerlich Wort und Sakrament. Alles aber, was ohn solch Wort und Sakrament vom Geist gerühmet wird, das ist der Teufel; . . .

In der scholastischen Verwendung der aristotelischen Psychologie für die Gnadenlehre wird der mit Präzision und Nuancen durchreflektierte Versuch unternommen, mit dem Schema der habitualen Ausstattung der menschlichen Natur die Gnade in den Menschen als handelndes Prinzip zu internalisieren. Dadurch rückt die Verwirklichung des Menschen durch sein sittliches Handeln ins Zentrum des Interesses und verdrängt die Dimension der Externität.

Auch in der mittelalterlichen Mystik tendiert das ganze Denken auf eine Internalisierung. Man könnte zwar meinen, in Erfahrungen wie dem excessus oder dem raptus komme gerade das Versetztwerden in das extra se hinein zum Ausdruck[26]. Freilich hat es auch etwas Richtiges, denn im ekstatischen Erlebnis geht der Mensch in der Tat aus seinen menschlichen, fleischlichen, irdischen Hüllen, stirbt er der Welt ab. Doch damit wird er nicht radikal extra se versetzt. Er kommt durch das Absterben vielmehr zu seinem eigentlichen, innersten Kern, er entdeckt seinen wahren Seelengrund, in dem nun, weil er göttlichen Wesens ist, die wesenhafte substantiale Union mit Gott geschehen kann. Auch hier wird also das gnadenhafte Heil internalisiert.

In den schwärmerischen Bewegungen läßt sich die Tendenz auf Internalisierung noch eindeutiger beobachten. Dadurch, daß die Heilsgewißheit auf einer unmittelbaren Geisterfahrung beruht, wird die von außen her kommende Gnade in den geisterfüllten Menschen internalisiert und bekommt in seinem frommen Lebenswandel ihren autoritativen und normativen Charakter. Am eindeutigsten zeigt sich die Internalisierung daran, daß die Scheidung zwischen den Auserwählten und den Gottlosen in aller Klarheit vollzogen werden kann. Paradoxerweise ist hier die Internalisierung so stark, daß sie zu einer radikalen Veräußerlichung – im Sinne einer Theologia mere facta mundana – führt.

Eigentlich bildet die Gefahr dieser verweltlichenden Veräußerlichung ein bleibendes Moment in jeder Internalisierung. Der absolute Respekt der Externität in theologischer Hinsicht bringt hingegen gerade zum Ausdruck, daß und wie das Externe den Menschen in seinem innersten Wesen, in seinem Herzen angeht. In der Betonung der Externität geht es also bei Luther nicht darum, alles, was die Innerlichkeit des Menschen ausmacht, auszuschalten. Nicht so ist die theologische Aufgabe wahrzunehmen, daß Externität und Internität gegeneinander ausgespielt werden. Das Innere muß vielmehr gerade im Zeichen der grundlegenden Externität zur Sprache kommen. Denn nirgendwo anders als in seinem Innersten, in seinem Herzen ist der Mensch vom externen, von außen her auf ihn zukommenden Gott angegangen. Deshalb muß im Grunde genommen diese Dimen-

---

[26] Eben dieser Aspekt der Externität ist es, den Luther aus seinen mystischen Lektüren aufnimmt und für seinen theologischen Ansatz fruchtbar zu machen versucht. Es muß aber betont werden, daß Luther in dieser Aufnahme mystischer Gedanken vieles in bonam partem liest und auch oft stillschweigend korrigiert.

sion der Innerlichkeit zur eigentlichen theologischen Dimension gemacht werden. Das gelingt jedoch nur so und ist von der Gefahr des Enthusiasmus nur so zu schützen, daß dieses Innerste, dieses Herz mit der Kategorie der Sünde erfaßt wird. Denn die göttliche Gnade des Kreuzes geht den Menschen nur als Sünder an.

2.522. Externität als eschatologische Grundkategorie

Wir hatten bereits angedeutet, daß die Wiederentdeckung der grundlegenden eschatologischen Dimension der Theologie die Neuheit von Luthers Denken der Scholastik gegenüber kennzeichnet. Diese Idee kann jetzt präzisiert und nuanciert werden. In gewisser Hinsicht gilt das nicht nur für das Verhältnis zur Scholastik, sondern auch zur Mystik und zum Schwärmertum. Freilich haben, wie wir sahen, alle drei Denkrichtungen eine klare, jeweils verschiedene Auffassung des Eschatologischen. Gemeinsam ist diesen Eschatologien aber, daß sie von einer gloria geleitet werden, die vom Kreuz mehr oder weniger unabhängig ist. Damit ist der eigentliche Punkt der Auseinandersetzung getroffen. Wenn Luther das Eschatologische entscheidend neu entdeckt und als prägende Dimension in die zentralen theologischen Themen hineinnimmt, geschieht das nicht, weil er die eschatologische Thematik an sich entdeckt – die war auch schon den Gegnern in verschiedenen Schattierungen bekannt! –, sondern weil er sie radikal im Zeichen des Kreuzes erfaßt. Diese eschatologia crucis[27] soll jetzt abschließend zusammengefaßt werden.

Wir gehen noch einmal vom Phänomen des Enthusiasmus aus. Den verschiedenen Formen von Enthusiasmus, die ihm in seiner Situation gegenüberstehen, will Luther eine neue Theologie entgegenstellen, die die eschatologische Spannung ernst nimmt. Da der Enthusiasmus die Internalisierung des Externen impliziert, muß dagegen die Kategorie der Externität zur zentralen Kategorie der eschatologia crucis werden. Die Tendenz, die Luther enthusiastisch nennt, ist darauf ausgerichtet, alle Fragen vom Standpunkt der eschatologischen gloria her anzugehen und so die tiefgreifende Spannung im Verhältnis von Gott und Mensch durch eine Entsprechungsbestimmung, durch die Aussage einer Wesensidentität oder durch die Unmittelbarkeit der Geisterfahrung abzuschwächen. Das ist es im Grunde genommen, was die angemessene Erfassung des Eschatologischen am meisten gefährdet. Dieser Gefahr kann man nicht einfach so entgegenwirken, daß man die apokalyptischen Motive neu akzentuiert, eschatologische Vorbehalte aufstellt und sich ganz den Zukunftsaussagen widmet. Dagegen wirkt nur das radikale Ernstmachen mit der bleibenden Externität des Theologischen. Diese Externität allein entscheidet letztlich über den eschatologischen Charakter der Theologie. Deshalb wenden wir uns nun diesem Thema der Externität zu. Wir verfahren so, daß wir die wichtigsten

---

[27] S. o. Anm. 1.

Dimensionen der Externität jeweils mit den drei Aspekten der Rezeption von Luthers theologia crucis in der politischen Kreuzestheologie verknüpfen, wie wir sie am Anfang dieses zweiten Teiles dargestellt hatten[28].

2.5221. Die Dimension der Passivität: Glaube und Anfechtung

Als erste Problemebene in Moltmanns Rezeption von Luthers theologia crucis wurde das problematische Verhältnis zur mittelalterlichen Mystik angegeben, die Luther dazu (ver)führe, das Leiden Christi zu verinnerlichen, es auf das allgemeinmenschliche Leiden zu übertragen, und so anstatt zu einer leiblichen, aktiven Nachfolge bloß zu einer passiven Leidensergebenheit aufzurufen, was vor allem am Verständnis der Anfechtung klar werde.

Es wurde für uns deutlich, daß das Verhältnis Luthers zur Mystik viel komplexer und differenzierter ist; darauf brauchen wir jetzt nicht zurückzukommen[29]. Wir wollen hingegen beim sachlichen Problem verweilen, auf das hier hingewiesen wird. Gegen Moltmanns Kritik muß betont werden: will man die Externität voll ernst nehmen, so muß man zunächst alles Gewicht auf die Dimension der Passivität legen. Das gilt entgegen der üblichen Vorstellung der Passivität und der Aktivität, die in der Passivität eher einen Rückzug ins Innere und in der Aktivität ein Eintreten in die Externität sieht. Der unterschiedliche Ursprung der Bewegungen zeigt das eigentliche Problem an: konzentriert man sich ausschließlich auf die Aktivität, muß letzten Endes alles aus dem Handelnden selbst kommen und sich in der Aktivität veräußerlichen. Durch diese Zentrierung auf die Aktivität vollzieht sich deshalb eine Internalisierung. Demgegenüber bedeutet die Passivität die Möglichkeit, das von außen her Kommende, das auf mich Zukommende zu empfangen, so aus dem Äußeren zu schöpfen, anstatt auf sich selbst und seine Ausstattung angewiesen zu sein. In der Passivität öffnet sich der Mensch ganz der Externität.

Darin zeigt sich das eigentliche Interesse Luthers. Während die scholastische Tugendlehre den Versuch darstellt, die Gnade im Rahmen einer Anthropologie zu interpretieren, die auf die Aktivität als grundlegendes Prinzip ausgerichtet ist, unternimmt es Luther, dieser Gnade gerechter zu werden, indem er den Menschen in theologischer Hinsicht grundsätzlich in der Perspektive seiner schlechthinnigen Passivität erfaßt. So kann er etwa die Hoffnung als passio anstatt als virtus bestimmen. Dadurch fällt das ganze Gewicht nicht mehr auf die vita activa, sondern auf die vita passiva. Das hängt eng mit der Kreuzestheologie zusammen, was mit dem Begriff der passio angedeutet wird und dazu führt, daß diese passio auch als

---

[28] Vgl. o. 2.1.

[29] Das haben wir an einzelnen Stellen zu zeigen versucht. Am eindrücklichsten wird dieses Verhältnis in der Monographie von *St. E. Ozment* (s.o. 2.3. Anm. 7) dargestellt.

crucifixio, als Mitgekreuzigtwerden aufgefaßt werden kann. Was in dieser passio geschieht, die im Zeichen des Kreuzes steht, ist nichts anderes als Gottes Handeln am Menschen. Das ist das Externe, dem sich der Mensch in aller Passivität öffnet, das er im Glauben empfängt. In dieser empfangenden Passivität weitet sich der Blick für die eine Ganzheit des Menschen. Er ist im ganzen angegangen, und deshalb auch in seinem Innersten: das kommt dadurch zum Ausdruck, daß Luther seine Theologie anthropologisch auf Gesichtspunkte der Lebenserfahrung zentriert wie den affectus, den motus cordis. Die Gnade affiziert den Menschen, sie trifft ihn in seiner intimsten Herzensbewegung. Damit ist gemeint: am Punkt, an dem sich sein Menschsein überhaupt entscheidet, denn nicht in dem, was der Mensch in seinem Handeln von sich gibt, sondern in dem, was ihm im Glauben von außen her gegeben wird, steht sein Menschsein zur Entscheidung, darin, ob ihm Gericht oder Gnade zuteil wird.

Dementsprechend definiert Luther entgegen allen scholastischen Unterscheidungen den Glauben – eigentümlich aktiv! – als fides apprehensiva, als Glauben, der nach Jesus greift und ihn aufnimmt. Damit bringt er mit Entschiedenheit zum Ausdruck, daß der Glaube seinen Ort nicht in der menschlichen Wirklichkeit zugeteilt bekommt – wie das etwa in der scholastischen Bestimmung als virtus intellectualis geschieht –, sondern selbst zum Ort wird, wo der Mensch leben kann, wo er seinen Lebensgrund finden kann, weil er in diesem Glauben außerhalb seiner selbst in Gott selbst versetzt wird. In dieser Perspektive kommt die Dimension des Vertrauens im Glauben voll zum Zuge. Zwar muß nun betont werden, daß diese Versetzung nicht realiter im substantialen Sinne des scholastischen und des mystischen Denkens geschieht. Anstelle der aristotelischen Substanzontologie bekommt hier die Sprachlichkeit der menschlichen Wirklichkeit entscheidendes Gewicht. Dem Menschen wird ein Lebensgrund, ein Lebensort durch das Wort geschenkt. Der Glaube ist auf dieses Wort angewiesen, er kommt aus ihm hervor, bleibt an ihm hängen und geht auf es zurück. Diese enge Relation von Wort und Glaube ist das Zeichen, unter dem das Gnadengeschehen steht: also weder als ekstatische Wesensunion mit Gott noch als Ausstattung mit habitualen Dispositionen, sondern als ein das ganze Leben umfassendes Vertrauen auf das die Gnade verheißende Wort.

Dem fiducia-Charakter des Glaubens entspricht der promissio-Charakter des Wortes. Das bildet die zentral eschatologische Komponente dieses Verhältnisses von Wort und Glaube. Eschatologisch ist das Wort jedoch nicht im Sinne eines bloßen Verweises auf die Zukunft. Das Wort ist vornehmlich als Wort vom Kreuz schon eschatologisch bestimmt. Es bringt mit sich, was sich in Christus für die Menschen ereignet hat und sich im Glauben eines jeden je und je wieder ereignet. Entgegen dem natürlichen Verständnis der Eschatologie, das das Eschatologische nur in Aussagen erfaßt, die eine mehr oder weniger entfernte oder nahe Zukunft betreffen, ist in christlichem Verständnis die christologische Vergangenheit das entscheidende Stück der Eschatologie. Im Leben, Leiden, Sterben und Auferstehen Jesu Christi hat sich die eschatologische promissio perfektisch verwirklicht, die das Wort immer wieder weitergibt und der Glaube immer wieder erlebt. Deshalb kann man sagen, daß die christliche Eschatologie nicht eine Eschatologie der Vorwegnahme, *der Antizipation* ist, sondern vielmehr der Wiederholung, *der Repetition.*

Gerade weil das christologische Geschehen in Wort und Glaube vermittelt wird, bleibt ihm der Charakter der promissio erhalten. Zu seiner vollkommenen Verwirklichung kommt dieses Geschehen erst in einer noch ausstehenden Zukunft, über die Gott allein verfügt. Diese Zukunft Gottes ist die entscheidende futurische Grenze in eschatologischer Hinsicht. In der Zwischenzeit, im hodie, in der haec vita, wie Luther sagt, kommt Gott zum Menschen in Wort und Glaube. Das ist die eschatologische Bestimmung der gegenwärtigen Lebenssituation des Menschen, im Spannungsfeld von perfektischer und futurischer Eschatologie. Steht der Mensch in seinem gegenwärtigen Leben vor der noch offenen futurischen Eschatologie, die seine vita futura betrifft, so kann er diesem Futurum Gottes nur so gerecht werden, daß er seine haec vita ganz unter das Zeichen des eschatologischen Perfectum stellt.

Damit kommt noch einmal, sozusagen doppelt akzentuiert, die Dimension der Passivität zum Ausdruck. Diese Passivität gilt in der Tat sowohl in Hinsicht auf die perfektische wie auch für die futurische Eschatologie und bestimmt deshalb entscheidend die gegenwärtige Lebenssituation des Menschen. Dem Eschatologischen, d. h. dem Handeln Gottes am Menschen, dem Kommen Gottes zum Menschen, entspricht allein die Passivität des Glaubens. Ein aktives Verhältnis zum Eschatologischen bildet gerade eine Anfechtung des Glaubens[30]. Es ist zwar unbestreitbar, daß die Aktivität eine unentbehrliche Dimension der menschlichen Wirklichkeit ist, die in einem engen Verhältnis mit der Passivität steht. Aus der grundlegenden Passivität geht immer wieder Aktivität hervor, die ihrerseits erneut zur Passivität zurückführt. Das gehört zur Lebensbewegung des Menschen. Durch die Betonung der Passivität wird die Aktivität des Menschen davon befreit, eschatologischen Motiven und Zielen unterworfen zu sein, die sie überfordern, und dazu befreit, sich den konkreten, irdischen Aufgaben zu widmen, die ihr zukommen. Die Betonung der Passivität schärft in eschatologischer Hinsicht ein, daß Gott im Himmel und der Mensch auf Erden ist[31].

---

[30] In dieser Perspektive muß es als problematisch erscheinen, wenn man, wie das heute oft getan wird, die Ethik auf die Eschatologie begründen will – ausgerechnet auf die Eschatologie! Müßte man nicht vielmehr sagen, daß, wenn überhaupt irgendwo die Passivität des Menschen gegenüber dem Wirken Gottes betont wird, so vornehmlich in der Eschatologie?
[31] Vgl. Pred 5,1.

2.5222. Die Dimension der Simultaneität: Sünde und Rechtfertigung

Als die Bauernbewegung unter dem Einfluß Müntzers versuchte, ihren Aufruhr im Zeichen einer apokalyptischen Naherwartung unmittelbar auf eine eschatologische Zukunft zu orientieren, entgegnete Luther mit der Notwendigkeit einer klaren Unterscheidung zwischen den zwei Reichen. In dieser Auseinandersetzung kommt ein wesentlicher Unterschied in eschatologischer Hinsicht zur Sprache. In der schwärmerischen Naherwartung wird der Bezug der irdischen Wirklichkeit der Gottlosigkeit und der damit verbundenen Leiden zum kommenden Reich der Herrlichkeit als zeitliches Nacheinander verstanden. Das Reden von zwei Reichen zeigt eine andere Richtung an, die Ausrichtung auf ein spannungsvolles Ineinander. In Hinsicht auf das Zeitschema heißt das, daß nun die Dimension der Simultaneität ins Zentrum rückt. Diese Dimension bildet den zweiten Aspekt, mit dem wir die Externität als eschatologische Grundkategorie ausdrücken wollen.

Dies mag erstaunen, denn man könnte in der Tat meinen, die Externität des Göttlichen sei in einem als zukünftig verstandenen Gottesreich angemessener berücksichtigt. Doch auch hier stellt sich das heikle Problem, daß, wenn der Bezug zum künftigen Reich Gottes nicht völlig aufgehoben werden soll, dieser so zustandekommen muß, daß das Handeln und Verhalten des Menschen im Vorfeld des Reiches als dessen Vorbereitung, dessen Anbahnung oder als dessen antizipatorisches Anzeichen gekennzeichnet wird. Diese Beziehung mag mit noch so vielen Einschränkungen und Vorbehalten versehen werden, sie weist doch eine internalisierende Tendenz auf, die im mehr oder weniger deutlichen Entsprechungsverhältnis zum Ausdruck kommt. Das Reden von zwei Reichen impliziert die Anerkennung des Reiches Gottes als einer in der perfektischen Eschatologie des Kreuzes begründeten promissio-Wirklichkeit. Das Reich Gottes ist hier also als ein mit Christus in die Welt gekommenes Reich geglaubt. In dieser Welt hat es eine Präsenz, die nur dem Glauben offenbar ist, weil sie sich nur im Wort kund gibt.

Diese Verborgenheit des Reiches Gottes hängt sehr eng mit der Wirklichkeit der Sünde zusammen. Wenn die Bauern den Kampf gegen die Gottlosen aufnehmen, schließen sie aus, daß das Böse auf ihrer Seite sein könnte. Der unmittelbare Bezug zum kommenden Reich mag nicht durch die Sünde gestört werden. Es zeigt sich hier eine Verharmlosung der Sünde, die Luther sowohl der scholastischen Theologie als auch der Mystik und den schwärmerischen Bewegungen vorwirft. Entgegen der scholastischen Ausrichtung auf die peccata actualia, der mystischen wesentlichen Union und der schwärmerischen Aufteilung in Fromme und Gottlose betont Luther, wie wir gesehen haben, ein peccatum exaggerare als wichtigste theologische Aufgabe. Das ist die Aufgabe, die Sünde an ihrer Wurzel, an ihrem Ursprung, als peccatum originale, radicale, substantiale, und deshalb auch in ihrer unüberwindlichen Universalität zu erfassen. Der Mensch ist in seinem Innersten, in seinem motus cordis der peccator, der nicht anders kann, als sich gegen Gott aufzulehnen und sein eigener Gott sein zu wollen. Diesem Sünder kann nur eine Gerechtigkeit zuteil werden, die ihn nicht realiter von seiner Sünde befreit, sondern ihm seine bleibende Sünde stets vergibt, sie nicht anrechnet und ihm so die Möglichkeit schenkt, aus reiner Gnade zu leben. In Wirklichkeit ist er ein Sünder. Im Urteil Gottes aber ist er aus Gnade ein Gerechter. Das ist der eigentliche Grund der Dimension der Simultaneität: daß der Gläubige simul iustus et peccator ist. Darin kommt die eschatologische Externität zur Sprache: Rechtfertigung des Sünders gibt es nicht als internalisierte, sondern nur als externe, dem Menschen stets von außen her geschenkte Gerechtigkeit. Der Kreuzeseschatologie wird man nur gerecht, wenn man die Sünde nicht überspielt, sie nicht im Zeichen der künftigen Herrlichkeit verharmlost, sondern die Simultaneität von Gerechtigkeit und Sünde als die bleibende eschatologische Bestimmung der haec vita einschärft.

Aus der Dimension der Simultaneität folgt eine Auseinandersetzung mit den Spannungen und Konflikten des menschlichen Lebens, die im Schema der zeitlichen Ablösung der leidvollen Gegenwart durch die herrliche Zukunft nicht wirklich ernstgenommen wird. Der Grundton in eschatologischer Hinsicht ist nicht der des progressiven Überwindens und Siegens, sondern der des Bestehens und Standhaltens. Das hängt damit zusammen, daß die Simultaneität das Leben mit einer grundlegenden Gegensatzstruktur kennzeichnet. Eschatologische Lebenserfahrung ist stets anfechtende contra-Erfahrung, in der Sünde gegen Rechtfertigung, Leiden gegen Freude, Schwachheit gegen Kraft, Tod gegen Leben kämpft. Doch damit ist die eigentümliche Paradoxalität des eschatologischen Lebens noch nicht scharf genug erfaßt: die Spannung besteht nicht einfach in einem kämpferischen Gegeneinander, sondern in einem grundsätzlichen Ineinander. Das eine liegt im anderen verborgen, unter seinem Gegenteil verborgen: die Kraft liegt in der Schwachheit, das Leben im Tod, die Weisheit in der Torheit. Zur Kreuzeseschatologie gehört notwendig diese absconditas sub contrario, denn im Kreuz Christi hat sich Gott als der unter dem Gegenteil verborgene Gott kund gegeben. Diese Paradoxalität, als Simultaneität von Sünde und Rechtfertigung, ist die prior conditio des Gläubigen. Eschatologisch ausgedrückt, ist diese prior conditio die conditio nicht der gloria futura, sondern der gloria per crucem.

Der Gebrauch des Begriffes der conditio zeigt an, daß die eschatologische Thematik, wenn man sie unter dem Gesichtspunkt des Kreuzes angeht, eng mit dem Problem des Lebensvollzugs des Menschen verknüpft ist. Die passio, als Rechtfertigung des Sünders, begegnet dem Menschen als existentielle Botschaft, die er in seinem Lebensvollzug aufnehmen kann. Will man dem sprachlichen Charakter des Eschatologischen gerecht werden, so muß man die existentielle Situation des Menschen als den Kontext verstehen, in dem die promissio ihren wahren Sinn bekommt. Existenz und Eschatologie gehören so aufs engste zusammen, was zur Folge hat, daß die Eschatologie zentral auf den Einzelnen in seinem Lebensvollzug ausgerichtet ist. Das ist die bleibende Wortsituation, in der das Wort vom Kreuz als eschatologisch-existentielle Botschaft erklingt[32].

Von dieser Bestimmung her fällt ein neues Licht auf die Rezeption in der politischen Kreuzestheologie. Auf jeden Fall wird klar, daß die theologia crucis nicht unmittelbar sozialkritisch als ein Kampfmittel gegen die mißlichen Herrschaftsverhältnisse der Welt eingesetzt werden kann. Damit würde man eine gefährliche Internalisierung des eschatologischen extra nos in unsere sozialpolitische Praxis hinein vollziehen. Allein der volle, uneingeschränkte Respekt des Existenzbezuges wahrt die Externität des Eschatologischen. Das ist auch das eigentliche Interesse in Luthers theologia crucis: nicht Kirchenreform und Sozialkritik, sondern Lebensvollzug des Einzelnen. Damit ist jedoch nicht eine individualistische Reduktion vollzogen. Es wird nur betont, daß alle Bezüge, auch die weltweitesten, im Leben des Einzelnen verankert sind. Das heißt konkret, daß die Explizierung der politischen und sozialen Komponenten der Kreuzestheologie nicht am peccatum radicale und an seinen Auswirkungen vorbeigehen kann. Anders gesagt: die eschatologische Externität kommt in einer bleibenden, fundamentalen Dualität zum Ausdruck.

2.5223. Die Dimension der Dualität: Gott und Welt

Damit kommen wir zu einem Aspekt, der mit der dritten Problemebene der Rezeption von Luthers theologia crucis bei Moltmann zusammenhängt. Moltmann spricht von einer historischen Grenze der theologia crucis Luthers, die er darin sieht, daß es Luther nicht gelungen sei, in der Auseinandersetzung mit der aristotelischen Philosophie aus seiner theologia crucis eine philosophia crucis zu machen. Damit meint Moltmann, man müsse das Kreuz in den weiten Bezügen der Weltwirklichkeit, bis hin zu seinen ontologischen und kosmologischen Konsequenzen reflektieren. Die Neuheit dieser Richtung unterstreicht er mit einer polemischen Umkehrung der Perspektive: anstatt sich wie die traditionelle Kreuzestheologie damit zu begnügen, das Kreuz im Horizont der Welt zu verstehen, gelte es nun, die Welt im Lichte des Kreuzesgeschehens als neue Welt zu erfassen. Unser zweiter Teil sollte gezeigt haben, daß Luthers theologia crucis anders einzuschätzen ist, als es hier Moltmann mit der Angabe der historischen Grenze versucht. In der Konzentration auf das *Theologische* liegt nicht nur eine historische Grenze, sondern durchaus ein sachliches Recht. Zwar ist die Richtungsangabe, die Moltmann unternimmt, zweifellos richtig: Kreuzestheologie wird erst zur Kreuzestheologie, wenn nicht nur das

---

[32] Vgl. o. 1.422.

Kreuz verstanden wird, sondern vom Kreuz her neues Licht auf die Weltwirklichkeit im weitesten Sinne fällt, wenn das Kreuz die Welt auslegt. Im Grunde genommen ist aber die Gegenüberstellung der angeblich traditionellen und der – ebenso angeblich – neuen Richtung falsch, denn beides gehört zur Aufgabe der Kreuzestheologie. Die Welt, in der das Kreuz aufgerichtet wurde, wird nicht radikal neu, sie bleibt auch die alte Welt, die gegen die im Kreuz gesetzte neue Welt ankämpft. Nur wenn man diese Spannung von alter und neuer Welt berücksichtigt, wird man dem Kreuz Christi gerecht.

Am klarsten zeigt sich das darin, daß die von Moltmann eingeschlagene Richtung zu einer Internalisierung führt, mit der das Kreuz in eine eschatologische theologia gloriae versetzt wird. Als Zeichen der Solidarität mit den Unterdrückten, Elenden, Hungernden und Verfolgten ist das Kreuz das Zeichen, daß die Sehnsüchte, Erwartungen und Hoffnungen dieser Leidenden aufgenommen sind. Als Zeichen der Solidarität ist das Kreuz die negative Seite des beginnenden Anbruchs der eschatologischen Hoffnung, in der die Hoffnungen der leidenden Kreatur aufgehoben werden. Damit »fallen die metaphysischen Unterscheidungen von innerweltlicher und transzendenter Hoffnung dahin«: das Reich Gottes ist die anbrechende Erfüllung aller Sehnsüchte und Erwartungen der Welt. Damit ist aber Gott zum eschatologischen Prinzip der Welt internalisiert worden.

Wie schon betont wurde, muß die Aufgabe einer Reflexion des Kreuzes auf die Weltwirklichkeit hin als eine fundamentale Aufgabe anerkannt werden. Doch darf das nur so geschehen, daß die bleibende Externität dadurch nicht gefährdet, sondern schärfer erfaßt wird. Das heißt aber, daß das Verhältnis zwischen Gott und Welt als ein Verhältnis bestimmt werden muß, das im Zeichen einer radikalen Dualität steht. Damit ist nicht ein metaphysischer Dualismus gemeint, der bloß eine andere Form der Internalisierung wäre, wohl aber ein spannungsvolles Verhältnis zwischen Gott und Welt. Die Welt wurde im Kreuzestod Christi schon mit Gott versöhnt. Doch als Welt der Sünde und ihrer Auswirkungen lehnt sie sich gegen die Bestimmung auf, die ihr Gott dadurch zugeteilt hat, die Bestimmung der Schöpfung. Gott wird also nicht zum eschatologischen Prinzip der Weltwirklichkeit, das im progressiven Anbruch des Reiches die Welt in sich aufheben wird. In der prior conditio, die das irdische Leben bestimmt, ist Gott für die Welt ein klares, ein bleibendes *Gegenüber*.

Mit dieser Dualität ist die Notwendigkeit des Redens vom verborgenen Gott verknüpft. Angesichts der eschatologia crucis bildet dies ein entscheidendes Stück der Gotteslehre, und zwar gerade in der spannungsvollen Doppeldimension des in der Majestät verborgenen und des im Kreuz verborgenen Gottes. In dieser Perspektive könnte man sagen, daß die absconditas die eigentliche eschatologische Bestimmung der Gotteslehre ist. Ihr entspricht die tiefe Verbindung von Glaube und Anfechtung. Wird das Kreuz in seiner endgültigen und entscheidenden Externität wahrgenommen, so kann es nicht als das Zeichen der Aufhebung des Unterschiedes von Gott und Welt, sondern nur als das Zeichen der Einschärfung der fundamentalen Unterscheidung von Gott und Welt verstanden werden. Mit anderen Worten: das Kreuz ist nicht ein antizipierendes Analogiezeichen des Reiches, sondern »ein Zeichen, dem widersprochen wird« (Lk 2,34). In dieser Gegenüberstellung konzentriert sich der Streit zwischen theologia gloriae und theologia crucis. Das Analogiedenken hat einen Zug in die Herrlichkeitstheologie. Es entschärft die Resistenz der Welt gegen das Kreuz, ihren Widerspruch gegen den gekreuzigten Gott. Damit dieses Moment der Dualität, des Widerspruches, klar zur Sprache kommt, wird man gegen Moltmanns Begriff der philosophia crucis mit Luther alles Gewicht auf die *theologia* crucis legen. Damit soll polemisch das Moment der Externität gegen die internalisierende Tendenz der *philosophia* crucis betont werden, die nichts anderes als theologia gloriae ist.

Die Dualität von Gott und Welt hat zur Folge, daß die theologia crucis als Theologie in Hinsicht auf die sozialen und politischen Fragen allein in einer Zweireichelehre ihre angemessene Entfaltung findet. Dadurch ist dem Menschen die Möglichkeit gewährleistet, Gottes Sache und seine eigene Sache, was seine Passivität betrifft und was seiner Aktivität zukommt, zu unterscheiden und so Klarheit und Gewißheit über die möglichen Motive und Ziele seines Handelns zu gewinnen. Das führt zu einer »Enteschatologisierung« des menschlichen Handelns, denn das eschatologische Heil ist Gottes Sache, während es Sache des Menschen ist, in aller Nüchternheit und Freiheit zur bestmöglichen Gestaltung des Wohls der Gemeinschaft beizutragen. Diese Unterscheidung prägt das Verhältnis zwischen dem Glauben und der Liebe und ihren Werken. Das Kriterium dieser immer von neuem zu vollziehenden Unterscheidung bildet das in eschatologischer Hinsicht letztlich entscheidende, zentrale Problem, der Tod. In ihm findet das menschliche Handeln seine Grenze und das göttliche Handeln seine Bewährung. Als Schnittpunkt der Perspektiven ist der Tod die entscheidende Frage, weil er als solcher der Punkt ist, an dem sich die eschatologische Problematik für jeden am schärfsten stellt. Diese Zentrierung auf den Tod braucht nicht als individualistischer Rückzug betrachtet zu werden, denn in ihm verbinden sich Konzentration auf den Einzelnen und Universalität im weitesten Sinne: der Tod betrifft den Einzelnen, aber auch einen jeden ohne Ausnahme als diesen Einzelnen.

3. Theologia crucis und theologia gloriae
im Streit um die Eschatologie

3.1. Methodologische Vorbemerkungen

Da wir schon an verschiedenen Stellen (vor allem 2.2. und 2.51.) die methodologischen Probleme erörtert haben, können die folgenden Vorbemerkungen auf einige wenige Aspekte konzentriert werden, die sich an dieser Stelle besonders aufdrängen.

3.11. Vom 16. zum 20. Jahrhundert

Unsere Arbeit setzte mit einer ersten kritischen Besprechung der Hauptstrukturen der politischen Theologie der letzten Jahrzehnte ein. Der zweite Teil vollzog sodann – eigentlich etwas unvermittelt – einen Sprung ins 16. Jahrhundert, zu Luthers theologia crucis. Nun soll für das Weitere der Arbeit ein ähnlicher Sprung, nun wieder zurück ins 20. Jahrhundert, in die heutige Situation, gewagt werden. Die damit verbundenen Probleme und Bedenken seien jetzt wenigstens namhaft gemacht.

Unser historischer Teil über Luthers theologia crucis veranlaßte uns, ihre Rezeption in der politischen Kreuzestheologie etwas näher zu betrachten. Damit ist freilich nur eine kleine Zeitspanne in Luthers Wirkungsgeschichte berücksichtigt, und dazu erst noch an einem einzigen Beispiel exemplifiziert. Es stellt sich hier die Frage, wie diese Rezeption durch die dazwischenliegenden vier Jahrhunderte Wirkungsgeschichte vermittelt wurde. Damit eröffnet sich ein weites Feld der Forschung: das der Luther-Rezeption in der Neuzeit[1]. Diese Rezeptionsgeschichte bildet eine wichtige Komponente der Rechenschaft über die »übersprungene« Zeit vom 16. zum 20. Jahrhundert, eine Komponente, die wir jetzt nicht in Angriff nehmen. Freilich erweitern sich die Perspektiven der Rechenschaft sofort: die Rezeption von Luthers Theologie ist nur im weiteren Rahmen der Geschichte der Theologie in der Neuzeit im gesamten angemessen zu interpretieren. Das bildet ein noch größeres Arbeitsfeld[2]. Es geht jetzt nicht

---

[1] Vgl. dazu H. *Bornkamm*, Luther im Spiegel der deutschen Geistesgeschichte, 1970[2]. S. auch G. *Ebeling*, Luther und der Anbruch der Neuzeit, in: WG III, 1975, 29–59.

[2] Hier muß vor allem die große Arbeit von E. *Hirsch* erwähnt werden: Geschichte der neuern evangelischen Theologie im Zusammenhang mit den allgemeinen Bewegungen des europäischen Denkens, 5 Bde., 1975[5].

darum, an dieser Übergangsstelle eine solche Geschichte im Grundriß, in knappster Zusammenfassung zu leisten. Es ist aber notwendig, wenn man den Übergang sachgemäß reflektieren will, diese Geschichte bewußt zu berücksichtigen, um den Wandel der Situation auch wirklich wahrzunehmen. Mit der Entwicklung der altprotestantischen Orthodoxie, mit dem Aufkommen der Aufklärung und der Bewegung des Pietismus, mit den verschiedenen Ansätzen und Versuchen des Neuprotestantismus im 19. Jahrhundert sind Erscheinungen auf den Plan getreten, die die theologische Arbeit in der nachreformatorischen Zeit stark geprägt haben. Es verbindet sie alle die immer neu in Angriff genommene Aufgabe, das Erbe der reformatorischen Theologie in Auseinandersetzung mit der neuzeitlichen Situation zu verantworten. Diese Aufgabe bestimmt auch die Situation der Theologie im 20. Jahrhundert, und insbesondere die Situation, die wir als die unsrige zu skizzieren versuchten[3]. Damit ist aber bereits impliziert, daß wir – wie das schon im eben zitierten Titel von E. Hirsch angedeutet wird – die Perspektiven noch einmal erweitern müssen. Mit einer im strengen Sinne konzipierten Theologiegeschichte werden wir der Situation noch nicht gerecht. Der Wandel der Situation wird nur wirklich wahrgenommen, wenn die geschichtliche Bedeutung des Phänomens der Neuzeit im ganzen erfaßt wird. Erst eine solche umfassende Beschäftigung mit der Neuzeit[4] erlaubt eine richtige Einschätzung der geschichtlichen Faktoren und ihrer Implikationen für die Theologie. Dazu sei jetzt einiges kurz reflektiert.

Dadurch, daß die Reformation und der Anbruch der Neuzeit zeitlich im großen und ganzen zusammenfielen, entstand eine seltsame Konstellation, die sich auf die vier Jahrhunderte moderner Geschichte entscheidend auswirkte und zu einem komplexen Geflecht geschichtlicher Relationen führte, das auch jetzt noch nicht entwirrt ist. Die Neuzeit konzipierte ihre großen Entdeckungen und Fortschritte in den Naturwissenschaften und später in den Humanwissenschaften als Emanzipation, als Befreiung von der hemmenden, vornehmlich durch die Christenheit geprägten und nun konfessionell zerstrittenen Tradition. Man bezeichnet diesen Vorgang als Säkularisierung. Zugleich zeigt es sich in der Reformation, daß die Idee der Säkularisierung zu einem großen Teil dem christlichen Glauben innewohnt und aus der durch ihn freigesetzten Freiheit hervorgeht. In dieser Perspektive würde die Säkularisierung gerade so etwas wie christliche Freiheit

---

[3] Vgl. oben 1.11., vor allem S. 5–10.

[4] Hier sei vor allem folgendes Werk angegeben: *H. Blumenberg,* Die Legitimität der Neuzeit, 1966. Jetzt auch in erweiterter und überarbeiteter Neuausgabe als Taschenbuch in suhrkamp taschenbuch wissenschaft in 3 Bden unter folgenden Titeln: Säkularisierung und Selbstbehauptung (stw 79) – Der Prozeß der theoretischen Neugierde (stw 24) – Aspekte der Epochenschwelle: Cusaner und Nolaner (stw 174). Vgl. in theologischer Sicht: *Fr. Gogarten,* Verhängnis und Hoffnung der Neuzeit. Die Säkularisierung als theologisches Problem, (1953) 1958².

voraussetzen. Doch liegen in ihr Ansätze zu einer Radikalisierung – man spricht dann meistens von Säkularismus –, die diese religiösen Bezüge ganz abzuschaffen trachtet. Die Stellung des Christlichen in der Neuzeit erweist sich also als durch eine starke Ambivalenz charakterisiert, die es zugleich als hemmend und fördernd erscheinen läßt, seltsam schillernd, eine Ambivalenz, die nur die Zweideutigkeit zu variieren scheint, die schon das Verhältnis des christlichen Glaubens zur Verchristlichung der Welt in der christianisierten Zeit prägte.

Mit dieser Ambivalenz in Hinsicht auf das Christliche in der Neuzeit verbindet sich eine andere, die eine grundlegende Spannung im Wesen der Neuzeit selbst kennzeichnet. Die schnellen und großen Veränderungen, die die Neuzeit zeitigte, führten in Hinsicht auf das allgemeine Bewußtsein zu einer Herauslösung aus dem traditionellen Weltbild. Doch damit stellte sich erst recht das Problem des Weltbildes, der Weltanschauung, und es erwies sich als schwierige Frage für die Neuzeit, was sich denn anstelle des alten Weltbildes als neues behaupten könnte. Die Vielzahl der Antworten mündete in einen Pluralismus aus, der das allgemeine Wahrheitsbewußtsein in eine tiefgreifende Krise versetzte. An diesem Beispiel des Weltbildes offenbart sich eine Grundspannung, die in vielen Variationen die Moderne bestimmt. Die Emanzipation gegenüber traditionellen Modellen führte den neuzeitlichen Geist zu einer vertieften Erfassung der Sachverhalte und Probleme. Das hatte aber zur Folge, daß er sich dadurch vor neue Schwierigkeiten gestellt sah, die die gewonnene Autonomie bedrohten und sie oft in neue, schlimmere Heteronomien und Zwänge geraten ließen. Das zeigt sich in verschiedenen Perspektiven. Die neuzeitliche Philosophie vertrat kritisch gegen die Tradition ein theistisches Reden von Gott. Über die Aufklärung, Kants Kritik der klassischen Metaphysik und den deutschen Idealismus führte dieser Theismus schließlich im 19. Jahrhundert zum Atheismus, so daß die Gottesfrage nun ganz durch diese verhängnisvolle Alternative von Theismus und Atheismus geprägt ist. Die Neuzeit beanspruchte eine Emanzipation der Sittlichkeit gegenüber der religiösen Tradition, eine Emanzipation, die aber letzten Endes eine Krise des Ethischen selbst auslöste. Ähnliches geschah in der Politik und nicht zuletzt in der Technik, in deren Fortschritten und Errungenschaften man zunächst unerhörte Möglichkeiten von Selbstverwirklichung sah, die aber schnell in zunehmender Verselbständigung zu einem bedrohenden Faktor wurde, wie sich etwa am ökologischen Problem zeigen ließe.

In all diesen Aspekten kommt letztlich die fundamentale Spannung der Neuzeit zum Ausdruck: ihre Befreiung von den Autoritäten der Tradition geschah im Namen des Humanum, und doch fehlte ihr gerade eine Verständigungsmöglichkeit in Hinsicht auf dieses Humanum, auf das eigentlich Menschliche. So wurde die neuzeitliche Bewegung zu einem Humanismus, der sich immer wieder selbst bedrohte, der immer wieder unmenschlich zu werden drohte. Gerade in dieser Spannung stellt sich erneut die Gottesfrage, etwa in folgender Form: Liegt dem Fehlen einer Verständigung in Hinsicht auf das Menschliche nicht das Fehlen des Gottesbezuges als einer konstitutiven Externrelation zugrunde? Ist mit dem Verlust dieses Transzendenzbezuges in der Moderne nicht auch das Menschliche überhaupt verlorengegangen? Die theologische Auseinandersetzung mit dieser Situation kann nicht darin bestehen, die christianisierte Zeit zurückzuwünschen, sei es in der traditionellen Form einer res publica christiana oder in der säkularisierten Form eines christlichen gesellschaftlich-politischen Handlungsmodells. Es gilt vielmehr, sich mit den Spannungen auseinanderzusetzen und die sich in ihnen kundgebende Gottesfrage aufzunehmen. Erst so wird der Wandel der Situation wirklich wahrgenommen und ernstgenommen. Doch damit stellt sich die Frage des Verfahrens.

3.12. *Historisches und dogmatisches Verfahren*

Auch wenn der Wandel der Situation in seiner Irreversibilität berücksichtigt werden muß, so kann es jetzt doch nicht darum gehen, unseren historischen Teil sozusagen bis ins 20. Jahrhundert hinein weiterzuführen. Wir hatten schon zu Beginn des zweiten Teiles (2.2.) zwischen historischer und dogmatischer Methode unterschieden. Wenn wir jetzt zum dritten Teil der Arbeit übergehen, so konzentrieren wir uns auf die Wahrnehmung der heutigen Situation in dogmatischem Sinne, d. h.: in Hinsicht auf die Rechenschaft über den christlichen Glauben in Auseinandersetzung mit dem gegenwärtigen Wirklichkeitsverständnis und Wahrheitsbewußtsein. Was wir über den Wandel der Situation sagten, impliziert dann aber wenigstens, daß uns die dogmatistische Lösung einer Repristination von Luthers Theologie eindeutig verwehrt ist. Wir können es nicht einfach »wie Luther machen«. Der Wandel der Situation verlangt die Verankerung der theologischen Rechenschaft in der eigenen Verantwortung. Deshalb kann die Darstellung von Luthers theologia crucis nicht schon als dogmatische Antwort auf die uns betreffenden Fragen der heutigen Situation verstanden werden. Von vornherein war die Funktion des historischen Teils in unserer Arbeit anders bestimmt: Die historische Beschäftigung mit Luther soll uns – so hatten wir formuliert[5] – einige wegweisende Denkrichtungen für die systematische Rechenschaft über den christlichen Glauben angeben.

Diese wegweisende Funktion entspricht der grundlegenden Intention von Luthers Theologie. Sie läßt uns nicht bei ihr verweilen, sie weist über sich selbst hinaus auf die sich immer neu stellende Aufgabe der theologischen Verantwortung. In diesem Sinne sei nun als Einstieg in den systematischen Teil versucht, den Ertrag des historischen Teils kurz zu skizzieren.

---

[5] S. o. S. 72.

3.13. Ertrag der historischen Arbeit für die systematische Aufgabe

Die zentrale Richtungsangabe, die sich aus dem Lutherteil herauskristallisiert, ist die Einschärfung des Gegensatzes von theologia crucis und theologia gloriae. Damit ist nicht eine schiedlich-friedliche Aufteilung verschiedener theologischer Themenbereiche vorgeschlagen. Das zeigt sich schon daran, daß die theologia gloriae auch das Kreuz interpretiert und die theologia crucis beansprucht, allein die gloria angemessen zu verstehen. Dieser Gegensatz bildet, wie wir sahen, eine fundamentaltheologische Richtungsangabe, in der es darum geht, was Theologie letztlich zur Theologie macht, was die wahre Theologie von der falschen unterscheidet. Dieser fundamentaltheologische Gegensatz hat eine Zentrierung auf das Wesentliche zur Folge, in der die theologische Rechenschaft auf die härteste Probe gestellt wird. Die Gegenüberstellung zweier Grundmodelle von Theologie verwehrt die Flucht in die pluralistische Lösung einer friedlichen Koexistenz verschiedener theologischer Ansätze und radikalisiert die theologische Verantwortung zu einem leidenschaftlichen Streit um das eigentlich Christliche als das einzig Wahre.

Nun fragt sich aber, ob man mit dieser erweiterten Deutung der historischen Gestalt des Gegensatzes in Luthers Denken gerecht wird, ob man dadurch die theologische Perspektive nicht allzu stark verändert. In unserer Beschäftigung mit Luthers theologia crucis zeigte sich schon von vornherein die fundamentaltheologische Ausrichtung. Das entdeckten wir zunächst an der Verankerung der theologia crucis in der Schriftauslegung (in der Hebräerbriefvorlesung). Das nahm dann aber erst recht in der Formulierung des Gegensatzes Gestalt an. Freilich steht die Gegenüberstellung der zwei theologiae – im Ablaßstreit, aber auch in der Form, die sie in der Heidelberger Disputation bekommen hat – im Zusammenhang der Auseinandersetzung mit der katholisch-scholastischen Theologie. Deshalb trägt die theologia gloriae in Luthers Texten der Jahre 1517–19 vornehmlich scholastische Züge. Daraus folgt aber die Frage, ob es nicht angemessener wäre, den Gegensatz von theologia gloriae und theologia crucis ausschließlich in diesem engeren Kontext zu interpretieren.

Unter dem Titel »Theologia crucis im Vollzug« (2.4.) versuchten wir an einzelnen Beispielen von theologischen Themen die theologia crucis sozusagen am Werk zu zeigen. Dabei erweiterte sich der Horizont, denn im Vollzug der theologischen Arbeit führte die Auseinandersetzung mit der Scholastik zum Gespräch mit der Mystik und zum Streit mit den Schwärmern. Auf diesen verschiedenen Ebenen erwies sich der Gegensatz von theologia crucis und theologia gloriae als prägend, wenn auch oft nur implizit oder andeutungsweise. Das konzentrierte sich für uns in der sich auf allen drei Fronten vollziehenden Einschärfung der Externität gegen die verschiedenen Versuchungen der Internalisierung. Somit erwies sich die Erweiterung zu einem fundamentaltheologischen Gegensatz, dem eine umfassende Bedeutung in der theologischen Auseinandersetzung überhaupt zukommt, als bereits in Luthers Theologie angelegt.

Wenn wir nun diesen Gegensatz als Richtungsangabe für die systematische Arbeit aufnehmen, bedeutet dies eine Weiterführung dieser fundamentaltheologischen Anlage in Luthers Theologie. Freilich gilt auch hier wieder, was wir über den Situationswechsel gesagt haben. Es geht nicht darum, die Auseinandersetzungen Luthers mit Scholastik, Mystik und Schwärmertum als ein Modell zu betrachten, das es einfach zu wiederholen gilt. Vielmehr sollen sie eine Anleitung sein für den konkreten Vollzug der eigenen Rechenschaft in der eigenen Situation. In diesem Sinne sei diese jetzt noch kurz auf ihren zentralen Streitpunkt hin charakterisiert.

3.14. Zur Charakterisierung der modernen Situation: der Streit um die Eschatologie

Wir hatten im ersten Teil unter dem Gesichtspunkt der Positivität Spannungen im politischen Verständnis der Eschatologie dargestellt, die zu einer eigentümlichen Äquivokation in Hinsicht auf die Bezeichnung »eschatologisch« führen. Darin meldete sich ein Problem an, das wir am Beispiel des Marxismus erläuterten, zugleich aber als das Grundproblem des neuzeitlichen Geschichtsverständnisses überhaupt erkannten[6]. Es kann als Streit um die Eschatologie charakterisiert werden. Das gilt im folgenden Sinne. Während der christliche Glaube ein stark eschatologisches Verständnis der Geschichte hat, wurde in der Moderne die Geschichte enteschatologisiert: es wird in ihr nicht mehr mit einem radikal transzendenten, von außen her auf die Geschichte einwirkenden Handeln gerechnet, wie das etwa im Christentum am extremsten in der Vorstellung des Geschichtsendes als Endgerichts zum Ausdruck kam. Mit der Enteschatologisierung wird jedoch die Eschatologie nicht erledigt und weggelassen, sie wird vielmehr in die Geschichte aufgenommen, vergeschichtlicht, so daß diese eigentlich reeschatologisiert wird, nun aber paradoxerweise geschichtsimmanent. Die eschatologische Transzendenz liegt nun ganz in der Zukunft, die zwar im Grunde genommen in Kontinuität mit der Gegenwart verstanden wird, die aber zugleich ein letztes »ganz anderes« enthält, das Ende als Vollendung verspricht. Dieses Transzendieren auf Zukunft hin kommt in der Neuzeit in vielen Schattierungen und Variationen zum Ausdruck, sei es auch nur im allgemeinen Fortschrittsdenken, das auch noch viele heutige Probleme so schwierig macht. Am eindrücklichsten hat es wohl im marxistischen Denken Gestalt angenommen, als Revolution des Proletariats auf die klassenlose Gesellschaft hin. Diese Auffassung prägt auch am stärksten die politische Theologie der letzten

---

[6] S. o. S. 31–33.

Jahrzehnte – freilich auch hier in vielen Schattierungen und Variationen –, so daß es sich nahelegt, unsere Situation im Zeichen dieses Streites um die Eschatologie wahrzunehmen.

In diesem Streit soll nun der Gegensatz von theologia crucis und theologia gloriae tragend werden. Damit diese fundamentaltheologische Richtungsangabe nicht als ein bloßes Schema, ein fremder Raster erscheint, in den der moderne Streit hineingezwängt wird, sei im voraus der Zusammenhang kurz angedeutet. Die Beschäftigung mit Luthers theologia crucis führte in eschatologischer Hinsicht zur Externität als eschatologischer Grundkategorie, die in den Dimensionen der Passivität, der Simultaneität und der Dualität expliziert wurde (vgl. 2.522.–2.5223.). Im Gegensatz zu dieser Grundkategorie der eschatologia crucis stellt sich die Vergeschichtlichung der Eschatologie in der Moderne gerade als eine Form der Internalisierung der eschatologischen Externität dar. Diese wird in der Tat in der Geschichtsimmanenz zu einem menschlichen Prinzip uminterpretiert. Dieses Geschichtsprinzip wird in der Transzendierung auf Zukunft hin mit einer Äquivozierung versehen, die den Schein der radikalen Externität erhalten sollte. Als eine solche geschichtsimmanente Internalisierung tendiert die moderne Vergeschichtlichung der Eschatologie auf die Betonung der eschatologischen gloria, die in der Zukunft liegt und auf die alles ausgerichtet ist, in einer tiefgreifenden Zukunftssehnsucht oder Zukunftssucht. Wenn auch nur in uneigentlicher Weise von Theologie gesprochen werden kann, so kann man doch sagen, daß die vergeschichtlichende Internalisierung des Eschatologischen die Züge der theologia gloriae trägt. Als Streit um die Externität und die Internalisierung wird der Streit um die Eschatologie zur Auseinandersetzung zwischen theologia crucis und theologia gloriae. Das führte uns zur Überschrift dieses dritten Teils.

3.2. Kreuz und Hoffnung: ein christianisierter Messianismus

Wir wollen uns zunächst mit der Theologie J. Moltmanns auseinandersetzen. Es wurde schon an verschiedenen Stellen der Arbeit auf sie Bezug genommen. So haben wir etwa ihre Rezeption von Luthers Theologie besprochen[7]. Auch in der Skizzierung der Hauptmomente der politischen Theologie wurde schon verschiedentlich auf Moltmanns Aussagen hingewiesen, teils implizit, teils explizit, vor allem zur politischen Hermeneutik, zur Bedeutung der Heilslehre für die Kreuzestheologie und zur Beziehung zwischen Positivität und Negativität[8]. Die verschiedenen Aspekte sollen jetzt noch einmal gesammelt, expliziert und auf den fundamentalen Streitpunkt konzentriert werden.

---

[7] Vgl. 2.1. und 2.5221.–2.5223. Zu Moltmanns Kritik an Luthers Hoffnungsverständnis, s. 2.415., vor allem S. 152–154.

[8] S. o. S. 14f und 46–50.

3.21. *Zur Artikulation von Hoffnung und Kreuz*

Äußerlich gesehen scheint sich das Verhältnis von Kreuz und Eschatologie, nach dem wir in unserer Arbeit immer wieder fragen, bei Moltmann so zu gestalten, daß sich die zwei Pole auf zwei verschiedene Werke – und im Hintergrund auf zwei verschiedene Arbeitsphasen – verteilen. Gemeint sind *Theologie der Hoffnung* und *Der gekreuzigte Gott*[9]. Somit wäre die Theologie Moltmanns durch eine Entwicklung geprägt, die ihn von der Hoffnungstheologie zur Kreuzestheologie geführt hätte. Das ist aber nur ein äußerlicher Anschein, der bei näherem Zusehen schwindet.

Dazu äußert sich Moltmann selbst, am deutlichsten im Vorwort zu *Der gekreuzigte Gott*, das wir bereits teilweise besprochen haben. Von den philosophischen Bezügen her gesehen vollzieht sich nach Moltmann der Übergang folgendermaßen: nachdem E. Blochs Hoffnungsphilosophie stark die Theologie der Hoffnung beeinflußt hatte, sollen in der Kreuzestheologie die Fragestellungen der Frankfurter Schule, »die Fragen der ›Negativen Dialektik‹ und der ›Kritischen Theorie‹ von Th. W. Adorno und M. Horkheimer« aufgenommen werden, »sowie die Erfahrungen und Einsichten der früheren Dialektischen Theologie und der Existenzphilosophie«[10]. Wir werden später auf diesen philosophischen Hintergrund zurückkommen[11]. Der Übergang zur Kreuzestheologie wird bei Molt-

---

[9] J. *Moltmann*, Theologie der Hoffnung. Untersuchungen zur Begründung und zu den Konsequenzen einer christlichen Eschatologie, (1964) 1977[10]; *ders.*, Der gekreuzigte Gott. Das Kreuz Christi als Grund und Kritik christlicher Theologie, (1972) 1976[3]. Verzichtet wird hier auf eine Berücksichtigung der ekklesiologischen Arbeiten und vor allem des dritten großen Werkes: Kirche in der Kraft des Geistes. Ein Beitrag zur messianischen Ekklesiologie, 1975. Mit den zwei zitierten Werken sind bloß die Hauptpfeiler genannt in der großen Anzahl von Arbeiten Moltmanns, die sich mit Kreuz und Eschatologie befassen. Es sind dies nebst Predigten und Besinnungen vornehmlich Aufsätze, die meistens in Sammelbänden gesammelt sind. Genannt seien jetzt: Perspektiven der Theologie. Gesammelte Aufsätze, 1968; Umkehr zur Zukunft, 1970; Das Experiment Hoffnung. Einführungen, 1974; Zukunft der Schöpfung. Gesammelte Aufsätze, 1977. Für eine sehr ausführliche Bibliographie zu J. *Moltmann* sei verwiesen auf: P. F. *Momose*, Kreuzestheologie. Eine Auseinandersetzung mit Jürgen Moltmann, 1978, 186–190 (Primärliteratur) und 190–200 (Sekundärliteratur). Zu beiden Hauptwerken ist jeweils ein Diskussionsband erschienen: Diskussion über die »Theologie der Hoffnung« von Jürgen Moltmann, hg. v. *W.-D. Marsch*, 1967; Diskussion über Jürgen Moltmanns Buch »Der gekreuzigte Gott«, hg. v. *M. Welker*, 1979. An Auseinandersetzungen mit Moltmanns Theologie seien genannt: P. *Henke*, Gewißheit vor dem Nichts. Eine Antithese zu den theologischen Entwürfen Wolfhart Pannenbergs und Jürgen Moltmanns, 1978; M. *Honecker*, Christlicher Beitrag zur Weltverantwortung. Eine kritische Stellungnahme zu den beiden Hauptreferaten von Prof. Tödt und Prof. Moltmann auf den Tagungen des Lutherischen Weltbundes in Evian und des Reformierten Weltbundes in Nairobi, 1971, bes. 44–72. Speziell zur Trinitätslehre bei Moltmann: H. *Geisser*, Der Beitrag der Trinitätslehre zur Problematik des Redens von Gott, ZThK 65, 1968, 231–255, bes. 249 ff.

[10] Der gekr. Gott, 10.

[11] S. u. 3.3., wo wir uns unter dem subsumierenden Begriff des »neomarxistischen Messianismus« mit einigen Aspekten aus den Arbeiten der Frankfurter Schule und der Philosophie E. Blochs beschäftigen wollen, die für unser Thema von Bedeutung sind. Auf

mann nebst diesem philosophischen Aspekt auch noch mit einem weiteren Faktor in Verbindung gebracht: mit der Erfahrung in kultureller Hinsicht von verschiedenen Enttäuschungen, die den Hoffnungsbewegungen der sechziger Jahre widerfahren seien. So etwa die Enttäuschung des Sozialismus mit menschlichem Gesicht in der Tschechoslowakei oder das Ende der civil-right-Bewegung in den USA oder der Stillstand der Reformen in der Ökumene und in der katholischen Kirche usw.

Dieses Aufkommen harter Widerstände gegen die Hoffnung habe ihn veranlaßt, die Kreuzestheologie neu zu thematisieren, die auf die Anfänge seines Theologiestudiums zurückgehe und – wenn auch für viele verborgen – »der rote Faden« seines theologischen Denkens sei[12]. Deshalb kann Moltmann betonen, der Schritt zur Kreuzestheologie sei für ihn »kein Rückschritt von Osterposaunen zu Klageliedern am Karfreitag«[13]. Die Artikulation von Hoffnung und Kreuz vollzieht sich also nicht im Nacheinander der einzelnen Werke als Wechsel im theologischen Ansatz. Vielmehr wird von Moltmann die Einheit der zwei Aspekte in seinen Arbeiten unterstrichen, hervorgehoben, daß es sich nur um zwei Akzente in einer einzigen, theologischen Grundperspektive handelt. »Setzte die ‹Theologie der Hoffnung› mit der *Auferweckung* des Gekreuzigten ein, so kehrt sich jetzt der Blick zum *Kreuz* des Auferstandenen herum. Ging es damals um die Erinnerung Christi im modus der *Hoffnung* auf seine Zukunft, so geht es jetzt um Hoffnung im modus der *Erinnerung* seines Todes.«[14] Daß die Kreuzestheologie gegenüber der »Theologie der Hoffnung« weder ein Rückschritt noch ein Fortschritt ist, erweise sich schon daran, daß diese bereits als eschatologia crucis konzipiert war. Deshalb sei die Kreuzestheologie »die Kehrseite christlicher Hoffnungstheologie«[15].

Wenn wir nach der Artikulation von Kreuz und Hoffnung fragen wollen, müssen wir uns auf die genauere Bestimmung dieser »Kehrseite-Funktion« der Kreuzestheologie konzentrieren. Das soll das Hauptanliegen unserer Auseinandersetzung mit Moltmann sein. Er selbst versucht sie folgendermaßen zu umschreiben: »Ohne die Wahrnehmung des Schmerzes des Negativen kann christliche Hoffnung nicht realistisch werden und befreiend wirken. Diese Kreuzestheologie . . . will . . . die Hoffnungs-

---

eine explizite und ausführliche Beschäftigung mit der Existenzphilosophie verzichten wir an dieser Stelle, weil wir – entgegen dem eben zitierten Text – den Eindruck haben, daß der Einfluß der Existenzphilosophie auf Moltmanns Kreuzestheologie doch sehr gering bleibt. Einige Ansätze der Existenzphilosophie werden hingegen – wenn auch nur implizit – im Hintergrund unserer Kritik an Moltmann stehen. In Hinsicht auf die philosophischen Bezüge hat sich Moltmann am ausführlichsten zu E. Bloch geäußert. Vgl. dazu den Aufsatz, der seit der 3. Aufl. in die *Theologie der Hoffnung* als Anhang aufgenommen wurde: »Das Prinzip Hoffnung« und die »Theologie der Hoffnung«. Ein Gespräch mit Ernst Bloch, aaO 313–334, und den kleinen Sammelband: Im Gespräch mit Ernst Bloch. Eine theologische Wegbegleitung, Kaiser Traktate 43, 1976.

[12] Vgl. entsprechende Bemerkungen vor allem im erwähnten Vorwort: Der gekr. Gott, 7.
[13] AaO 10.   [14] Ebda.   [15] Ebda.

theologie konkreter machen und ihre mobilisierenden Visionen mit den notwendigen Widerstandshaltungen verbinden.«[16] Es geht also in der Kreuzestheologie darum, die Hoffnung realistischer, konkreter zu machen. Schon darin deutet sich das eigentliche Interesse Moltmanns am Kreuz an: die leitende Fragestellung ist die einer besseren Erfassung der Hoffnung. Die Konkretisierung der Hoffnung geschieht dadurch, daß in ihr die Widerstandshaltungen expliziert, artikuliert und mit Nachdruck gewichtet werden. Darin liegt der Sinn »des Schmerzes des Negativen«, mit dessen Wahrnehmung es die Kreuzestheologie zu tun hat. Dieser Passus veranlaßte uns im ersten Teil, vom Kreuz in der politischen Kreuzestheologie als einer »Negativität« und von ihrer Artikulation zur Hoffnung als einer »Aufhebung der Negativität in der Positivität« zu sprechen.

So formulierten wir, weil die Artikulation von Kreuz und Hoffnung bei Moltmann dialektischen Charakter hat, und zwar dialektisch im Sinne Hegels, wenn auch teilweise kritisch gegen ihn. Für die Kennzeichnung dieser Artikulation verwendet Moltmann ab und zu den Gedanken der Negation der Negation. »Der Gott, der sich in dem Geschehen von Kreuz und Auferstehung als ›derselbe‹ offenbart, ist der sich im Widerspruch seiner selbst offenbarende Gott. Aus der Nacht des ›Todes Gottes‹ am Kreuz, aus dem Schmerz der Negation seiner selbst, wird er in der Auferstehung des Gekreuzigten, in der Negation der Negation als der Gott der Verheißung, als der kommende Gott erfahren.«[17] In ähnlicher Weise kann er mit dem Begriff der Widerlegung operieren: während der Kreuzestod die Widerlegung der Verkündigung Jesu war, verkündigt die Botschaft der Auferweckung »die Widerlegung dieser Widerlegung durch seinen Tod«[18]. Diese dialektische Artikulation von Kreuz und Auferstehung verbindet Moltmann mit der Aufnahme von Hegels spekulativem Karfreitag[19], in dem die Gottverlassenheit Jesu als Verlassenheit alles Seienden verstanden wird, aus deren Abgrund des Nichts »die höchste Totalität« auferstehen kann. Dadurch kann das Geschehen von Kreuz und Auferstehung als dialektischer Prozeß interpretiert werden. Freilich beinhaltet diese Aufnahme Hegels auch eine Kritik seines Denkens: durch die spekulative Interpretation von Kreuz und Auferstehung als der dialektischen Selbstbewegung des absoluten Geistes sei die Historizität des Offenbarungsgeschehens verlorengegangen, in die Ewigkeit der dialektischen Epiphanie des absoluten Geistes aufgehoben worden. Dagegen betont Moltmann: »Das Kreuz bezeichnet eine eschatologische Offenheit, die . . . offen bleibt auf

---

[16] Ebda.
[17] Theol. der Hoff., 155.
[18] Der gekr. Gott, 116 (im Text als Frage formuliert).
[19] Vgl. dazu Theol. der Hoff., 152–155. In diesem Kontext wäre es nötig, Moltmanns Interpretation der verschiedenen zitierten Autoren kritisch zu betrachten. Vor allem wäre sein Verständnis von Kierkegaards Denken einer eingehenden Kritik würdig. Auf diese theologiegeschichtlichen Aspekte wird jetzt jedoch verzichtet.

die Zukunft Gottes und die Vernichtung des Todes.«[20] Das bedeutet zwar
nicht, daß dadurch die dialektische Aufhebung des Kreuzes verunmöglicht
wird. Sie geschieht nur anders: »nicht schon im Logos der Reflexion und
des Bewußtseins«. Das Kreuz »wird vorläufig aufgehoben in die Verheißung und in die Hoffnung auf ein noch ausstehendes, reales Eschaton . . .«
Trotz aller dialektischen Einheit wird in dieser eschatologischen Erwartung
gerade »die Wahrnehmung und die Annahme *der Differenz von Kreuz und
Auferstehung*« hervorgehoben[21].

Diese eschatologische Aufhebung des Kreuzes in die Hoffnung auf
Gottes Zukunft stellt die Frage, welche Bedeutung denn genaugenommen
dem Kreuz in Moltmanns Theologie zukommt. Diese Frage soll nun im
weiteren zum eigentlichen Thema werden. Wir wollen das Verhältnis von
Kreuz und Eschatologie, wie wir es im ersten Teil und soeben skizziert
haben, näher erläutern und erörtern. Vor allem soll es vom fundamentaltheologischen Gegensatz von theologia crucis und theologia gloriae her
beurteilt und damit auf die Aufgabe der theologischen Rechenschaft in
heutiger Situation hin geprüft werden.

Wir setzen ein beim Thema der Hoffnung und gehen dann dazu über,
den Platz und die Rolle des Kreuzes in dieser Perspektive zu bestimmen.
Diese Gliederung folgt nicht etwa einfach der chronologischen Reihenfolge
der Werke Moltmanns. Eine solche Aufteilung, wie bereits betont, ist uns
verwehrt, weil die eine Thematik, verschieden akzentuiert, die Werke
durchzieht. Das Vorgehen hat sachliche Gründe, die im Laufe der Erläuterungen ersichtlich werden.

3.22. *Theologie der Hoffnung als theologia gloriae*

3.221. Hoffnung und Auferstehung Christi

Die Hoffnung gründet auf der Auferstehung Christi. Das zeigt schon die
Überschrift des großen dritten Kapitels der *Theologie der Hoffnung,* in dem
die eigentliche Grundlegung stattfindet: »Auferstehung und Zukunft Jesu
Christi«[22]. Wenn auch klar hervorgehoben wird, daß die Auferstehung als
Auferstehung Christi die Auferstehung des Gekreuzigten ist, konzentrieren
sich hier die Aussagen doch auf die Auferstehung als solche. Freilich wäre
es töricht, Kreuz und Auferstehung gegeneinander ausspielen zu wollen.
Es vollzieht sich hier aber eine Akzentuierung, die das Kreuz ganz in den
Schatten der Auferstehung geraten läßt. Dies ist um so mehr von Bedeutung, als die Hoffnung nicht auf die Auferstehung als ein einmaliges,
entscheidendes Ereignis bezogen ist, dem in seinem Geschehensein Bedeu-

---

[20] AaO 155.
[21] Theol. der Hoff., 148 (Hervorhebung von mir).
[22] AaO 125.

tung zukäme und das deshalb den Blick gerade auf den Zusammenhang mit dem Kreuzestod richten würde. Das bedeutete für Moltmann eine Verfälschung der eschatologischen Perspektive. Die Hoffnung ist erst dann richtig begründet, wenn sie durch die Auferstehung nicht auf die Vergangenheit, sondern vielmehr auf die Zukunft ausgerichtet wird. Erst durch diese radikale Orientierung auf Zukunft hin kommt die Hoffnung zur Wahrheit. Das heißt aber, daß trotz der Einheit von Kreuz und Auferstehung die in der Auferstehung begründete Hoffnung den Blick nicht dem Kreuz, sondern ganz der zukünftigen Herrlichkeit zuwendet. Das hängt mit dem Wesen der Auferstehung zusammen, die im Verständnis Moltmanns ganz auf Zukunft aus ist – das zeigt sich auch bereits in der erwähnten Überschrift. Diese Auffassung der Auferstehung sei jetzt genauer betrachtet.

3.2211. Auferstehung als eschatologischer Prozeß

Für seine Interpretation der Auferstehung bezieht sich Moltmann in gesamtbiblischer Perspektive auf die Dimension der Verheißung[23]. Sie wird bei ihm zur Grundkategorie für das Verständnis des Theologischen als des Eschatologischen. Am besten exemplifiziert sich das am Verhältnis Gottes zu seinem Volk im Alten Testament: die Geschichte Israels ist durch die grundlegende Spannung von Verheißung und Erfüllung geprägt[24]. In dieser Geschichte kommt es nie zu einer endgültigen, umfassenden Erfüllung der Verheißung. Die partielle Erfüllung trägt erneut Verheißung in sich, Hinweis auf die endgeschichtliche Erfüllung. So ist die Geschichte von der immer neuen Verheißung getragen, die alles auf die zukünftige Erfüllung ausrichtet, die als die endgeschichtliche dann auch die schlechthinnige Erfüllung sein wird. Erst wenn sie in diese zukunftsträchtige Spannung von Verheißung und letzter Erfüllung eingefügt wird, ist die Hoffnung richtig verstanden.

Das gilt nun ganz besonders in christlicher Perspektive von der Hoffnung, die in der Auferstehung Christi gründet. Die Vorstellung der Totenerweckung ist apokalyptischen Ursprungs und durchaus vorchristlich. Sie hat sich aber nur in ihrer christlichen Interpretation verbreitete Anerkennung verschafft. Sie meinte zunächst ein endgeschichtliches Geschehen. In christlicher Perspektive wurde sie in die Christologie aufgenommen, in der Form der Aussage, daß Gott den am Kreuz gestorbenen Jesus Christus von den Toten auferweckt hat. Durch diese Verkündigung einer perfektisch vollzogenen Auferstehung ist aber der endgeschichtliche Gesichtspunkt nicht ausgeschaltet. Durch sie stellt sich vielmehr ein enger

---

[23] Vgl. Theol. der Hoff., Kap. II: Verheißung und Geschichte, 85–124.

[24] Es bildete eine komplexe historische Aufgabe, Moltmanns Interpretation der Verheißung in gesamtbiblischer und vor allem alttestamentlicher Perspektive genauer zu prüfen. Wir konzentrieren uns auf die systematischen Fragen.

Zusammenhang zwischen Christologie und Eschatologie ein, der für das Verständnis der Eschatologie entscheidend ist, der aber vor schwierige hermeneutische Aufgaben stellt. Moltmann versteht diesen Zusammenhang vom eschatologischen Verständnis der Totenerweckung her, wie es sich im apokalyptischen Denken zeigt. Das hat zwar historisch durchaus sein Recht, denn wenn eine apokalyptische Vorstellung in Anspruch genommen wird, muß sie auch in dieser Inanspruchnahme von ihrer genuin apokalyptischen Bedeutung her erfaßt werden. Die Erscheinung Jesu Christi wird in der Auferstehungsaussage eschatologisch interpretiert. Der Interpretationsvorgang ist aber doppelseitig, so daß zugleich gefragt werden müßte, ob die Anwendung auf Jesus Christus nicht eine Uminterpretation der Vorstellung zur Folge hat, die den endgeschichtlichen Sinn eindeutig verändert, das Eschatologische ganz anders strukturiert. Das ließe sich etwa bei Paulus im Gedanken des Seins in Christus beobachten, in dem der Gläubige schon jetzt am Kreuzesgeschehen Christi partizipiert. Diese Fragen sollen später weiter verfolgt werden. Es ist aber auffallend, daß der Zusammenhang von Christologie und Eschatologie bei Moltmann in einer anderen Perspektive wahrgenommen wird. Für ihn ist zunächst nicht die hermeneutische Orientierung der Uminterpretation bestimmend, sondern der Gesichtspunkt der zeitlichen Reihenfolge. In dieser Hinsicht bedeutet die Auferstehung Jesu Christi zuerst den verheißungsvollen *Anbruch* der künftigen Totenauferstehung. Als Vorwegnahme der Auferstehung an diesem einen enthält sie die Verheißung der herrlichen Erfüllung der allgemeinen Totenerweckung, auf die sich die Hoffnung ausrichtet.

Auch hier ist also der Gedanke der Verheißung zentral, der alles auf die Zukunft ausrichtet. Freilich wird nun in der Auferstehung Christi als vorwegnehmendem Anbruch diese Verheißung nicht nur begründet, sondern zugleich auch konkretisiert. Sie wird nun auf die Person Jesu und auf das Ereignis seiner Auferweckung bezogen. Nun geht es in ihr um »Christus und seine Zukunft«[25]. Darin sieht Moltmann den wesentlichen Unterschied der christlichen Eschatologie zum alttestamentlichen Verheißungsglauben sowie zur prophetischen und zur apokalyptischen Eschatologie. »Christliche Eschatologie erforscht nicht die allgemeinen Zukunftsmöglichkeiten der Geschichte. Sie entfaltet auch nicht die allgemeinen Möglichkeiten des Menschseins, das auf Zukünftiges angelegt ist.«[26] Sie versteht deshalb die Auferstehung nicht in einem apokalyptischen, weltgeschichtlichen Rahmen. »Sie fragt vielmehr nach der inneren Tendenz des Auferstehungsgeschehens, sie fragt nach dem, was von dem Auferstandenen und Erhöhten rechtens erwartet werden kann und muß.«[27] Sie ist »Tendenzkunde der Auferstehung und Zukunft Christi«[28].

---

[25] Theol. der Hoff., 174 (eine Formulierung von E. Thurneysen aufnehmend).
[26] AaO 174 f.   [27] AaO 176.   [28] AaO 177.

Als eine solche Tendenzkunde ist die Eschatologie eine Erkenntnis der in der Auferstehung Christi angelegten Zukunft, eine Interpretation der Auferstehung in ihrer Bewegung auf die eschatologische Zukunft hin. Deshalb geht es Moltmann in seinem Verständnis der Auferstehung Christi vor allem um ihren »Zukunftshorizont«[29]. Noch deutlicher wird bei ihm dieser Zukunftsaspekt der Auferstehung mit der Idee des Prozesses zum Ausdruck gebracht. In diesem Begriff sind für Moltmann zwei Bedeutungsnuancen enthalten: er meint sowohl einen Gerichtsprozeß, einen Rechtsprozeß, als auch einen Geschichtsprozeß[30]. In der Verbindung beider Aspekte wird das Wesen der Auferstehung Christi klar: sie ist das Einsetzen eines Kampfes um die eschatologische Offenbarung der Wahrheit, Gerechtigkeit und Herrschaft Gottes. In diesem doppelten Sinne eines Geschichtsprozesses als Rechtsprozesses ist es wohl zu verstehen, wenn es heißt: »Mit der Auferweckung Christi ist nicht ein möglicher Prozeß in der Weltgeschichte gemeint, sondern der eschatologische Prozeß mit der Weltgeschichte.«[31] Die Auferstehung geht mit der Weltgeschichte ins Gericht, sie fällt ein Urteil über sie. Insofern ist sie nicht ein Geschichtsprozeß im Rahmen des der Weltgeschichte Möglichen. Sie setzt etwas radikal Neues. Dennoch geschieht dieser Rechtsprozeß gerade als das Setzen eines *Geschichtsprozesses,* freilich eines neuen, eben eschatologischen Prozesses. Dieser eschatologische Prozeß setzt mit der Auferstehung Christi ein und meint den Durchbruchsprozeß der darin waltenden Tendenz auf die eschatologische Erfüllung der Zukunft Christi. Als Tendenz ist die Auferstehung Verheißung der Gerechtigkeit Gottes im endzeitlichen Gericht, Verheißung der Auferweckung der Toten ins ewige Leben und Verheißung des Reiches Gottes, das als neue Schöpfung alles neu macht zu einer eschatologischen Totalität des Seins. Das ist der Geschichtsprozeß, in den die Auferstehungsaussage den Menschen und die Welt stellt und in dem sich alles von der Auferstehung Christi her auf die letzte Verwirklichung der Zukunft Christi ausrichtet.

In der konkreten Bezugnahme auf Jesus Christus, die in der Auferstehung Christi vollzogen wird, sieht Moltmann den wesentlichen Unterschied zwischen christlicher Eschatologie und apokalyptischem Denken: es geht nun nicht mehr um allgemeine Zukunftstendenzen der Geschichte und der Menschheit, sondern um eine ganz bestimmte, in einer Person

---

[29] Vgl. aaO 173 ff.
[30] S. dazu vor allem: Der gekr. Gott, 107. In diesem Buch sind die Kapitel IV und V im Nacheinander dem geschichtlichen und dem eschatologischen Prozeß Jesu Christi gewidmet. Damit wird versucht, ein Verständnis der Kreuzigung zu erarbeiten, einerseits »im Lichte seines Lebens und Wirkens«, andererseits »im Licht des eschatologischen Glaubens, der seine Auferweckung von den Toten und damit ihn als Christus verkündigt« (aaO 105). Wenn auch der geschichtliche Prozeß der Passionsgeschichte mit eine Rolle spielt, bildet er doch nicht das zentrale Anliegen dieses Versuchs. Alles tendiert vielmehr auf den eschatologischen Prozeß, auf die Deutung des Kreuzes im Licht der Auferstehung.
[31] Theol. der Hoff., 162 f.

verankerte Zukunft. Dennoch muß gesagt werden, daß die Perspektive im Grunde genommen *apokalyptisch* bleibt, und zwar deshalb, weil die Zukunft Christi nun erneut in der Begrifflichkeit des Prozesses und der Tendenz interpretiert wird. Dadurch vermag sich nicht ein neues Verständnis der Eschatologie durchzusetzen. Das apokalyptische Modell wird vielmehr als Tendenzkunde in das Christliche aufgenommen und prägt so die gesamte Eschatologie. Das zeigt sich vor allem im Verständnis des Weltaspekts. Darauf kommen wir später zu sprechen. Wir verweilen zunächst beim Problem der Geschichtsauffassung, was uns dann weiter zu den Problemen führt, die mit dem Modell der Antizipation verknüpft sind. Erst von dorther soll der Weltaspekt erörtert werden.

3.2212. Die Auferstehung stiftet Geschichte

Wie wir bereits gesehen haben, impliziert die Idee des Prozesses die Perspektive der Geschichte. Deshalb ist der eschatologische Prozeß, der in der Auferstehung instauriert wird, als eschatologische Geschichte zu verstehen. Aus dieser eschatologischen Geschichte will Moltmann eine neue Geschichtsauffassung erarbeiten, die er den gängigen Geschichtsverständnissen entgegenhalten kann.

Ausgangspunkt dieses Geschichtsproblems ist die Frage nach der Historizität der Auferstehung. In dieser Form stellt sich zunächst die historische Frage nach der Wirklichkeit der Auferstehung[32]. Damit verknüpfen sich viele methodologische Probleme, denn die Aufgabe, die Auferstehungsaussage zu interpretieren, bildet einen Testfall historischer und theologischer Arbeit. Sie ist sowohl historische Aussage über etwas, das geschehen ist, als auch Glaubensaussage über die Bedeutung dieses Geschehens, wie sie im Glauben aufzunehmen ist. Diese zwei Aspekte verbinden sich zu einer Einheit, die man in der historischen Arbeit mit Behutsamkeit wahrnehmen und interpretieren muß. Es ist vor allem darauf zu achten, daß die Methode des Vorgehens dem Geschehen gerecht wird, es nicht von vornherein verfälscht. So wird man sich etwa davor hüten müssen, mit unserem modernen Geschichtsverständnis unvermittelt an das Ereignis heranzugehen, ohne die Zeitdifferenz angemessen zu reflektieren. Zugleich aber gehört es dazu, die historische Interpretation nicht frühzeitig abzubrechen, sondern sie bis dorthin weiterzutreiben, wo sie auf die Wahrheitsfrage stößt, die nur in der Konfrontation mit dem heutigen Wahrheitsbewußtsein und deshalb mit dem heutigen historischen Denken zu beantworten ist. In diesem komplexen Spannungsfeld stehen Moltmanns Bemerkungen zur Geschichte.

Er setzt sich zunächst kritisch mit der historisch-kritischen Methode auseinander, wie sie sich in der modernen historischen Forschung durchge-

---

[32] AaO 156 ff.

setzt und zur hermeneutischen Theologie geführt hat. In historisch-kritischer Hinsicht gilt die Historizität der Auferstehung als eines räumlich und zeitlich bestimmbaren Geschehens als unwahrscheinlich. Dieses Urteil beruht auf einem behutsam angewandten Analogieprinzip, das das Verständnis der Geschichte durchwaltet. Es gibt deshalb historisch-kritisch gesehen keinen direkten historischen Zugang zum Ereignis der Auferstehung. Die Texte berichten von Erscheinungen, die einem kleineren Kreis von Personen widerfahren sind und in denen diese Menschen in den Zügen des Erscheinenden den ihnen bekannten gekreuzigten Jesus als Auferstandenen wiedererkannten. Damit stellt sich die historische Aufgabe, diese Erscheinungen zu interpretieren und von ihnen her zu erschließen, welche Bedeutung die Erfahrung des Auferstandenen für diese Menschen hatte und was sie dazu bewog, dieses Geschehen der Welt zu verkündigen.

Für Moltmann erscheint es als schwerwiegendes Problem, ob man so darauf verzichten kann, die Wirklichkeit der Auferstehung historisch zu erfassen. Darin sieht er die Gefahr, die Geschichte sich selbst zu überlassen und die Theologie von ihr zu trennen, um sie auf »die persönliche Begegnung, das nichtobjektivierbare Erleben oder die existentielle Entscheidung« auszurichten, während das Erkennen der Geschichte »allen möglichen pantheistischen oder· atheistischen Prinzipien« überlassen wird[33]. Dadurch gehe die eigentliche Geschichtlichkeit der Geschichte verloren, denn das historische Verstehen werde mit dem Analogieprinzip auf einer metaphysischen Bestimmung des Historischen begründet, die nur das Gemeinsame hervorhebt und gewisse neue Ereignisse nicht mehr zu erfassen erlaubt. So von der Geschichte getrennt hangen letztlich die Auferstehungsverkündigung und die von ihr betroffene Existenz in der Luft.

Deshalb sucht Moltmann nach anderen Möglichkeiten für die Theologie, das Problem der Geschichte zu lösen. Eine erste Möglichkeit sieht er in einer Erweiterung der Perspektiven des historischen Wahrnehmens, einer Erweiterung, die dahingeht, im Vergleichsverfahren der historischen Forschung nicht das Gemeinsame, Gesetzmäßige, das Konstante hervorzuheben, sondern im Vergleich gerade »das Unvergleichliche, nie Dagewesene und Neue sichtbar zu machen«[34]. Denn das eigentlich Geschichtliche liege eben im Kontingenten und Neuen. Doch mit dieser Entdeckung des Kontingenten ist noch nicht der angemessene Rahmen für die Auferstehungsaussage geschaffen, denn diese ist nicht nur kontingent, zufällig neu. Sie ist sowohl dem Gleichartigen als auch dem vergleichsweise Ungleichartigen gegenüber neu. Ihr entspricht nur »die Erwartungskategorie des Eschatologisch-Neuen«[35].

Deshalb gibt es schließlich für Moltmann nur eine Möglichkeit: »von der theologisch und eschatologisch verstandenen Wirklichkeit der Auferste

---

[33] AaO 161.   [34] AaO 162.   [35] Ebda.

hung her einen eigenen Begriff von Geschichte und ein eigenes Verständnis
der Historie von Geschichte zu gewinnen«[36]. So soll ein Verständnis der
Geschichte erarbeitet werden, das die Auferstehung voraussetzt und von
ihr her eschatologisch bestimmt ist, ein Verständnis der Geschichte, das ein
»Verständnis für Geschichte in ihren letzten Möglichkeiten und Hoffnungen unter der Voraussetzung der Auferweckung Christi« ist[37]. Das führt
Moltmann zu einer Auffassung, die die Geschichtlichkeit von der eröffne-
ten Zukunft her versteht. »Die Auferweckung Christi ist dann nicht darum
›geschichtlich‹ zu nennen, weil sie *in* der Geschichte, . . ., geschehen ist,
sondern sie ist darum geschichtlich zu nennen, weil sie Geschichte *stiftet,* in
der man leben kann und muß, sofern sie künftigem Geschehen die Bahn
weist. Sie ist geschichtlich, weil sie eschatologische Zukunft erschließt.«[38]

Es können jetzt nicht alle methodologischen Fragen behandelt werden,
die sich hier stellen. Das erforderte eine ausführliche Auseinandersetzung
mit Moltmanns Interpretation der von ihm kritisierten Auffassungen[39].
Auf jeden Fall bedürften verschiedene Äußerungen einer einschneidenden
Korrektur: das gilt für das Verständnis der historisch-kritischen Methode
und vor allem der hermeneutischen Methode der Existentialinterpretation.
Wir bleiben bei dem uns beschäftigenden systematischen Thema.

Wenn Moltmann die Geschichtlichkeit durch die Erschließung eschatologischer Zukunft kennzeichnet, muß kritisch dagegen betont werden, daß
ein Geschehen nicht nur Geschichte stiftet, sondern eben auch vorfindet. In
dieser Perspektive gilt tatsächlich Geschichtlichkeit zunächst als »in der
Geschichte geschehen sein«. Diese Verankerung in gegebener Geschichte
ist unabdingbar. Das ist auch für die Auferweckung Christi der Fall: auch
als Geschichte stiftendes Geschehen ereignet sie sich in vorgegebener
Geschichte. Nur in dieser geschichtlichen Verankerung ist das Neue – auch
das »Eschatologisch-Neue« – überhaupt erst als Neues zu verstehen, denn
das Neue kann nur in der Konfrontation mit dem Alten wirklich erfaßt
werden. Wir sind nicht einfach aus dem Alten herausgerissen und in das
Neue hineingerissen. Verständnis gibt es nur aufgrund eines Vorverständ-
nisses, das im Kontext der geschichtlichen Vorgegebenheit steht, ein
natürliches Geschichtsverständnis ist.

Dieses hermeneutische Problem des Verstehens bildet den anthropologischen Hintergrund für das historisch-kritische Betrachten der Geschichte
und für sein Analogieprinzip. Gerade an diesem Interesse für das Verstehen
zeigt sich ein Interesse für die Geschichte an ihrem neuralgischen Punkt, in
der Frage nach ihrer Bedeutung für den Menschen. Was wären Geschichte
und Historie schon ohne Verstehen? In dieser Ausrichtung auf das Verstehen erweist sich die hermeneutische Methode der Existentialinterpretation

---

[36] AaO 163.   [37] Ebda.   [38] AaO 163 f.
[39] In diesem Rahmen müßte man sich vor allem mit dem Kap. IV der Theol. der Hoff.
befassen, in dem eine Darlegung der soeben skizzierten eschatologischen Geschichtsauffassung unternommen wird (s. Theol. der Hoff., 210–279).

gerade nicht, wie Moltmann meint, als Flucht aus der Geschichte, sondern als Eindringen in ihre eigentliche Geschichtlichkeit: ihre Herausforderung an den Menschen, an seine Verantwortung.

Das gilt auch für die Existentialinterpretation der Auferstehungsaussage. Sie meint nicht einen Verzicht auf historische Erfassung, wie Moltmann andeutet. Sie führt vielmehr gerade zu einer geschichtlichen Verankerung der Auferstehungsaussage, indem sie sie in ihrer engen Verknüpfung mit dem Kreuzesgeschehen wahrnimmt und sie als Aussage über die eschatologische Bedeutung dieses historischen Geschehens deutet. In diesem Bezug zum Kreuzestod Christi liegt das richtige Verständnis der Auferstehung, denn im Kreuz geschieht die entscheidende Herausforderung des natürlichen Menschen in Hinsicht auf sein Verstehen. Dem gegenüber muß Moltmann vorgeworfen werden, mit seinem Gedanken der Stiftung von Geschichte in der Auferstehung die Geschichte als geschichtliche Vorgegebenheit zu verlassen, um seine ganze Theologie auf die eschatologische Zukunft auszurichten. Das ist aber ein Verlust der Geschichte überhaupt.

Auf unser Thema »Kreuz und Eschatologie« bezogen könnte man sagen: mit seiner Bestimmung der eschatologischen Geschichte will Moltmann die Auferstehung als Geschehen dem Kreuzesgeschehen gegenüber verselbständigen, weil er auch die Eschatologie dem Kreuz gegenüber verselbständigen will. Das heißt zwar nicht, daß das Kreuz ganz ausgeschaltet wird. Es wird aufgenommen, doch, wie wir noch sehen werden, als ein vermitteltes Moment. Moltmanns Eschatologie ist deshalb eine eschatologia resurrectionis, sie gründet auf der Auferstehung Christi als der einsetzenden Vorwegnahme der Zukunft Christi. Dadurch stellt sich die Frage, wie denn dieses »Eschatologisch-Neue« zu verstehen und wie es auf seine Wahrheit hin zu prüfen sei. Die Antwort auf diese Frage erfolgt bei Moltmann im Gedanken der Antizipation.

3.222. Das Modell der Antizipation

3.2221. Novum ultimum und eschatologische Analogie

Moltmann hatte in seiner Kritik des historisch-kritischen Analogieprinzips betont, es erlaube nicht eine angemessene Wahrnehmung des Eschatologisch-Neuen, wie es in der Auferstehung Christi zum Vorschein kommt, auch dann nicht, wenn es darauf aus ist, im Vergleichsverfahren das Ungleichartige hervorzuheben. Denn die Auferstehung Christi, so argumentiert Moltmann, sei nicht bloß kontingent neu. Sie »erweist sich als ein novum ultimum«[40], das die innergeschichtlichen Möglichkeiten sprengt. In ihr geschieht, wie Moltmann auch sagen kann, ein neues totum, in dem

---

[40] AaO 162.

das totale nihil des Kreuzes vernichtet wird[41]. Ein solches novum ultimum und totum ist die Auferstehung nur, weil sie eschatologisch ausgerichtet, also auf das endgeschichtliche novum ultimum und totum selbst orientiert ist. Sie ist es als Vorschein und Antizipation, Vorwegnahme dieser zukünftigen Herrlichkeit. In der Auferstehungsaussage wird verkündigt, daß das Eschatologische nun nicht mehr der Endzeit vorbehalten bleibt. An diesem einen Jesus ist das eschatologische Geschehen der Totenerweckung zum ewigen Leben in der Herrlichkeit der neuen Schöpfung bereits vollzogen worden, vorweggenommen. Daraus folgt aber, daß der eschatologische Prozeß bereits angebrochen ist, der die Menschen, die Welt, alles auf die Zukunft hin ausrichtet, die in der Auferstehung Christi zum »Vorschein« gekommen ist. Freilich bleibt in diesem Prozeß ein radikaler eschatologischer Vorbehalt erhalten: letzte Vollendung des novum ultimum und totum ist nur als endzeitliche Erfüllung zu erwarten, in der Gott alles in allem sein wird. Das macht gerade die unabdingbare fundamentale Ausrichtung auf die Zukunft aus.

Dadurch verändert sich die Perspektive der Analogie: sie wird sozusagen eschatologisiert. Moltmann spricht denn auch von einer »eschatologischen Analogie«[42], die zum Leitfaden des historischen Verstehens werden muß, d. h. einer Analogie, die nicht zu dem besteht, was auch sonst im Geschichtlichen erfahren werden kann, sondern auf das hinweist, was erst noch kommen soll. Damit wird das Verstehen zu einem Hoffen und Erwarten, das das Geschehene daraufhin deutet, was es noch nicht in sich enthält, was ihm aber in Aussicht gestellt wird. Nur so wird das Geschehene richtig wahrgenommen und aufgenommen: wenn in ihm der vorwegnehmende Hinweis auf die bevorstehende Zukunft erfaßt wird. Das zeigt sich am klarsten bei der Auferstehung: ». . . es wird mit der Erinnerung dieses einen und einmaligen Geschehens die Hoffnung auf die Zukunft des ganzen Weltgeschehens erinnert.«[43]

Verstehen gibt es für Moltmann nur in dieser Perspektive der eschatologischen Analogie, denn die Wahrheit selbst liegt in der Zukunft, und allein die eschatologische Analogie kann auch als »verifizierende Analogie« fungieren, die »allererst in Aussicht gestellt ist und kommen soll«[44]. Das führt uns zur Erörterung der Wahrheitsfrage.

3.2222. Antizipation und eschatologische Verifikation

Verstanden ist etwas, wenn es auf seine Wahrheit hin erfaßt wird. Das stellt das Problem der Verifikation, das im Modell der Antizipation eine

---

[41] AaO 180.

[42] AaO 163. Das veranlaßt Moltmann, auch Barths Vorstellung der Entsprechungen, der Gleichnisse des Reiches Gottes umzuinterpretieren, »als Antizipationen und Verheißungen im Prozeß aufzufassen« (Der gekr. Gott, 297).

[43] Ebda.   [44] AaO 179.

ganz bestimmte Form annimmt. Wird ein Geschehen als Vorwegnahme interpretiert, so stellt es einen eschatologischen Anspruch dar, der auf zukünftige Bestätigung angewiesen ist. Die Vorwegnahme wird sich erst »im Kontext des Vorweggenommenen selbst bestätigen«[45]. So ist die Erscheinung Jesu Christi auf das Ende der Geschichte angewiesen, seine Auferweckung von den Toten auf die Bestätigung durch die allgemeine Auferweckung der Toten. Deshalb kann Moltmann mit Pannenberg von der proleptischen Struktur der theologischen Aussagen und vornehmlich der Auferstehungsaussage sprechen. Freilich betrifft diese Prolepse im Grunde genommen nur die formale Struktur. Erst wenn sie mit einem materialen Gehalt gefüllt wird, ist sie richtig erfaßt. Wie wir noch sehen werden, besteht eben darin die Aufgabe des Kreuzes: es soll die inhaltliche Bestimmung und die Bedeutung der Auferstehung für uns explizieren. Was aber die Verifikation betrifft, so kann es nur eine eschatologische sein, denn die Auferweckung Christi kann nicht einem Tatsachenbeweis unterliegen. Sie spricht mit der Vorwegnahme der neuen Schöpfung die »Sprache der Verheißung«. Auf eine Formulierung von H. Marcuse zurückgreifend spricht Moltmann vom »Skandal der qualitativen Differenz«: »die alte, unerlöste und unverwandelte Welt von Leiden, Schuld und Tod« ist nicht beweisfähig »für jene neue Schöpfung, in der es kein Leid, kein Geschrei und keine Tränen mehr geben wird«[46]. Deshalb liegt die Auferstehung Christi mit der Wirklichkeit »im Streit um die Zukunft des wahren Seins«, im »Prozeß um die Zukunft der Wahrheit«[47].

In dieser Perspektive werden alle theologischen Aussagen der Tradition, die die Wahrheit irgendwie zum Ausdruck zu bringen versuchen, zu Antizipationen umgedeutet. Nicht nur die Christustitel greifen messianisch vor, auch alle Gottesbeweise »sind im Grunde Vorgriffe auf jene eschatologische Wirklichkeit, in der Gott allen an allem offenbar ist«[48]. Das hat zur Folge, daß auch die traditionelle natürliche Theologie[49], die im klassischen Schema als Erarbeitung der praeambula fidei verstanden wurde, nun als eschatologische »Voraus-setzung« gedeutet wird: sie gehört nun »in die

---

[45] Der gekr. Gott, 159. Zur Problematik der »eschatologischen Verifikation«, vgl. den ganzen Passus, 157–160.

[46] AaO 160.

[47] Ebda. Theol. der Hoff., 165.

[48] Theol. der Hoff., 259. Vgl. aaO 184 für die Christustitel.

[49] Zu diesem Thema der natürlichen Theologie, s. vor allem Theol. der Hoff., 79 f. Moltmann braucht den Begriff der natürlichen Theologie in einem sehr weiten Sinne. Da er im Natürlichen vor allem die geschichtlich-gesellschaftliche Vermittlung betont, kann er auch von »Theologie der Geschichte« sprechen. Er schließt aber auch, völlig überraschend, die Theologie der Existenz in die natürliche Theologie ein. Das hängt mit seiner Meinung zusammen, daß die Existenztheologie in ihrem Nachdenken über das Reden von Gott im Horizont der Fraglichkeit des menschlichen Daseins auf einen Gottesbeweis aus sei. Man wird es bezweifeln müssen, ob man in diesem Sinne von Gottesbeweis in der Existenztheologie sprechen kann. Das ist doch eher eine etwas polemische Äquivozierung. Auf jeden Fall wird man sagen müssen, daß ein Gottesbeweis aus der Fraglichkeit zumindest höchst »fraglich« ist.

Darstellung des universalen, eschatologischen Erwartungshorizontes der Offenbarung«, sie ist »ein Vorschein und ein Vorweis der verheißenen universalen Herrlichkeit Gottes«[50].

Dieses proleptische Modell der eschatologischen Verifikation ist u. E. im Grunde genommen eine Vertagung der Wahrheitsfrage. Wenn die Vorwegnahme nur im Kontext des Vorweggenommenen verifiziert werden kann, ist die Wahrheitsfrage von der Gegenwart, in der ich auf vielerlei Weise und in bedrängender Art mit ihr konfrontiert werde, auf die Zukunft der eschatologischen Erfüllung verschoben. In der Auseinandersetzung mit der Wirklichkeit, die mich hier und jetzt betrifft und herausfordert, kann es keinen Streit um die Wahrheit mehr geben, sondern nur noch, wie Moltmann selbst formuliert, einen »Streit um die Zukunft der Wahrheit«. Damit ist aber die Situation radikal entschärft, und die Wahrheitsfrage droht sich überhaupt aufzulösen. Wie kann ich sinnvoll mit einer Wahrheit umgehen, die sich erst in der Zukunft erweist? Zwar ist sie in der Antizipation erkennbar, doch ist diese nur als ein Hinweis auf die Zukunft richtig verstanden. So wird das Verstehen auf das unbekannte, enigmatische novum ultimum der endzeitlichen Wahrheit verwiesen. Da diese Wahrheit noch aussteht, ist das einzig Wahre schließlich das erwartende, hoffende Ausgerichtetsein auf die Zukunft, in der sich erst die Wahrheit offenbaren wird. Doch diese zukünftige Wahrheit, weil zukünftig, überläßt die Gegenwart sich selbst. Sie vermag es nicht, Klarheit in die Gegenwart einzubringen, sondern wirkt zweideutig. In dieser Zweideutigkeit liegt Spielraum für allerlei Äquivokationen in Hinsicht auf die Zukunft der Wahrheit. Das soll im nächsten Punkt erörtert werden. Wir verweilen vorerst noch bei der Verifikationsthematik.

Es ist auffallend, daß Moltmann als Alternative zur eschatologischen Verifikation eigentlich nur das Beweisverfahren kennt, sei es natürlich, vernünftig oder historisch. Demgegenüber muß gefragt werden, ob es denn keine andere Weise gibt, die in Christus kundgewordene Wahrheit zur Sprache zu bringen. Will man das proleptische Modell vermeiden, so muß man den Akzent im Christusereignis mit Nachdruck darauf legen, daß in ihm etwas ein für allemal vollbracht wurde. Das verändert jedoch entscheidend die Gesamtperspektive, denn nun wird das Perfektische hervorgehoben. Gerät man aber damit nicht in die Gefahr, doch so etwas wie einen historischen Tatsachenbeweis leisten zu wollen, wie Moltmann sagt? Dann ginge in der Tat das Eschatologische verloren. Jedoch, wie wir bei Luther sahen, ist die eschatologische Dimension im Perfektischen voll gewahrt, und zwar durch die Verborgenheit sub contrario. Das ist das zentrale Motiv der theologia crucis. Das Perfektische ist nicht eine Objekti-

---

[50] AaO 80. Das führt Moltmann dazu, das, was üblicherweise als natürliche Theologie bezeichnet wird, als theologia viatorum zu kennzeichnen, die die verheißene Zukunft in der Geschichte antizipiert.

vierung des Eschatologischen zu einem Tatsachenerweis, sondern eine Aussage, die durch die Verborgenheit dem Glauben Raum schenkt, ganz auf diesen Glauben abzielt. Diese Bestimmung enthält zwar auch eine futurische Komponente: einst wird die Verborgenheit aufgehoben werden, und wir werden nicht mehr glauben, sondern schauen. Doch diese Perspektive der eschatologischen gloria bewirkt nicht eine bereits einsetzende, antizipatorische Aufhebung der gloria per crucem. Sie bedeutet vielmehr eine radikale Einschärfung der Verborgenheit und des ihr entsprechenden Glaubens für dieses Leben als ewiges Leben, bis hin zum Tode als dem großen letzten contrarium, durch das wir ins künftige Leben eingehen.

Die Verborgenheit sub contrario zentriert die Wahrheitsfrage auf das spannungsvolle Verhältnis von Glaube und Erfahrung. Das ist die theologische Entsprechung zu dem, was zuvor in der hermeneutischen Perspektive des Geschichtsproblems als der Fragenkomplex von Verständnis und Vorverständnis angesprochen wurde. Wie es dort in der Frage des Verstehens letztlich um das Selbstverständnis des Menschen geht, so wird man auch hier hervorheben müssen, daß die Verifikation der Wahrheit, die in Christus offenbar wurde, letztlich nur als Lebensvollzug des Glaubens geschehen kann. Das unterstrich Kierkegaard mit dem pointierten Satz, daß die Wahrheit die Subjektivität sei[51]. Das bildet das Grundkriterium für die Verifikation in theologischer Perspektive, für eine Verifikation, die die Wahrheit an ihrem virulentesten Ort, in der herausfordernden gegenwärtigen Situation des Menschen betrachtet. Gegen Moltmanns Meinung ist das die Situation, in der die Geschichte zur Geschichte wird, in ihrer eigentlichen Geschichtlichkeit erkannt ist. Es ist die Situation, in der der Mensch als Einzelner betroffen wird.

Damit ist ein kritischer Akzent gegen das Modell der Antizipation gesetzt, der sich nun in der Kritik der aktiven Antizipation konkretisiert.

3.2223. Antizipation als Weltveränderung

»Man könnte sagen, christliche Eschatologie ist Tendenzkunde der Auferstehung und Zukunft Christi und geht darum unmittelbar in das praktische Wissen der Sendung über.«[52] Das ist für Moltmann eine zentrale Formulierung, die die christliche Eschatologie von der Apokalyptik unterscheidet. Der Erfahrungsgehalt der christlichen Eschatologie besteht nicht in einem weltgeschichtlichen Ablauf, der nach einem göttlichen Plan die Welt in verschiedenen Phasen zur endgültigen Erlösung führt und dem der Mensch passiv gegenübersteht. Er ist vielmehr »ein Sendungsbewußtsein

---

[51] Vgl. vor allem S. *Kierkegaard,* Ges. Werke, hg. v. E. Hirsch, 16. Abt., Bd. I, 179 ff (Abschließende unwissenschaftliche Nachschrift zu den philosophischen Brocken).
[52] Theol. der Hoff., 177. Vgl. zu diesem Thema der Sendung vor allem im IV. Kap. den § 8: Hermeneutik der christlichen Sendung, aaO 250–279.

im Wissen um den göttlichen Auftrag«[53]. Das wird schon dadurch bestätigt, daß die österlichen Erscheinungen Christi Berufungserscheinungen
sind. Die Eröffnung eines eschatologischen Prozesses durch die Auferstehung Christi bedeutet zugleich einen eschatologischen Auftrag für die
Zeugen dieser Auferstehung. Sie werden in die Welt geschickt, um in ihr
»im Erwartungshorizont des Reiches Gottes« zu handeln. Diese Sendung
ist eine Sendung in die Zukunft Christi hinein, die die Gemeinde als
»Exodusgemeinde«[54] in der Welt bestimmt.

Im Neuen Testament ist diese Sendung als missionarische zu verstehen:
die Zeugen sind aufgerufen, den Gekreuzigten, der ihnen als Auferstande-
ner erschienen ist, in aller Welt zu verkündigen, allen Menschen, sowohl
den Juden als auch den Heiden. Das ist, wie Paulus sagt, »der Dienst der
Versöhnung« (2. Kor 5,18–21). Moltmann nimmt zwar diesen Aspekt der
Verkündigung auf, betont aber sogleich, daß es eine Verkündigung von
Verheißungen ist und daß sie in dieser Hinsicht von ihrem alttestamentlichen Hintergrund her zu interpretieren ist[55]. Das bedeutet für Moltmann,
daß sich in der christlichen Mission bereits die alttestamentlichen Verheißungen erfüllen: die Völker, Juden und Heiden, Freie und Sklaven, gelangen zur eschatologischen Freiheit und Menschenwürde. So gehört die
Mission zum eschatologischen Prozeß der Realisierung der Gottesherrschaft. Diese Realisierung ist aber, im Sinne des alttestamentlichen *shalom,*
nicht nur »Seelenheil, individuelle Rettung aus der bösen Welt, Trost im
angefochtenen Gewissen«, sondern »Verwirklichung eschatologischer
Rechtshoffnung, Humanisierung des Menschen, *Sozialisierung* der Menschheit, *Frieden* der ganzen Schöpfung«[56]. Das erfordert eine »andere Seite«,
die man allzu lange vernachlässigt hat: es geht darum, die Erwartungen in
gegenwärtige Aktivität zu verwandeln, die Gestalt der Welt auf die eschatologische Erfüllung hin zu verändern. Diese Mitarbeit am Reiche Gottes
ist aktive Antizipation: »Christen werden nach Maßgabe der vorhandenen
Möglichkeiten im Abbau der Herrschaft und im Aufbau der politischen
Lebendigkeit eines jeden die Zukunft Christi zu antizipieren suchen.«[57]
Das gilt, weil der Christ der »durch die Gottesverheißung zur Veränderung
der Welt berufene Mensch«[58] ist. Deshalb steht diese antizipierende Weltveränderung »im Dienst der Versöhnung«. In Humanisierung und Sozial-
sierung als politischer Veränderungsaktivität wird in Richtung auf die

---

[53] Ebda.
[54] Das ist die Grundkategorie für Moltmanns Charakterisierung der christlichen Gemeinde
im Zeichen der Theologie der Hoffnung (vgl. Theol. der Hoff., Kap. V, 280–312). Für eine
Weiterführung der ekklesiologischen Reflexion, s.: Kirche in der Kraft des Geistes (s. o. Anm.
9).
[55] Für das Folgende, vgl. Theol. der Hoff., 302–304.
[56] AaO 303.
[57] Der gekr. Gott, 305.
[58] Theol. der Hoff., 266.

verheißene Zukunft der Gerechtigkeit, des Lebens und des Reiches Gottes gearbeitet, ja noch mehr, es wird diese Zukunft selbst vorweggenommen.

Damit wird das eschatologische Heil, das Moltmann mit der verheißenen Zukunft der Gerechtigkeit, des Lebens und des Reiches Gottes umschreibt, zum Material und Inhalt menschlicher Aktivität als antizipatorischer Aktivität. Es bedeutet deshalb im Grunde genommen synergistische Werkgerechtigkeit unter eschatologischem Zeichen. Das zeigt sich im betreffenden Passus an Unklarheiten in bezug auf das Subjekt der Veränderung. Die Wirklichkeitserfahrung des zur Veränderung berufenen Menschen beruhe nicht auf bloßer Machbarkeit von Geschichte. »Für ihn ist die Welt veränderlich *für den Gott seiner Hoffnung und insofern auch für den Gehorsam,* zu dem ihn diese Hoffnung bewegt.«[59] So ist »der Geist der göttlichen Hoffnung« – man beachte die Zweideutigkeit der Formulierung! – das Subjekt der Weltveränderung. Im folgenden wird aber gerade die Bedeutung des Menschen hervorgehoben: er vermittelt das Seiende mit der Zukunft Gottes. Diese Vermittlung dient der Versöhnung, das Vorgreifen in die erlösende Zukunft stiftet dem Seienden »Versöhnung, Rechtfertigung und Bestand«[60]. Damit wird das antizipatorische Handeln des Menschen mit den Attributen des göttlichen Heilshandelns versehen: es stiftet Versöhnung und Rechtfertigung. Gewiß gilt diese soteriologische Dimension des menschlichen Handelns nicht ausschließlich. In eschatologischer Ausrichtung ist es zugleich göttliches Handeln. Das Antizipieren des Menschen ist aber eine notwendige Vermittlung der göttlichen Versöhnung.

Diese Bestimmung vollzieht eine bedenkliche Vermischung von göttlichem und menschlichem Handeln in eschatologischer Hinsicht. Sie ist dadurch ermöglicht, daß die proleptische Struktur des Denkens eine Äquivokation beinhaltet, in der das theologisch-eschatologische Motiv, die Zukunft der Gerechtigkeit, des Lebens und des Reiches Gottes, mit den Perspektiven der weltverändernden Praxis, mit der politischen Gerechtigkeit, mit Humanisierung und Sozialisierung, Frieden verwechselt werden kann. Was von Gott selbst eschatologisch zu erwarten ist, liegt nun antizipatorisch im Bereich der menschlichen Praxis. Dadurch gestaltet sich die Theologie der Hoffnung in letzter Pointierung als sozialpolitischer Messianismus, der die marxistischen, vor allem neomarxistischen Zukunftsperspektiven in der Perspektive des eschatologischen Geschichtsprozesses mit den christlichen Hoffnungsinhalten äquivoziert. Bereits im ersten Teil haben wir eine kritische Auseinandersetzung mit den Äquivokationen in der politischen Theologie versucht[61]. Wir bleiben jetzt spezieller bei der eben angedeuteten und erörtern sie etwas genauer, indem wir

---

[59] AaO 267 (Hervorhebung von mir).
[60] Alle Zitate ebda.
[61] S. o. 1.2., vor allem S. 30–42.

nun unter dem Gesichtspunkt der nova creatio auf den Weltbezug der
Eschatologie zu sprechen kommen.

3.223. Nova creatio

3.2231. Die kosmische Ausrichtung der Apokalyptik

Während in der theologischen Forschung oft hervorgehoben wurde, daß
die Apokalyptik durch die Anwendung kosmologischer Schemata auf die
Geschichte das Eschatologische zu einer genau geplanten und periodisier-
ten Weltgeschichte erstarren lasse, will Moltmann vielmehr das apokalyptische Denken als positive Weiterentwicklung der eschatologischen Reflexion aufnehmen. Deshalb betont er, daß es in ihm gar nicht so sehr um
»eine kosmologische Deutung der eschatologischen Geschichte« geht als
vielmehr um »eine eschatologische und geschichtliche Deutung des Kosmos«[62]. So wird der Kosmos in den eschatologischen Prozeß hineingezo-
gen. Darin sieht Moltmann eine Erweiterung der eschatologischen Thematik, die von großer theologischer Bedeutung sei. Dadurch werde die
Eschatologie »zum universalen Horizont der Theologie überhaupt«[63]. Nun
ist die gesamte Kreatur in die Eschatologie aufgenommen. Ohne Apokalyptik verharrt diese in der Völkergeschichte der Menschheit oder in der
Existenz des einzelnen Menschen. In der Apokalyptik wird die Menschen-
und Völkerwelt in die Welt insgesamt eingefügt. Die Umkehr des Menschen steht im Kontext »der Umkehr des ganzen Kosmos«, die Revolution
der Völkerwelt wird »die kosmische Revolution aller Dinge«[64].

Auch das Neue Testament, meint Moltmann, habe dieses auf die Weite
des Kosmos geöffnete Fenster nicht geschlossen. Diese Aussage muß aber
mit dem verbunden werden, was Moltmann auch, wie wir bereits sahen,
zum Unterschied zwischen Apokalyptik und christlicher Eschatologie
bemerkt. In der christlichen Eschatologie geht es nicht um eine in den
Tendenzen der Weltgeschichte angelegte Zukunft Gottes, sondern um die
in der Auferstehung Christi begründete Zukunft Gottes. In dieser konkreten christologischen Verankerung, die schon einen antizipatorischen
Anbruch der Zukunft bedeutet, liegt der wesentliche Unterschied zur
Apokalyptik. Nun bleibt aber das apokalyptische Fenster offen. D. h.: aus
der Auferstehung Christi werden zwar nicht allgemeine Gesetze des Weltgeschehens abgeleitet; in der durch sie geöffneten Zukunft Christi geht es
aber um die Zukunft des ganzen Weltgeschehens. Diese universale, kosmische Ausrichtung der Zukunft Christi kann Moltmann nicht genug betonen. Darin offenbart sich die grundlegend apokalyptische Orientierung
seiner Auffassung der christlichen Eschatologie. Wenn auch alles eschato-

---

[62] Theol. der Hoff., 123. Für diese Thematik, vgl. den ganzen Passus, 120–124.
[63] AaO 124.   [64] Ebda.

logische Geschehen auf Christus zentriert wird, so weitet es sich doch aus zu einem die gesamte Kreatur umfassenden Prozeß, der seine Erfüllung erst in einer globalen neuen Schöpfung von Himmel und Erde erlangt.

Diese kosmische Ausrichtung verdient eine genauere kritische Erörterung.

3.2232. Der notwendige Weltbezug und die unabdingbare Verankerung im Einzelnen

Es muß zunächst betont werden, daß der Weltbezug notwendig zu einem angemessenen Verständnis der Eschatologie gehört. Das gilt für die Eschatologie wie auch für alle anderen Dimensionen der Dogmatik. Darin kommt zum Ausdruck, daß die theologischen Aussagen nicht nur mit einem gewissen Bereich oder Winkel der Wirklichkeit, sondern mit dieser als ganzer zu konfrontieren sind. Von diesem Gesichtspunkt her gesehen geht es in der Eschatologie um »Überwindung und Vollendung der Welt«[65]. So kann man nicht die Eschatologie, um mit einer klassischen Distinktion zu sprechen, ganz auf die Individualeschatologie beschränken und die Universaleschatologie ausschalten. In die eschatologische Thematik sind die weitesten Weltbezüge einbezogen, denn in ihr geht es um die endgültige Vollendung der Unterscheidung zwischen Gott und der Welt, die durch die Überwindung der Weltmächte und die Befreiung der Welt von ihnen zur neuen Schöpfung Gottes vollbracht wird. Wohl am eindeutigsten formuliert Paulus diesen universalen Charakter, wenn er das eschatologische Ziel mit der Wendung »Gott alles in allem« umschreibt (1. Kor 15,28).

Bei Moltmann verbindet sich diese universale Ausrichtung mit einer Kritik der »Kategorie der Individualität«. Diese sei ein Produkt der modernen, versachlichten Gesellschaft, die dem Menschen eine Flucht in die Innerlichkeit erlaubt, wo ihm drinnen verschafft wird, was er draußen vermissen muß. Deshalb ist diese Kategorie samt der mit ihr verknüpften Metaphysik der Subjektivität »romantischer Eskapismus«, der die gesellschaftlichen Verhältnisse unverändert läßt und den Glauben in die Privatsphäre verdrängt, in der er seine Bedeutung und Relevanz verliert[66]. Wir haben uns mehrfach schon mit der Kategorie des Einzelnen beschäftigt. Das bereits Gesagte muß auch hier, kritisch gegen Moltmann, aufgenommen werden. Die Kategorie des Einzelnen ist völlig mißverstanden, wenn sie als Abkapselung in die Privatsphäre interpretiert wird. Der Einzelne lebt mitten im Geflecht der Weltbezüge. Er bildet den Schnittpunkt der

---

[65] So lautet in *G. Ebeling,* Dogmatik des christlichen Glaubens, die Überschrift des 11. Kap., das den Hauptstücken der Eschatologie gewidmet ist (s. Bd. III, 385).

[66] Zu diesem Thema, vgl. Theol. der Hoff., 290 f (in weiterem Zusammenhang: 287–292, »Religion als Kult der neuen Subjektivität«). Vgl. auch aaO 51–61, in der Auseinandersetzung mit Bultmann.

verschiedensten Weltbezüge, den Ort, in dem sie alle zusammenkommen und zu einer konkreten Wirklichkeit werden. Deshalb muß hier, gegen Moltmanns Ablehnung der Individualität, gerade der enge Zusammenhang von Universaleschatologie und Individualeschatologie betont werden. Mit anderen Worten: der notwendige Weltbezug ist erst richtig verstanden, wenn die unabdingbare Verankerung im Einzelnen anerkannt wird.

Der Einzelne ist der Erfahrungsort der theologischen Aussagen überhaupt, und deshalb auch der eschatologischen. Das zeigte sich in Luthers Theologie daran, daß alles auf die Frage nach dem usus und abusus des Menschen abzielt, auf die Frage, wie der Mensch mit dem umgeht, was ihn umgibt, ob er alles recht braucht oder es mißbraucht. Das ist die leitende theologische Frage, und auf sie zu verzichten bedeutete, sich der Abstraktion, der weltweiten Abstraktion hinzugeben. In diesem Sinne wird man fragen müssen, ob Moltmann nicht einer solchen Abstraktion unterliegt, wenn er den Kosmos praktisch personifiziert, von einer »Revolution aller Dinge«, ja sogar von einer »Umkehr des ganzen Kosmos« spricht oder an eine Rechtfertigung der Welt denkt. Damit wird der Weltaspekt verselbständigt und gegen die Verankerung im Einzelnen ausgespielt. Daraus folgt aber eine Mythologisierung des Eschatologischen, die den Weltbezug verfälscht. Das gilt auch für das Verständnis der neuen Schöpfung.

3.2233. Die Welt als Korrelat der Hoffnung

Für Moltmann spielt die nova creatio eine zentrale Rolle im Verständnis des Eschatologischen. Sie kennzeichnet die letzte eschatologische Erfüllung in kosmischem Ausmaß. Wie bereits betont, wird hier die neue Schöpfung unabhängig von der Verankerung im Einzelnen verstanden. Nur in dieser Unabhängigkeit ist für Moltmann das Eschatologische gewahrt. Es fragt sich aber, ob sich dadurch die nova creatio nicht letztlich der Christologie gegenüber ganz verselbständigt und so erneut zur Apokalyptik, zu einer Apokalyptik unter christlichem Vorzeichen und mit politisch-messianischen Motiven wird. Wenn man hingegen von der Kategorie des Einzelnen her denkt, so konzentriert sich alles auf das Verhältnis des Menschen zu Christus. Dann gilt aber, daß die neue Schöpfung das Sein in Christus charakterisiert, wie das bei Paulus in 2. Kor 5,17 betont wird, und zwar nicht als eine rein futurische, sondern, wie der Vers es zeigt, als eine präsentische, ja sogar perfektische Gegebenheit. Als eine solche Kennzeichnung des Seins in Christus verknüpft sich die neue Schöpfung aufs engste mit der Rechtfertigung des Sünders. Im Grunde genommen meinen sie sogar ein und dasselbe. Wenn man damit eschatologisch das Erschaffen eines neuen Himmels und einer neuen Erde verbinden will, darf man die Disziplin des Seins in Christus als der schlechthinnigen Verankerung im Einzelnen nicht verlassen. Das heißt aber, daß eine innere Kontinuität in

Gottes Handeln besteht: der Gott, der die Sünder rechtfertigt, ist auch und im selben Sinne der Gott, »der die Toten lebendig macht und das, was nicht ist, ins Sein ruft« (Rm 4,17).

Das Kriterium, das darin liegt, ist die Disziplin, die neue Schöpfung, wie die erste Schöpfung, als creatio ex nihilo zu verstehen: aus dem Nichts der Sünder, der Toten, aus dem Nichts des Nichtseienden. Gerade das bildet den kritischen Punkt in Moltmanns Verständnis. Er betont zwar immer wieder das »ex nihilo« in der neuen Schöpfung, doch steht das in einem seltsamen Kontrast zu anderen Aussagen, die eher eine Herstellung aus den bestehenden Möglichkeiten der Welt hervorheben. Das gilt vor allem für die Bemerkungen zur aktiven Antizipation der eschatologischen Zukunft im menschlichen Handeln. Hier gilt es nun gerade für die schöpferische Liebe nach Möglichkeit das Bestmögliche zu schaffen, »weil das Verheißene in Möglichkeit steht«[67]. So besteht die Aufgabe der Christenheit nicht darin, der Welt zu dienen, damit sie bleibe, was sie ist, »sondern damit sie sich wandle und werde, was ihr verheißen ist«[68]. Nicht ex nihilo vollendet sich in der Perspektive der Sendung die eschatologische Verheißung, sondern aus der Verwirklichung der in der Welt als einem offenen Prozeß enthaltenen grenzenlosen Möglichkeiten. Die umgestaltende Praxis »sucht nach dem real-objektiv Möglichen an dieser Welt, um es zu ergreifen und zu verwirklichen in Richtung auf die verheißene Zukunft der Gerechtigkeit, des Lebens und des Reiches Gottes«. Sie vermittelt deshalb »das Verheißene und Erhoffte mit den realen Möglichkeiten der Weltwirklichkeit«. Wenn auch Moltmann das »ex nihilo« betont, so gilt es doch nicht in Hinsicht auf das, was in der Welt auf den eschatologischen Prozeß tendiert. Da gilt vielmehr: »Die Welt erscheint somit als ein Korrelat der Hoffnung.«[69]

Eine solche Hoffnung, die in der Welt und in ihren Möglichkeiten ein Korrelat hat, die also trotz allen Beteuerungen Moltmanns in ihrer Ausrichtung auf das aktive Antizipieren doch wieder apokalyptisch-weltlich ist, hat ihren Grund in einer Äquivokation, die die Verheißung Gottes und die Möglichkeiten der Welt vermittelt. Der damit angesprochene Gott ist kein purissimus deus, und deshalb ist auch die Hoffnung selbst keine spes purissima, denn eine solche gibt es nur als eine spes in purissimum deum. Diese lutherische spes purissima in purissimum deum weiß um die Sünde, die in der Welt herrscht, und hofft deshalb gegen alle Möglichkeiten, gegen alle Hoffnung. Sie ist Hoffnung im Zeichen des sola fide. Das ist aber eine Hoffnung, in der der Glaube nicht nur das Prius hat, sondern auch den Primat[70].

---

[67] Theol. der Hoff., 29.   [68] AaO 302.

[69] Alle Zitate aaO 266.

[70] Dies als kritische Bemerkung gegen Moltmanns bekannte und vielbesprochene Aussage »So hat im christlichen Leben der Glaube das Prius, aber die Hoffnung den Primat.« (Theol. der Hoff., 17)

3.224. Die Theologie der Hoffnung als natürliche Eschatologie

Bevor wir uns dem Thema des Kreuzes zuwenden, sollen nun die verschiedenen besprochenen Aspekte noch einmal zusammengefaßt und auf den zentralen Streitpunkt konzentriert werden. Das soll als Auseinandersetzung mit dem natürlichen Verständnis der Eschatologie geschehen.

3.2241. Das natürliche Verständnis der Eschatologie und das ihm zugrunde liegende Problem

»Natürlich« meint hier nicht die menschliche Natur etwa im Gegensatz zu Geschichte oder Geist, als etwas von Natur her Feststehendes, Unveränderliches. Es meint vielmehr in einem schlichten Sinne die spontane Einstellung des Menschen, die ihn unmittelbar und oft auch ganz unbewußt in seinem alltäglichen, konkreten Leben bestimmt. In diesem Sinne läßt sich auch von einem natürlichen Verständnis der Eschatologie sprechen[71]. Charakteristisch ist hier, daß die Beziehung zwischen der erfahrenen Gegenwart und der erhofften Zukunft durch ein Nacheinander geprägt ist, das als radikaler Kontrast artikuliert wird: auf die jetzige Zeit wird eine radikal neue Zukunft folgen; die gegenwärtige Heillosigkeit wird durch das künftige Heil abgelöst werden; anstelle der Katastrophen, Übel, Leiden und Ungerechtigkeiten von heute werden morgen lauter Freude, Friede, Gerechtigkeit, Herrlichkeit treten. Vor allem aber wird die Zukunft eine letzte Klärung und Scheidung bringen, während die jetzige Situation durch verwirrende Gegensätze, Spannungen und Konflikte gekennzeichnet ist, die die Menschen hart bedrängen und betrüben. Auch wenn das Ende schlimm sein sollte, bringt es doch die Klarheit der endgültigen Lösung, einer Lösung, die die Auflösung aller Gegensätze und Widerwärtigkeiten bedeutet, die das Zeitliche prägten.

Dieses natürliche Nacheinander beherrscht die apokalyptische Bestimmung der eschatologischen Ablösung im Schema der zwei Äonen. In vielen Aspekten erkennt man es wieder in eschatologischem Gedankengut, das die Bibel enthält. Es prägt aber ebenfalls viele Utopien, das neuzeitliche Fortschrittsdenken, und nicht zuletzt die marxistische Hoffnung auf eine revolutionäre Veränderung der Verhältnisse. Natürlich gilt das nur mit jeweils spezifischen Akzenten, die jetzt nicht einfach nivelliert werden sollen. Dennoch kann man sagen, daß die natürliche Eschatologie, die in den verschiedenen Modellen zum Ausdruck kommt, in ihnen die Transzendierung auf Zukunft hin hervorhebt.

Gerade in dieser Transzendierung zeigt sich das Problem, das dem natürlichen Verständnis der Eschatologie zugrundeliegt: das Problem der Zukunft. Noch ist mit der Gegenwart nicht alles entschieden. Sie ist offen

---

[71] Vgl. dazu schon Bemerkungen an verschiedenen Stellen im ersten Teil, vor allem S. 39f. 53–55. 59f.

auf die Zukunft hin, in der noch alles auf dem Spiel steht. Mein Leben ist noch nicht abgeschlossen: es steht ihm eine Zukunft bevor – wenn auch eventuell nur eine kurze –, in der eine neue Wende eintreten kann, in der sich bestätigen kann, was bereits begonnen hat. In dieser Offenheit hege ich Hoffnungen und Erwartungen: noch können sich Möglichkeiten anbieten, die ungeahnte Folgen haben können. Deshalb ist diese Offenheit zugleich beängstigend, besorgniserregend. Die Zukunft kann ich nicht nur gestalten, sondern bin ihr auch ausgeliefert. Extrem offenbart sich dies in der Realität des Todes. Schon am Ende unseres zweiten Teiles waren wir auf ihn gestoßen als auf die Hinsicht, in der sich die eschatologische Thematik dem Menschen am virulentesten stellt. Auch hier nun zeigt sich der Tod – bei Paulus bereits als »letzter Feind« charakterisiert (1. Kor 15,26) – als die extreme Herausforderung an die Zukunftshoffnung. Wenn von der Zukunft Heil zu erwarten ist, wie ist diese Erwartung mit jener anderen Perspektive der Zukunft zu verbinden, dem Zerfall, dem Verlust der Kräfte, dem Abbau der Möglichkeiten, dem Altern und Sterben? Ist im Tod als Ende eine Wende enthalten? Kann man – wie es allmählich wieder in Mode zu kommen scheint! – von Leben nach dem Tode[72] sprechen? Oder muß man gar, wie etwa E. Bloch, von »Exterritorialität zum Tod«[73] als zur stärksten Nicht-Utopie reden? Dieses Problem der Zukunft als Problem des Todes bildet die eschatologische Grundfrage, die uns in allen weiteren Überlegungen begleiten und leiten soll. Dieser Frage muß man sich stellen, wenn man dem natürlichen Verständnis des Eschatologischen gerecht werden und es zur Wahrheit bringen will.

3.2242. »Bereits angebrochen« als natürliche Lösung

Unter den verschiedenen Möglichkeiten, sich mit dem natürlichen Verständnis des Eschatologischen auseinanderzusetzen, kann die Lösung, die Moltmann in seiner Theologie der Hoffnung verfolgt, folgendermaßen charakterisiert werden: der eschatologische Prozeß, auf dem die Zukunftshoffnung beruht, wird als im Christusereignis bereits angebrochen angekündigt. Dieser Anbruch wird als Vorwegnahme gedeutet, als antizipatorisches Vorzeichen, das den Prozeß in Gang setzt. Damit ist freilich noch nichts entschieden, denn alles bleibt offen auf die herrliche Zukunft hin, die noch aussteht. Dennoch läßt die Antizipation die Hoffnung zuversichtlich auf die endgültige Erfüllung hoffen, denn im Vorzeichen zeichnet sie sich bereits ab. In Hinsicht auf den »letzten Feind« heißt das: die Auferweckung

---

[72] Es geht hier vor allem um Berichte von Erfahrungen Sterbender, die aus dem Sterben wieder ins Leben kamen. Mit diesen Berichten soll erneut die Frage nach einem Jenseits vom Tode, nach dem Leben nach dem Tod gestellt werden. Vgl. etwa *Joh. Chr. Hampe,* Sterben ist doch ganz anders. Erfahrungen mit dem eigenen Tod, 1975.
[73] Das Prinzip Hoffnung, (1959) 1974, 1385–1391. Zum Tod, das ganze 52. Kap., 1297–1391.

Christi von den Toten ist die feste Verheißung der allgemeinen Totener-weckung.

Damit findet im Grunde genommen eine Vorverschiebung des eschato-logischen Prozesses von der Zukunft in die Vergangenheit hinein statt, so daß die Gegenwart in ihn hineingenommen wird. Im wesentlichen bleibt aber in dieser Vorverschiebung das Problem der Zukunft dasselbe, was sich vor allem im proleptischen Verständnis der Verifikation zeigt. Das natürliche Verständnis der Eschatologie ist nicht grundlegend verändert, sondern nur variiert, verschoben. Die Lösung, die den künftigen Prozeß bereits angebrochen sein läßt, bleibt im Schema des natürlichen Verständ-nisses. Sie bleibt eine natürliche Lösung.

3.2243. Die grundsätzliche Ausrichtung auf die Herrlichkeit

Wir hatten bereits im ersten Teil betont, daß sich in der Frage nach dem natürlichen Verständnis der Eschatologie das Problem natürlicher Theolo-gie stelle und daß ein bloßes Aufnehmen und Variieren des natürlichen Verständnisses natürliche Theologie in eschatologischer Thematik bedeu-te. Deshalb sprechen wir von natürlicher Eschatologie. Wir könnten auch sagen: natürliche Theologie unter eschatologischem Zeichen. Dieses Urteil hat schon seinen Anhalt daran, daß Moltmann selbst die natürliche Theolo-gie in die Darstellung des universalen Erwartungshorizontes aufnimmt und daß sie für ihn als »ein Vorschein und ein Vorweis der verheißenen universalen Herrlichkeit Gottes«[74] in den eschatologischen Prozeß gehört, der zum Reich Gottes führt. Zwar verzichtet diese natürliche Eschatologie nicht auf die Christologie. Diese ist jedoch ganz ins natürliche Verständnis eingebettet und eingefügt, als bloß antizipierender Anfang des »natürli-chen« Geschehens. Im Christusereignis »ist es *nicht* vollbracht« (vgl. Joh 19,30). Mit ihm hat es einen Anfang genommen. Abgeschlossen und vollendet wird es in der majestätischen Enderfüllung.

Darin wird die grundsätzliche Ausrichtung auf die Herrlichkeit kund, die das ganze Werk Moltmanns durchzieht, eine Herrlichkeit, die von der Auferstehung her letztlich alles in ihr unvergleichliches Licht eintaucht. »Was zwischen Kreuz und Ostererscheinungen geschehen ist, ist . . . ein eschatologisches Geschehen, das auf zukünftige Offenbarung und univer-sale Erfüllung angelegt ist. Es weist über sich selbst und *auch über Jesus hinaus* in die kommende Offenbarung der Herrlichkeit Gottes.«[75] Mit diesem »auch über Jesus hinaus« ist wohl die Grenze der Christologie in Moltmanns Eschatologie angegeben. Zentral ist der Horizont, in dem alles zu stehen kommt, und das ist der Horizont der endzeitlichen gloria. Der als

---

[74] Theol. der Hoff., 80.
[75] AaO 182 (Hervorhebung von mir).

auferstanden Erscheinende »tritt im Vorschein der kommenden, verheißenen Herrlichkeit Gottes in Erscheinung«[76].

In dieser Perspektive bildet es deshalb eine Zusammenfassung unserer
Analyse von Moltmanns Eschatologie, wenn wir nun sagen: Moltmanns
Theologie der Hoffnung ist eine theologia gloriae. Das gilt in eschatologischer Hinsicht, in der Ausrichtung auf die endzeitliche gloria. Es ist deshalb
eine theologia gloriae unter eschatologischem Zeichen. Die eschatologische
Ausrichtung selbst schützt nicht vor der Gefahr der Theologie der Herrlichkeit. Vielmehr enthält sie gerade die Versuchung der Verherrlichung.
Deshalb lassen sich in dieser eschatologischen Form von theologia gloriae
erstaunliche Parallelen zur klassischen Form beobachten. Ging es klassisch
darum, Gottes Wesen per ea, quae facta sunt, zu erkennen, so wird nun
Gott von der nova creatio her bestimmt. In diesem Verfahren tritt anstelle
der alten Analogie eine eschatologische Analogie, die auf der Auferstehung
beruht und alles proleptisch auf die herrliche Zukunft ausrichtet. Wie der
Mensch in Entsprechung zu Gott als principium seiner Werke galt, in
denen er sich auf sein übernatürliches Ziel hin verwirklichte, so ist wiederum der Mensch als Mitarbeiter Gottes in der Antizipation der künftigen
gloria tätig, die ihr Licht als Vorschein auf ihn vorauswirft, ihn glorifiziert.
Man könnte deshalb auch sagen, um sowohl die fundamentale Gemeinsamkeit als auch die Horizontveränderung zu berücksichtigen: Moltmanns
Theologie der Hoffnung ist eine eschatologia gloriae. Diese »Herrlichkeitseschatologie« gründet nicht so sehr auf dem Kreuz, sondern auf der in die
eschatologische Zukunft weisenden Auferstehung Christi. Damit stellt sich
aber die Frage, welche Bedeutung dem Kreuz im Rahmen dieser eschatologia gloriae zukommen kann.

3.23. Das Kreuz als Thema der eschatologia gloriae

Unser Urteil, die Theologie der Hoffnung sei eine eschatologia gloriae,
mag erstaunen, um so mehr, als Moltmann selbst schon in der *Theologie der
Hoffnung* für seine Theologie die paulinische Perspektive der eschatologia
crucis in Anspruch nimmt. Es sei deshalb gleich damit begonnen.

3.231. Eschatologia gloriae und eschatologia crucis

Wir haben in den zwei ersten Teilen unserer Arbeit verschiedentlich
schon darauf hingewiesen, daß wir Moltmann die Bezeichnung eschatologia crucis streitig machen wollen. Das muß nun genauer erörtert werden.

Moltmann greift den Gegensatz von eschatologia crucis und eschatologia
gloriae auf, um die Auseinandersetzung des Paulus mit dem »urchristlichen

---

[76] AaO 183.

Enthusiasmus der Erfüllung«[77] zu charakterisieren. Als eschatologia gloriae wird der Enthusiasmus gekennzeichnet, der im Urchristentum unter
dem Einfluß der hellenistischen Mysterienreligionen das in Christus eröff-
nete Heil rein gegenwärtig, als jetzt schon endgültig erfüllt versteht und
deshalb auf alle eschatologische Spannung verzichtet. Von eschatologia
gloriae könne man sprechen, weil diese Enthusiasten – wie sie etwa den
korinthischen Konflikt prägen – das Erlösungsziel als bereits erreicht
betrachten und daraufhin schon jetzt im ewigen Reich, in der himmlischen
Herrlichkeit zu leben wähnen. Demgegenüber wird die paulinische Theologie zur eschatologia crucis, und zwar in Hinsicht auf die zwei Korrekturen, die Paulus an diesem Enthusiasmus anbringt: »Das sind die sogenannten ›Relikte apokalyptischer Theologie‹, die sich in seiner Auffassung von
der Auferstehung Christi, vom Sakrament, von der Gegenwart des
Geistes, vom irdischen Gehorsam des Glaubenden und natürlich in seiner
Zukunftserwartung geltend machen. Es ist auf der anderen Seite seine
Kreuzestheologie, mit der er jenem Enthusiasmus entgegentritt, der die
Erde, auf der dieses Kreuz steht, verläßt.«[78]

Diese Doppelheit könnte leicht den Eindruck aufkommen lassen, als sei
die Theologie des Paulus durch zwei Perspektiven zugleich geleitet. Moltmann betont zwar den »tiefen sachlichen Zusammenhang« der zwei
Ansatzpunkte, artikuliert ihn jedoch nicht mit Deutlichkeit. Gerade an
dieser Stelle aber liegt der heikle Punkt. Man muß zwar durchaus anerkennen, daß es bei Paulus so etwas wie apokalyptische Relikte gibt. Damit ist
freilich kein eigenständiges Prinzip gemeint, denn diese apokalyptischen
Motive sind bei Paulus klar reinterpretiert, und zwar im Lichte des anderen
Ansatzpunktes, im Lichte des Kreuzes. Die apokalyptischen Relikte stehen
ganz im Dienst des Kreuzes und werden im Rahmen einer grundlegenden
Kreuzeseschatologie kritisiert, umgeformt und ausgelegt. Nur in dieser
Umdeutung – und nicht etwa an sich – vermögen es die apokalyptischen
Relikte, vor der eschatologia gloriae des Enthusiasmus zu schützen. Das
muß gerade kritisch gegen Moltmann hervorgehoben werden, denn in
seiner Theologie kommt es zu einem anderen, zu einem apokalyptisch-
messianischen Enthusiasmus. Es ist zwar nicht Enthusiasmus im Sinne der
Mysterienreligionen. Vergangenheit und Gegenwart weichen nun zurück
vor der herrlichen Zukunft, auf die alles in einem bereits jetzt einsetzenden
eschatologischen Prozeß ausgerichtet ist. In der überwältigenden Herrlichkeit der eschatologischen Erfüllung, die bereits ihren Vor-schein aufleuch-
ten läßt, wird schließlich die Erde verlassen, auf der das Kreuz steht. Diese
»enthusiastische« Komponente veranlaßte uns, von eschatologia gloriae zu
sprechen.

Dieses zunächst radikal kritische Urteil muß präzisiert und nuanciert

---

[77] Vgl. Theol. der Hoff., 140 (Überschrift). Für das Folgende, vgl. den ganzen Passus,
140–150.
[78] AaO 145.

werden. Das Kreuz und die Erde, auf der es steht, sind in der Tat bei Moltmann nicht einfach verlassen. Es ist sogar ausführlich vom Kreuz die Rede, nicht nur in *Der gekreuzigte Gott,* sondern auch schon in *Theologie der Hoffnung.* Die entscheidende Frage ist nun aber, wie vom Kreuz gesprochen wird. Um es als fundamentaltheologische Alternative zu formulieren: gestaltet sich das Reden vom Kreuz als Kreuzestheologie oder wird in ihm dem Kreuz nur eine bestimmte Rolle im Rahmen einer Herrlichkeitstheologie zuteil? Daran entscheidet sich letztlich, ob das Kreuz verlassen wird oder nicht.

3.232. Das Kreuz und die Leiden dieser Zeit

In immer wiederkehrenden Formulierungen betont Moltmann zunächst – das ist wohl der Ausgangspunkt seiner Interpretation des Kreuzes –, daß im Kreuz Jesu Christi das »Kreuz der Gegenwart«, die »Leiden dieser Zeit«[79] wahrgenommen werden. Indem Gott sich mit dem Gekreuzigten identifizierte, identifiziert er sich mit denen allen, die im Schatten des Kreuzes leben, mit den Armen und Elenden, den Unterdrückten, den Leidenden aller Art. Diese Identifizierung bedeutet zugleich Solidarität mit diesen Benachteiligten, Solidarität Jesu und durch sie Solidarität Gottes mit ihnen. Als Gekreuzigter ist Gott »ein staatenloser und klassenloser Gott«. »Er ist ein Gott der Armen, der Unterdrückten und Erniedrigten.«[80] Zwar kann Moltmann ab und zu auch hinzufügen, daß die Solidarität ebenfalls für die Unterdrücker gelte, die am Elend ihrer Situation leiden und die deshalb aus dem Teufelskreis der Gewalt befreit werden müssen[81]. Das steht aber ganz im Zeichen der Solidarisierung mit den Unterdrückten. Das zeigt sich schon daran, daß Moltmann nie eindeutig daraus schließt, daß Gott auch »ein Gott der Unterdrücker« wäre. Das enthielte für ihn die Gefahr einer problematischen politischen Religion, die allzu schnell die Gewalt im Namen Gottes rechtfertigen würde. Dagegen muß gerade gekämpft werden, im Namen der Leidenden und des sich mit ihnen am Kreuz identifizierenden Christus.

In diesem Sinne wird bei Moltmann das Kreuz unmittelbar politisch interpretiert. In der mittelalterlichen Terminologie der Schriftauslegung entspräche das einer Modifizierung des sensus moralis, sozusagen einem sensus politicus des Kreuzes. Es zielt auf das Verhalten und das Handeln des Menschen ab. Darin ist auch seine Aktualisierung enthalten: das Kreuz wird vielfältig erfahren, wo immer gelitten wird, in Auschwitz[82] und in den Leiden dieser Zeit. Das macht die wahrhaft zeitgenössische Theologie

---

[79] Für diese zwei Formulierungen, s. etwa Der gekr. Gott, 14.29.146.

[80] Der gekr. Gott, 305.

[81] Vgl. etwa aaO 29. Vgl. jetzt auch, systematisch ausgeführt: *J. Moltmann,* Befreiung der Unterdrücker, in: *ders.,* Menschenwürde, Recht und Freiheit, 1979, 59–79.

[82] Dazu vgl. etwa Der gekr. Gott, 262.266.

aus: »Genosse der Leiden dieser Zeit« sein. »Sie muß sich . . . dem Schrei der Elenden nach Gott und Freiheit aus der Tiefe der Leiden dieser Zeit stellen.«[83] Das ist aber nicht nur eine Frage der Weltoffenheit, sondern der Konzentration auf den Kreuzestod Christi, der Bereitschaft, sich diesem Tod auch wirklich zu stellen. Dies erst erlaubt eine offene Wahrnehmung aller Leiden in der Welt, denn die Kreuzigung Jesu bringt sie alle zum Ausdruck. In ihr kommen sie am schärfsten zur Sprache. In der Leidensgeschichte Christi vollzieht sich die Leidensgeschichte der Welt überhaupt. Im Leiden Christi offenbart sich das Leiden der Welt.

Diese unmittelbar politische Interpretation des Kreuzes hat zur Folge, daß die Identifizierung mit den Leiden und Kreuzen dieser Zeit auch schon die Solidarität mit ihnen ist. Charakterisiert man zunächst in einem weiten Sinne diese Solidarität als die soteriologische Dimension des Kreuzes, so stellt sich die Frage, in welchem Sinne diese soteriologische Dimension die Spezifizität des Kreuzes Christi gegenüber den anderen Kreuzen ausmacht. In der Tat, gibt es auch viele Kreuze, unendlich viele Leiden, so sind sie doch nicht mit dem Anspruch und Zuspruch verknüpft, aus ihnen gehe Heil hervor. Diese soteriologische Dimension, die wir zunächst ganz vage mit dem Begriff der Solidarität andeuten, unterscheidet trotz aller Identifizierungen das Kreuz Christi von den anderen Kreuzen. Dieser Unterschied wird in der politischen Interpretation des Kreuzes nur ungenügend wahrgenommen und meistens bagatellisiert. Das zeigen schon die Bemerkungen Moltmanns zur soteriologischen Dimension, die gerade darauf tendieren, eine solche soteriologische Perspektive auszuschalten oder zumindest streng ethisch-politisch umzudeuten[84].

Das hängt damit zusammen, daß die politische Interpretationshinsicht ganz auf die Thematik des Leidens ausgerichtet ist. Die radikale Erfassung der Solidarität in soteriologischer Perspektive verlangt hingegen eine radikale Erfassung des Bösen, die es im Gottesbezug und insofern an seinen Wurzeln wahrnimmt, im Phänomen der Sünde[85]. Damit ist aber die politische Hinsicht verlassen, die sich auf die unmittelbaren Identifizierungen konzentriert. In diesen besteht immer noch eine direkte Verwandschaft der Leidenden, so daß die Gefahr droht, aus Jesus doch nur einen unter vielen Leidenden zu machen. Insofern bliebe aber die Kreuzestheologie eine politische Parteinahme für die Leidenden und Unterdrückten und der Gekreuzigte ein ethisch-politisches Vorbild. Geht man hingegen von der Wirklichkeit der Sünde im Gottesverhältnis aus, so wird gerade der radikale Unterschied zwischen den Menschen und Christus akzentuiert: vor Gott sind alle Menschen Sünder, während Christus als der Sündlose von Gott zur Sünde gemacht wurde (vgl. 2. Kor 5,21). Erst die Wahrneh-

---

[83] AaO 146.
[84] S. etwa o. S. 49 f.
[85] Vgl. dazu bereits o. S. 51–53.

mung dieses fundamentalen Unterschiedes erlaubt die Erfassung der eigentlichen Solidarität Christi mit den Menschen, der Solidarität mit den Sündern, die uns Heil schenkt. Daran entscheidet sich die eschatologia crucis.

Wir werden später versuchen müssen, wie hier angekündigt, das Kreuz in der Konzentration auf den Gottesbezug und auf die Realität der Sünde zu interpretieren[86]. Wir wollen vorerst noch bei Moltmanns Kreuzesinterpretation verweilen. Auch sie bleibt freilich, wie wir bereits sahen, nicht ohne theologische Dimension. Es geht ihr sogar um eine »fällige Revolution im Gottesbegriff«, die ihn aus den Einseitigkeiten der Tradition und über die Grenzen der Heilslehre führt[87]. Diese Revolution will Moltmann in Wiederaufnahme der Trinitätslehre vollziehen.

3.233. Kreuz und Trinitätstheologie

3.2331. Der trinitarische Geschichtsprozeß Gottes

Den Versuch, das Kreuz in Hinsicht auf seine Bedeutung »für Gott selbst« zu verarbeiten, konzipiert Moltmann als Überwindung der Alternative von Theismus und Atheismus[88]. Wenn allein diese Alternative besteht, kann das Kreuz nicht angemessen erfaßt werden. Vom Atheismus her gesehen, wird der Tod Jesu am Kreuz als Tod Gottes unmittelbar im Sinne einer wie auch immer gearteten Gott-ist-tot-Theologie interpretiert. Im Kontext des klassischen Theismus stellt sich hingegen die Schwierigkeit ein, das Kreuz überhaupt in Verbindung mit Gott zu denken, weil dieser wegen dem traditionellen Attribut der Unwandelbarkeit auch durch *apatheia* charakterisiert ist, das Leiden und Sterben also anscheinend nicht kennen kann. Weder atheistisch noch theistisch kann die eigentliche Bedeutung des Kreuzes wahrgenommen werden. Um diese doppelte Aporie zu lösen, greift Moltmann, wie bereits angekündigt, auf die Trinitätslehre zurück. Sie soll die Bedeutung des Kreuzesgeschehens zu artikulieren erlauben. Vor allem soll sie das Problem des Verhältnisses zwischen dem Gekreuzigten und Gott selbst reflektieren helfen, indem sie dieses als Beziehung von Vater und Sohn erfaßt und aus dieser Beziehung den Geist hervorgehen läßt. In diesem Sinne, in dieser Perspektive einer trinitarischen Kreuzestheologie können erst die eigentlichen theologischen Implikationen des Kreuzesgeschehens erarbeitet werden.

Dieser Rückgriff auf die Trinität muß nun präzisiert werden. Er hat ja zweifellos vielfältigen Anhalt an der Tradition: von jeher wurde das

---

[86] S. u. 3.41.

[87] Vgl. Der gekr. Gott, 9.

[88] Vgl. aaO 193–214. 236–239. Ähnlich formuliert auch *E. Jüngel* im Titel seiner Gotteslehre: Gott als Geheimnis der Welt. Zur Begründung der Theologie des Gekreuzigten im Streit zwischen Theismus und Atheismus, 1977.

Kreuzesgeschehen als zentrales christologisches Ereignis im Kontext der Trinitätslehre ausgelegt, im Rahmen der Beziehungen zwischen den Personen der göttlichen Trinität. Hier gelten nun aber verschiedenartige Akzente. Die klassische Trinitätslehre unterschied zwischen der immanenten und der ökonomischen Trinität, der Trinität als Bestimmung der Beziehungen der göttlichen Personen in ihrem ursprünglichen Beisammensein, als Bestimmung der trinitarischen Relationen ad intra, und der Trinität im heilsgeschichtlichen Vollzug ihrer Zuwendung zu den Menschen, ihres Werkes ad extra. Der Kreuzestod, als zentrale Dimension dieses trinitarischen Werkes, wird in einer Art Rückschlußverfahren als das Ereignis der liebevollen Hingabe Gottes für die Menschen interpretiert, die der Liebe entspricht, die in den innertrinitarischen Relationen waltet. In dieser Entsprechung liegt die theologische »Begründung« des Kreuzestodes: die Liebe Gottes ad extra in der Heilsökonomie hat ihren Grund und ihr Urbild in der innertrinitarischen Liebe. Das Handeln Gottes ad extra entspricht seinem Sein ad intra.

Im Gefolge hauptsächlich von K. Rahner lehnt Moltmann diese klassische Unterscheidung ab und geht vielmehr von einer Identifizierung der immanenten und der ökonomischen Trinität aus[89]. Durch diese Verschmelzung beider Aspekte verändert sich die Gesamtperspektive. In der klassischen Gestalt lag der Akzent auf dem innertrinitarischen Geschehen als dem Geschehen, auf dem überhaupt erst in Entsprechung das heilsgeschichtliche Geschehen beruht. Durch die Identifizierung entfällt dieses Begründungs- und Entsprechungsverhältnis. Alles konzentriert sich nun auf das heilsgeschichtliche Geschehen, und was vorher als immanent, ad intra gegeben war, konstituiert sich nun in der Heilsökonomie selbst. Damit vollzieht sich eine Bewegung, die der in der Theologie der Hoffnung in eschatologischer Hinsicht vergleichbar ist: es wird nun der Aspekt des Geschichtsprozesses hervorgehoben. Deshalb kann Moltmann in dieser Hinsicht vom »trinitarischen Geschichtsprozeß« sprechen[90]. Die Beziehungen von Vater, Sohn und heiligem Geist strukturieren sich als Geschehen, als Geschichte, deren Mitte das Kreuzesereignis ist, so daß die Trinitätslehre wie »die Kurzfassung der Passionsgeschichte Christi« ist[91]. Der Vater gibt seinen Sohn hin und erleidet den Schmerz des Todes des Sohnes. Der Sohn erfüllt den Willen seines Vaters, gibt sich hin und erleidet in seinem Sterben die Verlassenheit vom Vater. »Was aus dem Geschehen zwischen

---

[89] S. Der gekr. Gott, 227. Von *K. Rahner* zu diesem Thema vor allem: Bemerkungen zum dogmatischen Traktat »De trinitate«, in: *ders.,* Schriften zur Theologie, Bd. IV, 1960, 103–133.

[90] S. für das Folgende: Der gekr. Gott, 242 f.

[91] AaO 232. Die Beziehung von Kreuz und Trinität kann Moltmann auch mit dem Begriffspaar Inhalt und Form bestimmen. »Der Inhalt der Trinitätslehre ist das reale Kreuz Christi selbst. Die Form des Gekreuzigten ist die Trinität.« (aaO 232 f).

dem Vater und dem Sohn hervorgeht, muß dann als der Geist der Hingabe des Vaters und des Sohnes verstanden werden, ...«[92]

Für die Charakterisierung dieses trinitarischen Geschichtsprozesses nimmt Moltmann Hegels Vorstellung der »Geschichte Gottes« auf. Darin wird nun noch einmal die Interpretation des Kreuzes zum Thema.

3.2332. Die Aufhebung der Leidensgeschichte der Welt in der Geschichte Gottes

Wir hatten schon im ersten Teil für die politische Theologie formal von »Aufhebung der Negativität in der Positivität« gesprochen[93]. Das soll hier nun konkretisiert werden. In der Leidensgeschichte Christi wird die Leidensgeschichte der Welt zusammengefaßt. Im Kreuz Christi kommen alle Kreuze und Leiden der Welt zusammen, in ihm sind alle Abgründe der Geschichte enthalten, in ihm liegt aller Schmerz des Negativen in der Welt vereint. In diesem Sinne ist die Passionsgeschichte Christi als »Geschichte der Geschichte« zu verstehen, wie Moltmann formuliert. Zugleich aber ist sie, im Rahmen der trinitarischen Kreuzestheologie, als trinitarischer Geschichtsprozeß »die Geschichte Gottes«. Das heißt, daß in ihr Gott alle Leiden und Schmerzen der Welt, alles Negative aufnimmt, »den ganzen Aufruhr der Geschichte«, »die Verstoßung, den Fluch und das endgültige Nichts«[94]. Mit anderen Worten: im Kreuz vollzieht sich die Aufhebung der Leidensgeschichte der Welt in der Geschichte Gottes. »Alle menschliche Geschichte, wie sehr sie von Schuld und Tod bestimmt sein mag, ist in dieser ›Geschichte Gottes‹, d.h. in der Trinität, aufgehoben und in die Zukunft der ›Geschichte Gottes‹ integriert.«[95] Damit werden Motive von Hegels dialektischer Kreuzesinterpretation aufgenommen, von seiner Vorstellung des spekulativen Karfreitags. Die Trinität ist als Kreuzesgeschehen »dialektisches Geschehen«[96], in dem so etwas wie »Negation der Negation« geschieht: indem die absolute Negation in Gott aufgehoben wird, wird sie negiert und überwunden. Aus dem Tod auf Golgatha geht der Geist des Lebens und der Liebe, der Freude hervor.

Von daher liegt es nahe, daß unter den Bedeutungsnuancen des dialektischen Begriffs Aufhebung bei Moltmann vor allem das Moment des tollere, des Wegschaffens und Überwindens hervorgehoben wird. Im Verständnis der Überwindung markiert sich aber zugleich der Unterschied zu Hegel. Die Auffassungen treffen sich in der Betonung des Geschichtsprozesses. Für Moltmann muß aber die dialektische Aufhebung eschatologisiert werden: sie gilt nur auf Zukunft hin, und nicht im Präsens der Hegelschen Philosophie. Die Aufhebung der Leidensgeschichte der Welt in

---

[92] Ebda.
[94] Alle Formulierungen aaO 233.
[96] AaO 242.

[93] S. o. S. 48f.
[95] Ebda.

der Geschichte Gottes ist Integration in die Zukunft dieser Geschichte Gottes[97] und insofern Hoffnung auf eine zukünftige Herrlichkeit, in der die Leidensgeschichte aufgehoben sein wird. Damit stellt sich erneut die Struktur ein, die schon die Theologie der Hoffnung prägte: Aufhebung gibt es nur als Verheißung und Erwartung von Aufhebung; der trinitarische Geschichtsprozeß ist ein eschatologischer Prozeß.

3.2333. Trinität und Eschatologie

In Moltmanns Deutung wirkt die trinitarische Auslegung des Kreuzesgeschehens zukunftsöffnend, denn sie interpretiert es als Geschichte Gottes, die durch den Geist der Liebe geleitet ist. »Trinität als Geschehen für Geschichte verstanden drängt darum auf eschatologische Vollendung, auf daß die ›Trinität sei alles in allem‹, einfacher: auf daß ›die Liebe alles in allem sei‹, auf daß das Leben über den Tod und die Gerechtigkeit über die Höllen des Negativen und alle Gewalt triumphiere.«[98] So wird der trinitarische Geschichtsprozeß als eschatologischer Prozeß eröffnet, in den wir hineingenommen sind und auf dem uns Gott als Geist der Geschichte zukunftseröffnend vorangeht. So haben wir teil am eschatologischen Leben Gottes: unsere Geschichte geht ein in die Geschichte Gottes, und das ist »die Geschichte des Lebens, weil es die Geschichte der Liebe ist«[99]. Wir leben nun »in Gott«. Von daher wird ersichtlich, wie die »fällige Revolution im Gottesbegriff« zu verstehen ist.

3.2334. Gott in der Geschichte und die Geschichte in Gott: die Auflösung des Paradoxes

Der Rückgriff Moltmanns auf die Trinitätslehre erfolgte aus dem Grund, ein einfacher Gottesbegriff führe in Aporien, die nur mit trinitarischen Reflexionen zu überwinden seien. Das zeigte sich etwa an der Alternative von Theismus und Atheismus. Ein einfacher Gottesbegriff bleibe diesen Aporien verhaftet, so daß der Versuch, mit ihm das Kreuzesgeschehen zur Sprache zu bringen, in mühsamen und unverständlichen Paradoxien ende, die man sich besser erspare. Solche Paradoxien sieht Moltmann vor allem in Luthers Theologie. Einmal sei die Unterscheidung von Deus absconditus und Deus revelatus eine solche paradoxale Redeweise, die einen problematischen Gegensatz herstelle zwischen Gott in seinem innersten Wesen und seiner Offenbarung. Ferner seien auch die Paradoxien kritisch zu prüfen, die man erhalte, wenn man das Christusgeschehen mit dem einfachen Gottesbegriff darstelle, wie er die Zweinaturenlehre prägt. »Es klingt zunächst paradox, wenn man sagt: Gott selbst ist hier von Gott

---

[97] Vgl. dazu den Schluß des bei Anm. 95 zitierten Satzes.
[98] AaO 242.   [99] AaO 243.

verlassen. Gott selbst stößt sich aus. Da schreit Gott nach Gott. Da streitet Gott mit Gott. Da stirbt Gott an Gott, wie Luther sagte. Dieses Paradox aber löst sich auf, wenn man trinitarisch im Blick auf das Kreuz in Gott selbst zu unterscheiden lernt.«[100]

Mit der Aufnahme der Trinitätslehre verfolgt Moltmann also vornehmlich die Auflösung des Paradoxes in der Kreuzestheologie. Wie gelingt ihm das? Mit einer radikalen Umkehrung, die er seiner trinitarischen Kreuzestheologie zugrundelegt: »› Gott in der Geschichte‹ zu denken, führt immer zum Theismus und zum Atheismus. Die ›Geschichte in Gott‹ zu denken, führt darüber hinaus: in die neue Schöpfung und in die Theopoiesis.«[101] Das ist es, was Moltmann erlaubt, alles Geschehen auf die eschatologische Perspektive hin zu öffnen: es als etwas zu verstehen, das »in Gott« geschieht. Diese Formulierung taucht öfters auf. So heißt es etwa vom Geschehen am Kreuz, daß es »ein Geschehen in Gott« sei[102]. Um die theopaschitische Tendenz zu vermeiden, lehnt es Moltmann ab, von Jesu Tod als dem Tod Gottes zu reden und spricht von »Tod *in* Gott«[103]. Noch einmal ähnlich klingt es beim Gebet: denkt man Gott trinitarisch, so ist er nicht mehr eine Person, zu der man betet. Man betet *in* Gott. Das hängt damit zusammen, daß »Gott« im Rahmen der trinitarischen Geschichte »nicht eine andere Natur oder eine himmlische Person oder eine moralische Instanz« meint, sondern ein »Geschehen«[104]. »Man betet nicht zu einem Geschehen, sondern in diesem Geschehen.«

Das zeigt die Revolution im Gottesbegriff an, die Moltmann in seiner trinitarischen Kreuzestheologie vollziehen will. Gott wird, als Geschehen verstanden, zu einer Perspektive, in der Geschichte geschieht. Gott als Geschehen meint nicht ein Ereignis, das in die Geschichte eingreift: das wäre »Gott in der Geschichte«. Gott als Geschehen meint Eröffnung von Geschichte und in diesem Sinne eigentlich Geschichtsprozeß, den eschatologischen Geschichtsprozeß. Damit ist aber u. E. eine klare Internalisierung vollzogen: Gott meint dann nichts mehr anderes als die Offenheit der Geschichte auf die eschatologische Zukunft hin. Diese Internalisierung steht im Zeichen des natürlichen Verständnisses des Eschatologischen und sie bedeutet deshalb den Verlust der durch Externität markierten Transzendenz. Sie hebt die Dualität von Gott und Welt auf: Gott wird, im Sinne der Transzendierung auf Zukunft hin, das Prinzip der eschatologischen Zukunft in der Welt. Dann fallen, wie Moltmann sagt, »die metaphysischen Unterscheidungen von innerweltlicher und transzendenter Hoffnung

---

[100] J. *Moltmann,* Der gekreuzigte Gott und der apathische Mensch, in: Das Experiment Hoffnung. Einführungen, 1974, (93–111), 107.

[101] Der gekr. Gott, 233.

[102] Das Experiment Hoffnung (s. o. Anm. 100), 107.

[103] Der gekr. Gott, 192.

[104] Vgl. dazu Der gekr. Gott, 234.

dahin. Die neuen Möglichkeiten in der Welt entspringen aus der Welt als Möglichkeit des schöpferischen Gottes.«[105]

Wir hatten bei Luther gesehen, daß die theologia crucis die Unterscheidung von Gott und Welt nicht etwa aufhebt, vielmehr gerade einschärft. Auch wenn es darum geht, das Kreuz in kosmologischer Hinsicht zu reflektieren, so bleibt doch diese Dualität bestimmend, konstitutiv. Das bedeutet aber, daß auch die Trinitätslehre, wenn sie als trinitarische Kreuzestheologie konzipiert werden soll, Gottes Externität nicht in die Zukunftsbezüge der Welt aufheben kann, sondern diese Dualität zum Ausdruck bringen muß. Sonst wird die theologia crucis zu einer theologia trinitatis, die im Endeffekt theologia gloriae ist. Theologia crucis geht davon aus, daß Gott im Zusammensein mit der Welt ihr Gegenüber ist. Aus diesem Gegenübersein Gottes folgt, daß das Verhältnis von Gott und Welt durch Widerspruch geprägt ist: Widerspruch der Welt mit Gott, der darin gründet, daß die Welt mit sich selbst in Widerspruch ist, weil sie ihrer Bestimmung als Gottes Schöpfung widerspricht.

Diese Widerspruchssituation bringt mit sich, daß die theologischen Aussagen durch eine fundamentale Paradoxalität geprägt sind. Wenn Moltmann seine Trinitätslehre als Auflösung des Paradoxes versteht, so bedeutet dies, daß er die Widerspruchssituation letztlich überspringt, indem er mit seiner Umdrehung eine Welt und Geschichte konzipiert, die schon »in Gott« ist. Das ist aber eine Eschatologisierung, die das Alte hinter sich läßt und die, weil sie dadurch die Widerspruchssituation preisgibt, auch die Externität Gottes verliert und Gott zum Zukunftsprinzip der neuen Welt und Geschichte werden läßt.

Demgegenüber muß hervorgehoben werden, daß eine Gotteslehre, die die Dualität von Gott und Welt einschärfen will, vom Paradox ausgehen muß, das in der theologia crucis in der absconditas zum Ausdruck kommt. Das gilt sowohl vom Gott, der in der Majestät verborgen ist, als auch vom Gott, der als offenbarer sub contrario im Kreuz verborgen ist. Der Welt, die im Widerspruch mit sich selbst ist, offenbart sich Gott in der Verborgenheit, damit die Welt ihren Selbstwiderspruch als Widerspruch mit Gott wahrnimmt und austrägt. Doch wenn das Kreuzesgeschehen als ein solches Kampfgeschehen interpretiert wird, kann auch die Trinitätslehre das Paradoxale, das Anstößige und Törichte des Kreuzes nur unterstreichen. Dann aber geht es um einen Kampf Gottes mit Gott selbst. Dann aber handelt es sich nicht nur um einen Tod »in Gott« – was das auch immer heißen mag –, sondern um den Tod Gottes selbst. Aus dieser Akzentuierung der Gotteslehre geht jedoch ein anderes Kreuzesverständnis hervor als das, das für Moltmann gilt. Dieses soll nun noch einmal zusammenfassend skizziert werden.

---

[105] AaO 204.

3.234. Das eschatologisch vorläufige Kreuz

Wir haben bereits angedeutet, daß Moltmanns Kreuzesinterpretation nicht eine Kreuzestheologie oder Kreuzeseschatologie ist, sondern dem Kreuz bloß eine Rolle im Rahmen einer Herrlichkeitseschatologie zukommen läßt. Pointierter könnte man den Unterschied folgendermaßen formulieren: die Kreuzeseschatologie schärft das Kreuz als schlechthinniges und endgültiges Zeichen des eschatologischen Lebens ein; die Herrlichkeitseschatologie betrachtet das Kreuz als eschatologisch vorläufiges Prinzip, das durch die Herrlichkeit abgelöst wird.

3.2341. Das Kreuz als Vermittlung der eschatologischen Gerechtigkeit

Gegen ein Verständnis der Eschatologie, das in der Christologie vor allem die formale Struktur der Prolepse hervorhebt[106], betont Moltmann, daß diese Prolepse in der Luft hängt, solange nicht klar wird, welche Bedeutung dieser eine für uns hat, an dem die Auferweckung proleptisch bereits vollzogen wurde. Diese Bedeutung wird erst im materialen Gehalt ersichtlich, der der formalen Struktur ihre inhaltliche Füllung gibt. Das ist die Rolle, die dem Kreuz zukommt. Es markiert »›die Bedeutung‹ seiner Auferstehung für uns«[107]. Die Prolepse der Auferweckung findet so ihren eigentlichen Sinn erst in der Verbindung mit der Hingabe, dem Leiden und Sterben Jesu Christi am Kreuz. Das ist folgendermaßen zu verstehen: Die eschatologische Gerechtigkeit, die in der Auferstehung an Christus vorweggenommen ist, wird in der Hingabe am Kreuz denen zuteil, die unter der Ungerechtigkeit leiden. Im Kreuzestod wird die neue Gerechtigkeit, die anbricht, in der Situation des Unrechts und des Leidens, »in einer Welt, wo Tote und Lebendige nach Gerechtigkeit schreien«, realisiert. Damit wird den Menschen diese neue Gerechtigkeit offenbart, »die den Teufelskreis von Haß und Rache durchbricht und aus den verlorenen Opfern und Henkern eine neue Menschheit mit einer neuen Menschlichkeit schafft«[108]. Sie wird ihnen vermittelt, damit sie ihnen nicht für die Zukunft vorenthalten bleibt, sondern ihnen bereits in der Situation der Ungerechtigkeit zugute kommt. In diesem Sinne ist das Kreuz die Modifikation der Auferweckung unter den Bedingungen der Leidensgeschichte der Welt. Das markiert für Moltmann seine Relevanz, aber gerade auch seine eindeutige eschatologische Grenze.

---

[106] Damit ist hauptsächlich *W. Pannenberg* gemeint. Vgl. von ihm in christologischer Hinsicht: Grundzüge der Christologie, (1964) 1972[4].
[107] Der gekr. Gott, 173.
[108] AaO 165.

3.2342. Das Kreuz als immanente Dimension der Auferweckung in Herrlichkeit

Weil das Kreuz unter den Bedingungen der Leidensgeschichte der Welt steht, wird die an ihm vollzogene Hingabe als »eschatologisch-vorläufige Weise«[109] der Stellvertretung für uns klar. Diese eschatologische Vorläufigkeit des Kreuzes gilt, weil die eschatologische Zukunft als Durchbruch der Gerechtigkeit und des Reiches Gottes gerade die Aufhebung der Bedingungen der Leidensgeschichte der Welt verspricht. Diese Befreiung hat bereits in der Auferstehung Christi begonnen und vollzieht sich im weltverändernden antizipatorischen Handeln, das aus ihr hervorgeht und leidenschaftlich auf den endgültigen Durchbruch hin arbeitet. In dieser Perspektive hat das Kreuz nur vorläufigen Charakter: es steht im Vorfeld der eschatologischen gloria als deren ethisch-politische Vermittlung. Das führt Moltmann dazu, die Hingabe am Kreuz als »immanente Dimension« der »eschatologischen Auferweckung in die Herrlichkeit des kommenden Reiches«[110] zu bestimmen. Als solche immanente Dimension verschwindet aber das Kreuz gewissermaßen in das grelle Licht der Auferweckung und der in ihr aufleuchtenden Herrlichkeit. ». . . der Gekreuzigte wurde im Licht seiner Auferweckung und seine Auferweckung im Licht seiner Zukunft im kommenden Gott und seiner Herrlichkeit begriffen.«[111] Auf dem Angesicht des Gekreuzigten sieht man schon den Vor-schein des kommenden Gottes und man wird ergriffen »von der kommenden Weltveränderung durch Gottes Herrlichkeit«[112].

Diese Weltveränderung durch Gottes Herrlichkeit ist nicht Kreuzestheologie, sondern Herrlichkeitstheologie, in der das Kreuz überholt wird. Dieses Überholen soll nun, im Kontrast zur lutherischen Kreuzestheologie, auf seinen Grund hin bedacht werden.

3.2343. Apathie und Solidarität – Sünde und Rechtfertigung

Bei Luther wird, wie wir sahen, das Kreuzesgeschehen als Heilsgeschehen zum schlechthinnigen und endgültigen, zum eschatologischen Geschehen überhaupt. Crux sola est nostra theologia. Diese Hervorhebung des Kreuzes hängt eng mit einer verschärften Erfassung der Sünde zusammen. Diese wird als peccatum originale radikal im Rahmen des Gottesbezugs verstanden: die Sünde ist Auflehnung gegen Gott im Willen des Menschen, selbst Gott zu sein, Widerspruch des Menschen mit sich selbst als Wider-

---

[109] AaO 174.
[110] Polemisch gegen Bultmanns Interpretation der Auferstehungsaussage als Aussage über die Bedeutung des Kreuzestodes formuliert Moltmann folgendermaßen: »Nicht seine ›Auferstehung‹ ist eine Dimension des Todes am Kreuz, sondern umgekehrt ist seine Hingabe am Kreuz zur Versöhnung der Welt die immanente Dimension seiner eschatologischen Auferweckung in die Herrlichkeit des kommenden Reiches.« (aaO 174)
[111] AaO 150.   [112] AaO 155.

spruch mit Gott. In diesem existentiellen Sinne wird die Sünde zu einer grundlegenden eschatologischen Dimension. Daraus folgt, daß das christliche Leben als eschatologisches im Zeichen des simul iustus et peccator steht. Darin liegt der Grund für die absconditas in der Kreuzestheologie: dem gerechtfertigten Sünder kann die Weisheit nur in der Torheit, die Kraft nur in der Schwäche, das Leben nur im Tod zuteil werden, weil nur so dem Glauben Raum geschenkt wird, um den es im Lebensvollzug immer wieder geht und in dem die Gerechtigkeit Gottes empfangen wird. Deshalb kann das Kreuz nicht überholt werden, weil die Sünde nicht »überholt« werden kann. Zwar gilt auch bei Luther eine futurische Perspektive: einst wird die Verborgenheit schwinden und die Anfechtung ihr Ende finden. Das impliziert aber nicht eine Relativierung des Kreuzes. Vielmehr wird das Kreuz um so mehr eingeschärft: es gilt endgültig für die haec vita, die bis in den Tod hinein währt.

Demgegenüber muß man betonen, daß Moltmann die Sünde nicht in ihrer radikalen Ausrichtung auf das Gottesverhältnis des Menschen erfaßt und es ihm deshalb auch nicht gelingt, sie als eschatologische Dimension wahrzunehmen. Sie bleibt moralisch-politisch bestimmt, als Schwäche, carentia, defectus. Das zeigt sich daran, daß sie als Apathie verstanden wird. »Diese Apathie ist die Krankheit unserer Zeit, eine Krankheit von Personen und Systemen, eine Krankheit zum Tode, zum persönlichen und universalen Tode.«[113] Die Apathie meint die Abstumpfung des Menschen, seine Unempfindlichkeit, seine Unfähigkeit mitzuleiden. Ähnliches ist in der *Theologie der Hoffnung* intendiert, wenn die Sünde als »Sünde der Verzweiflung« bezeichnet wird: es geht vor allem um »die Hoffnungslosigkeit, die Resignation, die Trägheit und Traurigkeit«[114]. Dieser Apathie entgegen bewirkt das »Pathos Gottes«[115] am Kreuz, daß der Mensch zum »homo sympatheticus« wird. Diese Sympathie eröffnet die Möglichkeit der Solidarität mit den Leidenden und Unterdrückten. Erst diese Solidarität befähigt zur richtigen Wahrnehmung der Teufelskreise des Leidens, der Gewalt und des Unrechts und zum richtigen Kampf gegen sie. Das heißt aber: bei Moltmann ist die Bedeutung des Kreuzes einzig die, daß es in Hinsicht auf die die Zukunft Christi antizipierende Praxis der Weltveränderung eine ethisch-politische Einstellung – eben die der Solidarität – einprägt.

Somit steht das Kreuz als vermittelndes Moment im weiteren Rahmen des trinitarisch-eschatologischen Prozesses, in dem sich die latente Tendenz der Welt auf die letzte gloria hin offenbart. Alles steht hier im Zeichen dieser großen Hoffnung, die alles mit sich reißt. Dieses große Erwarten in kosmologischer Perspektive veranlaßte uns, für Moltmanns Theologie von einem Messianismus zu sprechen. Dieser Messianismus wird bei ihm im

---

[113] AaO 240. [114] Theol. der Hoff., 18.
[115] Zu diesem Thema, vgl. Der gekr. Gott, 259–263.

Grunde genommen nur christianisiert, ohne von der Christologie her völlig umstrukturiert und uminterpretiert zu werden. Als ein solcher Messianismus ist Moltmanns Theologie insofern eine Herrlichkeitseschatologie, als sie sich als »Theologie im Reich der Herrlichkeit«[116] wähnt. Doch das soll nun näher erörtert werden, indem wir uns dem Messianismus in einem weiteren Sinne, in seiner neomarxistischen Gestalt zuwenden.

3.3. Der neomarxistische Messianismus als eschatologia gloriae

3.31. Übergangsbesinnung: der Streit mit der Philosophie um die Theologie

An dieser Stelle unternehmen wir den Versuch, die bis jetzt innertheologisch geführte Auseinandersetzung in eine Beschäftigung mit einer philosophischen Strömung zu erweitern, die nicht direkt mit christlicher Theologie zu tun hat. Dieser Übergang erfordert einige Bemerkungen.

Die Auseinandersetzung mit der Philosophie bildet einen wichtigen Aspekt der theologischen Verantwortung. Wir konnten auch schon bei Luther beobachten, wie er diese Aufgabe mit Ernst wahrnimmt: das zeigte sich an der Zweiteilung der Thesen der Heidelberger Disputation in theologische und philosophische, eine Zweiteilung, die noch viel stärker etwa die Thesenreihe De homine markiert[117]. In der Beschäftigung mit der Philosophie kommt zum Ausdruck, daß Theologie nicht in einem Ghetto getrieben werden darf, in dem die Theologen unter sich sind und sich abkapseln. Als Rechenschaft über den christlichen Glauben muß theologische Verantwortung vor dem Forum des allgemeinen Wahrheitsbewußtseins und Wirklichkeitsverständnisses geschehen. In einem weiten Sinne könnte man auch sagen: vor dem Forum der Vernunft, unter der Bedingung freilich, daß in dieser der Gesichtspunkt der Erfahrung nicht ausgeschaltet, sondern vielmehr als zentral anerkannt wird. In dieser Perspektive könnte man auch sagen: theologische Rechenschaft vollzieht sich in Auseinandersetzung mit der Erfahrung. Zu dieser fundamentaltheologischen Besinnung auf das Forum der Rechenschaft hält die Auseinandersetzung mit der Philosophie an, einer Besinnung, die im innertheologischen Streit allzu oft und allzu leicht vergessen wird.

---

[116] Zu dieser Formulierung, vgl. aaO 194. An dieser Stelle betont Moltmann, mit theologia gloriae meine Luther nicht eine solche »Theologie im Reich der Herrlichkeit«. Dagegen wäre aber kritisch zu fragen, ob diese »Theologie im Reich der Herrlichkeit« im modernen Streit um die Eschatologie nicht gerade die Entsprechung zur scholastischen theologia gloriae wäre.

[117] Vgl. dazu o. S. 103, bes. Anm. 115. Zum Streit von Theologie und Philosophie in der Disputatio de homine, vgl. *G. Ebeling,* LuStud II,1; 31–42. Zum Thema »Theologie und Philosophie« systematisch, vgl. *ders.,* Art. Theologie und Philosophie, in: RGG³, VI, 1962, 782–830.

Deshalb wollen wir nun versuchen, den Streit um die Eschatologie, der uns hier beschäftigt, in der Auseinandersetzung mit den Philosophien zu erfassen, die im Hintergrund von Moltmanns Theologie stehen und sie prägen und beeinflussen. Das soll uns helfen, diesen Streit um die Eschatologie noch tiefer wahrzunehmen und in ihm die fundamentalen Dimensionen zu erkennen, an denen sich der Entwurf einer Kreuzeseschatologie orientieren muß.

Gemäß den Angaben Moltmanns selbst handelt es sich bei den philosophischen Strömungen, in deren Einflußbereich seine Theologie steht, vornehmlich um das Denken E. Blochs und die Arbeiten der Frankfurter Schule[118]. Diese Philosophien kennzeichnen wir mit dem subsumierenden Begriff »neomarxistischer Messianismus«. Die Berechtigung dieser Charakterisierung soll sich im Laufe der Darstellung erweisen. Vorläufig sei dazu jetzt nur ganz allgemein bemerkt: gemeinsam ist diesen Philosophen, daß sie aus der jüdischen Gedankenwelt schöpfen und zugleich mehr oder weniger eindeutig in der Tradition der marxistischen Philosophie stehen. Diese Konstellation führte dazu, daß sie in den Wirren und Leiden der Zeit des Aufstiegs des Faschismus und des zweiten Weltkrieges und später auch in den Schwierigkeiten der Nachkriegssituation versuchten, den Marxismus neu zu durchdenken, indem sie die marxistische Eschatologie mit Motiven der jüdischen Messiaserwartung assoziierten. Damit kann sich – wie das etwa bei Bloch der Fall ist – eine Aufnahme des Christlichen verbinden, eine Aufnahme freilich, die stark jüdisch geprägt ist[119]. Diese Verknüpfung von Marxismus und jüdischem Messianismus, die in gewisser Hinsicht Anhalt an Marx selbst hat, wird in vielen Variationen und verschiedenartigen Akzenten vollzogen: als Aufnahme der Reichsvorstellung, als Verarbeitung der jüdischen Gottesauffassung und des Bilderverbots, als Interpretation der messianischen Idee usw. Wir fassen all diese Aspekte unter dem Begriff des Messianismus zusammen, weil sie doch alle mehr oder weniger auf die gemeinsame Thematik des Messianischen abzielen.

---

[118] Vgl. dazu o. S. 293f. Was die uferlose Literatur zu diesen Philosophien betrifft, beschränken wir uns hier auf die Angabe von einigen umfassenden Werken. Speziellere Literatur nennen wir gelegentlich im Laufe der Darstellung. Zu Bloch: Ernst Bloch zu ehren. Beiträge zu seinem Werk. Hg. von *S. Unseld,* 1965 (mit einer ausführlichen Bibliographie von Blochs Werken und Arbeiten über ihn versehen, s. 395–413). Zur Frankfurter Schule: Kritik und Interpretation der Kritischen Theorie. Aufsätze über Adorno, Horkheimer, Marcuse, Benjamin, Habermas, theorie + kritik 4, 1975; *G. Rohrmoser,* Das Elend der kritischen Theorie. Theodor W. Adorno – Herbert Marcuse – Jürgen Habermas, 1970. Zu Adorno: Über Theodor W. Adorno (Sammelband), edition suhrkamp 249, 1968. Zu Benjamin: *R. Tiedemann,* Studien zur Philosophie Walter Benjamins, edition suhrkamp 644, 1973.

[119] S. etwa: Atheismus im Christentum. Zur Religion des Exodus und des Reichs, 1968. S. auch: Das Prinzip Hoffnung, stw 3, (1959) 1974, 1482–1504. Die jüdische Prägung kommt hier z. B. bereits in der ersten Überschrift zum Ausdruck (1482): »Stifter aus dem Geist Mosis und des Exodus, völlig zusammenfallend mit seiner Frohbotschaft: Jesus, Apokalypse, Reich«.

Mit dieser marxistischen Interpretation der jüdischen Hoffnungsvorstellungen stellen sich viele komplexe historische Probleme in Hinsicht auf die Bestimmung des jüdischen Gedankengutes, der Entwicklung der jüdischen Tradition, der Überlieferungsgeschichte und der Verschiebungen, die in der marxistischen Inanspruchnahme eintreten. Diese historischen Fragen können hier nicht behandelt werden[120]. Auch kann hier nicht eine ausführliche Darstellung des neomarxistischen Messianismus geliefert werden. Wir konzentrieren uns auf das Grundproblem in eschatologischer Hinsicht, das wir mit der Alternative von theologia crucis und theologia gloriae charakterisiert haben. Von dort her wählen wir bewußt sowohl die Themen als auch die Philosophen und die Texte, mit denen wir uns auseinandersetzen wollen.

Es geht also für uns im Streit mit der Philosophie, den wir nun unternehmen wollen, um die Theologie. Das kommt dem neomarxistischen Messianismus insofern entgegen, als er in seiner Reinterpretation der messianischen Idee gerade beansprucht, die Theologie aufzunehmen, sie sich selbst zu integrieren und sie derart zu ihrer Wahrheit zu bringen. Der Messianismus versteht sich als die Philosophie, die allein dem Theologischen letztlich gerecht werden kann, weil sie ihm seine eigentliche Bedeutung zukommen läßt: die messianische Tendenz in der Geschichte zum Ausdruck zu bringen. In dieser Deutung wird die Theologie zu einem entscheidenden Moment im neomarxistischen Messianismus.

So verstanden kann das Problem, das diesem Streit mit der Philosophie als Streit um die Theologie zugrundeliegt, am besten mit dem bekannten humoristischen Bild von W. Benjamin zum Ausdruck gebracht werden. »Bekanntlich soll es einen Automaten gegeben haben, der so konstruiert gewesen sei, daß er jeden Zug eines Schachspielers mit einem Gegenzuge erwidert habe, der ihm den Gewinn der Partie sicherte. Eine Puppe in türkischer Tracht, eine Wasserpfeife im Munde, saß vor dem Brett, das auf einem geräumigen Tisch aufruhte. Durch ein System von Spiegeln wurde die Illusion erweckt, dieser Tisch sei von allen Seiten durchsichtig. In Wahrheit saß ein buckliger Zwerg darin, der ein Meister im Schachspiel war und die Hand der Puppe an Schnüren lenkte. Zu dieser Apparatur kann man sich ein Gegenstück in der Philosophie vorstellen. Gewinnen soll immer die Puppe, die man ›historischen Materialismus‹ nennt. Sie kann es ohne weiteres mit jedem aufnehmen, wenn sie die Theologie in ihren Dienst nimmt, die heute bekanntlich klein und häßlich ist und sich ohnehin nicht darf blicken lassen.«[121]

---

[120] Für eine solche historische Darstellung des Messianischen in der jüdischen Tradition, vgl. G. *Scholem*, Zum Verständnis der messianischen Idee im Judentum, in: *ders.*, Judaica, Bibl. Suhrkamp 106, (1963) 1968, 7–74.

[121] W. *Benjamin*, Geschichtsphilosophische Thesen, zitiert nach: *ders.*, Zur Kritik der Gewalt und andere Aufsätze. Mit einem Nachwort versehen von H. *Marcuse*, edition suhrkamp 103, (1965) 1971², 78 (These 1). Diese Thesen sind auch unter dem Titel »Über den

Die türkische Puppe und der bucklige Zwerg: auf diese Beziehung zwischen historischem Materialismus und Theologie gilt es im weiteren zu achten und sie anhand der Unterscheidung von theologia crucis und theologia gloriae kritisch zu beurteilen. Um die Aufgabe im Bilde auszudrücken: Es geht jetzt nicht darum, apologetisch bestreiten zu wollen, daß die Theologie klein und häßlich sei und sich nicht blicken lassen dürfe. In vielem müßte man dieses Bild eher bestätigen. Vielleicht müßte man sogar fragen, ob sie denn auch wirklich, wie Benjamin es meint, ein Meister im Schachspiel sei und ob es ihr überhaupt zukomme, an den Schnüren zu ziehen. Auf jeden Fall wird man auch nicht beanspruchen, die Theologie müsse auf dem Schachbrett der Welt selbst auftreten. Ihr Platz ist, im Bild gesprochen, schon eher unter dem Tisch. Die Frage ist deshalb vielmehr folgende: ob die Apparatur des historischen Materialismus wirklich das geeignete Versteck für die Theologie ist; was mit ihr geschieht, wenn sie derart integriert wird; ob sie sich dann nicht selbst verliert. Es wäre also zu fragen, ob die Theologie nicht, wenn sie Theologie bleiben will, diesen Dienst am Materialismus entschieden verweigern muß; ob sie sich nicht, wenn auch klein und häßlich, unter dem Tisch in einem anderen Dienst blicken lassen soll, im Dienst der Versöhnung als Wort vom Kreuz. Das ist das systematische Interesse, das uns in der Auseinandersetzung mit dem neomarxistischen Messianismus leiten soll.

Wir beginnen diese Auseinandersetzung mit der Dimension, die Moltmann das Kreuz neu entdecken ließ, der Dimension der Negativität. Die Frage nach dem Kontext, in dem das Negative wahrgenommen wird, führt uns zur Besinnung über das Verhältnis zwischen dem Negativen und dem Messianischen. Daraus folgt als weiterer Punkt die Erörterung der theologischen Konsequenzen des Messianismus in Religionskritik und Atheismus. Dieser Duktus führt uns also von der Frankfurter Schule zu Blochs Hoffnungsphilosophie, gewissermaßen chiastisch zur Reihenfolge »Hoffnung–Kreuz« in der Darstellung von Moltmanns Messianismus (3.2.).

3.32. Die Dimension der Negativität

Die Frage nach einer angemessenen Berücksichtigung der Negativität prägt hauptsächlich Th. W. Adornos Idee der negativen Dialektik[122] und

---

Begriff der Geschichte« bekannt. Siehe die Ausgabe in: *W. Benjamin*, Gesammelte Schriften. Hg. v. *R. Tiedemann* und *H. Schweppenhäuser*, Bd. I.2, 1974, 691–704. Zu diesen Thesen, vgl.: Materialien zu Benjamins Thesen »Über den Begriff der Geschichte«. Beiträge und Interpretationen. Hg. v. *P. Bulthaup*, stw 121, 1975.

[122] So auch der Titel eines seiner grundlegenden Werke: Negative Dialektik, (1966) 1973⁴. Zitiert nach der Taschenbuchausgabe stw 113, 1975 (text- und seitenidentisch mit der Ausgabe in Bd. 6 der Gesammelten Schriften, hg. v. *R. Tiedemann*, 1973).

M. Horkheimers Programm der kritischen Theorie[123]. Das Problem des
Negativen soll im Folgenden mit einigen Aspekten aus diesen Arbeiten
besprochen werden.

3.321. Der Schmerz des Negativen

Die Betonung des Negativen richtet sich bei Adorno gegen die Identitätsphilosophie, wie sie etwa in der klassischen neuzeitlichen Metaphysik
und im Idealismus Gestalt annimmt. In dieser »Guckkastenmetaphysik« –
wie Adorno sagt[124] –, in der das Subjekt »für alle Ewigkeit in sein Selbst
eingesperrt« wird, vollzieht sich durch die fundamentale Identifizierung«
von Erkenntnis und Sein im absoluten Denken eine Bewegung der
Abstraktion, in der alles in die Begrifflichkeit des Erkennens absorbiert
wird. Die Ausrichtung auf die Totalität, auf den Allgemeinbegriff des
absoluten Systems verunmöglicht es dem Denken, noch irgendetwas als
nicht zur Totalität des Identischen gehörend, als dem Denken Heterogenes
und in diesem Sinne als Anderes, als Negatives wahrzunehmen. Dadurch
wird aber das Denken gänzlich abgesondert. Weil es nichts mehr als
Gegenüberstehendes erkennen kann, vermag es das Objekt nicht zu erfassen, »die Beteuerung, das Nichtich sei am Ende das Ich,« nicht einzulö-
sen[125]. Identitätsphilosophie wird dadurch dem Anderen gegenüber
machtlos, sie muß sich ihm anpassen und gerät so in Widerspruch mit sich
selbst. »Der Gegensatz des Denkens zu seinem Heterogenen reproduziert
sich im Denken selbst als dessen immanenter Widerspruch.«[126] Damit
wird Identität, so verstanden, »die Urform von Ideologie«. »Identität wird
zur Instanz einer Anpassungslehre, in welcher das Objekt, nach dem das
Subjekt sich zu richten habe, diesem zurückzahlt, was das Subjekt ihm
zugefügt hat.«[127]
Demgegenüber gestaltet sich die negative Dialektik als Ideologiekritik.
Sie widersetzt sich der ideologischen Totalität, indem sie sie der Nichtiden-
tität mit sich selbst überführt und sie dadurch zur Erfassung des Widerspre-
chenden, des Negativen zwingt. Diesen »Widerstand des Anderen gegen
die Identität« gilt es einzuschärfen: daran hat die Dialektik ihren Erfahrungsgehalt[128]. Der Widerspruch darf nicht durch die Einheit des Bewußtseins geglättet werden, nicht als subjektiver Denkfehler gekennzeichnet
und in der Konsequenzlogik des Identitätsprinzips geschlichtet werden.
Der Widerspruch muß vielmehr als objektive Dimension erkannt werden.

---

[123] So auch der Titel seiner zweibändigen Sammlung von Aufsätzen: Kritische Theorie.
Eine Dokumentation. Hg. v. *A. Schmidt,* 2 Bde., 1968. Die Grundlegung des Programms der
kritischen Theorie erfolgt im 1937 erschienenen Aufsatz: Traditionelle und kritische Theorie,
dem im selben Jahr noch ein Nachtrag folgt (s. jetzt in: Kritische Theorie, Bd. II, 137–191.
192–200).

[124] Neg. Dial., 143.   [125] AaO 151.   [126] AaO 149.
[127] AaO 151.   [128] AaO 163.

Darin liegt der entscheidende Fehler der Identitätsphilosophie oder, wie Horkheimer sagen würde: der traditionellen Theorie, daß sie die objektiven Widersprüchlichkeiten auf der Ebene des metaphysischen Denkens löst und sich ihnen dann in ihrer objektiven, geschichtlich-sozialen Gegebenheit einfach anpaßt.

Die negative Dialektik und die kritische Theorie hingegen wollen sich dem Schmerz des Negativen aussetzen, wie er sich in den objektiven Widersprüchen, in den sozialen Entfremdungen und Widerständen ausdrückt. Das impliziert den Verzicht auf einen rein theoretischen Standpunkt und setzt einen Einsatz in die geschichtlich-gesellschaftliche Praxis voraus. Dadurch wird der zwiespältige Charakter der gesellschaftlichen Organisation in den Vertretern des kritischen Verhaltens zu einem bewußten Widerspruch, den sie tragen und dem sie standhalten: einerseits »identifizieren sie sich selbst mit diesem Ganzen und begreifen es als Willen und Vernunft; es ist ihre eigene Welt. Zugleich erfahren sie, daß die Gesellschaft außermenschlichen Naturprozessen, bloßen Mechanismen zu vergleichen ist, weil die auf Kampf und Unterdrückung beruhenden Kulturformen keine Zeugnisse eines einheitlichen, selbstbewußten Willens sind; diese Welt ist nicht die ihre, sondern die des Kapitals.«[129] Das macht den Schmerz des Negativen aus: dieser Widerspruch, in dem die Identifikation mit dem gesellschaftlichen Ganzen und seine radikale Verurteilung vereint sind, »ein Widerspruch, der alle Begriffe der kritischen Denkart kennzeichnet«[130].

Diese Betonung der Negativität führt Adorno auch zu einer Kritik der Hegelschen Dialektik als Identitätsphilosophie. Die Dialektik verdankt sich zwar in vielem Hegel, »hat aber nicht ihr Maß an ihm«[131]. Als idealistische war sie Dialektik im Stillstand, parteiisch für die Einheit. Das zeigt sich für Adorno an Hegels Verständnis der Synthese. Seine Kritik führt Adorno aus als Kritik des formalen Prinzips der Negation der Negation, das, wie wir sahen, auch bei Moltmann eine wichtige Rolle in der Artikulation von Kreuz und Hoffnung spielt[132]. Das Nichtidentische, das Negative kann für Adorno nicht unmittelbar als Positives gewonnen werden, auch nicht durch Verdoppelung der Negation. Wenn die Negation der Negation unmittelbar als Positivität gedeutet wird, wird damit erneut Positivität im Sinne der metaphysischen Konsequenzlogik gesetzt. Das ist Rückfall in die Totalität der Identitätsphilosophie. »Die Gleichsetzung der Negation der Negation mit Positivität ist die Quintessenz des Identifizierens . . .« So wird die Dialektik wieder undialektisch, so wird sie wieder zu jener traditionellen Logik, »welche more arithmetico minus mal minus als plus verbucht«[133]. Demgegenüber gilt als Prinzip der negativen Dialektik: »Das

---

[129] Trad. und krit. Theorie, in: Krit. Theorie, II, 156 f.
[130] AaO 157. [131] Neg. Dial., 163.
[132] S. o. S. 295f. [133] Neg. Dial., 161.

Negierte ist negativ, bis es verging. Das trennt entscheidend von Hegel.«[134]

An dieser Kritik der Negation der Negation bestätigt sich für uns die natürliche, sozusagen »arithmetische« Ausrichtung von Moltmanns Artikulation von Kreuz und Eschatologie. Der Unterschied zu Hegels Dialektik ist freilich der, daß die Positivität proleptisch auf die weltverändernde Praxis hinweist. Dadurch rückt Moltmanns Theologie wieder in die Nähe des Messianismus. Das zeigt sich bei Adorno im letzten Zitat an dem ». . . bis es verging . . .«. Auf welche Positivität weist dies hin, auf welche Überwindung des Negativen? An diesem Punkt muß die Kritik ansetzen. Doch sei dies vorerst zurückgestellt. Die Dimension der Negativität muß zunächst noch weiter erläutert werden.

3.322. Der Respekt des Negativen als Humanismus

Wie wir bereits sahen, wird der Respekt des Negativen als *kritische* Bewegung konzipiert. Das zeigte sich bei Adorno im Gedanken der Ideologiekritik, während es bei Horkheimer schon im Programm selbst der kritischen Theorie zum Ausdruck kam. Diese Kritik konnten wir bereits in der Auseinandersetzung mit der Identitätsphilosophie beobachten. Nun muß die Perspektive erweitert werden. Die Kritik vollzieht sich in vielerlei Gestalten, auf vielerlei Fronten. Die Gegner gehören nicht nur der klassischen philosophischen Tradition an, sondern prägen auch vielfältig die kulturelle Situation[135].

Einerseits sind es die Totalitarismen, die durch ihren Fanatismus und ihre Verabsolutierungen die menschliche Würde zunichtemachen, sie mit Füßen treten. Dazu gehört vor allem der Faschismus, der, hauptsächlich in seiner nationalsozialistischen Gestalt, immer wieder Gegenstand einer radikalen Kritik wird. Doch auch nach kommunistischer Seite hin wird kritisch Stellung bezogen: hier gelten die steten Kritiken vor allem dem russischen, vornehmlich stalinistischen Kommunismus, und später auch allgemeiner dem Sozialismus überhaupt, wie er in den Oststaaten verstanden wird.

Auf der anderen Seite setzen sich die Kritiker mit allen Erscheinungen von Entfremdung und Entmenschlichung durch Industrialisierung, Technisierung, Verwaltung und Rationalisierung auseinander. Hierher gehört vor allem die systematische Kritik des Kapitalismus und der Konsumgesellschaft, ihres Warenfetischismus und ihrer ausbeuterischen Produktions-

---

[134] AaO 162.

[135] Als Beispiel, das diese Doppeldimension (philosophische Tradition – kulturelle Gegenwartssituation) illustriert, kann erwähnt werden: *M. Horkheimer/Th. W. Adorno,* Dialektik der Aufklärung. Philosophische Fragmente, (1944) 1969. Das Werk versucht, indem es die Wurzeln des totalitaristischen Phänomens in der Dialektik der Aufklärung aufweist, eine Welt zu denken, in der der Totalitarismus unmöglich wird.

verhältnisse. Damit verbinden sich etwa in historischer Hinsicht der Streit mit Historismus und Positivismus oder in bezug auf das Verständnis des Rationalen die Reflexionen »zur Kritik der instrumentellen Vernunft«[136] oder die Beschäftigung mit der Gefahr der »verwalteten Welt«[137]. Die Liste wäre noch lang. Zu erwähnen wären auch alle Arbeiten in den verschiedenen Bereichen der Kunstgeschichte (Musik, Architektur, Dichtung, Belletristik, Photographie usw.).

In all diesen Aspekten des kritischen Denkens ist das Leitprinzip die Sorge um den Menschen und seine Würde. Darum geht es letztlich im Respekt des Negativen. Die Totalitarismen und die kapitalistisch-rationalisierende Entfremdung entwürdigen den Menschen, zerstören ihn. Das ist gerade das Negative, das es kritisch aufzunehmen gilt. In diesem Sinne ist der Respekt des Negativen betont als Humanismus zu verstehen.

3.323. Die Negativität und das Problem der Theodizee

Die idealistische Identitätsphilosophie ist letzten Endes eigentlich nichts anderes als eine Theodizee. Die Ausrichtung des Denkens auf das umfassende System der metaphysischen Totalität will philosophisch die Rechtfertigung Gottes vollziehen, und zwar als Rechtfertigung des Bestehenden im ganzen und deshalb gerade auch als Rechtfertigung des Negativen im Bestehenden, der Entfremdungen und Widersprüchlichkeiten in ihm, dadurch, daß sie in der Totalität zu notwendigen Momenten gemacht werden, deren Sinn sich in der Perspektive des Ganzen als positiv erweist. Bei Leibniz vollzog sich diese Theodizee in der Vorstellung, Gott habe aus den vielen möglichen Welten die bestmögliche erwählt, wobei die Vollkommenheit durch die Endlichkeit eingeschränkt sei, die sie notwendigerweise prägt. Hegel lehnte dieses einfache Nebeneinander von Vollkommenheit und Endlichkeit ab und betonte, daß es als Ineinander erfaßt werden müsse, daß begriffen werden müsse, warum und wie Endlichkeit im Absoluten gesetzt ist. So allein könne das Übel, das Böse in der Welt begriffen werden: indem es mit dem denkenden Geist versöhnt werde. »Diese Aussöhnung kann nur durch die Erkenntnis des Affirmativen erreicht werden, in welchem jenes Negative zu einem Untergeordneten und Überwundenen verschwindet . . .«[138] Diese Überlegungen führen ihn dazu, in der Weltgeschichte überhaupt »die wahrhafte *Theodizee,* die Rechtfertigung Gottes in der Geschichte« zu sehen, in der Einsicht, »daß

---

[136] So der Titel eines Sammelbandes von Aufsätzen *Horkheimers: Zur Kritik der instrumentellen Vernunft. Aus den Vorträgen und Aufzeichnungen seit Kriegsende. Hg. v. *A. Schmidt,* FAT 4031, (1967) 1974.

[137] Dazu vgl. *M. Horkheimer,* Die Sehnsucht nach dem ganz Anderen. Ein Interview mit Kommentar von *H. Gumnior,* Furche – Stundenbücher 97, 1970, vor allem 83–88.

[138] *G. W. F. Hegel,* Vorlesungen über die Philosophie der Geschichte, Theorie Werkausgabe Suhrkamp, Bd. 12, 28.

das, was geschehen ist und alle Tage geschieht, nicht nur nicht ohne Gott, sondern wesentlich das Werk seiner selbst ist«[139].

Diese philosophische Theodizee vollzieht, wie sich bei Hegel zeigt, eine Überwindung des Negativen durch die Rechtfertigung des Bestehenden. Die Forderung eines radikalen Respekts der Negativität impliziert die Ablehnung dieser rechtfertigenden Einstellung der »Apologeten des Bestehenden«[140]. Während die traditionelle Theorie darauf aus war, die Erfahrungen und Erkenntnisse im Rahmen der gegenwärtigen Gesellschaft zu organisieren, gilt in der Perspektive der kritischen Theorie der Grundsatz: »Die wahre gesellschaftliche Funktion der Philosophie liegt in der Kritik des Bestehenden.«[141] Die Theodizee in der klassischen Gestalt muß deshalb entschieden abgelehnt werden, weil sie Positivität im unmittelbaren Sinne der Identitätsphilosophie setzt und so das Positive fetischisiert. »Demgegenüber hat unbeirrte Negation ihren Ernst daran, daß sie sich nicht zur Sanktionierung des Seienden hergibt.«[142]

»Das Negierte bleibt negativ, bis es verging.« Wie wir sahen, entzündet sich daran die Frage, in welchem Kontext die Wahrnehmung des Negativen in der negativen Dialektik und in der kritischen Theorie steht. »Das Negierte bleibt negativ, . . .«: damit scheint es bei einer radikal negativen, rein kritischen Philosophie zu bleiben, die auf jede Affirmation, auf jede Positivität verzichtet. ». . . bis es verging«: das scheint hingegen auf ein mögliches Zuendegehen des Negativen hinzuweisen, freilich nicht im Seienden, im Bestehenden und in seiner Sanktionierung. Wie ist dieses Zuendegehen zu verstehen, und wiederholt sich nicht darin das Problem der Theodizee? Das läßt nach dem Verhältnis zwischen dem Negativen und dem Messianischen fragen.

3.33. Das Negative und das Messianische

3.331. Das Negative und die gesellschaftlich verändernde Praxis

»Es gibt nun ein menschliches Verhalten, das die Gesellschaft selbst zu seinem Gegenstand hat.«[143] Das bildet den Ausgangspunkt für die Bestimmung der Orientierung der kritischen Theorie, denn von hier aus konkreti-

---

[139] AaO 540: »Daß die Weltgeschichte dieser Entwicklungsgang und das wirkliche Werden des Geistes ist, unter dem wechselnden Schauspiele ihrer Geschichten – dies ist die wahrhafte *Theodizee,* die Rechtfertigung Gottes in der Geschichte. Nur die Einsicht kann den Geist mit der Weltgeschichte und der Wirklichkeit versöhnen, daß das, was geschehen ist und alle Tage geschieht, nicht nur nicht ohne Gott, sondern wesentlich das Werk seiner selbst ist.« Zu diesem Problem der Theodizee, vgl. G. *Ebeling,* Dogmatik des christlichen Glaubens, III, 511–519.

[140] M. *Horkheimer,* Trad. u. krit. Theorie, in: Krit. Theorie, II, 164.

[141] M. *Horkheimer,* Die Sehnsucht nach dem ganz Anderen (s. o. Anm. 137), 82.

[142] Th. W. *Adorno,* Neg. Dial., 162.

[143] M. *Horkheimer,* Trad. u. krit. Theorie, in: Krit. Theorie, II, 155.

siert sich der eigentliche Gegensatz zur traditionellen Theorie. Während die traditionelle Theorie ihre Methode – in cartesianischem Sprachgebrauch als Klärung definiert – als einen logischen Prozeß versteht, konzentriert sich die kritische Theorie auf die Klärung als »einen konkret-geschichtlichen Prozeß«[144]. In anderen Worten ausgedrückt: Die traditionelle Theorie organisiert die Erfahrung und Erkenntnis mit Fragestellungen, »die sich mit der Reproduktion des Lebens innerhalb der gegenwärtigen Gesellschaft ergeben«, ohne sich um das Erfassen der sozialen Genesis der Probleme, der Verankerung in den realen Situationen zu kümmern. Die kritische Theorie »hat dagegen die Menschen als die Produzenten ihrer gesamten historischen Lebensformen zum Gegenstand«[145] und hebt deshalb im Gegebenen den Gesichtspunkt der menschlichen Aktivität und der menschlichen Macht über es hervor.

Diese Akzentsetzung führt, im Gegensatz zur traditionellen Reproduktion, zur Betonung der Veränderung. Das ist letztlich der Grund der Kritik am Bestehenden, an der Gegenwart: die Perspektive »einer künftigen Gesellschaft als der Gemeinschaft freier Menschen«[146]. Deshalb sind die Begriffe des kritischen Denkens »Momente eines begrifflichen Ganzen, dessen Sinn nicht in der Reproduktion der gegenwärtigen Gesellschaft, sondern in ihrer Veränderung zum Richtigen zu suchen ist«[147]. Die Ausrichtung auf die Veränderung ist so stark, daß Adorno beides identifizieren kann: das Kritische ist die gesellschaftlich verändernde Praxis[148].

Mit dieser Veränderung ist nicht einfach Fortschritt, Entwicklung gemeint, die sich allmählich durchsetzen würde. Das wäre erneut traditionelles Denken des Natürlichen, des sich spontan Reproduzierenden. Die Transformation des gesellschaftlichen Ganzen ist bewußte menschliche Aktivität, Kampf, und die kritische Theorie »hat zunächst zur Folge, daß sich der Kampf verschärft, mit dem sie verknüpft ist«[149]. Die Veränderung ist Klassenkampf, verschärfter Klassenkampf, aus dem schließlich die Revolution des Proletariats hervorgeht, die alles »zum Richtigen verändert«, den vernünftigen Zustand herstellt.

Das bildet den Kontext, in dem das Negative wahrgenommen wird, und deshalb auch die Perspektive, in der es beseitigt, überwunden werden kann. Das Ziel, der vernünftige Zustand »gründet . . . in der Not der Gegenwart«. »Mit dieser Not ist jedoch das Bild ihrer Beseitigung nicht schon gegeben. Die Theorie, die es entwirft, arbeitet nicht im Dienst einer schon vorhandenen Realität; sie spricht nur ihr Geheimnis aus.«[150] Es lohnt sich, bei dieser Reflexion Horkheimers zu verweilen, um die Bedeutung

---

[144] AaO 160.   [145] AaO 192.

[146] AaO 166.   [147] AaO 167.

[148] Vgl. Neg. Dial., 203 (Hervorhebung von mir): »Darum konvergiert das spezifisch Materialistische *mit dem Kritischen, mit gesellschaftlich verändernder Praxis.*«

[149] *M. Horkheimer,* Krit. Theorie, II, 168.

[150] AaO 165.

der Ausrichtung auf die gesellschaftlich verändernde Praxis schärfer zu erfassen. Stünde die Theorie im Dienst einer schon bestehenden Realität, würde sie erneut zu einer traditionellen Theorie und vollzöge als solche die Rechtfertigung des Bestehenden. Das hieße aber, daß die Begründung des vernünftigen Zustandes, des dann bereits erreichten Zieles, in der Not der Gegenwart nichts anderes wäre als eine Rechtfertigung dieser Not, eine Theodizee in klassischer Gestalt. Die kritische Theorie versucht diese Rechtfertigung zu vermeiden, indem sie das Bild der Beseitigung als noch nicht gegeben, das Ziel als noch nicht erreicht, die Realität als noch nicht vorhanden charakterisiert und sich deshalb auf das Aussprechen eines Geheimnisses als eines Hinweises auf die zukünftige Verwirklichung konzentriert. Es fragt sich aber, ob durch eine solche »geheimnisvolle« Verschiebung das Modell der Theodizee wirklich abgewiesen wird, ob sich in ihr das Problem der Rechtfertigung des Bösen nicht vielmehr bloß modifiziert.

3.332. Die proleptische Rechtfertigung des Bösen

Das Ziel, das es zu erreichen gilt, gründet in der Not der Gegenwart. Die kritische Theorie nimmt diese Not als das Negative auf, indem sie ihre Beseitigung als Geheimnis einer noch nicht vorhandenen Realität ausspricht. Das Negative, die gegenwärtige Not ist so zugleich Grund des zu erreichenden vernünftigen Zustandes und Hinweis auf ihn als auf eine geheimnisvolle Zukunft. Somit steht das Negative als wichtiges Moment, man könnte fast sagen: als treibende Kraft auf dem Weg zum Richtigen. Adorno bringt das so zum Ausdruck, daß er den Schmerz und die Negativität als »Motor des dialektischen Gedankens«[151] bezeichnet. Das Leiden, das hier sehr stark als leibhaftes, physisches Moment hervorgehoben wird, ist Kritik am Bestehenden. Es »straft die gesamte Identitätsphilosophie Lügen«. Damit wird im Leiden selbst darauf hingewiesen, »daß das Leiden nicht sein, daß es anders werden solle«[152]. Das Leiden treibt zur gesellschaftlich verändernden Praxis. Darin kündigt sich aber eine neue Form der Rechtfertigung des Bösen an, eine proleptische, die das Negative auf die zukünftige Gesellschaft hin »sanktioniert«. Die Leiden und Nöte treiben als dialektischer Motor in den Geschichtsprozeß der verändernden Praxis. So kommen sie der zukünftigen Gemeinschaft freier Menschen zugute, weil sie auf dem Weg zu ihr helfen, vom Bestehenden Abschied zu nehmen und ihr entgegenzustreben. Das ist Theodizee mit der belastenden Hypothek der Zukunft. Um mit der Heidelberger Disputation zu spre-

---

[151] Vgl. Neg. Dial., 202: »Aller Schmerz und alle Negativität, Motor des dialektischen Gedankens, sind die vielfach vermittelte, manchmal unkenntlich gewordene Gestalt von Physischem, . . .«
[152] Neg. Dial., 203.

chen: das ist eine neue Art zu sagen, »daß das Böse gut sei«, die proleptische Art. Darin liegt ein Ansatz zur theologia gloriae, wie wir noch sehen werden.

Die theodizeehafte Rechtfertigung des Bösen argumentiert immer vom Allgemeinen her: das einzelne Leiden, das einzelne Negative findet seine Rechtfertigung in der Perspektive des Gesamten, bei Hegel etwa im großen Lauf der Weltgeschichte. Damit aber ist der Gesichtspunkt des Einzelnen überholt: er wird zum Dünger der sich über ihn wälzenden Weltgeschichte. Dieses Modell wiederholt sich auch in der proleptischen Rechtfertigung des Bösen. Hier geht es um Transformation des gesellschaftlichen Ganzen. In dieser Hinsicht wird der Einzelne in seinem Leiden, in seiner Not zum Dünger des dialektischen Geschichtsprozesses der Veränderung und der zukünftigen Gesellschaft. Diese selbst aber, als Beseitigung des Negativen, sind nicht Aufgabe des Einzelnen, sondern der *Gattung*. »Die Abschaffung des Leidens, oder dessen Milderung hin bis zu einem Grad, der theoretisch nicht vorwegzunehmen, dem keine Grenze anzubefehlen ist, steht nicht bei dem Einzelnen, der das Leid empfindet, sondern allein bei der Gattung, der er dort noch zugehört, wo er subjektiv von ihr sich lossagt und objektiv in die absolute Einsamkeit des hilflosen Objekts gedrängt wird.«[153] Einmal mehr kristallisiert sich die Kategorie des Einzelnen als Grundproblem heraus. Man kann folgende Richtlinie angeben: solange das Problem des Bösen nicht radikal als das Problem des Einzelnen erfaßt wird, geschieht Rechtfertigung des Bösen, auch wenn es im Namen einer geheimnisvollen Zukunft ist. Eine solche proleptische Rechtfertigung des Bösen stellt aber erneut das Problem des Humanismus.

3.333. Humanismus und der materialistische Standpunkt des Proletariats

Die Betonung des Negativen als des Heterogenen führt Adorno zur Hervorhebung der materialistischen Ausrichtung der Dialektik[154]. Das ist im Sinne des historischen Materialismus zu verstehen, der durch Marx geprägt und als philosophische Problematik thematisiert wurde, in Auseinandersetzung mit dem Idealismus. Dieser materialistische Standpunkt akzentuiert die Dimension der Aktivität. »Den Übergang der Philosophie vom Geist zu dessen Anderem erzwingt immanent seine Bestimmung als Tätigkeit.«[155] Zwar war die Tätigkeit des Geistes auch schon im Idealismus erkannt, war dort aber vom Verständnis des absoluten Geistes her hypostasiert und vergöttlicht. Im Materialismus wird sie zur Wahrheit gebracht, indem sie vermenschlicht und sozialisiert wird. Diese Tätigkeit als menschliche Tätigkeit in gesellschaftlich-geschichtlicher Hinsicht bil-

---

[153] Ebda.
[155] AaO 201.

[154] S. Neg. Dial., 193–207.

det, wie wir bereits sahen, das Grundprinzip der kritischen Theorie im Gegensatz zur traditionellen Theorie. In dieser steht das Subjekt dem Objekt gegenüber in Distanz, es ist nicht unmittelbar im Objektiven impliziert, es kann sich immer aus der Affäre ziehen. Es beobachtet das Objekt und sieht in ihm die natürliche Notwendigkeit als Reihe von Mechanismen, Gefüge von festen Gesetzen. Das gilt auch für eine traditionelle Sicht der Geschichte.

Das kritische Denken hingegen geht von einem aktiven Eingreifen des erkennenden Subjekts aus. Deshalb bleibt es nicht im rein theoretischen Betrachten stecken, sondern nimmt das Moment der Praxis auf. Leitend ist dadurch in geschichtlicher Sicht die Idee der Selbstbestimmung des menschlichen Geschlechts, die sich in einer »bewußten Neukonstruktion der ökonomischen Verhältnisse« vollziehen soll. »Im Übergang von der gegenwärtigen zu einer künftigen Gesellschaftsform soll die Menschheit sich . . . erstmals zum bewußten Subjekt konstituieren und aktiv ihre eigenen Lebensformen bestimmen.«[156] Anstatt die traditionelle Spaltung von Subjekt und Objekt zu perpetuieren, verknüpft diese Praxis beide Aspekte: in ihr nimmt sich die Menschheit selbst in die Hände, wird selbst Objekt und Subjekt ihrer Tätigkeit.

Das bildet den materialistischen Standpunkt des Proletariats. Ihm kommt die Rolle der Selbstbestimmung der Menschheit zu, in der die blinde Notwendigkeit der natürlichen Mechanismen in eine sinnvolle Notwendigkeit verwandelt wird, die zugleich die Freiheit der menschlichen Gestaltung enthält. Diese Verbindung der Veränderungspraxis mit dem Standpunkt des Proletariats als der unterdrückten Klasse versetzt sie in die Situation des Klassenkampfes, und zwar eines verschärften Klassenkampfes. Die revolutionäre Transformation der Gesellschaft zum vernünftigen Zustand ist Kampf mit dem Bestehenden, setzt sich nur mit Gewalt durch. Im Umsturz potenziert sich das Negative noch einmal ins Maßlose, um machtvoll zu seiner Überwindung zu gelangen.

In diesem Kontext stellt sich erneut das Problem des Humanismus, und zwar als Frage nach dem Verhältnis von Mittel und Zweck im revolutionären Übergang, eine Frage, die noch einmal die Thematik der Theodizee aufnimmt. Unterstehen die Mittel der Transformation der humanistischen Forderung des Respekts menschlicher Würde oder werden sie, seien sie noch so grausam, durch das zu erreichende Ziel gerechtfertigt? Steht aber dann die zukünftige, Freiheit versprechende Gesellschaft nicht in einem zweifelhaften Licht, wenn sie nur durch Gewalt erreicht werden kann? Verfälscht der Kampf als Mittel nicht das Ziel, so daß die neue Gesellschaft das Negative, das sie beseitigen wollte, nur modifizieren kann? Oder gehören die Opfer, die Leiden, das Blutvergießen, in der Perspektive des Gesamten interpretiert, notwendig zum dialektischen Geschichtsprozeß

---

[156] *M. Horkheimer*, Krit. Theorie, II, 181.

der Befreiung? Hebt historischer Materialismus letztlich den Humanismus auf? Oder ist er gerade der eigentliche Humanismus, weil er trotz aller Inhumanitäten eine wirklich humanistische Zukunft verspricht? Doch kann er auch garantieren, daß er dieses Versprechen einlösen wird?

Diese Fragen bilden den Rahmen, in dem das Messianische im neomarxistischen Denken zu seiner zentralen Rolle kommt.

3.334. Das Messianische als eschatologische Äquivokation

Die soeben aufgeworfenen Fragen können in das Problem des Verhältnisses von Aktivität und Passivität zusammengefaßt werden. Wenn vom materialistischen Standpunkt her der Akzent auf der Tätigkeit liegt, ist die klassenlose Gesellschaft der Gegenstand der menschlichen Veränderungspraxis. Zugleich gilt aber, daß der Umsturz sich als notwendiger dialektischer Geschichtsprozeß vollzieht. In dieser Perspektive bringt die Geschichte die Vollendung der neuen Gesellschaft mit sich, während die menschliche Praxis nur dieser geheimnisvollen tiefen Tendenz der Geschichte entsprechen kann. Beides wäre je für sich genommen eine Verfälschung und Verkürzung. Man muß die zwei Aspekte vielmehr als paradoxale Einheit zusammendenken. Wir vollziehen durch Revolution den Umsturz zur freien Gesellschaft, doch wird diese nur in einem notwendigen Geschichtsprozeß Wirklichkeit. Wir können nicht selbst die klassenlose und herrschaftsfreie Gesellschaft erlangen, doch kommt diese nur durch unsere weltverändernde Praxis. Das ist die grundlegende, konstitutive Äquivokation in der marxistischen Eschatologie[157].

In gewisser Hinsicht ist dieses Problem vergleichbar mit Fragen, die sich in bezug auf scholastische Gedankengänge stellen. So etwa was die Rolle der Verdienste in der Hoffnung betrifft. Die Hoffnung kann nicht rein passive Hoffnung sein, sondern verlangt, um nicht zur praesumptio zu entarten, aktives, verdienstliches Wirken auf das Erhoffte hin, das Verwirklichung der gnadenhaft empfangenen Tugend ist. Die Hoffnung kann nur Hoffnung sein, wenn sie weder ohne gratia noch ohne merita ist. Damit ist eine weitere Ähnlichkeit verbunden in Hinsicht auf das Böse und seine Überwindung. Beide Denkmodelle tendieren auf eine Abschaffung *realiter* des Bösen. Während sie in der Scholastik ihren Ort in der natürlichen Ausstattung des Menschen hat, in der die carentia der Sünde überwunden werden muß, vollzieht sie sich in marxistischer Perspektive in der Veränderung der Verhältnisse. Das impliziert in beiden Systemen eine Ausrichtung auf die aktive Überwindung. In der Scholastik wird zwar die dispositionelle carentia gnadenhaft weggenommen, die peccata actualia

---

[157] Vgl. dazu auch schon im ersten Teil 1.22. und 1.245., und parallel dazu für die politische Theologie 1.241.–1.244. Zur Äquivokation, s. auch *P.-A. Stucki,* Critique de l'athéisme, Genf, 1980, vor allem 24 ff.

jedoch als deren Verwirklichung müssen in den Werken der Liebe bekämpft werden, in denen die eingegossene Tugend in actu Wirklichkeit wird. Auf der marxistischen Linie gilt parallel: das Böse findet seine Überwindung in der Perspektive der Zukunft, die erst in der revolutionären weltverändernden Praxis Gestalt annimmt. In diesen Ähnlichkeiten kommen für beide Traditionen Aspekte der theologia gloriae zum Ausdruck. Freilich sollen mit diesem kühnen Vergleich nicht alle Unterschiede verneint werden. Der wichtigste ist wohl folgender: während die scholastische Äquivokation im Verhältnis von Gnadeneingießung und natürlicher Ausstattung gründet, ist die marxistische eschatologisch ausgerichtet, im Verhältnis von geschichtlicher Tätigkeit und eschatologischer Zukunftshoffnung begründet. Während das scholastische Problem mit dem aristotelischen habitus-actus-Schema gelöst wird, ist die eschatologische Äquivokation durch das Messianische gedeckt. Dieser letzte Aspekt soll nun zum Thema werden, indem wir die Struktur des Messianischen, vor allem bei Benjamin, beobachten.

Das Messianische spielt bei Benjamin eine zentrale Rolle. Er kann sogar öfters vom Messias selbst sprechen. Das Messianische ist jedoch nicht einzig auf diese Gestalt bezogen. Die Bedeutungen dieses Begriffes sind mehrdeutig und merkwürdig schillernd, was ihn gerade fruchtbar macht für die eschatologische Äquivokation. Klees Bild *Angelus Novus* kommentierend, spricht Benjamin von einem Sturm, der vom Paradiese her weht. Der Angelus Novus, als »Engel der Geschichte« interpretiert, betrachtet die Trümmer der Vergangenheit. Doch der Sturm hat sich in den Flügeln des Engels verfangen. »Dieser Sturm treibt ihn unaufhaltsam in die Zukunft, der er den Rücken kehrt, während der Trümmerhaufen vor ihm zum Himmel wächst. Das, was wir den Fortschritt nennen, ist dieser Sturm.«[158] In diesem Sinne ist das Messianische zunächst die treibende Kraft in der Geschichte, die unaufhaltsam in die Zukunft treibt.

Mit diesem Aspekt verbindet sich jedoch ein anderer, der wichtig ist. Im Treiben von der Vergangenheit in die Zukunft »besteht eine geheime Verabredung zwischen den gewesenen Geschlechtern und unserem«. In dieser Verabredung liegt ein Anspruch der Vergangenheit an uns, der nicht billig abzufertigen ist. »Uns ist wie jedem Geschlecht, das vor uns war, eine *schwache* messianische Kraft mitgegeben, an welche die Vergangenheit Anspruch hat.«[159] Hier wird das Messianische als – zwar schwache – Kraft zum Auftrag verstanden, der uns von der Vergangenheit aufgegeben ist, zum Auftrag des Kampfes für die unterdrückte Vergangenheit als eines Kampfes auf die Zukunft hin.

Dieser messianische Anspruch hat zur Folge, daß unsere Gegenwart als »Jetztzeit« konstituiert wird. Dieser Kategorie kommt eine zentrale Bedeu-

---

[158] Geschichtsphilosophische Thesen, aaO (s. o. Anm. 121) 85 (These 9).
[159] AaO 79 (These 2).

tung zu. Die Geschichte ist nicht homogene und leere Zeit. In der Jetztzeit als der Verbindung der unterdrückten Vergangenheit mit der Gegenwart wird »in einer ungeheuren Abbreviatur die Geschichte der ganzen Menschheit zusammengefaßt«[160]. In dieser Konzentration ist die Jetztzeit Modell der messianischen Zeit. Die Jetztzeit, »in welcher Splitter der messianischen eingesprengt sind«[161], ist die Zeit, in der eine revolutionäre Chance liegt, die es wahrzunehmen gilt. Darin kommt das Geschichts- und Zeitbewußtsein der revolutionären Klassen zum Ausdruck, »das Bewußtsein, das Kontinuum der Geschichte aufzusprengen«[162], das sie im Augenblick ihrer Aktion prägt. Das zeigen die Beispiele der revolutionären Kalender und der Revolutionäre, die auf die Turmuhren schossen, um den Tag der Revolution anzuhalten. Jetztzeit, als Modell messianischer Zeit, ist »Revolutionszeit«.

Zugleich aber wird das Messianische als Einschränkung des menschlichen Handelns und Glückssuchens geltend gemacht. Für den Juden, dem nicht das Nachforschen der Zukunft, sondern nur das Eingedenken erlaubt war, war »jede Sekunde die kleine Pforte, durch die der Messias treten konnte«[163]. Von dieser Gestalt heißt es aber im *Theologisch-politischen Fragment:* »Erst der Messias selbst vollendet alles historische Geschehen, und zwar in dem Sinne, daß er dessen Beziehung auf das Messianische selbst erst erlöst, vollendet, schafft.«[164] Deshalb kann sich das Historische nicht aus sich selbst auf das Messianische beziehen wollen. Vielmehr gilt, daß die profane Ordnung, die sich an der Idee des Glücks orientiert, sich gerade von der Richtung der messianischen Intensität fortbewegt, weil sie im Glück ihren Untergang findet. Doch eben darin vollzieht sich, in der »Ewigkeit eines Untergangs«, eine weltliche restitutio in integrum, die »der geistlichen restitutio in integrum, welche in die Unsterblichkeit einführt, entspricht«. Deshalb kommt es in dieser »mystischen Geschichtsauffassung« zu einem geheimnisvollen Einklang zwischen dem ewig untergehenden Glück und der messianischen Intensität, die »durch Unglück, im Sinne des Leidens, hindurchgeht«. So gilt letztlich: ». . . wie eine Kraft durch ihren Weg eine andere auf entgegengesetzt gerichtetem Wege zu befördern vermag, so auch die profane Ordnung des Profanen das Kommen des messianischen Reiches. Das Profane also ist zwar keine Kategorie des Reichs, aber eine Kategorie, und zwar der zutreffendsten eine, seines leisesten Nahens.«

Daraus wird ersichtlich, wie die eschatologische Äquivokation zwischen revolutionärer Tätigkeit und notwendigem Geschichtsprozeß als Spannung des Messianischen charakterisiert und artikuliert wird, in der den

---

[160] AaO 93 (These 18).   [161] AaO 94 (These 18 A).
[162] AaO 90 (These 15).   [163] AaO 94 (These 18 B).
[164] Theologisch-politisches Fragment, aaO (s. o. Anm. 121) 95. Alle folgenden Zitate stammen aus diesem Fragment und stehen auf S. 95 f.

Menschen der messianische Auftrag der Revolution in der Jetztzeit aufgegeben wird und zugleich die Vollendung allen historischen Geschehens
dem Messias selbst vorenthalten bleibt. »Das heißt aber nicht, daß sie (sc.
die Revolution) auf den Messias warten muß. Dieser ist nur im Willen und
Tun derer, die am Bestehenden leiden, der Unterdrückten, für Benjamin:
im Klassenkampf.«[165] Eine ähnliche messianische Spannung gilt auch für
Horkheimer beim »Übergang der religiösen Sehnsucht in die bewußte
gesellschaftliche Praxis«. Darin bleibt »ein Schein bestehen, der sich zwar
widerlegen, jedoch nicht ganz verscheuchen läßt. Es ist das Bild vollendeter Gerechtigkeit. Diese kann in der Geschichte niemals ganz verwirklicht
werden . . .«[166] Dadurch gewährt das Messianische zugleich die prinzipielle Rechtfertigung der gesellschaftlich verändernden Praxis und die
prinzipielle Offenheit der Geschichte, die das Ziel der Praxis als unerreicht
und unerreichbar erklärt. In Hinsicht auf das uns beschäftigende Verhältnis
zwischen dem Negativen und dem Messianischen kann man sagen: als
eschatologische Äquivokation liefert das Messianische die Rechtfertigung
des Negativen; es drückt die proleptische Rechtfertigung des Bösen als
theologisch-religiöse Dimension aus. In diesem Sinne wird man wohl den
Dienst der Theologie am historischen Materialismus in der türkischen
Puppe verstehen müssen: der historische Materialismus kann es mit jedem
aufnehmen, solange er der buckligen Theologie das Messianische als
Deckung für die eschatologische Äquivokation entnehmen kann.

3.335. Das Messianische als Ontologie des Noch-nicht

Die gesellschaftlich verändernde Praxis steht im Zeichen des Messianischen als einer großen Tendenz, einer überwältigenden Bewegung, die die
gesamte Wirklichkeit durchdringt und mit sich in die Zukunft zieht.
Deshalb gilt es, die Welt, die Gesamtheit der Erscheinungen der Wirklichkeit auf diese Bewegung hin zu interpretieren, Perspektiven herzustellen,
in denen sich die Welt offenbart, »wie sie einmal als bedürftig und entstellt
im Messianischen Lichte daliegen wird«[167]. Diese Durchdringung der Welt
durch das Messianische klingt auch an im Bild des Angelus Novus: der
Sturm vom Paradiese her verfängt sich in den Flügeln des Engels, treibt ihn
unaufhaltsam in die Zukunft. Als eine ähnliche tragende Grundkraft

---

[165] *H. Marcuse,* in seinem Nachwort (s. o. Anm. 121), aaO 105.

[166] Krit. Theorie, I, 374.

[167] *Th. W. Adorno,* Minima Moralia, 1962, 333 f (zitiert nach: *J. Moltmann,* Theol. der
Hoff., 268): »Perspektiven müssen hergestellt werden, in denen die Welt ähnlich sich versetzt
verfremdet, ihre Risse und Schründe offenbart, wie sie einmal als bedürftig und entstellt im
Messianischen Lichte daliegen wird. Ohne Willkür und Gewalt, ganz aus der Fühlung mit den
Gegenständen heraus solche Perspektiven zu gewinnen, darauf allein kommt es dem Denken
an.«

erweist sich bei Horkheimer »die Sehnsucht nach dem ganz Anderen«[168], die alles menschliche Handeln bestimmt und eschatologisch ausrichtet.

Diese Aufgabe, das Messianische in der Breite und Fülle der gesamten Wirklichkeit als fundamentale Dimension aufzuweisen, wird bei E. Bloch systematisch in Angriff genommen. Das zeigt sich am klarsten in der eindrücklichen[169], mehr als 1600 Seiten umfassenden Freske, die er in seinem Werk *Das Prinzip Hoffnung*[170] unternimmt. Hier werden die vielfältigen Aspekte der Wirklichkeit durchgegangen und jeweils auf das Eschatologische, die Hoffnung in ihnen hin befragt. Daraus ergibt sich ein »Prinzip Hoffnung«, das in allem waltet und alles auf die Zukunft hin öffnet. Das führt dazu, daß sich das Messianische in seiner Allgegenwart als die fundamentale ontologische Dimension erweist. Blochs Philosophie konstituiert sich deshalb als Ontologie. In ihrer Ausrichtung auf die eschatologische Öffnung ist sie eine Ontologie des Noch-nicht, die in radikalem Gegensatz zur traditionellen Substanzontologie steht. In dieser konnte die eschatologische Dimension nie zum Zuge kommen. Das heißt aber, daß die Dinge nie richtig erfaßt wurden, denn sie geraten erst dann ins richtige Licht, wenn sie in ihrer Tendenz auf das Novum hin verstanden werden. Dieses Novum, als Ultimum, ist zugleich das große Totum. Im Noch-nicht liegt das Versprechen der Erfüllung in Totalität.

Auch hier verbindet sich in aller Deutlichkeit mit dem Messianismus das marxistische Moment. Das zeigt sich nicht nur in einzelnen Kapiteln, in denen die marxistische Lehre entfaltet und besprochen wird, sondern auch und vor allem daran, daß das Endziel, die Erfüllung in Totalität nebst religiösen Vorstellungen mit marxistischen eschatologischen Motiven umschrieben wird. Diese marxistische Ausrichtung offenbart sich auch im Aufbau daran, daß das Buch, nachdem es im dritten Band die ethischen Leitbilder, die Musik, den Tod und schließlich die Religion behandelt hat, nicht mit dem Kapitel über das höchste Gut schließt, wie man eigentlich erwarten könnte, sondern diesem gleich noch ein Kapitel folgen läßt über »Karl Marx und die Menschlichkeit; Stoff der Hoffnung«[171]. Somit fallen in der Ontologie des Noch-nicht die marxistische Revolution und der messianische Prozeß in eins.

Diese Ontologie des Noch-nicht stellt die systematische Durchführung einer Philosophie dar, die die Augen auf die Dinge richtet, wie sie

---

[168] Die Dimension der Sehnsucht nach dem ganz Anderen spielt eine wichtige Rolle in Horkheimers Arbeiten, und diese Formulierung wurde dann auch zum Titel eines berühmten Interviews (s. o. Anm. 137). Vgl. dazu u. 3.341.

[169] Dieses positive Urteil über die Gesamtanlage des Werkes schließt nicht aus, daß wohl vieles in der konkreten Ausführung, in der Aufnahme und Interpretation von einzelnen Erscheinungen zu bemängeln wäre.

[170] *E. Bloch,* Das Prinzip Hoffnung, stw 3 (3 Bde.), (1959) 1974 (text- und seitenidentisch mit der Ausgabe im Bd. 5 der Gesamtausgabe in 16 Bden., 1959).

[171] Vgl. aaO 1602–1628.

zukünftig sein werden, auf ihr Harren. In seinem Versuch, die Thematik der Hoffnung unter dem Einfluß Blochs theologisch zu behandeln, greift Moltmann Luthers Bemerkung in der Römerbriefvorlesung zu Rm 8,19 auf, daß Paulus ganz anders philosophiere als die (scholastischen) philosophi et metaphysici[172]. Während diese Philosophen, auf die Gegenwart der Dinge ausgerichtet, nur ihre quidditates und qualitates sehen, wendet der Apostel »unsere Augen von der Anschauung der Dinge in ihrer Gegenwart ab, von ihrem Wesen und ihren Akzidentien, und richtet sie auf sie nach dem, was sie als zukünftige sind«. Mit dem neuen und erstaunlichen theologischen Begriff des Harrens der Kreatur, der »expectatio creaturae«, verläßt Paulus alle traditionellen Kategorien und konzentriert sich auf das, worauf die Kreatur harrt. Moltmann bezeichnet diese Gedanken als »blitzende Erleuchtung« Luthers, »die jedoch weder von ihm selber noch von der protestantischen Philosophie realisiert wurde«[173].

Bildet nun Blochs Ontologie des Noch-nicht oder Moltmanns »Theologie des Noch-nicht« diese Realisation? Die Beantwortung dieser Frage verlangt kritische Reflexionen. Wie wir oben sehen konnten, hat Luther die eschatologische Thematik wahrgenommen, und zwar gerade in Auseinandersetzung mit der Scholastik und ihren substanzontologischen Kategorien. Diese lutherische Eschatologie steht aber, gerade von Rm 8 her, in der Disziplin einer Hoffnung, die hofft, was sie nicht sieht (Rm 8,25), und deshalb eine Hoffnung ist, die gegen alle Hoffnung hofft (Rm 4,18), die reinste Hoffnung auf den reinsten Gott ist. Erst in dieser Disziplin wird die »expectatio creaturae« richtig erfaßt. Demgegenüber ist das Prinzip Hoffnung in der Ontologie des Noch-nicht messianische Tendenz der Welt, und das vermag auch Moltmanns Theologie nicht radikal zu verändern, für die die Welt Korrelat der Hoffnung ist. Dadurch droht aber die Gefahr, daß die Substanzontologie im Grunde genommen nur eschatologisiert wird und ihre Kategorien nur modifiziert erhalten bleiben. Radikales Kriterium christlicher Eschatologie ist die spes purissima in purissimum deum. Das stellt dem Messianismus gegenüber die Gottesfrage.

3.34. *Der Messianismus und die Gottesfrage*

Der Messianismus ist durch ein Ineinander von Theologischem und Politischem gekennzeichnet. Wir haben bereits in unserem ersten Teil

---

[172] WA 56; 371,2–10: Aliter Apostolus de rebus philosophatur et sapit quam philosophi et metaphysici. Quia philosophi oculum ita in presentiam rerum immergunt, vt solum quidditates et qualitates earum speculentur, Apostolus autem oculos nostros reuocat ab intuitu rerum praesentium, ab essentia et accidentibus earum, et dirigit in eas, secundum quod futurae sunt. Non enim dicit ›Essentia‹ Vel ›operatio‹ creaturae seu ›actio‹ et ›passio‹ et ›motus‹, Sed nouo et miro vocabulo et theologico dicit ›Expectatio Creaturae‹, Vt eoipso, cum animus audit Creaturam expectare, non ipsam creaturam amplius, Sed quid creatura expectet, intendat et quaerat. Vgl. dazu J. *Moltmann,* Theol. der Hoff., 30.

[173] AaO.

darauf hingewiesen, daß sich vom christlichen Glauben her die Aufgabe einer Unterscheidung zwischen dem Theologischen und dem Politischen stellt[174]. Damit wird nicht ein Nebeneinander oder gar eine Trennung intendiert, sondern der Versuch einer sachgemäßen Artikulation unternommen, die jedem im Verhältnis zueinander sein Recht zukommen läßt. Die Perspektive der Unterscheidung erfordert eine kritische Betrachtung des messianischen Ineinanders. Was wird mit dem Ineinander intendiert? Um mit Benjamin zu sprechen: wird in ihm das Theologische klein und häßlich? Als Gottesfrage formuliert: was geschieht im Messianismus mit Gott?

3.341. Die Sehnsucht nach dem ganz Anderen

Adornos Forderung, das Objekt rein und unmittelbar zu erfassen, führt ihn zur Ablehnung eines abbildenden Denkens. Die Bilder erstellen einen Wall vor der Realität. Deshalb müsse der Materialismus bilderlos sein. »Solche Bilderlosigkeit konvergiert mit dem theologischen Bilderverbot.«[175] Wie man sich in theologischer Hinsicht keine Bilder von Gott machen darf, so gilt auch säkularisiert für den Materialismus – »das ist der Gehalt seiner Negativität«, erklärt Adorno –, daß die Utopie nicht positiv ausgemalt werden darf. So trifft sich der Materialismus dort mit der Theologie, »wo er am materialistischsten ist«: »Seine Sehnsucht«, dem Idealismus fremd, der theologischen Eschatologie aber wohl bekannt, »wäre die Auferstehung des Fleisches«. Der Materialismus verlangt Negativität, auch in der Konvergenz mit der Theologie. Deshalb spielt hier – gewissermaßen im Sinne einer negativen Theologie – das Bilderverbot die zentrale Rolle.

Ähnlich ist auch bei Horkheimer der Ausgangspunkt. »Die kritische Theorie enthält zumindest einen Gedanken ans Theologische, ans Andere.«[176] Hier zeigt sich bereits, daß das Theologische negativ bestimmt wird: als »das Andere« – Horkheimer kann auch sagen: »das ganz Andere«. Dieser negative Aspekt wird mit dem Standpunkt des frommen Juden erklärt, für den Gott, im Zeichen des zweiten Gebotes, des Bilderverbotes, der Unnennbare, das Nicht-Darstellbare ist. Es hebt deshalb den Zusammenhang der kritischen Theorie mit dem Judentum hervor, wenn für sie als »ein entscheidender Grundsatz« gilt, »daß wir über Gott eben nichts aussagen können«[177]. Auch hier wird dieser Grundsatz in der Perspektive

---

[174] S. o. 1.13. und 1.243.

[175] *Th. W. Adorno,* Neg. Dial., 107. Alle folgenden Zitate stehen auf dieser Seite.

[176] *M. Horkheimer,* Die Sehnsucht nach dem ganz Anderen (s.o. Anm. 137), 76. Dieser Hinweis auf das Theologische wird polemisch gegen den Positivismus akzentuiert (s. aaO 60 f), der keine transzendente Instanz kennt und von dem her deshalb keine Moral und keine moralische Politik möglich sind.

[177] AaO 57.

einer negativen Theologie interpretiert: wir können das Absolute nicht darstellen, wir können nur so von Gott reden, daß wir – sozusagen via negationis – von der Welt, in der wir leben, sagen, sie sei eine relative[178]. Aus diesem Grund können wir die Existenz Gottes nicht beweisen. »Das Bewußtsein unserer Verlassenheit, unserer Endlichkeit ist kein Beweis für die Existenz Gottes, sondern es kann nur die *Hoffnung* hervorbringen, daß es ein positives Absolutes gibt.«[179] Deshalb auch können wir uns nicht auf Gott berufen, sondern nur »handeln mit dem inneren Gefühl, daß es einen Gott gibt«[180]. Dies setzt den entscheidenden Akzent auf das Handeln, das Tun des Menschen, weil dadurch »hinter allem echten menschlichen Tun die Theologie steht«[181]. Dieses echte Tun steht im Zeichen einer Solidarität, die alle Menschen in ihren Leiden, in ihrem Sterben, in ihrer Endlichkeit verbindet und die letztlich als das Interesse zum Ausdruck kommt, eine Welt zu schaffen, in der alle Menschen freier werden.

Dieses Handeln ist durch die Sehnsucht nach dem ganz Anderen geleitet. Damit kommen wir zur Grundkategorie, die das eigentliche Wesen der Religion und der Theologie, wie es sich der kritischen Interpretation kundgibt, zur Sprache bringt. Auch hier können wir eigentümlich schillernde Bedeutungsnuancen wahrnehmen. Die Sehnsucht gilt zunächst Gott als dem ganz Anderen. Gott ist nicht darstellbar, »dieses Nicht-Darstellbare« aber ist »der Gegenstand unserer Sehnsucht«[182]. Eine solche Sehnsucht nach dem Absoluten verknüpft sich mit der Sehnsucht danach, daß das irdische Dasein mit seinen Leiden und seinem Tod nicht absolut, nicht das Letzte sei. Dadurch nimmt sie ethisch-gesellschaftlichen Gehalt an, der auf das ganz Andere als auf eine neue Welt hinweist, in der das Unrecht, das *diese* Welt kennzeichnet, aufgehoben wird. So wird Theologie zum »Ausdruck einer Sehnsucht, einer Sehnsucht danach, daß der Mörder nicht über das unschuldige Opfer triumphieren möge«[183]. Die Religion ist Ausdruck der »Sehnsucht nach vollendeter Gerechtigkeit«, die nie in säkularer Geschichte verwirklicht werden kann[184].

Wenn wir diese verschiedenen Aspekte unter einer einzigen Sehnsucht zusammenfassen, und das betont ja Horkheimer gerade, daß es ein und dieselbe Sehnsucht sei, so ergibt sich für das Gottesverständnis eine paradoxale Situation. Die Bestimmung des ganz Anderen war darauf aus, Gottes Transzendenz hervorzuheben. Doch dadurch, daß sie sich ethisch-politisch mit dem Motiv der vollendeten Gerechtigkeit verknüpft, in der der Mör-

---

[178] Vgl. ebda.

[179] AaO 56. Diese Hoffnung kann *Horkheimer* auch negativ formulieren, als die »Furcht, daß es diesen Gott nicht gebe« (aaO 76).

[180] AaO 72.

[181] AaO 60. Das hängt für Horkheimer auch wieder mit dem Judentum zusammen, für das es nicht so sehr darauf ankommt, wie Gott ist, sondern wie der Mensch ist. Das führe zu einer Hervorhebung des Handelns, in der das Judentum dem Katholizismus viel näher als dem Protestantismus stehe, der auf den Glauben ausgerichtet sei (s. aaO 58 f).

[182] AaO 77.   [183] AaO 62.   [184] AaO 69.

der nicht über sein Opfer triumphiert, in der das Unrecht sein Ende findet, wird das göttliche ganz Andere in diese neue Ordnung und ihre Gerechtigkeit investiert. Die Transzendenz wird zwar dadurch »gewahrt«, daß sie zur Transzendenz der ganz anderen, in säkularer Geschichte nicht zu erreichenden Welt wird. Dennoch gilt es gerade, die Schaffung dieser Welt möglichst in Angriff zu nehmen, in der Solidarität mit allen leidenden Menschen.

Diese Einbeziehung Gottes vollzieht letztlich eine Internalisierung Gottes, die seine Transzendenz in die ambivalente Transzendenz einer unerreichbaren, aber zu schaffenden Welt umgestaltet. Das jüdisch-kritische Prinzip, daß man von Gott nichts aussagen kann, führt dazu, daß sich die absolute Bestimmung des ganz Anderen auf eine Sehnsucht überträgt, die wieder ein Bild Gottes erlaubt, sein Spiegelbild in der vollendeten Gerechtigkeit. Die Determination Gottes als des ganz Anderen vermag es nicht, seine Externität radikal wahrzunehmen. Es wird deshalb zu fragen sein, ob sich diese Determination nicht, wie das etwa bei Bultmann geschieht, mit einer zweiten Determination zu einer dialektischen Bestimmung verbinden muß, wenn die Externität Gottes wirklich zur Geltung kommen soll. Anders gesagt: wenn es in der eschatologischen Situation um die »Existenz zwischen Gott und Gott« geht[185], ist zu fragen, ob bei Horkheimer Gott nicht »einseitig« ist und eben deshalb nicht das absolute Forum der menschlichen Existenz bedeutet, sondern bloß das Objekt der menschlichen Sehnsucht. Darauf kommen wir später zurück. Es soll jetzt das Problem des Gottesverständnisses, das sich hier undeutlich ankündigt, noch genauer erläutert werden, und zwar mit Blochs Bemerkungen zur Gottesfrage.

3.342. Das Erbe der Religion: Hoffnung in Totalität

Bei Horkheimer wurde die Sehnsucht nach dem ganz Anderen als Grundgegebenheit in Religion und Theologie wahrgenommen. Indem sich die kritische Theorie ganz auf diese Dimension konzentriert, wird sie zur Erbin von Religion und Theologie. Sie bringt sie zu ihrer Wahrheit, indem sie sie in ihrem wesenhaften Zug erfaßt. Das wird bei Bloch programmatisch ausgeführt: alle Reflexionen über die Religion stehen in der Perspektive der Beerbung der Religion, stellen »Religion im Erbe«[186] dar und sind in diesem Sinne »Meta-Religion«.

---

[185] Zu *Bultmann* vgl. seinen Aufsatz: Welchen Sinn hat es, von Gott zu reden?, in: Glauben und Verstehen. Gesammelte Aufsätze, Bd. I, (1933) 1966⁶, 26–37. Bultmann denkt zusammen die Bestimmungen Gottes als des ganz Anderen und als der Alles bestimmenden Wirklichkeit. Zur Formel »Existenz zwischen Gott und Gott«, vgl. *G. Ebeling*, WG II, 257–286.

[186] So der Titel einer Auswahl von Blochs wichtigsten Texten zur Religion: *E. Bloch*, Religion im Erbe. Eine Auswahl aus seinen religionsphilosophischen Schriften, hg. von *J. Moltmann*, Siebenstern Taschenbuch 103, 1970². Wir beziehen uns auf die Bemerkungen zur

Was ist mit dieser Beerbung intendiert? Die Situation ist seltsam: auch wenn die Religion auf dem Sterbebett liegen sollte, wie man in moderner Zeit annimmt, ist sie doch noch nicht gestorben, und schon sehnen sich die ungeduldigen Erben nach ihrem Erbe. Warum brauchen sie so unbedingt diese Erbschaft? Gemäß unserer Interpretation des Messianismus können wir sagen: im Erbe der Religion geht es um die messianische Deckung für die eschatologische Äquivokation. In der Sehnsucht nach dem ganz Anderen wird Gott in die vollendete Gerechtigkeit der neuen Welt investiert. Bei Bloch kommt dieses »messianische Erbsubstrat«[187] noch viel klarer und viel konsequenter zur Sprache.

In Judentum und Christentum ist das eigentliche Wesen der Religion zum Vorschein gekommen, denn in ihnen wurde klar, daß die Religion »nicht statischer, darin apologetischer Mythos« ist, sondern »human-eschatologischer, darin sprengend gesetzter Messianismus«. Daraus folgert Bloch unmittelbar »das in Religion einzig bedeutbare Erbsubstrat: Hoffnung in Totalität zu sein, und zwar sprengende«[188]. Am Anfang dieser Hoffnung in Totalität steht nach Bloch in jüdischer Hinsicht der Auszug aus Ägypten. Diese Ausgangssituation legt von vornherein den Akzent auf den Exodus als Weg ins Freie. Die Befreiung aus dem Leid ist Empörung, Rebellion[189]. Daraus folgen subversive Züge, die auf einen Gott ausgerichtet sind, der ganz und gar Exodusgott ist, und die sich nicht davor scheuen, sich sogar mit ihm zu messen. Diese Züge wurden in der späteren jüdischen Tradition im Zeichen der Vergesetzlichung und der Schöpfungstheologie schnell wieder unterdrückt, gerade im Namen Jahwes wieder unterdrückt. Die Dimension der Rebellion muß nun in der Beerbung wieder von dieser Unterdrückung befreit werden. Das geschieht in der Hoffnung in Totalität: sie ist Bewegung auf das Novum, auf das eschatologische Totum hin. Deshalb kann Bloch das Erbe der Religion auch als die Bewegung des Transzendierens beschreiben: »das menschliche Sichselbstüberschreiten«, »das Transzendieren im Bund mit der dialektisch transzendierenden Tendenz der von Menschen gemachten Geschichte«, das deshalb »das Transzendieren ohne alle himmlische Transzendenz« ist[190]. Diesem Transzendieren wird das utopische Totum, auf das es greift, das ihm zuvor das ganz Andere war, zum ersehnt Eigentlichen. In diesem Sturm auf das Totum geschieht »menschförmige Verwandlung« als »Reichsbildung«[191].

Religion im Buch *Das Prinzip Hoffnung,* aaO (s. o. Anm. 170) 1392–1550 (Kap. 53: Wachsender Menscheinsatz ins religiöse Geheimnis, in Astralmythos, Exodus, Reich; Atheismus und die Utopie des Reichs).

[187] Das Prinzip Hoffnung, aaO 1414.
[188] AaO 1404. S. auch 1409 und öfters.
[189] Zu dieser Interpretation des Auszugs aus Ägypten, s. aaO 1450 ff, vor allem 1453.
[190] AaO 1521 f.
[191] Vgl. aaO 1417.

In diesen Formulierungen zeigt sich deutlich die messianische Auslegung der gesellschaftlich verändernden Praxis, der Revolution in marxistischer Perspektive. Sie wird als Sichselbstüberschreiten, als menschliches Transzendieren auf das eschatologische Totum ausgerichtet. Welche Konsequenzen das für das Gottesverständnis hat, wird in der Idee des Reiches ersichtlich.

3.343. Reich Gottes ohne Gott

Messianisch ist die Revolution Reichsbildung. Damit wird »der religiöse Kernbegriff«[192] aufgenommen, die Vorstellung, die das Hauptstück der Erbschaft der Religion darstellt. Indem das Reich messianisch-marxistisch verarbeitet wird, kommt die Religion zu ihrer Wahrheit. Für diese Verarbeitung muß das religiöse Reich Gottes befreit werden, es muß von – Gott befreit werden. Das Transzendieren braucht keine andere Transzendenz als die, die es selbst vollendet: diese Vollendung geschieht im Zeichen der Hoffnung in Totalität als »ein messianisches Reich Gottes – ohne Gott«[193]. Die Reichsintention impliziert die Eliminierung Gottes, weil sie, messianisch verstanden, die Gottesvorstellung erst richtig erfaßt. Gott erscheint ihr als eine Hypostase, in der das Fürsichsein, das im Transzendieren als letztes Ziel intendiert wird, vorweggenommen ist[194]. Für Bloch involviert deshalb die religiöse Reichsintention Atheismus, endlich begriffenen Atheismus: als Hypostase erübrigt sich Gott, denn das Hypostasierte wird als Verwirklichung des Menschen messianisch in der Reichsintention wahrgenommen.

Diese Religionskritik Blochs steht in der Tradition der marxistischen und vor allem Feuerbachschen Religionskritik. Zugleich aber setzt er sich kritisch von ihr ab. Weil sie zu wenig die eschatologische Dimension wahrgenommen hat, hat sie durch Reduktion die transzendenten Schätze in die Immanenz zurückgenommen. Bloch will aber gerade darauf achten, was nach der Eliminierung Gottes in der Transzendenz bleibt. Es bleibt zunächst offener Raum, der zugleich End-Raum ist, in dem das Reich gestaltet werden kann. Die Eliminierung Gottes stellt erst recht »das Problem des Orts, in das Götter hinein und hinüber imaginiert worden sind«[195]. Dieser offene Raum offenbart sich als Hohlraum, der dauerhafter ist als die religiösen Hypostasen, als Exterritorialität, die beim Einstürzen der Hypostasen nicht gleich mit einstürzt. In diesem Hohlraum als dem eigentlichen Reich im Reich der Freiheit liegen latent das Nichts und das

---

[192] AaO 1411.
[193] AaO 1413.
[194] Vgl. aaO 1522 (im Anschluß an das Zitat bei Anm. 190): ». . . ohne alle himmlische Transzendenz, doch mit Verständnis ihrer: als einer hypostasierten Vorwegnahme des Fürsichseins.«
[195] AaO 1529.

Alles, und »es ist die menschliche Arbeit in der Geschichte, welche die Schale des Nichts oder aber des Alles gewichtig beeinflußt«[196]. Sie entscheidet, weil ihr der Hohlraum geöffnet wird, in dem das Reich der Freiheit zur Vollendung kommen kann. Darin liegen die utopischen Probleme aus der religiösen Erbschaft: in der Leere des Hohlraumes liegt das ganz Andere, das in der messianischen Vollendung zum ersehnten Eigentlichen werden kann, die Verwirklichung des Menschen, in der er eine Heimat findet, in der alle Gegensätze versöhnt, alle Entfremdungen aufgehoben werden. Für die Beschreibung dieses Endzustandes kann nur auf mystische Vorstellungen zurückgegriffen werden[197]: er ist Nu, Nunc aeternum, mystische unio als revolutionäres Einheitsgefühl der Auserwählten, in der Ich und Nicht-Ich, Subjekt und Objekt vereint sind. Er ist schlechthin das Wunderbare[198] und letztlich Erfüllung des höchsten Gutes, in dem »sich der Kern der Menschen als identisch mit dem Kern der Erde bekundet«[199]. In dieser Erfüllung des Reiches sehen sich Mensch und Natur ins endlich aufgedeckte Angesicht. In ihr geschieht, marxistisch verstanden, »Naturalisierung des Menschen und Humanisierung der Natur«.

Als eine solche Erfüllung ist der Endzustand Vollendung, durch den Menschen selbst vollzogene Vollendung des Menschen, wie er jetzt noch verborgen, unbekannt, nur verheißen ist.

3.344. Homo absconditus: Messianismus und Atheismus

Im atheistischen Begreifen Gottes wird dieser als »utopisch hypostasiertes Ideal des unbekannten Menschen«[200], »des in seiner Wirklichkeit noch ungewordenen Menschenwesens«[201] erkannt. Es muß sich deshalb alles auf diesen homo absconditus konzentrieren. Das gilt vor allem in der Eliminierung Gottes: es muß im Hohlraum, der übrigbleibt, der homo absconditus als Ziel intendiert werden. Deshalb muß die Humanisierung der Religion betrieben werden. Dadurch verliert nicht etwa die Religion die Spannung ihrer Schauer, sondern umgekehrt: »das Humanum gewinnt nun das Mysterium eines Göttlichen, eines Vergottbaren hinzu und gewinnt es als Zukunftsbildung des Reichs . . .«[202] In diesem Sinne wird man wohl den lapidaren Satz verstehen müssen: »Nur am Deus absconditus ist das Problem gehalten, was es mit dem legitimen Mysterium Homo absconditus auf sich habe.«[203] Nur wenn das Humanum als Mysterium des Göttlichen erfaßt wird, ist es richtig verstanden. Das Problem des Deus abscon-

---

[196] AaO 1532.   [197] Vgl. dazu aaO 1534–1540.

[199] AaO 1550. Dieser Passus über das höchste Gut (und die Chiffern der Natur) stellt den Übergang zum folgenden Kapitel her (»Der letzte Wunschinhalt und das höchste Gut«).
[200] So die Überschrift 1515.
[201] AaO 1523.   [202] AaO 1409.   [203] AaO 1406.

ditus ist letztlich das Problem des homo absconditus in eschatologischer Hinsicht, in der Perspektive des Hohlraums[204], in dem die Selbstverwirklichung des Menschen zur Entscheidung steht. Deshalb geht es im ganzen um ein messianisches regnum humanum, für dessen Durchsetzung »tiefster Humanum-Einsatz« in Gott und in den Himmel erforderlich ist[205].

Aus diesem messianischen regnum humanum zieht Bloch den konsequenten Schluß: »ohne Atheismus hat Messianismus keinen Platz«[206]. Diesen atheistischen Messianismus verknüpft Bloch mit biblischen, vor allem neutestamentlich-christlichen Motiven[207]. Schon bei Hiob radikalisiere sich der Exodus zu einem Exodus aus Jahwe. In Christus aber werde der Messiasgedanke erst recht als Abfall von Jahwe interpretiert. Er realisiert das utopische Modell des eschatologischen Rebellen, der gegen alle Entfremdungen und Unterdrückungen die eschatologische Brüderlichkeit als Menschenmögliches realisiert, als Reich. Diese Realisierung bewirkt »Vollendung des Exodusgottes zu dem des Reichs, zur Auflösung Jahwes in diese Herrlichkeit«[208]. Das bildet den Selbsteinsatz Christi in Jahwe, der ihn zum »Usurpator Jahwes« werden ließ. Dadurch wird aber der Messianismus als aus Jahwe ausziehend bestätigt und erneut begründet.

3.345. Eritis sicut Deus: »Frohbotschaft des christlichen Heils«?

Die Rebellion des atheistischen Messianismus führt Bloch zu einer Umwertung der Paradiesschlange. Sich darauf berufend, daß Jesus in Joh 3,14 f auf die durch Moses erhöhte Schlange Bezug nimmt, verbindet Bloch, im Sinne der Naassener oder Ophiten, die Paradiesschlange mit Jesus als Usurpator Jahwes. Die Schlange sei »das lebenerzeugende Prinzip in der unteren Welt«, »das Symbol der weltsprengenden Vernunft«, die gegen Jahwe rebelliert, durch das »Eritis sicut Deus«. Diese Rebellion macht Jesus zur letzten, höchsten Reinkarnation der Schlange, der auch wieder von Jahwe der Kopf zertreten wird. »Ein Titanismus, eine Prometheus-Rebellion ist damit in der Bibel wieder pointiert worden . . .«[209]

---

[204] Gegen *Moltmanns* Interpretation in *Theol. der Hoff.*, 317 ff, der vom christlichen Standpunkt her in diesem Satz eher ein Begründungsverhältnis sehen will: »Dann aber ist die Verborgenheit Gottes nicht etwa ›nichts anderes als‹ die Verborgenheit des Menschen, sondern dann gründet die Verborgenheit des Menschen in der Verborgenheit Gottes in seiner Offenbarung, . . .« (aaO 318). Blochs Auffassung scheint mir doch klar in die erste Richtung, die der Reduktion, zu weisen.

[205] AaO 1500. 1522 und öfters.

[206] AaO 1413.

[207] Atheismus im Christentum hat Bloch später noch einmal zum Thema eines Buches gemacht: *E. Bloch*, Atheismus im Christentum. Zur Religion des Exodus und des Reichs, 1968. Vgl. dazu: *C. H. Ratschow*, Atheismus im Christentum. Eine Auseinandersetzung mit Ernst Bloch, 1970.

[208] AaO 1493.

[209] AaO 1498.

Dadurch instauriert sich eine Linie, die durch die ganze Bibel hindurchgeht: die Tendenz zur Erhöhung, zur Verherrlichung, zur Hervorhebung des Glanzes hinter dem Kreuz. »Das Niedrige sollte erhöht, das Kreuz sollte zerschlagen und nicht getragen, gar zur Sache selber werden.« So sind »die Wunschmysterien Auferstehung, Himmelfahrt, Wiederkehr«[210] entstanden. Darin kommt das »Eritis sicut Deus« der Schlange zum Zuge als ausschließlicher Bezug des schlechthinnigen Novum zum Menschen-Inhalt, als Umwandlung der Herrlichkeit Gottes in die der erlösten Gemeinde. Das Heil vollzieht sich als eschatologische Vergöttlichung des Menschen anstelle Gottes. In diesem Sinne gilt: »Eritis sicut Deus ist die Frohbotschaft des christlichen Heils.«[211]

3.35. Internalisierung Gottes und Verbrämung des Bösen

Es muß nun versucht werden, zum Abschluß den Ertrag dieser Beschäftigung mit dem neomarxistischen Messianismus zusammenzufassen.

Den Streit mit der messianisch-marxistischen Philosophie konzipierten wir als Streit um die Theologie. Es ging darum, kritisch zu beobachten, was im theologisch-politischen Ineinander mit dem Theologischen geschieht. Benjamins Figur der türkischen Puppe wies bereits darauf hin, daß der messianische Neomarxismus eine Indienstnahme des Theologischen anstrebt. Dieser Eindruck bestätigt sich nun vollends. Konnten wir schon in der Sehnsucht nach dem ganz Anderen eine undeutliche Tendenz zu einer eschatologisch-politischen Internalisierung Gottes aufweisen, so wird diese Tendenz nun in Blochs Hoffnungsphilosophie eindeutig. Er hat die verschiedenen Ansätze des neomarxistischen Messianismus in der Gottesfrage am konsequentesten zu Ende gedacht. Diese Konsequenz ist seine zentrale These, daß der Messianismus ohne Atheismus keinen Platz hat. Der Messianismus in marxistischer Gestalt endet also in seiner Beerbung der Religion im Atheismus. Das hängt damit zusammen, daß er vornehmlich daran interessiert ist, das Messianische als eschatologisch-politische Dimension zu gewinnen. Das führt zu einer Internalisierung Gottes in den Geschichtsprozeß als dessen messianischer Tendenz. Bei Bloch ist diese Internalisierung am radikalsten, so radikal, daß sie zum Atheismus führt. Das heißt: Hoffnung in Totalität und Reich Gottes werden so radikal internalisiert, daß keine Externität toleriert werden kann. Das ist letztlich der Sinn der Atheismus-These: nicht Gott abzulehnen, ihn zu entfernen, sondern ihn möglichst zu internalisieren.

Mit dieser Internalisierung Gottes verknüpft sich eine Verbrämung des Bösen, und zwar in zwei Hinsichten. Einerseits vollzieht das Messianische als eschatologische Äquivokation eine proleptische Rechtfertigung des Bösen, die es in dem revolutionären Prozeß als notwendiges Moment

---

[210] AaO 1500. [211] AaO 1504.

auszeichnet und so seine Grausamkeit verhüllt. Anderseits wird in Blochs konsequentem, atheistischem Messianismus, wie wir soeben sahen, das Eritis sicut Deus des Sündenfalls zum titanischen Modell der messianischen Verherrlichung des Menschen erhoben und so als Grundbewegung des peccatum originale und deshalb gerade als Ursache des Bösen völlig verkannt. Eben daran zeigt sich, daß beide Dimensionen, Verschleierung des Bösen und Verkehrung der Sünde, eng zusammenhängen und daß diese Beziehung noch vertieft werden muß.

Internalisierung Gottes und Verbrämung des Bösen sind Kennzeichen der theologia gloriae. Das bildet die fundamentale Richtungsangabe für die Beurteilung des neomarxistischen Messianismus. Wenn er deshalb als eschatologia gloriae charakterisiert wird, soll mit dieser Bezeichnung nicht einfach eine radikale Ablehnung zum Ausdruck gebracht werden. Vielmehr soll dadurch zur Sprache kommen, was der Messianismus, gerade auch in seiner neomarxistischen Ausprägung, letztlich ist: natürliche Eschatologie. Diese ist jedoch nicht auszurotten. Sie muß anerkannt werden, als zum natürlichen Menschen gehörend, als seine tiefste Sehnsucht zum Ausdruck bringend. Problematisch ist freilich im Messianismus, daß er sich selbst meistens ganz anders einschätzt. Er spricht vom Novum und Ultimum, vom ganz Anderen als dem schlechterdings Neuen. In diesem Sinne will er es mit dem neuen Menschen zu tun haben, sei es auch nur als dem homo absconditus. Dabei ist der Messianismus aber, als natürliche Eschatologie, gerade die Eschatologie des *alten* Menschen und müßte also auf den Anspruch des *Neuen* verzichten.

In dieser unterschiedlichen Einschätzung liegt der eigentliche Streitpunkt zwischen dem Messianismus und dem christlichen Glauben, wie wir noch sehen werden. In ihr liegt aber auch der Grund für Nuancen und Differenzierungen in der Beurteilung des neomarxistischen Messianismus. In der Frankfurter Schule weiß man um die Begrenztheit und Endlichkeit der menschlichen Möglichkeiten in eschatologischer Hinsicht. Deshalb wird hier das Negative, das Kritische so stark betont, was eine erstaunliche eschatologische Behutsamkeit und Nüchternheit zur Folge hat. Dieser Respekt der Negativität ist in die theologia crucis aufzunehmen. Demgegenüber ist Blochs Hoffnungsphilosophie durch und durch eschatologia gloriae, die der theologia crucis aufs entschiedenste widerspricht. Bei ihm fallen alle Vorbehalte, die die kritische Theorie noch zögernd gelten ließ. Alles ist auf die Herrlichkeit des Menschen in seiner messianischen Bestimmung ausgerichtet, in seiner glorreichen Arbeit am Reich Gottes ohne Gott, auf dem Weg zur eschatologischen Verwirklichung seines noch unbekannten Wesens in der universalen gloria der Heimat. Gewiß gibt es auch hier Rätsel: vor allem das Rätsel, daß der Mensch in seinem transzendierenden Wie-Gott-sein-wollen auf einen Hohlraum, auf eine Leere stößt, in der noch alles zur Entscheidung steht. Das mag jedoch Bloch nicht tiefgreifend zu beunruhigen, was wohl damit zusammenhängt, daß er in dieser Leere den homo absconditus verborgen sieht, wie er sich verwirklichen kann. Wie wäre es aber, wenn in diesem Hohlraum gerade der satanische Deus absconditus verborgen wäre, diesem Menschen spottend, der sich seiner Sünde rühmt, der sich anmaßt, wie Er zu sein, und sich dabei in Seiner Leere verliert? Diese Anfechtung treibt in die theologia crucis.

3.4. *Kreuz und Externität*

Bis jetzt beschäftigten wir uns in diesem dritten Teil vor allem mit der Darstellung und Kritik von Eschatologien im Zeichen der theologia gloriae. Die Auseinandersetzung soll nun so weitergeführt werden, daß, im Kontrast zu den eben besprochenen Konzeptionen, der Versuch einer Kreuzeseschatologie im Kontext der modernen Situation unternommen wird. Das soll im Anschluß an Luthers theologia crucis geschehen, wie wir sie im zweiten Teil ausführlich dargestellt haben. Wir brauchen deshalb nicht noch einmal eine umfassende Gesamtdarstellung in Angriff zu nehmen. Wir können das, was im zweiten Teil ausgeführt wurde, aufnehmen und es konzentriert in Hinsicht auf die Fragestellungen artikulieren, die den modernen Streit um die Eschatologie prägen. In diesem Sinne soll nun, wie das die Überschrift ankündigt, der Gesichtspunkt zum Zuge kommen, der sich schon am Ende des zweiten Teils als grundlegend erwies, der Gesichtspunkt der Externität.

Die folgende Besinnung zur Kreuzeseschatologie reflektiert das Verhältnis von Kreuz und Eschatologie in einer doppelten, gewissermaßen wechselseitigen Bewegung: zunächst geht es um das Kreuz selbst als ein eschatologisches Geschehen (3.41.); sodann soll die Auswirkung dieses eschatologischen Verständnisses des Kreuzes auf die eschatologische Thematik selbst skizziert werden (3.42.).

3.41. *Das Kreuz als eschatologisches Heilsereignis*

Die Bezeichnung als eschatologisches Heilsereignis, die das Eschatologische mit dem Soteriologischen verknüpft, bedeutet eine polemische Abgrenzung gegen den Messianismus. Für Moltmann bildet die Ausrichtung der Kreuzestheologie auf die Heilsdimension eine problematische Einseitigkeit der Tradition, die er dadurch korrigieren will, daß er das Kreuz vom unmittelbaren Zusammenhang zwischen dem Gottesbegriff und der politisch-eschatologischen Perspektive des weltverändernden Geschichtsprozesses her deutet. Bloch bringt noch weniger Verständnis für eine soteriologische Kreuzesinterpretation auf. Für ihn ist das Kreuz die Antwort der Welt und ihres Gottes auf die revolutionäre Liebe Jesu, auf seine Rebellion gegen die Herrenmacht, auf seine Usurpation Gottes. Die Vorstellung, es sei ein freiwilliger Opfertod gewesen zur Versöhnung der

Menschheit mit Gott, sei bloß ein Versuch der Welt, sich mit heidnischen Mythen nachträglich zu rechtfertigen, durch schlechte Dialektik, die aus Jesus einen Zahlmeister macht und aus Gott einen Gläubiger samt Obligationenrecht[212]. Also auch hier ist, wenn wir jetzt einmal von der karikaturhaften Darstellung der Satisfaktionslehre absehen, die ethisch-politische Ausrichtung tragend.

Demgegenüber wollen wir nun das Soteriologische als zentrale Dimension in die eschatologische Kreuzesinterpretation aufnehmen. Das ist keine willkürliche Wahl, sondern knüpft vielmehr gerade an der Grundproblematik des Messianismus an. Diese sei deshalb noch einmal aufgenommen und zum Ausgangspunkt unserer Reflexionen gemacht.

3.411. Die Grundproblematik der messianischen theologia gloriae

Unsere Beschäftigung mit dem Messianismus konzipierten wir als Streit mit der Philosophie um die Theologie. Wir erhofften uns davon eine bessere Erfassung der theologischen Aufgaben, die Wahrnehmung der Tiefendimensionen, an denen sich die Kreuzeseschatologie orientieren kann. In diesem Sinne sollte die Auseinandersetzung gerade zu verschärfter Einsicht in das unterscheidend Christliche verhelfen, in der Konfrontation zwischen dem Christlichen und dem Messianischen. Das Urchristentum hat den Christustitel auf Jesus angewandt, und zwar so bewußt und so eindeutig, daß der christologische Titel zum Eigennamen wurde. Mit der griechischen Übersetzung des hebräischen Messiastitels kommt zum Ausdruck, daß nicht einfach auf einen bereits vorliegenden Titel zurückgegriffen wurde, sondern daß dem Titel ein christliches Gepräge gegeben werden mußte, das den Christustitel von den Messiasvorstellungen unterschied. Dennoch kommt in dieser Benennung klar *der messianische Anspruch* des Christentums zum Ausdruck: das Christentum ist der einzige wahre Messianismus, weil es letztlich nur einen Messias gibt, nämlich den Christus, der am Kreuz gestorben ist. Das ist der Kontext des Streites mit dem Messianismus, auch mit dem neomarxistischen: die christliche Identifizierung des Messianischen mit dem Kreuzestod Jesu erfordert eine Auseinandersetzung mit jedem anderen Verständnis des Messianischen. Daraus folgt als Kriterium für den Streit mit dem Messianismus: der christliche Messianismus kann sich nur als Kreuzestheologie artikulieren.

An diesem Kriterium gemessen, ist Moltmanns Auseinandersetzung mit Blochs Hoffnungsphilosophie ungenügend. Sie vermag nicht die entscheidenden Unterschiede wahrzunehmen. Deshalb unterliegt auch seine Theologie den Mängeln des Messianismus, was uns dazu führte, von theologia gloriae und von bloß christianisiertem Messianismus zu sprechen. Das zeigt sich an den wichtigsten Punkten der Kritik, die er an Blochs Philoso-

---

[212] Vgl. dazu *Das Prinzip Hoffnung,* vor allem 1487–1500.

phie richtet[213]: er lehnt den Atheismus ab, doch führt seine »Revolution im Gottesbegriff« zu einer Auflösung Gottes in den Geschichtsprozeß; er setzt sich kritisch mit der Perspektive der analogia historiae auseinander, doch versteht er die Geschichte von der eschatologischen Analogie her, die jene im Grunde nur variiert; er verwirft im Namen des totenerweckenden Gottes Blochs Auffassung der Exterritorialität zum Tod, doch fragt es sich, ob nicht doch gewisse Zweideutigkeiten bestehen bleiben, solange die Durchsetzung des endgültigen Reiches und des ewigen Lebens als Geschichtsprozeß verstanden und als solcher dem aktiven Antizipieren der Menschen anvertraut wird; gegen Bloch will er zeigen, daß die christliche Hoffnung nicht Zuversicht im Sinne von securitas, sondern echte, zuversichtliche Hoffnung ist, doch scheitert der Versuch daran, wie wir sahen, daß er nicht die spes purissima in purissimum Deum aufnehmen kann; er will die Hoffnung in der Inkarnation des Kreuzes verankern, doch mündet seine Kreuzesinterpretation in die eschatologische Herrlichkeit aus; er nimmt Scholems kritische Bemerkung auf, der Preis des Messianismus sei die Schwebe des Lebens im Aufschub[214], doch bleibt auch seine Hoffnungstheologie letztlich in der Schwebe des proleptischen Modells.

Im Kontrast dazu muß der Streit mit dem Messianismus bis zum zentralen Punkt vorstoßen, bis zu dem Punkt, an dem sich der eigentliche Gegensatz auftut. Diesen Punkt haben wir am Schluß von 3.3. damit gekennzeichnet, daß im Messianismus Gott als messianische Tendenz in die Geschichte internalisiert werde, was schließlich – wie am Beispiel Blochs kund wird – in den Atheismus führt. Demgegenüber stellt sich der Kreuzestheologie die Aufgabe, die grundlegende Externität Gottes einzuschärfen, ihre Konsequenzen zu verarbeiten. Damit verbindet sich der andere Aspekt: mit Hilfe des Messianischen wird das Böse verbrämt, ja sogar glorifiziert, und dadurch bagatellisiert, verharmlost. Mit dem Gesichtspunkt der Externität Gottes verknüpft sich deshalb, gegen diese Verbrämung, die Aufgabe einer radikalen Erfassung des Bösen in seiner ganzen Brisanz und an seiner tiefsten Wurzel. Diese radikale Erfassung führt zur Beschäftigung mit dem Thema der Sünde.

In dieser doppelten Ausrichtung auf die Externität Gottes und die Einschärfung der Sünde wird die Heilsfrage erst recht virulent. Im messianischen Modell liegt das Heil sozusagen immanent in der Geschichte, als Tendenz, als Treiben auf die Zukunftstranszendenz zu. Das Negative, das Böse ist daraufhin gewiß ein Störfaktor, eine Unvollkommenheit, die sich noch hemmend auswirkt; doch besteht Hoffnung darauf, daß sich die messianische Kraft, gerade auch mit Hilfe des Negativen, durchsetzen kann und daß dieses Negative im Rahmen einer solchen gesellschaftlichen

---

[213] Zum Folgenden, vgl. vor allem: Theol. der Hoff., 313–334, und: Im Gespräch mit Ernst Bloch (s. o. Anm. 11).

[214] *G. Scholem* aaO (s. o. Anm. 120) 73 f.

Gesamtumgestaltung aufgehoben wird. Wie läßt sich aber von Heil sprechen, wenn in Gott seine schlechthinnige Transzendenz und Unverfügbarkeit unterstrichen und wenn das Böse zu einer hoffnungslosen Abkehr von Gott radikalisiert wird, in der sich der Mensch verzweifelt dem Heil verschließt? Läßt sich überhaupt noch von Heil sprechen, wenn es derart auf die Sünde ausgerichtet wird? Wie kann es für den Sünder Heil von Gott her geben?[215]

Will man diese Heilsproblematik, die aus der theologia gloriae hervorgeht, in der Perspektive der Kreuzestheologie aufnehmen und behandeln, so muß man sich darauf konzentrieren, die zwei erwähnten Aspekte in einem zu erfassen, Gott und Sünde zusammenzudenken. Das soll nun geschehen, indem zunächst die Gottlosigkeit des Sünders und ferner, in Hinsicht auf das Kreuz, die Gottverlassenheit des Sündlosen zum Thema werden. Diese Besinnung soll sich sodann in ihren Auswirkungen auf das Verhältnis von Kreuz und Auferstehung und auf das Verständnis von Wort und Glaube konkretisieren.

3.412. Die Gottlosigkeit des Sünders

3.4121. Das Böse und die Sünde

Das Böse tritt zunächst als vereinzeltes Phänomen in Erscheinung: es ist eine verwerfliche Tat, die begangen wird, ein notstiftendes Leiden, das erlitten wird. Böse ist es, weil es das Gedeihen des natürlichen Lebens stört oder gar zerstört. Es erfährt als solche vereinzelte Erscheinung eine moralische Bestimmung: es ist eine Übertretung des Gesetzes, das mit der Festlegung des Erlaubten und des Verbotenen das natürliche Leben vor dem Bösen schützen will. In dieser moralischen Perspektive gelten auch Unterschiede zwischen den Menschen in Hinsicht auf ihr Verhältnis zum Bösen: der eine macht intensiv mit, während der andere eher unschuldig ist; der eine ist der Leidende, während der andere eher der Täter ist, oder etwa der schweigende Mitwisser; der eine toleriert das Böse resigniert, der andere will leidenschaftlich dagegen ankämpfen.

Mit dieser ersten Bestimmung ist aber das eigentliche Wesen des Bösen noch nicht erfaßt. Die vereinzelten Taten und Leiden fügen sich zusammen. Aus Bösem geht Böses hervor. Anstatt daß es wieder gut gemacht wird, wird es gesteigert, verstärkt. So entsteht ein Zusammenhang des

---

[215] In dieser Gegenüberstellung läßt sich eine Alternative beobachten, die in transponiertem Rahmen der Alternative vergleichbar ist, die W. Mostert in der Scholastik bei der Beantwortung der Frage nach dem Motiv der Inkarnation aufweist: eine Rechtfertigungslehre, die von einer durch die Sünde motivierten Inkarnation ausgeht, oder eine Vollendungslehre, die die Inkarnation geschichtsphilosophisch-metaphysisch begründet. Vgl. dazu: *W. Mostert,* Menschwerdung. Eine historische und dogmatische Untersuchung über das Motiv der Inkarnation des Gottessohnes bei Thomas von Aquin, 1978.

Bösen, der immer mehr der Kontrolle des Menschen entgeht. Das Böse gelangt zur Macht über den Menschen. Was als vereinzelte böse Tat begann, wird zu einer übermenschlichen Dimension, gegen die ein tatkräftiger Einsatz des Menschen nicht mehr aufzukommen vermag. Das Böse wird zu einem um sich greifenden Teufelskreis, in den der Mensch hineingerissen wird, oft sogar als gegen den Teufelskreis Protestierender, als gegen ihn Kämpfender. Diese knappen Angaben haben mannigfaltigen Anhalt an Geschichte und Erfahrung, der jetzt nicht besonders expliziert werden muß. Vielmehr muß nun auf den Gesichtspunkt der Sünde geachtet werden.

Die Frage der Sünde stellt sich nicht in moralischer Hinsicht als Frage nach einer verwerflichen *Tat*sünde, die es nicht zu begehen gilt. Sie stellt sich aber auch nicht als Frage nach der schicksalhaften Macht, die den Menschen in das Böse gestürzt hätte. Sie will die Situation des Menschen weder rein aktivistisch noch bloß fatalistisch bestimmen, sie vielmehr als Ineinander von Aktivität und Passivität wahrnehmen. Deshalb stellt sie sich als Frage nach dem Verwickeltsein des Menschen, nach seinem Verstricktsein im Teufelskreis des Bösen. Sie stellt sich als Frage nach dem Verhältnis des Menschen zum Bösen. Wie ist er am Teufelskreis beteiligt? Wie kommt es, daß der Eingriff des Menschen in den Teufelskreis sich immer wieder gegen den Menschen kehrt, daß der Mensch sein eigenes Opfer wird? Ist er nicht ohnmächtig? Und doch sitzt er ja auch als Schuldiger auf der Anklagebank. Ist seine Schuld zu einem übermächtigen Schicksal geworden? Macht das über ihn verhängte Schicksal ihn immer wieder schuldig? Ist er in diesem Ineinander von Aktivität und Passivität nicht gerade die treibende Kraft im Teufelskreis, die diesen nährt und unterhält, die aus Bösem Böses hervorgehen läßt? Als eine solche Frage ist die Frage der Sünde eine Frage, die jeden Menschen betrifft, die an den Einzelnen gerichtet ist.

3.4122. Der Einzelne als Sünder und die Universalität der Sünde

Wir hatten bei der Behandlung der Theodizeefrage[216] die Grundregel formuliert, daß eine Rechtfertigung des Bösen nur dann vermieden wird, wenn das Problem des Bösen als Problem des Einzelnen wahrgenommen wird. Das soll nun etwas genauer erörtert werden.

Die Rechtfertigung des Bösen geht vom Standpunkt des Allgemeinen, des Gesamten aus, sei es nun Gott, die Weltgeschichte oder die Revolution zur klassenlosen Gesellschaft hin, um in diesem Allgemeinen die Perspektive zu gewinnen, in der sich das Böse als notwendiges Moment erweist. Die Frage nach dem Verstricktsein eines jeden Menschen im Bösen setzt an einem ganz anderen Punkt ein. Sie nimmt den Teufelskreis des Bösen als

---

[216] S. o. 3.323. und vor allem 3.332.

Herausforderung an den Menschen wahr, die ihn zutiefst in Anspruch nimmt. Dadurch wird jede Rechtfertigung des Bösen unmöglich. In der Frage nach der Sünde wird das Böse vielmehr in seiner radikalen Fraglichkeit aufgenommen. Das hat eben mit dem Gesichtspunkt des Einzelnen zu tun: solange das Böse als Element einer allgemeinen Theorie fungiert, wird es verbrämt; erst wenn es vom Menschen als Einzelnem in seinem ganzen Widerstand erfahren wird, wird es wirklich ernstgenommen. Deshalb gilt nun, wenn es darum geht, vom Bösen her die Sünde genauer zu bestimmen: Sünder ist, Sünder kann nur der Einzelne sein. Diese These vollzieht keine Reduktion im Sinne des Individualismus, denn in ihr wird zugleich die fundamentale Universalität der Sünde gesetzt. In der Sünde geht es nicht um einen bestimmten Einzelnen, sondern um jeden Menschen, um jeden ausnahmslos, aber eben: um jeden als Einzelnen. Somit verknüpfen sich äußerste Konzentration auf den Einzelnen und breiteste Ausweitung auf die gesamte Menschheit. Deshalb fallen hier die Unterschiede zwischen den Menschen, die beim Bösen noch gegolten hatten. Juden und Griechen, alle sind unter der Herrschaft der Sünde (vgl. Rm 3,9). In der Sünde gibt es nicht verschiedene Grade, Quantitäten und Qualitäten. »Alle sind Sünder«: das widerspricht nicht, sondern entspricht aufs engste der Aussage, daß nur der Einzelne Sünder ist. Das bildet eine konstitutive Grundspannung im Sündenverständnis.

Diese Universalität der Sünde ist nun aber radikal verschieden von der Allgemeinheit der Theodizee. Mit der Universalität der Sünde wird nicht eine Rechtfertigung des Bösen erreicht. Vielmehr wird die Betroffenheit des Menschen verschärft. Das kehrt die Denkrichtung der Theodizee um. Nicht der Mensch beurteilt das Böse und rechtfertigt angesichts des Bösen Gott oder die Weltgeschichte oder die Revolution. Er ist selbst angegangen, als Sünder angeklagt, er muß gerechtfertigt werden. Er wird zur Rechenschaft gezogen vor einem Forum, über das er nicht verfügt, in dem das Urteil über ihn ausgesprochen wird. Daß diese Umkehrung dem Menschen ein neues Verhältnis zum Bösen und neue Wege zu seiner Überwindung ermöglicht, soll später erörtert werden[217]. Wir konzentrieren uns nun auf das Verständnis der Sünde.

3.4123. Sünde als Widerspruch mit Gott

Die Frage nach der treibenden Kraft im Teufelskreis des Bösen kann verschiedene Antworten bekommen. Damit beschäftigen sich vor allem die Humanwissenschaften. In theologischer Perspektive wird sie, wie wir bereits angedeutet haben, mit dem Hinweis auf die Sünde beantwortet. Diese theologische Antwort soll jetzt auf ihre wichtigen Momente hin bedacht werden.

---

[217] S. u. 3.4225. und 3.4226.

Wir sprachen soeben von einem Forum, vor dem der Mensch als Sünder steht und zur Rechenschaft gezogen wird. Darin liegt eine entscheidende Angabe für das Verständnis der Sünde: die Betonung des Gottesbezuges. Darauf legte Luther in seiner Wiederentdeckung der Sünde großes Gewicht: die Sünde ist wesenhaft Sünde gegen Gott. Deshalb auch wird sie erst richtig erfaßt, wenn sie in der theologischen Determination des »vor Gott« verstanden wird. Diese Hervorhebung des Gottesbezuges führte Luther dazu, im Gegensatz zur scholastischen Ausrichtung auf die peccata actualia, das peccatum originale als fundamentale Dimension der Sünde aufzunehmen, das in der Scholastik als bloß prädispositionelle, noch nicht in actu verwirklichte Schwäche galt. In diesem peccatum originale sah er die eigentliche Sünde, ihren Zunder, ihre Wurzel, die Sünde, die die Person des Menschen im ganzen betrifft – er konnte die Bezeichnungen variieren und sprach auch von peccatum substantiale, peccatum radicale, peccatum personale. Demgegenüber waren die peccata actualia nicht etwa erst die eigentliche Verwirklichung der Sünde, sondern bloß deren Früchte, deren Werke.

Diese eindeutige Akzentverschiebung hatte für Luther zur Folge, daß er das Wesen der Sünde auch neu interpretieren mußte. Er konnte nicht länger im Rahmen der scholastischen Sündenlehre und ihrer moralischen Ausrichtung auf die Übertretung verweilen. Sein Sündenverständnis orientiert sich an der Dimension des affectus, die der Sünde eine existentielle Bedeutung gibt. Als peccatum originale auf Gott hin ist die Sünde die leidenschaftliche Auflehnung des Menschen, sein Aufruhr gegen Gott. Der Sünder lehnt Gott ab, wie Luther sagte: er will nicht, daß Gott Gott sei, sondern will selbst sein eigener Gott sein[218]. Die Sünde ist also nicht eine carentia, ein defectus, der den Menschen zu bösen Taten verleitet. Sie ist der affectus, der den Menschen von seiner Wurzel her affiziert, ihn leidenschaftlich animiert. Damit tritt sie in radikalen Gegensatz zum Glauben: während der Glaube Gott entspricht, indem er ihn Gott sein läßt und auf ihn vertraut, will der Mensch in der Sünde Gott sein Gottsein streitig machen und selbst an dessen Stelle treten. Die Sünde ist in diesem existentiellen Sinne nichts anderes als der Unglaube, der sich als Widerspruch mit Gott behauptet.

Nun muß aber noch einmal gefragt werden: Wie hängt die Sünde in dieser theologischen Determination mit dem Teufelskreis des Bösen zusammen? Wie wird sie zur treibenden Kraft in ihm?

3.4124. Sünde als Verzweiflung

Im Exkurs zu Ps 5,12 hat Luther die Verzweiflung als die größte und schlimmste Sünde bezeichnet, die das erste Gebot übertritt: der Verzwei-

---

[218] Vgl. WA 1; 225,1 f (Disp. contra schol. theol., 1517): Non potest homo naturaliter velle deum esse deum, Immo vellet se esse deum et deum non esse deum.

felnde sagt Gott ardentissimo et aeterno affectu »Du bist nicht Gott«[219]. Dieser Hinweis auf die Verzweiflung ist entscheidend für das Verständnis des affectus der Sünde. In seiner Ablehnung Gottes ist der Sünder verzweifelt. Das heißt zunächst in einem ganz schlichten Sinne: er ist nicht zufrieden, er ist unglücklich, er leidet unter seiner Vermessenheit als einer hoffnungslosen Sache. Er erfährt seine Sünde, auf die er doch alles setzt, zugleich als Verkehrtheit, als Mißklang und nicht etwa als harmonischen Einklang mit sich selbst. Mit anderen Worten: der sündige Widerspruch mit Gott ist zugleich Widerspruch des Menschen mit sich selbst.

In seiner Schrift *Die Krankheit zum Tode*[220] hat Kierkegaard versucht, diese Bestimmung der Sünde als Verzweiflung systematisch durchzuführen. Ausgangspunkt der Überlegungen ist die prinzipielle Unmöglichkeit des Menschen, jemals aus eigenen Kräften mit sich selbst voll in Einklang zu kommen. In den vielen Gestalten, die das Leben des Menschen annimmt, bildet die Verzweiflung die grundlegende Konstante: als der unablässige Versuch, mit diesem Problem doch noch fertig zu werden. Dieser verzweifelte Versuch läßt den Menschen nicht mehr zur Ruhe kommen. Er versucht dem Problem durch Flucht zu entkommen, er flieht vor sich selbst, will verzweifelt nicht er selbst sein und muß es doch immer wieder. Doch wenn er dann er selbst sein will, muß er erneut verzweifeln, denn er bekommt sich selbst nie in den Griff. Er entgleitet sich selbst und kann doch zugleich sich selbst nicht entkommen. Er steht ganz bei sich selbst und kann doch zugleich nie er selbst sein. Das ist es, was die Unruhe der Verzweiflung stiftet und den Menschen verkehrt, ihn in den Widerspruch, in einen unauflösbaren Widerspruch mit sich selbst treibt.

Darin liegt die treibende Kraft im Teufelskreis des Bösen. Die Verzweiflung verblendet den Menschen. Er stürzt sich verzweifelt in die Suche nach einem Halt, nach einer Lösung, sei es in der Flucht nach vorne, im Aktivismus oder im Rückzug, oder gar im Willen, alles grundlegend zu verändern, in der Absicht, das Böse auszurotten. Solange er im Zeichen des Kampfes mit der Verzweiflung steht, ist er durch ihre Verkehrtheit markiert. Der Einklang mit sich selbst würde ein angemessenes, gewisses Handeln erlauben, das auf der Einsicht ins Notwendige gründete. Die Verkehrtheit der Verzweiflung verkehrt aber auch das Verhalten, die Taten, die Einsätze, weil sie ihr Motiv pervertiert und das von ihnen zu Erwartende überschätzt, es zum Heil steigert. Dadurch aber heizt sie den Teufelskreis des Bösen an und steigert seine Macht über den Menschen.

Das hängt damit zusammen, daß die Sünde in der Verzweiflung die Macht über den Menschen ergreift. Indem er ihrer Versuchung verfällt, den Einklang mit sich verzweifelt zu erringen, ihn mit eigenen Kräften zu erreichen, verliert er seine Freiheit an sie. Er kann nichts mehr anderes

---

[219] S. o. S. 145 und entsprechende Anmerkungen.
[220] Vgl. *S. Kierkegaard*, Gesammelte Werke, hg. von *E. Hirsch*, 24./25. Abteilung, 1957.

wollen, als sich selbst zu suchen. Dadurch aber verfällt er letztlich sich selbst. Er ist sein eigener Gefangener geworden. Als der Gefangene seiner Verzweiflung ist er der Gefangene seiner selbst. Das erinnert an die necessitas immutabilitatis, wie sie Luther für sein Verständnis des servum arbitrium interpretiert hatte.

In diesem Freiheitsverlust aber wird die Entzweiung des Menschen immer größer, der Widerspruch mit sich selbst immer virulenter. War doch der springende Punkt das Suchen gerade der Freiheit. Alles endet nun im Gegenteil, in einer Unfreiheit, in der ich der Sünde als einer dämonischen Macht ausgeliefert bin. Alles, was ich vollbringe, »vollbringe nicht mehr ich, sondern die Sünde, die in mir wohnt« (Rm 7,17.20). Diese Herrschaft der Sünde verschließt mich in mich selbst, verurteilt mich zur völligen Verhältnislosigkeit. Gerade darin ist die Sünde Widerspruch mit Gott: die Verschließung des Menschen in sich selbst ist Ablehnung Gottes als des grundlegenden Externen, Abbruch des Gottesverhältnisses als des entscheidenden Verhältnisses. In diesem Sinne ist die Sünde radikale Gottlosigkeit.

Gegen die messianische Internalisierung Gottes können diese letzten Bemerkungen folgendermaßen pointiert werden: Man kann Gott nur internalisieren, solange das Böse verharmlost wird. Ist dieses aber radikal erfaßt, als Sünde erfaßt, so wird es als Ablehnung Gottes, als radikale Gottlosigkeit wahrgenommen. Dann aber ist, wie Blochs Atheismus gerade zeigt, auch die Internalisierung Gottes nur Gottlosigkeit im Sinne des sündigen »Eritis sicut Deus«. Gott kann es in der Welt nur im Zeichen der Gottlosigkeit des Sünders geben: das ist zunächst die eschatologische Externität, die die Situation markiert, in der das Wort vom Kreuz gesprochen wird.

3.413. Der Sündlose in der Gottverlassenheit

Es muß nun gefragt werden, wie sich Gott gegenüber dieser Gottlosigkeit des Menschen verhält. Reagiert er seinerseits mit Ablehnung, mit »Menschenlosigkeit«?

Die ursprüngliche Beziehung von Gott und Mensch, die durch die Sünde zerstört wurde, war die von Schöpfer und Geschöpf. Das Geschöpf vertraut auf seinen Schöpfer, es empfängt alles von ihm und vertraut ihm alles an. In diesem Rahmen bedeutet die Sünde den Willen des Menschen, – wie auch immer – sein eigener Schöpfer zu sein. Daraus folgt aber der Abbruch des Verhältnisses des Menschen zu Gott. Dieser jedoch antwortet auf diese Ablehnung nicht damit, daß er seinerseits die Beziehung abbricht. Das zeigt sich am Gesetz. Zwar bringt es unmißverständlich Gottes Zorn zum Ausdruck, seine Verurteilung der Sünde. Zugleich aber ist es Zeichen seiner Geduld dem Gottlosen gegenüber: es setzt Schranken, die den Menschen vor der Selbstzerstörung schützen sollen. Gott hat nicht Gefallen am Tode des Gottlosen, wie es bei Ezechiel heißt (18,23; 33,11), sondern daran, daß er sich von seinem Wandel bekehre und lebe.

Dieses Gefallen Gottes am Leben des Gottlosen zeigt nun noch viel klarer das Kreuzesereignis. Hier geht es nicht bloß um eine Offenbarung von Gottes zornigem Urteil und um Maßnahmen seiner Geduld zur Einschränkung der Auswirkungen des Bösen. Am Kreuz soll Heil geschehen, als Befreiung des Menschen von der Macht der Sünde. Gott tritt aus der Externität, in die ihn der Mensch durch seine Gottlosigkeit versetzt hatte, und setzt nun eine neue Externität, eine Heilsexternität, die den Menschen aus seiner Sünde herausreißen soll, sozusagen einen Stützpunkt, von dem aus die Sünde des Menschen aus ihren Angeln gehoben werden kann.

Diese Externität ist Grundbedingung für das Heil des Menschen, denn die Universalität der Sünde hat zur Folge, daß alles, was der Mensch zum Heil beitragen könnte, immer schon von ihr pervertiert ist, sein Denken, sein Wille, seine Pläne, seine Werke, seine Gemeinschaften. Er kann sich nicht mit eigenen Kräften außerhalb der Sünde versetzen, unter deren Herrschaft er steht. Alle seine Versuche stehen ipso facto im Zeichen der Verzweiflung. Heil als Befreiung von der Sünde kann es für ihn nur von außen her geben, nur von Gott her.

Als von Gott her kommend muß sich das Heil dem Widerspruch mit Gott widersetzen, der sich in der Sünde behauptet. Jesus ist gesetzt zu einem Zeichen, dem von seiten der Welt und des Menschen widersprochen wird (vgl. Lk 2,34). Jenem Widerspruch der Sünde muß derart widersprochen werden, damit er überwunden werden kann: darin liegt der Grund für die paradoxale Struktur der Kreuzestheologie, die zutiefst der paradoxalen Struktur der Verzweiflung korrespondiert. Die Befreiung von der Sünde kann nicht mit einer Ermahnung, einem Appell an den guten Willen erreicht werden. Man kann aber die Sünde auch nicht – gewissermaßen chirurgisch, wie einen kranken Körperteil – herausoperieren. In beiden Vorstellungen wird die Sünde bagatellisiert, wird übersehen, daß sie sich aufs engste mit dem Wesen und Leben des Menschen verschmolzen hat. Erst wenn die Sünde Verzweiflung in diesem existentiellen Sinne einer Grundeinstellung des gesamten Lebens eines Menschen ist, wird die Situation recht erfaßt, in der sich die Christologie als Kreuzestheologie artikulieren muß. Erst in diesem *exaggerare peccatum* wird die Tiefe und Schwierigkeit der Befreiungsaufgabe bewußt. Um es mit Paulus auszudrücken: wie kommt es dazu, daß einer, der sagt: ».. . nicht mehr ich, sondern die Sünde, die in mir wohnt« (Rm 7,17.20), sagen kann: ». . . nicht mehr ich, sondern Christus lebt in mir« (Gal 2,20)? Dieser Wechsel soll nun zum Thema werden, indem Gott und Sünde im Kreuz zusammengedacht werden. Anstelle des Sünders tritt jetzt der Sündlose, und die Gottlosigkeit wird zur Gottverlassenheit: was heißt das konkret?[221]

---

[221] Zum Folgenden, vgl. *G. Ebeling*, Dogmatik des christlichen Glaubens, II, 1979,

3.4131. Ethisch-politische und existentiell-eschatologische Solidarität

Für den »Weg Jesu zum Kreuz« unterscheidet Moltmann drei Motive[222]: in bezug auf das Gesetz ist er zum »Gotteslästerer« geworden, in bezug auf die Gewalt zum »Aufrührer« und in bezug auf Gott zum »Gottverlassenen«. In allen drei Momenten wird die Solidarität hervorgehoben: Jesus nahm Gottes Recht für die Gesetzlosen und Gesetzesbrecher in Anspruch und provozierte dadurch die Gesetzeshüter, er nahm die Outcasts in seine humane Revolte auf und brach mit dem status quo und seinen Herrschern, er sprach mit seinem Todesschrei den Schrei der Elenden und Leidenden nach Gott und nach Freiheit aus. Damit will Moltmann, wie das auch bei Bloch in seiner Interpretation Jesu als Rebellen der Fall ist, die ethisch-politische Dimension betonen. Das führt ihn zu einer Auseinandersetzung mit Bultmanns Meinung, die Kreuzigung Jesu gründe politisch gesehen auf einem Mißverständnis seines Wirkens als eines politischen[223]. Dazu sei jetzt nur einiges in aller Kürze angedeutet.

Freilich kann man nicht jede politische Komponente in der Kreuzigung Jesu bestreiten. Dennoch gilt, daß sie nicht einfach zu einem Politikum gemacht werden kann. Ihr Schwerpunkt ist nicht ethisch-politisch. Zwar offenbart das Zusammenspiel der jüdischen Autoritäten und der römischen Behörden ein verworrenes Ineinander von Religion und Politik. Deshalb liegt es nahe, anzunehmen, daß man in Jesus politische Gefahren gesehen hat. Darin liegen aber keine unmißverständlichen Motive seiner Kreuzigung, sondern vielmehr Folgeerscheinungen seiner Einstellung, Implikationen, die geschichtlich zu zweideutigen Faktoren wurden. Das eigentlich Relevante am Kreuzesgeschehen kann jedoch kaum von dort her gewonnen werden. Das sei jetzt am Beispiel der Solidarität näher erörtert.

Die ethisch-politische Solidarität, wie sie etwa bei Moltmann charakterisiert wird, steht im Kontext der vorgegebenen gesellschaftlich-politischen Unterschiede: sie ist Solidarität mit den Benachteiligten, Ausgeschlossenen, Unterdrückten, Leidenden und Elenden. Diese Solidarität will diese Unterschiede nicht perpetuieren, sie vielmehr sprengen und dadurch eine umfassende Veränderung herbeiführen. Sie ist auf ein Handeln und Hoffen ausgerichtet, das Verhältnisse schaffen soll, in denen sie sich erübrigt. In

---

177–209. Die aus der Auseinandersetzung mit dem Messianismus hervorgegangene Richtungsangabe, sich auf das Zusammendenken von Gott und Sünde zu konzentrieren, führt uns für die Kreuzesinterpretation zur Aufnahme der zwei Aspekte, die G. Ebeling dem zentralen Teil seines Paragraphen über das Kreuz zugrunde legt (»Die Sündlosigkeit Jesu«: 177–191, und »Die Gottverlassenheit Jesu«: 191–209). Obschon wir das Thema auf die Grundproblematik der Arbeit ausrichten und dadurch eine gewisse Selbständigkeit erreichen, übernimmt die Darstellung verschiedene Aspekte von G. Ebelings Reflexionen.

[222] Dazu vgl. *Der gekr. Gott*, 119–146.

[223] Vgl. vor allem *R. Bultmann*, Das Verhältnis der urchristlichen Christusbotschaft zum historischen Jesus, SHA, Phil.-hist. Kl., 1960, 3, 12; in: *ders.*, Exegetica. Aufsätze zur Erforschung des Neuen Testaments, hg. von *E. Dinkler*, 1967, 453.

dieser Orientierung offenbart sich ein Moment des Kampfes, der Konfrontation. Die Solidarität Jesu nach Moltmann provoziert die Gesetzeshüter, sie bricht mit den Herrschern des status quo. Diese Konfrontation bestimmt letztlich die Solidarität als Parteinahme für die einen gegen die anderen, wenn auch in der Hoffnung, etwas zu erreichen, das dann allen zugute kommt.

Wenn wir im Gegensatz dazu von einer existentiell-eschatologischen Solidarität sprechen, meinen wir eine Solidarität, die auf eschatologische Universalität ausgerichtet ist: es geht in ihr um das, was alle Menschen ausnahmslos benachteiligt, ausgeschlossen, unterdrückt, leidend und elend macht. Mit anderen Worten: es geht in ihr um die Sünde in ihrer existentiellen Determination als Verzweiflung. Die existentiell-eschatologische Solidarität ist die Solidarität mit den Sündern. Darin liegt schlechthinnige Universalität, aber auch hier wieder – gerade deswegen ist sie schlechthinnig! – Universalität als Konzentration auf jeden Einzelnen. Das verhindert die Pervertierung zur Parteinahme, die die Universalität der Sünde entschärft.

Die Solidarität mit den Sündern bildet die Grundproblematik der Christologie, denn in ihr geschieht Heil für den Verzweifelten. Die fundamentale Fragestellung läßt sich folgendermaßen skizzieren: in der Gefangenschaft seiner Verzweiflung ist der Sünder in sich selbst verschlossen und so, als Gefangener seiner selbst, mit sich selbst allein gelassen. In der Christologie geht es deshalb um die Frage, ob diese Verschlossenheit und Einsamkeit durchbrochen werden kann, ob jemand zum Sünder gelangen, seine Situation teilen und sie dadurch radikal verändern kann. Wäre es möglich, daß die Situation des Sünders nicht hoffnungslos, in diesem pointierten Sinne: nicht verzweifelt ist, wäre es möglich, daß jemand, der von außen kommt, bei ihm eintreten und so für ihn eintreten könnte? Diese Frage bildet die Konstante in allen christologischen Entwürfen der Tradition, eine Konstante, die in verschiedenen sprachlichen Horizonten zur Sprache gebracht wurde, in der Perspektive des Opferkultes oder im Rahmen der juridisch orientierten Satisfaktionstheorie, mystisch als Teilhabe am Kreuz im fröhlichen Wechsel oder mythisch als Kampf mit den dämonischen Mächten. Auf diese Konstante hin sind alle traditionellen Entwürfe zu interpretieren[224].

3.4132. Die Sünde des Sündlosen: der Tod Jesu pro nobis

Paulus kann das christologische Geschehen als Heilsgeschehen folgendermaßen zusammenfassen: »Den, der von Sünde nichts wußte, hat er [sc. Gott] für uns zur Sünde gemacht, damit wir durch ihn Gottes Gerechtigkeit würden.« (2. Kor 5,21) Darin kommt die existentiell-eschatologische

---

[224] Vgl. dazu G. *Ebeling* aaO (s. o. Anm. 221) 171–177.

Solidarität in aller Radikalität zum Ausdruck: Solidarität mit dem Sünder gibt es nur als »zur Sünde gemacht werden«. Solidarität gibt es nur in der völligen Identifizierung, durch die Jesus einer von uns wird, ohne Vorbehalt. Alles andere wäre keine oder nur eine halbe Solidarität. Jesus wurde zum Sünder, ja, man müßte sogar sagen: zur Sünde in Person. Diese Identifizierung wird in der Formulierung unterstrichen: es geht nicht nur um ein Tragen von Sünden, oder gar nur von Sündenstrafen, die ihn persönlich nicht direkt betreffen. Vielmehr wurde er selbst in seiner Person ganz eins gemacht mit der Sünde, die er auf sich genommen hat.

Nun stellt sich hier erneut und verschärft die Frage der Solidarität. Wenn Jesus so radikal zur Sünde gemacht wurde, unterliegt er dann nicht auch ihrer Gefangenschaft, die ja gerade jede Solidarität verunmöglicht? Wie kann das Christusereignis dann überhaupt noch »für uns« geschehen, wie der Text sagt? Verliert es dadurch nicht völlig seine Bedeutung für die Menschen, weil auch er unter der Macht der Verzweiflung steht? Dann wäre freilich die Identifizierung total, so total, daß sie keine Solidarität mehr erlauben würde, daß Jesus wie jeder andere in der völligen Erlahmung und Verschlossenheit der Sünde sterben würde. Dann hätten die Spötter tatsächlich recht: er will den anderen helfen und kann nicht einmal sich selbst helfen (vgl. Mk 15,31 par.). Demgegenüber muß aber gerade gefragt werden, ob das »sich selbst nicht helfen« nicht eben grundlegend ist für die Hilfe, die er den anderen zuteil werden läßt. Damit stellt sich die Frage des Unterschiedes in der Identifizierung. Wir hatten weiter oben schon Gelegenheit, diesen Gesichtspunkt gegen die ethisch-politische Identifizierung des Kreuzes Jesu mit den »Kreuzen dieser Zeit« hervorzuheben[225]. Die Solidarität erschöpft sich nicht in völliger Identifizierung. Wenn sie etwas an der Situation des Sünders verändern soll, muß sie einen radikalen Unterschied setzen. Damit soll freilich die Identifizierung nicht aufgehoben und entschärft werden. Jesus wird zur Sünde gemacht oder seine Solidarität ist keine. Der Unterschied in der Identifizierung liegt nun aber darin, daß es in Jesus um den geht, »der von Sünde nichts wußte«, um den Sündlosen.

In der Vorstellung des betrogenen Satans kommt dieser radikale Unterschied zum Ausdruck, etwa als Unverdaulichkeit Christi, die beim die Sünder verschlingenden Satan den sie befreienden Brechreiz verursacht. Hinter solchen und ähnlichen Darstellungen steht das Paradox der Sünde des Sündlosen. Luther kann dieses Paradox zur Sprache bringen, indem er, wie in der Schrift gegen Latomus, von Christus als dem peccatum dei spricht[226]. Das legt den Akzent darauf, daß Jesus nicht einfach im Sündenzusammenhang der Menschheit steht. Durch Gott wird der Sündlose zur Sünde gemacht. Es besteht deshalb für ihn ein anderes Verhältnis zur

---

[225] S. o. 3.232.
[226] S. o. S. 170 f und entsprechende Anmerkungen.

Sünde als das Verhältnis, das für die Menschen gilt. Er ist nicht in der Knechtschaft der Sünde gefangen, sondern ist ihr gegenüber vollmächtig frei. Diese Freiheit der Sündlosigkeit meint nicht nur negativ, daß Jesus von Sünde frei ist, daß er sie los ist. Vielmehr ist sie Freiheit für die Sünde des Menschen. Der Mensch hat genug an seiner eigenen Sünde, er ist mit ihr gedeckt und kann nicht noch die Sünde der anderen auf sich nehmen. Die Sündlosigkeit Jesu hingegen macht ihn frei für die Sünde des Menschen, die Sünde der Welt (vgl. Joh 1,29). Diese Sünde der Welt ist die Sünde, zu der er gemacht wird. Deshalb ist die Sünde des Sündlosen Aufnahme unserer Sünde und so Hingabe für unsere Sünde.

Eben dadurch vollzieht Jesus, was jedem Sünder durch seine Sünde verwehrt ist: volle Solidarität, die dazu führt, daß er sich im Tragen der Sünde ganz für andere hingibt, für andere stirbt. »Größere Liebe kann niemand aufbringen, als daß er sein Leben für seine Freunde hingibt.« (Joh 15,13) Diese Hingabe, in der der Sündlose alle Sünde der Welt bis in den Tod hinein auf sich nimmt, bricht die Gefangenschaft der Verzweiflung. Darin liegt die fundamentale Bedeutung pro nobis des Kreuzestodes Jesu. Als Hingabe für unsere Sünde ist das Sündewerden Jesu Hingabe für uns, die uns der Macht der Sünde entreißt. In dieser Solidarität können wir, wie Jesus zur Sünde, zu unserer Sünde wurde, nun unsrerseits zur Gerechtigkeit Gottes werden. Dieser Austausch wird in der mystischen Tradition und auch bei Luther in interpretierender Aufnahme als fröhlicher Wechsel beschrieben[227]. Um genauer zu erfassen, wie dieser Austausch überhaupt geschehen kann, muß nun der Gottesbezug des Kreuzesgeschehens expliziert werden.

3.4133. Der Fluch des Gottverlassenen: der Tod Jesu als Streit zwischen Gott und Gott

Gegen den Sünder wird das Urteil Gottes gesprochen, das ihn, im Gegensatz zum wahren, zuverlässigen Gott, als Lügner verurteilt (Rm 3,4). Diesem Sünder gilt der Fluch der Gottverlassenheit: weil er gottlos sein will, soll ihm auch widerfahren, was er wünscht, soll er gottverlassen sein. Diese Gottverlassenheit ist nicht eine völlige Abwesenheit Gottes. Gott ist in ihr verborgen anwesend, als abwesend, als abweisend anwesend. Der Sünder ist in diesem Sinne von Gott verlassen, daß er ihn nicht auf seiner Seite hat, sondern als einen richtenden, zornigen Gott erfährt, als ein Gegenüber, das sich ihm widersetzt, als einen Widerstand gegen seinen Widerspruch mit Gott. Dieser Zorn gehört zur Geduld, die Gott dem Sünder gegenüber zeigt: dieser soll im zornigen Gericht, in Gottes Verurteilung seine Sünde erkennen und sich als Sünder bekennen. Das ist, wie Luther sagt, der tractatus der Sünde in der Perspektive des

---

[227] Vgl. dazu o. 2.434. und 2.435.

Gesetzes[228]. Doch gerade diese Selbsterkenntnis ist dem Menschen durch seine Sünde verwehrt. Da der Sünder im Widerspruch mit Gott steht, lehnt er auch das Urteil Gottes über seine Sünde ab. Er lehnt sich dagegen auf, seine Sünde in der Verurteilung Gottes zu betrachten. In diesem Sinne konnte Luther sagen, es sei die Natur der Sünde, nicht Sünde sein zu wollen, so daß die Aussage, man habe sie nicht begangen, gerade das Bekenntnis sei, gesündigt zu haben[229]. In diesem verdoppelten Aufruhr vollzieht sich eine Steigerung des Fluches. Indem die Sünde nicht Sünde sein will, verstärkt sie sich als Sünde und steigert, verdoppelt den Zorn des in seiner Majestät verborgenen Gottes.

Nun kommt aber der Sündlose. Als Sündloser unterscheidet er sich eben dadurch vom Sünder, daß er die Sünde anerkennt und auf sich nimmt, anstatt sie abzulehnen. Er widerspricht nicht dem Urteil Gottes, sondern entspricht ihm aufs tiefste, indem er als »zur Sünde Gemachter« »zum Fluch« wird, wie es Gal 3,13 heißt, sich ans Holz des Fluches hängen läßt. Damit nimmt er die Gottverlassenheit auf sich, die dem Sünder in seiner Gottlosigkeit zukommt. Das ist gegen Bloch zu betonen, der im Kreuz einen Selbsteinsatz Jesu in Jahwe sieht, der Jesus zum »Usurpator Jahwes«, zum Rebellen gegen Jahwe macht. Das wäre noch einmal Sünde des gottlosen Sünders und nicht Sünde des gottverlassenen Sündlosen. Der dominierende Zug im Gottesverhältnis des gekreuzigten Jesus ist vielmehr der der Entsprechung im Gehorsam, der Erfüllung des Willens, der Vollstreckung des Urteils bis ans Ende, bis hin zum Tod am Kreuz.

Gerade in dieser Entsprechung jedoch liegt ein Moment des Streites. Zwar nicht im Sinne von Blochscher Rebellion und Usurpation. Der Streit liegt paradoxerweise *in* der Entsprechung. Von Jesus wird gesagt, er habe im Fluch der Gottverlassenheit dem Urteil Gottes bis ans Ende entsprochen. Wer kann aber Gott derart entsprechen, wenn nicht Gott selbst? Das heißt aber, daß sich eben in der Gottverlassenheit Jesu am Kreuz Gott offenbart. Dadurch entsteht am Kreuz Jesu ein Streit zwischen Gott und Gott. Der zornige, in der Majestät verborgene Gott hatte den Fluch der Gottverlassenheit über die Sünder verhängt. Nun aber wird diesem verborgenen Gott dadurch, daß der Sündlose zum Fluch geworden ist, seine satanische Maske abgerissen. Gott wird im Kreuz offenbar als der in Hingabe für uns am Kreuz hängende Jesus, der vollmächtige Sündlose in seiner ohnmächtigen Gottverlassenheit.

Es gibt hier jedoch kein schnelles Herausspringen aus dem Paradox, wie es Moltmann mit seiner trinitarischen Entschärfung beabsichtigt[230]: dieser

---

[228] S. o. 2.423.

[229] WA 39,2; 276,18–24: Natura peccati est non velle esse peccatum, hoc est vitium et pravitas naturae . . . Sic in paradiso Eva non peccavit, Adam non peccavit. Quis ergo? Haec est natura peccati excusare se et dicere: Ego non feci, et tamen hoc ipsum dicere: Ego non feci, est confiteri se peccasse.

[230] Dazu vgl. o. 3.2334. Siehe auch G. *Ebeling* aaO (s. o. Anm. 221) 171.

Deus revelatus bleibt in der Gottverlassenheit des Kreuzes sub contrario verborgen und muß sich deshalb immer wieder gegen den majestätischen Deus absconditus und seinen Zorn durchsetzen. Hatten wir die Spannung von Glaube und Anfechtung als »Sitz-im-Leben« der Gotteslehre charakterisiert[231], so konzentriert sich dies nun ganz auf das Kreuzesgeschehen: der angefochtene Glaube ist der Glaube an den Gekreuzigten als den mit Gott ringenden Gott.

Im Streit zwischen Gott und Gott wird um Fluch und Segen gekämpft – das zeigt sich etwa in Gal 3,13f: indem Christus zum Fluch wird, läßt er den Völkern den Abrahamsegen zuteil werden. Darin liegt die Bedeutung pro nobis des Kreuzes, die auch hier wieder unterstrichen wird: wie Christus für uns zur Sünde gemacht wurde (2. Kor 5,21), so ist er auch für uns zum Fluch geworden (Gal 3,13). Diese soteriologische Bedeutung ist folgende: dem Fluch der Gottverlassenheit wird der Segen der Gottesgegenwart im Geist (vgl. Gal 3,14) abgerungen, oder, um Luthers Terminologie der zwei tractatus der Sünde aufzunehmen[232]: der ira Gottes wird der favor Gottes abgerungen.

Indem wir den Gottesbezug bewußter berücksichtigt haben, sind wir der Sache näher gekommen. Dennoch muß nun noch einmal gefragt werden: wie geschieht denn diese Wende zum Heil? Diese Frage wurde mit Hilfe verschiedener Interpretationsmedien beantwortet, die aus verschiedenen Erfahrungshorizonten stammten, sich in der Tradition vermischten und einander gegenseitig ergänzten und korrigierten. Sie bringen jeweils verschiedene Momente zum Ausdruck, die in einer angemessenen Kreuzesinterpretation berücksichtigt werden müssen. Allen aber ist eine Schwierigkeit gemeinsam, die sie nicht befriedigend lösen können: die traditionellen Interpretationsmedien haben Mühe, den existentiellen Sinn der Sünde zur Sprache zu bringen. Die größte Gefahr ist die einer Moralisierung der Sünde, sei es im kultischen Horizont in Verbindung mit dem Zeremonialgesetz oder in der Satisfaktionstheorie in Ausrichtung auf das Meritorische oder im mystischen Austausch als Abstreifen der äußerlichen, fleischlichen Hüllen. Es besteht aber auch die Gefahr einer Art Dramatisierung, etwa in der mythischen Vorstellung des Kampfes mit den Weltmächten. Dem Sündenverständnis entsprechend wird dann jeweils auch die existentiell-eschatologische Bedeutung des Kreuzes verfehlt. Wenn es nun noch einmal darum gehen soll, das Kreuzesgeschehen als eschatologisches Heilsereignis konkret darzustellen, kann folgende Grundregel vorausgeschickt werden: die Kreuzesinterpretation erfaßt erst dann richtig das eschatologische Heil

---

[231] S. o. 2.453. Dieser Sitz-im-Leben gilt auch für die Trinitätslehre. Sie darf nicht in den eschatologischen Prozeß flüchten, sondern muß sich ganz auf den »lebendigen Glauben« ausrichten (s. *G. Ebeling,* Dogmatik, III, § 42). So auch die »cage trinitaire« bei *P.-A. Stucki* aaO (s. o. Anm. 157) 4–24.

[232] S. o. 2.423. und 2.424.

im Kreuzestod, wenn sie die Sünde existentiell als Verzweiflung gegen Gott erfaßt. Das soll nun noch zum Thema werden.

3.4134. »Mein Gott, mein Gott, warum hast du mich verlassen?«: die verzweifelte Verzweiflung

Das Gebetswort aus Ps 22, das die Kreuzigungsberichte im Markus- und im Matthäusevangelium dem Gekreuzigten in den Mund legen und eng mit seinem Todesschrei verknüpfen (s. Mk 15,34 und Mt 27,46), bringt am deutlichsten die Spannung zum Ausdruck, die den Streit zwischen Gott und Gott am Kreuz prägt. Christus spricht den Gott, der ihn verlassen hat, mit »Mein Gott, mein Gott« an. Wenn Gott aber »mein Gott« ist, wie könnte er mich dann verlassen haben? Und wenn er mich wirklich verlassen hat, wie könnte ich mich dann an ihn wenden als an »meinen Gott«? Das ist die Spannung, die Christus am Kreuz durchleiden muß. Er kann nicht die himmlischen Heerscharen zu Hilfe rufen, er kann nicht vom Kreuz herabsteigen. Er kann nur dieser paradoxalen Spannung standhalten: *er kann sich nur auf den verlassen, der ihn verläßt*. Das Aushalten dieser Spannung ist der Preis, den Christus für die Befreiung der Menschen von der Verzweiflung zahlen muß.

Das Kreuz Christi, das ist deshalb zunächst die Erfahrung der totalen Verlassenheit: der Gekreuzigte wird von den Mitmenschen, von der Welt, von Gott selbst verlassen. In diesem Sinne ist das Kreuz nichts anderes als ein schmerzliches Scheitern, eine schwere Niederlage. In dieser Verlassenheit erfährt Christus die Verzweiflung der Menschen, die in seiner Frage »warum hast du mich verlassen?« ihren schärfsten Ausdruck findet. Die Verlassenheit am Kreuz ist die Verlassenheit des Verzweifelten, der sich selbst überlassen, mit sich selbst allein gelassen wird. Niemand ist mit ihm solidarisch, niemand teilt sein Leiden und sein Sterben. Im Kreuzestod wird die Verzweiflung bis ans Ende durchlitten.

Eben darin wird noch einmal der Unterschied zwischen dem Sünder und dem Sündlosen markiert. In der Verzweiflung des Sünders liegt immer noch eine Vermessenheit, ein Trotz, eine Auflehnung gegen Gott. In diesem Sinne ist sie nie volle, bis ans Ende gehende Verzweiflung: sie hält noch an sich selbst, sie will einen Grund zur Verzweiflung haben, der sie sinnvoll werden läßt, sie hängt an etwas, das sie verzweifelt erreichen will. Im gekreuzigten Christus hingegen ist die verzweiflungstiftende Gottverlassenheit mit einer paradoxalen Gottesanwesenheit verknüpft, die ihn nicht auf die Verzweiflung selbst verweist und auf sie allein angewiesen sein läßt, sondern ihm die Möglichkeit schenkt, sich gerade dem verlassenden Gott anzuvertrauen, zu ihm »Mein Gott, mein Gott« zu schreien. Damit aber kommt die Verzweiflung unter ein ganz neues Zeichen zu stehen. Um eine Formulierung Luthers aufzunehmen und sie, christologisch umgedeutet, auf Christus anzuwenden, kann man von einer fiducialis desperatio, von einer zuversichtlichen, vertrauensvollen Verzweiflung sprechen[233].

Diese Bestimmung der zuversichtlichen Verzweiflung bringt die Sündlosigkeit Jesu zum Ausdruck. Sie begrenzt nicht etwa die Radikalität der erlittenen Verzweiflung. Vielmehr kommt eben dadurch die Freiheit des Sündlosen für die Sünde zur Sprache. Gerade im Vertrauen auf den verlassenden Gott wird die Bereitschaft geschenkt, die Verzweiflung der Menschen ganz und gar zu durchleiden. Die zuversichtliche Verzweiflung muß sich nicht mehr an sich selbst klammern und sich als Trotz behaupten. Sie ist eine Verzweiflung, die, in der Bewegung des Verzweifelns selbst, volles Sichverlassen ist; sie ist ein Verzweifeln in vollem Vertrauen. Damit vollzieht sie aber die Verzweiflung radikal: sie verzweifelt an allem, sogar an der Verzweiflung selbst, an die sich der Mensch klammert. Sie wird so zur doppelten Verzweiflung, zur Verzweiflung der Verzweiflung. In der zuversichtlichen Verzweiflung des Gekreuzigten wird die Verzweiflung der Menschen bis ans Ende verzweifelt. Dadurch wird sie besiegt, überwunden: in der zuversichtlichen Verzweiflung des Gekreuzigten wird die Verzweiflung ganz und gar verzweifelt, sie wird zur verzweifelten Verzweiflung. Ihre Sache ist nun verzweifelt verloren, besiegt durch das die Verzweiflung nicht scheuende und fliehende, sondern sie in aller Radikalität auf sich nehmende Vertrauen Christi.

Das ist die Solidarität, die die Knechtschaft der Verzweifelten bricht und sie ihr entreißt, die Solidarität, die die Macht der Sünde durchbricht, sie entmachtet und ihr die Sünder losreißt. Der Sündlose hat sich so sehr mit der Sünde identifiziert, daß der Sünder nun von ihr getrennt werden kann. Nicht die Sünde wird also weggenommen: das wäre eine Bestimmung, die den existentiellen Charakter der Sünde verkennen würde. Die Sünde hat – darin liegt das Recht des mythischen Interpretationsmediums – den Charakter einer Macht, die das menschliche Leben von Grund auf beherrscht und determiniert. Durch die Verzweiflung der Verzweiflung ist diese Macht zerstört. Das peccatum ist nun nicht mehr regnans, sondern regnatum[234]. Seiner Macht ist der Mensch entrissen worden, versetzt in die Macht Gottes, die sich in der Verborgenheit des Kreuzes offenbart. Wenn das Heil in einem Wegnehmen der Sünde bestünde, wäre es substantialistisch als ein Wegschaffen realiter einer carentia verstanden. Ist es hingegen als Verzweiflung der Verzweiflung verstanden, in der der Mensch immer wieder der entmachteten Sünde entrissen wird, so wird es als existentiell-eschatologisches Geschehen erfaßt. Das heißt: es vollzieht sich in der

---

[233] Vgl. WAB 1; 35,33–36 (Nr. 11, Brief vom 8. April 1516 an G. Spenlein): Igitur non nisi in illo (sc. Christo), per fiducialem desperationem tui et operum tuorum, pacem invenies; disces insuper ex ipso, ut, sicut ipse suscepit te et peccata tua fecit sua, et suam iustitiam fecit tuam.

[234] S. o. 2.422.

Relation von Wort und Glaube, als Zuspruch des freisprechenden Wortes und als Aneignung des freimachenden Glaubens.

Als verzweifelte Verzweiflung, als Verzweiflung der Verzweiflung trägt der Kreuzestod Jesu die Züge der doppelten Verneinung, der Negation der Negation. Wird damit, den kritischen Bemerkungen Adornos entsprechend, eine ideologische Positivität gesetzt? Auch hier muß der existentielle Charakter hervorgehoben werden. Während in der Hegelschen Dialektik die Negation der Negation das spekulative Prinzip der Dialektik des absoluten Geistes ist, wird sie im materialistischen Messianismus mit der gesellschaftlich verändernden Praxis der Revolution verknüpft. Das führt Moltmann dazu, das Verhältnis der Auferstehung zum Kreuz als Negation der Negation zu konzipieren. Damit ist eine Artikulation vollzogen, die das Kreuz als Negation bestimmt und zugleich die Auferstehung als Positivität messianisch auf die antizipierende Veränderung hin ausrichtet. Wenn nun demgegenüber das Kreuz als Verzweiflung der Verzweiflung gedeutet wird, so unterscheidet sich dieser Gedanke dadurch von den anderen Modellen, daß er ganz auf den Lebensvollzug des Einzelnen zentriert ist. Außerhalb dieses Kontextes wird Negation der Negation objektiviert und läuft letztlich auf ideologische Positivität hinaus, die die Züge der theologia gloriae trägt. Im Sinne der Kreuzestheologie gibt es Negation der Negation als Verzweiflung der Verzweiflung nur in der Mitteilung des Wortes vom Kreuz und in der Teilhabe des Glaubens am Kreuz. Gerade darin vollzieht sich das Kreuz als eschatologisches Heilsereignis. Deshalb soll nun die Kreuzesinterpretation, die wir hier unternommen haben, in eine Bestimmung von Wort und Glaube ausmünden. Doch sei vorerst die Kreuzesinterpretation noch mit einigen Bemerkungen zum Verhältnis von Kreuz und Auferstehung ergänzt.

3.414. Kreuz und Auferstehung: der Tod Gottes als der Tod des Todes

Die Aussagen über den Kreuzestod Jesu Christi lassen sich nicht von der Aussage trennen, daß er von den Toten auferstanden ist. Im traditionellen heilsgeschichtlichen Schema werden die zwei Aspekte, in Aufnahme eines Schriftmotivs, im zeitlichen Nacheinander von drei Tagen miteinander verknüpft. Betrachtet man die Sache vom doxographischen Standpunkt her, kehrt sich das Gefälle um: der Auferstehungsaussage kommt der Vorrang zu, denn erst von ihr aus wurde die Bedeutung des Kreuzestodes – wie später dann auch die der Inkarnation – erschlossen. Deshalb gilt, daß die Aussagen über die Heilsbedeutung des Kreuzestodes Jesu eindeutig nachösterlich sind, daß also das Ostergeschehen eine konstitutive Dimension in der urchristlichen Erfahrung mit dem Tod Jesu bildet, den Horizont setzt, in dem das Kreuz erst wirklich erfaßt wird. Nur in diesem engen Verhältnis mit der Auferstehung bekommt das Kreuz seine Bedeutung als eschatologisches Heilsereignis, nimmt es die Züge der Solidarität mit den

Sündern an. Es ist deshalb eine entscheidende Aufgabe der theologia crucis, nicht etwa im Namen des Kreuzes die Auferstehung Jesu von den Toten abzulehnen – das wäre eine völlige Verkehrung der theologia crucis –, sondern vielmehr das Verhältnis von Kreuz und Auferstehung aufs genaueste zu reflektieren.

Das geschah in unserer Arbeit zunächst in der Auseinandersetzung mit Moltmann. Bei ihm führt der Vorrang der Auferstehungsaussage zu einer eschatologischen Christologie, in der die Auferstehung das Kreuz zwar nicht einfach wegläßt, sondern als notwendiges Moment, als »immanente Dimension« in sich aufnimmt und proleptisch auf die Herrlichkeit der endzeitlichen Erfüllung ausrichtet. Dadurch wird das Kreuz »eschatologisch vorläufig«, es steht von vornherein im Zeichen seiner Aufhebung, seiner Überholung in der eschatologia gloriae. Das hängt bei Moltmann mit dem messianischen Verständnis der Eschatologie zusammen, das den eschatologischen Geschichtsprozeß mit dem antizipierenden Handeln des Menschen verknüpft. In dieser Perspektive wird die Auferstehung zu einem realutopischen Prinzip, in dessen Verwirklichung das Kreuz beseitigt wird. Solange Theologie in diesem Rahmen getrieben wird, kann trotz allen Beteuerungen und Beschwörungen keine Kreuzestheologie entstehen. Auch wenn sie sich Kreuzestheologie nennt, ist doch eine Theologie, in der das Kreuz eschatologisch aufgehoben wird, Herrlichkeitstheologie.

Demgegenüber ist der Haupttest für eine Theologie, die im ganzen theologia crucis sein will, »der, daß das Bekenntnis zur Auferstehung das Kreuz nicht aufhebt, sondern allererst aufrichtet«[235]. In der Auferstehung wird deshalb grundsätzlich nichts Neues kund, das den Kreuzestod wieder rückgängig machen, ihn ergänzen, überholen oder aufheben würde. In der Auferstehung vollzieht sich die Autorisierung des Kreuzes in seiner eschatologischen Heilsbedeutung. Das hat zur Folge, daß die Auferstehungsaussage nur darauf aus ist, das Kreuz in aller Deutlichkeit einzuschärfen, es in seinem ganzen Gewicht hervorzuheben. Die Auferstehungsbotschaft ist die Proklamation der Verzweiflung der Verzweiflung im Kreuzestod Jesu, die Explikation des Kreuzestodes als schlechthinniger Solidarität mit den Sündern und deshalb als Offenbarung Gottes in der Gottverlassenheit. Die Auferstehungsbotschaft ist nichts anderes als die Proklamation des Kreuzes.

Das Schema des zeitlichen Nacheinander von Kreuz und Auferstehung beruht darauf, daß der Auferstehung in der Überlieferung Geschehnischarakter zukommt. Freilich bleibt das Geschehen selbst im Dunkeln, wird nie direkt geschildert. Es wird aber – sozusagen hinterher – im Ereignis der Erscheinungen und in einer späteren Überlieferungsschicht auch im Faktum des leeren Grabes bestätigt. Dieser Geschehnischarakter muß nun aber vom Kreuzesereignis her gedeutet werden. Dem Kreuzestod kommt fakti-

---

[235] G. *Ebeling* aaO (s. o. Anm. 221) 131.

scher Geschehnischarakter zu und dieser hat sich auf seine Explikation in
der Auferstehungsaussage übertragen. Deshalb muß, diesem zeitlichen
Schema entgegen, gerade die Einheit von Kreuzesgeschehen und Ostergeschehen betont werden. Es ist ein und dasselbe Geschehen. Dadurch treten
die Hauptaspekte des Kreuzesgeschehens noch einmal deutlich hervor.

In der Aussage, daß Gott den, der am Kreuz gestorben ist, von den
Toten auferweckt hat, kommt zum Ausdruck, daß Gott ihn angenommen,
daß er an seinem Leiden und Sterben teilgenommen, daß er sich ganz und
gar mit ihm identifiziert hat, so radikal, daß er mit ihm gestorben ist. Der
Kreuzestod Christi ist der Tod Gottes. Das zeigte sich uns bereits im Streit
zwischen Gott und Gott. Obschon er gerade die metaphysische *apatheia*
Gottes bekämpfen will, erschrickt Moltmann über diesen theopaschiti-
schen Zug und will ihn trinitarisch abschwächen, ihn auf jeden Fall klar
gegen den Patripassianismus abgrenzen. So richtig diese trinitarische
Abgrenzung auch ist, so sehr steht sie doch im Verdacht, Gott letztlich
vom Kreuzesgeschehen fernzuhalten, indem er im Rahmen einer spekulativen Geschichtsperspektive zum Geschichtsprozeß wird, in dem die Leidensgeschichte der Welt aufgehoben wird. Damit entsteht aber der Eindruck, daß »der gekreuzigte Gott« doch nicht ganz gekreuzigt, nur speku-
lativ gekreuzigt ist.

Demgegenüber muß radikal vom »Tod Gottes« gesprochen werden[236].
Freilich darf dies nicht im Sinne des neuzeitlichen Atheismus und der Gott-
ist-tot-Theologie verstanden werden. Diese meinen den Tod Gottes nur in
einem uneigentlichen Sinne als das Schwinden des Gottesglaubens oder
wenigstens seiner theistischen oder moralistischen Komponenten aus dem
Bewußtsein des modernen Menschen. Die eigentliche Rede vom Tod
Gottes hat »nicht im Atheismus ihren Ursprung, sondern im Kern des
christlichen Glaubens. Sie meint nicht ein Ereignis der neuzeitlichen
Geistesgeschichte, sondern das Ereignis des Kreuzes Jesu Christi.«[237]
Damit dieses Zusammendenken von Gott und Tod, das Gott aufs tiefste
am Kreuz Christi teilhaben läßt, nicht alles Reden von Gott verkehrt, muß
es sich, auch hier wieder, ganz auf den Aspekt der Verzweiflung konzentrieren.

An eine Bemerkung Jesu in der Geschichte von der Auferstehung des
Lazarus im Johannesevangelium anknüpfend (vgl. Joh 11,4), bestimmt
Kierkegaard die Verzweiflung als »Krankheit zum Tode«[238]. Dadurch
wird die Verzweiflung mit dem Problem des Todes verknüpft. Damit ist
nicht nur der biologische Tod gemeint, als das physische Phänomen, das
einmal, früher oder später, den Lebenslauf eines jeden Menschen abbricht.

---

[236] So die Überschrift des dem Kreuz gewidmeten § 19 in G. *Ebelings* Dogmatik (s. o.
Anm. 221), II, 128.
[237] AaO 203.
[238] So lautet auch der Titel der Schrift, die er dem Thema der Verzweiflung widmet (s. o.
Anm. 220).

Dieser Aspekt ist freilich auch nicht einfach ausgeschaltet, denn an ihm entbrennt das Problem des Todes als Lebensproblem. Durch seine Einmaligkeit und Endgültigkeit stellt der Tod, gerade auch als biologisches Faktum, das Leben in seinen Bedingungen, Aufgaben und Zielen radikal in Frage. Er ist es letztlich, der die Unruhe der Verzweiflung stiftet, der es dem Menschen immer wieder verwehrt, mit sich selbst in Einklang zu kommen, und ihn es immer wieder versuchen läßt, im verzweifelten Willen, das Problem des Todes zu lösen, sei es dadurch, daß man ihm entgeht, oder, daß man ihm beikommt. Das ist die Herausforderung des Todes, die in der Verzweiflung als dem »Stachel des Todes« (1. Kor 15,56), als der »Krankheit zum Tode« liegt.

Daraus folgt nun ein deutlicheres Verständnis des Todes Gottes. Wenn Gott – und nur er kann es ja! – am Kreuz die Verzweiflung des Menschen zur verzweifelten Verzweiflung machen soll, muß er auch die herausfordernde Macht des Todes überwinden. Deshalb stirbt Gott, in äußerster Teilhabe am Kreuz Jesu. Freilich ist dieser Tod Gottes nicht einfach ein Zu-Ende-Gehen Gottes, in dem es nun mit ihm ein für allemal aus ist. Eben die Auferstehungsbotschaft proklamiert den Tod Gottes am Kreuz als einen Sieg über den Tod. »Der Tod ist in den Sieg hineinverschlungen worden. Tod, wo ist dein Sieg? Tod, wo ist dein Stachel?« (1. Kor 15,54 f) In diesem Sinne gilt: der Tod Gottes am Kreuz ist, als Verzweiflung der Verzweiflung, der Tod des Todes. Die Vorstellung des Verschlingens aufnehmend, hat Luther in seinem Osterlied formuliert: »Die Schrift hat verkündet das, wie ein Tod den anderen fraß!«[239] Indem Gott selbst am Kreuz starb, wurde der Tod ausgestorben, bis ans Ende ausgestorben. Daraus ging Leben hervor, Leben Gottes als ewiges Leben, das den Tod bereits hinter sich hat. Derart in Gottes Leben aufgenommen und aufgehoben, hat der Tod seine Verzweiflungsmacht verloren. Ihm gegenüber hat nun das Leben das letzte Wort.

Durch den Glauben wird dem Menschen dieses ewige Leben jetzt bereits zuteil, als das Sein in Christus. Als ewiges Leben ist es ein Leben, das von der Macht des Todes befreit ist, und deshalb auch von seinem Stachel, von der Verzweiflung. Diese Befreiung geschieht als Teilhabe am Kreuz. Indem ich mit Christus gekreuzigt bin, bin ich mir selbst und meiner verzweifelten Selbstsucht abgestorben. Ich gehöre nun dem Herrn. Nun muß ich nicht mehr für mich leben und für mich sterben. Beides kann jetzt »für den Herrn« geschehen (vgl. dazu Rm 14,7 f). Dieses jetzt bereits Wirklichkeit gewordene ewige Leben gibt dem irdischen Leben eine eschatologische Bestimmung: eschatologische Freiheit und eschatologische Freude.

Freilich steht dieses ewige Leben noch im Zeichen des bevorstehenden

---

[239] »Christ lag in Todes Banden . . .«, 4. Vers; WA 35; 444,10 f: Die schrifft hat verkundet das, wie eyn tod den andern fras, . . .

Todes. Noch muß gestorben werden. Darin bleibt ein Stachel erhalten, der der Freiheit und Freude immer wieder Anfechtung stiftet. Angesichts des Todes ist die eschatologische Gewißheit des Glaubens zutiefst verborgene Gewißheit. Doch gerade darin hat der Glaubende an Kreuz und Auferstehung teil. Beide Situationen sind durch ein gemeinsames contra markiert: Wie die Auferstehungsaussage gegen die Evidenz des Kreuzestodes Christi seine Auferweckung zum ewigen Leben proklamiert, so glaubt auch der Glaubende gegen die Evidenz seines Todes an ein schon jetzt währendes ewiges Leben als Leben und Sterben für den Herrn.

Diese schlechthinnige contra-Struktur weist in die Relation von Wort und Glaube.

3.415. Das Wort vom Kreuz

In unserer bisherigen Darstellung hatten wir zunächst auf der einen Seite den Sünder in seiner Gottlosigkeit, auf der anderen Seite den Sündlosen in der Gottverlassenheit. Dieser aber vollzieht eine radikale Veränderung der Situation des Sünders: sein Kreuzestod als Tod Gottes bedeutet den Tod des Todes, die Verzweiflung der Krankheit zum Tode, er eröffnet wahre Solidarität mit dem Sünder, die dessen Gottlosigkeit aufhebt und ihm ewiges Leben als Gottes Leben schenkt.

Die Frage ist nun, wie diese errettende Solidarität dem Sünder in seiner Gottlosigkeit angemessen mitgeteilt werden kann, so mitgeteilt, daß sie ihm wirklich zuteil wird, ihm nicht fremd bleibt, sondern sein Leben von Grund auf umgestaltet, und zugleich so, daß er sich diese Solidarität nicht internalisierend zu eigen macht und sie erneut zur Gottlosigkeit verkehrt, sondern als eine Externität erfährt, die ihn aus seiner Knechtschaft holt und in die Freiheit versetzt. Diese angemessene Mitteilung erfolgt allein im Wort vom Kreuz.

3.4151. Torheit und Ärgernis[240]

Den Juden, die Zeichen, Machttaten als Bestätigungen fordern, ist das Kreuz ein Ärgernis, den Griechen, die nach Weisheit verlangen, eine Torheit. Darin liegt zunächst der Welt gegenüber die grundlegende Externität des Kreuzesgeschehens, die es vor jeder Internalisierung schützt. In der Welt gelten Weisheit und Kraft, die sich gegen Torheit und gegen Schwäche absetzen und auf das ausgerichtet sind, was etwas ist und gilt. In dieser Ausrichtung auf Weisheit und Kraft liegt ein grundmenschliches Anliegen, das den natürlichen Menschen in allen seinen Unternehmungen leitet. Weisheit und Kraft: das ist das Prinzip sowohl theoretischer als auch praktischer menschlicher Tätigkeit, das Prinzip des Erkennens und Han-

---

[240] Der ganze Abschnitt im Anschluß an 1. Kor 1,18–30.

delns des Menschen, seiner Gedanken und seiner Werke. Als ein solches Prinzip werden Weisheit und Kraft vom Menschen zur Bestimmung seines innersten Verlangens und Suchens internalisiert.

Als Torheit und Ärgernis ist das Kreuz hingegen nicht internalisierbar. Es macht die Weisheit und die Kraft zuschanden, das, was etwas gilt, zunichte. Es kann deshalb nicht zum Prinzip des menschlichen Erkennens und Handelns werden. Das hängt mit seiner Paradoxalität zusammen, die dem Verlangen nach Weisheit und Kraft des natürlichen Menschen zuwider ist. Weisheit und Kraft im natürlichen Sinne sind internalisierbar, weil sie unmittelbar gegeben sind. Die paradoxale Externität des Kreuzes setzt hingegen Verborgenheit sub contrario: in dem, was der Welt und dem Menschen Torheit und Ärgernis ist, liegt Gottes Kraft und Weisheit verborgen, in dem, was für die Welt nichts ist, liegt das verborgen, was allein etwas ist. In der Torheit ist die wahre Weisheit, in der Schwäche die wahre Kraft. Deshalb gilt auch für Paulus, auf sich selbst bezogen: »Denn wenn ich schwach bin, dann bin ich stark.«[241] Das ist Leben unter dem Kreuz.

Diese Verborgenheit kann nicht im Denken oder Handeln vermittelt werden. Dadurch würde sie pervertiert und letztlich aufgehoben. Sie kann als Verborgenheit nur im Wort mitgeteilt werden, indem Christus der Gekreuzigte als Torheit und Ärgernis verkündigt wird. Daraus folgt aber: Das Wort vom Kreuz ist die einzige Mitteilung des Kreuzes als des eschatologischen Heilsereignisses. Allein durch das Wort wird aus dem Faktum des Kreuzes eine Weisheit und Kraft, die in das Leben des Menschen eingreift. Das bedarf der Präzisierung.

3.4152. Das Wort vom Kreuz als Evangelium

Die Forderung von Weisheit und Kraft kann in einem weiten, das Jüdische und das Griechische umfassenden Sinne als Gesetz bezeichnet werden. Als solches ist das Gesetz die grundlegende Forderung an den Menschen, sich selbst in seinem Erkennen und in seinen Werken wahrhaftig zu verwirklichen, weise und mächtig zu werden, etwas zu sein, das Bestand hat, das Geltung und Ruhm schenkt. In dieser Perspektive bietet sich das Gesetz als Heilsweg an. Die Gegner des Paulus versuchen, das Kreuz Jesu auf diesen Heilsweg hin zu relativieren, sei es judaistisch, indem das mosaische Gesetz als Vollendung oder zumindest als notwendige Ergänzung des christlichen Glaubens betrachtet wird, sei es gnostisch,

---

[241] 2. Kor 12,10. Der ganze Abschnitt 12,1–10 ist mit der Kreuzestheologie eng verknüpft, wie sie in 1. Kor 1,18–30 entfaltet wird. Das zeigt sich unter anderem auch an der gemeinsamen Thematik des Sichrühmens. »Wer sich rühmen will, der rühme sich des Herrn!« (1. Kor 1,31; vgl. Jer 9,23 f) »Um so viel lieber also will ich mich meiner Schwachheiten rühmen, damit die Kraft Christi Wohnung bei mir nehme.« (2. Kor 12,9)

indem das Sterben Christi – und das eigene – in einem Geistesenthusiasmus überholt und schließlich negiert wird.

Paulus hingegen betont in aller Schärfe gegen seine Gegner das Ärgernis des Kreuzes. Dieses Ärgernis besteht darin, daß der Kreuzestod Jesu als einziger Heilsweg, als das eschatologische Heilsereignis schlechthin proklamiert wird. Diese Verkündigung verknüpft sich mit einer scharfen Kritik am Heilsweg des Gesetzes: das Gesetz vermag es nicht, den Menschen zum Heil zu führen, weil es seiner Sünde letztlich nicht beikommen kann, sie wohl offenbaren, aber nicht von ihr befreien kann. Deshalb führt es den Menschen ins Gegenteil, in den Tod statt ins Leben, und wird so zum versklavenden Fluch, der die Knechtschaft der Sünde einschärft. Dem Gesetz und seiner verführerischen Forderung gegenüber eröffnet das Wort vom Kreuz eine ganz neue Möglichkeit: Heil als Geschenk der Gnade, in dem Weisheit und Kraft des Gesetzes zuschandenmachenden Ärgernis.

Darin liegt eine frohe Botschaft, die das Wort vom Kreuz im Kontrast zum Gesetz eschatologisch als Evangelium bestimmt. Mit dem Evangelium ist das Ende des Gesetzes als Heilswegs gekommen und so sein Fluch weggenommen. Eben dadurch bekommt es erst seine eigentliche Bedeutung sowohl in Hinsicht auf die Erkenntnis der Sünde und der Ohnmacht des Menschen in bezug auf sein Heil als auch, zusammengefaßt im Liebesgebot, in Hinsicht auf das Zusammenleben der Menschen in der Welt. Wie Luther die Unterscheidung von Gesetz und Evangelium, die bei Paulus terminologisch noch undeutlich ist, systematisch erfaßt hat, so hat er auch von dieser Unterscheidung her die Bedeutung des Gesetzes in der Lehre vom duplex usus legis formuliert. Diese Aspekte gehören zentral zur theologia crucis, denn das Kreuz ist nur dann richtig verstanden, wenn es in der steten Auseinandersetzung mit dem Gesetz als Evangelium proklamiert wird, in dem die Befreiung von der Sünde Ereignis, eschatologisches Ereignis wird. Als Forderung von Weisheit und Kraft ist das Gesetz auf das Erkennen und Handeln aus. Als eschatologisches Heilsereignis ist das Evangelium als Wort vom Kreuz auf den Glauben aus. Er allein kann die Verborgenheit der Weisheit in der Torheit richtig erfassen und aufnehmen, an der gesetzliches Denken und Handeln immer wieder scheitern. Mit dem Wort vom Kreuz »ist der Glaube gekommen« (vgl. Gal 3,23.25).

3.416. Glaube als Teilhabe am Kreuz Jesu

Unsere Darstellung des Kreuzes als des eschatologischen Heilsereignisses mündet aus in die Perspektive des Glaubens. Das hängt mit der existentiellen Orientierung des Ganzen zusammen: erst im Lebensvollzug des Glaubens wird das Kreuz zum eschatologischen Heilsereignis. Diese Ausrichtung erfordert aber eine Bestimmung des Glaubens, die diese existentiell-eschatologische Komponente einprägen kann. An den Lutherteil anknüpfend kann man sagen: es geht darum, den Glauben als fides apprehensiva einzuschärfen[242], als den Glauben darzustellen, der Christus ergreift, aufnimmt und zur Lebenswirklichkeit werden läßt. Im Rahmen der Kreuzestheologie heißt das: Glaube als Teilhabe am Kreuz Jesu.

3.4161. Der Glaube als Mitgekreuzigtwerden

Der Glaube an den gekreuzigten Christus meint nicht irgendeine Meinung über ihn, eine Vorstellung seiner Person und seines Werkes oder ein Fürwahrhalten seiner Kreuzigung. Das wären uneigentliche Formen von Glauben. Im eigentlichen, existentiellen Sinne, den es hier als den einzig wahren hervorzuheben gilt, ist der Glaube eine radikale Veränderung und Umgestaltung, die in das menschliche Leben eingreift und ihm eine umfassende neue Orientierung schenkt. Das geschieht dadurch, daß der Glaube an Christus den Menschen am Christusgeschehen teilhaben läßt. Als eine solche Teilhabe ist der Glaube an den Gekreuzigten schlechterdings ein Mitgekreuzigtwerden[243]. In diesem Mitgekreuzigtwerden liegt ein neues Leben, das uns in der Verbindung mit der Auferstehung des Gekreuzigten für die Zukunft öffnet. Indem wir mit Christus gestorben sind, sind wir unserer Sünde abgestorben. Das offene, befreite Leben ist nun ein Leben nicht mehr für die Sünde, sondern für Gott.

Dieses neue Leben steht im Zeichen der Solidarität Christi mit uns. Die Bewegung der Teilhabe kehrt sich im Lebensvollzug gewissermaßen um: indem wir durch den Glauben mit Christus gekreuzigt werden, steht er mit uns in unserem Leben und Sterben. Er läßt uns nicht mehr allein mit dem Fluch unserer Sünde. Darin liegt der grundlegende Unterschied zwischen ihm und uns: er war allein in der Gottverlassenheit, von allen verlassen; wir sind nicht einsam, wir können auf sein solidarisches Leiden und Sterben vertrauen, in dem er uns vorangegangen ist, wir können im Schutz seines Leidens leiden, im Schutz seines Todes sterben.

3.4162. Der Glaube als Kreuzesnachfolge

Während Paulus die Teilhabe am Kreuz vornehmlich als Mitgekreuzigtwerden versteht, steht sie in den synoptischen Evangelien unter dem Motto der Kreuzesnachfolge. Diese betrifft den Jünger in seinem Verhältnis zu Jesus: er wird aufgefordert, sein Kreuz auf sich zu nehmen und Jesus auf seinem Leidensweg zu folgen[244]. Auch hier wieder ist der Unterschied zwischen Christus und dem Gläubigen gewahrt, nämlich dadurch, daß es

---

[242] S. o. 2.431.–2.432.

[243] Vgl. vor allem zu dieser für Paulus zentralen Bestimmung: Rm 6,6; Gal 2,20. 5,24. 6,14. Was wir präsentisch formulieren, steht bei Paulus allerdings eher im Perfekt (sunestaurōmai). Diese Betonung der christologischen Verankerung mündet bei ihm jedoch immer in den gegenwärtigen Lebensvollzug des Glaubens.

[244] S. vor allem Mk 8,34–38 par., Mt 10,38 f und Lk 14,27.

um Nachfolge geht: Jesus geht voran auf dem Leidensweg, und die Jünger gehen hinterher. Die synoptischen Evangelien interpretieren das Verhältnis der Jünger zu Jesus von der nachösterlichen Situation her als Modell für die Beziehung des Gläubigen zu Jesus Christus, seinem Glaubensgrund. Glaube ist Kreuzesnachfolge. Dadurch kommt das ganze Leben des Christen unter das Zeichen des Kreuzes zu stehen. Der Lebensweg wird zum Leidensweg, auf dem sich die Nachfolge vollzieht.

Während das paulinische Mitgekreuzigtwerden eher die Passivität in der Teilhabe unterstreicht: Teilhabe als »Mithineingenommensein«, hebt das synoptische Motiv eher das aktive Moment der Lebensaufgabe hervor: Teilhabe als Anteilnehmen. Freilich ist die Kreuzesnachfolge nicht eine reine Imitationsethik, in der es Jesus in seiner Tapferkeit und Standhaftigkeit nachzuahmen gilt. Von der nachösterlichen Situation her interpretiert, steht die Kreuzesnachfolge der Jünger im Lichte von Kreuz und Auferstehung als dem eschatologischen Heilsereignis, das die synoptischen Evangelien in ihren Berichten immer schon ankündigen. Somit ist auch im Imperativ der Kreuzesnachfolge so etwas wie das indikative Moment des Mitgekreuzigtwerdens bei Paulus bestimmend. In der synoptischen Tradition hängt dieses Moment vornehmlich mit der Vollmacht Jesu zusammen, die die Jünger zur Nachfolge zu befreien vermag, wenn auch diese Nachfolge in Leiden, Zweifel und Scheitern führt. Wie bei Paulus im Mitgekreuzigtwerden ewiges Leben als Leben für Gott zuteil wird, so wird auch hier Freude und Gewißheit im Leiden zuteil. In allen Zweifeln und Versagen haben die Jünger dennoch teil an der vollmächtigen Freiheit ihres Meisters. Diese Freiheit ist jedoch schlechterdings Freiheit zum Dienst. »Der Jünger steht nicht über seinem Meister« (Mt 10,24 par; Joh 13,16. 15,20). Wie dieser nicht gekommen ist, »sich dienen zu lassen, sondern zu dienen und sein Leben hinzugeben als Lösegeld für viele«, so gilt auch für jenen: »Wer unter euch groß sein will, muß euer Diener, und wer unter euch der Erste sein will, muß aller Knecht sein.« (Mk 10,42–45 par.) Um auf den Lutherteil zurückzugreifen: Kreuzesnachfolge ist Freiheit in der Dienstbarkeit[245].

3.4163. Der Glaube als Aufhebung des Urteils Gottes

Der Glaube als Teilhabe am Kreuz soll nun abschließend noch in Hinsicht auf das Verhältnis von Gott und Sünde präzisiert werden.

Die Natur der Sünde ist es, nicht Sünde sein zu wollen. So hatte Luther formuliert. Die Sünde lehnt sich gegen das Urteil Gottes auf, daß sie Sünde sei. Gerade dadurch bestätigt aber die Sünde paradoxerweise das Urteil Gottes, denn in der Ablehnung von Gottes Urteil ist sie ja zutiefst Sünde, Auflehnung gegen Gott. Der Sündlose hingegen hat am Kreuz die Sünde

---

[245] S. o. 2.444.

auf sich genommen und so dem Urteil Gottes entsprochen, es dadurch gerade aufgehoben und Gnade werden lassen.

An diesem Geschehen hat der Glaubende teil. Im Glauben nehme ich meine Sünde an, anstatt sie zu bestreiten. Ich werde zum Sünder, der ich in Wirklichkeit bin. Diese Perspektive des Sünderwerdens hat Luther in seinem Kommentar zu Rm 3,5 entfaltet[246]. Glauben heißt, zum Sünder werden. Das meint nicht ein natürliches, sondern ein geistliches Sünderwerden. Von Natur aus bin ich immer schon Sünder gewesen. Das Gewicht der Veränderung liegt auf meiner Selbsteinschätzung, auf der Meinung, die ich von mir selbst habe. Ich verzichte darauf, etwas anderes sein zu wollen, etwas Höheres und Besseres als eben dieser Sünder[247]. Dadurch nehme ich das Urteil Gottes an, ich hebe es in meinem Glauben auf (aufheben im Sinne von conservare). Zugleich aber ist diese Aufhebung ein tollere des Urteils Gottes: indem ich das Urteil Gottes glaubend anerkenne, hebe ich es gerade auf, denn diese Anerkennung ist Preisgabe der Sünde als der Auflehnung gegen Gott.

In dieser doppelten Aufhebung des Urteils Gottes im Glauben geschieht Rechtfertigung des Sünders, die Luther parallel zur doppelten Aufhebung als doppelte Rechtfertigung[248] darstellen kann. Indem ich mein Sündersein annehme, bestätige ich das Urteil Gottes, ich rechtfertige ihn in seinem Wort. Diese passive Rechtfertigung, durch die Gott für gerecht erklärt wird, verwandelt sich in die aktive Rechtfertigung, durch die mich Gott in meiner Anerkennung seiner Gerechtigkeit als gerecht erklärt. Im Glauben allein geschieht diese doppelte Rechtfertigung[249]. Indem ich glaube, daß ich Sünder bin, bin ich gerechtgesprochen, denn in diesem Glauben anerkenne ich die Gerechtigkeit Gottes.

In dieser doppelten rechtfertigenden Aufhebung des Urteils Gottes ist der Glaube Teilhabe am Kreuz. In ihm vollzieht sich als konkreter Lebensvorgang, was sich ein für allemal am Kreuz als Verzweiflung der Verzweiflung, als Tod des Todes vollzogen hat. Er ist deshalb durch dieselbe paradoxale Struktur geprägt wie das Kreuzesgeschehen selbst. Das zeigt sich im Wesen der Rechtfertigung durch Glauben allein. Sie geschieht als Nichtanrechnung: die Sünde ist zwar da, doch vermag sie es nicht mehr, den Zorn Gottes hervorzurufen und so den Fluch über den Menschen hereinbrechen zu lassen. Ihr ist alle Macht genommen, weil Gott sie dem

---

[246] S. WA 56; 231–233, vor allem 233.

[247] AaO 233,5–17: Quis modus iste fit, quo hominem spiritualiter fieri oportet peccatorem. Est enim non naturalis. Quia sic non fit, Sed est omnis homo peccator. Sed tota Vis huius mutationis latet in sensu seu aestimatione ac reputatione nostra . . . Ergo fieri peccatorem est hunc sensum destrui, quo nos bene, sancte, Iuste viuere, dicere, agere pertinaciter putamus et alium sensum (qui ex Deo est) induere, quo ex corde credimus nos esse peccatores, . . .

[248] Vgl. dazu WA 56; 225 ff.

[249] AaO 227,18–228,1: Iustificatio Dei passiua et actiua et fides seu credulitas in ipsum sunt idem. Quia Quod nos eius sermones Iustificamus, donum ipsius eius, ac propter idem donum ipse nos Iustos habet i.e. Iustificat.

Menschen nicht anrechnet, sondern ihm allein seinen Glauben zur Gerechtigkeit anrechnet, in dem er seine Sünde bekennt. Daraus folgt als grundlegende Bestimmung des christlichen Lebens die der Simultaneität von Sünde und Gerechtigkeit, die aus den Gläubigen hypocritae salutares, heilswürdige Heuchler macht[250]: in Wirklichkeit ist der Gläubige Sünder, im Urteil Gottes aber ist er gerecht, gerecht durch seinen Glauben.

Erst im Zeichen dieser Gerechtigkeit vor Gott wird dem Menschen die Freiheit geschenkt, gegen die bleibende Sünde anzukämpfen, sie auszutreiben und auszutilgen. Luther spricht hier von einem radikalen dissensus mit der Sünde, der in eine militia strenua führt. Dieser Kampf, der das tägliche Leben des Menschen prägt, ist aber nur möglich, wenn die Sünde entmachtet worden ist. Das heißt: wenn der Glaube, in der Teilhabe am Kreuz, der ira Gottes den favor, die gratia Gottes abringt. Dadurch ist alles auf die forensische Situation ausgerichtet. Darin kommt die Externität zum Zuge, die im Kreuz gesetzt ist, im Wort vom Kreuz proklamiert wird und allein im Glauben ihre angemessene Berücksichtigung findet. Der Glaube rechtfertigt den Sünder, indem er ihn losreißt von der Gottes Zorn stiftenden Sünde und ihn in Gottes Gunst versetzt, in der er Gerechtigkeit, Freiheit und Freude empfängt. Deshalb gilt das, was Luther von der Theologie sagt, zentral für die fides: sie ist gewiß, weil sie uns außerhalb unser selbst versetzt[251].

Diese Externität bestimmt das Leben als durch und durch eschatologisches Leben. Dieses eschatologische Leben steht im Zeichen des Kampfes mit der Sünde. In der Konzentration auf die Verzweiflung heißt das: durch die Versetzung in die Externität wird nun möglich, was der Mensch verzweifelt suchte: der Einklang mit sich selbst in allen Spannungen, Gegensätzen und Konflikten. Dieser Einklang ist nur möglich als Einklang mit Gott im nos extra nos. Ich finde mich selbst nur, wenn ich von mir selbst weggerissen und in Gott versetzt werde. Das ist letztlich Teilhabe am Kreuz als dem eschatologischen Heilsereignis, denn nur unter dem Kreuz bin ich wirklich außerhalb meiner selbst, wirklich in Gott.

3.42. *Die Eschatologie im Zeichen des Kreuzes*

In den bisherigen Bemerkungen zur Kreuzestheologie haben wir uns darauf konzentriert, das Kreuz als eschatologisches Heilsereignis zu interpretieren. Es muß nun überlegt werden, wie sich diese Kreuzeseschatologie auf das Verständnis der Eschatologie und die Behandlung der eschatologischen Themen auswirkt. Die Frage ist also, ob es so etwas wie eine Eschatologie im Zeichen des Kreuzes geben kann.

---

[250] Vgl. zum simul iustus et peccator oben 2.425. Für einzelne Aspekte im folgenden, vgl. auch 2.422. und 2.424.

[251] WA 40,1; 589,8: Ideo nostra theologia est certa, quia ponit nos extra nos . . .

Die Gesichtspunkte sollen nach den drei Zeitmodi geordnet werden. Das greift zurück auf frühere Überlegungen, vor allem im ersten Teil, die nun systematisiert werden müssen[252]. Wir beginnen – dieser Ausgangspunkt liegt in der Perspektive des Kreuzes nahe – mit dem Perfektischen. Von dort her erschließt sich das Verständnis des Futurischen. Endlich soll die Spannung von Perfekt und Futur in die eschatologische Bestimmung der Gegenwart führen.

3.421. Eschatologie als christologisches Perfekt

3.4211. »Es ist vollbracht«

Anstelle des Gebetswortes aus Ps 22 spricht der Gekreuzigte im Johannesevangelium bei seinem Tod das vollmächtige Vollendungswort »Es ist vollbracht« (Joh 19,30). Damit soll die Gottverlassenheit nicht etwa verleugnet werden, denn gerade in ihr »ist es vollbracht«. Die Feststellung des Vollbrachtseins will vielmehr diesen in der Gottverlassenheit errungenen Sieg bereits am Kreuz zum Ausdruck bringen. Sie ist gewissermaßen die schon am Kreuz proklamierte Osterbotschaft. Damit wird die tiefe Einheit von Kreuz und Auferstehung als einem einzigen Geschehen radikal hervorgehoben. Johannes bringt diese Einheit auch dadurch zur Sprache, daß er den Kreuzestod als Erhöhung interpretiert[253], eine Erhöhung, die Verherrlichung, Glorifizierung bedeutet. Um mit Luther zu sprechen: dem Kreuz fehlt nicht jegliche *gloria*; in ihm verwirklicht sich eben die *gloria per crucem*.

Dadurch bekommt das Christus- und vornehmlich das Kreuzesgeschehen eine eschatologische Bestimmung. Was am Kreuz vollbracht wurde, hat eschatologischen Charakter: dem Sieg über den Tod und die Sünde kommt schlechthinnige, letztgültige Bedeutung zu. Es ist ein für allemal vollzogen, und als ein solches *ephapax* konstituiert das Kreuz die Eschatologie als christologisches Perfekt. Was von einer – nahen oder fernen – Zukunft erwartet wurde, ist in Christus Wirklichkeit geworden, hat in ihm Gestalt angenommen. Dieses perfektische Moment markiert die eigentliche und grundlegende Erneuerung, die der Eschatologie vom Kreuz Christi her zuteil geworden ist. Das Kreuz Christi ist die einzige eigentliche Antizipation, aber nicht eine Antizipation, die zwar auf die Zukunft vorgreift, sie zeichenhaft vorwegnimmt, sie jedoch im wesentlichen zukünftig sein läßt. »Es ist vollbracht« meint nicht eine Antizipation, die den eschatologischen Prozeß in Gang setzt, sondern als radikal perfektische Antizipation Wirklichkeit gewordene Eschatologie. »Die Zeit ist erfüllt, die Gottesherrschaft ist nahe.« (Mk 1,15) In der Geschichte Jesu, in seinem

---

[252] S.o. vor allem 1.244. und 1.432.–1.434. (auch 2.36.). Damit verknüpft sich ebenfalls das Problem des natürlichen Verständnisses der Eschatologie, vgl. 1.41. und 3.224.–3.2243.

[253] Vgl. Joh 3,14. 8,28. 12,32.34.

Leben, Sterben und Auferstehen geschieht nicht nur Geschichte. Es ist ein
Geschehen, das geschichtlich ist und zugleich die Geschichte sprengt, das
Geschichte ist und zugleich das Ende der Geschichte enthält. Obschon die
Geschichte weitergeht, ist es nun, als ob die Geschichte aufgehoben
worden wäre in eine endgültige Vollendung. Daraus folgt die eschatologi-
sche Spannung, die in der Paradoxalität zum Ausdruck kommt, die das
Kreuzesgeschehen prägt: Erhöhung am Kreuz, gloria per crucem. Diese
Spannung soll nun in ihren eschatologischen Konsequenzen bedacht
werden.

3.4212. Das Perfektische und das Problem der Zukunft: Perfekt als Externität

Das Christusgeschehen, wie es von der neutestamentlichen Überlieferung tradiert wird, ist in all seinen Aspekten umgeben von eschatologischen Motiven. Das hängt teilweise mit der religiösen Umwelt zusammen,
in der die eschatologischen Erwartungen bereits sehr stark waren. Das
eschatologische Bewußtsein wurde dann aber auch durch das Christusgeschehen selbst und das Urchristentum in seiner Verarbeitung der eschatologischen Motive der Umwelt gefördert und intensiviert: in der Verkündigung Jesu als der Ansage der kommenden Gottesherrschaft, im Versuch,
die Geschichte in einem heilsgeschichtlichen Ablauf zu erfassen, und auch
in der Erwartung einer nahen Parusie des Herrn und einer damit verbundenen Enderfüllung aller Hoffnung. In all diesen Aspekten drang immer
wieder mehr oder weniger deutlich die Ausrichtung auf eine eschatologische Zukunft durch. Das führte dazu, daß das eigentlich Neue in der
christlichen Eschatologie, nämlich ihre Begründung in einem christologischen Perfekt, schon sehr früh in Gefahr war, in einer durch das Christentum aufgenommenen und christianisierten futurischen Eschatologie unter-
zugehen. Die Parusieverzögerung jedoch veränderte die Situation, denn
das als unmittelbar bevorstehend erwartete eschatologische Geschehen
blieb aus. Dies hatte nicht nur die negative Folge, daß das Christentum sich
enteschatologisierte und die eschatologische Erwartung auf eine ferne
Zukunft verschoben wurde, wie oft argumentiert wird. In der Parusieverzögerung lag auch die – oft nur schlecht wahrgenommene – Chance, sich
auf die eigentliche christliche Eschatologie zu besinnen: es erwies sich, daß
die Naherwartung nicht die Grundlage des christlichen Glaubens war, daß
der eigentliche eschatologische Grund ein anderer war und deshalb den
Glauben befähigte, das Ausbleiben der Parusie zu überstehen. »Die Paru-
sieerwartung ist dann nicht die Ursache des Glaubens an Jesus, sondern als
Versuch, ihn auszusagen, die Folge dieses fundamentalen Sachverhalts, der
sich auch gegen das Versagen solcher Deutung durchzusetzen ver-
mochte.«[254] Dieser fundamentale Sachverhalt im Glauben an Jesus liegt in

---

[254] G. *Ebeling*, Erwägungen zur Eschatologie, in: WG II, 434.

der perfektischen Eschatologie: sie befähigte zum Überstehen der Parusie-verzögerung.

Das Problem, das soeben historisch skizziert wurde, soll nun systema-tisch reflektiert werden. Das Einfürallemal, das im Kreuz als eschatologi-sches Perfekt gesetzt wird, steht im Kontrast zur Tatsache, daß die Geschichte, das Leben und die Welt weitergehen. Damit stellt sich aber erneut das Problem der Zukunft: Was bringt uns diese Zukunft? Was wird aus uns werden? Auf dieses Problem antwortet das eschatologische Perfekt mit der Aussage, im Gekreuzigten sei ein für allemal alles entschieden und die Zukunft sei deshalb im Lichte des Kreuzes gewiß und klar. Nun steht aber diese Aussage im Zwielicht der Paradoxalität – wie kann der ohn-mächtig Gekreuzigte der Zukunft beikommen? Ist er nicht selbst der Zukunft ausgeliefert? – und stellt vor die Entscheidung des Glaubens als des Nachvollzugs der Kreuzigung, gerade auch in Hinsicht auf meine Zukunft.

Demgegenüber bietet sich eine andere Möglichkeit an, das Problem der Zukunft zu lösen: das natürliche Verständnis des Eschatologischen. Es begegnet der beängstigenden Ungewißheit der Zukunft damit, daß es in der Bewegung auf sie zu eine Tendenz zum Guten, eine messianische Kraft postuliert, die alles zur letzten Erfüllung führen soll. In dieser natürlichen Eschatologie wird das Eschatologische als immanente Kraft des Transzen-dierens auf Zukunft hin interpretiert. Diese Internalisierung hängt mit der futurischen Orientierung zusammen: solange dem Problem der Zukunft mit der futurischen Perspektive begegnet wird, mündet die Eschatologie in eine messianische Internalisierung aus. Gegenüber dieser Internalisierung bedeutet die radikale Betonung des Perfekts in der Kreuzeseschatologie die prinzipielle Einschärfung der Externität. Das eschatologische Perfekt bildet den Versuch, das Problem der Zukunft nicht durch Internalisierung, sondern von der Externität her zu beantworten, die im Kreuz gesetzt und im Glauben gelebt wird. Nur als ein solches Perfekt kann es letztlich Externität geben.

Die perfektische Eschatologie lehnt also das Problem der Zukunft und dessen natürlichen Lösungsversuch nicht einfach ab. Diese sind insofern immer schon gegeben, als der Mensch immer schon von der Frage nach der Zukunft umtrieben und um deren Bewältigung besorgt ist. Diese natürli-che Sorge aufnehmend leugnet die perfektische Eschatologie nicht das Futurische, sondern interpretiert es im Lichte des Kreuzes.

3.422. Kreuz und futurische Eschatologie

3.4221. Äquivokation und Unterscheidung

Unsere Kritik am eschatologischen Modell sowohl des neomarxistischen Messianismus als auch der politischen Theologie konzentrierte sich auf die

Auseinandersetzung mit der Äquivokation, die es u. E. grundlegend prägt[255]. Dieser Punkt markiert deshalb die Stelle, an der die Umgestaltung der futurischen Eschatologie vom Kreuz her ansetzen muß.

Das Verständnis der weltverändernden Praxis ist durch eine grundlegende Ambivalenz geprägt: sie liegt im Bereich des Real-Möglichen und muß unbedingt in Angriff genommen werden, vollzogen werden als geschichtliche Verwirklichung einer besseren Gesellschaft; zugleich aber ist ihr Ziel ein »letztes«, in dem alles zur endgültigen Erfüllung kommt, das höchste Gut. Sie ist eine konkrete, geschichtliche Aufgabe, mit entsprechenden Widerständen und Spannungen; zugleich erfüllt sich in ihr die letzte Auflösung aller Gegensätze, die Erlösung in toto. Mit dieser Ambivalenz ist eine eigentümliche Paradoxalität verknüpft, in Hinsicht sowohl auf das Ziel als auch auf das handelnde Subjekt und die Mittel. Die Veränderung soll durch Transzendieren das Reich erwirken – als klassenlose Gesellschaft; sie wird vollzogen durch das leidende erwählte Volk – als Proletariat; in ihr kommt die Sprengkraft des Messianischen zum Durchbruch – als revolutionäre Gewalt. Dadurch wird das Theologisch-Messianische mit dem Politischen äquivoziert, was zu einer eigentümlich schillernden Vermischung führt: einerseits wird das Theologische politisch investiert und so im Rahmen der Ideologie politisiert, anderseits wird das Politische theologisch überhöht und so theologisiert.

Gegen diese Äquivokation setzt sich das Kreuz radikal als Zeichen der Unterscheidung ab. Das heißt: vom Kreuz her muß in Hinsicht auf die futurische Eschatologie gegen die verwirrende Vermischung der eschatologischen Äquivokation die Aufgabe einer Fundamentalunterscheidung in Angriff genommen werden. Damit ist nicht eine Scheidung, eine Trennung gemeint: das würde, als Umschlagen ins andere Extrem, das eigentliche Problem nur perpetuieren, nämlich die Nichtbeachtung der Zusammenhänge. Die Unterscheidung soll vielmehr in Hinsicht auf die Zusammenhänge die verschiedenen Dimensionen miteinander in Beziehung setzen und angemessen artikulieren[256].

3.4222. Einreichlehre und Zweireichelehre

Die Fundamentalunterscheidung, die in Hinsicht auf die futurische Eschatologie vom eschatologischen Perfekt des Kreuzes her eingeschärft wird, ist die Unterscheidung zwischen den zwei Reichen. Das wurde schon darin kund, daß und wie sich bei Luther die theologia crucis hinsichtlich des Weltbezuges als Zweireichelehre artikuliert[257]. Erst dann werden das

---

[255] S. o. vor allem 1.22., 1.24–1.245., 3.222.–3.2223., 3.2233., 3.33.–3.334.

[256] Die Aufgabe der Unterscheidung zwischen dem Theologischen und dem Politischen klang schon im ersten Teil an (s. o. 1.13. und 1.243.) und muß hier weiter verfolgt werden.

[257] Vgl. dazu o. 2.46., wo das anhand von Luthers Schriften zum Bauernkrieg verdeutlicht wurde.

Theologische und das Politische richtig unterschieden, miteinander angemessen in Beziehung gesetzt und artikuliert, wenn diese zwei Aspekte auf
die Unterscheidung zweier Grundarten des Umgangs Gottes mit der Welt
hin interpretiert werden. Von dieser grundlegenden Bestimmung des
Gottesbezuges her kann die Äquivokation aufgebrochen werden, der im
Messianismus das Theologische und das Politische unterliegen.

Die Zweireichelehre bildet deshalb den zentralen Streitpunkt in der
Auseinandersetzung mit dem Messianismus in seinen verschiedenen Schattierungen. Im Kontrast zur Zweireichelehre, wie sie sich von Luthers
theologia crucis her aufdrängt, ist der Messianismus im Grunde genommen eine *Einreichlehre*, die in der lutherischen Dualität nur eine schizo-
phrene und, politisch gesehen, reaktionäre Aufspaltung der Wirklichkeit
sieht[258]. Am deutlichsten zeigt sich diese messianische Einreichlehre in
Blochs Reich Gottes ohne Gott. Das Reich ist die zukünftige Erfüllung in
toto, auf die alles messianisch tendiert und die es bereits antizipatorisch zu
erstreben gilt. In dieser Einreichlehre hat die Äquivokation ihren Grund.
Nicht ohne Parallele zu den Unklarheiten in der Spätscholastik hinsichtlich
der Frage, was der Mensch zur praeparatio ad gratiam vermag, bleibt auch
hier völlig unklar, ob das Reich letztlich realisiert werden kann oder nicht.
Da sich alles auf das zukünftige Reich ausrichtet, entspricht das weltverändernde Handeln aufs tiefste der messianischen Bewegung, die im Zeichen
eines Analogieverhältnisses zum Reich steht. Es setzt antizipatorische
Zeichen des Reiches, die dieses zwar nicht herstellen, jedoch wichtige
Mitarbeit an ihm sind, weil sie es gleichnishaft, analogiehaft darstellen. Im
Rahmen eines solchen diffusen Analogieverhältnisses werden die Wider-
stände bagatellisiert und dadurch das menschliche Handeln, trotz aller
Zeichenhaftigkeit, letztlich doch glorifiziert.

Demgegenüber setzt die Zweireichelehre ganz andere Akzente. Sie steht
nicht primär im Zeichen des einen zukünftigen, zu erreichenden messianischen Reiches, sondern geht von einer Zweiheit aus, die im eschatologischen Perfekt des Christusgeschehens angelegt ist. Das Reich Gottes, wie
es von Jesus Christus verkündigt und in ihm begründet wurde, steht
immer schon in der Konfrontation mit einem anderen Reich, mit dem
Reich der Welt[259]. Während vom messianischen Reich her die Gegenwart

---

[258] Das ließe sich eindrücklich zeigen an der Interpretation des Bauernkrieges in der
marxistischen Tradition (Engels, Bloch usw.) sowie in der politischen Theologie. Es gelingt
ihr nicht, Luthers Haltung zu verstehen, da sie alles in der Perspektive des Klassenkampfes
interpretiert und so den Standpunkt der Bauernbewegung und vor allem Müntzers ideolo-
gisch rechtfertigt und verherrlicht.

[259] Es bedürfte freilich eingehender historischer Analysen, um die biblischen, namentlich
neutestamentlichen Wurzeln der Zweireichelehre zu verdeutlichen. Es sei jetzt nur an Beispiele erinnert, die klar auf diese Dualität hinweisen: man denke etwa bei Paulus an Rm 13,1–7
oder in der synoptischen Tradition an das Streitgespräch über die Steuer an den Kaiser (Mk
12,13–17 par.; vgl. auch Mt 17,24–27) oder in der johanneischen Passionsgeschichte an Jesu
Gespräch mit Pilatus und an seine Bemerkung: »Mein Reich ist nicht von dieser Welt.«

im Zeichen der Antizipation des Zukünftigen steht, bestimmt die Zweireichelehre die Gegenwart eschatologisch als Kampfsituation: sie steht im
Zeichen der Auseinandersetzung zwischen den zwei Reichen, der Spannungen, Konflikte und Gegensätze, in denen sie einander widersprechen
und entsprechen. Während die eschatologische Analogie die Widerstände
verharmlost, werden sie in der Spannung von Widersprechen und Entsprechen wahr- und ernstgenommen. Das hängt mit dem Gottesbezug zusammen. Das Eindimensionale in der messianischen Einreichlehre offenbart die
in ihr vollzogene Internalisierung Gottes, die alles auf die äquivozierende
Analogie ausrichtet. Die Zweireichelehre hingegen geht von der Externität
Gottes aus, was sie zur Unterscheidung von Gott und Welt im Streit
zwischen den zwei Reichen führt. Diese Perspektive des Gottesbezuges soll
nun zunächst zum Thema werden. Erst von dort her eröffnet sich dann das
Verständnis der zwei Reiche in ihrer konkreten Gestalt.

3.4223. Gott alles in allem

Die paulinische Formel aus 1. Kor 15,28 soll hier als Leitgedanke dienen.
Sie zeigt an, daß die futurische Eschatologie im Zeichen der theologia
crucis – das ist es, was Paulus in 1. Kor 15 unternimmt, und nicht etwa eine
futurische Ergänzung oder gar ein futurisches Gegengewicht zur theologia
crucis – ganz auf Gott ausgerichtet ist. Darin ist bereits eine polemische
Pointe gegen Bloch enthalten: es geht nicht um ein Reich ohne Gott, in
dem das menschliche Transzendieren auf einen Hohlraum stößt. Es geht
vielmehr gerade um das volle und universale Zur-Geltung-Kommen Gottes. Diese Grundperspektive lenkt in der Zweireichelehre die Aufmerksamkeit darauf, daß beide Reiche Gottes Reiche sind und darin ihren
gemeinsamen Nenner haben. Die zwei Reiche bestimmen zwei Arten
Gottes, mit der Welt umzugehen. Gegen das Eindimensionale des messianischen Reiches setzt die Zweireichelehre deshalb eine konstitutive Dualität
in Gott selbst voraus: während er sich im Reich der Welt als der Deus
absconditus behauptet, der sich in der Majestät hinter satanischen Masken
verbirgt und die Welt so regiert, als ob kein Gott wäre, erscheint er im
Reich Gottes als der Deus revelatus in der Gestalt des gekreuzigten, des im
Kreuz verborgenen Gottes. Nur in dieser Dualität ist Gott unter voller
Berücksichtigung seiner radikalen, sich gegen jede Internalisierung sträu-
benden Externität wahrgenommen. Wie wir schon gesehen haben, weist
diese Dualität in die Auseinandersetzung zwischen Glauben und Anfechtung als die Grundspannung christlichen Lebensvollzuges[260].

(18,36) Vgl. zu diesem traditionsgeschichtlichen Aspekt: *U. Duchrow*, Christenheit und
Weltverantwortung. Traditionsgeschichte und systematische Struktur der Zweireichelehre,
1970, 15–180 (Kap. I: Die biblischen und antiken Grundlagen der späteren Zweireichelehre;
vor allem auf die Apokalyptik und auf Paulus zentriert).
 [260] S. o. 2.453.

Von dieser Dualität her muß das Gottesverständnis des Messianismus noch einmal kritisch betrachtet werden. Bei Horkheimer wird Gott als das ganz Andere bestimmt, auf das die menschliche Sehnsucht ausgerichtet ist[261]. In dieser Perspektive ist Gott ganz auf seine Zukunftsdimension reduziert: Noch ist er nicht zum Durchbruch gelangt. In der ersehnten Erfüllung aber wird er seine Majestät erweisen und in seiner Allmacht die Vollendung aller Dinge herbeiführen. Diese Zukünftigkeit charakterisiert die Gotteslehre des Messianismus überhaupt: Gott wird in ihm eigentlich erst in der Zukunft richtig Gott. Damit verbinden sich zwei Problemaspekte, die hier von Bedeutung sind. Einerseits wird die Zukunft mit einer schweren Hypothek belastet, die sich auf das antizipatorische Handeln des Menschen überträgt: wird es ein solches Versprechen einlösen können oder wird ihm dieses zum Verhängnis? Anderseits geschieht zeitlich, was der Messianismus eben der Zweireichelehre räumlich vorwirft, nämlich eine Dissoziation zwischen Gott und der gegenwärtigen Welt, die Gott in eine ferne Zukunft versetzt und ihn vom jetzigen, konkreten Weltgeschehen absondert. Das sind die Folgen der Eindimensionalität des Gottesbegriffs, die letzten Endes zur Internalisierung Gottes auf Zukunft hin führt.

Wird hingegen die Dimension der Dualität als fundamentale Perspektive der Gotteslehre anerkannt, so gelangt man zu einem ganz anderen Gottesverständnis. Gott ist nicht nur der zukünftig Wirklichkeit werdende Gegenstand meiner Sehnsucht. Er wird nun auch radikal mit der erfahrenen Wirklichkeit zusammengedacht. Das führte Bultmann dazu, Gott mit der doppelten Bestimmung als »das ganz Andere« und »die Alles bestimmende Wirklichkeit« zu charakterisieren[262]. Gott ist zugleich das ganz Andere und die alles bestimmende Wirklichkeit. Dadurch wird zum Ausdruck gebracht, daß Gott unverfügbar ist, daß er nicht zu einem Moment der Weltimmanenz objektiviert werden kann, daß er vielmehr den Menschen umfaßt, ihn herausfordert, die Grundinstanz aller Wirklichkeit ist, vor der sich der Mensch verantworten muß, ohne je ihrer mächtig zu werden. Die Situation des Menschen in Hinsicht auf diese göttliche Instanz kann, wie das bei G. Ebeling geschieht, als »Existenz zwischen Gott und Gott« gekennzeichnet werden[263]. Erst wenn die Gottesfrage in dieser Grundsituation wahrgenommen wird, ist sie angemessen erfaßt.

In Hinsicht auf die paulinische Formel heißt das: nicht erst am Ende wird Gott alles in allem sein. Eigentlich ist er es jetzt schon. Freilich ist das eine Glaubensaussage, die nur gegen alle anfechtenden Anzeichen gegenteiliger Erfahrung geglaubt werden kann, gegen die Anzeichen von Abwesenheit, Nichtssein Gottes. Gott ist jetzt schon alles in allem, aber in der Verborgenheit des Kampfes mit seinen Feinden, die ihm noch nicht unterworfen

---

[261] Zum folgenden, vgl. o. 3.341.
[262] S. o. Anm. 185.
[263] S. o. Anm. 185.

sind. Demgegenüber ist das Futurische durch die endgültige Unterwerfung
aller Feinde charakterisiert. Darin vollzieht sich endgültige Offenbarung:
nun wird offenbar werden, daß Gott alles in allem ist. Dann aber soll die
Anfechtung ihr Ende finden und das Glauben zum Schauen werden. Das ist
die Grundausrichtung futurischer Eschatologie. Diese Grundausrichtung
wird in der Kreuzeseschatologie nicht etwa einfach abgelehnt, sondern
vielmehr radikal eingeschärft. Die Zentrierung der Eschatologie auf das
Kreuz, die sich im Perfektischen vollzogen hat, impliziert nicht eine
Aufhebung der futurischen Eschatologie. Vielmehr geht es darum, vom
Perfektischen her das Futurische als Futurisches wahrzunehmen. Daraus
folgt eine Kritik des Messianismus gerade im Namen des Futurischen, und
nicht etwa nur in der Absicht, alles gewaltsam auf das Perfektische zu
reduzieren. In diesem Sinne hebt die Kreuzeseschatologie hervor, daß das
Futurische nur angemessen aufgenommen ist, wenn es ganz und gar Gott
anvertraut wird. Die Zukunft, sei es meine eigene oder die Zukunft der
Welt überhaupt, wird Gott allein überlassen. Auch das ist eine Glaubensbewegung, die gegen den Anschein kämpfen muß, als sei die Zukunft dem
Menschen anvertraut, als sei sie unsere Sache[264]. In eschatologischer Hinsicht, letztlich ist die Zukunft nicht unsere Sache, sondern allein Gottes
Sache: das ist die Grundperspektive der theologia crucis für die futurische
Eschatologie. Diese eschatologische Exklusivität Gottes hat Luther mit der
spes purissima in purissimum deum zum Ausdruck gebracht. Sie wirkt
sich kritisch gegen die futurische eschatologia gloriae aus.

Die Vorstellungen und Aussagen, die die traditionelle futurische Eschatologie prägen, sind auf diese Exklusivität Gottes hin zu interpretieren. In
ihnen wirkt die Tendenz, sich das futurische Geschehen anzueignen,
sozusagen den Tag und die Stunde zu wissen, aber auch die Gestalt, den
Ablauf, die Fristen, die Phasen des Geschehens zu veranschaulichen. Insofern diese Tendenz die Reinheit der Hoffnung und die Reinheit Gottes
gefährdet, das Futurische gewissermaßen entfuturisiert, müssen die traditionellen Vorstellungen und Aussagen radikal entmythologisiert und auf
die Grundausrichtung des Futurischen zentriert werden. In ihnen soll
nichts anderes zum Ausdruck kommen als, daß allein der Vater »jenen Tag
oder jene Stunde kennt« (vgl. Mk 13,32 ff par). Dann allein ist das Futurische wirklich ernstgenommen, wenn als Grundperspektive gilt: »Der Tag
des Herrn wird kommen wie ein Dieb in der Nacht.«[265]

Diese Grundperspektive erfordert auch eine Kritik des Modells der
Antizipation. Wenn das Futurische Gott allein zukommt, muß auf jeden
Versuch verzichtet werden, diese Zukunft durch menschliches Handeln,
verändernde Praxis zu antizipieren. Die Herrschaft Gottes kann nicht zum

---

[264] Vgl. den Titel des letzten Werkes von *D. de Rougemont:* L'avenir est notre affaire, Paris,
1978.

[265] 1. Thess 5,2. Zu diesem Motiv des Diebes, vgl. in verschiedenen Akzentuierungen Mt
24,43; Lk 12,39; 2. Petr 3,10; Off 3,3. 16,15.

Gegenstand menschlichen Tuns werden. Eine solche Antizipation des endgültigen Durchbruchs, wenn auch nur zeichenhaft, bedeutete eine Pervertierung der spes purissima durch Werkgerechtigkeit unter eschatologischem Vorbehalt. Diese Ablehnung der Antizipation löst die messianische Äquivokation auf: wenn Gott allein dafür sorgt, daß er endgültig alles in allem wird, dann kann diese Erfüllung nicht mehr als latente Tendenz unserer weltverändernden Aktivität betrachtet werden. Dann werden die Perspektiven nicht äquiviziert, sondern unterschieden. Daß wir der endgültigen Erfüllung harren, hat nicht zur Folge, daß wir sie aktiv erstreben und beanspruchen, das Unsere dazu beizutragen, und derart antizipierend aus der Gegenwart bereits in die Zukunft flüchten, sondern vielmehr, daß wir uns in dieser Erwartung ganz der gegenwärtigen Situation widmen, wie sie im Zeichen des Kreuzes bestimmt ist, den Spannungen und Gegensätzen standhalten, die sie prägen, ihre Konflikte austragen. Luther und Kierkegaard sprechen beide davon, daß der Glaubende der Zukunft den Rücken kehren muß, um sie richtig zu erfassen[266].

Das heißt, um noch einmal mit Luther zu sprechen[267]: die Perspektive dieser posterior conditio, der Erhöhung und Verherrlichung, impliziert gerade eine verschärfte Wahrnehmung der prior conditio, in der vom eschatologischen Perfekt her Kreuz, Passion und Tötung gelten. Das zukünftige Schauen schärft den Glauben als angefochtenen Glauben ein, die Aussicht einer Totenauferweckung konfrontiert mit dem Tod als dem letzten Feind, die endgültige Offenbarung verweist in die Verborgenheit Gottes als Verborgenheit in der Majestät und am Kreuz. In Hinsicht auf die Wirklichkeit im ganzen können diese Spannungen der prior conditio als die Dualität der zwei Reiche gekennzeichnet werden. In dieser Dualität vollzieht sich vom Kreuz her die eschatologische Auseinandersetzung zwischen Gott und Welt. Diese Auseinandersetzung vollzieht sich nicht unabhängig vom Menschen, sondern vielmehr gerade in ihm als Streit der Instanzen, vor denen er steht, um das letztgültige Urteil über ihn. Dieser Kampf muß im Glauben ausgetragen werden, damit die zwei Reiche zu einer Unterscheidung gelangen, in der sie einander im Widerspruch entsprechen. Diese Unterscheidung soll nun noch als Wahrnehmung konkreter Aufgaben des Menschen in Hinsicht auf das Futurische zur Sprache kommen, in der Konzentration auf die Sünde und das Böse in ihrem Verhältnis zu Gott.

3.4224. Die Sünde und die Verkündigung des Gekreuzigten

Die Welt widersetzt sich Gott, sie will selbst ein Reich sein, sich gegen Gott als Reich der Welt behaupten. Das heißt konkret: sie will als höchste

---

[266] *M. Luther* in: WA 4; 149,27–30 (Dict. sup. Ps.), und *S. Kierkegaard* in: Ges. Werke, hg. von *E. Hirsch,* 20. Abt. (Christliche Reden, 1848), 1959, 76–81. Siehe dazu: *G. Ebeling,* WG II, 87–91 und WG III, 447.

[267] S. o. 2.35.

Instanz fungieren und das letzte Urteil über den Menschen fällen, ihm
Leben, Gerechtigkeit, Heil zukommen lassen. Vor der Welt aber gelten
letztlich allein die Werke des Menschen. Das Leben, das die Welt dem
Menschen verspricht, ist ein Leben aus Werken, ihre Gerechtigkeit eine
Werkgerechtigkeit. Der Mensch kann sich jedoch nicht selbst durch seine
eigenen Werke verwirklichen, ist in diesem Unternehmen zum Scheitern
verurteilt. Das Versprechen der Welt als höchster Instanz endet im Fluch,
im Fluch des Gesetzes.

Als Auflehnung gegen Gott ist der Anspruch der Welt, letzte Instanz zu
sein, Sünde. Dieser Sünde begegnet Gott mit der Verkündigung des
Gekreuzigten. Damit wird das Reich Gottes überhaupt konstituiert und
zugleich die Sünde an ihrer Wurzel angegriffen. Am Kreuz ergeht ein
Urteil über die Welt und ihre Forderung der Werke, das sie zunichte macht
und deshalb den Sünder von ihrem Fluch freispricht. Aus dem Kreuz,
»durch das die Welt für mich gekreuzigt ist und ich für die Welt« (Gal
6,14), geht die Gnade hervor, nicht dazu verflucht zu sein, aus meinen
Werken gerecht zu werden und zu leben. Das Reich Gottes als regnum
crucis ist das regnum fidei: der Glaube als Teilhabe am Kreuz vollzieht an
mir das Urteil Gottes, das mich zum Sünder macht, der nichts für sich
selbst vermag, sondern auf Gott allein angewiesen ist, von ihm allein
Leben, Gerechtigkeit und Heil empfangen kann. Und zwar nicht etwa
durch seine Werke – das hieße, aus Gott eine weltliche Instanz machen –,
sondern allein durch den Glauben, der sich auf Gott verläßt.

Das Reich Gottes, wie es in Christus begründet wurde, besteht deshalb
wesenhaft aus Wort und Glaube, aus dem Wort vom Kreuz, das den
Glauben als Teilhabe am Kreuz eröffnet. Deshalb ist für Paulus die
Mitarbeit am Reich Gottes die Verkündigung des Evangeliums Jesu Christi, und das heißt schließlich: die Verkündigung des Gekreuzigten. In
diesem Verkündigungsdienst ist der Mensch Mitarbeiter Gottes, der freilich nichts gilt, weil Gott allein die Saat wachsen läßt, weil er allein aus
Torheit und Ärgernis Kraft und Weisheit Gottes macht[268].

3.4225. Das Böse und die Erhaltung der Welt

Indem im Glauben der Fluch der Welt aufgehoben wird, indem ihm aufs
härteste widersprochen wird, bietet sich die Möglichkeit, das Reich der
Welt ganz anders zu sehen, ihm zukommen zu lassen, was ihm vom Reich
Gottes in Christus her zukommt. In dieser Perspektive wird es möglich,
das Reich der Welt als Einrichtung Gottes zur Erhaltung der Welt zu

---

[268] Zu diesem Thema des Mitarbeiters, vgl. bei Paulus vor allem 1. Kor 3,4–9. Mit der Saat
ist hier die Verkündigung des Evangeliums gemeint. Das zeigt sich auch klar in 1. Thess 3,2,
wo Timotheus als »Mitarbeiter Gottes im Evangelium Christi« bezeichnet wird. Daß damit
die Perspektive des Reiches Gottes verbunden ist, zeigt etwa Kol 4,11, wo von »Mitarbeitern
am Reich Gottes« gesprochen wird.

verstehen, in der es darum geht, die Welt und die Menschen vor den schlimmen Auswirkungen ihrer Sünde zu schützen. Gegen den Selbständigkeitswillen der Welt wäre dann das Reich der Welt ein Gottesdienst, der sich als die andere Art Gottes, der Sünde zu begegnen, nämlich als Bekämpfung ihrer zeitlichen Früchte, mit dem regnum crucis zu einem doppelschneidigen Schwert zusammenfügt. Das soll nun näher erörtert werden.

In der Welt geht es zu, als ob kein Gott wäre. Die Welt erscheint nicht nur gottverlassen, sie gebärdet sich auch gottwidrig. Das hat Luther in seiner Zweireichelehre stark hervorgehoben. Betrachtet man, wie die Welt regiert wird, so steht man bald vor der Alternative: entweder gibt es Gott nicht oder er ist ungerecht, mehr Teufel als Gott. Auf diesen Anschein reagiert der Glaube mit der Aussage der Verborgenheit Gottes: die Welt in ihrer Gottverlassenheit und Gottwidrigkeit ist das Feld des verborgenen Wirkens Gottes. Wenn ich vor der Welt zur Rechenschaft stehe, so ist das noch nicht die höchste Instanz. Gott hält die ganze Welt verborgen in seiner Hand und erhält sie als seine Schöpfung, zu der er steht. Diese Aussage ist im strengsten Sinne eine Glaubensaussage. Daraus folgt, daß sie nicht zum Grundsatz einer Theodizee werden kann, die das Böse von einem allgemeinen Standpunkt her erklärt. Ich kann sie nur gegen das Walten und Toben des Bösen in der Welt glauben. Das heißt aber, daß sie keine Rechtfertigung des Bösen im Namen Gottes oder irgendeines anderen Prinzips liefert. Sie stellt Gott in einem verborgenen Kampf mit dem Bösen dar. Das Reich der Welt als Kampf Gottes gegen das Böse weist, was den Ursprung des Bösen betrifft, nicht in die Richtung Gottes, sondern des Menschen und seiner Sünde. Deshalb gibt es keinen Standpunkt des Allgemeinen, wo sich der Mensch ausruhen könnte. Er ist selbst herausgefordert und in die Auseinandersetzung mit dem Bösen hineingenommen, und zwar in doppelter Hinsicht: er stiftet das Böse und bedroht so die Welt, und zugleich muß er die Welt schützen vor dem Bösen und dieses eindämmen. Das ist die Dualität, die von vornherein das Reich der Welt prägt.

Im Reich der Welt gelten nicht Evangelium und Glaube – das wäre eine verhängnisvolle Vermischung der Reiche –, sondern Gesetz und Werke. Das heißt: nicht die Verkündigung des Heils, sondern der Versuch einer möglichst gerechten Gestaltung der Verhältnisse, die auf die Erhaltung der Welt und das Wohl der Menschen bedacht ist. Der Glaube als Teilhabe am Kreuz hat zur Folge, daß das Heil Gott allein anvertraut wird. Das bedeutet im Reich der Welt den prinzipiellen Verzicht auf Errettung und Heil. Der Anspruch auf Erlösung, auf endgültige Befreiung wäre der verzweifelte Versuch, einen Standpunkt einzunehmen, der frei ist vom Bösen. Das heißt aber: über seinen eigenen Schatten springen wollen. Es spricht vieles dafür, daß es diesen Standpunkt überhaupt nicht gibt. Das menschliche Handeln steht immer schon im Zusammenhang des Bösen, und das Mißachten dieses Zusammenhanges bekräftigt nur das Böse.

Damit ist die Beschränkung eingeschärft, die alle menschlichen Einrichtungen prägt und die Nüchternheit und Bescheidenheit erfordert. Es gibt
keine Heilsmodelle im Reich der Welt, weder als Heiligung des Bestehenden noch als Herstellung eines absoluten, endgültigen Zustandes ohne
Böses, weder als konservativen noch als revolutionären Romantismus.
Möglich ist nur ein unablässiges Versuchen von Verbesserungen und
Einrichtungen, das, frei von allen Ideologien, Fanatismen und schwärmerischen Utopien, aber auch frei von aller Verzweiflung und Resignation, sich
von der Einsicht einer nüchternen Vernunft leiten läßt und das Bestmögliche zum Wohl der Menschen unternimmt, als das sich Aufdrängende, das,
was an der Zeit ist und not tut. Zu dieser nüchternen Vernunft gehört
gerade auch, was Horkheimer als Grundaufgabe der kritischen Theorie
charakterisiert: »Sie (sc. die kritische Theorie) will das, was verändert
werden soll, bezeichnen, sie will aber auch das, was zu erhalten ist,
nennen.«[269] Nur in diesem beschränkten Sinne ist die Zukunft unsere
Sache: als Wahrnehmung der Verantwortung für das Bestmögliche.
Zukunft als futurisches Heil hingegen ist Gott vorbehalten, und Gott ist
nicht verfügbar für politische Heilsmodelle, linker oder rechter Observanz.
Diese Ideologisierung Gottes ist gerade durch seine Verborgenheit im
Reich der Welt verwehrt.

Heilsmodelle kann es im Reich der Welt nicht geben, weil die Politik
immer schon zu spät ist. In Hinsicht auf das Böse ist dies die konstitutive
Determination der Politik. Das Böse ist immer schon gegeben. Wenn es
darum geht, die Welt zu erhalten, so kann die Politik nicht auf Konzepte
und Utopien von Heil als endgültiger Erfüllung ausgerichtet sein. Das
wäre eine Pervertierung in messianischer Richtung. Ihre wahre Dignität
besteht gerade darin, ein Notdienst zu sein in Hinsicht auf das Böse, als
Zurechtbringen des lädierten Menschen. Die Grundperspektive im Reich
der Welt ist deshalb die des bedrohten Menschen, den es in Schutz zu
nehmen gilt, und zwar gerade vor sich selbst. Die Grundperspektive im
Reich der Welt ist in diesem Sinne *die des Rechts,* das es einzuschärfen gilt als
Schutz dieses bedrohten Menschen. In diesem Kontext ist nicht die Vernunft schlechterdings primär, so daß sie zur souveränen Gesetzgeberin in
ethisch-politischer Hinsicht werden kann – das bedeutete erneut den Verlust der Nüchternheit. Vernunft ist hier Einsicht in die sich ihr aufdrängende Forderung, in die Nötigung des Zurechtbringens: daß den unter
Ungerechtigkeit Leidenden Gerechtigkeit widerfährt, daß den Entrechte-

---

[269] *M. Horkheimer,* Die Sehnsucht nach dem ganz Anderen (s. o. Anm. 137), 73. Gegenüber dem Programm der messianischen Revolution muß man wohl eher das Gewicht auf die
Reform legen. Auf diesen Gegensatz konzentriert sich die Konfrontation zwischen Marcuse
und Popper: Revolution oder Reform? Herbert Marcuse und Karl Popper. Eine Konfrontation. Hg. v. *Fr. Stark,* 1971. Unsere Kritik des Messianismus trifft sich in vielen Punkten mit
Poppers Kritik des Historizismus: *K. Popper,* Das Elend des Historizismus, (1965) 1979[5]; *ders.,*
Die offene Gesellschaft und ihre Feinde, 2 Bde., (1957) 1980[6].

ten Recht zukommt. Das ist die zivile, politische Gerechtigkeit, die das Reich der Welt als Reich der Welt überhaupt konstituiert: unverletzliche Menschenrechte für den verletzten Menschen.

3.4226. Das Aufbrechen des Teufelskreises in der Unterscheidung

Das Böse erscheint als Teufelskreis, in dem es sich immer regeneriert und verstärkt. Dieser Teufelskreis entsteht durch eine enge Verbindung von Sünde und Bösem als deren Frucht. Ich will mich vor der Welt durch meine Werke rechtfertigen, etwa indem ich sie als heilschaffend bestimme oder mich durch sie in Mitmenschlichkeit verwirklichen will. Doch gerade durch diesen verzweifelten Versuch pervertiere ich sie zu schlechten Werken. Gerecht, gut werden sie dadurch, daß ich sie recht gebrauche, sie auf die bestmögliche Gestaltung des Wohls der Menschheit ausrichte, in echter, ethisch-politischer Solidarität. Indem aber die Werke pervertiert sind, werde ich erneut zur Rechtfertigung herausgefordert. Das wirft mich jedoch nur zurück auf meine Verzweiflung. Es will mir nicht gelingen, durch meine Werke gerecht zu werden, und deshalb versuche ich es verzweifelt immer wieder. Diese enge Verbindung zwischen der Sünde und dem Bösen erweist sich als die eigentliche Triebkraft im Teufelskreis.

Deshalb kann dieser Teufelskreis nur aufgebrochen werden, wenn diese Verbindung aufgehoben wird. Das geschieht in der Unterscheidung der zwei Reiche. Solange das göttliche Heil und die menschliche geschichtlich-politische Praxis äquivoziert werden, wird der Teufelskreis genährt, verstärkt, denn damit verbindet sich eine Solidarität, die nur ethisch-politisch ist und deshalb der Sünde nicht beikommen kann. Erst die Überwindung der Sünde in der existentiell-eschatologischen Solidarität des Kreuzes Christi eröffnet eine ethisch-politische Solidarität, in der dem Bösen angemessen begegnet wird. Indem er von der Sünde befreit, schenkt der Glaube die Gewißheit, gerechtgesprochen zu sein, Gewißheit, die die Werke vom abusus der Sünde befreit und sie zu Werken der Liebe werden läßt.

3.423. Eschatologische Externität in der Gegenwart

Für den Enthusiasten der bereits vollbrachten vollkommenen Erfüllung gilt allein das »schon jetzt«. Für eine rein futurische Eschatologie, wie sich etwa an Blochs Ontologie des Noch-nicht zeigt, gilt allein das »noch nicht«. Die christliche Eschatologie vereint zutiefst beide Aspekte miteinander: schon jetzt und noch nicht. Dieses Zusammen von »schon jetzt« und »noch nicht« ist nicht als ein »halb und halb«, ein »teils-teils« zu verstehen. Es läßt sich auch nicht aufteilen, so daß einiges schon jetzt und anderes noch nicht wäre. Es gilt hier vielmehr ein strenges »sowohl – als auch«, das das Verhältnis als Gegensatz bestimmt, der nur im Leben auszutragen ist. Diese Spannung von perfektischer und futurischer Eschatologie weist deshalb in die Gegenwart, die dazwischenliegt. Solange dieser Schritt in die Gegenwart nicht gemacht wird, ist die Eschatologie eine Flucht, sei es nach vorne oder nach hinten, vor der Situation, in der die eschatologische Thematik am virulentesten ist. Nun drängen aber beide bis jetzt erörterte Aspekte, das Perfektische und das Futurische, in die Gegenwart. Das Futurische schärft, so sagten wir, als posterior conditio die prior conditio des Kreuzes ein, die das jetzige Leben bestimmt. Gerade auf diese prior conditio ist auch das eschatologische Perfekt ausgerichtet, insofern es im Wort vom Kreuz ganz auf den Glauben als nachvollziehende Teilhabe am Kreuz abzielt.

In diesem Sinne soll nun diese Konzentration auf die Gegenwart verfolgt werden, indem danach gefragt wird, wie sich die Kreuzeseschatologie auf die Bestimmung der Gegenwart auswirkt, wie die Gegenwart unter das Zeichen des Kreuzes zu stehen kommt. Wir begnügen uns zusammenfassend mit der Erörterung einiger grundlegender Aspekte, die den Rahmen präsentischer Eschatologie abstecken.

3.4231. Das Problem des Todes

Als Ausgangspunkt der Bestimmung präsentischer Eschatologie soll noch einmal das Problem aufgenommen werden, das der natürlichen Eschatologie zugrundeliegt. Wir hatten es als das Problem der Zukunft namhaft gemacht und auf das Problem des Todes konzentriert. Das bildet das fundamentale eschatologische Problem. Gerade deshalb muß es aufgenommen werden, wenn es darum geht, in der Eschatologie das die Gegenwart radikal Herausfordernde hervorzuheben.

Der Tod ist die entscheidende Herausforderung an den Menschen in eschatologischer Hinsicht. Das macht seine Einmaligkeit, Unumkehrbarkeit und Endgültigkeit aus. Er ist, was die Zukunft des Menschen betrifft, das Sicherste, wie es auch im Wort »todsicher« eindeutig anklingt. Paulus spricht vom Tod als dem »letzten Feind«, der Gott unterworfen wird (1. Kor 15,26). Diesen letzten Feind, diese Herausforderung gilt es in der Konzentration auf das Präsentische ernst zu nehmen. Das gilt polemisch gegen Tendenzen im Messianismus, diese Konfrontation in der Perspektive des Futurischen zu entschärfen. So etwa gilt für Bloch eine Exterritorialität zum Tod, die den Existenzkern des Menschen betrifft, insofern er »das Untötbare des revolutionär-solidarischen Bewußtseins« meint. Dieses Bewußtsein bedeutet »das Unsterbliche in der Person als das Unsterbliche ihrer besten Intentionen und Inhalte«[270]. Moltmann lehnt zwar diese Unsterblichkeit ab und betont die Auferweckung der Toten. Freilich bleibt auch bei ihm eine Unklarheit, insofern er diese Totenerweckung als Prozeß versteht, in den die gesellschaftlich verändernde Praxis integriert ist. Damit

---

[270] *E. Bloch*, Das Prinzip Hoffnung (s. o. Anm. 170), 1381.

aber ist das Problem des Todes durch die verherrlichende Ausrichtung auf das Futurische verharmlost.

Demgegenüber gilt für die präsentische Eschatologie, daß die Konfrontation mit dem Tod in aller Radikalität als contra-Situation wahrgenommen wird. Das hängt mit der Auferstehungsaussage im eschatologischen Perfekt des Christusereignisses zusammen. Angesichts des schmachvollen Todes Christi am Kreuz und gerade gegen diese Evidenz wurde seine Auferstehung von den Toten geglaubt. Als Teilhabe an diesem Kreuz hat der Glaube teil an diesem contra: das Leben des Glaubenden als ewiges Leben steht im Zeichen des bevorstehenden Todes als eines unabwendbaren und endgültigen Endes. Ich bin schon jetzt dem Tode gestorben und des ewigen Lebens teilhaftig. Zugleich aber bin ich als irdischer, gegenwärtiger Mensch eben noch nicht gestorben, so daß der Tod für mich der letzte Feind bleibt. Dennoch bin ich schon jetzt dessen gewiß, daß der Stachel und der Sieg des Todes vernichtet sind. Diese Gewißheit wird aber der Anfechtung des bevorstehenden Todes ausgesetzt, den ich noch nicht gestorben bin und der deshalb noch nicht überwunden ist.

Diese Perspektive des Todes bestimmt erst wirklich das gegenwärtige Leben als eschatologische Situation. Gegen die Tendenz der futurischen Eschatologie, diese konkrete Situation zu überspielen, ist die präsentische Eschatologie vom Perfekt her darauf aus, dieser Situation standzuhalten: erst im nachvollziehenden Aussterben des eigenen Todes im Glauben wird der Tod des Todes am Kreuz zuteil und ereignet sich ewiges Leben, für das jetzt bereits Leben wie auch Sterben »für den Herrn« ist (vgl. Rm 14,7–9).

Im Zeichen dieses »für den Herrn« kann der Glaubende die Unmittelbarkeit des natürlichen Menschen nicht mehr teilen. Die eschatologische Perspektive des Todes, wie sie eben charakterisiert wurde, gibt ihm eine Distanz gegenüber dem Leben und seinen verschiedenen Situationen. Diese Distanz ist nicht Gleichgültigkeit, Unbetroffenheit, Apathie in stoischer Abgewandtheit, sondern Auseinandersetzung mit dem Leben um seinen Gehalt und Wert in eschatologischer Hinsicht. Um mit Paulus zu sprechen: eine Auseinandersetzung mit dem Leben im Wissen darum, daß »die Zeit kurz ist« und »die Gestalt dieser Welt vergeht« (1. Kor 7,29–31). In diesem Sinne ist das christliche Leben durch ein tiefes »als ob« charakterisiert: »Hinfort seien die, die Frauen haben, als ob hätten sie keine; und die Weinenden, als ob weinten sie nicht; die Fröhlichen, als ob freuten sie sich nicht; die Kaufenden, als ob behielten sie es nicht; und die, die die Welt benützen, als ob benützten sie sie nicht.« Diese freiheitliche Distanz, die das wahre Ermessen der Dinge des Lebens erlaubt, kann man als Humor bezeichnen, der den falschen Ernst der Welt zerstört und den göttlichen Ernst einschärft. Dieser Humor ist der Ausdruck der Freiheit des Christen in der Welt[271].

---

[271] Etwas ausführlicher zu diesem Thema: *P. Bühler,* Foi et humour. Une petite dramatur-

3.4232. Die Konzentration auf den Einzelnen

Aus der Hervorhebung des Todes als des fundamentalen Lebensproblems folgt die Konzentration auf den Einzelnen. Diese Kategorie des Einzelnen, die sich als roter Faden durch die ganze Arbeit zieht, soll hier noch einmal als Grundperspektive der präsentischen Eschatologie erwähnt werden. Darin offenbart sich die Gesamtausrichtung der Arbeit: die Kreuzeseschatologie weist in die präsentische Eschatologie als eschatologische Bestimmung der Gegenwart im Zeichen des Kreuzes. Damit sind das Perfektische und das Futurische nicht einfach ausgeschlossen. Sie werden als konstitutive Dimensionen des Eschatologischen aufgenommen und, indem sie auf das Präsentische bezogen werden, auf ihre Konkretion hin bedacht. Diese Konkretion ist die des Einzelnen, wie sich im Problem des Todes zeigt.

Dem Tod als seinem eigenen muß sich jeder Mensch stellen, auch wenn er sich bloß damit begnügt, sich ihm gegenüber totzustellen. Darin verbinden sich Universalität im weitesten Sinne und äußerste Konzentration auf den Einzelnen. Der Tod betrifft alle Menschen, jeden Menschen ausnahmslos, aber jeden Menschen schlechterdings als Einzelnen. Dies vollzieht eine Verankerung, die auch für das Futurische und das Perfektische gilt. Der Weltbezug im Futurischen hängt zutiefst mit einer unabdingbaren Verankerung im Einzelnen zusammen[272]. Auch im christologischen Perfekt gilt diese Verankerung. Wenn Paulus den Tod Jesu Christi in seiner Bedeutung als Tod aller[273] bestimmt: »Einer ist für alle gestorben – also sind alle gestorben« (2. Kor 5,14), meint er nicht die Menschheit gesamthaft betrachtet. Dann würde es wohl eher heißen: ». . . also brauchen alle anderen nicht mehr zu sterben«. Vielmehr ist jeder Mensch höchst persönlich betroffen, so daß die Bedeutung »für alle« erst im eigenen Mitgekreuzigtwerden Wirklichkeit wird.

Die Kreuzeseschatologie setzt deshalb die Priorität des Einzelnen gegenüber der Welt. Damit findet nicht einfach eine Konfrontation zwischen zwei voneinander isolierten Standpunkten statt. Es geht um die Frage nach der eigentlichen Konkretion. Priorität des Einzelnen meint in diesem Sinne: der Einzelne allein ist der Bezugspunkt aller Wirklichkeitsbezüge, in dem sie zu einer Einheit zusammenwachsen und konkret werden. Ein Ausbrechen aus dieser Konzentration auf den Einzelnen bedeutet immer einen Übergang von der theologia crucis in die theologia gloriae.

---

gie de la foi chrétienne, d'après Dürrenmatt, in: Bulletin du Centre protestant d'études de Genève, Genf, 28, 1976, Heft 3, vor allem 36–39.

[272] S. dazu o. 3.2232.
[273] Vgl. dazu G. *Ebeling* aaO (s. o. Anm. 221), II, 205–209.

3.4233. Eschatologie und Existenz

Mit der Kategorie des Einzelnen verknüpft sich ein weiterer Aspekt, der auch die gesamte Arbeit prägt: die Verbindung von Eschatologie und Existenz. Zur Bestimmung der verschiedenen Perspektiven in der Kreuzesinterpretation haben wir zwischen einer ethisch-politischen und einer existentiell-eschatologischen Perspektive unterschieden[274]. In dieser zweiten Interpretationshinsicht wird die Verbindung von Eschatologie und Existenz zur grundlegenden Verstehenshilfe. Die eschatologische Thematik wird erst im Existenzbezug richtig erfaßt. Das zeigte sich uns in bezug auf das Kreuzesgeschehen sowohl im existentiellen Verständnis der Sünde als Krankheit zum Tode als auch im Kreuzestod Christi als Verzweiflung der Verzweiflung und Tod des Todes. Als eine solche Kreuzeseschatologie verstanden, die sich ganz auf die Teilhabe des Glaubens am Kreuz konzentriert, weist die Eschatologie als präsentische in den Lebensvollzug des Menschen. Diese Richtungsanweisung konnten wir an vielen Stellen bei Luther beobachten, im Streit mit seinen Gegnern um Kreuz und Eschatologie: als Betonung des affectus und der passio, als Zentrierung auf die Alternative von usus und abusus, als Einschärfung der fides apprehensiva, als Hinweis auf die Freiheit in der Dienstbarkeit usw.

In der messianisch-politischen Eschatologie hingegen bildet das Politische die Grunderfahrung, von der her alles strukturiert wird. Damit verschieben sich die wichtigsten Akzente: vom Kreuz zur Herrlichkeit, vom Präsentischen zum Futurischen. Das hängt damit zusammen, daß die politische Bestimmung das Interesse auf die gesellschaftlich-geschichtlichen Formen lenkt. Dadurch wird alles auf die Geschichtstotalität als Geschichtsprozeß ausgerichtet, in dem der Mensch als aktiv gestaltende Kraft integriert wird und eine sinnvolle Rolle bekommt. Demgegenüber will die Eschatologie, die auf existentielle Aneignung aus ist, dem Menschen in seinem Lebensvollzug Gewißheit schenken, die ihn zum Aushalten der Spannungen und Gegensätze befreit, die seine Situation prägen. Damit ist Geschichte nicht einfach ausgeschlossen. Sie wird jedoch nicht als abstrakte Geschichtstotalität wahrgenommen, sondern dort, wo sie konkret, geschichtlich wird, im Leben des Einzelnen in seiner geschichtlichen Verankerung[275].

---

[274] S. o. 1.42.–1.422. und 3.4131.

[275] Zu dieser Gegenüberstellung einer Sinnproblematik im Rahmen der Geschichtstotalität und einer Gewißheitsproblematik im Lebensvollzug des Menschen, vgl. *W. Mostert,* Sinn oder Gewißheit? Versuche zu einer theologischen Kritik des dogmatistischen Denkens, 1976. Zur Bedeutung der »menschlichen Individuen« für die Geschichtsauffassung, vgl. *K. Popper,* Die offene Gesellschaft . . . (s. o. Anm. 269), Bd. II, 320–347.

3.4234. Die Verlassenheit des Menschen

Zur Bestimmung der Eschatologie bedarf es einer Besinnung auf ihre anthropologische Grundperspektive. Das soll nun noch kurz skizziert werden, in der Absicht, die soeben erörterten Aspekte, das Problem des Todes, die Kategorie des Einzelnen und den Existenzbezug, in einer gemeinsamen Fragestellung zusammenzufassen. Ausgangspunkt dieser Bestimmung ist folgender: In der Eschatologie geht es letztlich um die Befreiung des Menschen. Bei Luther zeigt sich das an der leidenschaftlichen Wiederaufnahme der paulinischen Freiheitsthematik. Auch bei Moltmann spielt der Gesichtspunkt der Befreiung eine zentrale Rolle[276]. An dieser gemeinsamen Ausrichtung offenbaren sich die Unterschiede.

Vom ethisch-politischen Standpunkt her konzentriert sich die Befreiung auf die Gewährung politischer Freiheit und geschieht deshalb im gesellschaftlich verändernden Handeln, das Wege zur psychischen und zur politischen Befreiung umfaßt. In diesem Handeln gilt es, Mißstände aufzuheben, Ungerechtigkeiten und Leiden, Unterdrückungen, die den Menschen bis hinein in seine psychische Bestimmung versklaven. Befreiung gibt es in dieser Perspektive nur als umfassende, gesellschaftlich-politische Gestalt annehmende Freiheit. Das Reden von innerer Freiheit hingegen ist Verinnerlichung als Flucht vor der Wirklichkeit.

Wenn nun im Kontrast dazu die existentiell-eschatologische Perspektive präzisiert werden soll, dann darf dies auf jeden Fall nicht so geschehen, daß das Politische überhaupt ausgeschlossen wird. Es muß vielmehr auf seine Folgen für die existentielle Situation des Menschen hin bedacht werden. Darauf weist in gewissem Sinne Moltmanns Verbindung des Politischen mit dem Psychischen hin. Freilich bleibt die psychische Befreiung bei ihm doch stark auf die ethisch-politische Befreiung in der verändernden Praxis ausgerichtet: es geht vor allem um die Befreiung von den psychischen Zwängen und Regulationssystemen, die den Menschen apathisch machen, ihn daran hindern, homo sympatheticus zu werden[277]. Daraus folgt, daß die Situation des Menschen doch nicht radikal existential erfaßt wird. Der

---

[276] Siehe etwa: Die ersten Freigelassenen der Schöpfung. Versuche über die Freude an der Freiheit und das Wohlgefallen am Spiel, Kaiser Traktate 2, 1971; Die Sprache der Befreiung. Predigten und Besinnungen, 1972; Gott kommt und der Mensch wird frei. Reden und Thesen, Kaiser Traktate 17, 1975, vor allem 9–35. Im Rahmen der Kreuzestheologie, vgl. die zwei letzten Kapitel in: Der gekr. Gott, 268–316 (VII. Wege zur psychischen Befreiung des Menschen, 268–292, VIII. Wege zur politischen Befreiung des Menschen, 293–315).

[277] Das hängt damit zusammen, daß Moltmann vor allem von Freuds Psychoanalyse und von ihrer Verarbeitung in der Frankfurter Schule (Marcuse, Bloch) ausgeht. Es wäre zu fragen, ob man nicht zu wesentlich anderen Akzentuierungen gelangen würde, wenn man andere Richtungen der Psychotherapie aufnehmen würde, die gerade die existentiale Dimension hervorheben. Man denke etwa an die Daseinsanalytiker (L. Binswanger, M. Boss), an gewisse Vertreter der Antipsychiatrie (R. Laing) oder an die amerikanische Kommunikationsforschung (G. Bateson, die Gruppe von Palo Alto, vor allem P. Watzlawick).

ethisch-politische Standpunkt führt zur Betonung der Aktivität: die psychische Befreiung soll zum Handeln befähigen, die Bekämpfung der Apathie die Bildung einer solidarischen Gemeinschaft ermöglichen.

Demgegenüber setzt die Erfassung der existentiellen Situation an anderer Stelle an: sie fragt in allen Hinsichten, auch etwa in der ethisch-politischen, nach dem Verhältnis des Menschen zu sich selbst, sei es als Urteil über sich selbst, Forderung an sich selbst oder als Selbstbestimmung, Selbstverwirklichung, oder auch als Selbstaufgabe, als Flucht vor sich selbst. In dieser Beziehung erweist sich als grundlegende Gegebenheit der Versuch des Menschen, mit sich selbst in Einklang zu kommen. Wie wir bereits beobachtet haben, verfällt der Mensch in diesem Unternehmen der Verzweiflung, in der er auf sich selbst zurückgeworfen und mit sich selbst allein gelassen wird. Die Verzweiflung ergreift Macht über ihn in seiner Selbstsucht: er verschließt sich, wird sein eigener Gefangener, der nichts mehr anderes kann als sich selbst zu wollen und darin doch immer wieder verzweifelt scheitert. Diese Vereinsamung der Krankheit zum Tode führt den Menschen in die Verlassenheit, eine grundlegende Verlassenheit, in der er jeden Halt und Zusammenhang verliert, jede Beziehung nach außen hin abgebrochen wird.

Diese Verlassenheit bildet die anthropologische, psychologische Grundperspektive der Kreuzeseschatologie, wie wir sie konzipiert haben. Sie gilt es radikal ernst zu nehmen. Das heißt letztlich: in christologischer Konzentration wahrzunehmen. Befreiung gibt es für diesen Verlassenen nur als die Solidarität des Sündlosen mit dem Sünder, in der Gottverlassenheit des Kreuzes. Befreiung gibt es also nicht in verändernder Praxis, sondern im Glauben als Teilhabe am Kreuz. Das kann aber, gegen Moltmanns unscharfe polemische Abgrenzung, nur eine Freiheit sein, die gerade als eine von außen her kommende die innere Freiheit ist, die den Menschen im Innersten von sich selbst zu sich selbst befreit. Diese innere Freiheit bildet gerade die unentbehrliche Grundlage für ein angemessenes Verständnis der politischen Freiheit, und vor allem des Kampfes für diese politische Freiheit[278].

---

[278] Das wird in *Fr. Dürrenmatt, Porträt eines Planeten,* 1971, auf eindrückliche Weise zum Ausdruck gebracht, durch folgenden Monolog des alten Adam, eines Politikers im Ruhestand: »Ich bin siebenundachtzig. Ich heiße Adam. Ich wollte die Welt verändern. Ich sah ihre Ungerechtigkeit. Ich sah das Elend der Armen und die Habgier der Reichen. Ich erkannte, daß es Ausgebeutete und Ausbeuter gab. Ich trat der Gewerkschaft bei. Ich kämpfte für die Arbeiterklasse. Ich setzte mich für bessere Löhne, für eine kürzere Arbeitszeit, für bezahlte Ferien, für eine gerechte Pensionierung ein. Ich klebte Plakate auf, hielt Reden, organisierte Aufmärsche und Streiks. Ich wurde verhaftet und eingekerkert; dann wurde ich ins Parlament gewählt und kam an die Regierung. Die Welt wurde verändert. Die Arbeiter bekamen bessere Löhne, kürzere Arbeitszeit, bezahlte Ferien, eine gerechte Pensionierung. Die Steuern für die Reichen wurden erhöht, die Armut verschwand, aber der Mensch wurde nicht glücklicher. Die neue Welt war nicht besser geworden, nicht einmal gerechter. Wenn eine Ungerechtigkeit verschwand, nistete sich eine andere an ihrer Stelle ein. Der Mensch war freier geworden, aber seine Freiheit befreite ihn nicht. Er besaß mehr, als er je besaß, aber vor allem besaß er

3.4235. Gegenwart als Gleichzeitigkeit

In ihrer Konzentration auf die Wahrnehmung der Verlassenheit des Menschen ist die Kreuzeseschatologie präsentische Eschatologie. Der ethisch-politische Gesichtspunkt lenkt die Aufmerksamkeit auf das Futurische als die eschatologische Erfüllung in Herrlichkeit, die alle Spannungen und Gegensätze aufheben wird. Diese futurische Ausrichtung bedeutet eine Flucht aus den Widerständen und Konflikten der Gegenwart in die schöne Zukunft, sie überspielt proleptisch die Gegenwart und ihre Resistenz gegen die Herrlichkeit, ihre uneschatologische Bestimmung. In dieser Flucht geschieht, was Pascal treffend mit folgenden Sätzen beschrieben hat: »Kaum denken wir je an die Gegenwart, und denken wir an sie, so nur, um hier das Licht anzuzünden, um über die Zukunft zu verfügen . . . So leben wir nie, sondern hoffen zu leben, und so ist es unvermeidlich, daß wir in der Bereitschaft, glücklich zu sein, es niemals sind.«[279] Die Sorge um die Gegenwart und um ihre radikale Wahrnehmung, wie sie hier zum Ausdruck kommt, beruht nicht einfach auf griechischer, parmenidischer Zeitauffassung, wie Moltmann gegen Pascal und Kierkegaard pauschal argumentiert[280]. Sie hängt aufs engste mit der Kreuzestheologie zusammen, die sich gerade dadurch von der theologia gloriae unterscheidet, daß sie die Gegenwartserfahrung in ihren tiefsten Widerständen und Konflikten wahrnimmt. In diesem Sinne sei nun die Gegenwart eschatologisch als Gleichzeitigkeit umschrieben[281].

In der Verlassenheit der Verzweiflung ist der Mensch mit sich selbst allein gelassen. In dieser Einsamkeit ist er aber gerade nicht im Einklang mit sich selbst. Zeitlich ausgedrückt: es gelingt ihm nicht, ganz gegenwärtig zu werden, mit sich selbst gleichzeitig zu sein. Nun aber ergeht das Wort vom Kreuz: es verkündigt, daß der Sündlose mit dem Verzweifelten ganz solidarisch geworden ist. Anders gesagt: Christus ist dem Menschen gegenwärtig geworden, gegenwärtiger als dieser sich selbst war, er ist gleichzeitig mit dem Menschen. Diese Gleichzeitigkeit Christi mit dem Menschen bildet das grundlegende eschatologische Geschehen. Als solches reißt es den Menschen aus seiner Verlassenheit, in der er nur noch mit sich selbst war. Es versetzt ihn außerhalb seiner selbst. Als er noch mit sich selbst allein war, konnte er nicht gegenwärtig, gleichzeitig mit sich selbst sein. Die Gleichzeitigkeit Christi kehrt nun aber alles um: indem der Mensch von sich selbst weggerissen wird, findet er sich selbst, wird

---

nun sich. Er stand sich selbst gegenüber und wußte mit sich selbst nichts anzufangen. Und als ich das erkannte, legte ich mein Amt nieder, weil auch ich mit mir nichts anzufangen wußte.« (aaO 64) Zu diesem Aspekt, s. o. S. 212.

[279] S. o. 1. Anm. 65.

[280] Vgl. vor allem: Theol. der Hoff., 21–27.

[281] Bei Kierkegaard bildet das Thema der Gleichzeitigkeit einen fundamentalen Aspekt, der sich durch sein ganzes Werk hindurch zieht. Vgl. auch G. *Ebeling,* Dogmatik des christlichen Glaubens, III, 417–423.

gegenwärtig, gleichzeitig mit sich selbst. Diese Gleichzeitigkeit befreit ihn von seiner Verschließung, öffnet ihn für sich und das, was ihn umgibt. Gleichzeitig mit sich selbst, wird er nun in seinem ganzen Leben gegenwärtig, gleichzeitig mit den anderen und mit der Welt, in der er lebt, offen für die Vergangenheit, die er erlebt hat, und für die Zukunft, die ihm bevorsteht.

Das ist eschatologisches Leben schlechthin, als Fülle der Zeit. W. Benjamins Begriff aufnehmend könnte man auch sagen: Gleichzeitigkeit ist vollkommene »Jetztzeit«[282], als die »willkommene Zeit« (2. Kor 6,2), in der sich das Heil und die Gerechtigkeit Gottes erweisen. War die »Jetztzeit« in Benjamins Messianismus die messianische Zeit der Revolution, so bedeutet sie im christlichen Verständnis: *kairos* dazu – um das griechische *kairos* zum Ausdruck zu bringen müßte man sagen: Zeit und Gelegenheit dazu –, allen Gutes zu tun (vgl. Gal 6,10). Das heißt: Gegenwart als Freiheit des Glaubens für die hingebungsvolle Liebe.

Daß diese Gegenwart nichts mit griechischem Ewigkeits- und Gegenwartsdenken zu tun hat, zeigt sich schon daran, daß sie nur im Glaubensverhältnis zu Christus als Teilhabe an seinem Kreuz Wirklichkeit wird. Das hat Moltmann bei Kierkegaard völlig übersehen, so daß er von romantischer Verinnerlichung sprechen kann, anstatt bei ihm den Ansatz einer konsequenten Kreuzeseschatologie als präsentischer Eschatologie wahrzunehmen. Die radikale Betonung der Innerlichkeit geschieht bei Kierkegaard als Einschärfung ihres schlechthinnigen Externbezuges, der eben im Verhältnis des Einzelnen zu Christus markiert ist. Das hat zur Folge, daß der Glaube als Teilhabe mit seinem Glaubensgrund die Paradoxalität der Verborgenheit in den Spannungen und Gegensätzen des Lebens, der Verborgenheit des Eschatologischen im Uneschatologischen teilt. Damit aber konzentriert sich alles auf den existentiellen Nachvollzug des Versöhnungsgeschehens im Leben des Einzelnen. Kierkegaard hat Hegels spekulative Dialektik nicht einfach »nicht mehr begriffen« und damit den Einzelnen »aus der Dialektik der Vermittlung und Versöhnung« herausfallen lassen, zurück in die reine Unmittelbarkeit[283]. Vielmehr hat er sie scharf erfaßt und gesehen, daß sie in die Spekulation, in die theologia gloriae führt. Deshalb hat er die Dialektik als Existenzdialektik bestimmt, damit zum Ausdruck bringend, daß es Versöhnung und Befreiung nicht im dialektischen Geschichtsprozeß geben kann, sondern nur im unablässigen Lebensvollzug des Existierenden. Das ist der entscheidende Punkt in der Kreuzeseschatologie als präsentischer Eschatologie. Jedes Ausbrechen aus dieser Grundbestimmung ist ein Aufbrechen in Richtung Herrlichkeit, auch und gerade wenn es wie bei Moltmann im Namen des Futurischen geschieht.

---

[282] So könnte man das griechische *nun kairos* bei Paulus (vgl. Rm 3,26. 8,18. 11,5) übersetzen.

[283] Vgl. Theol. der Hoff., 153 f.

3.4236. Kreuzeseschatologie als Sprachlehre des Glaubens

Die Konzentration der präsentischen Eschatologie auf die Gleichzeitigkeit markiert noch einmal die Grundausrichtung der gesamten Arbeit: das
Gefälle weist in den Lebensvollzug des Menschen in der Welt vor Gott.
Erst dadurch gelangt das Verhältnis von Kreuz und Eschatologie, das uns
durchgehend als Leitfaden diente, zu seiner eigentlichen Konkretion:
indem es Form annimmt als Gestalt und Gehalt des menschlichen Lebens.
Darauf soll nun noch geachtet werden.

Für die eschatologia gloriae liegt diese Konkretion im Vollzug der
verändernden Praxis, im aktiven Antizipieren der zukünftigen Herrlichkeit, in der Verwirklichung des messianischen Programms. Konkretion ist
hier ethisch-politisch bestimmt: als das Vollbringen von – wie auch immer
verstandenen – guten Werken. Für die eschatologia crucis hingegen besteht
die Konkretion nicht in den Werken als solchen. Zwar gehören die Werke
zweifellos dazu, jedoch nicht als Aufweis der Konkretion, sondern als
deren natürliche Frucht. Die Konkretion selbst liegt aber im Existentiellen:
sie geschieht im Glauben als dem das ganze Leben durchdringenden
Nachvollzug des Gekreuzigtwerdens. Deshalb steht die Konkretion, um
die es hier geht, im Zeichen der Relation von Wort und Glaube. Das richtet
die Aufmerksamkeit auf das Sprachliche. Darin wird die grundlegend
hermeneutische Ausrichtung der Kreuzeseschatologie kund, im Kontrast zur
ethisch-politischen Konzentration der eschatologia gloriae. Wenn es um
Lebensvollzug als Glauben an das Wort geht, offenbart sich das Konkretwerden des Verhältnisses von Kreuz und Eschatologie sprachlich. Das
Leben wird von Sprache durchdrungen. In ihr wird es ausgelegt und
verstanden, durch sie nimmt es Gestalt an, formt es sich. Kreuzeseschatologie gibt es deshalb eigentlich nur als Sprachlehre des Glaubens.

Luther hat dies damit ausgedrückt, daß er von einer neuen, theologischen Grammatik sprach, die sich gegen die traditionelle, natürliche Grammatik durchsetzen müsse[284]. »Der Heilige Geist hat seine eigene Grammatik.«[285] Diese neue Grammatik betont Luther als eine Forderung, die im
Reden von Gott überhaupt gesetzt ist. »Will man von Gott reden, so muß
sich hier auch die ganze Grammatik mit neuen Worten versehen.«[286] Die

---

[284] Vgl. dazu, nebst den im Folgenden erwähnten Texten Luthers, G. *Ebeling,* Einführung
in theologische Sprachlehre, 1971, 157–159.
[285] WA 39,2; 104,24 (Disp. de divin. et human. Christi, 1540): Spiritus sanctus habet suam
grammaticam. Der Gegensatz zur klassischen Grammatik konzentriert sich hier auf das
Thema der Analogie. Vgl. 104,26–105,2: In grammatica analogia optime valet: Christus est
creatus. Ergo Christus est creatura. At in theologia nihil minus valet.
[286] WA 39,2; 303,23 f (Promotionsdisp. von G. Major und Joh. Faber, 1544): Oportet hic
etiam grammaticam totam induere novas voces, cum loqui vult de Deo. Im weiteren
Zusammenhang, in dem es um Trinitätslehre und Christologie geht, 303,24–304,8: Cessat
etiam numeri ordo: unus, duo, tres. In creaturis quidem valet, sed hic nullus numeri ordo, loci
et temporis est. Drumb muß mans hie gar anderst machen et constituere aliam formam

theologische Thematik sprengt die gewöhnlichen Denk- und Sprachsche-
men. »Darum muß man es hier ganz anders machen und eine andere
Ausdrucksform als jene natürliche festsetzen.« Der Erneuerung in der
Sache (»Es mus nova res sein.«), die Christus gebracht hat, entspricht eine
radikale Erneuerung in der Weise, wie diese wahrgenommen, erkannt und
ausgesagt wird. Deshalb werden in Christus, der alle Dinge neu macht,
»eine neue Grammatik und Dialektik, eine neue Sprache, ein neues Denken
und eine neue Weisheit« eröffnet.

Diese Aussagen Luthers könnten den Eindruck erwecken, der Boden der
natürlichen Sprache und Grammatik werde nun ganz verlassen. Das widerspräche Luthers Hermeneutik, die ganz auf eine Konfrontation mit der
natürlichen Ausdrucksweise tendiert. Das hatte er in Hinsicht auf die
Grammatik schon früh zum Ausdruck gebracht, in der hermeneutischen
Regel: »Zuerst aber sollen wir auf das Grammatische achten, denn das ist in
der Tat von theologischer Bedeutung.«[287] Freilich ist auch dies wiederum
nicht als einfache Übernahme der natürlichen Grammatik zu verstehen.
Das zeigt sich an den kritischen Bemerkungen, die Luther der scholastischen Übernahme von physischen Begriffen für das theologische Reden
anbringt[286]. Zunächst bemerkt er, daß er solche physischen Begriffe in der
Theologie nicht gerne benutzt, sie eher flieht und vor ihnen warnt. Dann
unterscheidet er zwischen den verschiedenen Disziplinen: jede habe ihre
Begriffe und Wörter, die sie braucht und die für ihre Materien Gültigkeit
haben. So entspreche jeder ein gewisses Forum. Die Probleme entstehen
bei der Übertragung eines Begriffes von seinem Forum in ein anderes. Bei
dieser Übertragung müsse man darauf achten, die übernommenen Begriffe
gut zu reinigen, sie zum Bade zu führen[289]. Auf jeden Fall kann man nicht
einfach die Bedeutung und Wahrheit in den verschiedenen Fora identifizieren. Vielmehr müssen diese Fora sorgfältig unterschieden werden, in einer
offenen Auseinandersetzung.

Diese Auseinandersetzung konzentriert sich schließlich auf eine fundamentale Zweiheit der Fora: das politische und das theologische Forum,

---

loquendi, quam est illa naturalis . . . Es mus nova res sein . . . In Christo autem habent
novam grammaticam et dialecticam, novam linguam et novam cogitationem et sapientiam,
das heist: nova facit omnia.

[287] WA 5; 27,8 (Op. in Ps., 1519–21): Sed primo grammatica videamus, verum ea
Theologica.

[288] Vgl. dazu Luthers Bemerkungen beim 14. Argument in der Promotionsdisputation von
Palladius und Tilemann, WA 39,1; 227–230, zur theologischen Überhme des Begriffs causa
formalis.

[289] 229,8–21: . . . quia una quaeque ars habet suos terminos et sua vocabula, quibus utitur,
et es vocabula valent in suis materiis. Iuristae sua habent, medici sua, physici sua. Haec si
transferre ex suo foro et loco in aliud volueris, erit confusio nullo modo ferenda. Nam tandem
obscurat omnia. Si tamen vultis uti vocabulis istis, prius quaeso illa bene purgate, füret sie mal
zum Bade. Neque tamen unquam sine periculo et magno damno uti poteritis, quia est et
manet periculosum.

markiert durch das coram politico iudice und das coram Deo[290]. In dieser
Strittigkeit der Fora vollzieht sich die Unterscheidung zwischen zwei
Grammatiken, der nova grammatica theologica und der grammatica moralis[291]. Luther behandelt die Frage, wie das ›facere‹ des Gesetzes, die
Gesetzeserfüllung zu verstehen sei. Für die moralische Grammatik besteht
das Tun im Vollbringen von Werken des Gesetzes, durch die der Mensch
gerechtfertigt wird. Für die neue, theologische Grammatik hingegen
geschieht das facere im Glauben allein, der den Menschen teilhaben läßt an
der Erfüllung des Gesetzes durch Christus und ihn vor Gott rechtfertigt.
Dadurch erklärt sich, daß der moralische Heilige, indem er das Gesetz
moralisch erfüllt, eben doch nicht erfüllt. In der Anmaßung seiner eigenen
Gerechtigkeit wendet er sich gegen Gott[292]. Die Einschärfung dieser
Unterscheidung zweier Grammatiken hat ihre Entsprechung in der Unterscheidung, die uns in unserer Arbeit leitete, zwischen der ethisch-politischen und der existentiell-eschatologischen Perspektive der Kreuzesinterpretation.

In der Entfaltung einer solchen theologischen Grammatik geht es nicht
darum, bestimmte Substantive oder Verben als theologische Grundvoka-
beln hervorzuheben, oder etwa eine gewisse Logik der Satzkonstruktion
als theologische Logik auszulegen. In einem solchen Vorgehen verriete sich
ein substanzontologischer Ansatz, wie er auch die traditionelle Grammatik
mit ihrer Akzentuierung des Substantivs beherrscht. Gemäß der Verborgenheit des Eschatologischen im Uneschatologischen müßte die Kreuzeseschatologie als Sprachlehre vielmehr an unscheinbaren Stellen ansetzen.
So wäre es z. B. wichtig, sich mit den Präpositionen zu beschäftigen, die im
Rahmen der klassischen Grammatik als bloße Partikeln nur eine sekundäre
Rolle spielen. In ihrem theologischen Gebrauch kommen jedoch zentrale
Aspekte zum Vorschein, die es zu reflektieren gilt, wie etwa der der
Relationalität[293]. Ein noch bescheideneres Dasein fristen in der traditionel-

---

[290] 230,7–12: Duplex enim est forum, politicum et theologicum. Iam Deus longe aliter
iudicat, quam mundus. Politicum ius est contentum mea qualicunque civili et externa iustitia.
At iustitia, quae me coram politico iudice iustificat, non est statim coram Deo iustitia, et
tamen ad hanc vitam et disciplinam conservandam pertinet.

[291] Vgl. dazu die große Galaterbriefvorlesung (zu Gal 3,10), WA 40,1; 418–419, vor allem
418,5 f und 419,5 f. Für die gesamte Auslegung von Gal 3,10: 391–419.

[292] 419,1–5: Das hab ich gesagt auff das vocabulum ›facere‹. ›Ut faciat ea‹ multipliciter fit:
vere vel hypocritice. Si vere fit, oportet sit theologice; – sed impossibile. Ideo maledictus
omnis moralis Sanctus, qui procedit contra deum in praesumptione iustitiae propriae, quia
faciendo legem non facit. Facit et tamen faciendo non facit, quia facit moraliter. Im Gegensatz
dazu die nova grammatica theologica, 418,6–9: . . . fide suscitaverunt mortuos, reges,
imperium regis. Das sind fidele ›facere‹, bonum opus. Hoc non potest solvi. Oportet 1.
rationem illustratam fide, antequam operetur, habita vera opinione et noticia. quidquid postea
tribuitur operi, tribuitur propter istam fidem.

[293] Vgl. dazu G. *Ebeling,* Dogmatik des christlichen Glaubens, I, 348 f (in bezug auf die
Präposition coram und die Beschreibung der coram-Relation als ontologischen Schlüssels zur
Anthropologie, 346–355).

len Grammatik die adverbialen Partikeln. Es ist jedoch auffallend, daß wir für die Beschreibung des Glaubens in seinem Lebensvollzug gerade auf solche adverbialen Partikeln angewiesen sind. Das zeigte sich auch laufend in unserer Arbeit: immer wieder haben wir auf adverbiale Partikeln zurückgreifen müssen, wie etwa »ein für allemal«, »trotzdem«, »schlechthin«, »zugleich«, »schon jetzt« und »noch nicht«, »immer schon«, »immer wieder«, »sub contrario« oder auch die particula exclusiva »allein« usw.

Diese Partikeln sind ganz natürlich. Sie haben nichts Christliches, nichts Theologisches an sich. Sie gewinnen aber in foro theologico, als »Partikeln des Glaubens« entscheidende Bedeutung. Ihnen wird die Darstellung des Eschatologischen im Glauben anvertraut. Dadurch kommen in ihnen die Paradoxien, Gegensätze, Widerstände und Spannungen zum Ausdruck, die das Konkretwerden des Glaubens, sein Gestaltannehmen und Geformtwerden prägen.

Als Kreuzeseschatologie kann die Sprachlehre des Glaubens nicht darauf aussein, diese Spannungen aufzulösen und in einem kohärenten Gedankensystem harmonisch zu vereinen. »Crux sola est nostra theologia« als Leitgedanke weist daraufhin, daß die Paradoxien und Widerstände in ihrem Lebensbezug erfaßt und auf den Lebensvollzug hin bedacht werden müssen, daß man ihnen nur im spannungsvollen Zusammenhalten, man könnte fast sagen: im Zusammenleben der Gegensätze gerecht werden kann. In diesem Sinne weist unsere Arbeit als ganze sachgemäß über sich selbst hinaus. Das Kreuz allein: das will gelebt sein.

Literaturverzeichnis

Vorbemerkung

Der Übersicht halber wurde das Literaturverzeichnis in zwei Listen aufgeteilt: die eine zum historischen Teil der Arbeit und die andere zu ihren systematischen Teilen. Überschneidungen werden möglichst vermieden, die Unterscheidung ist jedoch nicht streng durchzuführen. Die Aufteilung soll deshalb nicht überschätzt werden, sondern ihrer Relativität entsprechend interpretiert werden.

Letztes gilt ohnehin vom Literaturverzeichnis überhaupt. Es ist weder vollständig noch systematisch – das wäre bei unserem Thema ein vermessener Anspruch. Es widerspiegelt vielmehr die Relativität und Bruchstückhaftigkeit, die dem Arbeitsgang selbst anhaftet. Deshalb auch nimmt es nur die Literatur auf, die am intensivsten gebraucht wurde, während Weiteres vereinzelt in den Anmerkungen erwähnt wird.

Das gilt auch für die Quellenangaben zum historischen Teil: wir beschränken uns auf die Luthertexte, während für die anderen vereinzelt zitierten Quellen die bibliographischen Angaben an Ort und Stelle in den Anmerkungen gemacht werden.

A. Zum historischen Teil

Quellen – Luthertexte

Luther, M., Werke. Kritische Gesamtausgabe, Weimar 1883 ff (abgekürzt: WA)
–, Werke in Auswahl. Unter Mitwirkung von A. Leitzmann hg. v. O. Clemen, 1966 ff[5]; vor allem Bd. 5: Der junge Luther, hg. v. E. Vogelsang, 1963[3] (abgekürzt: BoA)
–, Ausgewählte Werke. Hg. v. H. H. Borcherdt und G. Merz, 6 Bde. u. 7 Bde. Ergänzungsreihe, 1951 ff
–, Dokumente zu Luthers Entwicklung, hg. v. O. Scheel, SQS NF 2, 1929[2]
–, Unbekannte Fragmente aus Luthers zweiter Psalmenvorlesung 1518. Hg. v. E. Vogelsang, AKG 27, 1940 (abgekürzt: VF)
Die Bekenntnisschriften der evangelisch-lutherischen Kirche. Hg. im Gedenkjahr der Augsburger Konfession 1930, (1930) 1967[6] (abgekürzt: BSLK)

Sekundärliteratur

Aland, K., Hilfsbuch zum Lutherstudium, (1956) 1970[3]
Althaus, P., Die Bedeutung des Kreuzes im Denken Luthers, Vierteljahrsschrift der Luthergesellschaft, 1926, 97–107
–, Die letzten Dinge, 1933[4]

–, Luthers Gedanken über die letzten Dinge, LuJ 33, 1941, 9–34

–, Luthers Haltung im Bauernkrieg, (1952) 1971[4]

–, Die Theologie Martin Luthers, 1962

Asendorf, U., Eschatologie bei Luther, 1967

Bandt, H., Luthers Lehre vom verborgenen Gott, 1958

Bauer, K., Die Heidelberger Diputation Luthers, ZKG 21, 1901, 233–268

Beintker, H., Die Überwindung der Anfechtung bei Luther. Eine Studie zu seiner Theologie nach den Operationes in Psalmos, 1954

Bizer, E., Fides ex auditu. Eine Untersuchung über die Entdeckung der Gerechtigkeit Gottes durch Martin Luther, (1958) 1966[3]

Bloch, E., Thomas Münzer als Theologe der Revolution, (1921) 1962[2] (auch in : *ders.*, Gesamtausgabe der Werke in sechzehn Bänden, Bd. 2, 1969)

Bornkamm, H., Luther im Spiegel der deutschen Geistesgeschichte, 1970[2]

–, Die theologischen Thesen Luthers bei der Heidelberger Disputation 1518 und seine theologia crucis, in: *ders.*, Luther. Gestalt und Wirkungen. Gesammelte Aufsätze, Schriften des Vereins für Reformationsgeschichte, Nr. 188 (Jahrgang 80/81/82,1), 1975, 130–146

–, Martin Luther in der Mitte seines Lebens. Aus dem Nachlaß hg. v. K. Bornkamm, 1979

Brecht, M., Iustitia Christi. Die Entdeckung Martin Luthers, ZThK 74, 1977, 179–223

Bühler, P., Die Anfechtung bei Luther, 1942

Ebeling, G., Evangelische Evangelienauslegung. Eine Untersuchung zu Luthers Hermeneutik, (1942) Nachdruck 1962

–, Art. Luther, II. Theologie, RGG[3], Bd. IV, 1960, 495–520

–, Luther. Einführung in sein Denken, (1964) 1978[3] (abgekürzt: Luther)

–, Lutherstudien, Bd. I, 1971 (abgekürzt: LuStud I)

–, Das Leben – Fragment und Vollendung. Luthers Auffassung vom Menschen im Verhältnis zu Scholastik und Renaissance, ZThK 72, 1975, 310–336

–, Disputatio de homine. Erster Teil. Text und Traditionshintergrund, Lutherstudien, Bd. II, 1; 1977 (abgekürzt: LuStud II,1)

–, Fides occidit rationem. Ein Aspekt der theologia crucis in Luthers Auslegung von Gal 3,6, in: Theologia crucis – signum crucis. Festschrift für E. Dinkler zum 70. Geburtstag. Hg. v. C. Andresen u. G. Klein, 1979, 97–135

Elliger, W., Luthers politisches Denken und Handeln, 1952

–, Thomas Müntzer. Leben und Werk, 1975

–, Außenseiter der Reformation: Thomas Müntzer. Ein Knecht Gottes, Kleine Vandenhoeck-Reihe 1409, 1975

Ellwein, E., Die Entfaltung der theologia crucis in Luthers Hebräerbriefvorlesung, in: Theologische Aufsätze. K. Barth zum 50. Geburtstag, 1936, 382–404

Elze, M., Züge spätmittelalterlicher Frömmigkeit in Luthers Theologie, ZThK 62, 1965, 381–402

Engels, Fr., Der Deutsche Bauernkrieg (1850–1875), Berlin (1946) 1974[11]

Franz, G., Der deutsche Bauernkrieg, (1933) 1975[10], mit Aktenband, (1935) 1968[2]

–, Persönlichkeit und Geschichte. Aufsätze und Vorträge. Hg. v. O. Hauser, 1977

Gogarten, Fr., Luthers Theologie, 1967

Grane, L., Modus loquendi theologicus. Luthers Kampf um die Erneuerung der Theologie (1515–1518), Acta Theologica Danica, Bd. XII, 1975

Grane, L./Lohse, B. (Hg.), Luther und die Theologie der Gegenwart. Referate und Berichte des 5. Internationalen Kongresses für Lutherforschung, Lund 1977, 1980, vor allem 17–80. 145–178

Hägglund, B., Luther und die Mystik, in: Kirche, Mystik, Heiligung und das Natürliche bei Luther. Vorträge des 3. Internationalen Kongresses für Lutherforschung, Järvenpää 1966, hg. v. I. Asheim, 1967, 84–94

Hermann, R., Luthers These vom unfreien Willen, 1931

–, Luthers These »Gerecht und Sünder zugleich«, 1930. Neudruck mit Berichtigungen und Ergänzungen, 1960

–, Zur Kontroverse zwischen Luther und Latomus, in: Luther und Melanchthon. Referate und Berichte des 2. Internationalen Kongresses für Lutherforschung, Münster 1960. Hg. v. V. Vajta, 1961, 104–118

Holl, K., Gesammelte Aufsätze zur Kirchengeschichte, Bd. I: Luther, (1921) 1932[6]

Iserloh, E., Luther und die Mystik, in: Kirche, Mystik, Heiligung und das Natürliche bei Luther. Vorträge des 3. Internationalen Kongresses für Lutherforschung, Järvenpää 1966, hg. v. I. Asheim, 1967, 60–83

Joest, W., Ontologie der Person bei Luther, 1967

Jüngel, E., Quae supra nos, nihil ad nos. Eine Kurzformel der Lehre vom verborgenen Gott – im Anschluß an Luther interpretiert, EvTh 32, 1972, 197–240

–, Zur Freiheit eines Christenmenschen. Eine Erinnerung an Luthers Schrift, Kaiser Traktate 30, 1978

Junghans, H., Die probationes zu den philosophischen Thesen der Heidelberger Disputation Luthers im Jahre 1518, LuJ 46, 1979, 10–59

Kessler, H., Die theologische Bedeutung des Todes Jesu. Eine traditionsgeschichtliche Untersuchung, 1970

Lienhard, M., Christologie et humilité dans la theologia crucis du Commentaire de l'Epître aux Romains de Luther, RHPhR 42, 1962, 304–315

–, Luther témoin de Jésus-Christ. Les étapes et les thèmes de la Christologie du Réformateur, Paris, 1973 (nun auch in deutscher Übersetzung: Martin Luthers christologisches Zeugnis. Entwicklung und Grundzüge seiner Christologie, 1980)

Loewenich, W. von, Luthers theologia crucis, (1929) 1967[5]

Lohse, B. (Hg.), Der Durchbruch der reformatorischen Erkenntnis bei Luther, WdF CXXIII, 1968

Maron, G., Thomas Müntzer als Theologe des Gerichts. Das »Urteil« – ein Schlüsselbegriff seines Denkens, ZKG 83, 1972, 195–225

Maurer, W., Von der Freiheit eines Christenmenschen. Zwei Untersuchungen zu Luthers Reformationsschriften 1520/21, 1949

Modalsli, O., Die Heidelberger Disputation im Lichte der evangelischen Neuentdeckung Luthers, LuJ 47, 1980, 33–39

Moeller, B. (Hg.), Bauernkriegs-Studien, Schriften des Vereins für Reformationsgeschichte, Nr. 189 (Jahrgang 82,2/83), 1975

–, Deutschland im Zeitalter der Reformation, Kleine Vandenhoeck-Reihe 1432, 1977

Mostert, W., Scriptura sui ipsius interpres. Bemerkungen zum Verständnis der Heiligen Schrift durch Luther, LuJ 46, 1979, 60–96

Mühlen, K.-H. zur, Nos extra nos. Luthers Theologie zwischen Mystik und Scholastik, 1972

–, Reformatorische Vernunftkritik und neuzeitliches Denken. Dargestellt am Werk M. Luthers und Fr. Gogartens, 1980

Oberman, H. A., The Harvest of Medieval Theology – Gabriel Biel and Late Medieval Nominalism, in deutscher Übersetzung: Spätscholastik und Reformation. Bd.I. Der Herbst der mittelalterlichen Theologie, 1965

–, Simul gemitus et raptus: Luther und die Mystik, in: Kirche, Mystik, Heiligung und das Natürliche bei Luther. Vorträge des 3. Internationalen Kongresses für Lutherforschung, Järvenpää 1966, hg. v. I. Asheim, 1967, 20–59

Olivier, D., La foi de Luther. La cause de l'Evangile dans l'Eglise, Le Point Théologique 27, Paris, 1977

Ozment, St. E., Homo spiritualis. A Comparative Study of the Anthropology of Johannes Tauler, Jean Gerson and Martin Luther (1513–16) in the Context of their Theological Thought, Leiden, 1969

Prenter, R., Zur Theologie des Kreuzes bei Luther, in: ders., Theologie und Gottesdienst. Gesammelte Aufsätze, 1977

Ruhland, F. Th., Luther und die Brautmystik. Nach Luthers Schriften bis 1521, 1938

Schäfer, R., Zur Datierung von Luthers reformatorischer Erkenntnis, ZThK 66, 1969, 151–170

Schrey, H.-H. (Hg.), Reich Gottes und Welt. Die Lehre Luthers von den zwei Reichen, WdF CVII, 1969

Schwarz, R., Fides, spes und caritas beim jungen Luther unter besonderer Berücksichtigung der mittelalterlichen Tradition, AKG 34, 1962

–, Die apokalyptische Theologie Thomas Müntzers und der Taboriten, 1977

Schwarzwäller, Kl., Theologia crucis. Luthers Lehre von der Prädestination nach De servo arbitrio, 1525, Forschungen zur Geschichte und Lehre des Protestantismus, 10, XXXIX, 1970

Smirin, W. W., Die Volksreformation des Thomas Müntzer und der große Bauernkrieg, 1956²

Steinmetz, M. (Hg., in Verbindung mit S. Hoyer, E. Ullmann und H. Wermes), Der deutsche Bauernkrieg und Thomas Müntzer, 1976

Vercruysse, J., Luther's Theology of the Cross at the Time of the Heidelberg Disputation, Gregorianum 57, 1976, 523–548

Vogelsang, E., Der angefochtene Christus bei Luther, AKG 21, 1929

Vorster, H., Das Freiheitsverständnis bei Thomas von Aquin und Martin Luther, 1965

Wehler, H.-U. (Hg.), Der Deutsche Bauernkrieg 1524–1526, Geschichte und Gesellschaft. Zeitschrift für Historische Sozialwissenschaft, Sonderheft 1, 1975

Weier, R., Das Theologieverständnis Martin Luthers, Konfessionskundliche und kontrovers-theologische Studien, Bd. XXXVI, 1976

Wolf, G. (Hg.), Luther und die Obrigkeit, WdF LXXXV, 1972

Zickendraht, K., Der Streit zwischen Erasmus und Luther über Willensfreiheit, 1909

B. Zu den systematischen Teilen

Adorno, Th. W., Negative Dialektik, (1966) 1973⁴, stw 113, 1975 (text- und seitenidentisch mit der Ausgabe in Bd. 6 der Ges. Schr., hg. v. R. Tiedemann, 1973)

Asendorf, U., Gekreuzigt und auferstanden. Luthers Herausforderung an die moderne Christologie, 1971

Barth, K., Rechtfertigung und Recht (ThSt 1, 1938); Christengemeinde und Bürgergemeinde (ThSt 20, 1946), jetzt beide Texte zusammen in ThSt 104, 1970

–, Eine Schweizer Stimme 1938–1945, 1945

Benjamin, W., Zur Kritik der Gewalt und andere Aufsätze. Mit einem Nachwort von H. Marcuse, edition suhrkamp 103, 1971²

Berchtold, A./Mottu, H./Dumas, A., Foi et socialisme. Trois figures: L. Ragaz – K. Barth – A. Philip, Bulletin du Centre protestant d'études de Genève, Genf, 28, 1976, Heft 4

Bloch, E., Das Prinzip Hoffnung, stw 3 (3 Bände), (1959) 1974 (text- und seitenidentisch mit der Ausgabe im Bd. 5 der Gesamtausgabe in sechzehn Bänden, 1959)

–, Atheismus im Christentum. Zur Religion des Exodus und des Reichs, 1968

–, Religion im Erbe. Eine Auswahl aus seinen religionsphilosophischen Schriften, hg. v. J. Moltmann, Siebenstern-Taschenbuch 103, 1970²

Blumenberg, H., Die Legitimität der Neuzeit, 1966

Bonhoeffer, D., Widerstand und Ergebung. Briefe und Aufzeichnungen aus der Haft. Hg. v. E. Bethge. Neuausgabe (1970) 1977²

Bühler, P., Le problème du mal et la doctrine du péché, Genf, 1976

–, Foi et humour. Une petite dramaturgie de la foi chrétienne, d'après Dürrenmatt, Bulletin du Centre protestant d'études de Genève, Genf, 28, 1976, Heft 3

–, L'individu. Quelques réflexions à propos d'une catégorie oubliée, RHPhR 58, 1978, 193–215

–, Der Abendmahlsstreit der Reformatoren und seine aktuellen Implikationen, ThZ 35, 1979, 228–241

Bulthaup, P. (Hg.), Materialien zu Benjamins Thesen »Über den Begriff der Geschichte«. Beiträge und Interpretationen, stw 121, 1975

Bultmann, R., Glauben und Verstehen. Gesammelte Aufsätze, Bd. I–IV, (1933) 1972[7]; (1952) 1968[5]; (1960) 1965[3]; (1965) 1975[3]

–, Neues Testament und Mythologie. Das Problem der Entmythologisierung der neutestamentlichen Verkündigung, in: *Bartsch, H.-W.* (Hg.), Kerygma und Mythos, Bd. I, (1948) 1960[4], 15–48

–, Geschichte und Eschatologie, 1958

–, Das Verhältnis der urchristlichen Christusbotschaft zum historischen Jesus, in: *ders.*, Exegetica. Aufsätze zur Erforschung des Neuen Testaments, hg. v. E. Dinkler, 1967, 445–469

Casalis, G. u. a., Recherches de »théologie politique«, EThR 49, 1974, 151–318

Comprendre la mort du Christ, Cahiers protestants, 1977, Heft 4 (mit Beiträgen von *P.-L. Dubied, E. Dubuis, Ch.-A. Schild, J. Zumstein* u. a.)

Duchrow, U., Christenheit und Weltverantwortung. Traditionsgeschichte und systematische Struktur der Zweireichelehre, 1970

Ebeling, G., Das Wesen des christlichen Glaubens, (1959) 1961

–, Wort und Glaube, (1960) 1967[3] (abgekürzt: WG I)

–, Art. Theologie und Philosophie I.–III., RGG[3], Bd. VI, 1962, 782–830

–, Wort Gottes und Tradition. Studien zu einer Hermeneutik der Konfessionen, (1964) 1966[2] (abgekürzt: WGT)

–, Wort und Glaube. Zweiter Band. Beiträge zur Fundamentaltheologie und zur Lehre von Gott, 1969 (abgekürzt: WG II)

–, Einführung in theologische Sprachlehre, 1971

–, Wort und Glaube. Dritter Band. Beiträge zur Fundamentaltheologie, Soteriologie und Ekklesiologie, 1975 (abgekürzt: WG III)

–, Dogmatik des christlichen Glaubens, Bände I–III, 1979

Feil, E./Weth, R. (Hg.), Diskussion zur »Theologie der Revolution«. Mit einer Einleitung, einem Dokumententeil und einer Bibliographie zum Thema, 1969

Furter, P., L'espérance selon E. Bloch, RTP 15, 1965, 286–301

Geisser, H., Der Beitrag der Trinitätslehre zur Problematik des Redens von Gott, ZThK 65, 1968, 231–255

Gestrich, Chr., Die unbewältigte natürliche Theologie, ZThK 68, 1971, 82–120

–, Homo peccator und homo patiens. Das Verhältnis von Sünde und Leiden als Problem der theologischen Anthropologie und der Gotteslehre, ZThK 72, 1975, 240–268

Gogarten, Fr., Der Mensch zwischen Gott und Welt, (1956) 1967[4]

–, Die Wirklichkeit des Glaubens. Zum Problem des Subjektivismus in der Theologie, 1957

–, Verhängnis und Hoffnung der Neuzeit. Die Säkularisierung als theologisches Problem, 1958

–, Die Frage nach Gott, 1968

Habermas, J., Erkenntnis und Interesse, (1967) 1973

Hahn, D., Der Begriff des Politischen und der Politischen Theologie. Erwägungen zur Reflexion auf die politische Dimension von Theologie, Evangelische Zeitstimmen 76, 1975

Henke, P., Gewißheit vor dem Nichts. Eine Antithese zu den theologischen Entwürfen Wolfhart Pannenbergs und Jürgen Moltmanns, 1978

Honecker, M., Christlicher Beitrag zur Weltverantwortung. Eine kritische Stellungnahme zu den beiden Hauptreferaten von Prof. Tödt und Prof. Moltmann auf den Tagungen des Lutherischen Weltbundes in Evian und des Reformierten Weltbundes in Nairobi, 1971 (Tödt: 18–43; Moltmann: 44–72)

–, Liebe und Vernunft, ZThK 68, 1971, 227–259

–, Sozialethik zwischen Tradition und Vernunft, 1977.

Horkheimer, M., Zur Kritik der instrumentellen Vernunft. Aus den Vorträgen und Aufzeichnungen seit Kriegsende. Hg. v. A. Schmidt, FAT 4031, 1967

–, Kritische Theorie. Eine Dokumentation. Hg. v. A. Schmidt, 2 Bände, 1968

–, Die Sehnsucht nach dem ganz Anderen. Ein Interview mit Kommentar von H. Gumnior, Furche – Stundenbücher Nr. 97, 1970

Horkheimer, M./Adorno, Th. W., Dialektik der Aufklärung. Philosophische Fragmente, (1944) 1969
Jüngel, E., Gottes Sein ist im Werden. Verantwortliche Rede vom Sein Gottes bei K. Barth. Eine Paraphrase, (1966) 1967²
–, Das dunkle Wort vom Tode Gottes, Evangelische Kommentare 2, 1969, 133–138. 198–202
–, Tod, Themen der Theologie, Bd. 8, 1971
–, Unterwegs zur Sache. Theologische Bemerkungen, 1972
–, Das Verhältnis von »ökonomischer« und »immanenter« Trinität, ZThK 72, 1975, 353–364
–, Gott als Geheimnis der Welt. Zur Begründung der Theologie des Gekreuzigten im Streit zwischen Theismus und Atheismus, 1977
Kähler, M., Das Kreuz. Grund und Maß der Christologie, in: *ders.*, Schriften zu Christologie und Mission. Hg. v. H. Frohnes, ThB 42, 1971, 292–350
Kierkegaard, S., Abschließende unwissenschaftliche Nachschrift zu den philosophischen Brocken, Ges. Werke, hg. v. E. Hirsch, 16. Abt., 2 Bände, 1957–58
– ,Christliche Reden, ebda., 20. Abt., 1959
–, Die Krankheit zum Tode, ebda., 24./25. Abt., 1957
–, Die Schriften über sich selbst, ebda., 33. Abt., 1951
Kraege, J.-D., Théologie analogique et théologie dialectique, RTP 111, 1979, 13–33
Kreuzestheologie im Neuen Testament, EvTh 34, 1974, Heft 2, 113–218 (mit Beiträgen von *H.-G. Link, U. Luz, W. Schrage, H.-W. Bartsch* u. a.)
Kritik und Interpretation der Kritischen Theorie, Aufsätze über Adorno, Horkheimer, Marcuse, Benjamin, Habermas, theorie und kritik 4, 1975
Leuenberger, R., »Politischer Gottesdienst«, ZThK 69, 1972, 100–124
Marcuse, H., Triebstruktur und Gesellschaft. Ein philosophischer Beitrag zu Sigmund Freud, 1968
Marsch, W.-D. (Hg.), Diskussion über die »Theologie der Hoffnung« von Jürgen Moltmann, 1967
Marx, K., Die Frühschriften, hg. v. S. Landshut, Kröners Taschenausgabe 209, 1958
–, Zur Kritik der Hegelschen Rechtsphilosophie. Einleitung, in: *ders.*, Werke – Schriften – Briefe, Bd. I: Frühe Schriften, hg. v. H.-J. Lieber und P. Furth, 1962, 488–505
Marx, K./Engels, Fr., Die deutsche Idelogie, Werke, Bd. 3, 1969
Merleau-Ponty, M., Humanisme et terreur. Essai sur le problème communiste, Paris, 1947
–, Les aventures de la dialectique, Paris, 1955
Metz, J. B., Das Problem einer »politischen Theologie« und die Bestimmung der Kirche als Institution gesellschaftlicher Freiheit, Concilium 4, 1968, 403–411
–, Erinnerung des Leidens als Kritik eines teleologisch-technologischen Zukunftsbegriffs, EvTh 32, 1972, 338–352
–, Kleine Apologie des Erzählens, Concilium 9, 1973, 334–341
–, Erlösung und Emanzipation, StdZ 191, 1973, 171–184
Metz, J. B./Moltmann, J./Oelmüller, W., Kirche im Prozess der Aufklärung, 1970
Moltmann, J., Theologie der Hoffnung. Untersuchungen zur Begründung und zu den Konsequenzen einer christlichen Eschatologie, (1964) 1977¹⁰
–, Perspektiven der Theologie. Gesammelte Aufsätze, 1968
–, Umkehr zur Zukunft, 1970
–, Die ersten Freigelassenen der Schöpfung. Versuche über die Freude an der Freiheit und das Wohlgefallen am Spiel, Kaiser Traktate 2, 1971
–, Der gekreuzigte Gott. Das Kreuz Christi als Grund und Kritik christlicher Theologie, (1972) 1976³
–, Die Sprache der Befreiung. Predigten und Besinnungen, 1972
–, Der »gekreuzigte Gott«. Neuzeitliche Gottesfrage und trinitarische Gottesgeschichte, Concilium 8, 1972, 407–413
–, Das Experiment Hoffnung. Einführungen, 1974
–, Gott kommt und der Mensch wird frei. Reden und Thesen, Kaiser Traktate 17, 1975
–, Im Gespräch mit Ernst Bloch. Eine theologische Wegbegleitung, Kaiser Traktate 18, 1976

–, Zukunft der Schöpfung. Gesammelte Aufsätze, 1977

–, Menschenwürde, Recht und Freiheit, 1979

Momose, P. F., Kreuzestheologie. Eine Auseinandersetzung mit Jürgen Moltmann, 1978

Moore, B. (Hg.), Schwarze Theologie in Afrika. Dokumente einer Bewegung. Übersetzt v. U. Hühne, 1973

Mostert, W., Sinn oder Gewißheit? Versuche zu einer theologischen Kritik des dogmatistischen Denkens, 1976

–, Menschwerdung. Eine historische und dogmatische Untersuchung über das Motiv der Inkarnation des Gottessohnes bei Thomas von Aquin, 1978

–, »Fides creatrix«. Dogmatische Erwägungen über Kreativität und Konkretion des Glaubens, ZThK 75, 1978, 233–250

Mühlen, H., Die Veränderlichkeit Gottes als Horizont einer zukünftigen Christologie. Auf dem Wege zu einer Kreuzestheologie in Auseinandersetzung mit der altkirchlichen Christologie, 1969

Pannenberg, W., Grundzüge der Christologie, 1972⁴

Pascal, B., Pensées, Ed. Lafuma, Livre de vie Nr. 24/25, Paris, 1962

Peukert, H. (Hg.), Diskussion zur »politischen Theologie«. Mit einer Bibliographie zum Thema, 1969

Popper, K. R., Das Elend des Historizismus, (1965) 1979⁵

Quelle espérance? pour quel peuple? Débat autour d'un texte de Jürgen Moltmann, Cahiers protestants, 1977, Heft 6

Rahner, K., Bemerkungen zum dogmatischen Traktat »De trinitate«, in: ders., Schriften zur Theologie, Bd. IV, 1960, 103–133

Rahner, K. u. a. (Hg.), Befreiende Theologie; der Beitrag Lateinamerikas zur Theologie der Gegenwart, 1977

Ratschow, C. H., Atheismus im Christentum. Eine Auseinandersetzung mit Ernst Bloch, 1970

Rohrmoser, G., Das Elend der kritischen Theorie. Theodor W. Adorno – Herbert Marcuse – Jürgen Habermas, 1970

Schäfer, R., Christlicher oder politischer Glaube, ZThK 71, 1974, 181–226

Scholem, G., Zum Verständnis der messianischen Idee im Judentum, in: ders., Judaica, Bibl. Suhrkamp 106, 1963, 7–74

Schrey, H.-H., »Politische Theologie« und »Theologie der Revolution«. Die Rezeption des Neomarxismus durch die Theologie, ThR 36, 1971, 346–377; 37, 1972, 43–77

Schultz, W., Die Transformierung der theologia crucis bei Hegel und Schleiermacher, NZSTh 6, 1964, 290–317

Sölle, D., Politische Theologie. Auseinandersetzung mit Rudolf Bultmann, 1971

–, Leiden, Themen der Theologie, Ergänzungsband, 1973

Stark, Fr. (Hg.), Revolution oder Reform? Herbert Marcuse und Karl Popper. Eine Konfrontation, 1971

Stucki, P.-A., Le christianisme et l'histoire d'après Kierkegaard, Basel, 1963

–, Herméneutique et dialectique, Nouvelle série théologique Nr. 24, Genf, 1970

–, Critique de l'athéisme, (Neuchâtel, 1976) Genf, 1980

Teichert, W. (Hg.), Müssen Christen Sozialisten sein? Zwischen Glaube und Politik, 1976 (mit Beiträgen von E. Jüngel, H. Gollwitzer u. a.)

Theologia crucis – signum crucis. Festschrift für E. Dinkler zum 70. Geburtstag. Hg. v. C. Andresen und G. Klein, 1979

Tiedemann, R., Studien zur Philosophie Walter Benjamins, edition suhrkamp 644, 1973

Unseld, S. (Hg.), Ernst Bloch zu ehren. Beiträge zu seinem Werk, 1965

Ueber Th. W. Adorno (Sammelband), edition suhrkamp 249, 1968

Weber, H.-R., Kreuz, Themen der Theologie, Ergänzungsband, 1975

Welker, M. (Hg.), Diskussion über Jürgen Moltmanns Buch »Der gekreuzigte Gott«, 1979

Zur Kreuzestheologie, EvTh 33, 1973, Heft 4, 337–444 (mit Beiträgen v. H.-G. Link, J. Moltmann, W. Kasper, H.-G. Geyer, H. Küng u. a.)

Namenregister

Das Namenregister erfaßt in der Regel nur die Namen der Autoren, nicht aber die der Herausgeber und Übersetzer. Bei einigen Autoren (z. B. Paulus, Aristoteles) wurden auch die Stellen angegeben, wo sie bloß adjektivisch erwähnt werden (paulinisch, aristotelisch).

Sachregister

Das Sachregister ist nicht wie eine Wortstatistik auf Vollständigkeit angelegt. Es will nur beim Erfassen der Zusammenhänge helfen. Deshalb sind auch oft verschiedene Aspekte und Nuancen unter einem Oberbegriff zusammengefaßt. Aufgefächert werden nur die wichtigsten Begriffe. Querverweise werden nur wenige angegeben. Zu fremdsprachlichen, vor allem lateinischen Stichwörtern sind auch die deutschen Äquivalente nachzuschlagen und umgekehrt.